税收筹划
理论与实务

蔡昌 ◎ 编著

清华大学出版社
北京

内 容 简 介

本书借鉴经济学、管理学、税收学、会计学、法学等领域的最新发展，遵循马克思主义思想、观点与方法，以习近平新时代中国特色社会主义思想为指导，适当吸收西方经济学、财政学与税收筹划的经典理论，结合我国税制改革和税收筹划的理论与实务编著而成。

上篇为"理论研究"，将研究视野拓展到经济学、管理学、法学、社会学、伦理学等领域，从战略管理理论、契约理论、产权理论、治理理论、博弈论等视角重构税收筹划的理论框架，从更普遍意义上探讨税收筹划的理论结构，从更深层次上提供一个理解税收筹划与战略管理、税收契约、产权制度、法律规制、会计管理之间彼此影响的理论体系；下篇为"实践应用"，系统阐述税收筹划的基本方法与实务，以方法论视角阐释税收筹划的方法技术与实践应用，解剖国内、国际税收筹划案例，从现实角度构筑一种税收筹划与战略规划、经营模式、资本交易、财务决策之间彼此作用的实践范式。

本书封面贴有清华大学出版社防伪标签，无标签者不得销售。
版权所有，侵权必究。举报：010-62782989，beiqinquan@tup.tsinghua.edu.cn。

图书在版编目(CIP)数据

税收筹划理论与实务/蔡昌编著.—北京：清华大学出版社，2024.1
ISBN 978-7-302-65199-4

Ⅰ.①税… Ⅱ.①蔡… Ⅲ.①税收筹划 Ⅳ.①F810.423

中国国家版本馆 CIP 数据核字(2024)第 019276 号

责任编辑：梁云慈
封面设计：汉风唐韵
责任校对：宋玉莲
责任印制：沈　露

出版发行：清华大学出版社
网　　址：https://www.tup.com.cn，https://www.wqxuetang.com
地　　址：北京清华大学学研大厦 A 座　　邮　编：100084
社 总 机：010-83470000　　邮　购：010-62786544
投稿与读者服务：010-62776969，c-service@tup.tsinghua.edu.cn
质量反馈：010-62772015，zhiliang@tup.tsinghua.edu.cn
印 装 者：大厂回族自治县彩虹印刷有限公司
经　　销：全国新华书店
开　　本：185mm×260mm　　印　张：25.5　　字　数：650 千字
版　　次：2024 年 2 月第 1 版　　印　次：2024 年 2 月第 1 次印刷
定　　价：79.00 元

产品编号：100514-01

前 言

1

随着经济全球化和市场经济的深入发展,税收与经济的关系更为密切,也更为显性地影响着我们的生活。2013年1月3日,瑞士最古老的私人银行——韦格林银行因帮助100多位美国富人逃避税收,缴纳5780万美元的罚金。这家有着271年历史的银行在经营超过两个半世纪后永久歇业。① 法国政府决定从2013年起向年收入超过100万欧元的个人征收税率为75%的所得税以及提高财产继承税税率,不少富人"闻风外逃"。法国奢侈品巨头路易威登(Louis Vuitton,LV)公司董事局主席兼首席执行官贝尔纳·阿尔诺(Bernard Arnault)曾于2012年9月正式向比利时移民局递交入籍申请(但最终未能移民成功)。自2015年起,著名足坛球星利昂内尔·梅西、C罗(克里斯蒂亚诺·罗纳尔多)、哈维尔·马斯切拉诺、内马尔等都因涉嫌逃税被西班牙政府、巴西政府予以制裁和处罚。2017年,欧盟宣布对亚马逊与卢森堡签订的税收协议展开调查,认为亚马逊在卢森堡非法避税,要求其补缴2.5亿欧元的税款及利息。2017年,亚马逊与美国国家税务局(Internal Revenue Service,IRS)的税收争议案经美国税务法庭审理,法官阿尔伯特·劳勃尔(Albert Lauber)驳回了IRS的诸多指控,判定IRS多次滥用自由裁量权,最终以IRS败诉而结案。"一带一路"沿线的霍尔果斯市成了中国的税收洼地,"五免五减半"的企业所得税优惠以及多种税收返还政策冲击着中国税制。华谊兄弟、橙子映像、春暖花开、光线传媒、博纳影业等影视传媒公司蜂拥而至,一大批知名导演和影星也活跃在霍尔果斯这片投资热土上。2018年10月3日,深受社会关注的范冰冰"阴阳合同"逃税案最终公布了处理结果:国家税务总局对范冰冰处以8.8亿元的巨额罚款,该案终于尘埃落定。2021年浙江省杭州市税务部门对网络主播涉嫌偷逃税款一事展开调查,发现朱宸慧(雪梨Cherie)、林珊珊(林珊珊_Sunny)两名网络主播通过在上海、广西、江西等地设立个人独资企业,虚构业务将其个人工资薪金和劳务报酬所得转变为个人独资企业的经营所得,偷逃个人所得税,对朱宸慧、林珊珊分别追缴税款、加收滞纳金及罚款6 555.31万元、2 767.25万元。黄薇在上海崇明区、奉贤区和舟山市设立了多家个人独资企业和合伙企业,这些企业没有实质性经营活动,只是享受了当地的税收优惠政策。黄薇凭借产业园区核定征收政策,通过隐匿个人收入、虚构业务、转换收入性质、虚假申报等方式偷逃税款6.43亿元,其他少缴税款0.6亿元。税务机关依法对黄薇做出税务行政处理处罚决定,追缴税款、加收滞纳金并处罚款13.41亿元。2023年,演员袁冰妍取得部分劳务报酬未依法办理纳税申报少缴个人所得税,并将部分用于个人的消费性支出在其控股关联企业违规列支,少缴个人所得税,且关联企业存在将个

---

① 瑞士最古老银行被迫永久关门,北京日报,2013年1月6日。

人消费性支出违规列支,少缴增值税、企业所得税问题。重庆市税务局对袁冰妍追缴税款、加收滞纳金并处罚款共计 297.38 万元,对其关联企业追缴税款、加收滞纳金并处罚款共计 132.98 万元。此后又爆出蒋依依、吴川、王纯善等明星、主播逃税案。从经营模式看,涉事明星、主播几乎都以"家庭作坊"式的个人工作室形式运营。2024 年 1 月 12 日,呼伦贝尔市税务局稽查局依法向网络主播周梦妮送达《税务处理决定书》,依法惩处其逃税行为。

滑稽的逃税游戏在世界避税地陆续上演,并呈现潮涌之势。跨国公司采取各种手段把收入和资产集中转移至海外低税率地区,把开支转移到高税率地区以规避税收。其中最极端、最受批评的避税途径是在百慕大、巴哈马、中国香港、英属维尔京群岛等"逃税乐园"注册成立公司。英属维尔京群岛简直是个"避税天堂",只要在岛上注册的公司不在当地经营,政府免收任何税款。这一税收待遇点燃各国投资者的激情。在维尔京群岛注册的公司已超过 80 万家。遥相呼应的是百慕大,面积约 53 平方千米的弹丸之地,仅国际受控保险公司就多达 1 400 多家。原因是在百慕大注册的公司免征公司所得税和个人所得税,也不征收销售税。美国税务经济学家马丁·沙利文(Martin Sullivan)对此评价说:"这是公司离开本国的一个较为狡诈的方面。它们不仅把总部转移到海外,而且还转移了资产。"①开曼群岛当局(开曼群岛金融管理局)2018 年 12 月 27 日颁布《国际税收合作(经济实质)法》[the International Tax Co-operation(Economic Substance)Law],要求在开曼群岛设立的经济主体开展"相关活动"以及取得的"相关收入",必须满足经济实质测试,以及向开曼群岛税务信息局申报相关信息。经济合作与发展组织(OECD)2019 年 6 月发布税基侵蚀和利润转移(base erosion and profit shifting,BEPS)两大支柱的咨询意见,BEPS 两大支柱的确立及应用将进一步影响国际税收环境。OECD 2020 年 1 月 31 日发布两大支柱的包容性框架声明,对数字经济的税收应对提出建议性方案。2020 年 7 月 13 日开曼群岛当局颁布《开曼群岛经济实质指引 3.0》,这是国际反避税规则的重大发展。Klepper 和 Nagin(1989)有一句经典名言:人的一生中有三件事情是确定的:死亡、税收以及人类为逃避这两件事所做出的不懈努力。

2

与逃避税收相比,税收筹划更胜一筹。税收筹划是一种融战略规划、经营模式、商务结构及管理方式于一体的,旨在降低税收成本与税务风险的智慧型行为。税收筹划有"皇冠上的明珠"之美誉,已经得到全世界的广泛关注,备受企业家和高层管理者推崇。何谓"税收筹划"?税收筹划是指纳税人在既定的税制框架内,通过对纳税主体的战略模式、经营活动、投资行为、理财涉税事项等进行事先规划和安排,以规避税务风险、递延纳税、控制或减轻税负为手段,实现税后收益最大化目标的一系列税务规划活动。出于理财决策和税收利益的考虑,集团企业、商务机构乃至个人都十分重视税收筹划的实践运作。国内一些税务师事务所、税务研究机构、会计师事务所、律师事务所等中介组织积极推出高端税收筹划服务,占比较高的上市公司、集团企业开始尝试设立税务部并开展行之有效的税收筹划活动。

中华人民共和国国务院行政审批制度改革推进以来,"注册税务师执业资格核准"被取消,由准入类职业资格调整为水平评价类。税务师行业通过审批进行管理的方式被取消,税务师中介行业面临重要转型期。国家税务总局副局长任荣发 2016 年 8 月 25 日在全国税务师行业党委书记会议上做"加强党建工作加快转型升级、促进税务师行业持续健康发展"重要讲话,对税务社会组织和中介机构的未来发展,明确提出必须"大力开拓税收筹划、高端税务顾问、企业

---

① 富人税吓走富人"大鼻子情圣"入俄籍,北京日报,2013 年 1 月 6 日。

兼并重组、上市公司纳税情况审查等高端业务"，同时税制改革的深入推进、税收征管体制的调整、纳税主体的经营变化等因素又为税务师行业转变业务类型创造了新机遇。

"横看成岭侧成峰，远近高低各不同"，对税收筹划的理解与认识也是如此。基于私法自治原则①，基于法律框架下对税收利益的合法追求，税收筹划被界定为纳税人享有的一项合法权益。税收法定原则确立了纳税人的税收筹划权，而私法自治使这种权利成为现实。税收筹划是市场经济的必然产物，是纳税人具有法律意识的主动行为，它不仅具备合法性的基本要件，更体现着民主、正义的税收契约精神。因此，对于有失公平的税收逃避行为必须坚决遏制和打击。如果放纵税收逃避行为，就会使经济生态失衡。因此，我们需要一个公平、透明的游戏规则，需要缔结一份税收筹划博弈合约。

征税与纳税是一种永恒的、高智商的动态博弈对局，我们经常用"渔网理论"来刻画征纳双方之间的微妙关系：渔民编织渔网出海打鱼。但在打鱼过程中，必然会出现一些漏网之鱼。鱼之漏网，原因在于网，而不在于鱼，鱼从网中钻出来是鱼渴望生存之天性使然。渔民不应该埋怨漏网之鱼，而应该想办法修补好捕鱼之网。其实，将"渔网理论"应用于税收筹划有一定的借鉴意义：税法犹如一张渔网，再结实的渔网都有网眼过大乃至破损之处，再完善的税法都有缺陷和漏洞。因此，税收筹划体现着纳税人捕捉"税法漏洞"、寻觅"税收空间"的洞察力，是纳税人对税收环境的反应和适应。更为重要的是，税收筹划堪称税收公平与效率的试金石，能使政府意识到修补"税法之网"的迫切性，进而演变成一种税制变迁的推动力，引发税制的诱致性制度变迁②。

3

税收筹划的起源，根据文献记载，最早可以追溯到19世纪中叶的意大利。意大利当时的税务咨询业已存在税收筹划服务，这可以看作是税收筹划的萌芽。税收筹划的正式提出始于美国财务会计准则委员会（Financial Accounting Standards Board，FASB），FASB在《美国财务会计准则（公告）（Statement of Financial Accounting Standards，SFAS）第109号(SFAS109)——所得税的会计处理》中首次提出"税收筹划战略"（Tax-planning Strategy）。欧洲税务联合会于1959年在法国巴黎成立，当时由5个欧洲国家的从事税务咨询的专业团体发起成立，其主要业务就是为纳税人开展税收筹划。美国经济学家迈伦·斯科尔斯（Myron Scholes）、马克·沃尔夫森（Mark Wolfson）提出了"有效税收筹划理论"③，该理论体现了一般均衡的战略思想，旨在建立一个透视税收规则如何影响税务决策、资产定价、资本结构和财务战略的理论框架。自罗纳德·科斯（Ronald Coase）获得诺贝尔经济学奖以来，产权经济学思想逐步渗透进税收领域，使税收筹划被视为"由社会多方契约关系制约的、多方契约力量之合力推动的一种经济行为"④。在承认理性经济人的逐利本性、契约的不完备性和利益博弈均衡为基础等前提下，契约各方当事人（涵盖经营者、投资者、债权人、供应商、代理商等利益相关

---

① 私法自治原则，充分关注个体利益和最大限度地发挥个体的主观能动性和积极性，以实现社会效益的最大化和社会的公平正义。

② 诱致性制度变迁是与强制性制度变迁相对立的一种制度演进模式。北京大学林毅夫教授认为："诱致性制度变迁指的是一群（个）人在响应由制度不均衡引致的获利机会时所进行的自发性变迁；强制性制度变迁指的是由政府行动来加以促进。"（参见林毅夫：《关于制度变迁的经济学理论：诱致性变迁与强制性变迁》，载《财产权利与制度变迁》，上海人民出版社1994年版，374页。）

③ 迈伦·斯科尔斯，马克·沃尔夫森.税收与企业战略[M].北京：中国财政经济出版社，2004.

④ 蔡昌.契约视角的税收筹划研究[M].北京：中国财政经济出版社，2008.

者)便有动机、有条件利用交易契约进行税收筹划运作,在更大范围内、更主动地灵活安排理财涉税事项,以达成契约各方的共赢局面。美国税务学会主席萨利·琼斯和谢利·罗兹-盖特那奇(2010)敏锐地指出:"税收代表一种经营成本,而且要像产品成本、雇员工资、财务成本等一样进行管理。"将税收作为一种战略规划变量,特别强调其在经营决策制定中的角色。[①] 萨利·琼斯(Sally Jones)、谢利·罗兹-盖特那奇(Shelley C. Rhoades-Catanoch)还在《高级税务管理》一书中系统阐述了"战略税收筹划理论",深入研究了税收战略、经营战略、企业成长和扩张战略、资本交易等对交易各方的净现金流量、利润表和资产负债表的影响。

纵观世界范围税收筹划领域的发展,理论研究总是滞后于实务。究其原因,一是由于税收筹划是致用之学,更多地与商业实践联系在一起;二是由于税收筹划属于边缘学科,研究视角必须向经济学、管理学、法学等方向拓展,理论研究向纵深推进颇有难度。税收筹划实务离不开理论的指导,缺乏理论根基的实务总是充满风险,理论研究要有前瞻性,必须超越实务发展的阶段性局限。因此,税收筹划理论的研究视野、研究方法、研究范式等都亟待突破。基于经济学原理构建税收筹划的一般理论框架将是未来理论拓展的方向,利用实证方法检验税收筹划的内在规律是理论指导实践的必由之路,创立一种能够解释税收筹划实务的理论范式将是税收筹划理论未来发展的重点。

4

呈现在大家面前的这本《税收筹划理论与实务》,是一本研究生精品教材。我们多年的教学实践表明,研究生学习"税收筹划"的确需要一部系统化、专业化的教科书,以体现研究生教育的前瞻性和科学性,帮助研究生理解掌握税收筹划理论与实务。根据这一要求,我们借鉴经济学、管理学、税收学、会计学、法学、伦理学等专业领域的最新发展,遵循马克思主义思想、观点与方法,以习近平新时代中国特色社会主义思想为指导,适当吸收西方经济学、财政学与税收筹划的经典理论,结合我国税制改革和税收筹划的理论与实务,编著了这本研究生教材。

本书分为上、下两篇:上篇为"理论研究",将研究视野拓展到经济学、管理学、法学、社会学、伦理学等领域,从战略管理理论、契约理论、产权理论、治理理论、博弈论等视角重构税收筹划的理论框架,将税收筹划放到一个更为开阔的学科交叉空间里,从更普遍意义上探讨税收筹划的理论结构,从更深层次上提供一个理解税收筹划与战略管理、税收契约、产权制度、法律规制、会计管理之间彼此影响的理论体系,力求讲清楚税收筹划的原理与理论体系;下篇为"实践应用",系统阐述税收筹划基本方法与技术,从企业经营流程视角研究税收筹划实务,并进一步研究国际税收筹划方法、技术与案例,以方法论思维阐释税收筹划技术与实践应用,从现实角度系统性构筑一种税收筹划与战略规划、经营模式、资本交易、财务决策之间彼此作用的实践范式。

本书由中央财经大学蔡昌教授负责编著及总纂定稿工作,李梦娟、王怡璞、寇恩惠、蔡一炜等参与初稿写作工作。本书作为研究生精品教材,不仅适合财政学、税收学、会计学专业研究生学习使用,也适合 MPAcc、MBA、MPA 学生阅读。同时对企业高管、财务总监、税务经理等的实践工作也有一定的帮助,对从事税务研究的大学教师、科研工作者也有一定的借鉴价值。限于编著者学识水平,书中疏漏在所难免,恳请大家批评指正。

编著者

[①] 萨利·琼斯、谢利·罗兹-盖特那奇.高级税收战略[M].4版.北京:中国人民大学出版社,2010.

目 录

上篇 理 论 研 究

第1章 税收筹划溯源 ………………………………………………………… 1
1.1 税收筹划的起源与发展 ………………………………………………… 1
1.2 税收筹划的演进：概念、主体与微观目标 …………………………… 7
1.3 税收筹划的形成机理与效仿现象 ……………………………………… 11
1.4 税收筹划的宏观经济效应 ……………………………………………… 15
复习思考题 …………………………………………………………………… 18
分析论述题 …………………………………………………………………… 18
【综合阅读题】 ……………………………………………………………… 18

第2章 税收筹划前沿思想 …………………………………………………… 20
2.1 税收筹划的战略思想 …………………………………………………… 20
2.2 税收筹划的契约思想 …………………………………………………… 28
复习思考题 …………………………………………………………………… 39
【案例分析题】 ……………………………………………………………… 39

第3章 有效税收筹划理论 …………………………………………………… 40
3.1 有效税收筹划理论框架 ………………………………………………… 40
3.2 有效税收筹划的核心观点 ……………………………………………… 41
复习思考题 …………………………………………………………………… 50
论述题 ………………………………………………………………………… 50

第4章 产权视角的税收筹划 ………………………………………………… 51
4.1 产权理论 ………………………………………………………………… 51
4.2 科斯定理与资源配置效率 ……………………………………………… 54
4.3 税收与产权的关联性及互动关系 ……………………………………… 56
4.4 企业边界、产权关系与税收筹划 ……………………………………… 59
4.5 基于产权安排的税收筹划 ……………………………………………… 64
复习思考题 …………………………………………………………………… 71

第5章　法律视野的税收筹划 ······ 72

5.1　税收筹划的法律规制 ······ 72
5.2　税务中介服务的法律定位 ······ 75
5.3　税收筹划的伦理判断 ······ 80
复习思考题 ······ 83

第6章　会计视野的税收筹划 ······ 84

6.1　会计规则与税收制度的关系模式 ······ 84
6.2　会计规则与税收筹划的协调 ······ 91
6.3　会计信息披露与税收筹划 ······ 98
复习思考题 ······ 104

第7章　税收筹划的治理机制 ······ 105

7.1　信息不对称下的税收筹划博弈分析 ······ 105
7.2　信息不对称下的税收筹划契约安排 ······ 107
7.3　公司治理框架下的税收筹划 ······ 109
7.4　税收筹划的契约安排与治理模式 ······ 112
复习思考题 ······ 117

第8章　税收筹划的博弈均衡 ······ 118

8.1　博弈论与税收筹划 ······ 118
8.2　税收筹划博弈机理与博弈对象 ······ 122
8.3　基于税务稽查的博弈模型 ······ 126
8.4　基于税收寻租的博弈模型 ······ 129
8.5　政府与税务机关的委托-代理博弈模型 ······ 132
8.6　股东与管理层的委托-代理博弈模型 ······ 133
复习思考题 ······ 136

下篇　实践应用

第9章　税收筹划基本方法与技术 ······ 137

9.1　税收筹划的信息基础与运行规则 ······ 137
9.2　税收筹划：方法、技术与释例 ······ 139
复习思考题 ······ 161
【案例分析题】······ 161
【综合阅读题】······ 162

第10章　企业设立的税收筹划 ······ 166

10.1　居民企业与非居民企业的设立与筹划 ······ 166

10.2 分支机构的设立与税收筹划 ·· 169
10.3 各类经济组织的选择与税收筹划 ·· 173
复习思考题 ··· 175
【案例分析题】 ··· 175
【综合阅读题】 ··· 176

第 11 章 投资与融资的税收筹划 ·· 179

11.1 投资决策的税收筹划 ·· 179
11.2 融资决策的税收筹划 ·· 190
复习思考题 ··· 202
【案例分析题】 ··· 202
【综合阅读题】 ··· 204

第 12 章 物资采购的税收筹划 ·· 206

12.1 采购发票及税款抵扣的税收筹划 ·· 206
12.2 采购控制的税收筹划 ·· 210
复习思考题 ··· 213
【案例分析题】 ··· 214
【综合阅读题】 ··· 214

第 13 章 生产研发的税收筹划 ·· 216

13.1 存货计价与资产折旧的税收筹划 ·· 216
13.2 生产设备租赁的税收筹划 ·· 220
13.3 技术改造及设备大修的税收筹划 ·· 220
13.4 技术研发的税收筹划 ·· 221
复习思考题 ··· 232
【案例分析题】 ··· 232
【综合阅读题】 ··· 234

第 14 章 市场销售的税收筹划 ·· 236

14.1 混合销售与兼营行为的税收筹划 ·· 236
14.2 促销行为的税收筹划 ·· 238
14.3 销售模式及结算方式的税收筹划 ·· 245
14.4 销售返利及佣金的税收筹划 ·· 249
14.5 销售活动的其他税收筹划方法 ··· 256
复习思考题 ··· 258
【案例分析题】 ··· 258
【综合阅读题】 ··· 259

第 15 章 利润分配的税收筹划 ·············· 262

15.1 企业利润形成的税收筹划 ·············· 262
15.2 企业利润分配的税收筹划 ·············· 271
复习思考题 ·············· 276
【案例分析题】 ·············· 276

第 16 章 薪酬激励的税收筹划 ·············· 278

16.1 综合所得的计税政策与税收筹划 ·············· 278
16.2 企业年金的税收筹划 ·············· 288
16.3 股权激励的税收筹划 ·············· 291
16.4 个人所得税的其他策划方法 ·············· 299
复习思考题 ·············· 300
【案例分析题】 ·············· 300
【综合阅读题】 ·············· 302

第 17 章 资本交易的税收筹划 ·············· 304

17.1 企业并购的税收筹划 ·············· 304
17.2 企业分立的税收筹划 ·············· 316
复习思考题 ·············· 326
【案例分析题】 ·············· 326
【综合阅读题】 ·············· 327

第 18 章 国际税收筹划方法与技术 ·············· 331

18.1 导管公司与国际税收协定 ·············· 331
18.2 转让定价与正常价格标准 ·············· 333
18.3 外国基地公司与受控外国公司制度 ·············· 335
18.4 利息抵税与资本弱化税制 ·············· 339
18.5 机构流动与常设机构 ·············· 340

第 19 章 国际税收筹划案例 ·············· 342

19.1 苹果公司全球税收筹划战略案例 ·············· 342
19.2 星巴克国际税收筹划模式 ·············· 354
19.3 数字经济下亚马逊公司税收筹划案例 ·············· 360
复习思考题 ·············· 371
【案例分析题一】 ·············· 371
【案例分析题二】 ·············· 372

附 录

附录 A 在建项目转让的实施路径与税务处理 ·············· 373

附录 B	美团公司税收筹划案例	377
附录 C	离岸家族信托税收案例	381
附录 D	税收筹划常用英文术语	391

参考文献 393

上篇　理论研究

美国《会计技术》(Accounting Technology)杂志把税收筹划称为"皇冠上的明珠"。诚如其言,税收筹划不仅是一种观念突破,也是一个有效的税控工具。

第 1 章

税收筹划溯源

人们合理安排自己的活动以降低税负,这是无可指责的。每个人都可以这样做,不论他是富人,还是穷人。纳税人无须超过法律的规定来承担国家税收。

——美国联邦大法官　勒恩德·汉德(Learned Hand)

1.1　税收筹划的起源与发展

1.1.1　税收的概念

1. 税收的起源与发展

税收是一个古老的财政范畴,它随着国家的出现而出现。无国无税,无税无国。数千年前的古希腊、古罗马和古埃及就已存在税收。英美很早就有"只有死亡和纳税是不可避免的"之类的名言;中国唐代诗人杜荀鹤的名句"任是深山更深处,也应无计避征徭",道出了几千年来的赋税制度。

税收是政治与经济的交汇点,体现着政治制度及社会变革的深刻性,也展现出经济演进的轨迹。许倬云教授对历史演变有这样一段深刻的论断:"历史的演变未必有任何天定的规律,却仍有若干寻找的轨迹。"①如果注意到汉字"税"的写法,你会发现:"税"字的左边是禾木旁,右边是一个"兑"。从"税"字构成来看,喻示着税最早起源于农业,"税"的探源性解释为:税取之于民,民以禾为兑。即税收最早起源于农业,最早的税收是以农产品形式征收的,即农业税的雏形是以禾苗或粮食为代表的"实物税"。只是到了后来,税收才渗透进工商业、服务业、建筑房地产业等领域,逐渐演变为"货币税"。

税收的英文名称为"tax",源于拉丁文"taxo",含有"必须忍受""必须负担"的意思。可以说,税收是与人类的文明进程相伴随的,没有税收就不可能创造出辉煌的人类文明。

---

① 许倬云.中国文化的发展过程[M].香港:香港中文大学出版社,1992:27.

从历史角度观察，我国最早出现的是农业税，从夏代开始就有"任土作贡"的国法，即按土地的好坏分等级征税。《孟子》记载："夏后氏五十而贡，殷人七十而助，周人百亩而彻，其实皆什一也。"这里的"贡""助""彻"都属于比较原始的土地税征收形式，"五十""七十""百亩"均是计算征税土地的数量单位，"其实皆什一也"是说当时的征税率均为 1/10。

商代井田制在中国历史上非常有名，什么是井田制？井田制即在一块四方形的土地上写一个大大的"井"字，把土地平分为九份，最中间的一块是公田，其余八块是私田。公田由耕种私田的八家农户共同耕种。《孟子》载："方里而井，井九百亩，其中为公田。八家皆私百亩，同养公田，公事毕，然后敢治私事。"井田制是商代典型的赋税制度，即农户先耕种公田，公田的农活干完之后，才能够耕种私田。公田的全部收入都上缴政府，私田的收入收归农户所有。一份公田的收入缴税，八份私田的收入属于农户，这样算来井田制的税率就大约相当于九分之一。

2. 税收的概念与本质

税收是国家财政收入的主要来源，也是政府赖以实施宏观调控的重要杠杆。从本质上说，税收是一种政府行为，体现着政府的意志，但这种意志也绝不是随心所欲的。一国经济的运行模式和经济发展水平制约着该国的税制结构、税负水平和税收征管方式。从不同的角度分析，税收具有不同的内涵。下面分别从收入分配、公共财政和法学角度探讨税收的内涵与本质。

从收入分配角度分析，税收是国家凭借其政治权力强制性参与国民收入分配的一种工具，税收具有强制性、固定性、无偿性的特征。马克思认为："国家存在的经济体现就是捐税。"[1]"捐税体现着表现在经济上的国家存在，官吏和僧侣、士兵和女舞蹈家、教师和警察、希腊式的博物馆和哥特式的尖塔、王室费用和官阶表这一切童话般的存在物于胚胎时期就已安睡在一个共同的种子——捐税之中了。"[2]列宁认为："所谓税赋，就是国家不付任何报酬而向居民取得东西。"[3]税收从本质上说是一种政府参与分配的行为。

从公共财政角度分析，税收是公共产品的价格。美国法学家奥利弗·霍尔姆斯（Oliver Holmes）有一句经典名言：税收是我们为文明社会所付出的代价。詹姆斯·布坎南（James Buchanan）认为，税收是个人支付的由政府通过集体筹资所提供的商品与劳务的价格。我们享受政府的公共产品，实际上是因为我们作为纳税人支付了税收，公共产品才能得以提供。所以，税收是公共产品的价格。这里所强调的是税收交换论，即税收体现着政府与纳税人之间的一种利益交换关系。

从法学角度分析，税收又是以法的形式存在的。法律上的税收概念是指，作为法律上的权利与义务主体的纳税者（公民），以自己的给付适用于宪法规定的各项权利为前提，并在此范围内，以遵从宪法制定的税法为依据，承担的物质性给付义务。[4]

3. 纳税意识

在市场经济条件下，纳税人的意识非同小可。对此，不能仅仅从政府收入来源的层次上来理解。事实上，纳税人既昭示着一种义务，亦标志着一种权利。或者说，纳税人是集权利与义务为一身的特殊群体。市场经济的通行准则是权利与义务相对称。讲到某人负有什么义务，要相应说明其享有怎样的权利；讲到某人享有怎样的权利，也要相应说明其负有怎样的义务。纳税人的纳税义务与纳税权利，同样是一种对称关系。

---

[1] 马克思恩格斯全集：4卷[M].北京：人民出版社，1995：第342页。
[2] 马克思恩格斯选集：1卷[M].北京：人民出版社，1995：第181页。
[3] 列宁全集：32卷[M].北京：人民出版社，1984：第275页。
[4] 刘剑文、熊伟.税法基础理论[M].北京：北京大学出版社，2004：第13-15页。

有一件被中国人引为笑谈的趣事,在美国,有位女士家里养的一只猫爬到房顶上去,自己下不来了。焦急中,她打电话向警察局求助。警察特意跑来,搬梯子上房,帮她把猫抱了下来。有人奇怪地问她:为什么警察可以管这种事?她不假思索地反问道:"为什么不可以?他们花的是我们纳税人的钱!"由美国人这句意料之外、情理之中的幽默话,我们想到了纳税人和政府之间的关系。从某种意义上说,在市场经济条件下,政府实质上是一个特殊的产业部门——为社会提供公共产品。正如人们到商店买东西需要为之付款一样,政府提供的公共产品也不是"免费的午餐"。只不过为消费公共产品的付款,是以纳税的方式来完成的。这实际上是说,只要纳税人依法缴纳了税金,便因此拥有了向政府部门索取公共产品的权利。只要政府部门依法取得了税收,便因此负起了向纳税人提供公共产品的义务。纳税人之所以要纳税,就在于换取公共产品的消费权。政府部门用于提供公共产品的资金,来源于纳税人所缴纳的税金。因此,对于生活在市场经济环境下的纳税人,既要依法履行好缴纳税金的义务,又要充分运用好消费公共产品的权利。这两个方面的有机结合与统一,便是人们通常所说的纳税意识。

1.1.2 税收筹划的产生与发展

1. 税收筹划的产生

"一部税收史,同时也是一部税收抗争史。"[①]其实,纳税人的税收抗争活动就蕴含税收筹划行为。只不过税收抗争是比税收筹划更为宽泛的一个概念,它还包含避税、逃税、抗税等丰富的内涵。

从已有文献记载探源税收筹划的产生,最早可以追溯到19世纪中叶的意大利,因为在那时,意大利的税务咨询业务中已存在税收筹划行为。意大利的税务专家地位不断提高,这可以看作税收筹划的最早萌芽。[②] 税收筹划的正式提出始于FASB(美国财务会计准则委员会),FASB在《SFAS109——所得税的会计处理》中首次提出"税收筹划战略"(tax-planning strategy)的概念,并将其表述为:"一项目满足某种标准,其执行会使一项纳税利益或营业亏损或税款移后扣减在到期之前得以实现的举措。在评估是否需要递延所得税资产的估价准备及所需要的金额时,要考虑税收筹划策略。"以上表述较为准确地说明了税收筹划与税务会计的关系。尽管现代税收筹划的边界远远超出了SFAS109所定义的范围,但税收筹划始终是税务会计的重要组成部分。

20世纪以来,有三件里程碑式的事件使税收筹划正式进入人们的视野。

其一,1935年,英国上议院议员汤姆林(Tomlin)爵士针对"税务局长诉温斯特大公"一案,做了有关税收筹划的重要声明:"任何一个人都有权安排自己的事业,如果依据法律所做的某些安排可以少缴税,那么就不能强迫他多缴税。"这一观点得到了法律界的普遍认同,税收筹划第一次得到法律的认可,成为税收筹划史上的基础判例。

其二,1947年,美国联邦大法官勒恩德·汉德(Learned Hand)在法庭判决书中勇敢地为纳税人辩护:"人们合理安排自己的活动以降低税负,是无可指责的。每个人都可以这样做,不论他是富人,还是穷人,纳税人无须超过法律的规定来承担国家税收,税收是强制课征的,而不是自愿的捐款,以道德的名义来要求税收,纯粹是奢谈。"该判例成为美国税收筹划的法律基石。

其三,1959年,欧洲税务联合会在法国巴黎成立,当时由5个欧洲国家的从事税务咨询的

---

① 盖地.税收筹划理论研究——多角度透视[M].北京:中国人民大学出版社,2013:第20页。
② 梁云凤.战略性税收筹划研究[M].北京:中国财政经济出版社,2006:第9页。

专业团体和专业人士发起成立,后来规模不断扩大,其成员遍布英、法、德、意等22个国家。欧洲税务联合会明确提出"为纳税人开展税收筹划"是其服务的主要内容。

从历史逻辑角度分析,理性经济人假设是税收筹划产生的前提条件,私法自治原则是税收筹划产生的温暖土壤。税收法定主义确立了纳税人的税收筹划权,而私法自治使这种权利成为现实。因此,税收筹划是市场经济的必然产物,是纳税人具有法律意识的维权行为,体现着民主、正义、自由的税收契约精神。

2. 税收筹划的发展状况

自20世纪中期以来,税收筹划为世界上越来越多的纳税人所青睐,同时也成为中介机构涉税业务新的增长点。德勤、普华永道、毕马威、安永等国际四大会计师事务所纷纷进军税收筹划咨询业。据不完全统计,四大会计师事务所来自于税务咨询业务方面的收入额超过其总收入额的半壁江山,其中税收筹划已经成为税务咨询业的重要构成内容。

税收筹划在我国起步较晚,这与我国市场经济的发展状况息息相关。已有的税收筹划方案大多停留在"就税论税、单边筹划"层面,很多所谓的税收筹划方案并没有多少含金量,充其量只是依靠税收优惠或税制缺陷获取税收利益。筹划者较少考虑经济交易中其他契约方的利益诉求及非税成本的影响,当然也未从战略高度推进企业经营活动、业务流程与税收筹划模式的深度融合。

目前从事税收筹划实务的主要有两类人:一类是学院派,另一类是实务派。学院派主要包括高等院校、科研机构的一些研究者;实务派主要包括企业高管、职业经理人、财务总监以及税务系统的一些实践从业者。学院派主要从税收原理出发,结合税制要素和业务流程分析税收筹划的基本方法和技术,致力于揭示税法中存在的税收优惠待遇或"税收漏洞"(tax loopholes)。学院派偏向于税收筹划方法论的研究和运用,原理性强,逻辑结构严谨,但是他们所设计的税收筹划方案与实务工作联系不够紧密,可操作性差,在税收实务中往往需要结合具体情况进行验证。相反,实务派从一开始就注重税收筹划方案操作的可行性。他们从税收实务角度出发探索可行的税收筹划操作方案,可操作性强,并力求从这些税收筹划实践中总结出一些基本规律和方法。但是实务派的税收筹划缺乏原理性分析和方法论基础,容易陷入"一事一议"的局限,特别是在税制变革时容易完全失效。①

1.1.3 税收筹划的研究状况

Hoffman(1961)认为,税收筹划的研究文献大部分都关注税收实务的具体操作。这在很大程度上是由税收筹划本身的特点所决定的:研究者要使纳税人获得直接的税收利益,就必须时刻关注纳税人具体经营情况及相关税收法规。② 埃尔登·亨德里克森(Eldon S. Hendrickson)在《会计理论》一书中写道:很多小企业的会计主要目的都是编制所得税报表,甚至不少企业若不是为了纳税根本不会记账。即使对于大公司来说,收益的纳税亦是会计师们的一个主要问题。

Franco Modigliani和Mertor Miller(1963)将公司所得税因素引入米勒-莫迪利安尼定理(MillerModigliani proposition,MM定理),论证了企业负债比率越高,节税利益越大,对企业

---

① 宋春平.中国企业税收筹划战略——斯科尔斯税收筹划框架的应用[D].厦门:厦门大学,2012.
② William H. Hoffman,Jr.. The Theory of Tax Planning [J]. The Accounting Review,Apr.,1961,Vol. 36,No. 2: 274-281.

越有利的观点。当负债比率为100%，企业价值达到最大。约瑟夫·斯蒂格利茨(Joseph E. Stightz)等人在引入市场均衡、代理成本和财务拮据成本等因素后，对 MM 定理进一步完善，并形成以下观点：公司提高负债比率，会使其财务风险上升，破产风险也随之加大。当负债比率升高到一个均衡点时，债务利息抵税的边际收益正好被债务提高的损失（财务拮据成本、代理成本、股本成本的提高）所抵消。因此，资本结构、税收负担与公司价值相关，在现实经济环境下每一公司均存在实现企业价值最大化的最佳资本结构。

Brennan(1970)通过假设投资者的股利与资本利得均须缴纳个人所得税，资本利得税低于股利所得税，首次推导出附加税收因素的资本资产定价模型，建立了期望收益率与股利收益率之间的联系，从理论上揭示了股利所得税对股票价格的影响。Zimmerman(1983)检验了公司规模与实际所得税税率的联系，发现了公司规模与实际所得税税率呈正相关。

卡罗尔·费舍尔(Carol Fischer)探讨了税收筹划的收入效应。[①] Chittenden(1999)从税率差异的角度，运用一般均衡方法对企业通过税收筹划行为对宏观经济政策的回应进行了检验，论证了税收筹划的替代效应。Graham 和 Tucker(2006)认为，税收筹划是一种能够增加价值的企业活动。Desai 和 Dharmapala(2006)在研究了税收筹划与股东价值的关系后，提出税收筹划能够增加股东价值，并认为企业一旦相信税收筹划是一项价值增加活动时，往往倾向于积极进行税收筹划。Hanlon H. 和 Slemrod(2010)认为，规模越大的公司，其节税行为越容易导致媒体的负面评价，因此，税收筹划很可能使政治成本增加。

贝蒂(Betty)和哈里斯(Harris)基于信息不对称理论分析了上市公司与非上市公司在税收筹划方面的差异，经过实证检验发现，上市公司的非税成本高于非上市公司，且上市公司更倾向于采取保守的税收筹划行为。[②] David M. S. (2001)研究了政府税收体制与税收筹划的关系，其基本观点是：税收体制有时阻碍了税收筹划的进行，但有时却仅仅促进了一个新的税收筹划方式的转变。造成的这种差异就是所谓的摩擦，诸如会计规则、信用风险、技术进步阻力等。因此，由于政府缺乏关键的信息，税制改革必须充分考虑税收筹划，否则，可能会导致税收的交易成本过高。

迈伦·斯科尔斯和马克·沃尔夫森不仅认为"税收筹划是一种节税活动"，而且从经济学角度提出"有效税收筹划理论"[③]，认为"传统的税收筹划方法没有认识到有效税收筹划与税负最小化之间的显著差异"，强调"税收契约"观点的重要性，旨在挖掘错综复杂的税收筹划实务及其技术细节所蕴含的税收筹划的一般规律。他们进一步阐释了"有效税收筹划理论"的三大战略思想：一是多边契约(multilateral approach)，即纳税人在开展税收筹划时，必须考虑所有契约方的税收利益。税收筹划是基于多边契约关系的利益均衡结果，而非单边利益导向的产物。二是隐性税收(hidden taxes)，即纳税人在开展税收筹划时，不仅仅需要考虑显性税收，还必须考虑隐性税收。三是非税成本(nontax costs)，即纳税人在开展税收筹划时，必须考虑所有的商业成本，而非仅仅局限于税收成本。非税成本往往是影响税务决策的关键因素。"有效

---

① Fischer, C. M. and T. J. Ruper, Tax Policy and Planning Implications of Hidden Taxes: Effective Tax Rate Exercises, Journal of Accounting Education 19(Spring 2001), pp. 63-74.

② Batty, A., Harris, D. The Effects of Taxes, Agency Costs and Information Asymmetry on Earnings Management: A Comparison of Public and Private Firms. [J]Review of Accounting Studies, 1999(19): 11-19.

③ Scholes, Myron S. et al., Taxes and Business Strategy: A Planning Approach, 52thnd Edition, Upper Saddle River, New Jersey: Prentice Hall, Inc., 201302. pp. 1-5. 中文译本：迈伦·斯科尔斯等. 税收与企业经营战略：筹划方法(第五版). 中国人民大学出版社，2018. pp. 1-3.

税收筹划理论"体现了一般均衡的战略思想,旨在建立一个透视税收筹划规则如何影响税务决策、资产定价、资本结构和战略管理的理论框架,这在一定程度上促进了税收筹划理论向纵深发展。

国内税收筹划的研究发端于 20 世纪 90 年代初期的市场经济发展。市场环境下,企业作为营利性组织,必须考虑自身经营成本问题,税收就是其中很重要的一个成本因素。

1994 年,我国出版第一部税收筹划专著——《税务筹划》(唐腾祥、唐向著);20 世纪 90 年代中期,天津财经大学盖地教授作为税收筹划早期研究的代表人物,从税务会计研究延伸到税收筹划研究,为我国税收筹划理论研究做出开拓性贡献。进入 21 世纪,活跃在税收筹划领域的学者有计金标、刘桓、朱青、杨志清、张中秀、黄凤羽、蔡昌、谭光荣、童锦治、丁芸、刘蓉、沈肇章、姚林香、梁云凤、高金平、王素荣、梁俊娇、薛钢、王兆高、翟继光、席卫群、尹音频、李克桥、王红华、张云华、庄粉荣、李继友等专家教授,还有德勤、普华永道、毕马威、尤尼泰、中瑞岳华、立信等一些事务所及税务协会、研究机构的实务专家,为纳税人提供各类税收筹划咨询报告和家族财富管理方案,同时发表了若干税收筹划领域的专业论文,出版了多部税收筹划论著与教材。

回顾我国税收筹划的研究历史大致有三种范式:一是按照税种类别展开研究,分析不同税种的税收筹划特点、方法与规律;二是按照业务流程展开研究,分析不同业务流程中的税收筹划特点、方法与规律;三是按照行业类别展开研究,分析不同行业的税收筹划特点、方法和规律。总体来讲,我国已有的税收筹划的研究大多停留在就税论税、单边筹划层面,较少考虑经济交易中其他交易方的利益及税收以外的影响(非税因素),更难结合企业经营活动和战略规划进行深层次分析。

近年来,税收筹划研究随着学术研究的融合、开放、发展,逐渐出现从不同专业角度研究税收筹划的研究派系和研究者,税收筹划研究呈现广泛性、社会化特征,同时也出现一定程度的融合性特征。比如,法学界逐渐参与到税收筹划研究领域,推出了一系列法律规制视角的税收筹划研究成果,即主要探讨税收筹划的合法性、法律证据、行政复议、法律诉讼等具体问题,将税收筹划研究引向法律视野;会计学界从税会差异、税务会计视角参与到税收筹划研究,关注税收筹划与会计管理的融合,从盈余管理等信息披露视角研究税收对财务报表披露的影响。比较具有代表性的有战略税收筹划理论研究、契约观视角的税收筹划理论研究、法律规制视角的税收筹划研究、博弈均衡视角的税收筹划研究、产权视角的税收筹划研究、行为经济学视角的税收筹划研究等。

1.1.4 税收筹划的方法论

方法是指人们实现特定目的的手段或途径,是主体接近、达到或改变客体的工具和桥梁;而方法论则是指人们认识世界、改造世界的一般方法,具体是指人们用什么样的方式、方法来观察事物与处理问题,即方法论就是一整套解决问题的方法体系。税收筹划的方法论就是如何开展税收筹划活动、解决税收筹划问题的一整套方法体系。税收筹划的方法论来自于对税收筹划理论与现实问题的研究与探索。

归纳法、演绎法是推理、判断和认识问题本质的科学方法,归纳法、演绎法被广泛应用于税收筹划领域,税收筹划方法论的精髓在于归纳法、演绎法的交替使用。归纳法是指通过样本信息来推断总体信息的思维方法,即从个别前提得出一般结论的方法,其优点是能体现众多事物的根本规律,且能体现事物的共性。演绎法是指人们以一定的反映客观规律的理论认识为依据,从服从该认识的已知部分推知事物的未知部分的思维方法,即由一般到个别的认识方法。

恩格斯的《自然辩证法》有一段关于归纳演绎的精辟言论:归纳和演绎,正如分析和综合一样,是必然相互联系着的。不应当牺牲一个而把另一个捧到天上去,应当把每一个都用到该用的地方,而要做到这一点,就只有注意它们的相互联系,它们的相互补充。①

归纳法和演绎法带给了我们莫大的启示,税收筹划方法论其实就是归纳法、演绎法在税收筹划领域的应用。众所周知,税收筹划是致用之学,备受纳税人重视,实务中也已经出现大量成功案例。如果从税收筹划个案出发,运用归纳法,从特殊推理到一般,归纳概括出税收筹划的基本方法与规律,然后,再从基本方法与规律出发,运用演绎法,从一般推演到特殊,就可以将归纳获得的税收筹划基本方法与规律演绎推广到税收筹划实践中去。通过归纳、演绎方法的交替使用,可以深化对税收筹划本质的认识,挖掘税收筹划的各种方法,有助于解决现实问题,也有利于将理论、方法与现实操作完美结合起来。

1.2 税收筹划的演进:概念、主体与微观目标

1.2.1 税收筹划的概念之争

学术界对于税收筹划的认识,存在以下五种不同的称谓:税收筹划、税务筹划、纳税筹划、税收策划②、税收规划③。其实这些说法并无本质差别,尤其是前三个概念基本上是混用的。国内对"tax planning"一词大多译为"税收筹划"。但也存在着不同的看法,盖地教授认为"税务筹划"与"税务会计"相对应,称为税务筹划对于纳税人来说更为妥帖。④ 针对"税收筹划"与"税务筹划"的概念之争,黄凤羽认为:"从一个侧面说明了国内从事税收筹划研究的学者,所遵从的两种不同研究范式与分析线索。'税收筹划'观点主要体现了以税收学中的税务管理和税收制度为基础的分析范式,'税务筹划'观点主要代表了以会计学中的税务会计和财务管理为基础的研究思路。在某种程度上,二者体现了殊途同归的学术思想,也是国内税收筹划研究'百家争鸣、百花齐放'的发展趋势所使然,都是值得加以肯定的……循着研究传承的逻辑一致性,既然在'tax planning'一词引入我国之初就将其译为'税收筹划',况且这种译法也没有什么不妥之处,并能够更好地体现纳税人减轻税收负担的中性结果,今后也不妨继续沿用约定俗成的规范用语。"⑤笔者对此所持观点认为,"tax planning"最准确的含义是应该"税务规划",即强调事前性和科学规划性特征,但"税收筹划"之称谓比较规范,也较好地体现出税收筹划是一种纳税策略和技巧的意蕴,且已被社会各界所广泛接受。基于上述考虑,笔者认为学术界、实务界继续沿用"税收筹划"这一规范称谓是最有效推广和传播税收筹划的明智之举。

2017年5月5日,国家税务总局《关于发布〈涉税专业服务监管办法(试行)〉的公告》(国家税务总局公告2017年第13号)第五条规定:(四)税收策划。对纳税人、扣缴义务人的经营和投资活动提供符合税收法律法规及相关规定的纳税计划、纳税方案。这是国家税务总局对税收筹划的权威性概念界定,使用了税收策划这一概念,并特别强调合规性要求,即只有符合

---

① 恩格斯.自然辩证法[M].北京:人民出版社,1971.
② 庄粉荣《实用税收策划》(西南财经大学出版社,2001),把税收筹划称为"税收策划"。
③ 刘心一,刘从戎《税收规划:节税的原理、方法和策略》(经济管理出版社,2006),把税收筹划称为"税收规划"。
④ 盖地《税务筹划》(高等教育出版社,2003)、《税务会计与税务筹划》(中国人民大学出版社,2004)、《企业税务筹划理论与实务》(东北财经大学出版社,2005),书名都体现"税务筹划"的称谓。
⑤ 黄凤羽.从消极避税到阳光筹划[J].税务研究,2006(6).

税收法律及其他相关规定的纳税计划、纳税方案才可以称为税收策划,这是对税收策划的本质要求。如果纳税人以违法手段设计并实施纳税计划、纳税方案,导致国家税收流失即纳税人违法犯罪,就会受到国家法律的惩处。

1.2.2 税收筹划的主体之争

关于税收筹划的主体,目前有"征纳双方"[①]与"纳税人一方"两种观点,即存在"双主体论"和"单主体论"的争辩。目前,"单主体论"的观点是主流观点,大量的学术文献都支持该观点。盖地教授认为:"在征纳双方法律地位平等但不对等的情况下,对公法来说,应遵循'法无授权不得行'的原则,即依法行政。"因此,如果它们(税收执法机关)还可以进行"税收筹划",则会造成对公法的滥用和对纳税人权益的侵害。[②]

笔者认为,所谓的税收执法机关的"征税筹划"其实是不存在的。税收筹划只是针对纳税人而言的,其主体只能是纳税人。"征税筹划"只不过是"征税计划"或"征税规划"而已,即针对不同性质、不同表现的纳税人,税务当局采取不同的监控方式和征管模式,以实现税款征收管理的计划性和有效性。

1.2.3 税收筹划的多维观点

什么是税收筹划,可谓众说纷纭,目前尚难从税收词典和教科书中找出权威而统一的说法。下面是国内外一些学者的观点,我们尝试做一些比较评价。

荷兰国际财政文献局(International Bureau of Fiscal Documentation,IBFD)编写的《国际税收词汇》中是这样定义的:税收筹划是使私人的经营活动及(或)私人缴纳尽可能少的税收的安排。[③]

美国华盛顿大学斯特温·赖斯(Steven J. Rice)教授给出的定义:"税收筹划是纳税人控制自己的经营行为以避免不希望的税收后果的过程,你可以把税收筹划看成挖掘现行税法中的理论漏洞并设计自己的交易行为以利用这些漏洞的过程。"[④]

美国南加州大学沃尔特·梅格斯(Walter B. Meggs)博士在《会计学》著作中做了如下阐述:"人们合理而又合法地安排自己的经营活动,使之缴纳可能最低的税收。他们使用的方法可称为税收筹划……少缴税和递延缴纳税收是税收筹划的目标所在。……税制的复杂性使得为企业提供详尽的税收筹划成为一种谋生的职业。现在几乎所有的公司都聘用专业的税务专家,研究企业主要经营决策上的税收影响,为合法地少纳税制定计划。"[⑤]

唐腾翔、唐向认为:"税收筹划指的是在法律规定许可的范围内,通过对经营、投资、理财活动的事先筹划和安排,尽可能地取得节税(tax savings)的税收利益。"[⑥]

盖地认为:"税务筹划是纳税人在特定税收制度环境下,在遵守税法、尊重税法的前提下,

---

① 张中秀所著《公司避税节税转嫁筹划》(中华工商联合出版社,2001)一书认为:税收筹划=纳税筹划+征税筹划。贺志东所著《征税筹划》,站在税务机关的角度,专门对征税筹划进行探讨。刘建民等所著《企业税收筹划理论与实务》认为,税收筹划的内容主要涉及两个方面:一方面是站在税收征管的角度进行的纳税筹划;另一方面是站在纳税人减少税收成本的角度进行的征税筹划。
② 盖地.企业税务筹划理论与实务[M].沈阳:东北大学出版社,2005.
③ 国家税务总局税收科学研究所.国际税收词汇[M].北京:中国财政经济出版社,1992.
④ Steven J. Rice, *Introduction to Taxation*, South-Western Publishing Co,1994,pp. 5-6.
⑤ W. B. meigs & R. F. meigs. Accounting. Mc. Graw Hill Book Company,1996:738-776.
⑥ 唐腾翔、唐向.税务筹划[M].北京:中国财政经济出版社,1994:第14页.

以规避涉税风险、控制或减轻税负、获取税收利益有利于实现企业财务目标的谋划、对策与安排。"①

从上述观点来看，虽然税收筹划没有一个统一的概念，但学术界、实务界存在一些共识，即税收筹划是在法律许可的范围内合理降低税收负担和税务风险的一种经济行为。笔者认为，税收筹划是纳税人在既定的税制框架内，通过对纳税主体的战略模式、经营活动、投资行为、理财涉税事项进行事先规划和安排，以规避税务风险、递延纳税、控制或减轻税负为手段，实现税后收益最大化目标的一系列税务规划活动。

税收筹划宜从多个角度去观察，正所谓"横看成岭侧成峰，远近高低各不同"。实际上，在税收征纳活动中，税收筹划是纳税人对税收环境的一种反应和适应行为，其这种行为不仅仅是减轻税负，还有降低税务风险的要求。所以，纳税人应该分析税收环境的特征，掌握税收政策的差异性和变化趋势，了解税务当局的征税行为特征，有针对性地开展税收筹划活动。毋庸置疑，纳税人的税收筹划行为也影响着税收制度的变迁。

1.2.4 税收筹划的学科定位

1. 税收筹划的理财性质

税收筹划本质上是一种企业理财行为。税负测算、税收筹划方案设计、税务风险控制都属于财务管理范畴。因此，学术界的主流观点认为税收筹划应归属于财务管理，笔者也持这一观点。税收筹划是财务管理的重要组成部分，税收筹划的目标与财务管理的目标具有一致性。现代企业财务管理的目标是企业价值最大化，衡量企业价值最大化所采用的最重要的指标是现金流，而税收筹划的功能之一就是对现金流的管理，包括节约现金流、控制现金流、获取货币时间价值，并为财务管理决策增添税收因素。税收筹划与企业价值具有紧密的关联性，从而使税收筹划成为财务管理的重要构成内容。

2. 税收筹划与税务会计的关系

税收筹划天然不是税务会计，但税务会计必然衍生出税收筹划。企业的税收活动离不开税务会计。税收征管依据的基础信息是税务会计所提供的，那么税收筹划依据的基础信息也必然来源于税务会计，税收筹划对税务会计有强烈的依赖关系；不以税务会计信息为依据，税收筹划是无法开展的。税收筹划与税务会计相辅相成、相得益彰，形成一种交叉互补的依存关系。

关于税务会计与税收筹划的关系，盖地教授有着精辟的见解："在会计专业中，税收筹划可以不作为一门独立的学科，而是作为税务会计的组成部分。"②查尔斯·亨瑞格（Charles Horngren）更是一语破的："税务会计有两个目的：遵守税法和尽量合理避税。"③汉弗莱·纳什（Humfrey Nash）认为：公司的目标是在税务会计的限度内实现税负最小化及税后利润的最大化。在永无休止的税务征战中，税务会计只能算是一组"征战法则"……税务会计的目标不是会计，而是收益。④

其实，税务会计与税收筹划算是一对孪生兄弟，有着极为密切的关系。但从根源上讲，税

---

① 盖地.税务筹划理论研究——多角度透视[M].北京：中国人民大学出版社,2013：第 26 页.
② 盖地.税收筹划几个基本理论问题探讨(天津财经大学 2005 年 MPAcc 税收筹划教学研讨会论文集).
③ 查尔斯·T.亨瑞格等.会计学[M].第三版.北京：中国人民大学出版社,1997.
④ 汉弗莱·H.纳什.未来会计[M].北京：中国财政经济出版社,2001.

收筹划是税务会计决策职能的衍生，其理财决策特征十分明显。

3. 法学视角的税收筹划

借用罗马法谚——"私法乃为机警之人而设"，其实税法作为公法也有"为机警之人而设"之妙用。从法律角度出发，税收法定原则要求实务中对税收法规做严格解释，即法律没有禁止的就是允许的，这意味着税收筹划包括避税和节税。[①] 法学派对税收筹划的研究内容可以概括为：注重从司法原理上界定税收筹划（避税）的范围，通过控制经济交易的无数税法细节和例外规定来进行合法的税收筹划。法学派对税收筹划的研究主要基于具体技术和特定规则的范式；在约束避税这种不确定性和超前性行为的问题上，普通法系在一定程度上比大陆法系有更大的约束力。[②] 这也一定程度上揭示了为什么税收筹划问题的研究和应用首先出现在普通法系下的英美等国家。

税收筹划是纳税人的一种理性经济行为，有其存在的市场空间。税收筹划有其社会经济土壤，这主要是指市场经济的优良环境，使其具有自发性特征，显示出勃勃生机，就如夏衍的散文《野草》中所描述的小草的那股韧劲。税收筹划之所以具有生长的自发性和韧性，源于纳税主体的利益诉求与外部制度安排形成的双重驱动力。

税收筹划是一门新兴的复合型、应用型学科，融经济学、管理学、财务学、会计学、税收学、法学于一体。随着经济全球化趋势和市场经济的发展，税收筹划已经独立为一门重要的交叉性学科或边缘性学科，但归属于财务学范畴这一点并没有改变。还有一种观点认为，税收筹划应归属于管理会计范畴，其理由是税收筹划不仅有着涉税会计决策功能，而且也给企业管理者提供相当丰富、有益的内部税务会计信息。笔者认为，税收筹划的财务决策功能充分发挥出来，其客观效应一定是形成对企业内部管理有用的决策信息。因此，税收筹划归属于管理会计的观点颇为牵强，税收筹划的基本功能是理财决策，因此将税收筹划的学科定位为理财性质最为合适。

1.2.5 税收筹划的微观目标

税收筹划作为一种纳税设计和战略规划活动，主要有三大微观目标。

1. 降低企业涉税风险

税收筹划是远离风险的。设计税收筹划方案要领悟税法精神，吃透税法条款。虽然税收筹划与逃税、避税在概念上相差甚远，但在实际生活中，有时却难以划清其界限。逃税、避税的涉税风险较大。纳税人在设计税收筹划方案时，必须有效防范涉税风险，过滤、查定并化解税务隐患，以规避未来可能出现的税务风险。

2. 挖掘规律性的纳税模式

税收筹划是针对企业个性特征而提出的一种纳税优化方案。由于企业经营管理和运作是有规律可循的，通过税收筹划活动，可以挖掘最为合适、最为有效的纳税模式，并使之逐步制度化便于企业内部管理，为企业发展的长期战略目标服务。

虽然不同的企业在经营管理方面有着较大的差异，但反映在纳税上的问题却存在着惊人的相似。一旦通过税收筹划方案成功解决企业的某一纳税难题，就会开创一种成功的纳税模式，并可规律性地推演到其他企业或相关领域。在税收微观层面，许多优秀的纳税模式是可以

---

① 童锦治，熊巍，宋春平. 企业税收筹划[M]. 北京：科学出版社，2009.
② [美]约翰·亨利·梅利曼. 大陆法系[M]. 顾培东，禄正平，译. 北京：法律出版社，2004.

被复制、移植和嫁接的,这应归功于税收筹划。

3. 维护企业的合法权益

税收筹划以税收负担的低位选择为己任,设计税收筹划方案的目的在于维护企业的合法权益。

(1) 税收筹划在一定程度上可以降低企业的税收负担,合法节税。但这种节税效应必须建立在合法基础之上,不应该蕴藏任何法律风险。

(2) 税收筹划在一定程度上挖掘了税务管理的最佳模式,探寻了最优纳税方法。企业应当合法行使纳税人权利,在税收筹划方案实施中,纳税人权利无疑会得到最大程度的保障。

(3) 税收筹划承担着维护企业权益的重任。企业在税收筹划方案实施中,必须对税收筹划的操作细节进行严格监控,以保证其有效性和合法性。

1.2.6 税收筹划的风险根源

1. 外部环境的不确定性所导致的税收筹划风险

(1) 外部经济条件的不可预知性导致税收筹划风险。对企业纳税人来说,税收筹划是企业整体经营战略的一部分,而企业的经营活动是在一定的外部经济条件下运行的。影响企业生产经营的外部经济条件包括国家的宏观经济形势、相关产品的市场需求状况以及微观客户群的发展变化情况等。对于企业来说,这些外部经济条件的发展变化是难以准确预知的,这会制约企业税收筹划的总体效果,导致税收筹划风险的产生。

(2) 税收政策的不稳定性导致税收筹划风险。税收政策是国家宏观经济调控的政策工具,其内容是随着社会经济形势的发展变化而不断进行相应调整的,这就给纳税人的税收筹划带来了潜在的政策变动风险。

(3) 税收法制管理的非规范性导致税收筹划风险。税收法制管理包括税收立法管理、税收执法管理、税收司法管理等内容。税收法制管理的非规范性所导致的风险主要体现在两个方面:一是由于税收法律的模糊性所导致的风险;二是由于税收执法行为的非规范性所导致的风险。

2. 内部环境的不确定性导致税收筹划风险

由于内部环境的不确定性给纳税人带来以下风险。

(1) 对税收筹划的合法性的认识不足所导致的合法性界定风险。

(2) 税收筹划方案设计不当所导致的方案风险。

(3) 税收筹划方案的实施不当所导致的操作风险。

3. 风险偏好导致税收筹划风险

纳税人的风险偏好也会对纳税人的税收筹划行为产生重大影响。一般而言,风险偏好型的纳税人倾向于选择那些收益大、风险也大的税收筹划方案,会面临较大的风险;风险厌恶型的纳税人倾向于选择收益适中且风险较小的税收筹划方案,会面临小的风险。

1.3 税收筹划的形成机理与效仿现象

1.3.1 税收筹划的诱因

1. 税收制度的"非中性"和真空地带

各国经济背景不同、税收法律环境不同,税制的具体规定也千差万别。为了实现不同的目标,各国规定了许多差异化政策。比如,差别税率、免征额、减免优惠政策等,这使得税收制度呈现出"非中性"的特征,从而企业的经营活动面对税收契约呈现差异化的反应。理性的企业自然会选择符合收益最大化的税收筹划方案,并有意识地进行事前筹划和安排。

税收制度是政府在有限信息条件下的决策结果,不可能对现实的所有情况、所有交易和事项产生约束,也难以对未来的情况、交易和事项做出规范,因而必然留下真空地带,形成税法空白。税法空白诱发了纳税人进行税收筹划的热情。纳税人利用税法空白进行税收筹划,是其追逐税收利益的一种本能反应。

2. 税收漏洞的存在

在税收活动中,导致税制失效、低效的因素都可称为税收漏洞(tax loop-hole)。税收漏洞可视为税制本身因各种难以克服的因素而形成的税制缺陷。从法律角度看,税收漏洞可分为立法税收漏洞和执法税收漏洞。尽管政府反对纳税人利用税收漏洞进行避税,但不可否认,不论发展中国家还是发达国家,其税收漏洞是普遍存在的,而且今后很长时间内都会存在。纳税人的数量是巨大的,对税法的解剖和考察是全方位的,因此只要存在税收漏洞,就很容易被纳税人识破并捕捉到。

面对税收漏洞,纳税人不会无动于衷,也不能无动于衷,"只要符合规则,可以打'擦边球',钻规则的漏洞"[①]。所以,税收漏洞的存在诱发了纳税人的税收筹划行为,利用税法中存在的逻辑矛盾和税制缺陷进行税收筹划,是纳税人追逐税收利益的一种方式。

3. 税收负担重、税收监管体系严密

税收负担过重、税收监管体系严密会导致税收筹划现象的产生。税收负担过重促使纳税人寻找有效的税收筹划方法以控制其税负支出。税收筹划既不违法又能有效降低税负,必然成为纳税人追逐税收利益的首选。因此,在税收筹划和税收负担之间存在着一种良性的互动关系。从某种意义上看,税收负担背后所隐含的政府的宏观政策意图是引导纳税人进行税收筹划的路标,而税收筹划则是纳税人针对"路标"所做出的良性反应。

严密的税收监管体系会形成良好的税收执法环境。纳税人要想获得税收利益,只能通过合法的税收筹划获取正当的税收利益,而一般不会、不易或不敢选择逃税避税行为获取税收利益。

4. 公正的社会政治环境

在社会政治环境较为理想的社会中,纳税人通过政治运作减轻税负的空间较小,纳税人将倾向于在依法纳税的前提下,通过税收筹划减轻自己的税收负担。在政治环境缺陷较多的社会中,纳税人仅通过政治运作或行政操作就可以减轻税收负担,因此,纳税人将倾向于进行政治运作,采取贿赂政府官员或税务官员、偷逃税或欺诈等手段减轻自己的税收负担。因此,社会政治环境是影响税收筹划的一个不可忽视的社会性因素,而公正的社会政治环境是诱发税收筹划行为的基础性条件。

1.3.2 税收筹划的动因

1. 理性经济人的选择

理性经济人是指人的思考和行为都是理性的,即总是以自身利益最大化为目标。理性经济人假设是经济学的理论基石,同时也是税收筹划动因的理论支撑。理性经济人能根据自己

---

① A. MichaelSpence. Economics(sixteenth edition)(迈克尔·斯宾塞,《经济学》第16版)。

所处的环境条件来判断自身利益并决定行为走向,尽可能实现利益最大化。纳税人作为市场中的纳税主体,根据市场条件和税收环境理性地选择最优纳税方案,追求税负最小化或者税后收益最大化的经济结果是其理性选择。

理性纳税人减轻税负、实现税后收益最大化是其与生俱来的动机和不懈追求的目标。在法律允许的情况下,纳税人总是在寻求这样一个结果,即在最晚的时间支付最少的税款。正如盖地教授所指出的:"纳税人在纳税理性的支配下,最大限度地寻求投入最少(纳税额与相关成本)、产出最大(税后利润、企业价值)的均衡。"①

2. 税收法定与私法自治的导向

税收法定与私法自治是税收筹划存在的法理基础。税收法定是规范和限制国家权力、保障公民财产权的基本要求。税制的法定性越强,税收筹划的预期性越明确,税收筹划的技术、方法就越具有稳定性和规范性。私法自治则表现为公民个人参与社会活动、处分其私有财产权利的自主性。税收法定和私法自治二者相互融合,相互协调,共同保证纳税人权利的实现。基于私法自治原则,利用私法上的经济活动形式的自由选择权,在法律框架下进行合法的税收筹划,是纳税人享有的一项正当的权利。

3. 利用税收规则的自由度

纳税人作为税收契约关系中的弱势群体,虽然不能制定税收规则,但可以利用税收规则,享有利用税收规则的自由度的权利。因此,纳税人更好地理解税收规则,利用税收规则,即从现行税收规则中谋取最大的税收利益才是上乘之计。纳税人无法选择税制(除非移民到世界上别的国家或迁移到国际避税地),但可以选择适用税制的相关条款,灵活利用不同的税收规则谋取税收利益最大化。

1.3.3 税收筹划的形成机理

自负盈亏的经济主体在激烈竞争的市场环境及其他内外部制度因素的推动驱使下产生了利益最大化需求,强烈的利益需求天然激发了企业的节税动机。从逻辑角度分析,本能的驱利动机使纳税人寻找降低税收负担的各种手段以实现税后收益最大化。

在这种情况下,纳税人和代表政府进行税收征管的税务部门目标的差异性将引发一场激烈的博弈对局。博弈结果不外乎两种情况:一是企业选择了非税收筹划手段而遭到税法的严厉制裁和处罚。随着税收监管力度的加大,企业通过这种方式获得的收益很可能无法弥补由于处罚导致的利益丧失。二是企业选择税收筹划行为,使企业通过税收筹划获取的利益能够弥补并超过所耗费的成本。

税收筹划与税收监管实际上是一对相互促进的矛盾体,税收监管为税收筹划提供了法律保障,税收制度的变革又促进税收筹划的顺利实施;税收筹划活动为税收制度的变革和完善指明了方向。② 上述博弈过程导致了税收筹划的产生,这就是税收筹划的形成机理,如图1-1所示。

1.3.4 "破窗理论"与效仿现象

1. 破窗理论

"破窗理论"源自美国斯坦福大学心理学家詹巴斗的一项有趣的试验:他同时将两辆相同

---

① 盖地.税收筹划理论研究——多角度透视[M].北京:中国人民大学出版社,2013.
② 孙进营、张峰、马骥.税收筹划动力源泉分析[J].南京财经大学学报,2008(4):40-44.

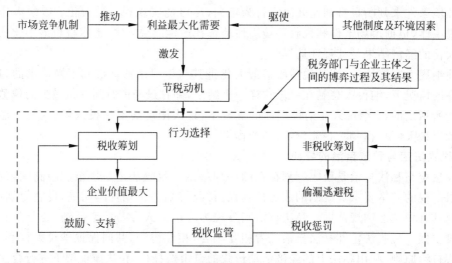

图 1-1 税收筹划的形成机理

的汽车,停放在两个不同的街区:杂乱的平民街区和中产阶级居住的社区。他摘掉停放在杂乱街区车辆的车牌,并打开顶棚,而停放在中产阶级社区的那辆车未作处理。结果,前一辆车当日即不翼而飞,后一辆车过了一周仍安然无恙。后来,他用锤子将后一辆车的玻璃敲碎,结果数小时后该车也没了踪影。

美国政治学家威尔逊(Wilson)和犯罪学家凯林(Kelling)从这个试验中进一步抽象出"破窗理论":如果有人打坏了一幢建筑物的窗户玻璃,而玻璃又未得到及时修补,别人就可能受到某些暗示性的纵容,去打碎更多的窗户玻璃。久而久之,这些破窗就给人造成一种无序的感觉。在这种杂乱无章的氛围中,犯罪就会不断滋生、蔓延。这个理论传递出这样的信息:环境具有强烈的暗示性和诱导性;人们的行为会受到环境暗示的影响,进而产生效仿的本能。这是一种正常的社会现象,却对纳税人的税收活动和经济行为产生了深远的影响。

2. "破窗理论"对税收筹划效仿现象的解释

税收筹划是一项智力型的创造活动,其主观性很强。税收筹划活动的开展会受到环境暗示作用的制约。如果一个企业利用合理的税收筹划达到了节税效果,那么其他企业在条件允许时会产生效仿行为。同理,如果一个企业钻税法空子,通过违规的操作牟取了利益,而税务机关对这种行为未作处理,则其他企业心理上就会形成一种暗示,即我也可以如法炮制。于是,由于一扇"破窗"没人修补,紧跟着会出现一扇又一扇的"破窗",最终会扰乱企业的正常纳税秩序和税收筹划规则,使违法操作的企业获得的利益超过依法筹划的企业,进而造成众多企业对税收筹划规则失去信心;反之,如果税务机关对企业的纳税行为进行适度监控,对违法行为予以严厉处罚,及时将"破窗"补上,无疑会给企业带来另一种暗示,即"伸手必被抓,钻法律空子的人一定会得到应有的惩罚",从而营造起依法纳税和科学筹划的良好氛围。

"破窗理论"给税收筹划带来如下启示:环境暗示作用对税收筹划行为的影响要予以充分重视。从税务机关的角度来讲,一是要暗示企业:国家是支持税收筹划的,税收筹划是纳税人的一项权利。提高社会各界对税收筹划的认识程度,但同时要严厉打击避税、逃税行为。二是要暗示企业:合法的税收筹划会带来税收利益。政府为企业的税收筹划提供必要的政策支持,鼓励企业依法争取应得的税收利益,并通过对企业合法筹划行为的认定,及时将企业的筹划成果转化体现在税款征收上。三是要暗示企业:税务机关绝不会纵容税收违法行为的存在。要加强对企业税收筹划行为的监督力度,做到放开而不放任,一旦发现企业税收筹划行为中存在违法现象,要及时处理,依法处罚,切实规范税收筹划的秩序。

从纳税人的角度讲,成功的税收筹划是一种寻找自身经营活动与税法规定契合点的行为,是一种对税法的遵从和灵活运用的行为,是一种自主行动、自我受益的行为,从而吸引越来越多的纳税人参与税收筹划。另一方面,成功的税收筹划会暗示税务机关:税收筹划具有合法性,合法节税也是纳税人依法纳税的表现形式,应该获得税务机关的支持与认可。

3. 第二个"破窗理论"

无独有偶,世界上居然存在第二个"破窗理论"。1714 年,巴师夏在《看见的和看不见的》的文章里讲述了一个故事:一个顽童砸坏了理发店的玻璃窗,结果为玻璃商带来了生意。玻璃商从理发师那里赚到了钱,又从其他商人那里购买其他商品。于是,在这种不断扩大的循环中,打破玻璃的行为提供了财富和就业机会。这种循环有一种惯性,能够传递并不断得到强化。

对于税收筹划而言,就像顽童砸坏玻璃窗一样,虽然暂时会使国家财政收入减少,但是,税收筹划有助于企业财富的积累和后期发展的良性循环。放水养鱼,藏富于民,使企业形成一种持续、快速发展的惯性,从而促进经济繁荣,在可预见的未来能够实现更多的财富增长,为国家带来更多的财政收入。这一规律的经济解释可以归结到经济学的加速原理与乘数原理上,企业由于税收筹划而增加的税后利润可以用于更多的投资,而投资的增长会引起收入的成倍增长,这是乘数原理;而收入的增长又会引起投资的增加,于是其结果会引起经济的更多更快增长,这是加速原理。加速原理与乘数原理的相互作用机理本质上是经济体系本身的一种内在机制作用。内在机制自发调节,必然会传递和强化循环的惯性。

1.4　税收筹划的宏观经济效应

1.4.1　税收筹划的宏观定位

税收筹划行为的本质是纳税人在税法许可的范围内,通过对经营、投资、财务活动的合理筹划和安排,以达到减轻税负、降低风险的行为。

税收筹划具有两个特点:①税收筹划是在合法的条件下进行的,是纳税人在对政府制定的税法进行精细比较后进行的纳税优化选择,或者是纳税人在纳税义务现实发生之前采取一定的措施和手段减轻或免除纳税义务的税务规划(纳税义务并没有真实的发生)。②税收筹划符合政府的政策导向。从宏观调控角度来看,税收是调节纳税人行为的一种有效的经济杠杆。政府可以有意识地通过税收规则、税收政策引导投资和消费行为的价值取向,使税收筹划符合国家政策导向。

从另一角度观察,税收筹划行为的本质是纳税人对国家税法和政府税收政策的反馈行为。如果政府的税收政策导向正确,税收筹划行为将会对社会经济发展产生积极的推动作用。正是因为企业具有强烈的节税愿望,政府才可能利用税收杠杆来调整纳税人的行为,从而实现税收的宏观调控职能。

对纳税人而言,要使其主观的节税动机转化为现实的节税行为,使节税收益成为现实,还必须具备一定的客观条件,其中关键是税法完善程度及税收政策导向的科学性。税法体现着政府推动整个社会经济运行的导向,而在公平税负和税收中性的一般原则下,也渗透着税收优惠条款和各种差异化税收政策。税收优惠条款和各种差异化税收政策无疑为税收筹划提供了一定的客观条件。如果从单纯的静态意义上讲,税收筹划的确有可能影响短期财政收入。然而,税收筹划及其后果与税收法理具有内在的一致性,它不会影响或削弱税收的法律地位,也不会影响或削弱税收的各种职能及功能。这种税收筹划行为完全是基于政府对社会经济规模和结构能动的、有意识的优化调整,这也诠释了税收筹划的实质是对税收立法宗旨的有效贯彻。

1.4.2 税收筹划的博弈局势

征税与纳税是一种永恒的、高智商的动态博弈对局,我们经常用"渔网理论"来刻画征纳双方之间的微妙关系:渔民编织渔网出海打鱼,打鱼时必然会出现一些漏网之鱼。鱼之漏网,归因于网眼过大或渔网破损,且鱼从网中拼命挣脱是鱼渴望生存之天性使然。渔民不应该埋怨鱼,而应该想办法修补渔网。税法犹如一张渔网,再完善的税法都有缺陷和漏洞。而税收筹划犹如检验税法的试金石,使政府意识到修补"税法之网"的迫切性。

税收的存在对企业而言有着直接或间接的约束。一方面,征税会增加税收负担,直接减少税后净利润;另一方面,征税会导致企业现金流出,使现金流量匮乏,影响其偿债能力。征税必然导致企业既得利益的损失,这是一种客观存在。

企业在纳税时必然考虑这样一些问题:既然纳税源于对社会共同利益的维护与保障,税收是调节市场经济运行的重要杠杆,政府利用税收杠杆能够在多大程度上给企业带来各种利益。如果这种积极作用的确能使纳税人预期收到实效,并的确有助于提高其经济效益,税收贡献大的企业会因此而强化市场竞争能力,推动后进企业强化纳税意识,淡化对纳税义务的抵触情绪。否则,企业以各种形式和手段对抗政府赋税的意识和行为就不可避免。同时,征税还使企业承担着投资扭曲风险、税款支付风险等。在这种环境下企业会对宏观经济环境及其自身的行为取向进行博弈分析,一定会走向税收筹划,这也是企业在复杂经济环境下的自然选择。

【案例 1-1】 若两种不同资产的税前收益率相同,税后收益率也相同,这是一种均衡状态。当税制发生变化时,影响其中一种资产的税收支出,结果是两种不同资产虽然税前收益率相同,但税后收益率却不同。在这种情况下,投资方会增加对税后收益率高的资产的投资,而减少对税后收益率低的资产的投资,使得税后收益率高的资产价格升高,税前收益率会因此而降低,导致税后收益率会逐渐降低;而税后收益率低的资产价格降低,税前收益率会因此而提高,导致税后收益率也逐渐提高。这一投资动态博弈过程直到两种资产的税后收益率相等为止,此时重新达到新的均衡状态。当税制发生变化时,税后收益率的均衡过程如图 1-2 所示。

纳税人和税务机关之间存在一种博弈关系。纳税人在既定的税制框架下追求税收利益。纳税人在税收政策选择与运用方面都有着明显的博弈特征,税收遵从与税收筹划达成均衡态势。税收征纳中的博弈均衡体现着一种基于税收契约精神的动态博弈。

1.4.3 税收筹划与公平效率

企业的税收筹划活动能正确反映和体现国家政策的公平、效率倾向,且是实现财政政策目标的手段之一。政府通过税收立法,调节某一行业或地区的纳税人在税收筹划过程中所能得到的利益,为纳税人提供弹性的税收空间,即有选择地调节纳税人的"节税"能力,使纳税人在税收固定性的基础上有一定的"节税"弹性。这种"节税"弹性是依靠纳税人的主观能动性和税收筹划能力才能转化为现实收益的。

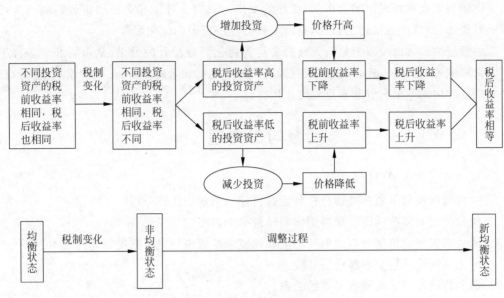

图 1-2　税后收益率的均衡过程

"节税"能力的大小在不同纳税人之间的分布,体现出政府对公平、效率的选择,具体表现为以下两个层次。

第一个层次是税收范围内的公平、效率选择。若各项税收条款对所有纳税人具有普遍约束力,没有针对某些行业或地区的特定条款,纳税人具备相同的税收选择空间、相同的节税弹性,则是趋向公平的政策选择,反之为趋向效率的政策选择。

第二个层次是整个国民经济运行中的公平、效率选择。市场对资源配置发挥主导作用,经济增长与收入分配不公、地区差异过大、行业间发展不均衡同时并存。企业可支配的资源数量不同,决定其市场地位不同,从而决定其抵御风险能力、盈利能力和核心竞争力的不同。税收发挥调节功能,通过税种结构的合理搭配,赋予市场中处于不利地位的小规模投资者、欠发展地区和低盈利行业纳税人较大的节税弹性,使这部分税收优惠能弥补由于市场不公平带给他们的损失。这就表现为税法通过调节企业税收利益从而实现对公平政策的选择;反之,进一步刺激优势部门和地区的发展,则为对效率政策的选择。

1.4.4　税收筹划与宏观调控

税收筹划与宏观调控存在一种相互依存的关系。一国或地区的税收制度处于主控地位,是一种自上而下的控制信息输入,经过纳税人这个处理器,产生两个输出信息参数:一是纳税人上缴给国家的税款;二是纳税人投入宏观经济运行的生产要素。由于税法的约束力,输入的税法信息能够控制税收结构、税额等数据输出。获取税款只是税收杠杆调节系统的辅助目标,促进经济增长才是其主要目标。因此,必须设法控制生产要素的输出,这种控制要经过纳税人这一中间环节,关键在于调动纳税人的积极性。系统中输出参数输入参数的依存关系,取决于纳税人这个中间处理器的运行方式,而纳税人的处理原则之一就是努力减轻税负,实现税后利润最大化,即进行有效的税收筹划以控制税负。

在既定的税制框架下,纳税人往往面对多种税负不同的纳税方案。因此,纳税人开展税收筹划选择最优纳税方案,是实现国家税收经济调控职能的必要环节。其实,税收筹划是纳税人对国家税法与宏观调控做出的合理的、良性的反应。政府合理引导企业的税收筹划行为可以达到涵养税源、调整产业结构的目的,有助于社会经济资源的优化配置。

这种通过纳税人的税收筹划行为选择来达到优化资源配置的效果,是市场经济条件下政府引导资源配置的主要方式,是国家税收经济调控职能的重要体现,对于维护宏观经济的稳定发展和产业结构的平衡有着非常重要的作用。

复习思考题

1. 税收筹划产生的根源是什么?
2. 如何理解税收筹划的微观目标与宏观目标?请加以比较分析。
3. 税收筹划有哪些诱因?请根据你的经验举例说明。
4. 请从破窗理论角度分析说明政府应如何监管微观市场主体的税收筹划行为。
5. 请论证税收筹划的宏观经济效应。
6. 请分析税收遵从与税收筹划的关系。

分析论述题

1. 我国台湾地区关于租税主要强调以下三大功能。
(1) 使行政管理当局达成资源配置效率(allocation efficiency)。
(2) 所得重分配(income redistribution)。
(3) 经济稳定与成长(economic stabilization and growth)。
【要求】 请用经济学原理解释租税的三大功能及其对社会经济的贡献。

2. 我国台湾地区为达成租税之三大功能,常借由订立子规则、条例、规则、办法或发布解释函令等方式来顺应商业及税务环境的剧烈变化。但也造成租税法规日趋复杂化及专业化,导致纳税义务人遵循税法之困难。
【要求】 针对此现实情况,请论证纳税义务人应如何面对这种商业及税务环境的剧烈变化,有哪些应对策略。

【综合阅读题】

亚马逊成本分摊税收争议案[①]

亚马逊集团在美国总公司与卢森堡子公司之间成本分摊协议是一个典型的利用成本分摊协议来降低税负的案例。

亚马逊公司(Amazon,以下简称 AMZN US),是美国最大的网络零售商和全球第二大互联网企业,其无形资产会为企业带来高水平的利润。为扩大公司在欧洲的业务,AMZN US 将新的欧洲总部设立在卢森堡。卢森堡的税率较美国更低,且是欧盟内部增值税税率最低的国

---

① 案例参考德勤中国税务与商务咨询合伙人舒伟、总监余华颖、经理孙一顺发表于《国际税收》2018 年 2 月刊的《成本分摊协议何去何从——美国亚马逊案例之浅析》。

家。2004年AMZN US与其在卢森堡的子公司(以下简称AMZN LU)签订了成本分摊协议，AMZN US向AMZN LU转让无形资产。AMZN LU对这些已经存在的无形资产进行成本分摊协议中的"买进付款"，向AMZN US支付约2.55亿美元，同时承担后续无形资产研究和开发的成本。根据成本分摊协议，AMZN US向AMZN LU转让的已经存在的无形资产主要包括亚马逊的网站建立、维护技术、客户信息和营销型无形资产(包括商标和域名)。2005年和2006年，AMZN LU分别向AMZN US支付了约1.16亿美元和约7700万美元的研究开发费用。①

美国国税局(IRS)认为AMZN LU所支付的"买进付款"明显低估了被授权的无形资产价值，IRS使用现金流贴现方法计算的"买进付款"为36亿美元，要求AMZN US调整应纳税所得额并补缴税款。AMZN US对美国国税局的计算方法提出质疑，认为应该使用可比非受控价格(comparable uncontrolled price，CUP)法对无形资产进行估价，并向美国税务法庭提起诉讼。

如图1-3所示，AMZN US与AMZN LU签订的成本分摊协议规定AMZN LU可以使用AMZN US已有的三种无形资产并进行"买入支付"，支付的对价为2.55亿美元。这三类无形资产为：①运营网站所需要的软件和技术；②运营网站所需要的域名、商标、商品名称等营销性无形资产；③亚马逊的欧洲客户名单及客户信息。同时AMZN LU对以后的无形资产研发活动进行成本分摊，2005年和2006年，AMZN LU分别向AMZN US支付了约1.16亿美元和约7700万美元。

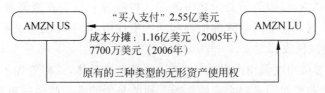

图1-3 亚马逊集团的成本分摊协议

经过这一安排，AMZN US获得了较少的无形资产使用权的对价，减轻了在美国的税收负担，且因为是母子公司之间的支付，除税费和相关管理费用外并不影响集团利润。AMZN LU支付了较少的研究开发费用，使得研究开发费用的扣除留在AMZN US，以节约在美国的税收。

2017年，美国税务法庭做出判决，认为IRS滥用其自由裁量权，在计算无形资产价值时加入了成本分摊协议中没有涉及的无形资产，认为合理的"买进付款"为7.79亿美元，税务机关不服向美国第九上诉法院提请上诉。2019年8月16日，美国第九上诉法院宣布判决支持税务法庭的观点，认为无形资产的计算方法应为可比非受控价格法，税务机关的纳税调整是不合适的。

问题思考：1. 亚马逊成本分摊协议的核心问题是什么，有什么税收影响？
2. 美国税务法院为何判美国税务机关败诉，你从该案例获得哪些启发？

---

① 案例来源：IBFD. United States-Amazon.com & Subsidiaries v. Commissioner of Internal Revenue，16 August 2019 (Decision). https://research.ibfd.org/#/doc?url=/linkresolver/static/cl_us_2019_08_16_1.

第 2 章

税收筹划前沿思想

在纳税人之间、不同时期之间、各种组织形式之间以及各种经济活动之间存在税率差异的情况下,纳税人具有与其他纳税人订立契约,从而改变他们边际税率的动机。

——诺贝尔经济学奖得主　迈伦·斯科尔斯

2.1　税收筹划的战略思想

2.1.1　企业战略与税收筹划

1. 企业战略管理与税收筹划的关系

1) 战略管理指导税收筹划

战略管理是首要的,税收筹划是为之服务的。税收筹划只有在战略管理的框架下才能充分发挥作用,税收筹划对企业战略管理能够起到一定作用,但不可能起决定性作用。

2) 战略管理重视税收筹划

战略管理是从宏观角度看待问题的,它关注的是企业整体,战略管理不仅考虑税收对企业的影响,还考虑其他非税收因素对企业的影响。税收是影响企业战略的重要因素之一,税收筹划是战略管理要考虑的一个重点。税收筹划必然成为企业战略管理框架的组成部分。

战略管理和税收筹划有着共同的目的,即从企业整体绩效出发,为股东创造最大价值。在实现这一目标的过程中,税收筹划也明显带有长期战略的痕迹。但当企业决策是否进入某个行业或某个市场时,考虑最多的是该行业或市场的潜力,而不是税收筹划。尽管也要考虑相关税收政策和税收筹划,但这些是附属的、次要的,即不能因为税收因素而改变企业的战略决策。这是一条重要的企业法则。

2. 企业战略税收筹划的导向

企业战略是对企业未来的长期发展所做的全局性的总体谋划,是为创造未来而设定的成长路径。其本质在于调整和变革以适应未来环境的变化,实现企业价值创造和未来可持续发展。企业战略支配着企业经营与财务活动,自然也包括税收筹划。因此,税收筹划必须服从于企业的总体发展战略。

在探讨企业战略与税收筹划的关系时,必须强调的是:企业战略是首要的,其次才是税收筹划,税收筹划只有在企业战略确定的情况下才能充分发挥其作用。当然,在某些条件下,税收筹划在确定企业战略时能够起到一定的作用,但绝不是决定性的作用,下面从多个角度分析其原因。

1) 市场超越一切

当企业决定是否进入某个市场时,考虑最多的不是税收筹划,而是这个市场的潜力如何,企业能否在短期内占领这个市场。比如,许多外国投资者在考虑投资中国时,其看重的并不是中国优惠的税率、优厚的待遇,而是广大的消费市场和广阔的发展空间。当然,优惠的税收待遇能够为投资者提供一个良好的竞争条件,但投资者为了扩大市场份额,是很少考虑税收成本的,甚至有的投资者为了达到一定的目的,如扩大市场份额、击垮竞争对手、逃避政治经济风险以及获取一定的政治地位等,可能把投资由低税区转向高税区。

2)税收筹划为企业战略服务

当企业决定是否进入某个行业时,考虑最多的也不是该行业是否能够享受税收优惠,而主要考虑企业进入该行业后能否有长期的发展潜力。在决定是否进入某个行业时,企业首先要考虑清楚行业的供货方或原料提供者,即上游企业是一些什么性质的企业,与企业选址的相对位置如何;其次要考虑它的市场在哪里,下游企业是一些什么性质的企业,是垄断还是竞争;再者要考虑该行业的潜在进入者有哪些,构成的潜在威胁有多大;最后要考虑替代产品或替代服务有哪些,它们是否对本企业构成威胁以及潜在的威胁程度如何。至于筹划节税问题,则应列在这些因素之后。因此,从这个意义上来说,企业战略是税收筹划的导向,税收筹划要为企业战略服务。

3)企业战略目标决定税收筹划的内容与方式

企业在考虑采取某项经营活动时,往往不是从税收筹划的角度出发的,虽然税收筹划能够渗透企业生产经营的每个环节,但它并不是企业的首要目标。企业存在的唯一理由是盈利,为投资者带来税后收益,而不是少缴税款。因此,企业采取的某些政策措施,虽然从税收筹划的角度来说可能是不划算的,但符合企业的战略目标。如某些上市公司在不违反法律的条件下,采取推迟费用入账时间以降低当期费用,这样筹划的结果是公司的本期利润增加,从而所得税款的缴纳也相应增多。但由于经营业绩变好,股票价格上扬提升公司价值,这对公司来说是有利的。

企业战略目标决定了税收筹划的内容和方式。企业不同阶段的不同需求和战略目标定位,对税收筹划的相关领域和内容提出要求,也对税收筹划的方式提出约束条件。不满足企业战略目标要求的税收筹划方案,不能在企业实践中得到实施。

2.1.2 税收筹划的战略管理方法

税收筹划的战略管理是立足系统思维和超前思维的战略性管理活动,这里讨论的税收筹划的战略管理活动,其所采用的核心工具是"税收链",其所运用的战略管理方法是合作博弈。

1. "税收链"思想及应用

1)价值链的概念

价值链概念最早是由迈克尔·波特(Michael Porter)教授于1985年提出来的。每一个企业都是在设计、生产、销售、发送和辅助其产品生产过程中进行种种活动的集合体,所有这些活动都可以用一个价值链来表示。价值链的含义包括三个部分:第一,企业各种活动之间都有密切联系,如原材料供应的计划性、及时性与企业的产品生产有密切联系;第二,每项活动都能给企业带来有形或无形的价值,如售后服务,如果企业密切关注顾客的需要或做好售后服务,就可以为企业赢得良好的信誉,带来无形价值;第三,价值链不仅包括企业内部各链式活动,还包括企业的外部活动,如与供应商之间、与顾客之间的活动。由此可见,价值链将一个企业分解成战略性相关的许多活动,企业的价值增长和利润就是在这些活动中产生的。

2)"税收链"的思想

企业所从事的生产经营活动是多种多样的,在生产经营过程中面临的税收问题也是多种多样的,既有增值税等流转性质的税收,又有企业所得税和个人所得税等所得性质的税收,还有诸如房产税、契税、土地增值税等其他性质的税收。如果从企业的生产经营过程来看,其主要活动分为供应、研发、生产、销售等四大经营活动,即企业先采购原材料,然后研发新技术、设计新产品,继而进行生产加工,最后再到市场上销售产品。所有这些环节都创造价值或实现价值,构成了完整的价值链。在这条价值链上,有一部分价值是以税收的形式流入国库。企业所承担的税收,都是在价值流转的节点确认纳税义务并实际缴纳给政府的。如果沿着价值流转的路径观察,也形成了一个与税收相关的链条,即所谓的"税收链"(见图2-1)。

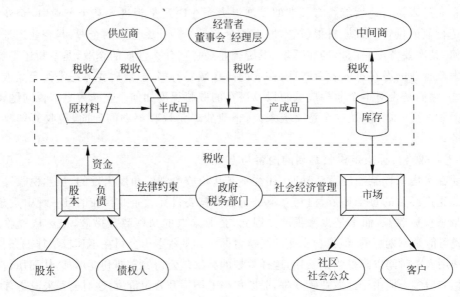

图 2-1 税收链示意图

注:图中虚线框内为企业生产经营主体部分,利益相关者皆用椭圆形表示。

利用"税收链"有助于分析税收的形成机理与纳税环节。对企业来说,许多税收都是在流程中形成的,所谓税收的流程观其实也就是"税收链"思想。

税收筹划是一种实现企业价值增长与战略目标的重要工具,企业税收链(价值链)某一环节的改善或优化,都可能与税收筹划发生直接或间接的关联。因此,站在战略的高度,用战略思想统筹税收筹划工作,结合企业内外部环境的变化,将企业税收链(价值链)与税收筹划有机结合,对企业的涉税事项进行战略规划。

3)"税收链"的应用

如果企业具有"税收链"的观念,就能够找到税收筹划的易胜之地,即与哪些利益相关者合作最有效,在哪个流程筹划最合适,哪些税种的筹划空间最大。基于"税收链"的企业税收战略,树立系统观,从整体和全局角度出发,不仅考虑局部环节的税收负担或个别利益相关者的税收利益,还要具有开阔的视野,考虑全部流程的税款支出及所有利益相关者的税收利益。

"税收链"思想要求企业从利益相关者视角看问题,不仅要考虑企业自身的税收情况,而且还要从企业与利益相关者的交易在整个价值链上的位置来考虑,照顾到利益相关者的纳税要求,这样才能真正利用"税收链"彻底解决与利益相关者因交易活动而产生的税收问题。推而广之,在国际税收领域中,随着数字经济的兴起,全世界联系日益密切,国家或地区之间的各个经济体共同形成一条涉及数字经济的全球产业链,各个经济体在产业链上的位置及对全球产业链的贡献程度,都会影响到各个经济体的实际税负水平和利润率水平。因此,从全球产业链视角分析,也涉及一条庞大的全球税收链,其对税收的影响超越了国界、国境,形成全球视野的跨境税收分配大格局。全球税收链的税收影响会对一国或地区的税收主权形成挑战。从人类命运共同体角度出发,人类的经济活动和价值创造也要兼顾税收公平和国际利益均衡,反对任何霸权主义和经济侵略主义的思潮和行为。

【案例2-1】 甲公司的"税收链"上有一家代理商,属于小规模纳税人。该代理商在代理产品时不能给终端客户开具增值税专用发票,因而其市场拓展一直存在障碍。从"税收链"角度分析,即使该代理商的价格(指含税销售额)比一般企业低,只要不低到一定程度,终端客户一般也不会购买。道理很简单,如果终端客户购买了该代理商的产品,不能取得增值税专用发票,就不能抵扣进项税额,这无疑会增加终端客户的税收负担。

如果利用"税收链"思维,就能够彻底解决该问题。下面按照这一思维模式,我们给出多种可行的解决方案。

方案一:甲公司对代理商实行销售让利,并促使代理商给终端客户让利,代理商的价格优势会吸引来大量终端客户;

方案二:甲公司协助代理商到税务机关代开增值税专用发票,解决代理商不能为终端客户开具增值税专用发票问题;

方案三:甲公司和代理商相互协作,把原来代理商买断后再把对外销售的商业模式改为"委托代销"模式,即让代理商只充当销售代理中介,而由甲公司给终端客户开具增值税专用发票。

2. 合作博弈:税收筹划的战略方法

税收合作博弈是税收筹划活动中很重要的一个概念,它包括企业与企业之间的税收合作,企业与税务机关之间的税收合作,以及企业与客户之间的税收合作。这种税收合作并不是博弈双方合谋逃避税收,而是一种正当的税收合作行为。

1) 企业之间的税收合作博弈

企业之间的税收合作形式是多种多样的,企业之间或集团内部组织之间通过合理的转让定价模式转移利润与税收,这是常用的税收筹划方法。例如,集团内部企业之间通过转让定价将高税区的利润转移至低税区实现,则可以降低集团整体的税收负担。其实,这种现象引申开来,只要两个企业之间有购销往来关系,就是利益关联方,就可以利用转让定价共同实现筹划节税。市场价格处于不断波动的状态,有高也有低,因此,转让定价可以稍高于市场价格,也可以稍低于市场价格,具有一定的弹性空间。如果把这种现象一般化,利用转让定价的灵活性,在关联企业之间合理进行利润转移,就能够合理控制税负。

企业之间的税收合作主要有以下六种形式:一是商品交易定价的税收合作;二是提供劳务或服务定价的税收合作;三是无形资产交易定价的税收合作;四是租赁业务租金的税收合作;五是融资业务的税收合作;六是成本分摊与费用转嫁的税收合作。

企业之间的税收合作博弈主要表现为三种形式:一是其中一方完全掌握产权或控制权,另一方购买使用权;二是双方通过交易活动实现产权转让;三是实行委托代理制,转让使用权或控制权。这三种形式都存在不同程度的税收筹划空间,其实质是资源使用权让渡或产权转让的税收规划。譬如,一个企业拟向其利益相关者转移资产,则可以考虑的路径有以下几种。

(1) 通过正常交易行为转移资产。

(2) 通过非货币资产对外投资方式转移资产。

(3) 通过捐赠行为转移资产。

(4) 通过租赁方式让渡资产使用权,具体分为经营租赁与融资租赁两种形式。

(5) 通过实体资产抵债方式转移资产。

(6) 通过非货币资产交换方式转移资产。

(7) 通过企业合并、分立、股权交易等资产重组方式转移资产。

当然,具体选择哪种资产转移方式,这完全取决于企业之间的税收合作博弈的目标导向和操作模式。

2) 企业与客户(消费者)之间的税收合作博弈

企业与客户之间的税收合作也是一种相当重要的税收合作,这种税收合作其实也可以归入企业与企业之间的税收合作,但由于一些客户可能属于自然人,因此在这里单列出来。按照一般的经营常识,商品最终总要销售给客户,因此企业与客户的税收合作就具有重要的现实意义。比如装修服务,到底是由企业还是客户提供装修材料,这是可以协商的。再如房产租赁业务,出租人与承租人在租金额度以及支付方式上也是可以进行磋商合作的,双方的契约安排和有效合作可以大大降低税收负担。

3) 企业与税务机关的税收合作博弈

企业与税务机关也存在着税收合作,而且这种税收合作也具有一定的操作空间。税务机关征税本身是要花费成本的,而企业的生产经营活动错综复杂,税务机关根本无法完全掌握企业经营活动的全貌。因此,对税务机关来说,详细了解每个企业的具体情况,并对企业每项经营活动都实施监控,就需要花费高昂的成本。如果企业与税务机关相互沟通和协调,就能减少征税成本。比如,涉及转让定价时,企业与税务机关采取预约定价安排,不仅可以方便税务机关征税,降低其征税成本,而且也会给纳税人带来好处,既可以适当采用有利的转让价格,又可以避免转让价格被调整的税务风险。

2.1.3 税收筹划的战略模型

税收筹划战略是指导税收筹划全局的计划和策略,具体表现为企业适应税收环境的一组税收行动计划和策略,其作用在于规避涉税风险、降低税收负担。税收筹划战略要求企业将税收筹划纳入企业战略决策之中,以获得市场竞争优势。基于企业税收筹划环境的复杂性,尤其是企业面对众多的利益相关者,应该借鉴战略管理的思想,制定科学的税收筹划战略。

为了提高税收筹划的效率,实现税后收益最大化目标,企业在与利益相关者的交易中需要充分考虑税收因素的影响,这就是建立税收筹划战略模型的意义所在。基于税境与利益相关者分析框架的税收筹划战略模型设计如图 2-2 所示。

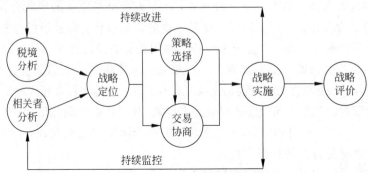

图 2-2 基于利益相关者的企业税收筹划战略模型

从战略管理视角分析,税收筹划对环境和相关主体有着高度的依赖性,持续监控环境和相关主体的变化情况,持续改进税收筹划策略与战略规划,是税收筹划获得成功的基本保障性条件。从"战略定位"到"策略选择—交易协商"的交互融合,再到"战略实施",这是税收筹划战略管理的关键所在。

1. 战略环境分析

战略环境分析包括税境分析与利益相关者分析。

所谓"税境分析"指的是对企业所处税收环境的分析,主要从经济发展水平、市场开放程度、物价变动、税制变革、税种结构、征管模式、税务人员素质等方面分析税收环境的复杂性与变动性,为制定税收筹划战略提供基础性环境信息。税境分析要预测税收制度的变化及其对企业和利益相关者的税收影响。中国正在进行的税制改革对社会经济产生了重大影响,企业也存在着许多税收筹划的机会和空间。中国的税制改革比较透明,企业也完全可以预期,并做出合理的纳税行为调整及税收筹划策略安排。

在市场经济中,企业与利益相关者的关系非常密切,为了实现税收筹划战略目标,必须对利益相关者的基本情况进行分析。对利益相关者的分析,主要从行业背景、经营特征、发展战略、业务模式、税收状况等方面进行,掌握利益相关者的经营情况、财务状况、纳税状况,为税收筹划战略制定及具体策略选择提供决策依据。

2. 战略定位

企业根据税境分析及利益相关者分析确定税收筹划的战略目标,给出明确的战略定位。税收筹划战略表明了公司未来的路径指向,是企业税收筹划的前进方向。税收筹划的战略定位必须建立在企业外部环境、内部条件和战略目标的基础之上。

3. 策略选择

美国战略学家乔治·斯坦纳(George Steiner)教授认为:"策略即为达成策略计划中制订的目标所采取的特别行动,通常,这类行动是指资源的配置与运用。"[①]从博弈论的角度理解,策略就是参与人在给定信息的情况下的行动规则,它规定参与人在什么时候选择什么行为。其实,策略也可以理解为特定环境下对于特定问题的应对之策,即"对策"。对一个企业而言,策略是抽象的,它体现着企业的战略导向。企业战略驾驭着策略,企业战略也可以被认为是一组或多组策略的组合。因此,策略支配着整个生产经营活动,决定着企业的生存和发展。

企业战略的实现在于成功地选择策略,而企业税收筹划战略也是如此。在企业实际经营管理活动中,策略选择可以被看成是通过资源的系统规划来建立竞争优势的一种适应性行为。

4. 交易协商

交易协商主要是关于税收利益分配的协商,包括两个方面:一是企业与税务部门协商税收利益的分配,如税务部门与企业协商给予一定的税收优惠,鼓励企业实施再就业工程或吸引投资;二是企业与利益相关者协商交易价格及交易形式,如协商关联定价的原则、关联交易的时间、契约履行的条件等。交易协商可以在企业与其一个利益相关者之间进行,也可以在企业与其多个利益相关者之间进行。交易协商的目的是就交易中的税收利益达成一致。

交易协商是策略选择的下一步,两者有着直接的关联,也相互影响。策略选择决定交易协商的内容,交易协商的结果也可能会引起策略选择的调整。

---

① 刘心一,刘从戎.税收规划——节税的原理、方法和策略[M].北京:经济管理出版社,2006:541.

5. 战略实施

战略实施是把战略付诸实施或执行的过程。要把税收筹划战略变成现实,需要具体付诸实施。在税收筹划战略实施过程中,要特别注意环境变化和战略定位的持续改进问题。

现代社会环境变化迅速,即使税收筹划战略制定得相当缜密、科学,也需要在执行中随着环境的变化进行修订。在图 2-2 中,建立在税境分析和利益相关者分析基础上的持续改进,就是一种环境应变能力的提高,使税收筹划战略更能适应环境的变化。

6. 战略评价

战略评价是对战略实施结果的评价与总结。税收筹划战略实施后,应该对税收筹划战略的实施结果进行检查和评价。将税收筹划战略的实施结果与战略目标进行比较,审查执行业绩及战略执行成本,分析其税收筹划战略的有效性。此外,战略评价还要从税收筹划对企业的财务、税收及战略管理的影响角度分析税收筹划战略的适应性。

2.1.4 战略税收筹划的基本理论

战略税收筹划的思想是 20 世纪建立起来的,它把企业战略与税收筹划有机地结合在一起。诺贝尔经济学奖得主迈伦·斯科尔斯在其所著的《税收与企业战略》"写给中文译本的序"中写道:所有国家的筹划者都必须确定税收战略与公司的财务和经营战略之间的相互影响性。

1. 战略税收筹划的基本观点

基于企业税收筹划环境的复杂性,税收筹划不能停留在具体方法的探索上,应该借鉴战略管理的思想,从战略的高度审视和把握企业的税收活动。盖地教授指出:税收筹划研究从单纯的节税论向经营战略论的转变是一个新的研究方向。[①] 因此,在企业总体战略下,应该存在一个纳税战略。但纳税战略很难脱离企业总体战略而单独存在,所以从战略税收筹划角度研究纳税战略可能更为容易,更能与企业管理结合起来全面把握税收对企业战略的影响。

国内一些学者积极探索战略税收筹划的基本内涵与实践应用,下面是国内关于战略税收筹划的一些观点。

战略税收筹划是为谋求企业税收利益和实现企业战略,为发挥企业在税收筹划方面的优势,从战略管理的角度,在分析企业内外部环境因素对企业税收筹划的影响的基础上,对企业的纳税计划进行全局性、长期性和创造性谋划,并确保其执行的过程。[②]

所谓战略性税收筹划,是企业以税收环境为因变量,在战略愿景的驱动下,通过企业战略调整,在战略调整过程中采取的一系列措施和方法,运用税收优惠政策等重塑企业的经济行为,对企业自愿进行系统性协调,在追求企业可持续发展的目标引导下实现恰当纳税的过程。战略性税收筹划包含着税收筹划的基本内容。它不是对传统税收筹划的全盘否定,而是在传统税收筹划的基础上注入战略思想,拓展税收筹划的时间和空间范围,是适应战略管理的需要对传统税收筹划的发展和完善。[③]

战略税收筹划基于企业战略高度,以全局视野考量税收筹划定位与运作,以协调各方利益关系为线索,以控制经营风险、财税风险及综合性风险为支柱,以实现企业价值最大化为目标取向。战略税收筹划是兼顾宏观与微观、动态与静态,并受到局部利益与全局利益、短期利益与长远利益等关系影响的税收战略规划行为。适应税收环境并整合资源是战略税收筹划的主要思维模式。

---

① 盖地.税收筹划几个基本理论问题探讨.天津财经大学 2005 年 MPAcc《税收筹划》教学研讨会论文集.
② 谭光荣.战略税收筹划研究[M].长沙:湖南大学出版社,2007.
③ 梁云凤.战略性税收筹划研究[M].北京:中国财政经济出版社,2006.

2. 战略税收筹划的理论基础与内容

1) 战略税收筹划的理论基础

战略税收筹划包括五个理论基础：一是税收效应理论与税收控制理论；二是产业组织理论与资源基础理论；三是企业核心竞争能力理论；四是企业战略风险管理理论；五是企业战略评价理论。

2) 战略税收筹划的内容

战略税收筹划包括战略纳税环境分析、战略税收筹划目标与原则制定、战略税收筹划的实施与控制。这里主要引入优劣势分析法（strength-weakness-opportunity-threat analysis，以下简称 SWOT 分析法），根据战略纳税环境的变化，适时选择和实施战略税收筹划方案。运用 SWOT 分析法首先分析企业开展税收筹划的优势与劣势。优势通常是指企业所擅长的一些事情，或那些能提升企业竞争力的与众不同的特征。相对应，劣势则指竞争对手拥有但企业尚不具备或不擅长的竞争性资源以及其他使公司处于不利竞争地位的内部条件。判断企业税收筹划资源的优势与劣势，设计表 2-1 进行分析。

表 2-1　企业税收筹划资源的优势与劣势

企业潜在的优势	企业潜在的劣势
筹划战略目标细化到各组织中	战略方向不清晰
企业内部良好的筹划氛围	企业内部筹划环境缺失
企业内各组织筹划协调有序	组织内筹划行为混乱
拥有税收筹划专业人才	专业人才的匮乏
拥有卓越的技术手段	技术设备落后于竞争对手
取得规模经济效益及学习经验的曲线效应	筹划所针对的可适用范围太狭窄
良好的财务状况以及充足的资金	经营资金不足
紧密的战略联盟	筹划伙伴的缺失

运用 SWOT 分析法接着分析企业开展税收筹划所面临的机会及威胁。评估企业的筹划机会及其吸引力时，应避免将行业机会均等同于企业的机会。企业应根据自身的资源状况来把握外部的筹划机会，同时也应留心于未来可能会带来筹划收益的机会。但有时外部环境的某些因素会给企业筹划产生一定的威胁。例如，政府出台新的税收政策给企业带来税收筹划方面的限制。面对外部威胁，企业一方面需要预测这些威胁可能会带来的负面影响，另一方面，在此基础上，明确企业如何采取措施来减轻或消除这些影响。评价企业开展税收筹划的机会与威胁时，设计表 2-2 进行分析。

表 2-2　税收筹划 SWOT 分析矩阵

			内部因素	
			优势	劣势
外部因素	机会	国家各类税收优惠政策的制度供给	内部优势：对国家相关税收政策有专门研究与外部机会相匹配	内部劣势：研究资金、专业人才的紧缺与外部机会相关
	威胁	国家法律、经济政策的非稳定性	内部优势：对国家经济运行状况有所研究与外部威胁相匹配	内部劣势：相关部门税收筹划氛围的缺失与外部威胁相关

战略税收筹划的重点是对税收筹划风险、战略纳税评价的分析。战略税收风险包括环境风险、经营管理风险、金融风险、财务风险、筹划风险。战略税收筹划评价可以运用平衡计分卡评价理论,从财务、客户、内部经营、学习与创新四个方面评价企业的战略税收筹划活动。

3）战略税收筹划方案的基本特征

战略税收筹划方案其实是对经营战略和财务战略的税务安排,每一个备选的战略税收筹划方案都必须符合两个标准:一是具有战略协同性,任何战略税收筹划方案都服从于企业整体战略目标,不能与企业总体发展战略相左;二是具有战略资源支撑性,即企业内部必须有充分的人力资源和技术条件对税收筹划方案提供支撑。

2.2 税收筹划的契约思想

2.2.1 税收筹划的契约特征

1. 契约是税收筹划的根源与基石

企业的实质是"一系列契约的联结",包括企业与股东、管理者、债权人、政府、职工、供应商、客户等之间的契约。各契约关系人之间又存在着利益冲突。当我们承认"理性经济人"的逐利本性、契约的不完全性和部分契约是以会计数据作为基础等前提条件时,部分契约关系人（如股东或管理者）便有动机和机会进行一些操作,以实现收益最大化。因此,只要企业税收契约中使用会计数据作为决定税负大小的重要指标,则在税收契约执行过程中,投资者与经营者就会产生对会计数据及相关行为进行管理控制以谋取自身利益的动机。纳税人掌握着公司真实的会计信息,在信息不对称和契约不完备条件下,纳税人自然具有强烈的税收筹划动机以减轻其税收负担。纳税人对税法的选择性利用和税负的低位选择属于一项正当的权利,对税收规则的利用拥有相当的自主权和自由度,这也进一步解释了税收筹划之所以存在的缘故。所以,如果没有税收契约关系存在,就没有税收筹划存在的可能性。

2. 税收筹划存在多重契约方及利益诉求

纳税人的税收筹划行为要考虑多重契约方,即在进行税收筹划时不仅要考虑纳税人与税务当局的关系,还要考虑纳税人与其利益相关者的关系。所以,纳税人开展税收筹划所考虑的契约方至少应该包括税务当局和利益相关者两类不同的契约方。

纳税人针对不同的契约方,应当采取不同的契约模式和税务对策。引入"契约理论"作为研究的起点,采用契约思想诠释税收筹划,旨在说明契约方影响税收筹划的决策行为。不同的契约方有不同的利益诉求,一个成功的税收筹划方案不仅体现在纳税人所获取的税收利益的大小,还体现在各契约方所获取的税收利益及其满意程度。迈伦·斯科尔斯曾对契约观点作如下评论:"契约具体说明在不同的环境下,契约各方做出决策和收取现金流的权利。"[1]迈伦·斯科尔斯还阐述了"在税收筹划中必须考虑所有契约方"的观点。

3. 税收筹划受到法定税收契约的制约

税收筹划是纳税人在税制框架下通过投资、经营、理财等活动的事前谋划、安排以降低风险和减轻税负的规划活动。税收筹划之所以出现,源于纳税人与政府之间的法定税收契约关系。因为政府作为企业契约的参与者,在向企业提供公共物品的同时,也"强制"与企业签订了

---

[1] 迈伦·斯科尔斯、马克·沃尔夫森.税收与企业战略[M].北京:中国劳动社会保障出版社,2004:3.

税收契约,即颁布所制定的税法,并按税法规定强制性征税。所以,税法应被视为政府与纳税人签订的通用税收契约。在这种固定契约下,税款征纳是由税收的强制性来保障的。政府征税是出于保证财政收入以维护国家机器的正常运转,而纳税人依法纳税则是一种责任和义务。

在市场经济环境下,出于自身利益的考虑,纳税人总有寻求节税的动机。如果税收不具强制性,而是像慈善活动一样靠企业自愿捐赠,那么,税收筹划就会失去其存在的意义。所以,只要存在法定税收契约,就一定会存在税收筹划。税收筹划实际上是纳税人对税收环境的一种适应性反应。但税收筹划必须在税制框架下开展,这是法定税收契约对税收筹划的一种强制性约束。

2.2.2 契约规则的利用与契约选择

1. 利用契约规则获取税收利益

税收筹划的作用在于利用契约规则合理安排交易,降低隐含在交易中的税收负担。如果企业之间存在税率差,即面临不同的企业所得税税率,则企业之间可以通过订立契约而合法地约定将应税收入从高税率纳税人那里转移到低税率纳税人那里。这是纳税人之间的一种税收合作博弈模式。其实,纳税人之间所订立的契约模式(契约中蕴含的交易结构、交易形式、交易要素等)稍作调整,就会显著地引起税收负担的变化。

税收筹划担负着实现税后利润最大化的重任,即为最大化税后收益而组织的生产必须考虑契约各方目前和未来的税收状况。税收筹划要求企业充分利用现有税收契约的优惠条款,积极发掘税法空白点与税收漏洞,以寻求更大的节税空间;税收筹划鼓励企业充分利用契约平等原则,在与税务机关或其他利益相关者缔约过程中,尽可能争取更多的税收利益。所以,从契约角度观察,税收筹划的过程其实就是纳税人利用契约规则获取税收利益的过程。

【案例 2-2】 假定初始状态,市场上有两种无风险投资具有相同的税前投资收益率,这两种投资所适用的税收政策也无差别,这是一种相对稳定的均衡状态。如果政府出于宏观调控和产业结构调整的考虑,对其中一种形式的投资(以下简称第一种投资)给予税收优惠政策,这样就导致其税后投资收益率高于没有给予税收优惠的另一种投资的税后收益率。于是,税后投资收益率的提高必然抬高第一种投资的市场价格,这又会使其税后投资收益率降低,直到两种投资的税后收益率相等,实现新的市场均衡。

尽管市场达到均衡点以后,边际投资者对两种资产的选择是无差异的,但市场上仍有相当一部分非边际投资者,他们之间仍可以通过相互订立契约的方式进行税收筹划而受益。

2. 税收筹划的契约选择策略

诺贝尔经济学奖得主迈伦·斯科尔斯认为:为实现各种社会目标而设计的任何税收制度都不可避免地会刺激社会个体进行税收筹划活动。任何既追求财产再分配又资助特定经济活动的税收制度,都会导致边际税率在不同契约方之间、在特定契约方的不同时期、不同经济活动中产生大幅变动。美国税务学会主席萨利·琼斯认为:企业交易的税收结果取决于交易事项的法律和财务结构。公司经常通过改变结构来改变税收结果。[①]

在市场经济中,纳税人的交易活动可以通过契约形式约定交易结构、交易条件,即不同的契约形式界定不同的业务模式。纳税人与其利益相关者通过调整契约条件、变换契约形式、设计交易结构等手段,在更大范围内、更主动地安排纳税事宜以获取税收利益。迈伦·斯科尔斯认为:低税负和高税负的企业双方可以签订一项安排财产权的契约,若该契约能够使低税负

[①] 萨利·琼斯. 税收筹划原理——经营和投资规划的税收原则[M]. 北京:中国人民大学出版社,2008.

企业有效地将税收利益出售给高税负企业,这对双方都有利。[①]

当出现同一纳税人在不同纳税期存在税率差,以及同一纳税人同一纳税期内不同经济活动间存在税率差的背景下,也可以通过调整契约内容、变换契约形式、设计交易结构等手段进行契约选择,以寻求税收筹划的节税空间。

【案例2-3】 某公司董事长以个人名义向公司借款300万元购买别墅,并办理了借款手续。到第二年年末还未归还该笔借款。根据《财政部国家税务总局关于规范个人投资者个人所得税征收管理的通知》(财税〔2003〕158号)的规定,个人投资者从其投资企业(个人独资企业、合伙企业除外)借款,在一个纳税年度未归还的,且又未用于企业生产经营的,应视为企业对个人投资者的红利分配,征收20%的个人所得税。由于该公司的财务人员没看懂上述文件,也没有对董事长的借款做出任何处理。税务稽查人员到企业检查,要求企业补缴60万元的税款,并加征滞纳金和罚款。

该涉税事项应该如何应对,能否设计税收筹划方案?如果利用契约思想进行税收筹划方案设计,完全可以实现节税。这里提供两个基于契约思想的税收筹划方案。

方案一:对董事长的个人借款,让其在年末筹备周转资金偿还,然后进入次年后再签订借款合同借出该笔款项以偿还周转金。这一处理模式要求董事长每年年末都要办理还款手续,次年年初再办理借款协议。这样操作的结果是董事长每次借款的期限都不会超过1年,也就不再承担纳税义务。

方案二:在签订借款协议时转变契约方,即让董事长找一位朋友去办理个人借款(该董事的朋友不是公司的股东),从而可以摆脱上述税收政策的约束。即使董事长的朋友借款超过1年,也不用缴纳任何税金。

【案例2-4】 美国、英国等世界上大多数国家都允许对建筑物、设备、机器进行加速折旧,这是一项鼓励资本性投资的税收政策。如果一个经营主体租用的机器设备超过了其经济寿命,租赁费用就只能按实际发生额进行税前扣除,而租赁费用扣除额的现值通常远远小于折旧扣除额的现值。但不能由此就得出结论,经营中使用自有机器设备的所有企业都能最小化本企业的税负。因为一旦分析了低税负和高税负纳税人双方的税收状况就会发现,放弃节税和出租的机会而租赁高税负企业的设备对低税负纳税人来说可能更有利。从税收角度分析,低税负企业降低承租设备的租赁费率,可以控制高税负企业出租设备的租金收入,从而控制高税负企业的税收支出。反之,低税负企业出租设备给高税负企业,则可以提高设备的租赁费率从而将利润由高税负企业转移至低税负企业,从而有效控制双方的税收支出。当然,高税负企业和低税负企业通过调整租赁费率的方法,虽然可以控制税负支出,但双方所签订的安排财产权的契约不仅要约定租赁费率,还要约定所获取的税收利益在两个企业之间的转移方法和分配比例。

2.2.3 契约视角的税收筹划创新理论[②]

1. 税收契约的内涵与类别

1) 税收契约的内涵

税收契约思想源于社会契约论。霍布斯、洛克、孟德斯鸠、卢梭等人将契约思想从私人领

---

① 迈伦·斯科尔斯、马克·沃尔夫森. 税收与企业战略[M]. 北京:中国劳动社会保障出版社, 2004.
② 蔡昌. 论税收契约的源流嬗变:类型、效力及实施机制[J]. 税务研究, 2012(6).

域扩展到了公共领域,形成了社会契约论思想。税收契约正是社会契约在税收领域承继、沿袭的必然产物。税收契约作为一种公共契约,天然具有契约的基本属性。税收契约的表现形式为税收法律制度,它是国家和纳税人经过多层次博弈形成的一种相对固化的税收分配与管理关系。

税收制度的演化其实是税收契约关系演化的积累与外在表现形式。税收契约建立在平等原则基础之上,税收契约的缔结必须遵循社会正义与诚实信用原则。因此,税收契约一旦签订是受法律保护的。税收契约既要求纳税人依法诚信纳税、不能蓄意逃避税收,也要求政府代表国家行使征税权须以宪法为依据,依宪治税。税收契约对政府与纳税人的合法权益均等保护,不偏袒任何一方。

2) 税收契约的类别界定

契约理论认为,企业实质上是"一系列契约的联结"。税收契约是企业契约的重要组成部分,是企业契约关系网中的利益焦点。在企业契约集合中存在着两类较为明显的税收契约:一是政府与纳税人之间的"法定税收契约",二是纳税人与其利益相关者之间的"交易税收契约"。这两类税收契约在经济发展中发挥着重要作用,影响着资源配置效率与纳税主体的税收利益。

税收筹划作为由社会多方契约关系制约的、多方契约力量之合力推动的一种社会经济行为,也与税收契约有着千丝万缕的联系。在承认理性经济人的逐利本性、契约的不完备性和相当一部分契约是以会计信息为基础等前提条件的情况下,税收契约各方当事人(包括经营者、投资者、供应商、代理商等利益相关者)便有动机、有条件进行税收规划和安排,以实现税后利润最大化乃至企业价值最大化的战略目标。

2. 法定税收契约与政策性税收筹划

1) 法定税收契约的内涵

税收本质上是一种契约关系,作为公民财产权的一种让渡,公民必须获得政府提供的公共产品。政府和公民之间以获得公共产品为"标的"的特殊交换关系具有公共契约的性质。政府征税和纳税人缴税是一种权利和义务的交换。政府具有政治权力的垄断性,为避免政府对其权利的滥用,政府和纳税人之间需要缔结"契约",把政府与纳税人之间的产权的分割用"法"的形式固定下来。由于政府和纳税人之间的税收契约是政府强加给纳税人的一种不可推卸的责任,政府是不请自来的"法定契约方",笔者把这种天然存在的税收契约称为"法定税收契约"。例如,作为税收程序法的《中华人民共和国税收征收管理法》,以及作为税收实体法的《中华人民共和国企业所得税法》(以下简称《企业所得税法》)、《中华人民共和国个人所得税法》(以下简称《个人所得税法》)、《中华人民共和国车船税法》等都是法定税收契约的典型表现形式。在经济学界和法学界,法定税收契约已经得到广泛的认可、应用和传播。

法定税收契约其实是政府依照政治权力以提供公共产品为目的而分享纳税人利益的依据。在法定税收契约缔结过程中,政府和纳税人是平等的,政府和纳税人各自依法享有法定权利。这种双方权利平等的关系体现了契约精神的本质,并贯穿于政府和纳税人之间关系的各个层面。在政府和纳税人法定税收契约的履行中,超出作为这种契约要求的税法规定的额度和范围的税款征收就是一种掠夺,而纳税人也不应该因其向政府纳税而提出某些过分的要求。

税法是按照国家的意愿设定的,政府出于宏观经济调控的需要,必须经常性修改税法,因此,税法的固定性是相对的。但是,税法条款的修正通常又带有明显的时滞性,税法的级次越高,其修正的时滞性就越强。税法条款的非固定性以及修正的时滞性会对纳税人的税收筹划行为产生重大影响。

2）法定税收契约的效力

法定税收契约具有强制性。法定税收契约的效力不仅源于政府具有政治强制力,还源于税收契约的签订具有公共选择的机制和程序。法定税收契约的签订是社会成员通过公共选择机制选择的结果,它代表着社会成员集体意愿的表达。在经过一定的立法程序把这种集体意愿固化为税收法律后,税收契约就有了法律强制力,社会成员和政府都必须遵守。如果纳税人和政府或者税务当局违反税法这种税收法定契约,就必须承担相应的责任。

《中华人民共和国税收征收管理法》规定了对纳税人的核定征收、税款追缴、滞纳金征收、纳税担保、税收保全、纳税救济等保障政府税收权益的措施。同样,政府或者税务当局对纳税人可能造成的侵犯也要承担一定的责任。政府在税务当局对纳税人执法不当造成损失时要承担相应的赔偿责任:税收保全不当造成的损失政府要对纳税人进行税收赔偿;对纳税人超额征收的税款要加息归还给纳税人。法定税收契约对税务执法人员本身的徇私舞弊规定了禁止性和惩罚性条款。法定税收契约的效力不仅是强制性,也包含着代表执政者偏好的政府利益的驱动。

3）法定税收契约的实施机制

法定税收契约是国家和公民之间为获得公共产品或服务而签订的。法定税收契约签订过程是双方合意通过公共选择机制得以表示的结果。一旦国家和公民之间签署了这一契约,法定税收契约就具有了强制性。国家作为民众订立社会契约的缔约方,其实是一个抽象的权利主体,国家的权利要由政府这个代理人来执行。

法定税收契约的实施是一个复杂的过程。从契约论的观点看,国家权利和公民(纳税人)的权利是平等的,但当国家的公权力和公民的私权利发生冲突时,公民权常处于弱势地位。政府作为国家的代理人,有追求预算收入规模最大化的动机与行为。为保障纳税人的权利,就需要围绕税收契约进行立宪,以保障税收契约实施过程中双方权利、义务的一致性。对于符合税收宪政的税收契约,由国家委托政府的征税机关来实施税款的征收。征税机关代表政府对违反税法(税收契约的固化形式)规定的纳税人实施强制征税、加收滞纳金或者罚款等惩戒行为,以保障政府获得税收收入的权利。政府也要对税收的征收使用情况向纳税人进行信息公开,接受广大纳税人的监督。对于政府违反法定税收契约的情形,纳税人有权借助其代表机构通过公共选择的程序更改税收契约内容,并让政府对纳税人进行合法补偿。因此,法定税收契约的实施机制是建立在委托—代理制基础上的,但委托—代理制的执行须以法定税收契约的依法履行为前提。法定税收契约的有效履行会促进一国或地区税收制度的优化与演变。

4）政策性税收筹划:法定税收契约框架下的税收筹划创新

政策性税收筹划是指企业在不违背税收立法精神的前提下,与政府的税务、财政等部门进行协商,试图改变现有对企业(或行业)不适用的税收制度,以实现企业利益最大化的筹划活动。政策性税收筹划作为一种动态的筹划方式,其对国民经济和企业产生宏观和微观的双重效应,不仅企业的涉税风险小,而且其对完善税收制度发挥着重大的作用。

从经济学角度分析,政策性税收筹划实质上是一种税收筹划的创新活动,它改变了原来的法定税收契约关系,本质上是一种契约变革性质的税收筹划模式。当企业发现税收制度的非均衡[①],从而产生税收制度的创新需求。企业通过游说手段或其他方式推动政府的税收制度

---

① 税收制度的非均衡是指税收征纳博弈各方对现行税收制度不满意的状态,从供求关系看,呈现出一种制度供给与制度需求不一致的状态。

变迁,政府根据这一制度需求对税收制度供给进行调整,制定多种备选的税收制度变迁方案,企业再根据自身利益需求影响或决定税收制度变迁方案的选择,最终达到税收制度变迁后的再次均衡状态。政策性税收筹划的操作模式如图2-3所示。

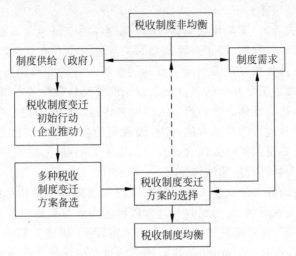

图 2-3　政策性税收筹划的操作模式

政策性税收筹划是以一种更有效率的新的税收制度来替代旧有税收制度的过程,真正体现了税收制度由非均衡到均衡的运动。① 政策性税收筹划与一般的税收筹划策略存在较大的差异,但是它并非对目前税收筹划模式的背叛,而是对目前税收筹划模式的延伸和扩展,更能在税收筹划中发挥纳税人的主动性。一般采取政策性税收筹划的企业是那些掌控重大资源、拥有话语权的重要行业的大型企业集团。如金融业、石油化工业、电力水利以及烟草业等国有垄断行业。政府为了实现一定的经济目标,也会对其政策需求或利益诉求提供一定的宽松型税收政策,或者专门为其提供特殊性税收政策或税收优惠待遇。

3. 交易税收契约与税收筹划创新

1) 交易税收契约的内涵

契约是交易当事人在市场交易活动中所确立的一种权利义务关系,交易活动的实质是交易当事人对财产权利做出的契约安排,其目的是实现资源在时间和空间上的合理配置与有效利用。企业是"一系列契约的联结",在这种契约的联结中,存在着包括股东、债权人、供应商、代理商、终端客户、职业经理人、雇员等在内的各类利益相关者。尽管企业与这些利益相关者之间的关系是纯粹的市场关系,但他们之间交易合约的缔结对企业的纳税行为和税收负担也有着微妙的影响。②

企业与其利益相关者之间的税收关系是交易当事人各方确立的权利和义务关系的一种,笔者把它们之间由交易活动引发的税收关系称为"交易税收契约"。交易税收契约是企业契约集合中的子契约,可以将其界定为企业法人与其利益相关者在交易活动中所形成的有关财产权利流转中的税收协议或者约定。斯韦托扎尔·平乔维奇(Svetozar Pejovich)认为,契约是人

---

① 税收制度的非均衡必然意味着现行税制安排的净收益小于可供选择税制安排的净收益,而基于企业(行业)特殊性的对原有税收制度的修正和改进,符合税收的公平与合理原则。国家的利益不仅不会减少,反而会因为企业(行业)生产积极性的提高而大幅增加,形成税收制度创新的潜在收益,推动税收制度的变迁。

② 蔡昌. 契约视角的税收筹划研究[M]. 北京:中国财政经济出版社,2008:pp.61-66.

们用以寻找、辨别和商讨交易机会的工具。① 对契约功能的这一深刻认识非常适用于交易税收契约,缔约各方缔结交易税收契约的目的在于探寻和把握交易机会、获取经济利益。交易税收契约的各缔约方利用契约的签订合理规划其税务活动,实施税务战略管理,并最终实现税收利益乃至经济利益的最大化。

企业与其利益相关者的"交易税收契约"所涉及的各项交易包含复杂的关系,关系和交易紧密结合,同等重要且不可分割,属于一种典型的关系契约②,具有以下四个显著特征。

第一,交易税收契约各方存在契约团结或共同意识。缔约方利用正式或非正式规则确保他们之间关系的稳定性。正是复杂的利益相互依赖性使交易缔约各方当事人必须就某些事件达成共识,这种共识的达成具体表现为当事人之间的沟通。在沟通过程中,各种正式或非正式规则会产生,以规范交易过程中当事人的行为,改善契约各方存在的信息不对称问题,从而降低交易费用。因此,交易税收契约强调合作及其长期关系的维持,契约当事人也都愿意建立一种规制结构来对契约关系进行适应性调整。

第二,交易税收契约各方是伙伴关系。与法定税收契约要借助法律的强制性来维护政府与纳税人之间的契约关系不同,交易税收契约要依赖于企业与利益相关者的经济活动"市场合约",他们之间是以利益为纽带结成的伙伴关系。其实,基于伙伴关系的交易税收契约的最终目标是获得相应的经济利益。因此,交易税收契约注重经济伙伴关系的过程性与连续性,以至于很多契约条款悬而未决,留待以后根据商业形势做适当的变化。这使得交易税收契约具有灵活多变的特征。因此,交易税收契约的缔结与履行过程中,不出现阻碍契约自由的权利、等级和命令,纯粹是一种商业环境下的利益合约。在交易税收契约中,冲突的解决可以自我调节,可以通过第三方的介入,也可以通过其他的利益协调机制。

第三,交易税收契约具有"不完备性"特征。与法定税收契约相比,交易税收契约的"不完备性"更加明显,这种不完备性利于缔约各方灵活应对商业形势的变化,但也增加了交易税收契约履行的难度。交易税收契约的履行需要依靠契约团结或者共同意识。交易中的企业一般假定会持续经营,因此,企业和其利益相关者之间的经济关系也可以看作是长期的。这种长期合作不论是采取一次次独立的短期合约,还是采取一次签订一种长期合约,都使得交易缔约各方形成一种长期的、信息不完备下的动态博弈关系。在长期的博弈中,即使交易活动的参与者极为注重短期利益,也有动机假冒成注重长期合作的参与者从而获得长期利益的最大化。因此,交易税收契约的履行要依赖缔约各方长期的合作博弈,而不是短期的、一次性的竞争博弈。

第四,交易税收契约具有合法边界下的自由性。交易税收契约缔约各方的自由权利受到法律保护,这些自由权利包括缔约的自由、选择缔约方的自由、决定缔约内容与形式的自由、变更或解除缔约的自由,这些自由权利体现在了契约的意思自治。但缔约各方不存在绝对的自由权利,其缔约的自由度具有一定的边界,即必须在法定税收契约的框架约束下进行,必须受制于一国或地区法律的约束。超越了这一边界,交易税收契约是不成立的。

2)交易税收契约的效力

"交易税收契约"属于一种经济规则或者经济合约,建立在利益基点上。利益是研究人类经济活动的出发点。利益是"社会化的需求,它在本质上属于社会关系范畴"。③ 人类个体与群体既是利益的需要者,同时也是利益的供给者。在利益相关者的社会网络中,获得利益必须

---

① 斯韦托扎尔·平乔维奇.产权经济学[M].蒋琳琦译.北京:经济科学出版社,1999.
② 关系契约的概念是由著名法学家麦克尼尔(Macneil)提出的。他认为契约具有社会性和关系性,即契约是当事人及其协议内容的内在性社会关系的体现。
③ 周孟璞.马克思主义哲学全书[M].北京:中国人民大学出版社,1996:376.

通过与其他利益主体进行利益的交换。交易活动的每一利益相关者都是"理性人",在交易中都追求短期利益或长期利益的最大化。由于交易各方的力量并不均衡,交易中必然出现利益冲突。契约因利益冲突而存在,以利益协调为目的,通过调整利益关系而对交易行为进行约束。"交易税收契约"以追求利益作为效力根源,它是寻求经济利益的一个有效工具。缔约方都倾向于从税收契约中获得相应的利益。由于利益的存在和分配才吸引纳税人及其利益相关者签订有利的税收契约以保护自身利益。从这一角度分析,"交易税收契约"的履行并不需要强制性政治约束,主要由交易的利益各方为获得满意的利益而自我约束。当然,交易税收契约效力的发挥也必然被限定在以宪法、合同法、税法等为首的法律框架内。

契约是市场中交易当事人在交易过程中所确立的一种权利义务关系。交易时所约定的基本内容,就是契约的基础。交易活动的实质是交易当事人之间对财产权利所做出的契约安排,其目的是实现资源在时间和空间上的合理配置和有效利用。从利益相关者角度分析,企业与包括股东、债权人、供应商、客户、职工等在内的各利益相关者之间存在着微妙的关系,他们之间的博弈竞争与合作关系是靠契约来维持的,这种契约其实是一种纯粹的市场契约。

企业与利益相关者之间的税收契约作为企业契约集合中的一个子契约,是在经济交易中形成、维护并履行的,其本质是税收影响各利益相关者收益分配与资源配置的一个强有力的工具。交易税收契约明显区别于政府与纳税人之间的"法定税收契约",如果我们给交易税收契约一个准确概念,可以表述如下:交易税收契约是利益相关者在经济交易中所形成的有关财产权利流转的税收方面的协议或约定。

从税收筹划角度分析,"交易税收契约"的引入,可以指导企业与其利益相关者签订理性的税收契约,在更大范围内、更主动地巧妙安排纳税理财事宜,有效开展税收筹划,实现企业与其利益相关者的双赢。

3) 利用契约规则的税收筹划:交易税收契约形式的转化

交易税收契约属于一种典型的关系契约,在缔约、履约过程中,易于在各契约方之间进行契约形式的变换以获取税收利益。交易税收契约形式的转化主要有以下三种模式:业务形式转变、业务口袋转换、业务期间转移。

第一,业务形式转变。即利用交易税收契约的形式转化规则,将企业的业务活动从一种业务形式转变为另一种业务形式。随着业务形式的转变,其所涉及的业务收入和税种也会发生相应变化,最终所导致的税收负担自然不同。即通过业务形式转变可以产生税收筹划节税空间。

【案例 2-5】 美国的股份公司经常为其利益相关者——职工购买许多份生命保险,保费的资金来源是贷款,可以是银行的,也可以是保险公司的。按照税法规定,银行贷款利息可以在税前扣除,每年购买保单的资金不必立刻缴税,只有在保单变现时才予以课税。在这个案例中,购买保单就是一项享受税收优惠的投资。进一步分析,如果保费是由保险公司提供的融资,则企业要求保险公司通过银行转贷该笔融资给自己使用,则可以实现贷款利息扣除,而保险公司还可以从银行拿到利息收入,如图 2-4 所示。这一融资形式的转变就体现着业务形式转变思想。

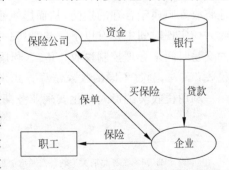

图 2-4 为职工购买保险的税收筹划模型

第二,业务口袋转换。即利用交易税收契约的形式转变,将一个纳税主体的业务转变为另一个纳税主体的业务。最为典型的案例是利用关联企业之间的税率差,以转让定价方式实现利润转移，从而实现税收筹划节税目的。

【案例 2-6】 一家设备生产企业，自行研发了一套高科技智能软件，与设备配置在一起对外销售。这套高科技智能软件使设备的性能大大改善，因此企业提高了销售价格。但随之而来的是企业面临着高昂的税收负担问题，增值税和企业所得税负担都很重。对于该税收问题，可以采用交易口袋转换模式寻找税收筹划空间。从业务流程分析，税负高的原因在于设备销售价格高，而销售价格高的原因主要来自于这套软件。软件属于高附加值产品，因此整个设备的增值率上升。

根据现行税收政策利用契约形式转化规则设计如下税收筹划方案：设备生产企业进行企业分立，拆分出一家软件公司。设备生产企业在向购买方出售设备主体的同时，由软件公司出售高科技智能软件。即把一个纳税主体的一项交易拆分为两个纳税主体的两项交易。虽然对于客户没有太大的影响，但设备生产企业的税收状况却发生了显著变化：在设备主体和软件交易过程中，设备主体和软件分摊原来的销售价格，购买方采购活动没有增加任何额外支出，但新分立的软件公司就变成一个独立的纳税主体，可以申请为高新技术企业，其自产自销的软件收入享受软件产品税收优惠，实际仅负担 15% 的企业所得税与 3% 的增值税。[①] 该税收筹划模式的关键是引入业务口袋转换模式，即把原来的销售收入合理分解流入不同的"口袋"，而不同的"口袋"税收待遇迥然不同，从而实现筹划节税目标。

随着服务的进一步深入，购买方所投资的自动化设备需要设备生产企业提供软件升级、设备维护等后续服务，如果这些服务全部由设备生产企业提供，操作模式主要有两种：一是设备生产企业在设备实现销售时一次性收取服务费；二是设备生产企业逐年收取服务费。其实，这两种方式都不太合适：前者会导致设备生产企业提前纳税[②]，后者虽然实现了递延纳税，但并不能摆脱较高的税收负担。对于后续服务问题，利用业务口袋转换模式可以有效控制税负，具体操作方案如下：设备生产企业再投资成立一家网络科技服务公司（申办为高新技术企业），享受企业所得税 15% 的低税率优惠。由该网络科技服务公司逐年收取服务费，即实现的服务费收入由原来的设备生产企业转移到新办的网络科技服务公司，则整体上可以获得两个企业税率差带来的税收利益。"营改增"之后，服务费收入适用 6% 的增值税税率，同时允许抵扣相应的进项税额，可以适当控制增值税负担。

第三，业务期间转移。即利用交易税收契约形式的转化，将一个纳税期间的业务转移为另一个纳税期间的业务，就可以实现业务收入、费用（成本）及税金的跨期转移，以实现筹划节税。

最典型的交易期间转移的例子是控制收入的实现时间。控制收入的实现时间就可以合理地将收入归属于合理的期间，从而影响企业当期的应税收入和税收。在经济生活中，企业控制收入的实现时间主要有以下方法：其一，合理安排交易时间，控制交易进度，即调节经济业务的交易时间来合理控制税收；其二，利用交易合同来控制，即通过交易合同的签订和履行控制税收；其三，通过不同的收入结算方式来控制收入实现时间及税收归属期间。

利用税收契约形式转化实现业务期间转移，还可以利用一些理财工具来实现。譬如企业

[①] 《财政部、国家税务总局关于软件产品增值税政策的通知》（财税〔2011〕100号）规定，自 2011 年 1 月 1 日起，增值税一般纳税人销售其自行开发生产的软件产品，按 17% 税率征收增值税后，对其增值税实际税负超过 3% 的部分实行即征即退政策。

[②] 销售设备时一并收取后续服务费，属于混合销售行为，对于生产企业应一并征收增值税。后续服务费提前实现，就会提前纳税。

年金[①]就是一种重要的工具。国际上通行的企业年金计划采用的是 EET 模式,字母 E (enterprise 代表企业)、E(exempt 代表免税)、T(tax 代表征税)表示政府对企业年金计划的课税情况。该模式对职工在工作期间的企业年金(补充养老保险费)、企业年金基金(补充养老保险基金)的投资收益免税,只在职工未来领取补充养老保险金时才课征个人所得税。这种企业年金计划事实上是一种将现在收入转化为未来收入并推迟交纳税收的薪酬形式。

下面从税收筹划角度分析企业年金的税收优势。假定企业采用企业年金计划时,每年把少支付的现金形式的工资 U 全部转化为企业年金,个人所得税税率为 t。个人所获得的相当于年金部分的工资全部用于投资,投资报酬率为 r,企业年金基金的投资报酬率也为 r。企业年金缴纳的持续期间为 n 年,第 $(n+1)$ 年初全部返还给个人。

若企业采取现金形式的工资 U,则税前工资投资 n 年后获得的收益为

$$F_c = U(1-t)[1+r(1-t)]^n$$

若企业把现金工资 U 转化为企业年金形式,则企业年金项目经过 n 年后获得的收益为

$$F_p = U(1-t)(1+r)^n$$

由于 $U(1-t)(1+r)^n > U(1-t)[1+r(1-t)]^n$

故:$F_p > F_c$

比较现金形式的工资和企业年金,其投资回报率有差别。现金形式的工资,其投资报酬率为 $r(1-t)$,企业年金的税前投资报酬率为 r。所以,对于职工来说,获得企业年金显然比现金形式的工资更为合适。

若企业采取现金形式的工资,每年多获得的现金工资 U 在 n 年后的税后总收益 E_c 为

$$\begin{aligned} E_c &= U(1-t)[1+r(1-t)]^n + U[1+r(1-t)]^{n-1} + U[1+r(1-t)]^{n-2} + \cdots + \\ &\quad U[1+r(1-t)] \\ &= U(1-t)\{1+1/[r(1-t)]\}\{[1+r(1-t)]^n - 1\} \end{aligned}$$

若企业把现金工资 U 转化为企业年金形式,n 年后企业年金基金的税后总价值 E_p 为

$$\begin{aligned} E_p &= U(1-t)(1+r)^n + U(1-t)(1+r)^{n-1} + U(1-t)(1+r)^{n-2} + \cdots + \\ &\quad U(1-t)(1+r) \\ &= U(1-t)(1+1/r)[(1+r)^n - 1] \end{aligned}$$

比较可知,则必有 $E_p > E_c$ 成立。即职工以企业年金形式获得的税后总收益大于现金形式的工资的税后总收益,所以,从税收筹划角度分析,企业年金优于现金形式的工资。

4) 利益格局调整:交易税收契约下的税收筹划

基于交易税收契约的安排,纳税人可以利用契约规则实现税收筹划模式的创新。企业与其利益相关者(如供应商、代理商、债权人)之间的契约关系集中体现在商品、劳务、资金的成本和价格之中。企业及利益相关者在与税务当局博弈的过程中利益趋于一致,自然形成一个利益团体,因此他们都希望尽量减少税收负担。于是,利益团体中的利益相关者就有可能进行合谋,即签订合谋契约,从政府手中争取更大的税收利益。同时,利益团体中的利益相关者之间

[①] 企业年金(occupational pension)是指政府养老保险制度之外,雇主为进一步提高其雇员退休后的收入水平而建立的一种补充性养老保险制度。在欧美国家,企业年金一般称为补充养老保险计划(supplementary schemes 或 complementary schemes)。《企业会计准则第 10 号——企业年金基金》应用指南中规定:企业年金是指企业及其职工在依法参加基本养老保险的基础上,自愿建立的补充养老保险制度。企业年金由企业缴费、职工个人缴费和企业年金基金投资运营收益组成,实行完全积累,采用个人账户方式进行管理。

又存在着利益冲突,都希望将税负转嫁给他人(税负前转或税负后转),而不希望别人将税负转嫁给自己。因此,形成一个极为微妙的博弈对局关系。

根据纳税人及其利益相关者的利益格局调整情况,税收筹划被划分为以下三种类型:偏利税收筹划,零和税收筹划,多赢税收筹划。如图 2-5 所示。

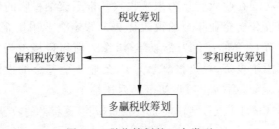

图 2-5 税收筹划的三大类型

类型一:偏利税收筹划

偏利税收筹划是指通过交易税收契约的优化能够创造出新的价值,即企业通过税收筹划享受所带来的税收利益的同时,对利益相关者不会造成利益损失,但利益相关者也没有任何额外收益。换言之,税收筹划使得企业获取税收利益,但不对其利益相关者产生任何影响。为了有效实施税收筹划,有时可能需要利益相关者的各种形式上的支持与配合。

偏利税收筹划的显著特征是其偏利性,即税收筹划所创造出来的新的价值,主要分配给筹划者一方。由于利益相关者没有收益也没有损失,他们并不热衷于这种筹划活动,但出于战略联盟或维护合作关系的考虑,利益相关者一般都会支持或配合税收筹划。若企业改变交易模式进行税收筹划,可能需要客户在签订交易契约时予以配合,因为交易模式的改变可能会导致交易契约的改变。

当然,纳税人实施的税收筹划活动也可能不需要利益相关者参与或者配合,如企业自身创造条件单方面享受税收优惠就属于纯粹的偏利税收筹划。例如,某大型集团公司适用 25% 的企业所得税税率,为降低税收负担,该集团公司将其经营的高科技产业分拆出来,单独设立了一家高新技术子公司,该子公司可以享受 15% 的低税率优惠。该项税收筹划活动不会影响客户的税收利益,但可以降低集团公司总体的税收负担,因此属于纯粹的偏利税收筹划。

类型二:零和税收筹划

零和税收筹划是指企业进行税收筹划获取了一定的税收利益,但其利益相关者却因此遭受与企业税收利益等额的税收损失,即双方的税收利益与税收损失之和为零。这虽然对双方总体的税收结果没有影响,但对于任何一方都产生了重大影响,反映为税收利益在双方之间的等量转移,没有产生新的价值,最终体现为双方税收利益的一种再分配。

零和税收筹划在现实生活中也并非完全不可能,如果企业承诺给予利益相关者一定的补偿或其他经济利益,也可能会使利益相关者被迫接受该类型的税收筹划。由于企业获得的税收利益是建立在利益相关者承担等量税收损失的基础上的,因此,来自于利益相关者的阻力会使零和税收筹划难以付诸实施。在现实经济中,较典型的零和税收筹划的例子是税负转嫁。税负转嫁实质上是商品供应者与需求者之间的税收博弈。供求双方天然地存在着利益冲突,自由价格机制的存在是税负转嫁存在的客观条件。税负转嫁的受益方通常是强势的一方,而弱势的一方遭受税收损失,但也只能被动接受。

类型三：多赢税收筹划

多赢税收筹划是指能够给企业以及参与其中的利益相关者都带来税收利益的一种税收筹划类型。税收筹划给企业带来税收利益的同时，也给其利益相关者带来税收利益，即双方都能从税收筹划活动中受益。企业作为主动筹划的一方，积极获取税收利益是其天性使然；而利益相关者是被动的一方，被动地享受税收筹划带来的好处。因而，利益相关者非常愿意甚至热衷于参与这种类型的税收筹划。多赢税收筹划是一种最佳的税收合作模式，有时可能涉及三方或者三方以上的利益相关者，这时税收筹划所带来的税收利益在企业及所有利益相关者之间进行分配。

复习思考题

1. 企业战略管理与税收筹划有何关系？
2. "税收链"思想的价值何在？请举例说明。
3. 法定税收契约和交易税收契约有何区别和联系？
4. 请阐述税收契约理论对税收筹划创新的推动作用。
5. 请举例比较三种类型的税收筹划的差异性。

【案例分析题】

均衡点增值率的测算方法

假定纳税人销售某类商品的增值率为 R，该商品的含税价格为 S，购进商品的含税价格为 P，$R=(S-P)/S$。一般纳税人的适用税率为 T_1，小规模纳税人的征收率为 T_2。

思考：

（1）当一般纳税人和小规模纳税人税负相等时，请推导出均衡点增值率 R 的表达式。计算当 $T_1=13\%$，$T_2=3\%$ 时，税负均衡点增值率的大小。

（2）请分析营改增后影响增值税税负的相关因素。企业应该如何控制增值税税负？可以采取哪些有效的税收筹划方法？

第 3 章

有效税收筹划理论

> 各特殊利益集团和政治家们认为,利息支付所带来的税收扣除鼓励人们采取举债收购方式……为什么目标公司非要求助举债收购,而不能依靠自己举债或调整自身资本结构。原因在于,税收成本之外的非税成本使资本重组较之于其他税收替代手段更有效。
>
> ——诺贝尔经济学奖得主 迈伦·斯科尔斯

3.1 有效税收筹划理论框架

3.1.1 有效税收筹划的含义

早期的传统税收筹划理论没有考虑成本,只以纳税最小化为目标。针对传统税收筹划理论的种种缺陷,美国斯坦福大学教授、诺贝尔经济学奖得主迈伦·斯科尔斯和马克·沃尔夫森提出了有效税收筹划理论,它是一种研究在各种约束条件下实现纳税人"税后利润最大化"目标的税收筹划理论。

有效税收筹划是企业战略的一个有机组成部分,它是在现行国家政策法规许可的范围内,考虑所有利益相关者、税收综合衡量及全部商业成本做出的,旨在实现企业价值最大化的战略税收管理安排。①

3.1.2 有效税收筹划的理论体系

有效税收筹划理论框架是一个严密的逻辑体系。当企业进行投融资决策时,其目标是取得最大化的投资报酬率或使融资成本最小化。税收规则的存在,使企业在进行各项战略性决策时必须考虑税收因素。此理论还提出非税成本的概念,即税收筹划所引起的税收成本以外的其他各项成本统称为非税成本。从经济学角度考察,税收成本和非税成本可以统称为交易成本。很显然,交易成本是由交易各方之间利益不一致和信息不对称引起的。此理论还将税收成本划分为显性税收和隐性税收,显性税收是收缴国库的税收,隐性税收的概念将在下文详细讲解。

有效税收筹划理论框架的三条思路可以通过交易成本连接起来,如图 3-1 所示。

根据图 3-1 可知,有效税收筹划理论框架包括以下三个方面:①有效税收筹划要求筹划者从交易各方多边契约角度来考虑交易的税收问题;②有效税收筹划要求筹划者认识到税收成本仅仅是企业成本的一种,在税收筹划过程中必须考虑到所有的成本,一些被提议的税收筹划方案的实施可能会带来大量的非税成本;③有效税收筹划要求筹划者在决策时,不仅考虑

---

① 杨华.企业有效税务筹划研究[M].北京:中国财政经济出版社,2011.

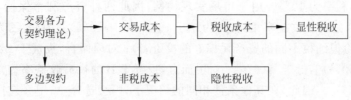

图 3-1 有效税收筹划理论框架

显性税收,还要考虑隐性税收。

有效税收筹划理论框架的三条思路并非随意的组合,而是一个相互依存、层层分解的有机整体。多边契约与利益相关者相关,交易成本与企业组织紧密相关,使得在这一框架下的企业税收筹划活动(本身也属于企业组织设计活动的一部分)从企业整体角度进行,严格区别于短期化倾向的"税负最小化"目标;有效税收筹划既考虑税收成本又考虑非税成本,目标是"税后利润最大化";有效税收筹划还综合考虑显性税收和隐性税收,对税收成本进行全面权衡与分析。

3.2 有效税收筹划的核心观点

3.2.1 多边契约

有效税收筹划理论的一个重要内容,就是运用契约理论(contracting theories)的基本观点和方法展开分析,研究在信息不对称的现实市场上,各种类型税收筹划的产生和发展过程。

如果将税收因素考虑在内的话,那么政府作为税法的代表毫无疑问应被引入订立契约的程序。不过,相对于其他契约方而言,政府无法及时调整其策略,因为政府要通过调整税法来实现,而税法调整通常是滞后的。政府与其他契约方的另一个显著差别在于政府所追求的目标具有多样性,社会公平、社会责任也是其追求的目标之一。社会公平目标的实现往往要借助累进税率,这使得支付能力不同的纳税人面临不同的边际税率。而政府对市场中出现的外部性的纠正,也使得不同类型投资的税收待遇大不相同,这进一步加大了投资者边际税率的差别,同时也为税收筹划提供了空间。

税收体系的多重目标性不仅使纳税人处于不同的税收地位,而且纳税人也改变了税前收益率。假定初始状态,市场上有两种无风险资产具有相同的税前投资收益率。两种资产的税收待遇不同,其中一种资产由于享受了税收优惠因而其税后收益率要高于另一种没有享受税收优惠的资产。这种状态显然是不均衡的。因为投资者会增加对税后收益率较高的享受税收优惠的资产的投资。这种需求的增加将改变资产的价格,使其不断上升,从而税后收益率下降直到两种资产税后收益率相同才实现了均衡。在均衡点,边际投资者对两种资产的选择是无差异的。不过,由于税率具有累进性,比边际投资者处于更高或更低税率级次的投资者依然可以通过相互订立契约而受益。比边际投资者面临税率高的投资者倾向于享受税收优惠的资产,比边际投资者税率低的投资者倾向于没有税收优惠的资产。他们之间订立的合作契约将使总财富达到最大化,并使除了政府以外其他参与的当事人受益。因此,从一定程度上讲,这种契约实现了税收筹划的帕累托改进。

【**案例 3-1**】 假定均衡市场上有三个投资者甲、乙和丙,面临的边际税率依次为30%、40%和50%。有两种无风险资产A和B,其中A为免税债券,利率为6%,B为应就收益全额纳税的公司债券,利率为10%。由于市场实现均衡,因此两种资产利率保持不变。对于乙而言,投资于A和B的税后收益率相同,均为6%[10%×(1−40%)],因此,乙为边际投资者(对购买两种同等风险但纳税不同的资产无偏好的投资者);对丙而言,投资于B的税后收益率为5%[10%×(1−50%)],低于A(6%);对甲而言,投资于B的税后收益率为7%[10%×(1−30%)],高于A(6%)。因此,在其他条件相同的情况下,丙会选择A,甲会选择B。

现假设考虑到其他因素以后,丙要投资B,而甲要投资A。如果两人直接投资,且均为一个单位,那么丙的收益为0.05[1×10%×(1−50%)],甲获得的收益为0.06(1×6%),总收益为0.11(0.05+0.06)。此时,如果甲和丙订立契约,由甲投资B而丙投资A,然后两人进行交换,那么两者的总收益为0.13[1×6%+1×10%×(1−30%)],比前者多出0.02。将这一部分增加的收益在甲、丙之间分配,会使甲、丙均比未订立契约时获得的收益增加,增加的值其实就是政府税收收入的减少。

3.2.2 非税成本

1. 非税成本的概念

非税成本是指纳税人因实施税收筹划而引致增加的非税收支出形式的各种成本费用。非税成本是一个内涵丰富的概念,有可以量化的部分,也有不能够量化的部分,具有相当的复杂性和多样性。一般情况下,税收筹划引发的非税成本有代理成本、交易成本、机会成本、组织协调成本、隐性税收、财务报告成本、税务寻租成本、违规成本等。在现实社会经济中,环境的复杂性、人的有限理性是导致非税成本产生的直接诱因。

企业在设计税收筹划方案时,往往不能兼顾税收成本与非税成本,二者经常存在矛盾冲突。税收利益与财务报告成本之间的权衡是税收成本和非税成本冲突的典型表现。企业希望向税务当局报告较低应税收入以承担较低的税收成本,却会因此增加企业的财务报告成本(属于一种非税成本,通常包括企业的激励成本、资金成本、监管成本、审计成本和政治成本等)。通常节税(或避税)策略所要求的交易或政策选择会降低报告给利益相关者的利润(当然,纳税申报的利润不同于财务报告的利润)。财务报告的数据常应用于各种契约,如债务契约、报酬契约、监管契约、政治契约等,也常被证券分析师和投资者用来评价公司股票或债券价值,这会导致非税成本的上升。

【案例3-2】某电梯公司主要生产销售电梯并负责电梯安装及保养。按照税法规定,电梯公司既生产销售电梯又负责安装、保养电梯的行为属于混合销售行为,如果不能单独核算电梯销售收入和安装、保养收入,则应按照销售电梯所获得的全部销售收入计算缴纳13%的增值税。如果电梯公司分立出两个独立核算的电梯安装公司和电梯保养公司,则电梯安装收入和电梯保养收入就可以分别按照11%和6%的税率计算缴纳增值税。这是一项典型的企业分立模式的税收筹划操作。

但是,在设计企业分立筹划方案时必须考虑以下非税成本:①企业分立出两家独立运营的法人机构,必然会增加财务报告成本;②企业分立出两家独立运营的法人机构,必然会增加相应的管理成本;③一项电梯销售业务,除了需要签订销售合同外,还需要签订电梯安装合同与电梯保养合同,这无疑会增加合同签订的交易成本。这些增加的非税成本的总额可能会超出企业分立筹划节约的税款。因此,在信息不对称条件下进行税收筹划决策时,必须权衡税收收益与非税成本的大小,如果一旦非税成本高于节税额,则税收筹划方案不符合成本效益原则,如果继续实施该方案,结果将是非税成本超过节税额,总体降低了企业的净利润水平,税收筹划方案是无效的甚至是失败的。

2. 未来风险——对称型不确定性导致的非税成本

在对称型不确定性存在的情况下,签约各方虽然同等地了解信息,但有关投资未来的现金流却是不可知的,这种不可知意味着投资有风险。特别是,当对称型不确定性与一个累进的税率表相连时,即使在初始状态对风险无偏好的投资人也会因两者的共同作用表现出规避风险的态度。也就是说,对称型不确定性的存在使风险成为投资者开展有效税收筹划时不得不考虑的一个因素,累进税率表则进一步扩大了风险的影响。累进税率表的平均税率随着应税收入的增加不断升高,导致投资者倾向于风险更小的投资。即原先属于风险中性的投资者也会呈现出规避风险的特征,也会对税前收益不确定的资产表现出风险厌恶。

美国《国内收入法》(Internal Revenue Code)174节规定:符合条件的研究开发支出可按实际发生额当期全额扣除,转让成功的技术通常可以享受资本利得待遇;同时,石油与天然气投资也享有将钻井和勘探支出全额扣除的税收优惠待遇。因此,许多面临累进税制政策的低税负企业(如风险投资企业)呈现出规避风险的特征,它们为了税收利益,成立有限合伙企业,再将有限合伙人权益出售给能够更好地利用研发、石油与天然气当期扣除功能的外部合伙人(通常为负担高税率的个人)。这样一来,合伙人各方的任何收益都是以优惠的资产利得待遇课税,进行研究开发的公司则获得管理费以及从许可证和出售开发的技术或石油所产生收入的利息。从税收角度看,这些合伙企业可能很有效,获得了不少税收收益,但也可能产生大量的非税成本,诸如组织的管理成本、销售佣金、投资银行费用等。因此,税收筹划者必须权衡合伙企业这一组织形式的税收利益和非税成本。

【案例3-3】 假定投资者有10个单位资金,他可以选择两项投资计划中的一项。其中,一项计划是无风险的(如储蓄、购买国债等等),收益为2个单位资金;另一项计划是有风险的,如果投资成功,可以获得15个单位收益,如果投资失败会遭受10个单位损失,成功和失败的概率均为50%。再假定该投资人是风险中性的,他会选择期望收益较高的方案。因为有风险的方案的期望收益为2.5个单位[15×50%+(−10)×50%],高于无风险方案,所以投资人会选择有风险的投资方案。现考虑税收因素,假定投资人面临这样一个税率表:如果所得为正,则税率为30%;如果所得为负或为0,税率为0(对于新开办的企业而言,如果投资失败则企业不复存在,情况的确如此;对于已开业的企业,我们可以假定税法规定不允许亏损前转或后转)。毫无疑问,这是一个有两档税率的累进税率表。投资人将通过比较资产的税后收益做出选择,由于无风险方案的税后收益为1.4单位[2×(1−30%)],而有风险方案的税后收益为0.25单位[50%×15×(1−30%)+50%×(−10)],此时,投资者会选择无风险方案。为什么会出现这种变化呢?因为有风险方案所交纳的税收(2.25单位=15×30%×50%)要高于无风险方案的税收(0.6单位=2×30%),所以,这种税收上的差异导致两个方案的税后收益出现变化。

累进税率表的平均税率随着应税收入的增加不断升高,会导致投资人倾向于风险更小的投资。也就是说,即便原先属于风险中性的投资者也会呈现出规避风险的特征。在许多国家,当纳税人所得为负,即出现亏损时,一般都允许向以后期间递延,即递减以后期间的应纳税额。这种规定实际上降低了税率表累进的程度,但税率表仍是累进的(基于货币时间价值的考虑,后一期间节约的税收总是小于同等金额当期的税收)。

3. 道德风险与逆向选择——非对称型不确定性导致的非税成本

非对称型不确定性也是现实生活中普遍存在的一种状态。由于契约双方拥有不对称信息,导致一方无法观察到交易另一方的行为或进行控制。这种情况增加了契约订立的成本。甚至有时为了获得其他方面更大的利益,交易方不得不放弃减少税收的计划。企业在开展税收筹划时必须考虑到由于非对称型不确定性而增加的成本。

【案例 3-4】 假定某公司生产的产品是一种耐用消费品——家用电器,雇主和雇员的利益存在矛盾。雇员有两种行动策略可以选择:①努力工作,使产品的使用寿命达到 L;②不努力工作,产品的使用寿命只有 S。$L>S$ 且 $P(L)>P(S)$,即随着产品使用寿命增加,其销售价格也会提高,并且这种提高的比率大大超出了成本的增加。在这种情况下,雇主自然希望雇员能够努力工作,他们愿意为此支付额外的奖金。假定受到相关法律的限制,即使雇员没有努力工作并且雇主观察到雇员没有努力工作,那么雇主也不能采取额外罚款或其他方式处罚。另外,不考虑时间价值,即雇员对即期支付和推迟支付没有偏好,他们追求的是总收入的最大化。在忽略税收的情况下,为减少这种信息的不对称,雇主激励雇员努力工作的最有效方式是将对雇员的支付推迟到超过 S 期以后,因为这样就可以很清楚地观察到雇员的行动。不过这种激励安排显然与以税收最小化为目的的契约相冲突。当然,雇主税率不断升高而雇员税率不断降低,那么税收最小化的方案就是推迟支付了。不过,假如我们再加上一个考虑因素,即虽然不存在时间价值,但雇员对即期还是推迟支付依然不是无偏好的。原因在于推迟支付会使雇员承担企业可能丧失支付能力的风险。如果雇员一味增大对这种风险的预期,他们就会放弃推迟支付而要求即期支付。但此时的税制显然是推迟支付更能节约纳税。这时,雇主为了激励雇员也许仍然要放弃税收最小化。

3.2.3 隐性税收

1. 隐性税收的内涵

迈伦·斯科尔斯认为,显性税收是通常意义上由税务机关按税法规定征收的税款,这部分税收支出是由企业真实承担的;隐性税收则是指同等风险的两种资产税前投资回报率的差额。隐性税收是开展税收筹划时不可忽视的一个因素。

政府出于宏观经济调控的考虑,对某些特殊行业或地区实行税收优惠待遇,如免税、减税等。税收优惠政策制定的结果导致不同资产承担的法定税负有差异。理性的纳税人通常会选择低税负的资产进行投资,从而导致低税负的资产的价格被抬高。也即有税收优惠的资产以取得较低税前收益率的形式间接支付了税收,这部分差额形成企业的隐性税负。

与显性税收完全不同,隐性税收的产生源于市场。在一个给定的市场环境中,不存在税法限制和交易成本,两种资产的初始税前投资回报率相同且均为无风险资产,所不同的是他们面临着不同的税率。由于一种资产的税前回报率高于另一种资产,因此会吸引投资投向税收待遇较为优惠的资产,从而使其价格上升,投资回报率下降,直到两种资产的税后投资回报率相同,这种趋势才会停止,达到一般均衡状态。

隐性税收产生的假设是在税收以外的其他条件相同的情况下,由于投资者竞逐于存有税收优惠的资产,其价格因而被抬高,结果导致该项税收优惠资产调整后的税前报酬率低于无税收优惠的资产的税前报酬率。国内一些学者进一步阐述了对隐性税收的认识。"隐性税收是指在完全竞争市场上,投资者以较低的税前收益率承担部分收益的损失,这部分损失的收益率相当于投资者以隐性的方式承担了一部分税收,这部分税收就称为隐性税收。"[①]"显性税收是

---

① 陈小云,朱军生. 不同市场结构下隐性税收的归宿分析[J]. 税务与经济,2006(1).

纳税人按照税法规定负担的应该支付给税务机关的税款；隐性税收可定义为纳税人持有税收优惠资产而获得较低的税前收益率，承担导致税前收益降低的机会成本。"[1]

2. 隐性税收存在的证据

Shackelford(1991)以员工持股计划的借款利率来探讨隐性税收问题。美国1984年税收改革法案拟给予金融机构贷款给员工持股计划的利息收入半数免税，在这项免税规定正式通过之前，许多金融机构将其作为不确定的税收优惠，与合约对象按金融机构将来是否取得该项税收优惠而分别订定两种不同情况的利率。金融机构无法取得该项税收优惠时的贷款利率较高，金融机构能够取得该项税收优惠时的贷款利率则较低。两种不同贷款利率的税前利率的差异即是反映隐性税收存在的一个证据。沙克尔福德(Shackelford)的实证结果还显示大约75%的税收减免利益由借款人获得。

Wilkie(1991)研究认为美国公司所享受税收补贴程度与税前报酬率之间在统计上有显著的负相关性。威尔基(Wilkie)所使用的税收补贴可以认为是由投资税收优惠资产而引起的显性税收的抵减项目，即它是公司收入被课以最高法定税率的显性税收和实际税收之间的差异。其实证结果显示，公司享受税收补贴程度与其税前报酬率之间有显著的负相关性，即对税收补贴的竞相追逐导致公司以较低的税前报酬率为代价支付了隐性税收。但是这种负相关关系在市场摩擦大量存在的情况下要弱于预期无摩擦的经济状况。

Berger(1993)进行了美国1981年经济复苏法案给予公司研发支出投资抵减所产生的隐性税收的研究。该研究以1975—1989年间美国263家公司的面板数据为基础，实证结果显示，政府给予R&D投资抵减导致公司的研发活动承担了隐性税收，其程度小于27.2%。

Guenther(1994)研究了当时法定税率下降前后美国国债价格的变化情况。采用收付实现制的纳税人，购买折价发行的零息国债所获得的利息收入在债券到期以前都不纳税。因此，两个在年末前后到期、刚好遇上税率变动的国债的利息收入可能被按不同的利率征税。如果税率下降导致投资者的税前收益率下降，隐性税收模型预期收益将在高税率年度的12月到低税率年度的1月期间下降。盖恩瑟(Guenther)在研究1981年和1986年税率下降后的收益情况时发现了这一现象，并提供了与隐性税收存在相一致的证据。

Callihan和White(1999)对Wilkie(1992)的实证结果进行了进一步的解释，他们把威尔基的研究扩展到检验公司的潜在市场力量对隐性税收和税前收益率之间关系的影响上。他们的实证结果显示：公司承担隐性税收的程度与其税前报酬率有显著的负向关系，隐性税收与公司所处行业的市场集中度及销售收入占该行业市场销售总额的比例呈显著的负相关，即公司所处行业的市场集中度越大或公司本身所拥有的市场力量越强，其承担的隐性税收就越少。

Erickson和Maydew(1998)探讨1995年美国财政部提案拟将公司收到股利所得的免税比率由70%降至50%这一事件对隐性税收的影响。Erickson和Maydew的实证结果证明了由于提高了股利的所得税显性税率，股利的隐性税收因此而降低。

Debra A. Salbador和Valaria P. Vendrzyk(2006)通过研究美国国防承包商在《税收改革法案》颁布前后的税前收益率变化和税收优惠变化之间的关系，发现两者存在显著的负相关关系，验证了隐性税收的存在。同时也发现市场中存在具有市场力量的承包商，比不具备市场力量的承包商能够更大程度地保留税收优惠，从而承担较少的隐性税收。

---

[1] 盖地，崔志娟. 显性税收、隐性税收与税收资本化[J]. 经济与管理研究，2008(3).

戚啸艳、张睿、胡汉辉对我国上市公司隐性税收进行了实证研究。① 在完全竞争市场上，若税收以外的其他条件均相同，那么公司间税前收益的差异就等于隐性税收。他们借鉴"C-W模型"的思想，以沪、深两市 10 个行业上市公司的数据为样本，构建以超额税前报酬率为因变量，以有效税率（税收优惠指标）、市场占有率（公司竞争力指标）等为控制变量的回归模型。研究结果显示，我国上市公司基本不负担隐性税收，税收优惠的利益基本由上市公司享有。随着市场机制的不断完善，一些行业已开始出现隐性税收迹象，且公司竞争力越强，其负担的隐性税收就越少。

上述实证研究结果显示，隐性税收不仅影响资产的定价，也影响公司投资活动及整体的税前报酬率。因此，政府在制定税收优惠政策或投资者在进行税收筹划决策时必须充分考虑隐性税收的影响。

3. 隐性税收的计量模型②

税收优惠待遇会导致投资者哄抬税收优惠资产的价格，从而降低这些税收优惠资产的税前收益率。税收优惠资产待遇导致纳税人较低的显性税收和较低的税前收益率，我们把这种关系称为隐性税收计量模型。

隐性税收的计量模型是由迈伦·斯科尔斯和马克·沃尔夫森于 1992 年提出的"S-W 模型"。S-W 模型明确指出企业承担的总税收应该是显性税收与隐性税收的和。S-W 模型引入了"基准资产"的概念。基准资产是一种经过风险调整后所获收益每年按照一般所得税税率全额课税的资产，即基准资产被定位为按最高的法定税率全额征税的资产。基准资产仅仅承担显性税收，不享受任何税收优惠，如完全应税债券等。有了基准资产，就可以把其他享有税收优惠的资产的税前收益率跟基准资产的税前收益率做比较，并借以确定这些资产的显性税率、隐性税率和总税率。

任何一个资产的隐性税收等于基准资产和已调整风险的备选资产（如有税收优惠的债券）之间税前收益率的差额。假设 a 为税收优惠资产，b 为基准资产，t_a 为税收优惠资产承担的隐性税率③，R_b 为基准资产的税前收益率，R_a 为税收优惠资产的税前收益率，则投资该项税收优惠资产 a 的隐性税收为 $R_b - R_a$。在没有税收约束和摩擦的完全竞争均衡状态下，所有资产已经调整风险的税后收益率都应当相同，否则就会存在税收套利的机会，即一定有 $R_b(1-t_a) = R_a$ 成立。

故而，可以反推出隐性税率的计算公式为

$$t_a = \frac{(R_b - R_a)}{R_b}$$

从市场均衡角度分析，任何投资者支付的税收总额都应当是显性税收与隐性税收之和。用 r^* 表示这个共同的税后收益，则总税收可以表示如下：

$$\begin{aligned}总税收 &= 隐性税收 + 显性税收 \\ &= (R_b - R_a) + (R_a - r^*) \\ &= R_b - r^*\end{aligned}$$

由上式可知，在完全竞争状态下，所有资产负担的税收总额是一样的。

---

① 戚啸艳,张睿,胡汉辉.我国上市公司隐性税收实证研究[J].税务研究,2006(9).
② 杨华.企业有效税务筹划研究[M].北京：中国财政经济出版社,2011. pp.68-74.
③ 若该税率被显性地用在基准资产上，则基准资产获得的税前收益率将会与税收优惠资产的税前收益率相等。

然而实际经济生活中,市场远未达到完全竞争的状态,市场摩擦①与税务约束②无处不在,税收套利的困难和昂贵的成本,使得 S-W 模型中隐性税收的计算结果是一种理想状态,实际的隐性税收远远低于其理想值。

S-W 模型在实际经济中难以推广的重要原因还在于如何选择合适的基准资产并衡量其预期的税前收益率。Callihan 和 White(1999)则对"S-W 模型"进行了扩展研究,提出了"C-W 模型",即一种综合运用企业财务报表所提供的信息来计量隐性税收的方法,其最为重要的突破是解决了如何利用财务会计的数据来衡量隐性税收的各项指标,C-W 模型如下:

基准资产(完全应税资产)的税前收益率 $R_b = [(PTI-CTE)/(1-t)]/SE$,

基准资产(完全应税资产)的税后收益率 $R_b = [(PTI-CTE)/(1-t)]/[SE(1-t)]$,

备选投资资产的税前收益率 $R_a = PTI/SE$;

备选投资资产的税后收益率 $r_a = (RTI-CTE)/SE$;

式中,R_b 为已调整风险的完全应税资产的税前收益率;PTI 是企业的税前所得(账面价值);CTE 是企业目前的税收支出;SE 是企业的股东权益;t 是最高的法定税率。根据在完全竞争的市场环境中,完全应税投资资产所获得的税后收益率与其同风险的备选投资资产的税后收益率相同,则有

$$隐性税率 = (R_b - R_a)/R_b = \left[\frac{PTI-CTE}{1-t} - PTI\right] \bigg/ \left[\frac{PTI-CTE}{1-t}\right]$$

$$显性税率 = R_a - r_a = CTE \bigg/ \left[\frac{PTI-CTE}{1-t}\right]$$

C-W 模型中隐性税率的转化形式为

$$隐性税率 = (t - ETR)/(1 - ETR)$$

式中,ETR 是企业的平均有效税率($ETR < t$),$ETR = CTE/PTI$。

比如,一个企业投资于一项税收优惠资产,取得账面价值为 100 万元的税前所得 PTI。假定根据税收优惠政策,企业可抵减应税所得的金额为 30 万元,则企业的应税所得实际为 70 万元,法定税率为 25%。

则税收支出 CTE 为 17.5 万元($70 \times 25\% = 17.5$)

企业的平均有效税率 $ETR = \dfrac{17.5}{100} = 17.5\%$

隐性税率 $t_a = (t - ETR)/(1 - ETR) = (25\% - 17.5\%)/(1 - 17.5\%) = 9.1\%$

C-W 模型克服了 S-W 模型的计量缺陷,首次运用企业的财务会计数据尝试建立衡量隐性税收的计量模型。C-W 模型中隐性税率的转化形式表明,衡量企业的隐性税收负担可以只考虑企业最高法定税率与有效税率之间的差异,而可以不用基准投资资产税前收益率估计企业的隐性税收。C-W 模型虽然运用财务会计数据对衡量企业的隐性税收问题进行了尝试,但其应用前提依然是完全竞争市场,且仅针对企业隐性税收的衡量,而不是某个方案承担的隐性税收,因而限制了其在税收筹划方案选择中的运用。

我们不妨对 S-W 模型做出一定的放松假设,在税收筹划时,把享有税收优惠的方案视作优惠资产,把不享有税收优惠的方案视作基准资产,从而可以计算出享有税收优惠的方案承担

---

① 经济学上的摩擦是指在不完全市场下买卖资产而发生的交易费用和相关信息成本。
② 也就是税收规则约束,即国家通过立法施加的、阻止纳税人利用各种方法,以牺牲社会公共利益的方式减少纳税义务的一系列限制。在不完全市场经济环境下,税收规则约束是普遍存在的约束条件,具体表现为现行各项税收法规。

的"相对隐性税收",帮助企业在税收筹划决策时全面衡量方案的税收负担。同时,要考虑到税收筹划时的市场摩擦和税收约束。[①]

假定企业进行税收筹划决策时面临两个方案的选择,享受税收优惠的方案 A 的税前收益率为 R_a,无税收优惠或较少税收优惠的方案 B 的税前收益率为 R_b。同时,设 c 为市场摩擦率,s 为税收约束率,在阻碍税收套利的进程中,摩擦占的权重为 θ_1,税收约束占的权重为 θ_2,m 是市场摩擦和税收约束的函数,即 $m=f[c(\theta_1),s(\theta_2)]$。$m$ 取决于不同投资资产的交易摩擦程度和税收约束程度。则不完全竞争市场下税收套利的均衡结果应该是

$$R_b \times \left[1 - \frac{t_a}{1-m}\right] = R_a$$

此时隐性税率为

$$t_a = \frac{(R_b - R_a)}{R_b}(1-m)$$

通过放松假设,我们得到了"相对隐性税收"的数值,虽然尚不够精确,但把它放入税收筹划方案,弥补了税收筹划单纯考虑税收收益的缺陷。同时,我们发现隐性税收的高低与市场摩擦程度、税收约束程度密切相关。市场摩擦程度越低,税收约束越松散,隐性税收越高;反之,市场的摩擦程度越高,税收约束越紧,隐性税收越低。

政府颁布各种税收优惠政策时,由于隐性税收和交易成本的存在,国家按照既定的产业政策给予某些产业的税收优惠并不能被该产业完全得到。隐性税收的存在,将抵消一部分税收优惠带来的税收收益,但这种抵消并不同于交易成本对税收优惠的抵消(其实质是市场摩擦导致的一种无谓损失),隐性税收起到一种税收利益的转移作用。在没有市场摩擦和税收约束的前提下,投资资产有着相同的税后报酬率是市场均衡的结果。即在理想状态下,税收优惠完全与企业无关,并不影响企业的财税决策。但是,由于存在市场摩擦,即存在交易费用,信息不对称和市场结构不对称的情况下,结果就大不一样。因此,企业在决策时,要考虑的是综合税收,而不仅仅是显性税收,实现总税收负担(显性税收与隐性税收之和)最小化才是理想的。在税收优惠政策出台的早期,因为资本不可能在短期内大幅增加或缩减,税收优惠的受益企业的确获得了税收优惠。但随着时间的推移,投资者开始出现税收套利,社会资本向该产业流动,其资产增值速度趋于缓慢,隐性税收随之产生。换言之,税收优惠刺激了税收套利,税收套利导致了隐性税收。[②] 所以,任何投资都有一个时间周期,预见性比较强的企业尽早抓住投资的最佳时机,既可以享受税收优惠,又可以在投资额的高峰期到来之前(即税收优惠资产价格抬高之前)充分享受高税前收益率的回报。

4. 隐性税收对税收筹划决策的影响

隐性税收的存在,使得公司的实际税负水平大于按照显性税收计算的水平。因此,在衡量税收成本时必须测算隐性税收进而准确确定实际税收负担。纳税人通过税收筹划减轻的税收负担不仅应该包括显性税收,同时也应该包括隐性税收,即税收总额(显性税收与隐性税收之和)的降低才是理想的税收筹划目标。

纳税人应了解隐性税收的生成机理,基于成本效益原则采取税收筹划措施。从另一个角

[①] 所谓市场摩擦,是指市场中发生的交易成本,这些成本使实施某种特定的税收筹划策略需要付出一定的代价。所谓税收约束,是指税务当局施加的限制,这些限制阻止纳税人利用税收套利方式减少税收。

[②] 于浩瀛. 税收优惠和纳税筹划的隐性税收浅析[J]. 经济理论研究,2007(9).

度分析,对于不同竞争市场环境下的行业来说,隐性税收理论也对其税收筹划决策方向具有指导意义。对于近似完全竞争市场的行业,市场可以自行调节达到资源的优化配置,基本不存在税收筹划空间或税收筹划空间较小,因为这种情况下在竞争市场趋于均衡时,不同投资资产的显性税收与隐性税收之和相等,即不同资产负担的税收总额相等或比较接近,不存在资产转换的税收套利空间,也就不存在税收筹划的显著节税效应;对于寡头垄断市场,当政府颁布较多的税收优惠政策时,企业之间可以利用定价合谋行为整体获取税收利益,即存在较大的基于契约形式转换的税收筹划空间;对于完全垄断市场,政府需要对该垄断行业实施限价措施,以保证消费者的利益,增进社会福利的提升。同时,政府也不宜颁布过多的涉及垄断企业利益的税收优惠政策,否则会导致巨大的税收筹划空间。

5. 税收套利及其应用

税收套利,是指通过一种资产的买进和另一种资产的卖出,在净投资额为零的水平下产生一个确定的利润,即通过资产的买卖获取一定的税收利益。尽管市场达到均衡点以后,边际投资者对两种资产的选择是无差异的,但市场上仍有相当一部分非边际投资者,他们之间仍可以通过相互订立契约而受益。非边际投资者的存在,从理论上导致了税收套利行为。在税收套利存在的同时,也存在阻碍税收套利有效实施的约束力,主要包括市场摩擦和税收约束。

税收套利分为组织形式套利(organization-form arbitrage)、顾客基础套利(client-based arbitrage)两种类型。

1) 组织形式套利

组织形式套利是指通过一种享有税收优惠的组织形式"多头"持有一项资产或者生产性行为,同时通过一种没有税收优惠的组织形式"空头"持有一项资产或者生产性行为。

【案例 3-5】 20 世纪 90 年代中期,美国许多企业都通过持有公司所有的生命保险(corporate owned life insurance)转移收入。具体而言,就是由公司为雇员购买许多份生命保险,然后再使用贷款资金支付保费,或者直接向保险公司贷回应支付的保费。由于借款利息在每期发生时即可获得扣除(不论是否实际以现金支付利息),而每年投入保单的投资收益则不必立即交税(按规定保单在获得现金或取得投资收益时才需要纳税甚至免税),因此,公司只要每年将相当于投资收益的资金用于保费,就可以获得延迟纳税甚至节税的好处,也就达到了税收套利的目的。

上述案例是一个典型的组织形式套利模式,即持有一种有税收优惠的生命保险类型的资产,同时以一种没有税收优惠的形式持有一种可以产生相应利息扣除的贷款,而净投资额为零,这样就产生了税收套利的效果。

税收约束有利于阻止组织形式套利的实施。上例中,政府可以通过削弱纳税人从应税收入中税前扣除贷款利息的能力来干预或避免税收套利行为。如果税法规定了纳税人可以扣除的贷款利息金额不能超过其应税投资所获得的收益,则组织形式套利效果就会大打折扣。这一税收约束避免了纳税人借入资金的税后成本低于投资免税资产或储蓄的税后收益。美国税收法典也做出了类似的规定,即允许利息的税前扣除仅限于纳税人获得的应税投资收益部分,包括利息、股利、租金等。

市场摩擦也有利于阻止组织形式套利的实施。上述案例中,假设存在一定程度的市场摩擦,那么在投资生命保险时,会发生一些特定的市场摩擦,即必须支付固定的交易费用(比如生命保险的签约费、信息搜寻费、审计监督费等),纳税人从这一工具所获得的税前收益将损失这一部分费用。假设生命保险的投入额为 Y,生命保险的收益率为 R,生命保险的市场摩擦交易

费用率为 f，则生命保险实际投资所获得的收益只有 $Y(1-f)$，其中 Yf 部分已经因为市场摩擦而流失，就像纳税人支付了一个税率为 f 的现行税收一样。因此，最终生命保险所获取的实际投资收益率仅为 $R(1-f)$。

2）顾客基础套利

顾客基础套利也可能对一项税收优惠资产做多头，对一项非税收优惠资产做空头，其本质取决于纳税人是否从一个相对高或者相对低的边际税率开始。对于高税率的纳税人，顾客基础套利是对一项税收优惠资产做多头（该资产负担相对较高的隐性税收）和对一项非税收优惠资产做空头（该资产负担相对较高的显性税收）。对于低税率的纳税人，顾客基础套利是对非税收优惠资产做多头，而对税收优惠资产做空头。

顾客基础套利意味着以增加隐性税收为代价并减少显性税收，或者相反。这样的策略经常出现在以下情形：纳税人能够多头和空头持有不同的应税资产，且至少其中一个负担隐性税收，个别纳税人面临着不同的边际税率。

在没有税收约束和市场摩擦的情况下，顾客基础套利导致所有纳税人面临相同的边际税率，所有资产都会承担相同的总税率（隐性税率与显性税率之和）。如果资产买卖成本不是很高，边际税率相对而言极高或极低的投资者会产生税收套利动机，即高边际税率的纳税人具有持有税收优惠资产的动机，而低边际税率的纳税人则偏好持有非税收优惠资产。其中的一个情形是顾客基础套利使高税率纳税人能够把缴纳显性税率的收入转变成缴纳隐性税率的收入。一个简单的例子是使用税前扣除利息的借款购买免税债券，虽然这种策略可以消除显性税收，但同时却产生了隐性税收。

税收约束有利于防止顾客基础套利的实现，针对使用税前扣除利息的借款购买免税债券的行为，可以采取的约束规则是不允许使用借款购买某种可获得免税收益的资产（如政府债券），以避免产生利息扣除。因此，税收约束和市场摩擦影响了顾客基础套利得以有效实施的一系列外界环境。

复习思考题

1. 如何理解有效税收筹划理论？
2. 如何理解非税成本？请举例说明。
3. 什么是税收套利？税收套利有哪两种类型？

论 述 题

隐性税收是一个重要的概念，对于理解有效税收筹划理论有着重要的意义。请根据你所掌握的知识论述以下问题。

（1）如何理解隐性税收的概念，你能举出一个证明隐性税收存在的真实案例吗？
（2）隐性税收的分析对税收筹划有何意义？

第 4 章

产权视角的税收筹划

> 如果产权构造使人们只能从事社会生产活动,就会出现经济增长……政府应该负责保护和强制执行产权,因为它们承担这项职能的成本比私人自愿承担的成本要低。然而,对政府的需要可能会诱发保护一些妨碍增长而不是促进增长的产权。因此,我们没有办法保证生产性的制度安排一定会出现。
>
> ——诺贝尔经济学奖得主　道格拉斯·诺斯(Douglass C. North)

4.1 产 权 理 论

4.1.1 产权学说

产权是财产所有权或财产权的简称,学术界从不同角度研究产权问题,形成了关于产权的多种学说。

1. 内涵说

美国经济学家菲吕博腾(Furubotn)和配杰威齐(Pejovich)认为:"产权不是人与物之间的关系,而是指由于物的存在和使用而引起的人们之间一些被认可的行为性关系。……社会中盛行的产权制度便可以被描述为界定每个人在稀缺资源利用方面的地位的一组经济和社会关系。"[①]平乔维奇认为,产权是因为存在着稀缺物品和其特定用途而引起的人们之间的关系。[②]德国学者柯武刚(kasper)和史漫飞(Streit)认为,产权是个人和组织的一组受保护的权利,它们使所有者能通过收购、使用、抵押和转让资产的方式持有或处置资产,并占有在这些资产的运用中所产生的效益。[③]

2. 外延说

从外延上对产权进行界定,主要是从产权具体包括哪些权利的角度来定义产权。完整的产权集合涵盖了两种基本产权模式:一种是单一所有权模式,即从狭义的角度来讲,产权等同于所有权,即指产权主体把客体当作自己的专有物,排斥别人随意加以侵夺的权利;另一种是权利束模式,即从广义的角度讲,产权不仅包含所有权(狭义),还包含其他的排他性控制权,即产权是指包括广泛的因财产而发生的人们之间社会关系的权利束的总称。

英国学者阿贝尔(Abel)认为,产权包括所有权、使用权、管理权、分享残余收益或承担负债的权利、对资本的权利、安全的权利、转让权、重新获得的权利及其他权利。著名经济学家巴泽尔(Barzel)则认为,人们对不同财产的各种产权包括财产的使用权、收益权和转让权。

---

① [美]科斯等.财产权利与制度变迁[M].上海:上海人民出版社,1994:165.
② 同上:204.
③ [德]柯武刚,史漫飞.制度经济学——社会秩序与公共政策[M].北京:商务印书馆,2000:212.

3. 形成说

形成说主要从产权形成机制角度对产权进行内涵界定,即从法律或国家强制性层面对产权进行界定。《拿破仑法典》明确规定,财产权就是以法律所允许的最独断的方式处理物品的权利。美国经济学家阿尔钦认为,产权是授予特别个人某种权威的办法,利用这种权威,可以从不被禁止的使用方式中,选择任意一种对特定物品的使用方式。产权一方面是国家所强制实施的对某种经济物品的各种用途进行选择的权利,另一方面还是市场竞争机制的本质。

4. 功能说

产权概念的理解应从功能出发,脱离产权的功能来抽象地定义产权则会缺乏解释力。美国经济学家德姆塞茨(Demsetz)认为,产权是一种社会工具,其重要性在于它能帮助一个人形成他与其他人进行交易的合理预期,且产权的一个主要功能就是引导人们在更大程度上将外部性内部化。美国著名法律经济学家波斯纳(Richard Allen Posner)在其所著的《法律的经济分析》一书中,根据对产权社会作用的认识与理解,从保障产权的社会作用有效性的目的出发,提出了衡量产权有效性的三个标准,一是普遍性,二是排他性,三是可转让性。

4.1.2 产权的本质与特征

1. 产权的本质

著名经济学家科斯(Coase)被经济学界称为新制度经济学(new institutional economics)的开山大师。科斯的重要贡献在于揭示了产权、交易费用与资源配置效率之间的联系。关于产权的概念,德姆塞茨是较早对其进行研究的经济学家,他在《关于产权的理论》中认为:"所谓产权,意指使自己或他人受益或受损的权利。"[①]诺斯认为:"产权本质上是一种排他性权利。"[②]被尊称为产权经济学之父的阿尔钦(Alchian)认为:在一个社会中,当两个或更多的个人都想得到同一种经济物品的好处时,必然隐含了竞争。竞争的冲突要通过这种或那种方式来解决。限制竞争的规则通常叫作产权规则。[③]

从理论上分析,产权意味着对特定财产完整的一组权利,这组权利一般可以分为财产的所有权、占有权、支配权和收益权等。财产的所有权是指财产所有者对财产的终极所有权,在产权的各种权利中占据核心地位,在其基础上派生出了财产的占有权、支配权和收益权等。对于企业经营的财产,在理论上也把财产的占有权、支配权和收益权等统称为"经营权"(operating-right)。

2. 产权的特征

产权作为以财产所有权为基础的权利集合体,是人们在交易过程中相互利益关系的体现。产权的特征主要体现在以下四个方面。

第一,产权界定的明确性。应在国家法律的基础上,对产权主体和产权客体进行明确的界定,同时还应明确划清产权主体与产权客体之间的界限。其中,产权主体即拥有财产所有权或具体享有所有权某一项权能的一方;产权客体即归所有者占用、使用的资产或权利。

第二,产权的排他性。出于产权主体保护自己所有权的需要,产权关系一经确定,在特定财产权利领域,一个产权主体不受其他利益主体的随意干扰,其实质是产权主体对特定财产

---

① 黄少安.产权经济学导论[M].北京:经济科学出版社,2004:64.
② 诺斯.经济史中的结构与变迁[M].上海:上海三联书店,1991:21.
③ 张五常.关于新制度经济学[M]//科斯、哈特、斯蒂格利茨等.契约经济学.北京:经济科学出版社,1999:63.

利具有垄断性。

第三,产权的可转让性。该特征是以产权的明确界定和排他性为基础的,主要包括两种转让形式:一是转让所有权、使用权、收益权、处分权中的某项或某组权能而保留终极所有权;二是整个所有权体系的转让。

第四,产权的可分割性。产权的四项权利(所有权、使用权、收益权和处分权)各有不同的权能和相应的利益,当同一资源的各项产权临时或永久地被不同的人所占有时,产权的分割便产生了。关于这一特征,美国经济学家阿尔钦认识到,在任一时点上,资源都不能完全地被所有者占有。①

总之,产权的存在是以市场经济的存在为前提,体现着市场经济中人们之间的财产权利与利益关系。市场经济中的产权交易,实质是产权关系的交换,产权主体以让渡某项或某组产权为代价换取他人的某项或某组产权。产权交易是一项复杂的交易行为,包括产权让渡过程中的信息搜集处理、谈判、签约、履约等具体活动。

产权与契约之间的关系非常微妙,其实产权交易往往通过契约关系来完成。契约是形成产权制度的基础,产权制度在形式上可以被视为一种相对固定化的契约。产权制度的变迁实际上是契约演化的结果,产权关系的调整其实就是契约关系的改变。

4.1.3　交易费用的含义

当今,交易费用已经成为一个极为广泛传播的概念,对交易费用的研究推进了产权经济学的发展。科斯最早把传统经济学中的交易概念扩展为交易费用概念,并应用于企业起源和规模的经济学分析中。最后交易费用概念扩展到包括度量、界定和保护产权的费用,发现交易费用和交易价格的费用,讨价还价的费用,订立交易合约的费用,执行交易的费用,监督违约行为并对之制裁的费用,维护交易秩序的费用,等等。②阿罗将交易费用高度地总结为"经济制度的运行费用"③。值得一提的是,在交易费用中信息成本也是一项重要的构成内容,正如张五常所言:"交易成本的产生部分地归因于我们的无知或信息的缺乏。"④

威廉姆森(Williamson)认为交易活动中存在交易费用就如同物体运动存在摩擦力一样,交易活动中不存在交易费用是不可想象的。威廉姆森进一步把交易费用分为事前交易费用和事后交易费用。事前交易费用是指为达成一种交易进行谈判和缔约所发生的费用;事后交易费用是指交易达成后所发生的费用,包括修改合约条款、解决合约纠纷以及合约履行所付出的费用。所以,从契约理论的角度看,交易费用可以概括为用于契约签订、执行、监督的一种资源支出。其实,在交易费用中信息成本占据重要的地位,它是契约安排和一般组织结构的主要决定因素。

哈特(Hart)认为交易费用来源于契约的不确定性,即交易的各契约方无法签订完全契约会导致契约履行中出现大量没有预测到的交易费用。交易费用的存在是制度产生的原因,制度的存在可以节约交易费用。科斯认为交易费用的高低与产权明晰程度有关,产权越明晰,交易费用就越低。产权制度就是人们为了节约交易费用而"发明"出来的。交易费用已经成为衡量"市场""政府""企业"三者行使权利的标准。任何一种产权安排都不是万能的,选择的标准

---

① 阿曼·阿尔钦.产权经济学[M]//盛洪.现代制度经济学(上册),北京:北京大学出版社,2003:38.
② 伍中信.产权与会计[M].上海:立信会计出版社,1998:2～3.
③ 黄少安.产权经济学导论[M].北京:经济科学出版社,2004:153～154.
④ 张五常.关于新制度经济学[M]//科斯、哈特、斯蒂格利茨等.契约经济学,北京:经济科学出版社,1999:66.

就是交易费用的最小化。

4.1.4　产权安排的效率

产权安排与效率的联系非常紧密,通过产权界定和产权安排来促进效率的提高,是市场经济运行的重要原则。

美国经济学家诺斯认为,市场的有效性意味着充分界定和行使产权。有效率的产权对经济增长起着十分重要的作用,因为一方面产权的基本功能与资源配置的效率相关,另一方面有效率的产权使经济系统具有激励机制。

美国经济学家德姆塞茨提出了"外部性决定产权安排"的思想,产权起源于外部性,外部性构成产权起源、演化的基础。所以,不能离开外部性而抽象地谈论产权安排的效率。不同的产权安排在内部化同一种外部性时会表现出不同的效率,同一种产权安排在内部化不同的外部性时的效率也不同,即不同的产权安排往往是和不同的外部性相对应和匹配的。因此,在界定和安排产权时,既要关注各种产权形式自身的特征,又必须将具体的外部性纳入考虑,选择那些能最大限度地将有关的外部性内部化的产权形式。

4.2　科斯定理与资源配置效率

4.2.1　科斯定理

1. 科斯第一定理

科斯认为,在交易费用为零的情况下,资源达到最优配置效率的结果与产权安排无关,而收益分配却与产权安排有关。这被后人称为"科斯第一定理"。科斯第一定理强调的是产权制度的明晰性。如果产权是明确界定的,在不考虑交易费用的情况下,无论产权是由交易的哪一方拥有,都能带来社会资源的有效配置,都会形成帕累托最优效率。

2. 科斯第二定理

在社会经济实践中,交易费用为零的假定是很不现实的。市场交易一般都需要通过讨价还价缔结合约,并通过制度安排督促合约条款的严格履行等,这通常是要花费成本的。所以,一旦考虑到交易费用,产权的界定与归属必然会对社会资源的配置及经济效率产生影响。因此,在交易费用为正的情况下,合法产权的初始界定会对经济制度运行的效率产生影响。产权的一种调整可能会比最初的产权制度或其他的产权调整产生更多的产值或经济收益。但除非这是法律制度确认的产权安排,否则通过转移和合并产权达到同样后果的市场交易费用会很高,以至于最佳的产权配置以及由此带来的更高的产值也许永远不会实现。这被后人称为"科斯第二定理"。

科斯第二定理强调的是交易费用会对产权配置下的经济效率产生影响,即如果交易费用[①]为正,不同的产权安排必然会带来不同的资源配置,必然影响到经济效率。推而广之,不同的产权制度下,交易成本不同,从而会导致不同的资源配置效率,即产权制度是决定经济效率的重要内生变量。所以,为了优化资源配置,产权制度的安排和选择是至关重要的。

科斯进一步认为,产权的安排方式主要有市场、企业和政府管制三种基本方式,而制度变

[①] 交易费用是社会财富或资源的一种浪费。交易费用的大小反映了交易的效率。

迁也就是产权的重新安排,即一种产权安排向另一种产权安排的转化。对于企业与市场的区别主要体现在交易费用的差异上。在企业内部配置资源不需要交易费用,而资源的市场配置过程离不开交易费用。若没有企业,则所有的资源配置都要通过市场交易完成,交易费用会很高。若存在企业,则企业内部的资源配置会大大减少交易费用。所以,企业是对市场的一种替代。由于企业内部资源配置的组织费用会随着企业规模的不断扩大越来越多,当组织费用超过交易费用时,企业反而不如市场配置资源合适。所以,存在着一个最佳企业规模,最佳企业规模应该是边际交易费用与边际组织费用相等的均衡点,在该点上,整个社会的总成本最小。

3. 科斯第三定理

科斯第三定理通常被表述为:如果没有产权的界定、划分、保护、监督等规则,即没有产权制度,产权的交易就难以进行。即产权制度的供给是人们进行交易、优化资源配置的前提。[①]

不同产权制度下交易活动的交易费用是不一样的。合理清晰的产权界定有助于降低交易费用,因而激发了人们对制定产权规则、建立产权制度的热情。但产权制度的建立不是无代价的。对产权制度的设计、制定、实施和变革是需要耗费成本的,这就是制度成本。科斯第三定理给人的启示,是从产权制度的成本角度出发对产权制度做出选择。

科斯定理所要解决的问题就是如何通过产权关系的调整,安排合理而有效的产权制度,降低或消除市场机制运行的交易费用,提高运行效率,改善资源配置。"科斯第一定理"是"科斯第二定理"的反衬和铺垫,"科斯第二定理"将产权安排、交易费用与资源配置效率结合起来,使社会找到了资源优化配置的有效途径,即依赖政府的力量使社会经济生活中的各种产权得到清晰界定,并得到法律制度的支持和保护。"科斯第三定理"建立在"科斯第二定理"的基础之上,重点揭示了不同产权制度设计的成本差异及其与资源配置效率的相关性,告诉人们应该如何选择制度才是合理而有效的。

4.2.2 税收、产权与资源配置效率

科斯定理的本质是关于产权安排与资源配置效率的定理,其核心是交易费用。基于交易费用为正的分析,提出关于产权安排与资源配置效率之间关系的理论。在科斯定理的启示下,对税收、产权与资源配置效率之间的关系提出如下三个推论。

推论1:在信息对称且税收中性的前提下,若交易费用(涵盖涉税交易费用)为零,则税收不会影响资源的配置效率。

推论2:在现实的社会经济环境中,交易费用(涵盖涉税交易费用)为正,则税收会对资源的配置效率产生巨大的影响,资源趋于流向税负较低的领域。

推论3:税收制度是对税收征纳双方权益的约定、保护和监督的一组规则。如果没有税收制度,就不能保护正常交易的税收利益。

下面分析、解释税收、产权与资源配置效率的三个推论。

第一,推论1所要表达的经济含义是:在信息对称、税收中性的前提下,涉税交易费用为零的理想状态下,税收与资源配置效率不相关。这一理想结论是建立在信息充分有效的前提下的,此时,税收对交易及资源配置效率的可能影响恰好被当事人对交易的合理预期调整所抵消。其实,假定涉税交易费用为零是不现实的,但这一推论提供了一个相当严谨的分析框架。

第二,推论1、推论2中所提到的涉税交易费用,涵盖在交易费用之中,是交易费用的一部

---

① 黄少安.产权经济学导论[M].北京:经济科学出版社,2004:284.

分。涉税交易费用主要指与征纳税相关的费用,而不包括应征缴的税款,其范围除了涵盖征税成本和纳税成本,还包括一部分隐性税收成本,比如因税收而调整交易的费用。

第三,税收是交易结构中强制性塞进来的"楔子",起着阻碍交易的作用。没有税收可能交易会更流畅,因此,税收就好比是经济交易的"摩擦力",不可避免地对资源配置效率有着重要影响。推论2显然放宽了,不仅承认税收对资源配置效率的影响,而且还给出了税收对资源配置起着资源流向的引导作用。推论2还说明降低税负可以利用税收筹划的合法手段来实施,且指明了税收筹划的重点,即从资源流向的角度去分析,实现资源在低税负领域的积聚、沉淀并发挥作用。

第四,推论3从制度优势角度分析了最优税收制度对税收利益的保护作用。同时,推论3也隐含了税收制度的建立是需要耗费交易费用的,尤其是建立、实施并维护具有公平、中性特质的税收制度更是代价高昂,成本不菲。实质上,税收是调节经济的一种手段,税收制度也可称之为配置资源的一种有效方式。

第五,税收是关于征纳双方权益保护的一组规则,体现着一种契约关系。税收制度的根本目的不仅在于保障财政收入,而且还在于实现资源配置的高效率。因为税收制度可以归结为一种有效减少信息不对称的制度安排。

第六,税收制度作为"制度"中的一个方面,同样具有"制度"一般的属性和功能。税收制度的功能之一在于核定"交易"的转移数量及其涉税额。一项"制度"的选择和重新安排,是按照交易费用最小化原则来进行的。税收制度也不应例外,税收制度的变迁应该以"交易费用最小化"为原则来选择和安排。

4.3 税收与产权的关联性及互动关系

4.3.1 税收依附于产权基础而存在

从表面上看,税收的课税对象是财产、所得、货物或劳务的流转额,但税收的真正目的物是产权。对财产课税,实质上是对财产所有权课税;对所得课税,实质上是对产权收益课税;对货物、劳务的流转额课税,实质上是对货物或劳务的产权流转课税。既然从本质上看税收的目的物是产权,那么政府运用税收形式获取财政收入的前提是产权的存在性。换言之,对财产、所得、货物或劳务课税的前提是财产、所得、货物或劳务的产权客观存在、明晰且无任何争议。[①] 如果财产、所得、货物或劳务的产权模糊,税收就失去存在的前提条件。政府运用征税权获得税收收入的前提应当是产权的清晰界定。换言之,"明确的产权制度是抵制统治者税收权力扩张的最牢固、最敏感的保护屏障"。[②] 因此,私人财产权的存在是税收的逻辑起点,税收存在的基础和前提条件是清晰产权的存在,即税收必须依附于清晰的产权关系。

4.3.2 税收与产权的互动关系

1. 保护私人产权是形成国家合法征税权的前提条件

著名经济学家布坎南认为:如果没有一种制度来保护所有权并使契约付诸实施,那么国

---

① 蔡昌.构建产权型税收体系——基于产权保护与税收立法权的回归的思考[J].税务研究,2013(6).
② 全承相,杨路明.西方税收宪政主义思想制度化及其现实意义[J].湖南社会科学,2005(3).

家也就无权来分享总收入。① 在我国,"国家保护私人财产"已入宪,私人产权得到法律的认可,这从立宪层面界定了政府征税的合法性,从而也拉开了国家严格保护私人产权的帷幕。市场经济环境下,一个国家或政府在较为有效地保护私人产权、遏制国家肆意征税行为基础上才能赋予税收合法性基础,从而为产权制度的确立、市场经济的发展奠定基础性制度结构。

2. 政府征税是对私人产权合法性认定的一种承诺

一般征税对象都是合法财产与所得,一般不对非法财产和所得征税,因为这属于政府打击和取缔的不予认可的非法产权范畴。即政府征税隐含着一个前提假设:财产、所得必须属于合法产权范畴。在国家和法律制度存在的前提下,产权确认是由国家或法律制度实施的,私人拥有的财产和所得必须得到国家或法律制度的认可,否则就不属于合法产权,也就谈不上产权保护。

4.3.3 税收在调整产权关系中的角色定位②

税收用在调整产权关系中扮演着极为重要的角色,税收充当着产权证人和产权保护人的双重角色。

1. 确认产权:税收作为一种认定工具

公共财产以征税为基础而逐步积累形成,马克思曾对此指出:"赋税是政府机器的经济基础。"③因此,承认与保护私有产权是国家实现征税权的前提,否则就不存在国家强制课征的对象,也就不存在税收。④ 税收意味着国家对私人财产的剥夺,私人财产权的存在是国家税收的逻辑起点。所以,如果没有私人产权保护就不能形成真正合法的征税权,只有产权明确了,税收才能明确。

政府征税也反过来证明了国家对私人产权的认可,即征税作为一个资源由私人产权转变为公共收入的过程,只有税收明确了,产权才能明确。这种逻辑关系体现了税收在产权确认中的作用,即税收扮演产权证人的角色。

譬如,目前最为典型的例证是中国城市郊区的"小产权房"问题。"小产权房"因各种原因导致其产权不合法,政府不予确权登记发证,也不允许在市场上公开流通。如何正确对待"小产权房"问题,如何妥善完成"小产权房"非正式产权向正式产权过渡,也是彻底解决中国产权遗留问题的关键。我们认为,按照产权状况不同,"小产权房"应该根据不同背景情况区别对待,实施分类管理:①对于不符合土地使用权政策而建造的"小产权房",不受国家法律保护,一律不予确权登记,应作为非法建筑物强行拆除,以正本清源有力支持和保护合法产权;②对于符合土地使用权政策但缺少审批手续的"小产权房",应允许补办相关手续(确权发证),并同时补缴土地出让金及相关的税费,实现"小产权房"从无产权过渡到合法产权。对此类"小产权房",在未来交易时将其产权流转额及所得额完全纳入现行税收体系,即通过征税方式解决"小产权房"产权合法性及产权归属问题,这是对"小产权房"购买者及小产权房建设用地使用权出让方的一种相对公平、公正的处理方式,也是保护私有财产权的一种政策体现。值得提醒的是,政府利用征税体系还能够验证产权交易的合理性,因为产权流转时通常以产权流转额作为

---

① 布坎南.自由、市场与国家[M].上海:上海三联书店,1989.
② 蔡昌.中国产权转型、税收与产权保护[J].税务研究,2016(1).
③ 《马克思恩格斯全集》第19卷,人民出版社,1956.
④ 席晓娟.论财产权与征税权的冲突与协调——以权利(权力)性质的法律解析为视角[J].河北法学,2008.12.

计税基础,这为验证产权交易价格的合理性提供了实践证据。

2. 保护产权:构建符合产权逻辑的税收体系

保护产权是促进经济进步和社会发展的基础性条件,是市场机制顺利运转和各种所有制经济平等竞争的前提条件。税收作为宏观调节手段发挥着对产权的保护作用,税法的稳定性亦能作为静态功能保护私人财产权。但税收的目的还在于利用财富分配这一强制性手段,调节经济结构,打破低效率的产权制度安排,对财产资源进行更有效率的配置和使用。

目前,我国政府在产权持有、产权流转、产权收益等环节存在一定的管理缺陷,还没有构建出一整套涵盖产权持有、产权流转、产权收益等环节,符合产权逻辑的税收体系,以至于形成利用税收工具调整产权关系乏力的局面,这将无助于构建符合现实需求的产权保护制度。因此,按照对产权持有、流转及收益环节分别征税的逻辑,形成涵盖产权持有税、产权流转税、产权收益税的一整套税收体系,以此形成对私人产权内部各项权能的有效保护,即:构建产权持有税实现对产权主体拥有合法产权的认同与保护,保障产权所有者拥有产权相对应的各项权能;构建产权流转税实现对产权流转行为的认同及流转额的确认,保障产权流转的有序性和效率性;构建产权收益税实现对产权收益额及分配额的确认、计量与征税,保护产权所有者在产权流转中的合法权益。所以,构建符合产权逻辑的税收体系,可以有效保护产权,提高税收效率,充分发挥税收作为产权保护人的角色价值。

4.3.4 搭建产权保护的税收平台

1. 税收法定原则:产权保护的准则平台

"税收法定原则"始见于1215年的英国大宪章,后广为世界各国采纳。"税收法定原则"是指一切税收的课征均须以国家立法机关制定的法律为依据进行,即没有法律依据,国家不得课征税收。税收关系着私人产权与公共财政、个人权利与国家权力之间的界限,从本质上来说,税收法定原则是对产权的一种有力的保护,且与私人财产权的保护和对国家征税权的合理限制密切相关。税收法定原则的法定机制既赋予国家权力依法征税来分配财富,同时也要求产权所有者必须按照税法条款依法纳税,不应逃避应承担的税收责任。

国家保护私人财产权的行为主要体现在对正当的财产权的保护和对非法财产权的没收,从而构建合法产权的保护机制。《宪法》规定"保护公民的合法的财产权",但是没有规定国家保护公民的非法财产权。国家保护公民财产权的前提是产权的合法性。同时,考虑到税收法定原则的两面性,保护私人财产权必须构建关于税收完整的监督机制,既要保证国家依法征收税款,又要使国家不得超出原有的界限危害产权所有者的合法权益。此外,在产权保护的基础上,又要对私人财产权进行相应的限制,防止产权所有者过分利用其权利损害他人及国家的利益,从法律层面上规范私人财产权的范围。

2. 提高直接税比重:产权保护的税制平台

在现代社会中,税制结构与产权保护有何关系,政府应选择何种税制结构以促进对私人财产权的保护?目前世界各国的税制结构大多以直接税为主,并且是以个人所得税和企业所得税为主体税种。直接税使国民比任何时候都更清楚自己实际交纳了多少税,政府在征税和安排公共支出时就会比较顾忌纳税人的反应;而货劳税是一种间接税,纳税人并不是负税人,随着商品、劳务的流转,货劳税的大部分都会被转嫁给后续环节。与间接税的最大不同是,直接税要求纳税人从属于自己的财产中拿出一部分来缴税,并且这种付出是不可能得到任何补偿或转嫁的。这就使得纳税人极为敏感,对政府税收政策的制定、财政收入的合法性以及财政支出的透明度十分关注。直接税在私人财产权和公共收入之间建立起联系,从而使得纳税人能对政府进行有效制约。所以,直接税能够更好地体现对国家的贡献和对政府的监督,其财政价值和监督效果远远超过间接税。国家通过提高直接税比重有助于提高全社会的产权保护意识,加强经济与法律意义上的产权保护。这与党的十八届三中全会决定所提出的"深化税收制度改革,完善地方税体系,逐步提高直接税比重"的政策决断是一脉相承的。

3. 构建税收信用:产权保护的伦理平台

税收信用是建立在税收法律关系中,表现和反映征纳双方相互之间信任程度的标的,是由规矩、诚实、合作的征纳行为组成的一种税收道德规范。[①] 税收信用作为约束税收行为的伦理规范,对产权制度起着巩固和维护角色,充当着产权保护的伦理平台的角色。首先,在产权制度既定的前提下,人们普遍遵守税收信用就会改善税收征纳关系,降低政府保护产权的支出,社会交易费用大大缩减,人们就会得到政府提供的更多的公共产品和服务,产权制度的有效性和合理性进一步加强,人们就会更为依赖和维护既定的产权制度,产权保护成为一种必然。其次,良好的税收信用可以减少产权的外部性问题,即减少既有的产权结构对外部或有利或不利的外部性效应,对产权制度是一种有效的维护。

反之,糟糕的税收信用关系会削弱甚至破坏已有的产权制度。当存在税收信用危机时,税收征纳双方互不信任,政府与纳税人之间的矛盾高涨,诚信纳税人并不能得到相应的回报,相反一些没有诚信的纳税人肆意逃避税款,结果却逍遥法外。于是人们就会不再遵守税收信用,甚至开始怀疑作为征税边界的产权边界,进一步质疑现行的产权制度,政府不能维护现有的产权制度,最终导致合法产权得不到应有的保护。

4.4 企业边界、产权关系与税收筹划

4.4.1 企业边界与税收筹划

1. 市场与企业的相互替代性影响税收负担

完全竞争下的市场交易是最优的,市场交易的结果是实现帕累托最优。但是,在现实经济中不存在完全竞争,且市场交易费用不为零。同样的交易,通过市场进行或在企业内部进行所花费的交易费用显然是不同的,交易费用成为衡量交易是通过市场进行还是通过企业进行的标准。

下面根据效用理论,采用均衡分析方法进一步论证市场与企业的相互替代性,如图 4-1 所示。

假定一项交易只能通过市场或在企业内部进行,且每笔交易通过市场交易的价格即市场交易费用(包括税收)表示为 P_1,每笔交易通过企业内部交易的价格即企业内部组织交易的费用表示为 P_2,企业的总交易费用限额用 C 表示。纵轴表示通过市场交易的交易量 Y,横轴表示通过企业交易的交易量 X,且 $C=P_1Y+P_2X$。向下倾斜的直线 a 是预算约束线,表示当总交易费用限额和每笔交易所需的市场交易费用、企业内部组织交易费用给定的条件下,企业的总交易费用限额所能实现

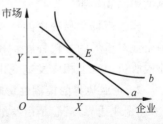

图 4-1 市场与企业的相互替代性

---

① 裘伟.中美税收信用的比较与借鉴[J].经济论坛,2004(22).

的两种交易方式的各种组合。而凸向原点的曲线 b 是无差异曲线,表示能够给企业带来相同效用水平的两种交易方式的组合。

曲线 a 与曲线 b 相切于 E 点,E 点为均衡点,即最优的交易方式组合点,E 点处无差异曲线和预算线的斜率是相等的。无差异曲线斜率的绝对值为边际替代率 MRS,预算线斜率的绝对值为两种交易费用(交易方式的代价)之比,即 P_1/P_2,因此效用最大化的均衡条件为

$$\mathrm{MRS} = P_1/P_2 = \Delta X/\Delta Y$$

1) 市场被企业所替代的税收筹划

如果交易通过市场进行时,其交易费用过高,则应该把交易放到企业内部来进行,这样可以降低与市场有关的交易费用,具体可通过资本运营,以产权调整、资产重组等手段扩大企业边界,使市场交易实现内化,即原本属于市场的交易活动就转变成为企业内部的业务活动,一部分市场将会被企业所替代。[①] 虽然企业内部处理"交易"的组织费用[②]会增加,但这时与市场有关的交易费用就会明显锐减或彻底消失。总的来看,企业所增加的组织费用抵不上减少的与市场有关的交易费用,则最终的结果是总的交易费用降低了。所以,交易费用的变化依赖于企业边界的变化。显然,企业边界在一定程度上是可以被安排的,产权调整、资产重组是引起企业边界变化的重要手段,而税收筹划通过对企业规模、产权结构及组织形式等的调整,进而做出适当的税收安排,就可以充分利用企业边界的变化微妙地影响税收。

2) 企业被市场所替代的税收筹划

当然,对存在着不同边界的企业而言,所显示的企业规模也不同。随着市场部分或全部地被企业所替代,企业边界会不断扩张,企业内部"交易"的空间分布、差异性和相对价格变动的可能性会增加,引起企业内部的组织费用也不断增加,如果增加到超过交易通过市场进行时的交易费用,则此时企业边界就显得过于膨胀而超过最优企业规模。为了降低市场的交易费用和企业的组织费用之和,就必须缩小企业边界,即通过产权调整、资产重组把一部分非核心资产或低效资产剥离出去,这就是以资产剥离、企业分立为特征的资本收缩。资本收缩的本质是企业的一部分被市场所替代。

考虑到税收因素,当交易通过市场进行时,会有一道流通环节,形成商品所有权的转移或劳务交易的确认,这需要缴纳流转税、印花税等与交易相关的税收。而交易在企业内部进行时,由于没有商品所有权的转移和劳务交易的确认,在法律形式上就不构成流通环节,所以也就不存在流转税的负担问题。税收筹划尤其是针对流转税、所得税的筹划不能不考虑企业边界的影响和约束。

作为市场交易费用的重要组成部分,企业税收负担的大小会通过对产权边界的调整来影响企业对市场的替代程度。在市场与企业相互替代的过程中,在产权边界不断变化过程中,企业税收负担也会相应发生变化。

2. 企业边界的模糊性影响税收筹划

"企业边界"概念是由罗纳德·科斯首次提出的,科斯(1937)认为企业边界决定于企业和市场在组织交易活动时的交易成本边际比较。在组织交易活动的过程中企业是最优化行为者。企业将倾向于扩张直到在企业内部组织一笔额外交易的成本,等于通过在公开市场上完

---

① 著名经济学家张五常教授认为,企业的出现并不意味着市场失灵。一部分市场被企业所替代,其实质是要素市场取代了产品市场,一种合约取代了另一种合约。

② 企业内部的组织费用也是交易费用的一种形式,主要表现为企业内部有关"交易"的组织协调成本及监督成本等。

成同一笔交易的成本或在另一个企业中组织同样交易的成本为止,此时企业处于最佳规模。企业边界应该是清晰的,企业边界在一定程度上是可以被安排的。产权交易、资产重组等都是引起企业边界变化的重要手段,企业通过对生产规模、产权结构及组织形式等的调整,结合税制变化及适当的税务规划活动,就能够利用企业边界的调整影响税收活动。

张五常(1983)提出企业边界的模糊性,他在《企业的契约性质》一文明确指出,企业的出现并不意味着市场失灵。一部分市场被企业所替代,其实质是要素市场取代了产品市场,一种合约取代了另一种合约。这种观点认为企业与市场的区别在于合约的形式不同,是采取产品买卖合约、分包合约、租赁合约,还是工资合约。在选择合约形式时,以交易费用的多寡为标准。市场和企业的区分似乎不再重要,企业边界也逐渐变得模糊。在这一分析框架下,税收的多寡不必然取决于企业边界的大小,而是依赖于交易合约的性质、内容以及履约情况。因此,税收筹划面对模糊性的企业边界,对交易合约的关注程度远远高于企业边界。

3. 产权穿越企业边界的税收约束

产权穿越企业边界,其实就意味着产权转让(或产权流转)。产权转让(或产权流转)意味着产权主体的改变,是一种实质性的产权变更,税收制度对产权流转严格履行征税权。

这里以资产穿越企业边界为例论证产权流转过程的征税问题。假定有两个产权主体 S 和 H(此处的产权主体既可为自然人,也可为法人),产权主体 S 将一项资产转让给产权主体 H,价格为 P。产权流转环节,一般不对受让方 H 征税,而对转让方 S 征税。产权流转的征税情况如图 4-2 所示。

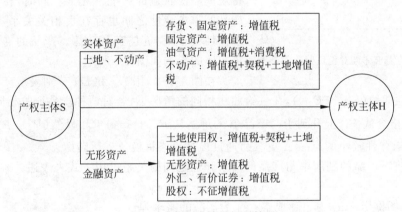

图 4-2 产权流转的征税情况

按照目前我国税法规定,图 4-2 中的产权流转征税情况如下:①实体资产(如存货、固定资产)的产权流转需要征收增值税;油气资产(如石油、天然气)的产权流转征收增值税和消费税;土地、不动产、无形资产(含专利权、商标权、著作权、非专利技术、商誉)的产权流转征收增值税,土地、不动产流转还要征收契税和土地增值税;外汇、有价证券(股票、债券、基金)等金融资产的产权流转按照买卖价差征收增值税;股权流转目前暂不征收增值税。②产权流转签订相关合同的,需按照合同类型分别征收不同税目税率的印花税。③产权流转过程中产生流转所得额的,根据产权主体性质以所得为计税依据再征收一道个人所得税或者企业所得税。④使用权流转与所有权流转有着本质的区别,使用权可以独立于所有权而单独流转,如资产租赁就是典型的使用权流转形式。目前税法规定,有形动产、土地使用权、不动产的融资租赁和经营租赁均征收增值税。总之,产权流转受到税收的强制性约束,对产权所对应的财产类型不同而征收不同性质和税目税率的税收。

总之,产权穿越企业边界受到税收约束,税收状况因资产类型及转移路径不同而有所不同,深入剖析税收与产权流转的关系模式,为产权税收理论的实践应用指明了方向。

4.4.2 规模经济、范围经济与税收筹划

1. 规模经济与税收筹划

所谓规模经济,是指在一定的范围内,企业生产规模的扩大会引起边际产出增加和边际成本下降的现象。即当规模经济出现时,随着投入的增加,产出的增长比例会超过投入的增长比例。规模经济使得产出产品的平均成本随产量的增加而递减。

追求规模经济的结果可能就是垄断的产生和发展。垄断使价格机制受到人为因素的控制与扭曲,扼杀竞争,使经济失去活力,破坏资源的合理配置。但是,正如马克思指出的,竞争孕育了它的对立物——垄断,而现代化大生产的突出特点就是规模经济,没有规模经济就谈不上资源配置的效率和社会福利的改善。所以,规模经济也反映了一种资源配置效率的提高。

德姆塞茨认为,不同规模企业的利润率差异是由成本差异造成的,企业规模差异和进入壁垒差异归根到底反映到企业的成本水平上,从而造成企业利润率的差异。① 根据尼达姆(Needham)对规模经济的研究,规模经济与产品的需求弹性之间存在负相关关系。② 即产品的需求弹性越小,企业通过扩大规模获得规模经济收益的可能性越大。同时,税负的转嫁与产品的需求弹性之间也存在负相关关系,即产品的需求弹性越小,税负越容易转嫁。产品的需求弹性对税负归属的影响如图 4-3 所示。

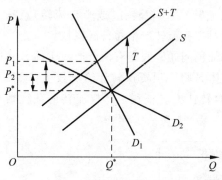

图 4-3 产品的需求弹性对税负归属的影响

在图 4-3 中,用 D_1 和 D_2 分别表示产品 A 和产品 B 的需求弹性曲线($E_{D_1}<E_{D_2}$),在供给曲线相同的情况下,若对两种产品征收相同的税 T,则产品 A 的价格会从 P^* 上升到 P_1,产品 B 的价格从 P^* 上升到 P_2,显然 $(P_1-P^*)>(P_2-P^*)$。即需求弹性较小的产品 A 更容易通过提高价格将税负进行转嫁。

规模经济下产品的利润率与产品的需求弹性之间的关系可用下式来表述:

$$(p-\mathrm{mc})/p = 1/\varepsilon_d ③$$

式中,p 为市场价格;mc 为边际成本;ε_d 为产品的需求弹性。

经济学原理告诉我们,在产出规模扩大的过程中,只有产品的市场需求不存在问题,规模经济才能得以成立和实现。所以,产品价值的实现受到市场需求的约束,而规模经济的实现取决于产品的需求弹性。规模经济与产品的需求弹性存在负相关关系,即产品的需求弹性越小,就越有可能从规模的扩张中获得规模经济收益,企业的税负也越容易以提高价格的方式进行转嫁。这便是企业利用规模经济进行税收筹划的原理所在。

由于规模经济使得产品的平均成本随企业规模和产量的扩大而递减,单位产品所承担的税负分摊额也就减少,因此,税负全部或部分转嫁出去的可能性也大大提高了。但有一个问题

---

① Demsetz, Harold, 1973. Industry Structure, MarketRivalry, and Public Policy, The Journal of Law and Economics, 16.

② Needham, D., *Economics of Industry Structure, Conduct and Performance* [M]. New York, St. Martin's Press, 1978.

③ Needham, D., 1978. Economics of Industry Structure, Condust and Performance, St. Martin's Press, New York.

也要考虑到,即随着企业规模和产量的扩大,客观上要求降低产品价格的呼声也就增大了,生产厂商为保证自己的竞争优势,也会适当调低其产品的出厂价格和销售价格。通常价格降低的程度不会大于税负分摊到每个产品上的下降程度,即生产厂商在产品价格调低后,仍会把部分税收转嫁给消费者,因为成本的递减,生产厂商甚至还可以获得多于税额的价格利益。这种税负转嫁也可称之为转嫁式筹划,即生产厂商的税收负担可以通过税收筹划实现税负向消费者转嫁,从而降低其自身的税收负担。

综观规模经济与产品需求弹性及税收与产品需求弹性的关系,规模经济的实现与税收的转嫁对于需求弹性的要求是同方向的,都呈负相关关系。即产品的需求弹性越小,规模经济越容易实现,税负也越容易转嫁。这一结果有利于实现规模经济与税负转嫁的双重收益。

其实,除了产品的需求弹性影响规模经济外,供给弹性也在一定程度上影响着规模经济与税负转嫁。产品的供给弹性反映的是产品供给量对于市场价格变动的反应程度。在其他条件不变的情况下,产品的供给弹性越大,产品的税收负担越容易转嫁给消费者。产品的供给弹性越大,同时也表明生产厂商越容易调整其生产规模,即规模经济也越容易实现。

2. 范围经济与税收筹划

所谓范围经济,是指这样一种经济,即存在生产多种产品所花费的成本低于分别生产它们的成本之和。对于规模经济与范围经济的界定,中外理论界存在激烈争论。美国学者潘扎尔(Panzar)和威利哥(Willig)认为:范围经济是由企业的范围(而不是规模)而产生的成本节约。如果在一个企业中将两条或更多的生产线合并起来比各自分开生产能更节约成本,那么就存在范围经济。美国管理学家小艾尔弗雷德·钱德勒(Alfred Chandler)认为:"规模经济最初可以被定义为从事单一产品的生产或者分配的单一经营企业由于规模的提高而产生的生产或分配成本的降低。联合生产或联合分配的经济性产生于单一经营企业内部由于生产或分配多种产品而带来的成本的节约(我使用被越来越多地使用的'范围经济'一词来表示这种联合生产或联合分配的经济性)。"①

通过对规模经济与范围经济的分析,发现规模经济和范围经济存在着很大的不同,因为规模经济重视规模的扩大对产出及收益的影响,而范围经济更重视生产的联合性效应,而非规模效应。但二者也有着密切的联系,结合它们对税收及税收筹划的影响,综合分析如下。

(1) 从实现方式来看,规模经济与范围经济都可以通过产权调整和资本运营来实现,诸如企业并购重组、资产置换、股权交易、投资扩张等都可以打破企业边界,实现资源的优化配置,促使规模经济和范围经济的出现。

(2) 从税收角度分析,规模经济和范围经济都对税收及税收筹划产生深远的影响:一方面,规模经济与范围经济影响企业边界的最终选择,从而影响税收及税收筹划活动;另一方面,在所得税和增值税方面,规模经济与范围经济也会通过成本、价格的调整影响企业税负。

(3) 从辩证的角度分析,规模经济、范围经济不仅影响税收,而且税收也是规模经济、范围经济决策的相关因素。不同的税收制度制约着规模经济与范围经济的最优选择及其经济效果的发挥。规模经济和范围经济也是税收筹划决策的重要影响因素,税收筹划在规模经济和范围经济方面也应有所作为。

4.4.3 产权关系与税收筹划

1. 产权关系、关联定价与税收筹划

复杂产权关系的背后有着多种投资方式,由于产权和投资而形成的网状交织的多个经济

---

① 臧恒旭、徐向艺、杨蕙馨.产业经济学[M].北京:经济科学出版社,2005:106.

主体之间的关联方关系,会因关联定价的制定和关联价格政策的调整而影响税收与税收筹划。

关联定价是利用两个或多个具有关联关系的经济主体之间的税率差异及减免税政策的差异等条件,为实现在关联方之间转移利润目的而实施的关联价格的确定与调整行为。实施关联定价的双方或多方具有一定的联属关系和互惠关系,属于有一定利益联系的关联方。关联定价会造成关联方之间利益的再分配,能够实现关联方整体的税负降低。这也经常被作为税收筹划的一个强有力的武器。

关联定价之所以被广泛运用,是因为在市场经济环境下,商品的定价是灵活的,任何一个生产厂商及其顾客都可以"讨价还价",只要交易出于双方自愿,别人就无权干涉,属于一种合法行为。但并非所有的关联定价都是随意的、无原则的,对于有失公允的、合谋的或明显带有欺诈性质的关联定价会被税务机关查处并予以调整,所以关联方之间的关联定价并非任意行为,具有相当程度的风险。

关联定价是一把"双刃剑",运用得当可以成为税收筹划的重要工具,而运用不当可能被视为"避税",招致来自税务部门的价格调整。甚至还有许多经济组织蓄意利用产权关系的复杂性及关联定价手段,在转移资产及利润实现的过程中偷逃税款。在世界范围内,许多国家和地区都限制和惩戒经济组织利用产权关系制造关联定价并转移利润逃避税收的行为。一些国家和地区的反避税措施都是直接针对关联定价问题的,对关联定价的管制已经成为一种国际趋势,但直到目前国际上还没有找到一个能够彻底应对关联定价避税乃至偷逃税行为的有效措施,关于关联定价避税倾向的程度与范围的界定还是一个颇有争议的国际税收话题。

2. 产权关系、收益分配与税收筹划

不同的产权安排会给产权主体带来不同的成本和收益,产权关系影响着产权主体之间的收益分配,不同的产权关系形成不同的收益分配模式。分配模式是一定产权制度下的产物,并随着产权制度的变化而变化。收益分配模式在某种程度上又会影响税负水平。

(1) 企业产权关系的变动会循着收益分配的链条而不断传递下来,进而影响企业纳税活动及税收负担,这是产权关系直接影响税收的情形。

(2) 产权关系的变动改变着收益分配的主体及分配范围,通过企业并购重组等产权交易行为,还可以将多种形式的收益转变为资本收益,这会引起税收的变化。

(3) 企业产权关系的变动也会带来非税成本,即因产权关系的变动而带来的一系列交易费用①,非税成本也是税收筹划决策必须考虑的重要因素。

可以说,不论从税收成本还是非税成本角度考虑,产权关系的变动对税收的影响都是敏感而永恒的。

4.5 基于产权安排的税收筹划

4.5.1 产权结构与企业边界决定税收要素

产权结构是指产权的构成因素及其相互关系和产权主体的构成状况。产权结构主要涉及两个重大问题:一是特定主体拥有哪些产权或财产,其财产结构如何;二是特定主体内部的权力结构,这是为产权运作而设置的内部机构及人员的分工安排。

---

① 该交易费用并不表现为税收成本,而是表现为其他非税成本,如产权交易合同的签约成本、产权变动所导致的企业组织结构调整的成本等。

这两个方面,对于不同的主体,可能具有不同的意义。特定主体所拥有产权的结构,也就是其资产结构。对于特定主体所拥有的微观产权结构,具有十分重要的经济意义:第一,任何主体的产权,都不仅仅意味着拥有财产的所有权,而且意味着该产权主体的一种与社会的产权关系,更意味着一种产权的分配关系。第二,单个主体的产权结构——拥有哪些资产的产权,是资产的全部产权还是部分产权,是所有权还是经营权,是全部经营权还是部分经营权,意味着该产权主体与别的产权主体之间的不同的分离组合关系和不同的委托-代理关系。第三,每个产权主体既有的产权结构及产权结构的变动,都影响全社会的产权分布,从而影响资源配置。[1]

产权结构影响税收,主要是改变了一些税收环境与税收要素,诸如纳税地点、纳税时间、纳税环节、征税对象、纳税主体等。

关于企业边界与税收的关系,前文已经重点分析规模经济及范围经济对税收筹划的影响。总的来看,企业边界影响税收,主要是改变了企业规模、组织结构和资产所有权归属,在市场与企业的相互替代中,以流转税和所得税为代表的主要税种及税负发生显著变化。

因此,在一定环境下,由于产权结构和企业边界的调整,会造成税收待遇的巨大差别,尤其是税收优惠政策与产权结构调整密切相关:许多企业通过外部扩张,进入新的行业、新的领域,税收待遇自然不同;许多企业并购重组的根本目的在于利用亏损税前弥补政策,以降低企业的盈利水平和税收负担;许多企业的并购重组、引进外资,其实是一种因势利导的行为,其目的在于变换纳税人身份或性质,以充分利用税收政策的差异性进行税收筹划。

4.5.2 产权安排决定税收负担及税收筹划战略

产权安排的实质是对财产权利的分配,产权安排分为产权初始安排和产权后续安排。科斯定理揭示了产权安排的重要性,该定理表明,无论交易费用为零还是为正,产权初始安排不同,都意味着财富分配格局不同,都必然影响分配的状况。因为产权的初始拥有者,不仅意味着拥有一定的财产存量,而且还拥有获取更多收益(财富增量)的机会。产权后续安排是对产权初始安排的调整,在现实经济实践中可能有多种原因导致产权安排的调整,产权安排的调整导致的直接后果是产权关系的变化和财富分配格局的变化。产权安排的调整会发生交易费用,正是由于交易费用的存在,会影响产权安排调整的效率。

产权安排的调整有多种方式,其中对税收及税收筹划有着重大影响的是一定条件下的产权交易和资产重组活动。导致产权安排发生变化的最典型的产权交易和资产重组是企业并购、企业分立以及组织形式选择等行为。企业并购、企业分立或组织形式选择都是资源优化配置方式,都不可避免地影响着产权关系,甚至还会打破原来的企业边界,实现资产的转移及产权结构的变化,而资产的转移和产权结构的变化会影响企业的税收负担和税收筹划战略。因此,运用产权安排的调整寻找税收筹划的节税空间极为重要,这也是优化企业财税管理、实现价值增长的重要方式。

从一定意义上说,产权框架下的税收筹划其实就是寻找产权结构和企业边界对税收负担的微妙影响,并尽力打破这种产权结构和企业边界的"束缚",寻找税负最小化的产权安排模式。

---

[1] 黄少安.产权经济学导论[M].北京:经济科学出版社,2004:185.

4.5.3 产权安排下的税收筹划范式

产权安排是一种资产转移、产权结构调整的资源配置方式,能够打破原来的企业边界。从一定意义上讲,不同的产权安排会带给产权主体不同的税收负担。产权安排的实质是寻找产权结构和企业边界对税收负担的微妙影响,追求"税收最小化"的产权安排范式。

1. 企业性质选择的税收筹划范式

按照我国法律规定,企业有公司制企业和非公司制企业之分。非公司制企业主要指个人独资企业与合伙企业,公司制企业主要指有限责任公司和股份有限公司。

公司制企业属于企业法人,有独立的法人财产,享有法人财产权。无论是有限责任公司还是股份有限公司,公司制企业都应对其利润总额作相应的纳税调整后缴纳企业所得税,如果向自然人投资者分配股利或红利,还要代扣投资者税率为20%的个人所得税。

我国税法对公司制企业,既要征收企业所得税又要征收个人所得税,这就是通常所说的"双重征税"。相比较而言,我国税法对个人独资企业、合伙企业只征收个人所得税。但由于存在股息红利和资本利得之间可能的转化通道,以及资本利得税率偏低甚至享受免征待遇,公司制企业"双重征税"模式下的总税负并不必然多于个人独资企业、合伙企业所缴纳的税款。因此,在企业组织形式选择的决策中,存在选择个人独资企业、合伙企业与公司制企业的税收筹划范式。

下面构建一个比较合伙企业与公司制企业的税后收益的模型。[①] 该模型假定:公司的税前收益率为 R_C、合伙企业的税前收益率为 R_P,假定 R_C 和 R_P 在不同时期均保持不变。公司所得税税率为 t_c,个人所得税税率为 t_p,资本利得税税率为 t_g。由于存在非税因素,合伙企业的生产经营和投融资活动面临较高的管理成本。在缴纳公司所得税之后、个人所得税之前,公司的收益率为 r_C,且 $r_C = R_C(1-t_c)$,合伙企业缴纳个人所得税之前的收益率为 r_p,且 $r_p = R_p(1-t_p)$。假定该投资项目持续期为 n 年,n 年后公司清算买回所有的股票,且公司中间不对股东支付股利或分配利润。

如果项目是在合伙企业中实施,当取得收入时,合伙人以税率 t_p 支付税收,则合伙人1美元的原始投资 n 年后的税后累计收益为 $[1+R_p(1-t_p)]^n$。

如果项目是在公司实施,则 n 年后公司清算买回所有的股票时,股东投入到公司的1美元投资的税收累计收益为 $[1+R_C(1-t_c)]^n - t_g\{[1+R_C(1-t_c)]^n - 1\}$。

当合伙企业与公司的税后收益率相等时,合伙企业形式与公司形式的税收筹划没有差异,令此时的公司层次的税后收益率的均衡临界值为 r_C^*,则有

$$[1+R_p(1-t_p)]^n = [1+R_C(1-t_c)]^n - t_g\{[1+R_C(1-t_c)]^n - 1\}$$

故整理可得 $r_C^* = \{[(1+r_p)^n - t_g]^{1/n}/(1-t_g)^{1/n}\} - 1$

根据上式可知,r_C^* 受到以下因素的影响:合伙企业缴纳个人所得税之前的收益率 r_p,资本利得税税率 t_g,以及投资项目持续期 n。从税收角度来看,如果公司层次的税后收益率大于 r_C^*,则投资者选择公司形式更合适;如果公司层次的税后收益率小于 r_C^*,则投资者选择合伙企业形式更合适。

公司制企业晚于个人独资、合伙企业的出现,公司制企业相对较为进步,这不仅体现在公

[①] 迈伦·斯科尔斯,马克·沃尔夫森.税收与企业经营战略[M].北京:中国人民大学出版社,2018:67-68.

司较低的运作风险方面,而且体现在税收方面的独特优势:公司在冲抵损失时不限于当期利润,损失甚至可以延续冲抵未来的利润;公司能够在合理范围内税前列支有利于雇员的金额——相当可观的年金支出;公司还能够在所得税扣除方面税前列支更多的成本费用项目。这些都是个人独资企业或合伙企业所无可比拟的。

2. 分支机构形式选择的税收筹划范式

分支机构主要有分公司和子公司两种形式。其中,分公司不具有独立法人资格,没有独立的财产权,其经营活动所有后果均由总公司承担,其税收汇总到总公司集中缴纳;子公司则具有独立的法人资格,拥有独立的财产权,一般独立对外开展经营活动,与母公司之间没有连带责任,其税收自行申报缴纳。

在税收筹划方面,分公司的优势主要体现在以下三个方面:一是在其经营初期,可以将其经营亏损抵补总公司的利润,降低企业总体的税收负担;二是在总公司与分公司之间进行资产、资本等的转移时,由于不涉及产权归属的变动,因而不必纳税,从而可以节约税收;三是分公司交付给总公司的利润不必纳税。

子公司的税收筹划优势如下:一是子公司可以独立享受所在区域或行业的税收优惠政策;二是子公司的利润分配形式灵活,且不受母公司的干涉;三是作为独立的法人主体,子公司的税务风险责任不会给母公司造成影响,即母公司没有风险连带责任。

根据分公司及子公司的不同税收特征,下面进行选择分支机构形式的决策分析。假设分支机构与总机构都不存在税收优惠,根据总机构与分支机构预计的盈亏程度及税率的不同,可分为八种情况讨论,如图 4-4 所示①。

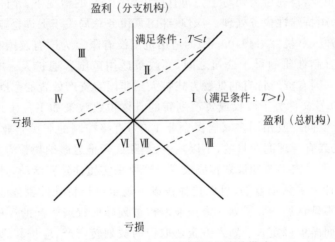

图 4-4 选择分支机构形式的决策模式

图 4-4 中,横轴表示总机构的预计盈亏状况,纵轴表示分支机构的预计盈亏状况。t 表示分支机构的税率,T 表示总机构的税率。由于我国存在多层面优惠政策,企业所得税有 25%、20%、15% 等多种税率,这里分别讨论 $T>t$ 和 $T\leqslant t$ 两种情况。图中虚线区域表示采用分公司形式合适,第 I 种情况下,采用子公司合适,其余区域表示采用子公司与分公司形式没有差别。

---

① 宋献中、沈肇章.税收筹划与企业财务管理[M].广州:暨南大学出版社,2002:161-162.

第Ⅰ种情况下，总机构与分支机构预计皆为盈利。若要求子公司将税后利润分配给母公司，在第Ⅰ种情况下，满足条件 $T>t$，若 t 属于法定低税率则不需要补税，因此分支机构采用子公司形式比较有利；若分支机构采用分公司形式，按照总分公司汇总计税，适用总公司的税率，则会导致分支机构的盈利多缴纳企业所得税。所以，第Ⅰ种情况下，分支机构采用子公司形式更合适。第Ⅱ种情况下，满足条件 $T\leqslant t$，分支机构选择分公司形式，采用汇总纳税方式统一适用母公司的低税率则能够降低整体税负。

第Ⅲ、Ⅳ种情况下，总机构预计亏损，分支机构预计盈利。分支机构最好采用分公司形式，能够采取汇总纳税方式，可使总分机构盈亏互抵，使当期的应纳税额最少。

第Ⅴ、Ⅵ种情况下，总机构与分支机构预计皆为亏损，则分支机构不论采取哪种形式对企业（集团）的应纳税额都没有影响，即分支机构采用哪种形式对纳税总额的影响无差别。

第Ⅶ、Ⅷ种情况下，总机构预计盈利，分支机构预计亏损，则选择总分机构形式可以汇总纳税，实现盈亏互抵，使总分公司整体的应纳税额最少。

在设立分公司与子公司的选择筹划中，还要考虑分支机构所处的区域优势及其享受税收优惠政策的情况。若分支机构单独运作，其所享受的税收优惠优于母公司时，分支机构应采用子公司形式，反之采用分公司形式。还要考虑到分支机构初期经营情况，由于开办费、市场风险等因素的存在很容易导致分支机构出现亏损，所以在分支机构组建初期，最好采用分公司形式；当分公司开始盈利后，可以再把分公司经过注册登记转变为子公司，这样会收到较好的税收效果。

另外，需要指出的是，对于母子公司的控股比例的设置也存在一定的税收筹划空间。如果母子公司均是居民企业，且在母公司对子公司直接控股100%的情况下，允许双方采取资产或股权划转，且选择采用特殊性税务处理。《财政部国家税务总局关于促进企业重组有关企业所得税处理问题的通知》（财税〔2014〕109号）的适用范围没有限定为国有及国有控股企业集团，而是适用于各种所有制性质的母子公司之间，其政策适用范围普遍扩大。即财税〔2014〕109号文件将"划转"这一国有资产特有的处置方式扩大到非国有资产处置的范围。

财税〔2014〕109号文件关于股权或资产划转的具体税收政策如下：对100%直接控制的居民企业之间，以及受同一或相同多家居民企业100%直接控制的居民企业之间按账面净值划转股权或资产，凡具有合理商业目的、不以减少、免除或者推迟缴纳税款为主要目的，股权或资产划转后连续12个月内不改变被划转股权或资产原来实质性经营活动，且划出方企业和划入方企业均未在会计上确认损益的，可以选择按以下规定进行特殊性税务处理：①划出方企业和划入方企业均不确认所得；②划入方企业取得被划转股权或资产的计税基础，以被划转股权或资产的原账面净值确定；③划入方企业取得的被划转资产，应按其原账面净值计算折旧扣除。

按照《国家税务总局关于资产（股权）划转企业所得税征管问题的公告》（国家税务总局2015年第40号）的规定：100%直接控制的母子公司之间，母公司向子公司按账面价值划转其持有的股权或资产，母公司获得子公司100%的股权支付。母公司按增加长期股权投资处理，子公司按接受投资（包括资本公积，下同）处理。母公司获得子公司股权的计税基础以划转股份或资产的原计税基础确定。但需要提醒的是，交易双方应在资产划转完成后的下一年度的企业所得税年度申报时，各自向主管税务机关提交书面情况说明，以证明被划转资产自划转完成日后连续12个月内，没有改变原来的实质性经营活动。

3. 产权重组的税收筹划范式

所谓产权重组,是指对产权结构以及由产权结构所决定的产权具体实现形态进行重新的组合和构造。① 产权重组的实质是产权安排的后续调整,其直接目的就是要将企业的产权结构调整到理想状态,从而使企业获得更大的权益。具体到税收上,就是使企业达到税后收益最大化。通过产权重组进行税收筹划的具体途径有以下三种。

1) 企业合并与分立的税收筹划

企业合并属于一种扩张性的产权重组,其应用在税收筹划中主要体现在以下几个方面:第一,通过横向合并,实行横向一体化战略,扩大企业规模和市场占有率,形成规模经济并加以利用,从而进行税收筹划。第二,通过纵向合并,实行纵向一体化战略,通过节约交易成本,例如流转环节的税收进行税收筹划。第三,通过合并与本企业处于不同行业的企业,进入新的行业,享受其税收优惠等进行税收筹划。第四,通过合并存在较大经营亏损的企业,可以抵补本企业的高盈利,降低整体的税负水平。

企业分立是一种与扩张性的合并重组相反的重组方式,其应用在税收筹划中主要体现在以下几个方面:第一,通过将企业中存在的兼营或混合销售的业务分离出来,使其适用零税率或低税率进行税收筹划;第二,若企业中存在适用累进税率的业务,可以将这些业务进行分拆,分立成两个或多个适用低税率的纳税主体进行税收筹划;第三,通过对处于不同环节上的业务进行分拆,从而增加一道流转环节,利用诸如增值税进项税额抵扣以及转让定价等手段进行税收筹划。

企业在进行税收筹划时究竟是选择合并重组还是分立重组,可以参考哈特的理论模型。② 假设有两种资产 a_1 和 a_2,以及两个经营者 M_1 和 M_2,根据这些要素,可以形成两种分立型和两种合并型的产权结构,如表 4-1 所示。哈特经过论证后得出如下结论:当 a_1 和 a_2 两种资产密切相关或高度互补时,采用(1)或(2)的合并型产权结构更容易降低交易成本。当某个经营者与某种资产密切相关时,例如 M_1 必须拥有 a_1 或 a_2 的全部控制权才更具有生产力,则采用(3)或(4)分立型产权结构。

表 4-1 哈特模型中的产权结构类型

合 并 型		分 立 型	
(1)	(2)	(3)	(4)
$(a_1, a_2) \in M_1$	$(a_1, a_2) \in M_2$	$a_1 \in M_1$	$a_1 \in M_2$
M_2 是 $\varnothing$	M_1 是 $\varnothing$	$a_2 \in M_2$	$a_2 \in M_1$

2) 股权交易与资产交易的税收筹划

从产权重组的角度观察,股权和资产都属于企业这一产权主体所拥有的产权,两者都具有独立性和确定性,都可以进行单独交易。其交易结果不会影响企业的产权性质,只会影响企业的产权结构。因此,股权交易与资产交易都属于产权重组的范畴。

利用股权交易和资产交易改变企业边界进行税收筹划时,会涉及企业所得税、增值税、营业税以及土地增值税等多个税种。比较资产交易与股权交易,一般资产交易只涉及单项(或一组)资产的交易,而股权交易涉及部分股权或全部股权的交易,两者所适用的税收政策存在较

---

① 胡建绩.产权重组[M].上海:上海译文出版社,1997:27.
② 哈特.企业、合同与财务结构[M].上海:上海三联书店,1995:95-110.

大差异：资产交易涉及流转税、印花税和企业所得税。譬如，存货、固定资产交易时，转让方应视同货物销售行为缴纳增值税、企业所得税；而股权交易并未引起交易双方资产、负债的实质性流动，不属于流转税的征收范围，仅仅征收印花税和企业所得税。鉴于股权交易的目的在于通过股权控制实现对目标企业的控制，股权交易作为一种典型的企业重组形式，已经被越来越多的纳税人借用来作为一种有效的税负控制工具。

股权收购与资产收购通常需要区分一般性税务处理与特殊性税务处理，因为二者的税务处理是不同的。一般性税务处理也就是人们常说的应税重组的税务处理方式，而特殊性税务处理也就是人们常说的免税重组的税务处理方式。企业在进行企业所得税筹划时，应尽可能地满足税法规定的条件①，以适用免税重组的税务处理方式达到节税的目的。股权收购与资产收购的税务处理比较如表 4-2 所示。

表 4-2 股权收购与资产收购的税务处理

项目		股权收购	资产收购
定义及实质		通过购买目标公司股东的股权达到对目标公司实施绝对控制的行为，其实质就是目标公司股东投资形式之间的变换。	一家企业购买另一家企业实质经营性资产的交易行为，其实质是购买非现金资产。
支付形式		股权支付、非股权支付或两者的组合	
处理方式	一般性税务处理（目标企业股东的所得实现确认）	1. 被收购方应确认股权、资产转让所得或损失。2. 收购方取得股权或资产的计税基础应以公允价值为基础确定。3. 被收购企业的相关所得税事项原则上保持不变。	
	特殊性税务处理（目标企业股东的所得未实现确认）	1. 被收购企业的股东取得收购企业股权的计税基础，以被收购股权的原有计税基础确定。2. 收购企业取得被收购企业股权的计税基础，以被收购股权的原有计税基础确定。3. 收购企业、被收购企业的原有各项资产和负债的计税基础和其他相关所得税事项保持不变。	1. 转让企业取得受让企业股权的计税基础，以被转让资产的原有计税基础确定。2. 受让企业取得转让企业资产的计税基础，以被转让资产的原有计税基础确定。

注：股权支付是指企业重组中购买、换取资产的一方支付的对价中，以本企业或其控股企业的股权、股份作为支付对价；非股权支付是指以本企业的现金、银行存款、本企业或其控股企业股权和股份以外的有价证券、存货、固定资产、其他资产以及承担债务等作为支付对价。

产权重组的实质为产权调整行为，其目的是通过产权安排来合理配置资源。企业在重大

---

① 特殊性税务处理需满足的五个条件分别是：
第一，具有合理的商业目的，且不以减少、免除或者推迟缴纳税款为主要目的；
第二，被收购、合并或分立部分的资产或股权比例不低于 50%；
第三，企业重组后的连续 12 个月内不改变重组资产原来的实质性经营活动；
第四，重组交易对价中涉及股权支付的金额不少于 85%；
第五，企业重组中取得股权支付的原主要股东，在重组后连续 12 个月内，不得转让所取得的股权。

产权活动中,将全部或部分实物资产以及与其相关联的债权、债务和劳动力一并转让给其他单位和个人的行为,其实质是进行一种类似股权交易的"净资产"交易,其本质是一种产权交易。考虑到中国税制对股权交易并不课征任何流转税,因此对这种表现为"净资产"交易的产权交易也不征收流转税(主要是增值税或营业税)。对满足特殊性税务处理要求的资产重组活动,不确认资产(或股权)转让所得,也不征收企业所得税。可以说,中国税制对产权重组几乎一路开"绿灯"。所以,纳税主体利用产权重组调整产权结构降低税收负担不失为一项明智的战略选择。

4. 代际间财富转移的税收筹划范式

财产继承是实现财富转移的一种有效方式,世界上一些国家已经开征遗产税,从而有效地实现监控财富的传承与转移。鉴于我国目前还未开征遗产税与赠与税,财富拥有者在代际之间传递时会选择继承方式转移财富以降低税负。如果未来开征遗产税与赠与税,个人也会选择在开征遗产税与赠与税之前提前转移财富以规避税收。

目前,我国政府对房产、汽车等大额记名财产有产权登记要求,转移时必须办理过户手续;而金银珠宝、古玩字画等收藏品、投资品等并未建立严格的产权登记制度,若大量财富以无记名财产的形式存在,并通过继承、赠与等方式在代际间转移,政府难以对其实施有效的税收监管。因此,从产权角度分析,政府应尽早开征遗产税与赠与税,以实现对财产继承和转移行为课征适当的赋税。

如果开征遗产税或赠与税,拥有大量财产的个人未来会面临高昂的遗产税和赠与税负担。而能够实现在代际之间低税负转移财富的税收筹划范式是采取保险理财模式。利用保险实施税收筹划的操作模式如下:上代财富拥有者为下代子女投保各类人身保险产品,子女作为受益人未来所收到的各项保险理赔金和保险返还款均免征个人所得税,且不再视为继承或赠与的财产(遗产)而征收遗产税和赠与税。

这里所体现的保险筹划原理,实质上是一种低税负的产权交易安排。譬如,一些保险机构利用保险筹划原理设计的"零岁保险计划",深受孩子家长的青睐;还有一些保险机构推出的寿险也是一种合法的理财工具,寿险合同反映的是保险方与投保方之间的保险给付关系,利用寿险既可以预防风险、保全财富,又可以合理规避遗产继承风险。所以,借助保险工具低税负转移财产的模式被很多家庭所接受,保险这一理财工具就冠冕堂皇地成为代际间的"财富传递管道"。

复习思考题

1. 请分析产权、税收与资源配置效率的关系。
2. 请阐述税收与产权之间的关联性及互动关系。
3. 如何发挥税收的产权保护功能?
4. 如何通过企业边界的变化来实施税收筹划?请举例说明其原理及操作方法。
5. 产权安排下的税收筹划范式有哪些?

第 5 章

法律视野的税收筹划

我们征税时不应使纳税人感到苦恼,犹如鲜花不会在蜜蜂采蜜时被搅扰或伤害一样;同理,我们在征收税款时也不应该干扰纳税人。

——古印度政治家、哲学家 考底利耶(Kautilya)

5.1 税收筹划的法律规制

5.1.1 税收筹划的法律基础

1. 税收制度是税收筹划的基础

正因为政府征税才有纳税人的税收筹划,换言之,如果政府不征税或者企业不缴税,当然也就无须进行税收筹划。

税收制度一贯强调税收法定主义。税收法定主义最早产生于英国。1215年,英国《大宪章》在世界历史上第一次对国王征税权做出限制。1689年,英国议会制定《权利法案》,规定国王不经议会同意而任意征税是非法的,只有议会通过法律规定,才能向人民征税,这正式确立了近代意义上的税收法定主义。所谓税收法定主义,是指税法主体的权利义务必须由法律加以规定;税收的各种构成要素必须由法律予以明确规定;没有法律依据,任何主体不得征税或减免税,任何人不得被要求纳税。

从税收法定主义角度观察,税收制度的法定性越强,税收筹划的预期性越明确,税收筹划的技术、方法就越具稳定性和规范性。正是税收的法定性要求才催生了税收筹划。税收筹划要遵从税收制度的约束,但纳税人只要符合税收规则,就可以打"擦边球",这也是税收法定主义给我们带来的启示。

政府征税产生了税收制度,也才出现了纳税人的税收筹划,所以,税收制度与税收筹划可谓一对"孪生兄弟",二者有着密切的联系:一方面,健全、合理、规范的税收制度,将大大缩小纳税人偷逃税款等违法行为的空间,从而促使其通过税收筹划寻求自己的税收利益;另一方面,税收制度作为贯彻国家权力意志的杠杆,不可避免地会在其立法中体现国家推动整个社会经济运行的导向意图,会在税负公平、税收中性的一般原则下渗透税收优惠政策。而税收优惠政策的存在,使得同一种税在实际执行中的差异形成了非中性的税收制度,这无疑为企业选择自身利益最大化的经营理财行为即进行税收筹划提供了客观条件。

税收制度中还存在一些税法差异和"缺陷",企业会利用这些差异和"缺陷"进行旨在减轻税负的税收筹划。如果仅从单纯的、静态的税收意义上说,的确有可能影响国家税收收入的相对增长。但这是短期的,税收制度的这些差异或"缺陷",其实质是国家对社会经济结构进行能动的、有意识的优化调整的工具,这也可视为是国家为获取未来更大预期收益而支付的有限的机会成本。所以,企业利用税收制度的非完全统一性所实现的税负减轻,与其说是利用了税收制度的差异和"缺陷",还不如说是对税法意图的有效贯彻和执行。

2. 税收筹划的法律规制

税收筹划是纳税人的一项基本权利,其存在的合理性及法理基础是法律对纳税人基本权利的保护。

1) 法律规定了纳税人有实施税收筹划的权利

目前,国际上普遍认可纳税人拥有进行税收筹划的权利。在确认税收筹划权利的前提下,各国也采取了各种措施,如完善税法,缩小纳税人利用税法漏洞进行筹划的空间。税收筹划在我国税收实践中也被普遍接受,并作为纳税人的一项基本权利得到法律的认可。

2) 法律划定了税收筹划的范围和空间

按照法学理论,法律一方面通过宣告权利,赋予人们从事社会经济活动的选择范围,另一方面又通过设置义务,激励或抑制某些经济行为。在税收法定原则下,纳税人一方面享有税收筹划的权利,另一方面又必须依法纳税。假如我们把税收法定看作一个征收区间,在征收区间内纳税人必须依法纳税,而在征收区间之外,即是税收筹划的空间与范围,纳税人享有筹划节税的权利。没有法定的征收区间便难以界定税收筹划的空间与范围。

3) 法律确认了税收筹划合法性的标准和依据

法律作为一种行为标准和尺度,具有判断、衡量人们行为合法与否的评价作用。在税收法律关系中,税收法定原则同样为纳税人纳税、税务机关征税建立了明确的评价标准和规定,纳税人的税收筹划行为是合法还是非法,是税收筹划行为,还是避税、逃税或骗税行为,这些都需要税收法定原则在相应的税收法律中予以明确。

4) 法律界定了税收筹划的保护和救济措施

对于征税主体双方来说,所处的地位与立场是截然不同的。国家以往倾向于保证税务机关的征税权利,而随着市场经济的推进和税收观念的转变,社会各界也逐步认识到保护私有财产的重要性。《中华人民共和国税收征收管理法》第一条明确规定要"保护纳税人的合法权益,促进经济和社会发展"。《中华人民共和国税收征收管理法》第五十一条规定:"纳税人超过应纳税额缴纳的税款,税务机关发现后应当立即退还。"这说明按照国家税收法律缴纳税款之外的任何款项,都是对纳税人私有财产的侵害。同理,纳税人进行税收筹划节约的税款属于纳税人的合法收入,按照税收法定原则应该得到法律的保护与救济。

3. 法律框架下的税收筹划权

在法律框架约束下,纳税人可以自由行使的税收筹划权主要表现在以下方面。

1) 期待税收筹划利益

纳税人为什么要进行税收筹划?按照经济学观点,纳税人是在社会经济状态中从事生产、消费、交换的行为人,具有"理性经济人"的特征,并以此作为选择行为方式准则的主体,这种对自身利益的追求在税收法律关系中,必然带来对税收筹划利益的追求与向往。

2) 分析税收筹划空间

这是行使税收筹划权的前提条件。在税收制度中,影响税收筹划空间的因素既与纳税人的自身状况有关,也受国家具体税法条款的影响,还与国家宏观政策环境有关。仅从税收制度层面分析,无论税法多么健全严密,税负在不同纳税人、不同纳税期、不同行业和不同地区之间总是有差别的。而不同的纳税人、不同的税种、不同的计税依据和税率,其筹划的空间是不同的。例如,税法对计税依据规定的越详细,计税金额或数量调整的幅度越大,其税收筹划的空间也越大。由于各种影响税收的因素存在,税收筹划的空间也是客观存在的,并且各种条件下其税收筹划的空间大小、广度和深度都是不一样的,这就给税收筹划带来了广阔的运作空间。

3) 优化税收筹划方案

获取税收筹划利益需要在众多的备选方案中进行科学决策,这需要有一定的专业技术,一些专门从事税收筹划的机构和专家便应运而生了。实践中,一项经济活动往往存在多个纳税方案,且每种方案对应于某种特定的预期收益或目标效益,但同时都需要付出一定的代价或风险。在这种约束下,纳税人总是倾向于选择收益最大化的方案。通过这种最优纳税方案的选择和技术运作,为纳税人寻找节税利益、降低税收成本提供了极大的可能性和众多的机会。

4. 遵守税收筹划规则

"法律按其真正的含义而言与其说是限制,还不如说是指导一个自由而有智慧的人追求他的正当利益。"[①]而越轨的自由不是真正的自由。税收法定原则确立了纳税人的税收筹划权利,而税法规定这种权利的同时,也要求权利的行使必须遵循一定的规则,以使自由的潮流不致横溢。这就要求纳税人与时俱进,适时地更新税收筹划的内容、方法与手段,以适应国家税收政策的调整与变化。

5.1.2 税收筹划合法性的法律检验

税务当局判断企业一项税收筹划行为是否合法,可以进行合法性法律检验。税务当局通常采用的合法性检验手段主要有四种,即动机检验、人为状态检验、受益检验、规则检验。

1. 动机检验

这一标准是税务当局对一个纳税人的经济活动和筹划安排的法律特征或其他特征进行检验,看其主要或部分目的是否在部分或完全逃避纳税义务。如果税务部门认定纳税人的一项经济活动和筹划安排的主要目的或部分目的是部分或完全逃避纳税义务,那么,这项经济活动和筹划安排就是非法的。在实践中,这条标准是难以单独行使的。因为动机存在于纳税人头脑中,税务部门无法直接判断,只能通过分析纳税人的纳税处理是否合理、筹划行为的结果是否正常来间接判断。

2. 人为状态检验

人为状态检验是借用民法中的一个的概念。如果立法机关具有在一定范围内开征一种税的意图,此意图已被纳税人发现,纳税人可能采用一种表面上遵守税收法规,而实质上与立法意图相悖的合法形式来达到自己的目的。在这种状况下,合法的形式背离了实际状况,那么,这种处心积虑的合法形式称之为"人为状态"。税务部门可以根据这一标准检验纳税人的税收筹划是否以合法的形式来违背立法机关的征税意图。

3. 受益检验

受益是指纳税人实际进行某种安排而减少的纳税额或获得的其他税收上的好处。税务部门根据纳税人的受益情况,检验某项税收筹划活动的性质。如果一项税收上的好处只是税收筹划行为的唯一结果,税务部门则将这项特定的筹划行为判断为非法的;如果一项税收上的好处只是税收筹划行为的主要或部分结果,税务部门则将这项筹划行为判断为合法的。

---

① 洛克.政府论(下)[M].北京:商务印书馆,1981.

4. 规则检验

税务部门运用具体成文的法律规定来进行检验,看纳税人的税收筹划是否有违规行为。在特定环境中,合法与否判断的权柄基本上落在税务机构手中,由他们去酌情处理。这种处理权的大小可能取决于或受限于税收法规中的特定标准。如关联企业之间不按独立企业之间的业务往来收取或者支付价款、费用,那么,税务机关就有权合理调整其关联定价。

5.2 税务中介①服务的法律定位

5.2.1 税务中介的法律风险

1. 税务中介的执业原则

税务中介是社会性的税务代理服务中介,具体是指税务代理人在国家法律规定的税务代理范围内,受纳税人(或扣缴义务人)的委托,代为办理纳税事宜的民事代理机构。税务中介在执业过程中必须遵守以下原则。

1) 自愿原则

税务代理行为发生的前提必须是代理双方自觉自愿的,即纳税人(或扣缴义务人)有委托和不委托的选择权,有选择代理人的权利。代理人也有选择纳税人、扣缴义务人的权利。双方之间是一种委托-代理关系。

2) 公正原则

税务代理人必须站在公正的立场上,按照国家税收法律、行政法规的规定以及税务机关依照法律、行政法规的规定所做出的决定,代纳税人(或扣缴义务人)履行纳税义务。税务代理人既要对委托人负责,又要对国家负责。因此,代理行为必须符合国家法律规定,符合委托人的意愿,任何偏向行为都是有失公正的。

3) 严格管理原则

税务代理人及其工作机构是社会服务性的中介组织,应独立行使代理权限。税务代理人正确行使代理权限,保护国家利益和纳税人(或扣缴义务人)的合法权益是其不容推卸的责任。因此,税务中介必须进行严格的自我管理,依法开展纳税服务活动。

2. 杜绝提供违法与非法服务

逃避税收可以采取很多种方式,但目的是相同的,即完全或部分地逃避纳税义务,因为应纳税额的金额大小对纳税人的收入、收益和福利都具有实质性的影响。考虑到税务中介的税务师们从其良知上讲不愿协助客户逃避税,有人就会辩解说逃避税行为与其无关。但事实并非如此简单,而且,这也是一个危险的假设,税务师仍有可能卷入逃避税活动当中。例如,由于未能发现会计账目中的矛盾之处,或在客户部分或全部逃税之后才发现。

税务师必须努力确保——应尽其全力去做到这一点,作为代理人,不要协助客户偷税。纳税审查业务不只是一种被动的行为。税务师在执行该业务时,一旦忽视了不合适的信息或解释,就很可能会面临风险。必须记住,税务师协助偷税比偷税本身更应受到严惩。

如果税务师发现他的客户正在偷税,他必须向客户指出这种行为所带来的风险和可能受

---

① 税务中介包括国际四大会计师事务所、国内税务师事务所、税务咨询机构、税收研究机构以及相关管理咨询公司等。在中国,从事税务中介业务的从业人员多数为注册会计师、税务师、律师等。文中对于税务中介人员统一采用"税务师"或"税务顾问"的称谓。

到的惩罚,如果客户坚持不改正,税务师应终止向其提供税务服务。类似地,如果发现纳税申报表或会计账务有遗漏或差错,应该建议客户去报告这一遗漏或差错——客户应该为纳税申报内容负全部责任。

如果客户不这样做,税务师应该拒绝执行该业务。采取这种行为之前,应向客户声明,税务当局对纳税人的自愿披露与经过调查发现有偷税行为后的披露,其态度是大不相同的。后者有偷税之嫌,可能难逃偷税处罚之纠。

总之,税务中介在为企业提供纳税服务时,必须诚实守信,只为企业提供符合税法要求的税务鉴证、纳税建议或税收筹划方案,一定杜绝为企业提供偷逃税的税务鉴证或避税方案。

5.2.2 税务会计师的报税立场

在经济实践中,代理企业税务工作的会计师通常被称为"税务会计师"。税务会计师在为企业报税时应该站在什么样的立场上呢?在我国,"纳税人应当依照税收法律、行政法规的规定履行纳税义务"[①],在所得税纳税申报中,"纳税人应当企业所得税法及其实施条例和企业所得税的有关规定,正确计算应纳税所得额和应纳所得税额,如实、正确填写企业所得税纳税申报表及其附表,完整、及时报送相关资料,并对纳税申报的真实性、准确性和完整性负法律责任"。[②]

我们再来看美国注册会计师协会(American Institute of Certified Public Accountants, AICPA)在《税务责任公告》对"报税立场"的规定:①纳税申报表首先要求纳税人如实陈述,纳税人对申报表中的报税立场负有最后责任;②税务会计师对税收制度承担的责任与其委托人一样。但是,税法也明确规定,纳税人没有义务缴纳超过法律规定的税款,而税务会计师有责任帮助委托人力争达到这一结果。[③] 所以,税务会计师应该着眼于法律意图,并且只能采取由权威标准支持的那些报税立场。如果税务会计师采取的报税立场为客户节省大笔税款,但是却毫无合理依据可言,那么,这样的报税立场是不恰当的。从美国税务会计师的报税立场分析,税务会计师不仅对委托人负责,也要对税收制度负责。委托人的责任是依法纳税——不多缴,也不少缴。虽然纳税人最终对纳税申报是否如实反映事实承担全部责任,但税务会计师有责任向委托人(纳税人)指出哪些是法定应尽责任和哪些不是法定应尽责任。税务会计师还有责任不附和那些想利用税制偷逃税款的委托人,这是税务会计师的基本职业操守。

实际上,税务会计师不仅应该受法律条文的约束,而且还应受法律精神的约束。为深入理解这一思想,下面通过一个典型案例予以说明。

【案例5-1】 1993年,美国高盛公司推出一种证券,该证券遂成为安然公司和其他公司不可抵挡的诱惑。人们可以各取所需地将这种证券称为债券或称为股票。对纳税人来说,这种证券类似贷款,这样,其利息收入可以从应纳税收入中扣除。而对于那些怀疑过度举债经营的公司股东和评级机构来说,这种证券则又类似股票。美国财政部反复试图限制使用这种证券。1994年,美国财政部谴责使用这种证券的华尔街的公司并要求证券交易委员会进行干预。翌年,财政部向国会递交了立法提案,目的是解决现有法律中的漏洞,惩治违法者。1998年,美国国家税务局试图不承认安然的减税。但每一次努力都被投资银行、律师事务所和公司借款

[①] 《中华人民共和国税收征收管理法实施细则》(国务院令〔2002〕362号)第三条。
[②] 《企业所得税汇算清缴管理办法》(国税发〔2005〕79号)第七条。
[③] [美]罗纳德·杜斯卡、布伦达·杜斯卡.会计伦理学[M].北京:北京大学出版社,2005:P151.

人组成的联盟击败,这个联盟在这个一损俱损的会计操纵中都拥有经济利益。[①]

上述案例中虽然美国国家税务局没有能够制止这种行为,但这种做法违背了会计执业伦理规范的宗旨,也违反了税收背后的基本立法精神。正因为大多数人遵守立法精神,不愿利用法律漏洞,法律才得以继续发挥其作用。那些利用漏洞的人是一些占别人便宜的不劳而获者。这显然是不公正的。如果某一家公司钻法律空子并想方设法避税,其结果将会伤害那些不利用漏洞避税的人们。利用法律漏洞避税的人可能遵循了法律条文,但是违背了立法的精神。

5.2.3 税务中介的税收筹划风险底线

1. 培养执业风险的敏锐力

税务中介所接触的企业各种各样,不一而足。并非所有的纳税人都具有很高的素质,税务师难免会遇到一些一团糟的会计账目和财务报表。但税务师不能因此而不为其提供服务,即使是在客户的损益和账目都是估计出来的情况下。如果会计制度和税收政策明确规定了会计估计的范围和程度,那么即使随后纳税人因偷税而被披露,税务师也不会因此而受到惩罚。但是,作为税务中介的中立性服务,税务师必须运用专业技能和常识对会计估计所依据的信息和解释做出判断,并且拒绝可疑的信息。

【案例5-2】 一个正在服务期间的公司老总经常到某地出差,每次回来报销入账的差旅费相对较多,但从发票上无法分辨(所取得的发票都是合法的),但这应引起税务师的关注。如果该公司老总告诉税务师每次出差都是出于商务目的,但税务师仅接受这一说法而不做进一步调查的话,是不谨慎的。该公司老总说的可能对——或许在那个地方他能够争取到某个重要的供应商和客户,但这只是表面情况,要想知道该公司老总是否有旅游或者其他目的等细节应该做进一步的调查。税务师应该留意该公司老总取得的住宿餐饮发票是否经常是同一家宾馆,还要留意公司老总出差时间的长短,甚至通过各种途径询问获取出差的事务安排。如果有可能还可以做进一步的详细调查。这样可以对公司老总出差情况摸清楚,判断有无转换费用开支名目虚列差旅费问题[②],分析该事宜所涉及的税务风险的大小。

事实上,账目记录越不完善,获得的补充信息越滞后,税务师就越应对此提高警惕,并且越应该依据客户的生活和福利水平来调整账目和纳税申报表。如果由于客户原因而导致账目不清或者纳税申报表存在许多疑点,税务师也不要惊慌失措,除了要认真审查账目和纳税申报表,还要进一步对所涉及的税务疑点或潜在问题进行解释和说明。[③]

2. 控制协助客户开展税收筹划的风险

客户希望获得关于税收筹划和减税的建议,税务师提出某种建议并没有什么错。

客户是理性的纳税人,追求税收利益也是其天性。税务师在业务能力范围内有责任帮助客户合理改变其经营活动或涉税事项安排以合法减少其税收负担。

在税务咨询活动中,税务师应切记不应有意或被迫参与到协助客户偷税之类的行为当中。

[①] [美]罗纳德·杜斯卡、布伦达·杜斯卡. 会计伦理学[M]. 北京:北京大学出版社,2005:P153.

[②] 许多企业故意转换费用名目以获取税收利益。由于差旅费无税前列支限额,因此业务招待费、私人旅游费等不允许列支或有限额的费用转换为差旅费,增加扣除力度,降低所得税负担。

[③] 1998年美国税法改革强化了对纳税人及税务中介合法权益的保护。只要纳税人没有触犯税务刑法,政府将给会计师及顾客的律师同样的法律保护。即会计师和顾客之间的信息交换受法律保护,会计师在法庭上未经顾客同意,不必透露与顾客接触、交谈有关账目的内容。关于美国税法改革的具体情况参见以下资料:徐放.税收与美国社会[M].北京:中国税务出版社,2000:P173.

税务师不能允许有诱使他们不按照一贯的高标准执业的某种压力存在,彻底披露纳税人以往账目或申报中的疏漏以降低执业风险也是十分必要的。

在税务咨询业务中,税务师不仅要注意规避自身的执业风险,还要注意规避纳税人的涉税法律风险。税务师一般应该提出有关税收筹划节税的建议,甚至也应该提出关于避税方案的建议,如果是避税,一定要告知纳税人避税的风险点及可能带来的风险程度。

避税行为一般划分为中性避税和灰色避税两大类。中性避税是指利用现行税制中的税法漏洞或税制缺陷,或者利用税收政策在不同地区、不同时间的差异性,通过对经营活动的周密策划和适当安排,将应税行为转变为非税行为,将高税负活动转变为低税负活动的避税方式。

灰色避税是指歪曲经济事实或蓄意改变经济活动的本来面目来达到少缴税款的避税行为,表面看起来不违背税法条款,但实质上与税法精神相冲突。

这两类避税有很大区别。中性避税不违法,而灰色避税属于违法行为。

【案例 5-3】 假如妻子在丈夫的公司帮忙,并打算不要薪水,因为现实情况是丈夫的财产或利润均是夫妻共享的。如果进行税收筹划,让妻子以一名付薪的员工或合伙人的身份出现,在共享利润上的纳税义务可能会减轻。利润共享是这一例子中的真正实质之所在,但又正是利润共享的形式改变了纳税义务。

再如,祖母可能会在每年给她的孙子一笔现金作为礼物,也可能按照习惯选择等值的其他形式的礼物。两种形式的礼物在价值上是相等的,但后一种礼物仅仅由于采取非现金的形式而具有节税效果。关键点在于祖父母和孙子之间的交易,除了节税外,还有实质意义。

税务师应该明白事实上最有效的纳税实务形式正被人们采纳,税务师应该掌握合法纳税筹划的标准和界限。实际上,那些拥有得力的税务顾问或有税务师服务的纳税人通过税收筹划或避税手段支付较少的税收,税务顾问或税务师的作用不容忽视。

许多纳税人还有强烈的攀比或者效仿心理,如果别的纳税人缴纳较少的税收支出,那么,他们也不愿交纳更多的税收。桑德福(Sandford)对税务中介机构的调查表明,许多税务师都渴望他们的客户利用可能的手段避税,客户也希望尽可能降低其税负,但客户还表现出不希望采用复杂手段来避税的态度。[①]

当涉及灰色避税方案时,情况就不是那么显而易见了。税务师确实应向客户提供建议,并应强调这一点,即向客户指出与避税方案相关的风险是税务师的责任所在,法律中的不确定性及可能的变化可能会全盘否定这种纳税方案。而且,设计和推动避税方案并非税务师的职责,如果仅是由于他在这方面具有某种专长而给人一种可以增加方案的成功率的印象的话,那么,如果他未能实现对方案成功的担保,就会损害他与客户的关系。

5.2.4 税务中介与企业管理层的博弈对局

纳税人与税务中介机构之间的税务代理是指纳税人将涉税事务委托给税务代理机构,由税务代理机构负责解决纳税人的复杂涉税问题。税务代理实行有偿服务,双方有着权利与义务的约束。如同其他代理关系一样,税务代理合约是不完备的,委托-代理关系双方之间一般存在着利益矛盾和信息不对称现象,这就决定了税务中介不仅有损害企业利益的动机和可能性,而且税务中介也可能与企业管理层串谋勾结,做出违背伦理道德的行为。

下面通过博弈模型分析税务中介与企业管理层之间的博弈行为。假设税务师的服务收费

---

① Sandford, Hidden Cost of Taxation, Institute for Fiscal Studies, 1973, Chapter 8.

为 f；税务师与企业"合谋"和"不合谋"的概率分别为 $x,1-x$；企业管理层偷税和不偷税的概率分别为 $y,1-y$；企业管理层偷税的效用为 r；企业管理层偷税且税务师"合谋"时，可得到增加的效用为 Δr，税务师可得到额外收益为 Δf；企业管理层与税务师合谋行为一旦被发现，给管理层带来的损失为 I，给税务师带来的损失为 c；企业管理层希望偷税，而税务师不愿意"合谋"时，企业管理层对税务师的惩罚为 P。则税务师与企业管理层之间的博弈支付矩阵可如表5-1所示。

表5-1 税务师与企业管理层的博弈支付矩阵

项 目	企业管理层偷税(y)	企业管理层不偷税($1-y$)
税务师合谋(x)	$f+\Delta f-c,r-\Delta r-I$	f,r
税务师不合谋($1-x$)	$f-P,r$	f,r

(1) 对税务师的博弈分析。根据上述支付矩阵，税务师选择"合谋""不合谋"的预期效用 U_1、U_2 分别为

$$U_1=(f+\Delta f-c)y+f(1-y)$$
$$U_2=(f-p)y+f(1-y)$$

税务师选择合谋、不合谋行为无差别点时的概率 x 为

$$xU_1=(1-x)U_2$$

即 $x[(f+\Delta f-c)y+f(1-y)]=(1-x)[(f-p)y+f(1-y)]$

解得：$x=(f-py)/[2f+(\Delta f-p-c)y]$

分析一：将 x 看成是 f 的函数，分析如下。

上式变形为：$x=f(f)=1/2\times\{1+(c-p-\Delta f)y/[2f+(\Delta f-p-c)y]\}$

从上式可以得出，当 $(c-p-\Delta f)y>0$ 时，即 $c>p+\Delta f$ 时，x 是关于 f 的减函数；当 $(c-p-\Delta f)y<0$ 时，即 $c<p+\Delta f$ 时，x 是关于 f 的增函数。

其政策含义是：当给税务师的处罚金额 c 小于企业管理层给予的处罚 p 与税务师的额外收益 Δf 之和时，服务收费 f 的提高将使税务师选择合谋的概率 x 降低；当给税务师的处罚金额大于企业管理层给予的处罚 p 与税务师的额外收益 Δf 之和时，服务收费 f 的降低将使税务师选择合谋的概率 x 降低。

分析二：将 x 看成是 p 的函数，分析如下。

上式变形为：$x=f(p)=1+[(cy-f-\Delta fy)/(2f-px-cy+\Delta fy)]$

从上式可以得出，当 $cy-f-\Delta fy>0$，即 $cy>f+\Delta fy$ 时，x 是关于 p 的增函数；当 $cy-f-\Delta fy<0$，即 $cy<f+\Delta fy$ 时，x 是关于 p 的减函数。

从以上分析可以看出，要使税务师选择"合谋"的概率 x 降低，需要加大对税务师的"合谋"行为的处罚力度。既要加强对税务师纳税服务行为的监管，又要在发现合谋时给予足够的处罚。同时，从上式也可以看出，当管理层需要"合谋"而税务师不予"合谋"时，企业管理层给予税务师的惩罚 p 也会影响到 x，两者呈反向变动关系。

(2) 对企业管理层的博弈分析。企业管理层选择偷税、不偷税的预期效用 V_1、V_2 分别为

$$V_1=(r+\Delta r-I)x+r(1-x)$$
$$V_2=rx+r(1-x)=r$$

企业管理层选择偷税、不偷税行为无差别点的概率 y 为

$$yV_1=(1-y)V_2$$

即 $y[(r+\Delta r-I)x + r(1-x)]=(1-y)r$

解得：$y=r/(2r+\Delta rx-Ix)$

因此，要使企业管理层偷税的可能性降低，必须加大对企业管理层的处罚力度，一方面要加强对企业管理层偷税行为的监管，另一方面是在发现企业管理层偷税时，应该给予足够的处罚。

税务师在执业过程中，应该坚持公平、公正、公开原则，遵守职业伦理道德，在独立性的前提下履行其职责；否则，税务师与企业管理层"合谋"，而与国家产生利益冲突，形成了不利的博弈均衡。其实，税务师在执业过程中永远不能为企业管理层所左右，也不能为了取得企业的信任而接受一些不切实际，甚至与伦理道德相悖的无理要求，损害国家利益；当然，税务师也不应凭借其信息优势而采取逆向选择行为损害企业的利益。毕竟，营造和维护和谐的委托-代理关系对于双方都是有利的。

5.3 税收筹划的伦理判断

法律和伦理是一对衡量人们社会经济行为优劣的基本标准。法律是一种成文的制度性标准，而伦理更多的是指被社会所普遍认同的非成文的道德规范。在现代社会经济中，伦理与法律相去甚远，伦理也不依赖于社会契约，而是与社会契约平分秋色。从表面上来看，尽管制度约束（constitutional constraints）和道德约束（moral constraints）在制约人们的行为上常常有一种此消彼长的关系，但实质上，不仅道德约束不能被制度约束所替代，而且任何制度规则和制度化本身都有着不可或缺的伦理之维。

法律和伦理，构成了经济自由与和谐的基础。而经济中所发扬的契约精神注重契约的自由与正义，也必须以法律和道德为准绳。税收筹划作为一种财务管理活动，体现着国家与纳税人之间的一种法定契约关系，也受到法律的保护，具有法律效应。另一方面，税收筹划是主张正义的，也正是因其具备客观公正性而得到国家和纳税人的共同认可，这其中也包含着伦理的要求。

5.3.1 税收筹划的伦理特性分析

1. 税收筹划伦理特性的内涵

税收筹划的伦理特性是指税收筹划活动所具有的基本道义精神及其所遵循的基本道德前提。税收筹划的伦理特性正是基于税收筹划基本问题而形成的伦理规范，它是开展税收筹划活动的基本前提。

税收筹划的伦理特性分析，实质上是从伦理角度对税收筹划本性所进行的分析和把握。基本前提是：第一，人类社会的任何领域都有伦理道德，税收筹划领域亦如此；第二，税收筹划有多种多样的属性和前提，伦理属性是其重要的方面。

1) 伦理的统一性与具体化问题

在任何一个社会里，每个领域都存在共同适用的伦理要求。同时，人类社会的每个领域，又都有各自相对独立的伦理要求，即在人类社会共同的伦理准则下，每个社会领域都存在高于个人的具体伦理要求。特定的具体伦理要求，体现了其特色。在一定社会条件下，不同社会领域既遵循一些人类社会最基本的共同伦理规范，又有体现本行业特色的行业伦理准则。税收筹划作为纳税人的一种社会经济活动，也必然存在自己的伦理标准和道德前提。

2) 伦理的永恒性与历史性问题

伦理道德具有发展性和社会历史性。恩格斯在《反杜林论》中指出,善恶观念从一个民族到另一个民族、从一个时代到另一个时代变更得这样厉害,以致它们常常是互相直接矛盾的。税收筹划的善恶观念和标准也是如此,也是在不断变化的。对于同一税收现象和筹划行为,不同时代、不同地域、不同种族和不同国家的认识观念是不尽相同的。但是,尽管不同时代、不同阶级、不同国家所持有的具体税收伦理观念和价值前提千差万别,但这些差异并不排斥共性价值观念的存在。在人类文明的发展过程中,人们形成了对税收及筹划行为的共同认识,即守信、合法、节俭的伦理标准。这说明税收筹划的伦理基础在某种意义上具有永恒性和共同性。

2. 税收筹划的伦理原则

从契约角度分析,税收筹划活动涉及纳税人、税务部门以及其他利益相关者,体现着各契约方的利益关系。各契约方的要求是税收筹划活动的重要动因之一,各契约方的要求又是多样的,既有合理的一面,又有不合理的一面。在税收筹划如何满足各契约方的需要上,应当首先考察其合理性和道德性。基于税收筹划契约关系的考察,税收筹划的伦理原则可以概括为以下方面。

(1) 和谐原则。和谐原则强调在税收筹划活动中维护各契约方之间共生共荣的和谐关系是最为重要的。企业纳税活动不是孤立地存在,而是社会性存在。税收筹划活动也不是个体孤立的行为,而是社会群体行为。这种社会客观性决定了各契约方必须是理性人和社会人的特征,相互之间要共生共荣,而不是相互排斥。企业与股东、债权人、税务部门及其他利益相关者构成了一张复杂的关系网。企业的税收筹划行为联结着各契约方,影响着各契约方的利益关系,其伦理前提是对各契约方合法利益的尊重,即不能因为一己私利而破坏其他契约方的福利。如果各契约方之间不能保持和谐的伦理关系,那么,就会引发各契约方之间的利益冲突,不仅会影响税收筹划目标的实现,甚至会迫使各契约方从各自的私利出发,放弃伦理道德的规范,盲目追求利益最大化,使契约关系面临分崩离析的局面。

(2) 诚信原则。诚信是一种社会交往方式,它是建立在"契约"基础上的、以承诺合理期待为核心的一种利益交换方式和交换关系。[①] 人们的社会经济行为必须以诚信为指导,并借以获得合理的价值导向。

诚信的基本特征有两个:其一,它是一种契约关系。在契约中权利与义务既是平等的,又是自愿的,而且各承诺主体在做出自己的承诺时是真诚的,对方根据这种承诺能够做出合理的预期。从这种意义上讲,诚信关系又是一种信用关系,其背后蕴藏的则是一种社会伦理关系。其二,利益的预期性。诚信体现的利益是预期的,即在未来某一时刻兑现的利益。预期性本身就暗含着风险性,为了避免风险,契约各方都希望对方是诚实守信的,能够确保预期的利益。

(3) 守法原则。税收筹划应以国家法律、现行税法及相关法规为法律依据,利用税制要素中的税负弹性及其他经济制度的可选择性条款,对投资、融资、生产经营等活动的税收负担进行低位的选择。以避税为名行偷税之实的"筹划"行为根本就不属于税收筹划的范畴,是与守法原则大相径庭的。守法原则是企业进行税收筹划时首先要遵守的原则之一。

(4) 适度原则。真理与谬误只有一步之遥。对于纳税人的税收筹划活动,要注意适度原则的应用。虽然理论上对税收筹划与避税有着明确的界限,但在实践中很难严格界定税收筹划与避税行为。因此,许多税收筹划方案都是利用税制要素中的适度弹性空间达到节税目的

---

① 张娟、金丹. 会计的伦理特性探析[J]. 财会月刊(理论版),2005(11).

的。利用会计政策选择实施税收筹划节税也应掌握在适度范围内,过犹不及,很可能过分的做法会使本来合法的筹划活动沦为避税甚至偷税行为。

5.3.2 税收筹划行为的伦理约束

从契约的角度来说,纳税和征税实际上是一项公共契约。它表明任何税收都应该取得有关方面的同意。任何一项税收都不是随意的、以强权为基础的(不管是法律的、命令的、抢劫的),任何一项税收都是合意的。尽管人们很不喜欢纳税,但这却是人类的发明,以公正和均等的方式集中分担政府职责运行的开支。

在国际税收领域,大多数国家都许可纳税人不要超过法律要求多缴税。甚至许多国家还鼓励纳税人进行合法的税收筹划,因为税收筹划是符合会计伦理道德的行为。譬如,加拿大的立法、司法、执法机构始终对纳税人进行的纳税筹划给予认可。为何加拿大政府鼓励纳税人的税收筹划行为呢?主要有以下三点原因:首先,加拿大政府认为纳税筹划实质上是使纳税人对国家税法做出合理的、良性的反应,鼓励纳税人进行税收筹划可以从一定程度上减少或减轻纳税人对税负的抱怨,使其将精力用在合法筹划上,从而稳定人心,使各项政策得以顺利、平稳地实施。其次,加拿大税收的五大原则是:公平、中立、方便、可信、效率。公平原则作为其中重要的一个原则体现在与税收相关的立法、司法、执法的每个环节。鼓励税收筹划就是鼓励每个纳税人通过合法的方式将自身的应缴税款降到最低,从而在最低点实现税负的公平。最后,鼓励税收筹划有利于更好地发挥税收对经济的调节作用,使纳税人能够将税收优惠政策充分享受到位,或者在确定企业类型、经营方式、核算方式时选用税款节省的最佳方案,其结果是促进了国家立法意图的充分、恰当实现,引导经济朝着既定方向健康发展。[①]

英、美、日、德等国政府承认纳税人享有税收筹划的权利,纳税人合理开展税收筹划是无可厚非的,是完全符合法律精神和商业伦理要求的。[②] 1935年,英国上议院议员汤姆林爵士针对"税务局长诉温斯特大公案"指出"任何一个人都有权安排自己的事业,依据法律这样做可以少缴税。为了保证从这些安排中谋到利益……不能强迫他多交税。"[③]汤姆林爵士的观点赢得了法律界的普遍认可。此后,许多国家在税收判例中都援引这一原则。正如1947年,美国著名法官汉德说的那样,"法院一直认为,人们安排自己的活动以达到低税负的目的,是无可指责的,每个人都可以这样做,不论他是富翁,还是穷光蛋。而且这样做是完全正当的,因为他无须超过法律的规定来承担国家税收;税收是强制课征的,而不是靠自愿捐献的。以道德的名义要求税收,不过是奢谈空论而已"。[④] 美国大法官萨尔德兰(Suthorland)也曾郑重宣告"纳税人以法律许可的手段减少应纳税额,甚至避免纳税,是他们的合法权利,这一点不容怀疑"。[⑤]

尽管认可税收筹划的合法地位,但美国政府对实施税收筹划的企业严格要求,凡其节税额超过1 000万美元的交易,必须予以公开披露,并要求企业管理层的"责任人"签字。这在一定程度上恰恰反映了美国政府对税收筹划行为的认可。我国现行税法尚未对税收筹划做出法律

[①] 盖地.税务筹划[M].北京:首都经济贸易大学出版社,2006:P41.
[②] 关于税收筹划行为的会计伦理观问题,盖地教授有不同的认识,他认为税收筹划是"法律范畴而非道德范畴"。他进一步谈道,"税务筹划是企业利用法律资源,也应符合市场经济机制(体制)下的企业家道德标准,不应存在道德压力与道德困惑"(盖地.税务会计研究[M].北京:中国金融出版社,2005:P300)。
[③] 方卫平.税收筹划[M].上海:上海财经大学出版社,2001.
[④] W B Meigs & R F Meigs,Accounting,1987,P738.
[⑤] H Barber. TaxHeavens. McGraw-Hill Inc,1993.

规定,也未要求纳税人披露其税收筹划方案。

更为严格的是英国财政部门的规定,英国的税收筹划人或纳税人有义务将其税收筹划的细节[1]向国内收入局申报,以便于国内收入局的税收征管。[2] 英国政府的这种规定不仅反映了税收筹划信息披露的透明化要求,在一定程度上也佐证了税收筹划行为是符合经济伦理观的。

复习思考题

1. 税收筹划受到哪些法律规制方面的约束?
2. 如何对税收筹划的合法性进行法律检验?
3. 请比较中性避税与灰色避税的概念,并举例说明。
4. 如何理解税收筹划的法律规制与伦理约束之间的关系?

---

[1] 披露的税收筹划的细节包括如下内容:使用某一税收筹划方案将使纳税人得到的税收利益。得到或增加的税收优惠、减税或免税、税收返还、推迟纳税或加速税收返还、规避税收义务等方面的情况。
[2] 英国:税收筹划要向税务局申报[N].中国税务报,2005.5.18。

第 6 章

会计视野的税收筹划

> 公司的目标是在税务会计的限度内实现税负最小化及税后利润最大化。在永无休止的税务争战中,税务会计只能算是一组"争战法则"。
>
> ——汉弗莱·纳什(Humphry·Nash):《未来会计》

6.1 会计规则与税收制度的关系模式

会计规则与税收制度都是一种契约安排,都属于企业契约范畴的一个子契约。研究会计规则与税收制度之间的关系,有助于从契约角度把握征税方和纳税人两股力量对税收筹划的影响,以及衡量纳税人的税收筹划活动对会计规则与税收制度的遵从程度。

6.1.1 会计规则与税收制度的彼此影响

1. 会计规则的含义

会计信息的生产、提供均需遵循一定的规则来进行,这就是会计规则。[①] 会计规则作为一种正式化或非正式化的会计惯例,其本质便是形成会计信息的一种规则性的契约安排,即关于会计确认、计量、报告的一系列思想、方法、技术和手段的总称。广义的会计规则应该是会计法规、制度及会计准则的统称。

在单边契约治理阶段,会计规则处于自然秩序状态;在多边契约治理阶段,单个投资者难以满足企业所需资本,股东、债权人参与了企业契约耦合体,会计规则制定权从由经营者独享转向由多个企业契约参与者分享,经营者、投资者与政府成为分享主体;在共同契约治理阶段,企业所有契约参与者都有权分享会计规则制定权,但所有缔约人都参与会计规则制定权将增加会计规则制定的交易成本,此时便需要有能够代表所有企业契约参与者利益的第三方独立行使会计规则制定权,政府的相对中立地位便决定了其成为最佳选择。

从世界范围考察,会计规则存在着一定的差异性,有的国家以会计制度体现其会计规则,如中国;有的国家以会计准则体现其会计规则,如美国、英国等;有的国家以"会计总方案"体现其会计规则,如法国。但会计规则的主流形式是会计准则,国际会计准则、美国财务会计准则等都是典范。中国自 20 世纪 90 年代初期开始制定会计准则,至 2006 年成功完成会计准则体系的整体架构,此后的十年间根据会计实务的进展不断修订相关会计准则,以及增补了一些新兴业务的具体会计准则。

2. 会计规则与税收制度强弱势比较

会计规则与税收制度之间的关系是极为微妙的,二者既紧密联系又相互独立。相比而言,

[①] 谢德仁.会计信息的真实性与会计规则制定权合约安排[J].经济研究,2000(5).

会计规则立足于微观层次而又影响到宏观领域,而税收制度立足于宏观层次而作用于微观领域。会计规则与税收制度彼此之间既存在差异性又相互影响,在一些事项处理上体现出融合的趋势:从目标角度分析,会计规则遵循"受托责任观",以实现客观、公允、透明的信息披露为己任;而税收制度的目标则是保障财政收入,调节经济,兼顾税负公平。因此,税收制度与会计规则有着迥异的目标取向,从而导致两者对同一经济行为或事项做出截然不同的规范要求。

基于这种现状,会计规则与税收制度不断博弈,逐渐出现了"会计从税"模式,即会计规则随着税收制度的要求而松动、摇摆、游走。在会计规则与税收制度相对分离的情况下,税收制度的权威性和强制性超出了会计规则,税收处于强势地位,会计处于弱势地位。当会计规则与税收制度之间存在矛盾或冲突时,纳税人在会计核算的基础上势必进行纳税调整,更为遵从税法的约束,这是不争的事实。

3. 会计规则与税收制度的相互影响

会计与税收产生的历史背景不同,但会计与税收有着天然的联系。会计源于刻木记日、结绳记事,在漫长的人类生存与发展过程中,会计起着计量资源价值的作用;而税收源于社会分工,起着资源配置与财富再分配作用。

会计规则与税收制度有着不解之缘。现代税收制度离不开会计规则,离开税收制度的会计规则也是不可想象的。会计规则与税收制度存在以下相互影响。

1) 会计规则对税收制度的影响

税收制度在漫长的发展过程中,借鉴了越来越多的会计思想和会计技术而日趋成熟,可以说,现代税收制度是借助于会计规则才得以建立和发展起来的。会计规则对税收制度的这种影响可以归纳为两个方面:其一,由于会计要解决的主要问题是正确计量期间收入、费用和利润,计算缴纳税金也是会计的重要任务,会计要为纳税人计税、缴税和筹划,因此,企业的纳税活动理所当然地要模拟会计处理程序和方法进行;其二,在计算会计利润上,通过促进税收规定和会计的一致性,将两者的矛盾减少到最低限度。这些影响与税收制度本身一样,既具有刺激性,也具有惰性,它是激发各国不断协调税收与会计关系的内在动力。[①]

市场经济的发展和产权制度的变迁促使会计规则不断完善,会计规则对税收制度的影响更是显而易见。如折旧方法,存货计价方法,租赁业务、商誉等的会计确认,计量程序和方法被税法所借用的地方随处可见。所以,税收制度与会计规则的依存关系已经被人们所普遍接受,税收制度正是在不断借鉴和采纳新的会计方法的过程中逐步走向成熟的。时至今日,会计核算仍是税收征纳的基础,查账征收仍是主要的税收征管模式,会计规则对税收制度的影响之深,由此可见一斑。

2) 税收制度对会计规则的主要影响

税收不仅受到会计的深远影响,而且也强烈地反作用于会计。税收对会计的影响主要表现在以下两个方面:其一,世界范围内税收制度的差异性引起会计规则的改进并导致世界各国会计准则的多样化。同时,税收制度的不断完善,也大大规范了会计操作实务,从而导致了对公认会计程序与概念的修正和发展。其二,世界范围内税收制度的差异性及现实纳税义务的要求(如税额计算、纳税申报和税收筹划等)均需要借助会计技术和程序完成,更凸显了会计规则的必要性和重要性,也在引导着会计规则朝向协调税法的方向发展。

---

① 迈克尔·查特菲尔德. 会计思想史[M]. 文硕,等,译. 北京:中国商业出版社,1989.

6.1.2 分离·趋同·协作：会计规则与税收制度的多重关系

从多维视角考察会计规则与税收制度，两者之间呈现出交错杂生的关系，这里可以概括为分离、趋同和协作的三层面关系。

1. 会计规则与税收制度的适度分离

（1）会计规则与税收制度分离的现实分析。税收的基本目的是实现国家的财政收入，政府借助税收立法以法律的形式规范纳税人的纳税行为和税务部门的征税行为，获取所需要的社会资源，参与社会再分配。因此，税法制度比会计规则更具刚性，在处理方法和程序上很少给纳税人自由选择的空间；同时，税收制度的责任和要求也远远高于会计规则。

21世纪以来，我国政府出台了一系列会计规则，2001年颁布《企业会计制度》，随后颁布《金融企业会计制度》《小企业会计制度》，2006年颁布《企业会计准则》，2012年颁布《小企业会计准则》，2015年颁布《政府会计准则》等。在会计领域逐步形成了系统、完整和具有法律效力的统一会计制度体系，决定了我国会计制度遵循会计与税收相分离的国际模式：如果会计制度与税法不一致或不相协调，应按会计制度及相关准则的要求进行核算；在履行纳税义务时，必须按税法的要求，进行相应的纳税调整，但不应调整原有会计账簿记录和会计报表的相关项目。

（2）会计规则与税收制度的本质性分离及价值判断。基于会计与税收在目标取向、基本前提及原则性要求等方面存在广泛差异，为有利于规范和执行会计规则和税收制度，会计与税收的适度分离是必然的也是必需的。在我国，要使会计制度得以很好的贯彻，并与国际会计惯例协调，必须遵循会计和税收相分离的原则。[①] 进一步分析，会计规则与税收制度的本质性分离主要体现在目标实现机制及相关价值判断方面，即会计与税收在如何实现各自的目标及其在目标实现过程中的不同价值判断。

在"受托责任观"下，会计能够满足企业投资主体——股东和债权人的信息需要，充分反映资本维护及风险防范的效益和效果，因此真实原则、公允原则在会计规则中是极为突出的。但在税收制度中，真实原则、公允原则要基于一定的价值判断，受到制约。虽然税收要满足宏观调控和征收税款的要求，也要求纳税人基于真实的交易与事项申报纳税，但是税法对一些交易或事项有特殊要求或附加一定的限制条件，如企业发生的捐赠支出，会计上要全部反映，且不作商业性捐赠和公益救济性捐赠的区分，账务处理模式都是相同的，而申报纳税时要区分是否为公益救济性质，因为税法对此有约束，非公益救济性捐赠有扣除上的限制。对于在会计规则中备受推崇的公允原则，则几乎被从税收中驱逐出去，只有企业关联定价的税务调整与公允原则比较接近。

在"决策有用观"下，信息披露要求会计重视配比原则，期间一致、因果配比是其本质要求，这当然离不开权责发生制的确认基础。税法对纳税申报也有期间一致的配比要求，由于不同时期企业享受的税收政策可能不同，税法特别强调收入、费用的确认时间不得提前或延后。但是，为保证财政收入的均衡性和防止避税，税法也可能背离权责发生制或配比原则。例如在利息收入或利息支出方面，以及对广告支出的扣除时间规定等。同时，对于个人纳税能力的考虑，个人所得税一般多选择收付实现制。[②]

[①] 刘玉廷.企业会计制度的中国特色及与国际惯例的协调[J].会计研究,2001(3).
[②] 董书奎等.税收制度与企业会计制度差异分析及协调[M].北京：中国财政经济出版社,2003.

会计规则与税收制度的本质性分离蕴含着对谨慎性原则的不同价值判断。会计上的谨慎性是指在不确定情况下进行会计判断时，必须保持必要的谨慎，既不高估资产和收益，也不低估负债和费用，对可能发生的损失和费用应当合理地加以估计。因此，在会计规则中运用谨慎性原则必然会产生一定程度的模糊性，但只要运用得当，并不会妨碍会计信息的可靠性。税收上也谈谨慎性，在科技创新方面的特殊税收政策中，也借鉴谨慎性原则所蕴含的会计思想和方法。[①] 但由于税法的刚性所致，不像会计那样给予谨慎性原则广阔的用武空间。税收不容许纳税人谨慎地选择各种会计政策，也不容许纳税人掺杂任何主观的谨慎性估计。因此，税收上强调损失、费用的扣除遵循真实发生原则，坚持在有关损失、费用实际发生时再申报扣除，损失、费用的金额必须能够准确确定，不允许事前估计，一般也不认可各种性质的预提费用。这体现着税收的价值判断与会计的差异。会计上依据谨慎性原则提取的各项资产减值或跌价准备，税法原则上都不承认，税法强调的是在有关资产真正发生永久或实质性损害时能得到及时处理。这样规定主要是方便税务管理，防止硬性规定减值比例的不公平以及由企业自行确定减值提取比例的不可控性。[②]

（3）会计规则与税收制度分离的评价。会计规则与税收制度的分离，是与我国以宏观经济为基点的经济模式和管理体制相适应的，有利于充分发挥会计与税收在国民经济管理中的作用，主要体现在三个方面：第一，会计规则与税收制度的分离能够保证会计信息质量，尤其是真实、公允原则的要求，兼顾各会计信息使用者的需求，而不至于形成明显税法导向的会计信息；第二，会计规则与税收制度的分离，可以充分发挥税收调节经济的功能，保障税基免受侵蚀，创造税负公平的和谐经济环境；第三，会计规则与税收制度的分离，也是降低制度成本[③]的必然要求。税收与会计作为国民经济运行中与利益分配、资源配置的制度安排密切关联的两个关键环节，应该遵循成本效益原则，既不无谓加大会计工作的核算成本，也要尽可能降低征纳双方的遵从成本。

会计规则与税收制度的分离也带来诸多负面影响。

第一，会计规则与税收制度的分离导致大量财税差异的产生，纳税调整更为烦琐，会计计量与报告的复杂性也随之增加，造成财务工作的难度和会计成本上升。

第二，会计规则与税收制度的分离使得纳税人更为重视税收政策及相关业务的税务处理，因为刚性的税法更具法律强制性约束，出于纳税调整及税收利益的考虑，许多会计政策选择的空间会被纳税人忽视或不屑采用，会计规则的遵从程度会大打折扣，这或多或少在影响着会计信息的质量。

第三，会计规则与税收制度的分离也增加了企业规避税收监管的可能性。[④] 比如，对于会计规则允许计入成本费用的项目，而税收制度却没有明确规定是否可以确认为成本费用或计入成本费用的限额，纳税人在会计核算时，往往全额确认为成本费用，这样就会造成税收流失。

---

① 《财政部 国家税务总局关于企业技术创新有关企业所得税优惠政策的通知》（财税〔2006〕88号）规定：企业用于研究开发的仪器和设备，单位价值在30万元以下的，可一次或分次计入成本费用，在企业所得税前扣除，其中达到固定资产标准的应单独管理，不再提取折旧，具体折旧方法一经确定，不得随意变更。企业用于研究开发的仪器和设备，单位价值在30万元以上的，允许其采取双倍余额递减法或年数总和法实行加速折旧，具体折旧方法一经确定，不得随意变更。这一折旧政策，体现谨慎性原则的要求。

② 董书奎等.税收制度与企业会计制度差异分析及协调[M].北京：中国财政经济出版社，2003.

③ 科斯（Coase）认为制度成本描述了"用以协调运用经济资源制度安排的成本"（《契约经济学》，科斯等著，经济科学出版社，1999）.

④ 李心源，戴德明.税收与会计关系模式的选择与税收监管[J].税务研究，2004(11).

纳税人出于自身利益考虑,会千方百计地利用会计规则与税收制度之间的差异逃避税收,税务监管成本因此会显著上升。

2. 会计规则与税收制度的走势趋同

(1) 会计规则与税收制度趋同演进的一个证据。会计是税收的载体,税收是会计反映的重要内容。会计规则与税收制度之间既相互独立又有着密切联系。随着世界经济一体化和国际财税改革的深入推进,会计规则与税收制度的走势呈现出一定程度的趋同性,即两者之间的差异逐步缩小,两者在许多业务或事项上的处理原则已经趋同或正在走向趋同,这是税收、会计之间关系演进的必然规律。

从会计核算的基础原则——权责发生制来分析,虽然会计在理论与实践中一直奉行该原则,但税法关于权责发生制及收付实现制的选择的确经历了长期的演进过程。在加拿大、英国、美国的税法和司法裁决中,曾采用收付实现制作为计算应税收入和费用的主要方法。加拿大是在1948年以后才开始承认以权责发生制为主要依据来计算所得的。美国1954年以前,基本上以收付实现制为计税方法,但允许纳税企业选择权责发生制。后来认识到收付实现制固有的弊端,即纳税企业可以滥用收付实现制人为操纵经济业务的入账时间,导致收入推迟或费用提前,使税款推迟缴纳的情况盛行乃至于蔓延。为了堵塞税收漏洞,美国对收付实现制的适用范围进行了限制,1986年的《税收收入法典》规定,下列三种纳税人不得使用收付实现制:①除了农业和合格的个人劳务公司以外,如果一个公司年总收入超过500万美元;②除了经营农业的合伙企业外,一个公司作为合伙人年总收入超过500万美元;③避税港。[①]

从历史演进角度分析,权责发生制和收付实现制在会计和税法中的运用场合、范围都在不断发生变化,虽然税法的发展变化总是滞后于会计,但税法正向会计靠拢、趋同。在税法和税务会计实务中,世界上大多数国家采用的是修正的权责发生制[②],税收正在逐步接纳权责发生制,实际上这一变化将会积极影响会计规则与税收制度在其他方面的趋同。

(2) 会计规则与税收制度趋同的基本途径。为了正确地体现税法与会计的目标,降低征纳双方遵从税法的成本、降低财务核算成本,就要对会计规则与税收制度进行适时的协调。差异的协调应尽可能减少对实现税收与会计目标影响小的差异,在法律制度的制定上应尽可能趋同。随着我国社会主义市场经济体制的逐步建立与完善,会计规则与税收制度的趋同应该探索基本途径,真正降低会计核算成本、税收征管成本,创造和谐的经济环境。

会计规则与税收制度的趋同主要有以下途径:

第一,缩小政策的差异。寻求会计规则与税收制度的趋同,尤其是基本业务的税收政策与会计准则的趋同。比如,会计与税收对销售商品、提供劳务等基本业务确认收入的口径与时间应尽可能保持一致,对于视同销售、非货币性交易等特殊业务可保留会计与税收处理的差异。再如,对于所得税会计处理方法,可以按企业性质或规模等分类,分别规定不同的会计处理方法,以实现税收与会计处理方法的趋同。

第二,缩小会计政策的选择空间,保持与税法相关精神的一致。尤其是那些税务处理显示出比会计处理更为合理的成分,可以按照税法口径选择会计政策。比如,坏账准备的会计提取比例与税前列支限额,最好保持一致,不应该允许企业任意提取甚至全额提取坏账准备。再如,现实经济生活中不确定性因素日益突出,会计估计的不确定性和计算应纳税所得额所需的

---

① 沈玉平.税收法规与会计制度的趋同性[J].税务研究,2004(1).
② 盖地.税务会计研究[M].北京:中国金融出版社,2005.

确定性之间存在较大的矛盾,需要做出明确的税收规定加以协调。

第三,减少无谓的税收－会计差异。许多因政策制定者的主观因素导致的不合理差异,只会增加纳税人的会计成本与纳税成本,对于这类差异,尽量要求政策统一、相对合理。比如,税收对待政府惩戒性支出①的处理与会计处理背道而驰,会计不论何种罚款性质的支出,一律允许计入当期损益,而税收却不允许税前扣除而必须做纳税调整。这种规定其实是无所谓的,原因有三:其一,这类政府惩戒性支出对于纳税人来讲,也是不希望发生的,也多半出于无知和无意,和合同违约罚金支出没有本质性差别;其二,税法允许其他形式的罚金支出税前列支,其实相当于政府以承担一部分所得税的形式纵容企业的这种不道德或违法行为,而对政府惩戒性支出的处理态度截然不同,这表现出对企业行为约束导向的矛盾性;其三,企业发生的有关政府惩戒性支出不会很多,所造成的影响不会很大。

3. 会计规则与税收制度的深层协作②

(1) 实质重于形式——协作的基点考察。纵观会计与税收的发展历史,税法因借鉴会计技术与方法而越来越趋向成熟,税收管理也建立在会计信息的基础之上,离不开会计的根基。另一方面,会计也需要适应税收管理的要求而不断发展完善。由于税法的不断完善也推动和规范了会计处理,被税法所认可并选定的会计方法能够得以迅速而广泛的采用,提高和改善了会计实务的连贯性。因此,会计与税收相互影响,共同发展,二者不仅不能彼此相互取代,而且各自有着独立的发展空间,在未来的税会关系模式中,二者应该发展成一种互为支撑、良性互动的协作关系。

要解决会计规则与税收制度的协作问题,首先必须解决二者协作的基点。通过多角度考察发现,会计规则与税收制度协作的基点是实质重于形式原则,理由如下:

第一,从会计与税收的现实发展分析,会计强调的实质重于形式原则是指选择会计政策和方法时,经济交易或事项的实质内容重于其法律形式。因为有些经济业务的外在法律形式并不能真实反映其实质内容,运用实质重于形式原则对于反映交易或事项的经济实质很有助益。从税收角度观察,各国税收立法和司法实践中也强调实质重于形式原则,特别是许多国家的一般反避税条款和有关企业改组等特殊税收规则都很好地体现了实质至上原则。③

第二,把握形式与内容的辩证关系,也是正确认识事物的哲学思维模式。无论会计还是税收,对一些经济交易或事项的把握,只有利用实质重于形式原则,才可能揭示其本质,不为表面现象所迷惑。比如在利益驱动和相对浮躁的市场经济环境下,许多上市公司为了达到既"创造业绩"提升股价而又逃避虚增利润带来的高额税负的目的,往往利用税收与会计之间的纷繁复杂的差异,人为地转移收益、调节利润,玩弄"数字游戏",愚弄政府、投资者等利益相关者,这已成为秘而不宣的会计潜规则。如何解决这个问题,我们认为通过实质重于形式原则实现税会协作,从两个角度配合检查,就能轻松破解"数字游戏"。

当然,我国目前税法在体现实质重于形式原则方面还有很大差距,税法更多地考虑一项交易或事项的法律形式。许多过于依赖形式化条件的税法条款实际上背离了立法精神,成为纳税人滥用税法条款避税的漏洞。④ 因此,有必要强化税法的实质重于形式的立法导向,但税务

---

① 这里所指的政府惩戒性支出,不包括贿赂性支出。
② 《辞海》对"协作"一词的解释是"许多劳动者在同一劳动过程或彼此相联系的不同劳动过程中,依计划协同地进行劳动的劳动形态"。会计规则与税收制度既然存在相联系的环节和过程,也应该相互配合,协同工作。
③ 董书奎等.税收制度与企业会计制度差异分析及协调[M].北京:中国财政经济出版社,2003.
④ 同上。

管理需要明晰而具体的规定,这必须对体现立法精神的涉税事项的经济实质界定清楚,减少税收征纳的随意性,以防止税法的滥用。

(2) 协作的良性互动。会计规则与税收制度的协作,可谓任重而道远,是一个在共同发展中相互博弈的过程。会计规则与税收制度的差异性及趋同性的特征,注定了两者的协作要坚持"求同存异、沟通配合"的方针。因此,建立良性协作互动模式应从以下方面入手:

第一,建立税会沟通-依赖信息系统。所谓"税会沟通-依赖信息系统"是指整合税务信息与会计信息而形成的一个相互依存、密切配合的能实现资源共享的信息系统。这一信息系统需要税收制度与会计规则的协作,即一方面通过税务当局与财政部门协同制定符合会计规则导向和税收制度要求的信息披露体系,强制性要求纳税人定期予以披露;另一方面,在税务当局和财政部门之间实现纳税人的涉税信息与会计信息的交互式传递与沟通,真正发挥信息共享机制的作用,降低各方的信息成本。

利用这一信息系统,一方面可以为税收征管提供会计基础数据,因为税款征纳以会计核算为基础,税收的会计信息依赖性必然要求会计与税收的协作。目前税务系统推行的纳税评估[1],其本质就是通过评价会计数据(主要根据财务报表和纳税申报表所提供的会计信息)内在逻辑的合理性来甄别纳税人是否存在蓄意避税甚至偷逃税款行为的税务评价方法。在纳税评估中,税务当局往往设计一些涉税财务指标,如税收负担率、税负变动率等来监控纳税人的税款缴纳情况。这是税务当局利用会计信息促进税收征管的措施之一,但在实践中受征税成本与会计信息质量的制约,不可能实现对所有纳税人都进行纳税评估,而只能选取比例甚微的一小部分。但如果会计给予配合和协作,要求纳税人报送的财务报表必须附带适当的涉税财务分析,那么这种看似微不足道的税会协作就会带来税收征管成本的降低。因此,我们有理由相信,如果在会计上增加涉税信息披露的强制性规定,那么必然会提高税收稽查及税收征管的效率,这是毋庸置疑的。

另一方面,税法对会计信息质量有着天然的制约、保护和监督的功能。相对于会计规则而言,税收政策的权威性和强制性使其对会计信息质量的监督具有法律"刚性"。企业少报盈利,就会被界定为偷逃税,承担相应的法律责任;而企业虚增利润,就得多纳税,并承担不如实申报纳税带来的风险和责任。[2] 因此,税法在某种程度上维护了会计信息的质量要求,毕竟会计与税收还是有着藕断丝连的关系。但目前税务信息[3]的非公开性也使税法提升会计信息质量的效果大打折扣,税会协作面临着一定的信息危机。在税会协作中应尽快解决税务信息透明度问题,实现会计信息、税务信息的沟通配合,充分利用税务信息优势。

第二,开展反避税——一个有所作为的税会协作领域。避税是一个颇受关注、颇有争议的敏感话题,它涉及法律、税务、会计、道德等领域,对其评判众说纷纭,莫衷一是。避税是指"纳税人为了在合法范围内最大限度地减少应纳税所得额而做出的交易或安排"[4],这种解释持中立态度。而《国际税收词汇》对"避税"一词的解释含有明显的贬义,认为避税是纳税人"通过精

---

[1] 纳税评估是税务征管的基本方法之一,指税务机关依据有关法律法规对纳税人报送的纳税申报资料(含会计报表和纳税申报表等)进行完整性、一致性和合法性分析,并结合日常掌握的税收征管资料,运用一定的方法对纳税人的纳税情况进行综合评定。

[2] 李心源,戴德明.税收与会计关系模式的选择与税收监管[J].税务研究,2004(11).

[3] 这里所指的税务信息的来源渠道,既包括纳税方,也包括征税方,但无论从哪一方获取税务信息,都不是没有难度的,都存在一定的信息障碍。

[4] 布莱尔·阿诺德(Brian J. Arnold)等.国际税收基础[M].第二版.北京:中国税务出版社,2005.

心安排,利用税法的漏洞、特例或其他不足之处来钻空取巧,以达避税的目的"①。这里所说的"税法的漏洞"是指由于各种原因所形成的税法本身的遗漏或不完善之处,税法漏洞产生的原因,主要是立法者认识不足,或者社会经济发展而产生情势变迁等,使税法对某些领域未予调整或不能有效地规范。

避税从本质上看既不合法,也不违法,而是处于合法与违法之间的状态,我们称之为"非违法"。② 纳税人的避税行为如果不有效遏制,就像生态平衡遭到破坏一样,公平竞争的市场环境会被破坏,这将对经济发展产生负面影响。但经济实践中的避税现象的出现有其客观必然性,而且也并非一无是处,在相当程度上,避税危及税法、损害国家利益的同时,又能促使税法质量的提高,并且有利于改善税收征管中的执法弹性,促进税制的不断完善和发展,从而彻底堵塞税法漏洞。的确,在税务当局开展反避税实践工作中,税务征税人员不断反馈纳税人避税的情况,在揭秘纳税人避税的"招法"的同时,也发掘出了许多隐含在税法具体条款中的平时难以察觉的税法漏洞。

可以说,避税与反避税是征纳双方永久的、高智力的博弈行为,反避税的关键在于能否在发现避税的路径后使之越来越窄,当然这离不开会计规则与税收制度的协作。在经济实践中,会计规则与税收制度在反避税领域的协作主要有以下几种方式:

其一,反避税活动需要深入研究会计规则与税收制度之间的差异,防止纳税人利用模糊的税法条款或税制漏洞,以会计政策选择为手段大肆避税。

其二,会计规则与税收制度的协作在制度层面上应当通过会计准则与税法的协作来实现,即通过研究避税的运作方式和操作技术,深入分析税收法规的漏洞和缺陷,进而重点审查隐藏避税之蛛丝马迹的会计信息,向税务当局提供反避税的关键信息或让会计信息成为甄别避税行为的佐证。

其三,深入开展税务会计研究,进一步推动会计与税法在微观操作层面上的协作。税务会计是介于税收学与会计学之间的一门新兴边缘学科,是融税收政策与会计处理为一体的专业性会计,税务会计不仅是改变纳税人税负状况的重要手段,也是税务当局寻找避税行为的重要线索,税务会计在反避税中能够大显身手。

6.2 会计规则与税收筹划的协调

6.2.1 会计规则与税收筹划的一致性

1. 会计规则的程序理性

会计规则与税收筹划具有一致性的联结点是真实性原则,而税收筹划也是基于真实性的一种理财手段,真实性原则是其共同的要求。

FASB 在 1980 年发布的第 2 号"财务会计概念公告"——《会计信息质量特征》中,出现一个"如实反映"(representional faithfulness)的质量特征,从属于可靠性,并认为真实性"就是一项数值或说明符合它在反映的现象",如实反映存在反映真实性的程度。国际会计准则委员会(International Accounting Standards Committee,IASC)在 1989 年发布的《编制财务报表的框架》中,将"如实反映"作为"可靠性"质量特征的首要内容,并阐述以下观点:信息要可靠,就

---

① 国家税务局税收科研所译.国际税收词汇[M].北京:中国财政经济出版社,1992.
② 张中秀.税务律师[M].北京:企业管理出版社,2004.

必须真实反映其所拟反映或理当反映的交易或事项。FASB 和 IASC 都认为会计只能做到相对真实。

中国会计对于真实性原则的描述是：企业应当以实际发生的交易或者事项为依据进行会计确认、计量和报告，如实反映符合确认和计量要求的各项会计要素及其他相关信息，保证会计信息真实可靠、内容完整。① 真实性原则要求会计核算以实际发生的交易或事项为依据。会计大师利特尔顿（Littleton）曾指出："探求真实和反映真实是会计职能的重要部分。"

实际上，会计的真实性并不体现在会计信息自身是多么真实，而在于会计信息若遵循公认的会计规则进行加工处理，就可认定其真实性。著名经济学家西蒙（Simon）提出了"人是有限理性的"这一光辉思想，他还区分了程序理性（procedual rationality）与结果理性（rationality of outcome）。程序理性强调的是行为机制（程序）的理性，而不是注重结果本身，结果总是一定行为程序的结果，只要保证了行为程序的理性，结果就是可以接受的。而结果理性强调结果的复合目标性，不在意产生这一结果的行为程序。② 西蒙还进一步指出：在不确定的环境下，人们无法准确预测未来，从而也就无法按照实质理性的方式采取行动，只能依靠某一理性的程序来减少不确定性的程度，因此，应以程序理性替代实质理性（结果理性）来进行经济学研究。

程序理性体现在会计规则上，即只要按照会计规则来处理经济业务，其所得到的结果就是"真实"的，对于会计信息而言，遵循公认会计规则而生成的会计信息就具有真实性。

税收筹划要求的真实性则与会计规则的程序理性导向下的"真实性"原则有些出入，存在一定程度的差异性，但其本质要求还是相同的。税收领域特别要求企业申报纳税的收入、费用等计税依据的真实可靠性，而只有在不能取得真实信息的情况下才可以予以合理估计或测算，如关联定价的调整、组成计税价格的核定等，这在一定程度上也影响着企业税收筹划的行为和结果。

2. 会计规则的灵活性

会计规则作为一种正式化或非正式化的会计惯例，主要被用于会计确认、计量与报告方面，对具体经济业务处理提供最直接的指导。会计规则具备一定的灵活性，因为会计规则一方面是由公司法、证券法、商法、税法等构成的法律所认可的"有秩序的会计原则"，是一种体现科学精神的技术性规范；另一方面会计规则又是社会各种力量博弈均衡的产物，体现着多方的利益和均衡关系，是一种公认的"契约"。所以，会计规则具有一定的灵活性，许多国家或地区的会计都存在一定的会计政策选择空间。罗斯·斯金纳（Ross Skinner）在评价会计规则的弹性和灵活性时说："就像一个小孩的气球，在遵循公认会计原则下，一个公司可以使自己的盈余或资产变大或变小，假定它的会计师能用力吹或吸它的话。"③

企业作为一个契约的联合体，存在着多种契约关系。契约有很多特性，包括契约的不完全性和刚性。所谓契约的不完全性，是指当达成一项契约或协议时，通常不能完全预料到所有的偶然事件。同时，契约又是刚性的，如市场交易契约、管理层的报酬契约、银行的债务契约，一经签订就不得随意变动。

这些契约有许多条款是以会计数据为基础的，会计规则的灵活性会引起企业管理层利用会计规则处理契约的兴趣。他们通常会利用契约关系的构建选择有利的会计政策进行会计处

---

① 《企业会计准则——基本准则》第十二条。
② 谢德仁.会计信息的真实性与会计规则制定权合约安排[J].经济研究，2000(5).
③ 黄文峰.上市公司会计政策选择行为研究[M].北京：经济科学出版社，2004：52.

理。下面举例说明会计规则的灵活性及其与契约的关系：一家生产纯净水的企业，在销售时一并收取客户的水桶押金。根据我国现行税法规定，收取包装物押金逾期超过一年未退还的，依照所包装的货物的税率全额征收增值税。① 在这个案例中，企业与客户之间构成一种出借包装物——水桶的契约关系，如果客户借出的水桶超过一年没有归还，企业就应该就其收取的水桶押金全额缴纳增值税。由于契约的不完备性和刚性，在企业出借包装物时，并没有想到会超过一年的期限。在这种情况下，企业有没有办法筹划呢？根据税收政策和会计规则，可以进行如下税收筹划方案的操作。

企业将一年之内所收到的水桶押金在年终退还给客户并通知客户领取，第二年再向客户重新收取押金，最终达到押金期限总是不超过一年，从而免除包装物押金缴纳增值税的义务，而押金的交易模式可以在事前以契约形式约定。在该例中，业务并没有大的改变，只是企业与客户之间押金的交易模式因契约的订立而发生微小变化而已。根据税收筹划的操作要求，相应的会计处理如下：

(1) 销售纯净水收取水桶押金

借：银行存款

    贷：其他应付款——包装物押金

(2) 年终退还水桶押金

借：其他应付款——包装物押金

    贷：银行存款

3. 税务会计：税收筹划与会计规则的共生体

美国著名税务会计专家史蒂文·F.吉特曼(Steven F. Gitman)博士认为，税务会计本质上是处理两类问题的：一是某项目是否确认为收入或费用；二是该项目何时被确认为收入或费用。

(1) 财务会计与税务会计的关系。财务会计与税务会计的目标不同。财务会计主要向投资者和债权人提供有关资产、负债和所有者权益等方面的信息，处理的是企业与投资者及债权人之间的关系。而税务会计主要是向税务机关提供有关纳税方面的信息，处理的是国家与企业之间的关系。税务会计与税收筹划的关系比财务会计与税收筹划的关系更直接，也更密切。

财务会计与税务会计之间的关系如图 6-1 所示。两者通过纳税调整、会计报表与纳税申报表的验证与比对紧密联系起来。只有明确财务会计与税务会计的分野及差异，才能准确揭示税收筹划的会计处理，把税收筹划与会计处理真正结合起来。分析财务会计与税务会计的差异，是完成税收筹划操作，体现税收筹划活动的财务成果的基础。

(2) 税务会计与税收筹划的关系。税务会计是会计学的重要组成部分，税收筹划属于财务管理的范畴，两者之间的关系服从于财务与会计之间的关系，具体体现为以下三个方面：

第一，税务会计通过对涉税业务的确认、计量和报告，为决策者提供有用的税务信息。税务会计核算的会计要素是应税收入、准予扣除项目、税率、应纳税所得额、应纳税额，并且通过税收筹划进行控制达到税后收益最大化。同样，税务会计所生产的税务信息也为税收筹划提供决策依据，税收筹划所需要的大部分信息均来自于税务会计。

第二，税务会计的目标是向税务会计信息使用者②提供有助于税务决策的会计信息。美

---

① 该税法规定既合乎法律要求，也是合情合理的。这一规定主要是为了防范企业在包装物实现销售(押金冲抵)后逃避纳税义务，可能会出现信息不对称下的隐藏行为现象。

② 税务会计信息的使用者主要是税务部门、投资者、管理层等。

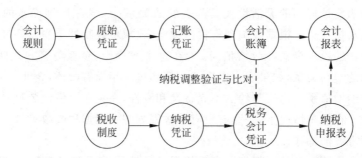

图 6-1 财务会计与税务会计的联系

国会计学教授查尔斯·T.亨格瑞(Charles T. Horngren)一针见血地指出:税务会计有两个目的——遵守税法和尽量合理避税。① 因此,税务会计除了纳税核算、进行税务会计处理的职能之外,还有合理选择纳税方案有效进行税收筹划的职能。税务会计的总目标是选择税负较轻的纳税方案;在企业经营的各个环节,事先进行税负的测算,以便做出税负最轻的决策;事后进行税负分析等。②

第三,会计政策即会计方法与程序的选择本身具有某种筹划功能。如折旧政策的选择、存货计价方法的选择、资产的摊销办法等,都会不同程度地影响税负支出。难怪汉弗莱·纳什在《未来会计》一书中认为:公司的目标是在税务会计的限度内实现税负最小化及税后利润的最大化。在永无休止的税务争战中,税务会计只能算一组"争战法则"。③

(3) 税收筹划是会计规则与税收制度的巧妙结合。由于各国的经济制度背景不同,会计规则按照其与税收制度的关系划分,可以分为以税法为导向的会计规则和以投资者为导向的会计规则两大类:法、德等欧洲大陆法系国家属于前者,会计规则与税法相互独立;英、美等海洋法系国家属于后者,会计规则与税法之间相互依赖。下面是两种类型会计规则的一个比较,如表 6-1 所示。

表 6-1 两种类型的会计规则的比较

项 目	欧洲大陆法系国家	英美为代表的海洋法系国家
资本市场	较小的资本市场,企业资金主要由银行和政府提供	较大的资本市场,企业资金主要由社会公众提供
法规体系	成文法体系: 法典中提供非常详细的会计规则; 同一的财务报表的提供以满足下列需要:税收、经济计划、信用贷款	习惯法体系: 公司法要求定期提供财务报表,但没有制定具体的会计报表规则 税法要对公司每年所得进行征税
信息使用者	政府会计监管部门、税务部门、经营者	股东、债权人、税务部门等更多的利益相关者
会计规则与税法关系	在制定会计规则时,税务是一个重要的影响因素	会计规则与税法各自独立发展

不论哪种类型的会计规则,都与税收制度有着非常密切的联系。税款的缴纳与计算,既要遵循税收制度的规定,又离不开会计的确认、计量和报告。在这里,会计规则与税收制度完全

---

① 查尔斯·亨格瑞等.会计学[M].北京:中国人民大学出版社,1997.
② 盖地.税务会计与纳税筹划[M].第 2 版.大连:东北财经大学出版社,2006:4.
③ 盖地.税务会计研究[M].北京:中国金融出版社,2005:27.

结合起来,可以说,税务会计融会了税收和会计的双重要求,而税收筹划是以降低税务风险、节约税负为导向的理财活动,应是会计与税收的巧妙结合。税收筹划兼顾会计规则与税收制度的差异,利用税收制度承认或认可的会计规则、会计技术进行合理筹划,这即税收筹划的精妙所在。实际上,税收筹划是对会计规则与税收制度差异进行调节的应对之策,可以推断,如果会计规则与税收制度完全协调统一,那么基于会计规则的税收筹划技术将会消失。

会计的确认和计量从根源上影响着税收筹划的效果,因为会计的基础性作用涉及税基的确定、应纳税额的核定、税款计算的正确性及解缴时间的合规性。从所得税实践来看,所得税是严格按照税法计算的,而会计税前收益与应税收益之间由于会计准则与所得税法的不同而存在差异,是在企业申报所得税时通过纳税调整来确定的,因此会计中有关所得税税基的确认就成为所得税的计算基础。会计就是这样决定税收负担并进而影响税收筹划的效果的。从国际视野观察,跨国公司普遍采用转让定价这一会计技术进行税收筹划,这无疑证明了会计规则对税收筹划的贡献。

税收筹划强调税收政策、筹划方法与会计处理的结合,这是真正实现筹划目标的操作技巧。从这一角度分析,税收筹划可以用下列公式表述:

税收筹划＝税收政策＋筹划方法＋会计处理

因此,税收筹划的关键是寻找税收政策、筹划方法与会计处理的结合点,具体来说有两个关键结合点:

一是税收政策与筹划方法的结合点。纳税人在准确掌握与自身经营业务相关的税收政策的基础上,需要利用一些恰当的税收筹划方法对现行税收政策进行分析,从而找到与经营行为相适应的税收筹划的突破口。

二是筹划方法与会计处理的结合点。税收筹划的主要目的是减轻企业税收成本,降低税收负担。要达到此目的,只有税收政策和筹划方法还不够。因为纳税人的经营业务和过程最终要在财务结果中体现出来,才能真正实现筹划节税。所以,纳税人需要利用好会计处理方法,把税收筹划的内容恰当地体现在会计处理上,才能最终实现降低税收负担的目的。

6.2.2 会计规则与税收筹划的关联性

会计与税收有着天然的关联性。税收筹划离不开会计规则和税收制度,税收筹划随着会计规则的变化及税收制度的变迁而不断发展变化。

1. 会计规则与税收筹划之间的关系

在欧洲的德国、法国、瑞典等国家,公司的财务报告是纳税的重要(甚至是唯一的)依据。而实际上,自1874年的《撒克逊所得税法》颁布以来,德国就有了商业报表与纳税申报应当一致的至高无上的原则。德国税法不仅要求企业会计期间收入、费用的计算方法、分配方法、账簿记录必须同税收目标保持一致,而且会计报表上的收益也要同应税收益保持一致。所以,德国纳税人为了能够从纳税抵免中获取最大利益,在编制报表时总是主动选择服从税法要求的会计原则和方法。这在德国被称为"决定原则"(determination principle),即会计记录和报表应服从税务目的——税收决定原则。[①] 德国这一做法,有其难以规避的弊端,即税法对会计处理造成巨大的制约作用,大大降低了财务报告的决策有用性。

同样,法国在不存在强大的证券市场的情况下,纳税一直是编制和公布财务报表的主要原

---

① 郭小东.税收国际协调对会计准则国际协调的制约作用[J].涉外税务,2005(1).

因之一。一般情况下,法国税法凌驾于会计规则之上。一方面税务当局是商法所明确规定的法定会计信息使用者,另一方面税法高度独立。税务当局不仅确定用于纳税申报的财务报表的内容和格式,而且规定了许多世纪财务会计和报告实务。① 税制对理解法国财务报告的重要性体现在:会计报告账面利润的计量规章与应税收益的计量规章差别不大;费用只有已经入账才能作为纳税申报中的扣减项目。② 因此,法国会计被称为税务导向的会计。

但与此相反的是,以英美为代表的一些国家却不是这样。英美等国的会计与税法相对分离,会计规则与税收筹划没有实现结合,迄今为止也没有显示任何融合的迹象,相反,会计与税法的差距不断拉大,也加剧着会计与税收筹划的不协调性。对于会计规则与税收筹划协调的问题,笔者认为只能在会计与税法都认可的协调一致的政策或规定方面进行协调,但可能其范围很狭窄。

一个有趣的例子来自于会计实践。在中国南方地区出现一些特殊做法,一些大型企业集团在会计报告中选择与税法相一致的会计政策,以减少纳税调整。这种做法是"会计从税"模式的体现,其实是税收筹划与会计处理的一种协调和融合。但笔者认为,这种税收筹划与会计处理的融合,严格来讲是不符合会计报告与信息披露要求的。会计报表的编制应按照会计准则、会计制度的要求进行,而不是按照税法的要求进行。这种做法也不符合会计与税法各自独立发展的趋势要求,会计与税法及税收筹划不能也不该走向融合,即只能寻找一些共同点实现一定程度的协调和融合。

2. 会计规则的税收管制及对税收筹划的影响

税收管制是一种典型的政府管制,税收管制一定意义上会影响税收筹划的效果。美国在1930年以前,有色金属和石油产品行业在纳税时采用永续盘存制计价,但1930年美国联邦最高法院禁止使用这种方法。1934年,美国石油协会提出以后进先出法作为替代方法,这一提议被 AICPA 认可,但却遭到财政部的反对。结果国会批准采用后进先出法,但作为对财政部的一个妥协,国会规定后进先出法只有在纳税人的财务报表中也使用的情况下才获准采用。很显然,存货计价方法的选择对于税收筹划会产生很大的影响,税收管制不可避免地影响着税收筹划的效果。

波音顿等在1992年发表的《会计信息披露与公司可选择最低税收》曾对649家制造企业和运输企业的主观应计部分进行了测算和证明,结果表明,会计报告的盈利信息由主观应计部分得到了度量,统计结果(降低受益的应计部分)与减轻税收压力、政治审核和潜在的税收管制假设相一致。③ 这一研究结论表明,税收管制、会计规则及税收筹划之间存在微妙的联系,利用会计规则完全可以减轻税收压力,开展税收筹划活动。

6.2.3 会计规则约束下的税收筹划空间

1. 会计规则是税收筹划的基本工具

会计规则在形式上表现为会计过程的一种技术规范,但其本质上是一项社会经济和政治利益的博弈规则和制度安排,不同的会计政策选择生成不同的会计信息,对企业及其利益相关者产生不同的利益分配结果和资源配置效率。因此,会计政策选择不仅具有广泛的经济后果,

---

① 郭小东.税收国际协调对会计准则国际协调的制约作用[J].涉外税务,2005(1).
② 魏明海、龚凯颂.会计理论[M].大连:东北财经大学出版社,2005:209.
③ 林钟高,章铁生.会计信息价值论[M].大连:东北财经大学出版社,2001:228.

而且还是各相关利益群体为转移财富而进行的博弈行为。

会计政策作为会计规则的一种表现形式,通常被界定为"企业在会计确认、计量和报告中所采用的原则、基础和会计处理方法"。① 不同的会计政策必然形成不同的财务结果,也必然导致不同的税收负担。税收制度承认或认可某些会计政策选择,企业当然可以利用这些会计政策进行税收筹划。因此,会计政策是会计的生命,因为有了会计政策选择的空间,才使财税领域变幻无穷,丰富多彩。在存在多种可供选择的会计政策时,择定有利于税后收益最大化的会计政策组合模式,也是税收筹划的基本规律。

2. 会计政策选择的筹划技术

(1) 分摊(摊销)技术。对于一项费用,如果涉及多个分摊对象,分摊依据的不同会造成分摊结果的不同;对于一项拟摊销的费用,如果摊销期限和摊销方法不同,摊销结果也会不同。分摊(摊销)的处理会影响企业损益和资产计价,进而影响企业税负。

分摊(摊销)技术涉及的主要会计事项有:无形资产摊销、待摊费用摊销、固定资产折旧、存货计价方法以及间接费用的分摊等。例如,按现行制度规定企业可以选用直线法和加速折旧法来计算折旧额,在固定资产的有效使用年限内,两种方法提取的折旧总额是一致的,似乎对利润和税金不会产生影响。实际上并非如此,运用不同的方法计算出每期折旧额在量上并不一致,从而影响各期的成本费用进而影响企业应纳税额。又由于受资金时间价值及通货膨胀等因素的影响,实际税收负担(纳税现值总额)也因此而不相同,所以选择合适的折旧方法可以达到递延纳税的目的。

(2) 估计技术。由于企业经营中存在诸多不确定因素,一些项目不能精确地计量,而只能加以估计。因此,在会计核算中,对尚在延续中、其结果尚未确定的交易或事项需要予以估计入账。这种会计估计的不确定性会影响计入特定期间的收益或费用的大小,进而影响企业税负。

估计技术涉及的主要会计事项有:坏账估计、存货减值估计、固定资产折旧年限估计、固定资产净残值估计、无形资产受益期估计、或有损失估计等。

(3) 实现技术。实现原则是财税核算的基本原则,只有已经实现的损益才能予以确认、计量,纳入会计管理,并作为计税的依据。损益实现的期间和进度,对于企业税负有着极为关键的影响。因此,对于实现技术的应用,重在分析实现条件,控制损益实现的时间。

实现技术涉及的主要会计事项有:资产发生的贬值、损失及时确认,合理的费用充分列支,税前扣除项目足额扣除,成本项目的确定,成本计算方法的选择,收入的确认时间的控制,收益分配的时间及额度的掌握与控制。

3. 利用会计与税法差异的筹划技术

会计与税法存在着诸多差异,利用会计与税法的差异也是企业经常采用的一种筹划方法。笔者认为,利用会计与税法的差异进行税收筹划,主要有以下操作思路:

(1) 寻找有利于节税的会计与税法的差异。税收的作用不仅在于取得财政收入,而且具有调节经济的功能。因此税法对于一些收入项目免税,如国债的利息收入不予征税,从享受税收减免优惠的联营方分回的利润不再补税,个人在资本市场上获得的股票交易的资本利得不予征税,等等。同样,在会计所允许列支的成本、费用项目中,存在着一些不允许税前扣除的项目,而一些税前允许扣除的项目可能是非成本、费用项目。因此,这些会计与税法差异项目的

---

① 《企业会计准则第28号——会计政策、会计估计变更和差错更正》第三条。

存在,使得企业应该关注会计与税法的具体差异,尽量缩小应税所得,并加大税前扣除力度,利用纳税调整手段降低税收负担。

(2) 利用暂时性差异与永久性差异的处理差别。永久性差异是指在某一会计期间,由于会计准则、会计制度和税法在计算收益、费用或损失时的口径不同、标准不同,所产生的税前会计利润与应税所得之间的差异。这种差异只影响当期的应税收益,不会影响到其他会计期间,所以,永久性差异不需要进行账务处理。

暂时性差异是指资产或负债的账面价值与其计税基础之间的差额。暂时性差异按照其对未来期间应税金额的影响,分为应纳税暂时性差异和可抵扣暂时性差异。前者是指在确定未来收回资产或清偿负债期间的应纳税所得额时,将导致产生应税金额的暂时性差异。后者是指在确定未来收回资产或清偿负债期间的应纳税所得额时,将导致产生可抵扣金额的暂时性差异。

对于永久性差异和暂时性差异,在税收筹划中应予以区别对待,具体操作技巧如下:

其一,尽量控制永久性差异。这种差异体现着税法与会计的税前扣除差异,通常应控制不利的永久性差异的数额,增大有利的永久性差异。比如,技术开发费加计扣除政策,税法允许在发生当期按照实际发生额的150%扣除。这一永久性差异就是有利的,企业通过加大科技投入就能够实现税前超额扣除,降低所得税负担。

其二,掌握永久性差异与暂时性差异的转化技巧。对于一些超过税法扣除标准的扣除项目,一般会产生不利的永久性差异,如业务宣传费有扣除限额,如果一旦超出则不得扣除,而广告费却是允许递延到以后期间扣除的暂时性差异项目,所以,实现业务招待费向广告费的转化,就可以实现足额扣除。

6.3 会计信息披露与税收筹划

6.3.1 会计信息披露与税收筹划之间的冲突

会计与纳税在许多情况下是一致的,因为会计核算是纳税的基础,会计规则在一定程度上讲也是形成税收信息的基础。从税收筹划的角度分析,为了减少税负支出,企业倾向于向税务当局报告低收益信息,但也往往希望向股东报送高收益信息,因为高收益可能导致其他方面的好处。基于这种纳税和报告的不同需求,就造成了税收筹划与会计信息披露之间的冲突。

1. 税收筹划影响会计信息披露

(1) 多种契约力量综合影响会计信息披露。会计是企业与其利益相关者之间缔结的一份契约,由股权契约、报酬契约、债权契约、监管契约等子契约组成。会计在企业契约中起着资产计价、收益计量的基础性作用,同时也在提供履约信息、维护缔约主体市场地位、提供各缔约主体谈判的基础信息等方面发挥巨大作用。在错综复杂的企业契约关系中,会计信息披露在一定程度上是多种契约力量综合作用的结果,或是多方利益均衡的结果。会计信息披露在一定意义上又显示出对各种契约关系的制衡作用。所以,许多节税策略所要求的交易会降低报告给其他利益方的利润,税收筹划的信息披露要求可能与利益相关者的信息披露要求相矛盾。如果一味强调税收筹划,可能会导致信息披露成本的上升。

例如,在控制净收益的会计方法中,减少了当期净收益确认的会计方法和信息披露,显然是有利于节税的,但可能造成所显示的低盈利水平对企业融资不利,其最大的可能情况是会增大融资成本。因此,企业在信息披露时,不能够只考虑如何满足税收筹划,还要考虑如何保障融资成本的低廉,或者说,应该在税收筹划节税收益与融资成本上升之间寻找一个平衡点。

再如,一些上市公司在不违反法律的条件下,采取推迟费用入账时间以降低当期费用,其结果导致公司本期利润增加,但该信息披露以后会使公司的股价因此而上扬,这对公司来说是有利的。但推迟费用的另一结果是虚增本期利润导致增加了本期的所得税支出,从税收筹划角度来看是不划算的,这就暴露了税收筹划与信息披露之间的不可调和的矛盾。因此,税收筹划追求税后利润的做法,可能是一个急功近利的短期行为。这种做法经常与信息披露出现冲突,在一定程度上也存在着与企业长期战略的矛盾。

(2) 形成税收筹划与信息披露矛盾的契约关系。由于多种契约力量综合影响信息披露,税收筹划与信息披露的冲突也在一些契约关系方面有所体现,这些契约关系主要有以下四项:

第一,通常基于会计盈利的管理层的报酬契约。

第二,往往以会计数据或财务比率为基础而签订的债务契约。

第三,采用会计数据为定价基础的债券和权益证券的投资契约。

第四,基于会计数据的各监督管理部门的监管契约。

这些契约关系存在的根本原因在于企业内外部的各种委托-代理关系。委托人和代理人作为理性"经济人",必然都是自身效用最大化的追求者。委托人与代理人之间的目标函数有着较大的矛盾冲突。以所有者(股东)与管理层之间的委托代理关系为例,所有者(股东)的目标函数比较简单,即所有者(股东)追求股东权益最大化,而管理层的目标函数就比较复杂,他们既追求经济利益,如更高的工资,又追求非经济利益,如更多的闲暇、更好的办公环境、更高的职位、更小的风险等。并且由于管理层不是企业的所有者,他们和所有者之间必然存在着利益冲突,管理层也必然存有机会主义倾向。一定意义上讲,由于委托-代理关系的存在,才形成会计信息披露与税收筹划之间的冲突。

对于税收筹划来说,筹划收益代表着所有者的利益,当管理层利益与税收筹划有冲突时,管理层并没有动力推进税收筹划活动。相反,如果管理层的报酬与会计报告利润紧密相连,管理层还极有可能由于内在利益的冲突而放弃节税计划,这就会带来隐藏行为问题。因为所有者相对管理层来说处于信息劣势,从而无法发现没有采取税收筹划节税计划的管理层,更谈不上惩罚和纠正管理层的隐藏行为了。

2. 税收筹划与会计信息披露的典型冲突

(1) 存货计价方法。企业在一定期间的成本必然受到存货计价方法的影响。存货计价方法有先进先出法、加权平均法、移动加权平均法、个别计价法等多种方法,在不同市场环境和税收条件下,存货计价方法对税收的影响也是不同的。表 6-2 分析了存货计价方法的选择对会计信息及税收负担的影响。当物价上升,所得税率不变时,后进先出法是使税负最小化的一种存货计价方法。

表 6-2 存货计价方法的选择

项 目	比 例 税 率	累 进 税 率
价格变动方向	物价下跌	物价波动	物价波动
存货计价方法	先进先出法	加权平均法或 移动加权平均法	加权平均法或 移动加权平均法

续表

项　　目	比例税率	累进税率
对会计信息及税收支付的影响	提高本期发出存货成本，减少当期收益，减轻所得税负担	避免各期利润忽高忽低及企业各期应纳所得税上下波动，利于企业资金安排与管理	使计入成本的存货价格比较均衡，进而使各期利润比较均衡，避免适用较高的税率而加重税负

　　后进先出法在一定条件下可以节约税收，许多纳税人热衷于纳税计算采用后进先出法，但后进先出法降低了企业的会计利润，这不利于信息披露目标的实现，存在着财务报告成本的增加。但还是有证据表明企业在选择后进先出法时，节税是最主要的因素，而出于债务融资及盈余管理的考虑则不甚重要。

　　进一步分析，后进先出法还可以发挥其相反的增加税收的作用。在存货价格上升期间，如果企业当期的商品销售数量超过进货数量，那么后进先出法向企业提供了一个增加报告收入和应税收入的机会，因为此时企业利用后进先出法核算的销货成本包括了旧存货的较低的成本，此时配比确认的会计收入和应税收入都会增加，相应地所得税的支出也必然会增加。

　　需要提醒注意的是，这种方法对会计利润和税收都会造成极大的影响，因此，《企业会计准则》和《企业所得税法》都已经完全摒弃了后进先出法，这对防止企业操纵利润和避税大有裨益。

　　(2) 潜亏资产的处置。当企业存在潜亏资产时，对于该类资产的有效处置可能会带来筹划的税收利益。但这种潜亏资产处理的结果也可能会减少披露给投资者等信息使用者的会计利润。这一潜亏资产的处置交易就造成税收筹划与会计信息披露之间的矛盾。

　　所谓的潜亏资产，是指那些会计账面价值高于其市场公允价值的企业存量资产。从税收筹划角度分析，出售该资产可以确认资产潜亏所造成的损失，这种损失实质上是"资产处置损失"，之所以通过资产处置确认出来，原因就在于这时可能是最佳的出售时间，因为该纳税期间纳税人有着高昂的应税收入。但在税前扣除该项损失时，也同样必须在财务报告中确认出来，这就造成了会计信息披露方面的顾虑，企业可能需要在该会计期间披露较高水平的收益以达到其他目的。所以，出于信息披露的考虑，企业可能最终放弃处置潜亏资产获取税收利益的好处。

　　在会计实务中，潜亏资产的处置除了直接辨认潜亏资产出售之外，还可能出现其他两种形式的操作模式，下面对这两种模式分析如下：

　　其一，债务重组形式的潜亏资产处置。作为债务人，企业存在重组的到期债务，还存有潜亏资产，那么企业可以采用以货抵债的重组方式实现还债和潜亏资产的转让。按照《会计准则第 12 号——债务重组》规定，以资产清偿债务方式进行债务重组的，债权人初始确认受让的金融资产以外的资产时，放弃债权的公允价值与账面价值之间的差额，应当计入当期损益。以资产清偿债务方式进行债务重组的，债务人应当在相关资产和所清偿债务符合终止确认条件时予以终止确认，所清偿债务账面价值与转让资产账面价值之间的差额计入当期损益。

　　其二，非货币性交换形式的潜亏资产处置。采用潜亏资产对外交换形式，潜亏资产在交换过程中也会出现公允价值与账面价值的差额，这一差额也会因为确认为损失得到税前扣除而降低当期所得税，所以，非货币性交换形式也是税收筹划的有效方法之一。对于非货币性资产交换所形成的公允价值与其账面价值之间的差额，非货币性资产交换准则应用指南采取了与债务重组准则应用指南一致的处理,这里不再赘述。

6.3.2 盈余管理、会计信息与所得税支付

1. 盈余管理对会计信息的影响

(1) 盈余管理的概念。美国会计学者斯科特(Scott)在其所著的《财务会计理论》一书中认为,盈余管理是指在一般公认会计原则(generally accepted accounting principles,GAAP)允许的范围内,通过对会计政策的选择使经营者自身利益或企业市场价值达到最大化的行为,盈余管理是会计政策的选择具有经济后果的一种具体表现。只要企业管理当局有选择不同会计政策的自由,他们必定会选择使其收益最大化或使企业价值最大化的会计政策,这就是所谓的盈余管理。

美国会计学家凯瑟琳·希珀(Kathehne Schipper)认为,盈余管理实际上是企业管理人员通过有目的地控制对外财务报告过程,以获取某些私人利益的"披露管理"。因此,盈余管理是为了获得某种私人利益(而并非仅仅是中立地处理经营活动),对外部财务报告进行有目的的干预。

希利(Heady)对盈余管理做如下解释:当管理者在编制财务报告和构建经济交易时,运用判断改变财务报告,从而误导一些利益相关者对公司根本经济收益的理解,或者影响根据报告中会计数据形成的契约结果,盈余管理就产生了。

(2) 盈余管理的动机分析。契约理论认为,企业是一系列契约的联结,如投资者为激励经营者而与之签订的奖金计划,企业为承诺债权人利益而与之签订的债务契约等。契约的双方是企业的管理层和投资者、债权人以及政府监管部门等,前者提供会计信息,而后者是会计信息的使用者。相对于外部信息使用者而言,企业管理层拥有更多的内部信息。当面对契约的束缚时,企业管理层采取通过选择会计政策、进行交易安排和内部政策控制等调节盈余的机会主义行为,其结果是导致包括董事会在内的外部信息使用者无法准确把握会计盈余的质量。

西方实证会计理论的创始人瓦茨(Watts)和齐默尔曼(Zimmerman)为盈余管理动机提出了三个假设:奖金计划假设、债务契约假设和政治成本假设。奖金计划假设认为,如果其他条件不变,与企业签订了奖金计划的管理层更倾向于通过会计政策的选择将未来的盈余调节到当期。债务契约假设认为,如果其他条件不变,企业偏高债务条款的程度越大,管理层通过选择会计政策将未来盈余调节到当期的可能性越大。政治成本假设认为,如果其他条件不变,企业面临的政治成本越大,管理层越可能通过选择会计政策将当期的盈余调节到未来。

税收也是盈余管理的一个最明显的动因。希望减少税负的企业通常在物价上涨时采用后进先出法。但现实状况并非总是如此,还有一些企业宁愿放弃税负节约的好处选择先进先出法获得较高收益。从契约的角度分析,原因在于多种企业内外部契约关系在影响着盈余管理行为。然而,由于税务部门是采用税务会计的规定来计算应纳税款,因此在一定程度上缩小了企业可操纵的空间。

(3) 盈余管理可能引起会计信息失真。盈余管理在资本市场普遍存在,可以恰如其分地称之为"市场参与者的游戏"。企业盈余管理是为了达到财务调节的目的,但过度的盈余管理会形成会计信息操纵,从而导致虚假会计信息披露。

为了适应多变的经济环境,会计准则在制定时留有余地,由会计人员根据实际情况进行会计政策选择,因此制定的会计准则具有一定的弹性,使得这些弹性能够适应企业创新发展的需要。但当这些弹性被过度扭曲或滥用时,失当的盈余管理行为便随之出现。许多企业为了达到盈利预期的目标,在提供会计信息时,操纵行为取代了忠实披露,以操纵为特征的盈余管理

行为带来会计信息失真现象。因此,观察和分析盈余管理对会计信息披露的影响,界定盈余管理的性质,判断盈余管理行为是否适当,是会计管理中的一个重要问题。

2. 盈余管理对企业税负的影响

(1) 盈余管理与税收成本之间的关系。在资本市场中,公司管理层出于融资、契约和政治管制等目的,往往有意识地进行盈余管理。然而,管理层的盈余管理行为并非毫无成本,除了要面临未来可能的法律风险之外,一项直接的成本便是所得税成本。一般情况下,公司调增利润,会在当期多支付所得税;调低利润,便节约了当期所得税。所以,当管理层通过盈余管理增加利润时,往往需要为此多支付所得税。因此,管理层的盈余管理行为,面临着财务报告成本[①]与税收成本[②]之间的权衡。

杜邦(Dopuch)和平卡斯(Pincus)对公司管理层选择存货计价方法的动因进行了考察,研究发现税务因素是公司选择存货计价方法的一个重要因素。[③] 他们研究还发现,对于采用后进先出法的企业,当价格上涨时,其节税效果是客观的。但并非价格上涨时所有的企业都采用后进先出法,而有一些企业继续保持先进先出法,为什么呢?这些企业由于存货数量少,存货变动大,存货周转率高,实际税率低,虽然采用先进先出法却并没有承担巨额的税负。Dhaliwai,Frankel 和 Trezevand 针对采用存货后进先出法的公司管理层的期末清货或购货行为进行了研究,在采用存货后进先出法的公司中,公司管理层往往可以通过在期末清理存货来增加报告收益,并支付增加的所得税成本,也可以通过在期末增加购货来降低报告收益和应税收益。在那些低税率、高负债和盈余很可能发生负面变化的公司中,更经常出现存货的期末清理,规模也更大。[④]

像税负因素影响存货计价方法的选择一样,还有许多研究也都表明,所得税成本确实影响公司的盈余管理行为,具体而言:公司所得税负越高,盈余管理收益越低,则公司越没有积极性进行盈余管理,即所得税费用构成公司盈余管理行为的重要影响因素。

埃里克森和梅德将会计舞弊与其相应的税务成本相联系,他们以美国证券交易监督委员会(简称美国证监会)在 1996—2002 年认定财务欺诈和虚增利润的 22 家公司为分析样本,考察了这些公司为其会计舞弊行为所支付的税务成本。[⑤] 该研究通过对调整前和调整后的所得税差异分析,计算出盈余管理的税务成本。研究结果表明,公司每虚增 1 美元利润,平均要为此支付 12 美分(1 美分=0.01 美元)的税务成本,这表明上市公司愿意为盈余管理行为支付一定的税收成本,这也进一步说明了税收筹划与盈余管理有时也会出现矛盾和冲突,协调税收筹划与盈余管理二者之间的关系也是必要的。

(2) 纳税调整项目对所得税及盈余管理的影响。根据上述分析,盈余管理对所得税会产生影响,那么又是哪些项目在影响盈余管理和所得税呢?下面我们根据所得税纳税申报表,分析比较纳税调整项目对所得税及盈余管理的影响,如表 6-3 所示。

---

① 财务报告成本是指公司由于报告较低的收益或利润时,产生的真实的或可能的成本,包括融资成本上升、债务契约终止、政府管制加强等成本。

② 税收成本是指管理当局因操纵盈余、增加利润而导致的所得税负增加。

③ Dopuch, N., Pincus, M. 1988. Evidence on the choice of inventory accounting methods: LIFO versus FIFO. Journal of Accounting Research.

④ Dhaliwai, D., Frankel, M., Trezevand, R., 1994. The taxable and book income motivations for a LIFO layer liquidation. . Journal of Accounting Research.

⑤ Erickson, M., Maydew, M. How much will frims pay for earnings that do not exist: Evidence of taxes paid on allegedly fraudulent earning, The Accounting Review, 2004(2).

表 6-3 纳税调整项目对所得税及盈余管理的影响比较

行次	项目	差异或交易类型	对所得税及盈余管理的影响
1	工资薪金支出	永久性差异	可调节盈余,不影响所得税
2	工会经费	永久性差异	可调节盈余,不影响所得税
3	职工福利费	永久性差异	可调节盈余,不影响所得税
4	职工教育经费	永久性差异	可调节盈余,不影响所得税
5	利息支出	永久性差异	可调节盈余,不影响所得税
6	业务招待费	永久性差异	可调节盈余,不影响所得税
7	广告费、业务宣传费	暂时性差异	可调节盈余,不影响所得税
8	折旧、摊销支出	暂时性差异	可调节盈余,不影响所得税
9	提取减值准备	暂时性差异	可调节盈余,不影响所得税
10	坏账准备金	暂时性差异	可调节盈余,不影响所得税
11	社会保障性缴款	永久性差异	可调节盈余,不影响所得税
12	罚款支出	永久性差异	可调节盈余,不影响所得税
13	与收入无关的支出(如贿赂等)	永久性差异	可调节盈余,不影响所得税
14	股权投资转让净损益	暂时性差异	可调节盈余,影响所得税
15	财产损失	永久性差异	可调节盈余,影响所得税
16	上交总机构管理费	永久性差异	可调节盈余,影响所得税
17	关联交易	真实性交易	可调节盈余,影响所得税
18	投资收益	真实性交易	可调节盈余,影响所得税
19	超期亏损	永久性差异	可调节盈余,影响所得税
20	加计扣除的研究开发费用	永久性差异	不可调节盈余,影响所得税

(3) 盈余管理与所得税负之间的关系。现有的文献研究表明,上市公司、高负债率公司、财务困境公司、盈余略高于零的公司的会计收益与应税收益的差异较大。汉龙(Hanlon)的研究认为,会计收益和应税收益的差异越大,则盈余的持续性越低。[①]

我国会计学者近年来也开始关注盈余管理与所得税之间的关系。戴德明、姚淑瑜、毛新宇和叶康涛的两篇论文[②]均研究了我国上市公司会计收益与应税收益差异和盈余管理之间的关系,研究发现:上市公司盈余管理的幅度越大,会计收益与应税收益之间的差异也越大。

上述研究将会计收益与应税收益之间的差异作为盈余管理的指标进行考察,有一定的创意,但这些研究存在着一个潜在的前提,即盈余管理行为不影响公司当期的应税收益,换言之,公司主要通过操纵非应税项目进行盈余管理,然而这一假设并不是必然成立的。

郭荟针对中国该研究现状,对国内上市公司常见的盈余管理行为进行研究,考察了上市公司在利用投资收益、资产减值、关联交易和资产重组等行为进行盈余管理时,这些盈余管理行为对企业所得税税负的影响。研究得出以下结论:不同的盈余管理行为的所得税成本是不同的。中国上市公司利用投资收益和关联交易进行盈余管理时,需要承担一定的所得税成本,而利用资产减值和资产重组进行盈余管理,则不需承担所得税成本。[③]

实际上,盈余管理行为并不必然导致所得税费用的增加,其原因在于会计规则要比税收制

---

① Hanlon,M.,2005,The persistence and pricing of earnings,accruals,and cash flows when firms have large book-tax differences. The Accounting Review 80(1).

② 戴德明、姚淑瑜、毛新宇. 会计—税收差异、盈余管理与公司避税行为研究,中国人民大学会计会议论文集,2005. 叶康涛. 盈余管理与所得税支付[J]. 中国会计评论,第4卷,第2期,2006年12月出版。

③ 郭荟. 盈余管理的税务成本:基于中国上市公司的实证研究,中国会计学会2006年年会论文集,2006年。

度更加灵活。管理层在操纵利润的同时,并不一定导致所得税负担发生变化。例如,折旧方面,税法规定公司在变更资产折旧政策时,必须经过税务部门的批准方可据以计算应税所得,而会计准则规定只要得到董事会的批准就可以变更资产折旧政策。这种变更必然影响会计盈余,但对于所得税负担却没有任何影响。实际上,由于盈余管理的迫切需求以及税收成本的约束,上市公司往往会寻找既能够实现盈余管理操纵利润的目的,又能够不多负担税收的盈余管理手段。例如,国内一家上市公司,曾利用会计折旧与税法折旧的差异来操纵利润,进行盈余管理。该上市公司有一价值高昂的不动产,在核算会计利润时,其会计折旧年限为40年,年折旧率为2.5%;在计算税金时,其税法折旧年限按照20年,其年折旧率为5%。会计折旧与税法折旧差出一倍。很显然,这种差异的处理结果是会计利润被操纵抬高了,但计税基础没有被抬高,而是按照最高的折旧扣除额。[①] 对于该种处理,是否符合法律的要求呢?按照会计核算要求,如果会计规定与税法不一致或不相协调,应按会计制度及相关准则的要求进行核算,也就是折旧可以按照40年计提。这是因为会计准则规定企业有权根据实际情况合理判断确定资产的折旧年限,而税法要求企业在履行纳税义务时,必须进行纳税调整,也就是确定税法折旧年限要遵循税法规定。所以,从合法性角度分析,会计折旧与税法折旧存在差异是允许的,也是企业经营中的一种正常现象。但笔者从会计与税法相互协调的角度分析,认为这里可能有故意操纵的嫌疑,原因有二:其一,会计折旧年限与税法折旧年限相差悬殊,这一差异远远偏离正常范围;其二,会计与税法在折旧年限方面均超过一定年限(本例中为税法最低折旧年限为20年),那么为何不取税法折旧年限作为会计折旧年限呢?若折旧年限取值一致,能够减少企业无所谓的会计与税法之间的差异,做到一定程度的会计与税法差异的协调。当然,上面所举案例属于纳税人通过人为操纵非应税项目进行盈余管理的典型案例。

通过分析不同的盈余管理行为,可以得出以下结论:企业通过盈余管理操纵会计利润时,倾向于选择非应税项目。因为非应税项目只影响会计账面价值,而不影响税收负担。企业盈余管理幅度越大,其通过操纵非应税项目损益规避盈余管理的所得税成本的动机就越强。进一步分析,企业倾向于选择非应税项目操纵会计利润,被税务稽查部门发现的概率也小,因为非应税项目不影响税收利益,这种盈余管理行为可能不被税务稽查部门重视,或者即使税务稽查部门发现也疏于问津,因为税务稽查部门监管审查此类事件有点"狗拿耗子多管闲事"之嫌。

在西方,自从安然事件等爆发以来,一些社会人士也提出加强财务会计与所得税会计的一致性,以防止公司通过非应税项目损益形式规避盈余管理的所得税成本,从而抑制盈余管理行为。但笔者认为,财务会计与所得税会计的差异越来越复杂,确实难以协调;另外,即使财务会计与所得税会计可以协调,也可能会发生大量的协调成本,可能只是一种得不偿失的饮鸩止渴之举。

复习思考题

1. 请阐述会计规则与税收制度的分离、趋同、协作的关系模式。
2. 会计规则约束下企业有哪些税收筹划空间?
3. 为什么会计信息披露与税收筹划之间存在着矛盾和冲突?
4. 盈余管理与税收筹划之间有着什么内在关系?

---

① 税法规定,房屋、建筑物等不动产的折旧年限不得低于20年。

第 7 章

税收筹划的治理机制

治理良好的公司实施避税能够较大幅度地提高公司价值,而治理状况较差的公司实施避税所节约的税收支出大部分被公司管理层转移或侵占。为了避税,公司管理层在会计信息上大做文章,尽量使会计信息模糊以隐瞒应税收入,而会计信息模糊又为公司管理层采取机会主义行为创造了条件。

——著名经济学家　戴塞和达马帕拉(Desai,Dharmapala)

7.1　信息不对称下的税收筹划博弈分析

7.1.1　市场环境变化与税收筹划博弈分析

1. 市场环境变化信息的不对称性

企业作为市场主体,掌握一些信息,比如财务状况和经营成果信息,税收筹划的目标,国家的税收政策等易于掌握的私人信息和公共信息。但企业对市场环境的变化无法准确预测,这些市场变化信息具有不对称性,比如,企业无法准确预测和掌握市场环境的变化时间、变化趋势等。因此,企业和市场环境就构成博弈对局的两个主体。

2. 基于市场环境变化的税收筹划博弈模型

企业进行税收筹划需要付出大量成本,包括货币成本、风险成本和机会成本。货币成本是指企业为税收筹划发生的人、财、物的耗费,它包括税收筹划方案的设计成本和实施成本等;风险成本是指税收筹划方案因设计失误或实施不当而造成的筹划目标落空的经济损失以及承担的法律责任;机会成本是指采纳该项税收筹划方案而放弃其他方案的最大收益。

假设企业进行税收筹划的货币成本为 G,风险成本(包括市场环境变化风险成本)为 T,机会成本为 C;由于进行税收筹划企业获得的节税收益为 R,且满足 $R>G+C$。则企业税收筹划的支付矩阵如表 7-1 所示。

表 7-1　市场环境变化的税收筹划博弈支付矩阵

行　　动	市场环境变化(P)	市场环境不变化($1-P$)
企业实施税收筹划(Q)	$-G-T-C$	$R-G-C$
企业不实施税收筹划($1-Q$)	0	0

企业所处的市场环境动荡不安时,如果企业贸然实施税收筹划,结果很可能是失败,则企业的期望收益值 $E=-G-T-C$。此时,企业的最优选择是不实施税收筹划,期望收益值 $E=0$。

由于存在信息不对称性,企业预测市场环境变化的概率为 P,则市场环境不发生变化的概率为 $1-P$。企业实施税收筹划的概率为 Q,则企业不实施税收筹划的概率为 $1-Q$。企业实

施税收筹划与不实施税收筹划的期望收益分别为 M_1、M_2，则有

$$M_1=(-G-T-C)\times P+(R-G-C)\times(1-P)$$
$$M_2=0$$

令 $M_1=M_2$

即 $(-G-T-C)\times P+(R-G-C)\times(1-P)=0$

解得：$P=(R-G-C)/(R+T)$

上述结论的经济含义是：

（1）若市场环境变化的概率 $P<(R-G-C)/(R+T)$，则企业的最优选择是实施税收筹划。

（2）若市场环境变化的概率 $P>(R-G-C)/(R+T)$，则企业的最优选择是不实施税收筹划。

（3）若市场环境发生变化的概率 $P=(R-G-C)/(R+T)$，则企业可以随机地选择实施或不实施税收筹划。

7.1.2 税制缺陷与税收筹划博弈分析

1. 税制缺陷背景下的信息不对称性分析

税法制度性缺陷属于一种正常现象。常见的税法制度性缺陷有"税收漏洞"和"税法空白"等多种情况，这里重点分析"税收漏洞"与"税法空白"的情况。

所谓税收漏洞，是指所有导致丧失有效性或低效率的税收政策或税法条款。税收漏洞是由税制体系内部结构的不协调性或不完善性引起的，这些漏洞性的条款往往自身规定矛盾或在具体规定中忽视某个细小环节，抑或存在较大的弹性空间和不确定性。

所谓税法空白，是指税法中对一些涉税事宜或纳税事项没有明确规定或根本没有规定的情形。税法空白是税法中的明显缺陷。世界是在变化的，税法的修订和完善需要一个过程，所以任何一国或地区的税法都不可避免地会出现税法空白之处。

企业的经营活动多种多样，税务部门无法全部知悉，所以税法存在着基本的信息不对称问题。而企业通过调整业务模式或组织结构改变纳税事项，进一步利用税收漏洞或税法空白的做法也是建立在信息不对称的基础之上，因为企业在利用税收漏洞或税法空白等税法制度性缺陷时，可能税务部门并不十分清楚税法制度性缺陷的具体所在。而等到税务部门观察到时，企业可能已经利用该缺陷成功地进行了税收筹划活动。

2. 税制缺陷背景下的税收筹划模型

利用税制缺陷减轻税负，属于一种特殊的税收筹划方式。[①] 这种筹划过程实质上是政府与企业的一种动态博弈过程。企业作为博弈的一方，在市场利益的驱动下，积极寻找税法制度性缺陷并以此来安排自己的经济活动。政府作为博弈的另一方，在观察到企业的行动后，也会发现税法制度性缺陷，也会积极通过完善税收契约堵塞漏洞。因双方利益冲突的存在会使这种博弈过程一直持续下去。

假设企业利用税法空白点减轻税负，当找到税法空白点并在政府发现之前加以利用，就能够避免缴纳数量为 T 的税收，此时企业的筹划收益为 T，政府的收益为 0；当企业没有找到税

---

① 一些学者认为利用税制缺陷减轻税负属于避税范畴。既然"法无明文不违法"，那么，这种减轻税负的方式也是不违法的，广义的税收筹划也应包括此种情况。

法空白点,那么,就必须缴纳此笔数量为 T 的税收,此时企业的收益为 0,政府的收益为 T。

如果企业找到税法空白点,而政府也开始采取措施准备填补此项空白点,那么,最终的结果要看这项空白被填补的程度。如果用 t 表示政府通过填补税收空白挽回的损失,那么,此时企业的筹划收益为 $T-t$,政府的收益为 t,且满足 $t<T$。政府和企业在博弈过程中,企业找到税法空白点的概率为 Q,政府完善税法的概率为 P,$0<P<1$,$0<Q<1$。则相应的博弈支付矩阵如表 7-2 所示。

表 7-2 税法空白点筹划博弈支付矩阵

项 目	政府完善税法(P)	政府不完善税法($1-P$)
企业找到空白点筹划(Q)	$T-t, t$	$T, 0$
企业未找到空白点($1-Q$)	$0, T$	$0, T$

对企业来说,其找到税法空白点并进行筹划的期望收益为 U_1,则有

$$U_1=(T-t)P+T(1-P)=T-tP$$

对企业来说,未找到税法空白点的期望收益为 U_2,则有

$$U_2=0$$

显然 $U_1>U_2$,故企业有寻找税法空白点获取筹划收益的动力,企业会不断寻找税法空白点,即不存在企业不去寻找税法空白点筹划的行为。

对政府来说,完善税法(消除税法空白)的期望收益为 V_1,则有

$$V_1=tQ+T(1-Q)=T-TQ+tQ$$

对政府来说,不完善税法的期望收益为 V_2,则有

$$V_2=T(1-Q)=T-TQ$$

显然 $V_1>V_2$,故政府会不断完善税法,而不会选择放纵企业利用税法空白点筹划而不加以约束,所以,政府有不断完善税法的动力。

政府和企业的这一博弈过程是动态的,只要企业寻找到税法空白点,接下来政府就会填补该税法空白,所以政府完善税法的概率与企业找到税法空白的概率是相等的,即有 $P=Q$。进一步分析,在政府与企业的这一博弈过程中,如果假定税法空白点无限多,则在利益驱动下,企业与政府的这个博弈过程一直会持续下去:如果企业获得的空白点筹划的期望收益高于政府填补空白所获得的期望收益,则政府会继续填补税法空白;如果政府填补空白所获得的期望收益高于企业空白点筹划的期望收益,则企业会继续寻找税法空白。故该博弈模型有一个纳什均衡解,即当政府和企业的期望收益相等达到均衡,这一点可以表示为:$U_1=V_1$

即 $T-tP=T-TQ+tQ$,且 $P=Q$

解得 $t=T/2$

该结论的经济含义是:经过一系列的税收筹划动态博弈过程之后,政府和企业将均分空白点筹划的税收收益。

7.2 信息不对称下的税收筹划契约安排

契约理论将企业视为由股东、债权人、经营者、职工等利益相关者之间订立的一系列契约组成的集合体,契约各方在契约条款约束下均是追求自身利益最大化的经济主体。如果将税收因素考虑在内的话,那么,政府作为税法的代表毫无疑问应被引入订立契约的程序。不过,

相对于其他契约方而言,政府无法及时调整它的策略,因为它要通过变动税法来实现,而税法的调整总是滞后的或者税制的变化总是缓慢的。为了简化分析,这里我们暂不考虑政府作为契约方对税法的调整行为所带来的影响。

契约双方拥有不对称信息,导致一方无法观察到交易另一方的行为或进行控制,即存在着"道德风险"问题。这种情况增加了契约的签订及履行成本,甚至有时为了获得其他方面更大的利益,交易方不得不放弃节税的计划。换句话说,企业税收筹划也会涉及"道德风险"问题。税收筹划的契约安排是一项复杂的活动,企业在开展税收筹划时必须考虑到由于信息不对称所增加的成本。

7.2.1 隐藏行为因素的税收筹划契约

隐藏行为因素的税收筹划是指契约一方控制着影响未来税收负担及现金流量的行为选择,而这个行为选择却不能被其他契约各方观察到。[①] 下面以企业和雇员之间的报酬契约为例阐述隐藏行为因素的税收筹划。

假设雇员取得的收入适用一个随着时间推移不断降低的税率表,而企业适用累进所得税率,即利润越高,税率也越高。如果企业初期创业阶段,费用支出较多会形成当期的净经营损失,但预计未来会盈利。在这种情况下税负最小化的报酬契约是:在企业未来盈利较高、支付的雇员报酬能够全额获得税前扣除时,企业给予雇员最高的工资。与此类似,当企业的盈利和适用税率都较低时,报酬支出应当尽量压缩或者通过其他方式递延到未来期间。在这个报酬契约中,如果雇员对风险是中性的,也愿意取得与企业利润相联系的未来报酬,企业的这种报酬契约安排就是基于税负最小化的考虑。

进一步分析,假设雇员是风险厌恶型的,而企业对风险是中性的,则雇员会权衡风险与收益,即一方面愿意获得当期报酬以规避风险,另一方面又愿意使其报酬税负最小化。从风险共享的角度看,雇员也愿意以独立于企业盈利能力之外的单纯工资形式获得报酬,让企业承担利润不确定引起的所有风险。但是,如果雇员面临一个固定税率,且企业适用累进的税率,相对于税负最小化的最优契约而言,企业和雇员倾向于达成一个次优报酬契约,即包含当期支付的固定工资报酬附加与未来风险程度相关的奖金形式的报酬契约。此时的报酬契约既不是税负最小化的契约,也不是使雇员规避所有风险的契约,而是一个折中契约,这样对雇员和企业都有利。

7.2.2 隐藏信息因素的税收筹划

隐藏信息因素的税收筹划是指契约一方已经观察到影响未来税收负担及现金流量,但其本身无法控制的某一经济状态,而这一经济状态不能被其他契约方观察到。[②] 下面以亏损企业出售为例来阐述隐藏信息因素的税收筹划。

假设一个企业在以前年度累积有大量的净经营亏损且即将过期[③],如果某个盈利企业兼并上述具有净经营损失的企业,它就会节省部分税收。由于信息不对称,亏损企业具有信息优

---

① 在分析信息不对称对税收筹划的影响时,迈伦·斯科尔斯等在《税收与企业战略》一书中认为,隐藏行为是指"契约一方控制着影响未来现金流量的行为选择,而这个行为选择却不能被其他契约各方观察到"。
② 在分析信息不对称对税收筹划的影响时,迈伦·斯尔科等在《税收与企业战略》一书中认为,隐藏信息是指"契约一方已经观察到影响未来现金流量但其本身无法控制的某个生产函数特征,而这一特征却不能完全被其他契约方观察到"。
③ 我国税法允许企业的亏损在5年内用税前利润弥补,超过5年期限的亏损只能用税后利润弥补。

势。如果双方实施并购交易,则亏损企业的"道德风险"问题而使并购方在并购交易中承担全部风险,因为亏损企业的并购方并不清楚亏损企业待售资产的质量状况。而并购方虽然通过并购交易可以获得一定的税收利益,但它无法预料到可能产生的大量的非税成本,如信息搜集费用、签约费用、资产评估费、信息披露成本、人员安置费等,这些非税成本的总额可能比并购税收筹划所节约的税额高出很多。因此,并购方在信息不对称条件下进行决策,必须充分考虑包括税收因素与非税因素等在内的多方面因素的综合影响,并最终拟定出切实可行的并购交易方案。

7.3 公司治理框架下的税收筹划

7.3.1 公司治理:税收筹划的原动力

公司治理就是通过一套正式及非正式的制度来协调公司与所有利害相关者之间的利益关系,以保证公司决策的科学化,并最终维护公司各方面的利益。[1] 一般地讲,公司治理可以分为两个部分:一个是公司治理结构,另一个是公司治理机制,这两者共同决定了治理效率的高低。[2] 公司治理结构是治理公司的基础,公司治理机制通过治理机构发挥作用,公司治理效率来自于治理结构与治理机制的完美结合。

1. 公司治理是一种契约关系

公司具有明显的契约性质,被认为是一组相互关联的契约的联合体,这些契约约束着公司的交易,使得交易成本低于由市场组织这些交易时发生的交易成本。公司治理是以公司法和公司章程为依据,以简约的形式规范公司各利益相关者的关系,约束他们之间的交易,来实现公司交易成本的比较优势。公司治理结构则是依据这些契约进行的组织安排,具体表现为明确界定股东大会、董事会、监事会和管理层的职责和功能的一种企业组织制度结构。这种制度安排也决定了公司的目标、行为,以及公司的利益相关者如何实施管理、控制风险和分配收益等有关公司生存和发展的一系列重大问题。

2. 公司治理推动了税收筹划

公司治理有两个基本功能:一是保证公司管理行为符合国家法律法规、政府政策、企业的规章制度,保证公司资产完整;二是要促使管理者在守法经营的前提下努力工作。毫无疑问,股东作为公司的所有者,进行公司治理的目标是股东价值最大化。有效治理下的管理者有足够的动力采取措施提高公司运行效率,增加股东价值。公司运行效率的提高依赖于两方面:一是生产经营活动效率的提高,二是财务管理效率的提高。因此需要制定科学的企业财务战略提升股东价值,而税收筹划则是财务战略重要的组成部分之一。税收筹划是通过税后收益最大化来实现股东价值最大化目标。而在这一目标实现过程中,必须建立完善的公司治理结构和有效的治理机制,充分发挥公司治理的功能与效用。

7.3.2 税收筹划的治理结构

在公司治理框架下开展税收筹划活动,是必然的也是必需的。公司治理结构为税收筹划提供了环境基础,只有适应公司治理要求的筹划方案才能够得到实施,才能够发挥其巨大的潜

---
[1] 李维安. 公司治理[M]. 天津:南开大学出版社,2001:32.
[2] 何家成. 公司治理结构、机制与效率[M]. 北京:经济科学出版社,2004:7.

能。在公司治理框架下，企业必须设立税收筹划治理结构，如图 7-1 所示。税收筹划治理结构由税收筹划治理要素与税收筹划治理机制两部分组成。

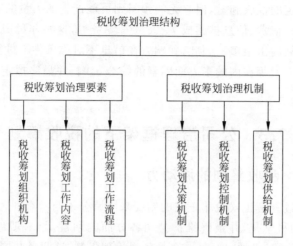

图 7-1　税收筹划治理结构

1．税收筹划的组织机构

开展税收筹划，需要一定的组织机构作为保障。在企业内部，需要成立税务部（或税收筹划部）等类似专业组织机构，以便为税收筹划工作提供组织和人力资源方面的保障。税务部（或税收筹划部）一般应该独立设置，与财务部平行。为了保障税收筹划治理系统能够有效运行，还应明确涉税环节各部门的岗位职能与权责关系。一个企业应设立税务部（或税收筹划部）经理作为税收筹划治理系统的执行者，税务部（或税收筹划部）还应聘用若干税收筹划人员，并明确其岗位职责与权利。对于规模较小的企业也可以不设立税务部（或税收筹划部），而是在财务部设置税收筹划岗位。

1）税收筹划工作内容

税务部（或税收筹划部）的工作内容体现在以下方面。

第一，税收法规与税收信息搜集。

第二，企业整体税负分析。

第三，涉税业务处理。

第四，税务风险防范措施。

第五，税收战略规划与内部税务计划。

第六，纳税申报与税款缴纳。

第七，企业内部纳税评估。

第八，税收筹划方案的设计与实施。

第九，税收筹划绩效评价。

2）税收筹划工作流程

税收筹划工作流程是税收筹划人员进行税收筹划所采取的基本程序和方法。制定科学、合理的税收筹划工作流程是顺利开展税收筹划的首要条件和重要保证。在税收筹划中采用恰当合理的工作流程是实现筹划目标的重要条件，是影响筹划效率和效果的重要因素。根据实践经验设计的税收筹划工作流程如图 7-2 所示。

2．税收筹划治理机制

1）税收筹划决策机制

公司治理框架下的税收筹划决策，可以明确授权并形成内部制衡关系，确保税收筹划决策的科学性，力避企业税务风险和税务危机的出现。税收筹划决策机制关注的是筹划决策权在公司内部利害相关者之间的分配格局。由于公司治理的权力结构由股东大会、董事会、监事会和经理层组成，并依次形成了相应的决策分工形式和决策权分配格局，因而税收筹划决策机制实质上体现了一种层级制决策。

层级制决策的产生在公司治理中应被看作权力分立和制衡的结果。公司治理结构在股东大会、董事会、监事会和经理层之间形成不同的权力边界，并使得每一权力主体被赋予不同的筹划决策权。税收筹划层级制决策有三个主要特征：首先，存在一个最高决策者；其次，权力边界清晰，每一决策层都清楚其权力范围；最后，下级决策服从上级决策。

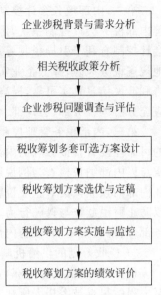

图 7-2 税收筹划工作流程

按照公司治理机制，税收筹划的决策机制与制衡关系如图 7-3 所示。

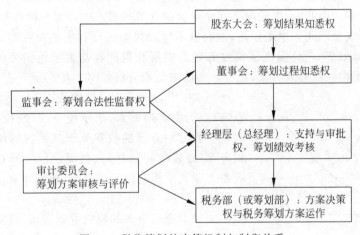

图 7-3 税收筹划的决策机制与制衡关系

2）税收筹划控制机制

税收筹划控制机制作为保障税收筹划效果的一种内部控制机制，应该从以下三个角度考察。

第一，内部税务计划控制。内部税务计划是税务部（或税收筹划部）根据企业的纳税特征和要求制定的一个纳税规划，是企业纳税活动的计划安排和税收筹划工作的规划方案。一般来讲，由税务部（或税收筹划部）制订的内部税务计划包括三部分内容：一是年度纳税计划，包括对纳税规模、支出结构、纳税期间以及税收筹划进行合理安排；二是涉税因素变动分析，即对影响纳税支出和税收筹划的诸多因素的变动状况进行分析，以防止因其变动而产生的税务风险；三是外部敏感性分析，对影响纳税支出和税收筹划的外部条件的变化而引起纳税支出及筹划效果变动的敏感程度进行分析，以防止因外部条件的变化而产生的税务风险。

第二，内部税务会计控制。内部税务会计控制是整个企业内部控制中的一部分，建立和完善内部税务会计控制系统，定期核对账簿，可以提高税务会计核算的可靠性；同时，内部税务会计控制有利于引导税收筹划目标的实现，即通过协调会计处理与税务处理的差异，最大限度地规避税务风险，降低企业实际税负。内部税务会计控制的目的是使税务会计提供的会计报告和涉税信息真实可靠，提高纳税遵从度。为实现这些目标，设计内部税务会计控制制度时，应充分协调税务部、会计部、各业务部门与内部审计机构之间的关系。

第三，内部税务管理控制。从税务角度分析，内部税务管理控制是指与税务会计提供资料的可靠性没有直接影响的内部控制，如内部纳税检查、纳税程序控制、纳税申报控制等。这里重点以内部纳税检查为例说明内部税务管理控制及其运行机制。所谓内部纳税检查，是指企业内部的独立人员对企业税款核算、税款缴纳情况所进行的全面检查。通过内部纳税检查，可以防止财税欺诈与舞弊行为，降低企业税务风险。为了强化企业内部纳税检查，我们建议由税务部（或税收筹划部）联合内部审计机构开展纳税检查，以保证检查工作的公平性、公正性。

3）税收筹划的供给机制

税务部（或税收筹划部）人员属于公司治理框架下的代理人，由于存在信息不对称现象，其努力程度很难被委托人所观察和发现，对其税收筹划业绩也因税务风险的存在而难以准确评判，这样代理人不免会产生"道德风险"问题。

由于税收筹划风险的客观存在，税收筹划方案的供给动力不足。税务部（或税收筹划部）人员出于自身的利益和安全性考虑，会尽量规避税收筹划风险，而规避风险的最好办法就是不设计税收筹划方案。因此，一般情况下在企业内部几乎很难产生理想的税收筹划方案，即使税务部（或筹划部）人员的业务水平很高，他们也不愿冒风险设计和实施税收筹划方案。只有在税务部（或税收筹划部）人员因提供税收筹划方案所获得的收益大于他们为此而承担的风险时，他们才乐意提供税收筹划方案，税收筹划供求均衡分析如图7-4所示。

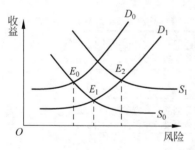

图 7-4 税收筹划的供求均衡分析

图 7-4 中，E_0 点为供给曲线 S_0 与需求曲线 D_0 的交点，该点为供需均衡点，表示税务部（或税收筹划部）人员提供税收筹划方案的收益等于其承担的风险成本。只有税务部（或税收筹划部）人员提供税收筹划方案所获得的收益大于其承担的风险成本时，他们才有动力提供税收筹划方案。

如果企业有更多的税收筹划需求，则需求曲线会向右上方平移，由 D_0 移至 D_1，此时 S_0 与 D_1 的交点为 E_1，很明显在 E_1 点，税务部（税收筹划部）人员所获取收益相同的情况下，需要承担更大的风险成本，即 E_1 点的风险成本超过 E_0 点的风险成本。因此，需求曲线由 D_0 移至 D_1，会出现税务部（或税收筹划部）人员提供税收筹划方案的动力不足的问题。所以，这种情况下，企业需要通过提高税收筹划人员的收益等激励方式使供给曲线上移，当供给曲线由 S_0 移至 S_1，重新达到新的均衡状态，新的均衡点为 E_2，此时税收筹划供给的风险成本恰好等于税收筹划供给所获得的收益。

7.4 税收筹划的契约安排与治理模式

7.4.1 税收筹划的委托代理问题

契约理论认为，企业是一系列契约的总和。詹森（Jason）和麦克林（Mclean）将"代理关系定义为一种契约关系,在这种契约下,一个人或更多的人(即委托人)聘用另一个人(即代理人)代表他们来履行某些服务,包括把若干决策权托付给代理人"。[1] 在委托代理框架下,企业的股东与经理人之间就是一种典型的委托代理关系,而在企业实施税收筹划的税务部(或税收筹划部)人员属于经理人范畴,也是委托代理关系的一部分。具体分析,税收筹划的委托代理主要有以下问题。

1. 税收筹划行为使股东与经理人的目标进一步偏离

税收筹划成本的即时性与收益的滞后性导致了税收筹划对当期财务报表业绩的负面影响,对经理人的业绩评价也有不利的一面。然而,从长远来看,有效的税收筹划行为对股东价值最大化目标的实现是有利的,因此股东有意愿进行长期性的税收筹划活动,而经理人从自身利益角度考虑,将倾向于避免此类降低其短期绩效的行为。

2. 税收筹划行为使股东和经理人的风险差异加大

税收筹划风险的存在,使税收筹划的效果具有极大的不确定性。在这种情况下,经理人即使为税收筹划行为做出了努力,仍有可能为企业带来风险和损失,导致自身的声誉损失与收益损失。但对股东而言,税收筹划行为的失败对其影响则小得多,而且股东还可以通过投资组合方式来降低风险。

3. 税收筹划行为加剧了股东和经理人之间的信息不对称程度

经理人在掌握税收筹划的专业技术情况下,会对企业的税收筹划行为做出预期,一旦意识到税收筹划的难度和可能承担的潜在风险,加之没有恰当的激励机制,经理人可能会直接隐藏专业技术或有意阻挠税收筹划活动的开展。这些隐藏信息和蓄意行为会加剧股东与经理人之间的信息不对称程度,从而增加代理成本及税收筹划失败的可能性,影响税收筹划行为的最终效果。

7.4.2 契约不完备性与道德风险

美国经济学家科托威茨(Y. Kotwitza)认为,道德风险是指从事经济活动的人最大限度地增进自身效用时做出不利于他人的行为。道德危机源于委托人和代理人所掌握的信息不对称。一方面,代理人的某些行为是隐蔽的,很难被委托人所察觉和提防,在委托代理契约中难以反映和应对。另一方面,委托人掌握的某些信息只根据自己占有的为限。由于委托人与代理人之间的信息不对称,有关他们之间的风险分担,会产生道德风险。

道德风险形成的另一个原因是委托人与代理人的合同订立和实施障碍。一方面签订详细而完备的合同所需费用高昂,而且合同订立者无法掌握充分信息,代理合同实际上难以穷尽未来事项。另一方面合同实施费用和其他限制也使得道德风险不能避免。[2] 在公司治理中,为了正确处理所有者和经营者之间的委托代理关系,以降低代理成本和道德风险,具有关键意义的是建立一套对代理人的激励机制,使代理人追求自身利益最大化的同时,实现委托人利益最大化,避免隐蔽、偷懒和机会主义等损害委托人利益的行为。

7.4.3 税收筹划契约的优化

在社会经济实践中,是否真实存在最优契约?

---

[1] 詹森、麦克林.管理行为、代理成本与所有权结构[M]//所有权、控制与激励——代理经济学文选.上海:上海三联书店,上海人民出版社,1998.
[2] 李维安.公司治理教程[M].上海:上海人民出版社,2002.

其实,最优契约在现实中是不存在的,它只存在于理想状态下。

虽然最优契约不存在,但现实中可以实现契约优化。一个相对优化的契约应该满足以下条件:①委托人与代理人共担风险;②契约的报酬结构因履约结果的不同而有所不同;③代理人与委托人的契约签订行为具备重复博弈模式。即当供需不均衡时,保留委托代理双方都拥有重新签订或修改契约条款的权利,直至契约所约定的价格在不断博弈的过程中重新订立并最终实现供需均衡。

从契约的约束机制分析,越是条款详尽、权责明晰的契约越具有约束力。因此,企业在制定税收筹划契约时,应由税务部(或税收筹划部)提供承诺书或保证书,由后者承诺协议期间的预期工作成效,并制定规范的工作计划书,以实施有效的合同约束。但从契约协商机制角度分析,企业与经理人签订较为完备的税收筹划契约需要付出更多的交易成本(包括信息成本、协商成本、签约成本等),因此,从契约的签订角度分析,达成一份完备的税收筹划契约需要付出更多的签约成本,追求完备的契约安排可能并非最佳选择。

税收筹划的最优契约可能是不存在的,但税收筹划契约可以优化。一个不甚完美的税收筹划契约将随着时间的推移而不断被修正并逐步得到优化。一个相对优化的税收筹划契约必须具备重复博弈模式,即当供给和需求不均衡时,保留委托人与代理人双方都拥有重新签订或修改契约条款的权利,直至订立新的契约并达到博弈均衡,此时也恰好达到供需均衡状态。

7.4.4 税收筹划契约的激励与约束模型

税收筹划契约的制度安排,主要从履约的监督机制和激励机制两个方面分析:①履约的监督机制。如何区分由于履约中的不确定性或主观故意不履约是监督代理人履约状况的关键。在履约过程中,对代理人努力程度的观察和度量是很困难的,其度量费用是很高的。这些度量费用构成了履约监督成本的一部分,所以履约的监督成本是极其昂贵的。②履约的激励机制。由于个人的有限理性,外在环境的复杂性、不确定性,信息的不对称和不完备性,契约当事人无法证实或观察一切,这就造成契约条款是不完全的。基于契约天然具有不完全性的特征,就需要设计不同的激励机制以对付契约条款的不完全性,并处理由不确定性引发的有关不履约的风险。

履约的监督行为与激励行为是可以相互替代的,即税收筹划契约要达到如期如约履行的话,当监督行为比较有效时,可以减少激励行为甚至完全取消激励行为;反过来,当激励行为比较有效时,也可以减少监督行为甚至完全没有监督行为,这是非常有趣的现象。当然,所对应的履约的监督成本与激励成本也是可以相互替代的,有着此起彼伏的微妙关系。假设我们考察的履约成本只考虑履约监督成本与履约激励成本,即履约成本=履约监督成本 + 履约激励成本。图7-5给出了履约成本无差别曲线。

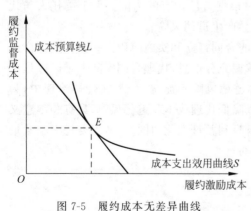

图 7-5 履约成本无差异曲线

在图7-5中,给定的成本支出效用曲线 S 上的每一个点所对应的履约效用都是无差别的。对于成本支出效用曲线而言,在一系列履约成本预算线中,总会有一条与之相切,图7-5中成本支出效用曲线与成本预算线的切点为 E 点,则 E 点为履约成本最低点,即在该点达到履约成本最小化。

如果综合考虑签约成本、履约监督成本和履约激励成本,履约监督成本与履约激励成本呈反向变动关系,履约监督成本与履约激励成本之和又与签约成本呈反向变动关系。实际上,通过逐步分析契约的一系列相关成本,总能够找到契约总成本①的最小值,这也是经济学所追求的最优化目标。

7.4.5 税收筹划的治理模式

基于委托-代理框架下税收筹划契约之道德危机问题的存在,需要将税收筹划纳入公司治理的框架内寻找有效的治理模式。针对税收筹划契约的治理,并不需要特别强调监督机制,原因如下:一是在企业现行环境与状态下,税收筹划方案往往供给动力不足,这绝非监督机制所能奏效;二是在信息严重不对称的情况下设计并运行一种监督机制,其成本是极为高昂的,可能不符合成本效益原则。

完善税收筹划的治理模式,具有关键意义的是建立一套对代理人的激励措施,以规避代理人的隐蔽、偷懒和机会主义行为。因此,有效的税收筹划治理模式需要将税收筹划人员的利益同企业利益适当地结合起来,持续、有效的激励是诱导税收筹划行为的内在动力。

对于高智力性劳动强度和难度集于一体的税收筹划活动,可以采用产权激励机制、竞赛机制、收益分享机制、荣誉激励机制等多种激励机制相结合的多元化激励模式。

1. 产权激励机制

产权激励机制表现为向税收筹划人员转让部分产权,使税收筹划人员拥有企业股权而成为企业所有者,拥有对企业剩余的分配权。美国一些公司按照长期业绩付给经理人员的激励性报酬所占比重很大,其形式包括购股证、股票期权和增股等。税收筹划人员成为企业的所有者后,企业价值的变化直接影响税收筹划人员的财富,这无疑是对税收筹划人员强有力的激励,而且这种激励是长期而持久的。作为公司股东的税收筹划人员,为了自身的利益,有足够的动力进行合理的税收筹划来减少企业的税费支出,最终实现税后利润的增加及企业价值的提升。

2. 竞赛机制

以职务晋升、收益增长为基础的激励体系类似于一个竞赛。在企业税务部或税收筹划人员中实行竞赛机制,也可对税收筹划人员维持持久的激励。首先,当税收筹划人员的能力相同时,竞争机制完全可以在全体人员中根据他们的能力来维持对他们的激励。如果他们的能力是有差异的,则竞赛机制有助于发现人才,对有才干的税收筹划人员进行激励,可以使企业获得更多更优的税收筹划方案。

3. 收益分享机制

实现公司内部激励机制的根本途径在于使经营者获取与其经营企业所付出的努力和承担的风险相对应的利益,同时又要经营者承担相应的风险与约束。对于税收筹划人员而言,就是要使税收筹划人员获得比他人更多的收益。一个具体的办法就是让从事该项筹划工作的人员享受企业税收筹划收益的分成,该分成收益应该至少和从事税收筹划所付出的努力以及承担的风险成本相当,以此来激发税收筹划人员从事税收筹划的积极性。

---

① 这里的契约总成本是广义上的概念,不仅包括签约成本、监督成本、激励成本,还包括其他与契约签订和履行过程相关的所有成本。

企业可以考虑以下两种具有激励效果的收益分享机制。

1) 固定工资加基于劳动量的奖金激励计划

假定筹划者的固定工资为 W,工作量为 x,每一单位劳动的奖金为 K,则劳动成本为 $C(x)$,基于劳动量的奖金为 Kx,筹划者的收益为

$$F(x)=Kx+W-C(x)$$

则,$F(x)$ 取最大值的条件为

$$\mathrm{d}F(x)/\mathrm{d}x=0$$

即 $\mathrm{d}[Kx+W-C(x)]/\mathrm{d}x=0$

解得 $\mathrm{d}C(x)/\mathrm{d}x=K$

这一结果意味着筹划者会选择使他的边际成本等于每一单位劳动的奖金数额的劳动水平。

2) 税收筹划收益分享激励计划

在收益分成机制下,企业与筹划者按照一定的比例从筹划收益中获得各自的分成利润。假定筹划收益是筹划者劳动量的函数,记为 $f(x)$,筹划者的分成比例为 $a(0<a<1)$,其分成份额可记为 $S(x)=af(x)+T$,筹划者的劳动成本为 $C(x)$。

则,筹划者的收益为

$$F(x)=af(x)+T-C(x)$$

$F(x)$ 取最大值的条件为

$$\mathrm{d}F(x)/\mathrm{d}x=0$$

即 $\mathrm{d}[af(x)+T-C(x)]/\mathrm{d}x=0$

解得 $\mathrm{d}C(x)=a\mathrm{d}f(x)$

这一结果意味着筹划者会选择劳动水平,在该劳动水平上,使得

$$\mathrm{d}C(x)=a\mathrm{d}f(x) \text{ 成立}$$

税收筹划收益分享激励计划使企业与筹划者共同承担风险,是一种较好的激励模式。因为在信息不对称下,有效的激励一方面能对代理人产生激励,另一方面又能使代理人分担委托人的风险。

4. 荣誉激励机制

在公司治理中,除了物质激励外,还有精神激励。对于税收筹划人员而言,良好的职业声誉一方面可以获得社会的赞誉,产生成就感和心理满足感;另一方面,现期货币收入和声誉之间有着替代关系,良好的声誉意味着未来的货币收入。税收筹划人员出于对声誉或财富的追求,有做好税收筹划的主观愿望。因此,对优秀的税收筹划人员给予必要的精神奖励,也是有效的激励模式之一。

7.4.6 税收筹划契约安排的结论

基于委托代理关系的契约安排和公司治理相互配合,影响和制约着税收筹划在企业微观层面的运作,也决定着税收筹划运作的效率。可以说,从权力制衡、成本约束、行为博弈角度来看,契约安排、公司治理对税收筹划的影响以及三者之间的内在联系,都是极为微妙的。我们通过研究得出关于税收筹划契约的以下结论。

1. **关于税收筹划的治理模式,具有关键意义的是建立一套针对代理人的激励机制,以规避代理人的隐蔽、偷懒和机会主义行为**

针对税收筹划代理问题,我们并不强调与激励机制相对应的监督机制,这里有两点需要说

明:一是在企业现行经营环境下,税收筹划方案往往供给动力不足,这绝非监督机制所能解决的问题;二是在信息不对称情况下设计并运行一种监督机制,其成本是极为高昂的,可能不符合成本效益原则。

2. 税收筹划契约的制度安排必须付出成本,并寻找契约总成本的最小值

从契约的签订角度分析,达成一份完备的税收筹划契约需要付出更多的签约成本,追求完备的契约安排可能并非最佳选择;从契约履行的监督角度分析,契约的监督成本因信息不对称和契约天然的不完全性而极为高昂;从契约履行的激励角度分析,契约天然需要激励成本的支持。上述与契约相关的三个成本中,契约的监督成本与激励成本呈反向变动关系,而契约的监督成本与激励成本之和又与契约的签约成本呈反向变动关系。实际上,通过逐步分析契约的一系列相关成本,总能够找到契约总成本(即签约成本、监督成本、激励成本等契约成本的总和)的最小值,这也是经济学所追求的最优化目标。

3. 税收筹划最优契约可能是不存在的,但税收筹划契约可以优化

一个不甚完美的契约随着时间的推移不断进行修正,其结果是逐步实现契约优化。我们认为,一个相对优化的税收筹划契约必须具备重复博弈特征,即当供给和需求不均衡时,保留委托代理双方都拥有重新签订或修改契约条款的权利,这样最终会实现契约优化并达到新的博弈均衡。

复习思考题

1. 税收筹划治理结构的治理要素与治理机制是什么?
2. 你认为影响企业税收筹划需求的因素有哪些?
3. 基于税收筹划供给机制的分析,你认为企业应如何提高税收筹划的供给?
4. 如何设计税收筹划的收益分享计划?请尝试设计一个激励税收筹划代理人的经济模型。

第 8 章

税收筹划的博弈均衡

为激励有利于社会的活动而设计的税收规则却经常刺激纳税人进行降低自己的应税义务而无利于社会的活动。这种情况导致了税收约束规则的出台,以遏制进攻型税收筹划人员的过分行为。

——诺贝尔经济学奖得主　迈伦·斯科尔斯

8.1　博弈论与税收筹划

8.1.1　博弈论基础

博弈思想在中国古已有之。《孙子兵法》对攻城略地、军事对策的辩证分析,就闪烁着深刻的博弈思想。田忌赛马,更是博弈论思想的成功应用。博弈论是一个强有力的分析工具,它不仅广泛应用于经济领域,而且在军事、政治、商战、社会科学领域以及生物学等自然科学领域也有非常重大的影响。

1. 博弈论的概念

博弈论(game theory)的提法可能太过于学术化,容易让人退避三舍,其实它有一个非常通俗的名字——游戏理论。中国曾把博弈论称作"对策论",博弈是讲究对策和游戏的策略。

现代博弈论开始建立和形成于 20 世纪 40 年代,美国数学家冯·诺依曼(Von Neumann)和摩根斯坦(Morgenstern)在《博弈论和经济行为》一书中提出了博弈论的经济思想。到 20 世纪 80 年代末 90 年代初,博弈论逐渐成为主流经济学的一部分,因为以博弈论为基础的经济分析方法更接近于经济系统的本质。博弈论最为重要的是为经济分析提供了一种新的分析方法和框架。

"博弈"(game),为"对策"之意。具体而言,博弈就是一些个人或组织,面对一定的环境条件,在一定的规则下,同时或先后,一次或多次,从各自允许选择的行为或策略中进行选择并加以实施,最终从中取得相应结果的过程。博弈信号传递和信息沟通,对参与者的策略选择起着重要的作用。

博弈论关注决策主体之间行为的相互影响及决策均衡问题,博弈中的任何一个局中人的决策都会受到其他局中人行为的影响,反过来他的行为也成为其他局中人决策的基础。基于这种依存性,博弈结果依赖于每一个局中人的决策,没有任何一个局中人能够完全控制局面。博弈中的局中人之间产生竞争,而竞争只是博弈中相互依存的一个方面,博弈并非纯粹是竞争,相互博弈的另一方面是有某些共同利益使局中人彼此合作。这是博弈论方法的本质与精髓。

博弈,是指决策主体(个人、企业、集团、国家等)在相互对局中,对局双方或多方相互依存的一系列策略和行动的过程集合。博弈论是研究局中理性的经济主体如何进行策略性决策和采取策略性行动的科学。

2. 博弈论的研究范畴

博弈论的研究范畴主要包括决策主体、制度结构、行为、均衡和收益五个方面。

决策主体,即参与者,又称经济行为主体,是经济活动中追求自身利益最大化的决策者和参与者。例如企业、终端消费者、供应商、股东、政府等。

制度结构,即经济行为主体面对的所有约束,它是博弈的规则,规定了经济行为主体拥有什么条件去选择,如何去选择,能选择什么,同时它也受到其他行为主体的制约。

行为,是经济行为主体在面对各种约束条件下采取的策略。

均衡,就是一个能够得以维持的结果,或是所有经济行为主体不得不接受而又不可能更好的结果。

收益,即在每一个可能的结果上,参与者的所得和所失,用经济术语来说,就是在所有可能的结果上参与者的偏好是什么。

3. 博弈论的假设条件

1) 理性经济人假设

亚当·斯密(Adam Smith)在《国民财富的性质和原因的研究》中最早提出了"理性经济人"的概念,他认为人们的经济行为都是利己的,"利己"是所有进行经济活动的人的基本动机。在从事经济活动时,人们总是趋向于用最低的成本来取得最大化的效用。

2) 理性选择假设

理性选择包括以下三方面的内容。

第一,在众多的支付选择中,至少有一种选择是经济主体可以选择并能满足其意愿的。

第二,每一种选择都可以用相应支付下的收益来衡量。

第三,同样的成本之下,支付最多的选择是经济人最偏好的。

3) 资源稀缺性假设

人们所拥有的资源以及想获得的资源都是有限的,资源具有稀缺性,正因如此,理性经济人要获取更多的资源就会进行博弈选择。

4. 博弈的分类

1) 静态博弈和动态博弈

根据博弈过程的不同可以将博弈分为静态博弈和动态博弈。静态博弈中,参与人同时选择或虽非同时选择但后行动者并不知道先行动者采取了什么具体行动;动态博弈中,参与人的行动有先后顺序,且后行动者能够观察到先行动者所选择的行动。

2) 完全信息博弈和不完全信息博弈

根据参与者掌握的信息量可以将博弈分为完全信息博弈和不完全信息博弈。完全信息博弈是指每一位参与者对其他参与人的情况完全了解,博弈对局建立在信息对称基础之上;不完全信息博弈是指参与人对其他参与人的选择情况不够了解,博弈对局建立在信息不对称基础之上。

5. 纳什均衡

"纳什均衡"是由美国数学家纳什提出的,现在已成为博弈论中应用最广泛、使用最频繁的一个重要概念,它是应用博弈论的基础和核心。

"纳什均衡"是具有如下特征的策略组合:每个对弈者的策略都是对其他对弈者策略的最

佳反应。换句话说,在已知所有其他参与者的情况下,每个参与者都选择最佳策略,所有参与者的这种最佳策略组合就是一个"纳什均衡"。"纳什均衡"是一种比较满意的均衡,即如果所有的参与者都预测到某个均衡会发生,所有参与者都不会故意去违背它,没有理由不去遵守它,它体现了战略博弈行动的稳定状态。

"纳什均衡"实际上是一种理性预期均衡,但"纳什均衡"并不一定是"帕累托最优状态",它有时存在个人理性和集体理性的冲突,这种冲突有时会导致集体福利的损失。在博弈对局中,往往不止一个"纳什均衡"存在,即并非唯一的。在经济分析中,要求避免低效率的"纳什均衡"出现,力求社会福利最大化。

存在纳什均衡的条件下,参与人寻求均衡的努力不会白费,寻求均衡的风险也是较小的。但当可能存在多个纳什均衡时,要所有的参与人预期同一个纳什均衡会出现有时是非常困难的。要保证在存在多个纳什均衡的情况下出现一个纳什均衡,可以采用一些方法:一是利用社会文化习惯和参与人过去的博弈历史;二是让参与人在博弈开始前进行低成本的磋商和协调。

8.1.2 税收征纳双方的博弈关系

经济学家布坎南指出:"要改变一种游戏或竞争的结果,改变参加竞争的人并不重要,改变竞争规则最重要。"从博弈论角度分析,以政府为主体的征税人和以企业为主体的纳税人成为博弈对局的两个主体:政府凭借其国家权利尽可能多地征收税款,纳税人基于自身利益的考虑尽可能少地缴纳税款。在这个税收征纳博弈对局中,税法就是博弈双方所遵守的博弈规则,国家在制定税法时必须考虑遵守税法的收益大于破坏税法的收益。换言之,税法在制定时必须考虑税源的存在及其可持续增长性,最好的博弈结果是实现政府财政收入与纳税人财富共同增长。因此,涵养税源应该成为政府的长期战略选择,此之谓民间所讲的"放水养鱼"。

税法的调整也可归之为一种博弈信号,纳税人对税法条款的选择与运用有着明显的博弈特征。税收征纳博弈中的"纳什均衡"是一个动态平衡,政府会根据宏观经济发展要求与税法的制度性缺陷不断完善税制,进而调整税收筹划空间。纳税人要不断地发现和利用税收筹划空间制定新的筹划方案,伴随着博弈双方对该空间的认知程度,在博弈对局中达到新的"纳什均衡"。

从博弈的分类来看,税收征纳博弈是不对称信息博弈,在税收博弈中纳税人拥有政府没有的信息,政府与纳税人在拥有税收信息方面是不对称的;税收征纳博弈也是一种重复博弈,即同样结构的博弈会重复多次,前一阶段的博弈不改变后一阶段博弈的结构,所有参与人都能了解到博弈过去的历史。由于税收征纳博弈的存在,对什么征税、征多少税、如何征税,不仅仅取决于政府的选择,还取决于纳税人对此的反应和行为选择,以及征税人的税收遵从度。

从一定意义上讲,征纳博弈并非"零和博弈",理由如下:第一,征纳博弈可以实现征税成本与纳税成本的共同节约。如果征纳双方采取合作博弈,则可以避免或减少因对税收政策理解不透或双方的理解有偏差而引起的不必要的税务纠纷。比如,关联定价可以采取预约定价方式予以协商解决。第二,通过征纳博弈可以减少税务纠纷维护纳税人权益,涵养税源。在税务机关与纳税人的博弈对局中,税务机关合理引导企业享受税收优惠政策,不断增强企业实力,形成一种税收增长和企业发展相互依赖的良性互动关系。

8.1.3 税收筹划的博弈基础

从博弈论的角度来看,税收筹划可以理解为企业作为独立的经济行为主体在税收法律制度的约束下，根据税收政策导向，通过合理地规划、安排其财务活动，以达到减少税款支出、推迟纳税，并最终实现税后收益最大化的博弈行为。

1．税收筹划博弈的研究范畴

（1）决策主体：税收筹划博弈的参与者，主要包括企业、政府、税务机关、股东、债权人、供应商、代理商、消费者、企业管理层、雇员、社会公众等。

（2）制度结构：税收筹划博弈的制度结构主要包括宪法、税法、公司法、合同法以及相关的法律法规。

（3）行为：企业在博弈中的行为是指企业在尊重法律、遵守税法的前提下，获取更多的市场信息，分析自身的成本结构和获利优势，事前系统地对自身的经营、投资等活动进行规划和安排，以达到节约税收、递延纳税和降低风险等目标的税务规划行为。

（4）均衡：税收筹划博弈对局中的各决策主体都能够满足于当前所达成的协议，或暂时无力改变协议而只能接受的状态。

（5）收益：即在每一个可能的博弈上，税收筹划博弈各方获得的收益。

2．税收筹划博弈的假设条件

1）理性经济人假设

企业是追求税后收益最大化的经济主体，它拥有健全的组织机构，能够详细计算自己的损失和收益，企业的每一个选择都是以这种选择能够带来的收益作为衡量标准的。在成本一定的条件下，企业总是偏好收益最多的选择，在收入一定的条件下，企业总是偏好成本最低的选择。

2）契约自由假设

当契约不能满足博弈各方的收益需求时，企业与博弈对方达成的契约是可以被修改、补充或废止的，即契约的签订满足自由签约原则。

3）空间存在性假设

企业之所以能够进行税收筹划博弈，是因为税法允许企业拥有税收筹划的权利，且存在税收筹划的空间。一方面由于存在信息不对称现象，税务机关不可能对每个企业的情况都了如指掌，税法本身的不健全、税务机关的自由裁量权以及企业拥有独立经营决策权等都给企业提供了税收筹划博弈的空间。

3．税收筹划博弈的战略目标定位

企业进行税收筹划都带有战略性目标，通过税收与财务会计管理活动的结合，达到企业筹资、投资、利润分配等活动的帕累托最优。所以，税收筹划博弈是一种战略博弈。通过税收筹划，企业能够达到以下战略性目标。

1）收益性目标

收益性目标是企业通过博弈所要达到的获利方面的目标。企业在收益性目标方面进行博弈的主要衡量指标有税后净利率、资产报酬率等，收益性目标是税收筹划最基本的目标。

2）成长性目标

企业税收筹划博弈围绕其成长性要求和发展目标进行。企业通过追加投资、提高技术装备质量、提高市场占有率、争取低税率优惠等手段，在降低税负的基础上增加资产的流动性，满足企业不断成长发展的内在需要。

3）稳健性目标

企业税收筹划博弈以控制其经营风险和税务风险，实现其稳健发展战略为目标。企业主要通过投资、兼并、收购等方式改变其组织架构、股权关系、商业模型、盈利模式,适应多变的市场形势,减少整体性经营风险和税务风险,实现其稳健性发展目标。

4. 税收筹划博弈的分类

根据博弈主体的不同,可以将企业税收筹划博弈分为企业与政府的博弈和企业与利益相关者的博弈。

企业与政府的税收筹划博弈主要包括两大类,一是企业与代表国家履行职权的政府组织的博弈,二是企业与行使政府征税权的税务机关的博弈。

企业与利益相关者的税收筹划博弈主要包括企业与市场竞争者、上下游企业、产权交易方(有意改变企业产权结构的相对人)、投资者、债权人、企业管理层、雇员以及社会公众的博弈。

8.1.4 税收筹划博弈的基础性条件

1. 信息的不对称性

从企业与政府的关系角度来讲,企业并不完全知晓立法者订立税收法律的意图及其执行标准,他们无法准确预测国家税收政策的变化,对于税法中的"非不允许"事项,企业有一定的自主选择空间。税务机关也不能够完全掌握每一个所辖企业的经济运行情况、获利情况以及财务运算情况。企业和税务机关的信息不对称给企业提供了税收筹划空间。

2. 税收契约的不完全性

税收契约不完全性主要是针对法定税收契约来说的。政府颁布的税法可以视为一对多的法定税收契约,一般不会针对每个企业的特殊情况协商签订个别契约,企业具有一定程度的主动选择性。另一方面,税收法律法规的制定跟不上经济发展的速度,对经济活动中的一些创新业务,税法没有触及或根本没有做出任何明确规定,不免出现了一些税收漏洞和税法空白,使税收契约的不完全性特征更加显著。

3. 契约签订的灵活性

契约的灵活性主要是针对交易税收契约来说的。"交易税收契约"注重纳税人与其利益相关者之间的关系,这种经济战略伙伴关系的维护依赖于"市场合约"。在经济利益的驱动下,市场合约并不像税法那样是固定不变,而是完全可以在各方合意的基础上做出改变。即企业与其利益相关者是"统一战线"伙伴,可以通过改变契约结构、交易条件以及进行价格协商等方式签订"合谋契约",共同与税务机关进行博弈,以期获得最大化的税收利益。

4. 私法自治与决策自主性

在私法自治原则下,企业对自己的经济业务具有自主决策权和灵活的经营权。经济业务的发生时间、地点、交易方式的不同会导致税收结果的不同。比如控制财务费用、销售费用、管理费用的发生时间,可以调节各期之间的企业所得税和净利润水平。因此,私法自治和决策自主权为企业税收筹划博弈奠定了基础。

8.2 税收筹划博弈机理与博弈对象

8.2.1 税收筹划博弈机理

1. 税收筹划博弈源于契约的不完全性

著名经济学家劳伦斯·克莱因(L. R. Klein)说:"契约的不完全性主要有两个原因:一是

不确定性意味着存在大量的偶然因素,且要预先了解和明确针对这些可能的反应,其费用是相当高的;二是履约的度量费用也是相当高的。"[①] 正是税收契约的不完全性直接导致了企业税收筹划博弈行为的产生。

(1) 法定税收契约的不完全性。一方面,由于税制缺陷及税收征纳双方信息不对称,导致我国税法的模糊性广泛存在,且存在一定的税收漏洞,这就决定了法定税收契约是不完全的,税收契约不可能规范所有情况下所有纳税主体的税收事项。另一方面,政府及征税机关未能在税收征管中严格履行法定税收契约,且征税机关拥有较大的税收自由裁量权,直接导致了法定税收契约的不完全性。企业在法定税收契约不完全性环境下,只有积极主动地与政府及征税机关进行税收筹划博弈才能获取税收利益,实现其最终的财务目标。

(2) 交易税收契约的不完全性。我国市场环境不断变化、错综复杂,企业与其利益相关者订立的交易税收契约只是一种合意的约定。受市场环境变化和利益驱动的影响,这种交易税收契约随时可能发生改变。由于交易税收契约存在一定程度的不稳定性,企业需要不断地与利益相关者进行博弈,通过不断改变交易税收契约的条件、内容和结构来达到税收筹划的目的。

2. 税收筹划博弈的本质是改变税收契约关系

企业税收筹划是对其经济业务的一种重新规划和安排,任何类型的税收筹划都会影响到企业之间的利益分配关系。企业作为"一系列契约的联结"的结点,其对经济业务的重新规划和安排都是通过契约来改变利益分配格局的,即最终都表现为契约关系的改变。税收筹划本质上都是税收契约关系的改变,即契约中规定的各利益主体相互联结形式的一种改变。

契约关系的改变使企业与其竞争者及合作者之间的交易结构、交易方式发生改变。从税收逻辑发展角度观察,企业与政府通过税收契约界定其利益分配格局,企业基于法定税收契约的税收筹划其实是对企业与政府之间税收契约关系的改变;企业与其利益相关者通过改变市场交易结构和交易方式获取税收利益,企业基于交易税收契约的税收筹划,其实是对企业和利益相关者之间税收契约关系的改变。

8.2.2 税收筹划博弈对象

企业税收筹划的博弈对象可以分为两大类,即政府和利益相关者。政府包括作为社会经济事务管理者的各级政府组织和作为征税代理人的税务机关;利益相关者包括股东、债权人、管理层、上下游企业(供应商、代理商等)、客户、企业雇员、社会公众等。企业税收筹划博弈结构如图 8-1 所示。

1. 企业与政府的博弈对局

企业与政府之间存在着微妙的博弈关系。一方面,企业受制于这些政府组织,要遵守各种法律法规,定期接受各项检查;另一方面,企业又受益于这些政府组织,各级政府为企业提供了良好的发展平台和政

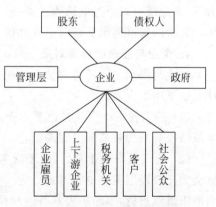

图 8-1 企业税收筹划博弈结构

---

① Klein, B. (1980) Borderlines of law and Economic Theory: Transaction Cost Determinants of Unfair Contractual Arrangements. American Economic Review Papers and Proceeding 70, May, 1980, pp. 356~362.

策支持,有些地方政府还为企业提供各种类型的财政补贴和税收减免优惠。政府依赖企业创造的价值而生存,提升政府绩效的源泉也在于企业创造的收益。企业和政府在索与取之间博弈,政府提供更多的政策优惠和发展平台,企业提供更多的价值回报政府,二者在这种博弈框架下相互依存、共同发展。

2. 企业与税务机关的博弈对局

从博弈论角度分析,企业和税务机关构成了博弈对局的双方。政府为了获得更多的税收收入,会不断修订和制定新的税收法律,通过强制性契约来约束和限制企业以使其按照政府意图纳税;企业为了维护其自身利益,追求合法框架下的税收筹划。因此,企业与税务机关形成了一种动态博弈对局,征纳双方在动态博弈过程中相互竞争和妥协,最终实现了双方都能接受的均衡结果。

在企业与税务机关的征纳博弈对局中,税法就是博弈规则。税法的调整其实是一种博弈信号,纳税人对税法条款的选择与运用有着明显的博弈特征。征纳博弈中的"纳什均衡"是一个动态平衡。税务机关会根据宏观经济发展要求与税法的制度性缺陷不断完善税收法律制度,进而调整税收筹划空间,纳税人要不断地发现和利用税收筹划空间制定新的筹划方案,伴随着博弈双方对该空间的认知程度,在约束与博弈中达到新的"纳什均衡"。

3. 企业与上下游企业(供应商、代理商等)的博弈对局

企业与上下游企业之间既存在着竞争又存在着合作。在与税务机关的博弈过程中,企业、供应商、代理商、消费者的利益趋于一致,都希望尽量降低税负,降低商品成本和价格,这一利益共同点便成为合作的基础。企业的经济活动可以通过契约形式约定,不同的契约形式界定不同的业务模式和纳税结构。如果企业与供应商、代理商之间合理安排并灵活调整其契约关系,就可以在更大范围内更主动地安排纳税事宜以期达到节税的目的。即有可能达成博弈合作,从政府手中争取更大的税收利益,实现除政府之外其他各方利益的帕累托改进。如果企业与供应商、代理商之间存在税率差异,或面临不同的边际税率,则通过订立契约可以实现共同的税负降低。

企业与上下游企业之间的竞争体现在税负转嫁方面。税负转嫁没有造成国家的税收流失,只是企业与供应商、代理商等上下游企业之间税收利益格局的重新调整。从企业节税角度分析,企业既可以通过低价购进商品或生产要素将税负转嫁给供应商,也可以通过提高商品或生产要素的价格将税负转嫁给代理商,从而实现其税后收益最大化目标。

4. 企业与股东的博弈对局

企业与股东之间的契约关系表现为一种投资与被投资关系,股东与企业之间的博弈对局涉及以下四个方面。

(1) 股东投资于企业时会考虑企业规模大小、行业类别、组织结构及产权性质等因素,注重战略投资与税收筹划的完美结合。

(2) 股东投资企业之后,出于现实利益的考虑,有要求企业进行税收筹划的强烈愿望,通常会委托管理层实施税收筹划行为。如果企业管理层实施成功的税收筹划行为,就可能会吸引股东继续投资,不断扩大其收益规模,放大税收筹划的节税效应。

(3) 不同类型的股东对税收筹划持有不同的态度,并非所有类型的股东都有强烈的税收筹划动机。从股东性质角度分析,政府作为国有企业的股东,其税收筹划动机并不强烈,企业经营的稳健性是第一目标;民营企业的股东要求实施税收筹划的动机相对比较强烈;上市公司的多元股权结构下,大股东与小股东对待税收筹划的态度也不尽相同,小股东可能会更为关注税收筹划,大股东通过操纵股市套取现金的动机可能比实施税收筹划的动机更强烈。

5. 企业与债权人的博弈对局

企业与债权人的博弈对局极为微妙,主要涉及以下方面。

(1) 企业通过债务契约举债,可以获得利息抵税效应。莫迪利安尼、墨顿·米勒创立的MM理论获得诺贝尔经济学奖,该理论从融资与税收的关系方面揭示出利息抵税效应,论证了债务融资较权益融资更具节税功能,这为企业利用债务融资进行税收筹划创造了条件。

(2) 在债务契约中,企业和债权人可以通过对利息费用支付额度、支付方式、支付时间的精心安排达到双方总体税负降低的效果。特别是在企业与债权人面临不同的边际税率时,通过债务契约可以将利润转移到边际税率较低的一方,然后再把得到的税收利益按照事前约定的比例进行分配,从而实现借贷双方共赢的局面。

(3) 债权人出于自身利益的考虑,在债务契约中往往加入一些限制性条款(如利息偿付方式、利息票据等),约束企业的某些行为和财务指标,而这些限制可能会间接地制约企业进行税收筹划的空间和力度。

6. 企业与管理层的博弈对局

管理层在企业中居于重要的地位,不仅受托为企业提供经营决策和管理服务,而且直接控制着企业的经济资源并占据绝对的信息优势。企业与管理层之间的契约关系及税收筹划博弈体现在以下方面。

(1) 在所有权与经营权分离的企业中,管理层和股东代表不同的利益主体,代表企业价值的股东与代表企业经营的管理层之间形成博弈对局。管理层关注的是自己付出的努力得到的回报,股东关注的是管理层带给自己多少税后收益,因此管理层和股东的税收筹划意愿是不同的。股东更希望管理层进行税收筹划以确保公司的长远发展,管理层更倾向于提高当前报表业绩以获取自己的报酬,很可能不愿意冒风险去进行税收筹划,这种矛盾使得二者互相博弈,最终在双方都能接受的利益平衡点上达成均衡。

(2) 一般管理层都希望向资本市场和股东报告高水平的会计收益,而向税务当局报告低水平的应税所得。尽管会计收益与应税所得属于不同的范畴,但两者之间毕竟存在一定的正相关性。所以,税收筹划与财务报告往往存在一定程度的冲突,操纵利润往往会增加企业不必要的税收成本,管理层时常面临着盈余管理与税收筹划的选择。资本市场的实践证明,管理层似乎更倾向于虚增利润的盈余管理,这不仅仅是因为管理层缺乏税收筹划的动力,更是因为财务报告对管理层的意义重大。

7. 企业与其雇员的博弈对局

企业与雇员之间是一种雇佣与被雇佣的契约关系,一般签订劳动合同。雇员向企业提供劳动和人力资本,企业向雇员支付相应的劳动报酬。在对待税收筹划问题上,雇员一般不会反对企业进行税收筹划,这是由于雇员总是或多或少、直接间接地获得企业税负降低、效益增加的好处。当然,如果企业要将职工薪酬作为一种税收筹划的工具来调节企业所得税,就必须充分考虑雇员的利益和承受程度。企业税收筹划要以不损害雇员利益为前提,并考虑适当让利于雇员,以调动全员参与的积极性。

以降低雇员税负支出为导向的职工薪酬筹划行为,既不会给企业带来显性的经济利益,又要花费相当大的精力和成本,企业可能不愿意进行这方面的税收筹划。但从雇员角度分析,在个人利益驱动下,雇员很可能非常关注企业是否实施职工薪酬方面的税收筹划。如果雇员的关注程度影响到工作的积极性和效率,那么,企业就不得不进行职工薪酬方面的税收筹划以满足雇员的要求。

8. 企业与社会公众的博弈

企业与社会公众之间一般缺乏明确的契约载体，但双方的利益关系却不可否认，它不仅表现在社会公众很可能是企业的受益者或受害者，还表现在社会公众同时还是企业潜在的投资者或客户。随着社会公众权利意识的觉醒及整个社会可持续发展的要求，企业与社会公众之间的利益关系越来越密切，提供就业机会、实施社会救济、履行环境保护等社会责任已经成为每个企业不可推卸的义务。①

为激励企业积极履行社会责任的义务，税法往往给予一定的税收优惠。企业在利用税收优惠政策进行税收筹划的同时，也必然为社会公众带来更多的福利。从某种意义上说，企业税收筹划并非简单的零和博弈，而是帮助政府保障社会公众利益的一个有效工具。

8.3 基于税务稽查的博弈模型

8.3.1 博弈模型设计

1. 模型研究的基础

（1）参与人：企业和税务机关。

（2）制度结构：国家订立的税法、公司法，企业制定的内部规章以及道德约束。

（3）假设条件。

第一，纳税人和税务机关均是理性的经济人，其目的都是使自己的利益最大化。

第二，企业与税务机关是信息不对称的。

第三，不存在企业向税务执行人员寻租的情况。

第四，税制不完备性假设，即税法本身存在一定的不合理、不完整和非一致性，企业有税收筹划的空间。

2. 变量设定

在本模型中会涉及以下变量，其含义如下。

T：企业在税收筹划之前所要缴纳的税收

p：企业进行税收筹划的概率

q：税务机关对企业进行税务稽查的概率

m：企业进行税收筹划的成本

n：税务机关进行税收稽查的成本

b：企业进行税收筹划之后少缴的税收占 T 的比例

r：税务机关对企业进行税收稽查，认定该税收筹划行为合法或者未发现企业有税收筹划行为的概率

c：税务机关稽查后认定企业税收筹划不合法时对企业的罚款比例

3. 模型设计

在税企稽查博弈均衡模型中，参与人包括企业和税务机关。由于实行纳税申报制度，税务机关根据企业自行申报税额进行征收，并在适当的时候进行税务稽查，对企业纳税申报的真实性与合法性进行检查。企业作为理性的经济主体，在纳税申报时有两种策略可以选择：进行税收筹划与不进行税收筹划，即其策略是"税收筹划"或"不进行筹划"；税务机关的策略是"稽查"或"不稽查"。

---

① 盖地.税务筹划理论研究——多视角透视[M].北京：中国人民大学出版社，2013.

分析企业和税务机关的博弈行为,双方形成一个复杂的博弈对局,如图 8-2 所示。

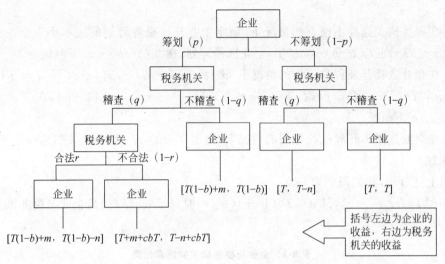

图 8-2 企业与税务机关的博弈对局

在企业开展税收筹划、税务机关进行稽查的情况下,企业的支付为 $r[T(1-b)+m]+(1-r)(T+m+c)$,税务机关的税收得益为 $r[T(1-b)-n]+(1-r)(T-n+c)$,由此可以得到如下的博弈矩阵(如表 8-1 所示)。进一步简化表 8-1,可得到表 8-2。

表 8-1 企业与税务机关的博弈矩阵

策略选择		税务机关	
		稽查(q)	不稽查($1-q$)
企业	筹划(p)	$r[T(1-b)+m]+(1-r)(T+m+cbT), r[T(1-b)-n]+(1-r)(T-n+cbT)$	$T(1-b)+m, T(1-b)$
	不筹划($1-p$)	$T, T-n$	T, T

表 8-2 简化后的企业与税务机关的博弈矩阵

策略选择		税务机关	
		稽查(q)	不稽查($1-q$)
企业	筹划(p)	$T[(1+cb)-rb(1+c)]+m, T[(1+cb)-rb(1+c)]-n$	$T(1-b)+m, T(1-b)$
	不筹划($1-p$)	$T, T-n$	T, T

8.3.2 博弈纳什均衡分析

1. 当 $m<Tb(rc+r-c)$,且 $n<Tb(1+c)(1-r)$ 时,用条件策略下划线法[①]确定纳什均衡

(1) 在税务机关选择稽查的情况下,比较 $T[(1+cb)-rb(1+c)]+m$ 与 T 的大小,当

---

① "条件策略下划线法"是求解纳什均衡的一种方法,其步骤如下:(1)将整个支付矩阵分为 **A**、**B** 两个子矩阵;(2)在 **A** 矩阵中找出每一列的最大者并在下面画线;(3)在 **B** 矩阵中找出每一行的最大者并在下面画线;(4)将 **A** 和 **B** 矩阵合并;(5)两个数字下均画线的组合为均衡的策略组合。

$m<Tb(rc+r-c)$时，$T[(1+cb)-rb(1+c)]+m<T$，在 $T[(1+cb)-rb(1+c)]+m$ 下画线。

（2）在税务机关选择不稽查的情况下，假定企业开展税收筹划的成本小于企业少缴纳的税收，即 $m<bT$，则 $T(1-b)+m<T$，企业选择筹划，在 $T(1-b)+m$ 下画线。

（3）在企业选择开展税收筹划的情况下，比较 $T[(1+cb)-rb(1+c)]-n$ 与 $T(1-b)$ 的大小，当 $n<Tb(1+c)(1-r)$ 时，$T[(1+cb)-rb(1+c)]-n>T(1-b)$，在 $T[(1+cb)-rb(1+c)]-n$ 下画线。

（4）在企业选择不开展税收筹划的情况下，由于 $T-n<T$，税务机关的选择是不稽查，在 T 下面画线。

按照上述分析，我们得到表 8-3。

当 $m<Tb(rc+r-c)$，且 $n<Tb(1+c)(1-r)$ 时，（筹划，稽查）是企业与税务机关的纳什均衡。

表 8-3　企业与税务机关的博弈矩阵

策略选择		税务机关	
		稽查(q)	不稽查($1-q$)
企业	筹划(p)	$T[(1+cb)-rb(1+c)]+m$, $T[(1+cb)-rb(1+c)]-n$	$T(1-b)+m$, $T(1-b)$
	不筹划($1-p$)	T, $T-n$	T, T

2. 当 $n>Tb(1+c)(1-r)$ 时，用条件策略下划线法确定纳什均衡

在此条件下，上述情况中的（2）(4)不变，（3）中情况相反，在 $T(1-b)$ 下画线，（1）中条件放宽，当税务机关选择稽查时，企业是否选择筹划都不是纳什均衡。

经过分析，我们得到表 8-4。当 $n>Tb(1+c)(1-r)$，m 无限制时，（筹划，不稽查）是企业与税务机关的纳什均衡。

表 8-4　企业与税务机关的博弈矩阵

策略选择		税务机关	
		稽查(q)	不稽查($1-q$)
企业	筹划(p)	$T[(1+cb)-rb(1+c)]+m$, $T[(1+cb)-rb(1+c)]-n$	$T(1-b)+m$, $T(1-b)$
	不筹划($1-p$)	T, $T-n$	T, T

3. 若 m，n 均无限制条件，引入概率求解贝叶斯均衡

假设企业的期望支出为 EM，税务机关的期望收入为 ET，企业的目标为期望支出最小化，税务机关的目标为期望收入最大化，则可得下列结果。

$$EM(p,q,r) = pq\{T[(1+cb)-rb(1+c)]+m\} + p(1-q)[T(1-b)+m] + (1-p)q[T+(1-p)(1-q)T]$$

$$ET(p,q,r) = pq\{T[(1+cb)-rb(1+c)]-n\} + p(1-q)[T(1-b)] + (1-p)q(T-n) + (1-p)(1-q)T$$

对 EM 求 p 的导数，对 ET 求 q 的导数并令其导数为 0，可得

$$\frac{\partial EM}{\partial p} = q\{T[(1+cb)-rb(1+c)]+m\} + (1-q)[T(1-b)+m] - q[T-(1-q)T]$$
$$= qT(cb-rb-rbc+b) - bT + m = 0$$
$$q^* = \frac{bT-m}{bT(1+c)(1-r)}$$

$$\frac{\partial ET}{\partial q} = p\{T[(1+cb)-rb(1+c)]-n\} - p[T(1-b)] + (1-p)(T-n) - (1-p)T$$
$$= pTb(c-r-rc+1) - n = 0$$
$$p^* = \frac{n}{bT(1+c)(1-r)}$$

若满足 $p^* = \dfrac{n}{bT(1+c)(1-r)}$, $q^* = \dfrac{bT-m}{bT(1+c)(1-r)}$

则此条件下企业和税务机关的博弈达到了均衡状态。

8.3.3 博弈均衡策略分析

在上述第三种情况下,企业与税务机关并没有达成唯一的纳什均衡,而是形成了一个动态的贝叶斯均衡解,下面进一步对此博弈均衡解做出分析。

1. 企业的策略分析

对于企业来说,企业的期望支出 EM 与税务机关的稽查概率 q 有关,当税务稽查的概率 $q > q^*$ 时,企业的期望支出较大,一般会选择不进行税收筹划;当税务稽查的概率 $q < q^*$ 时,企业的期望支出较小,企业会选择进行税收筹划;当 $q = q^*$ 时,选择二者皆可。

此外,税务稽查的均衡概率 q^* 与 b、T、m、c、r 等相关。当企业的税负(T)、筹划空间(b)、筹划成本(m)一定时,税法规定的罚款比例越大,稽查后认定为合法的可能性越小,法律的效力会在一定程度上代替税务机关的稽查行为,使得筹划空间变小。

将 q^* 转化为 $q^* = \dfrac{1}{(1+c)(1-r)} - \dfrac{m}{bT(1+c)(1-r)}$ 可知,当罚款比例(c)、认定为合法的可能性(r)一定时,企业的筹划成本越高、筹划后可减少的税收(bT)越少,稽查的均衡概率越小,企业筹划的动力也不足。

2. 税务机关的策略分析

对税务机关来说,税务机关的期望收入 ET 与企业进行税收筹划的概率 p 有关,当企业税收筹划的概率 $p > p^*$ 时,税务机关的期望收入较大,会选择进行稽查;当企业税收筹划的概率 $p < p^*$ 时,税务机关的期望收入较小,会选择不进行稽查;当 $p = p^*$ 时,选择二者皆可。

此外,企业税收筹划的均衡概率 q^* 与 b、T、n、c、r 等相关。税务机关的稽查成本(n)越低、企业筹划少缴的税收额(bT)越大、罚款比例(c)越高、认定为合法的可能性(r)越小,税务机关越愿意对企业进行稽查。

8.4 基于税收寻租的博弈模型[①]

著名经济学家塔洛克(Tullock)对寻租(rent-seeking)的描述是:一个人投资于某一项活

---

① 廖楚晖、崔亚飞. 国家、征税部门及纳税人的博弈分析[J]. 财经科学,2005(6).

动,并没有实际地提高生产率或实际上降低生产率,但是这项活动却因给予他某种特殊地位或垄断权利,而使他的收入增多,这就是寻租。塔洛克在一篇研究报告中把寻租定义为:取得垄断或其他政府优惠的活动,是把资源用于试图取得政府保护的垄断,改变政府管制使之于自己有利,或者保护自己免受损害的活动①。布坎南在《寻租社会刍论》一书序言中,将寻租描述为个人在政府保护下寻求财富转移的一种资源浪费活动。尽管从局部来看寻租双方达成了一项双赢交易,但这却会带来社会整体福利的下降。寻租是一种与社会政治制度密切相关的复杂的社会经济现象,它已经成为一种蔓延极广的社会公害。

纳税人的纳税活动有两种策略选择:依法纳税与偷逃税。纳税人有时为了掩盖偷逃税行为,获取税务机关的"庇护",可能会采取贿赂税务机关的行为,这被称为"税收寻租"。税务机关面对纳税人寻租,就存在两种策略选择:依法征税或寻租。这里需要说明的是,税务部门选择寻租行为,是两种情况的混合产物:一是纳税人主动寻租,税务机关接受寻租,这种情况通常被称为"共谋寻租"②;二是税务机关主动选择寻租,这种情况通常被称为"独自寻租"。

假定纳税人偷逃税时税务部门选择寻租,则纳税人的得益为 V;税务机关因寻租(共谋寻租与独自寻租)所获收益为 r,但其寻租如被政府查处则处罚额为 D,则税务机关的净得益为 $r-D$;纳税人因偷逃税而被税务机关查处的处罚为 P,税务机关恪尽职守,无额外所得也无额外损失,得益为 0。若纳税人选择依法纳税时税务机关选择寻租(独自寻租),则纳税人基于各种考虑而使税务机关获得的寻租收益为 S。③ 若税务机关选择依法纳税,则双方的得益均为 0。税务机关与纳税人之间的博弈支付矩阵如表 8-5 所示。

表 8-5 税务机关与纳税人之间的寻租博弈矩阵

概 率	税务机关寻租(b)	税务机关依法征税($1-b$)
纳税人偷逃税(a)	$V,r-D$	$-P,0$
纳税人依法纳税($1-a$)	$0,S$	$0,0$

由于税务机关净得益 $r-D$ 大小的不确定性直接影响博弈结果,下面分别讨论。

(1) 若 $0<r-D\leqslant S$,根据博弈支付矩阵可知:纳什均衡策略为纳税人选择偷逃税,税务机关选择寻租策略,对双方都是最有利的策略选择,形成稳定的纳什均衡。

(2) 若 $r-D\leqslant 0$,根据博弈支付矩阵可知:不存在稳定的纳什均衡,即没有自动实现的均衡博弈策略组合,如图 8-3 所示,即每一种博弈策略组合都不稳定。

假定纳税人选择偷逃税行为的概率为 p_1,则纳税人依法纳税的概率为 $1-a$,且 $a\in[0,1]$;税务机关选择寻租行为的概率为 b,税务机关依法征税的概率为 $1-b$,且 $b\in[0,1]$。以坐标系横轴表示概率 a、b 分布,坐标系左纵轴表示在不同 a 取值下税务机关的得益,右纵轴表示在不同 b 取值下纳税人的得益,如图 8-4 所示。

税务机关在纳税人选择不同偷逃税概率(a)条件下的得益曲线($r-D$)与税务机关选择不同寻租概率(b)条件下的得益曲线 $V(-P)$ 相交于 G 点。根据 G 点的不同位置,可以分为以下三种情况。

第一种情况:G 点恰好位于坐标系横轴上[见图 8-4(a)],那么 G 点就是博弈双方的重复

---

① Ann. O. Krueger. Political Economy of the Rent-seeking Society, *American Economic Review*, 1974.
② 只有在纳税人偷逃税的情况下,共谋寻租才可能发生,因为纳税人选择依法纳税,一般纳税行为则不会寻租。
③ 中国渐进式制度改革中,现行法律制度还存在一定的不完善性,加之税务机关与纳税人权利、地位的不对等性,税务部门独自寻租的行为一般隐蔽性很强,很难被政府查处。

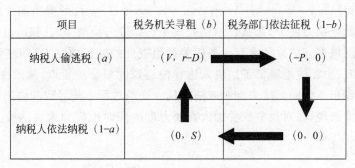

图 8-3　不能自动实现纳什均衡的状态

动态博弈均衡点。若税务机关把寻租概率选择在 G 点左边,则纳税人得益为负,纳税人会谋求改变现状;若纳税人把偷逃税概率选择在 G 点右边,则税务机关得益为负,税务机关会谋求改变现状。也正因为博弈双方都有谋求改变现状的选择动机,所以在博弈中总有纳税人因偷逃税被处罚,同时也有税务机关因被政府发现寻租行为而被查处,便形成一个博弈陷阱——博弈双方博弈各有得失,博弈结果具有不确定性。

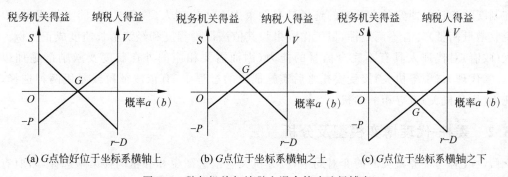

(a) G 点恰好位于坐标系横轴上　　(b) G 点位于坐标系横轴之上　　(c) G 点位于坐标系横轴之下

图 8-4　税务机关与纳税人混合策略选择博弈

第二种情况:G 点位于坐标系横轴之上[见图 8-4(b)],此时满足 $0 \leqslant r-D \leqslant S$,则博弈双方选择(偷逃税,寻租)的纳什均衡策略组合。

第三种情况:G 点位于坐标系横轴之下[见图 8-4(c)],那么博弈中的任何一方的策略选择都会使对方得益而自己造成损失,即不存在双方可共谋的利益。

因此,在外部税制约束框架下,决定博弈双方策略选择的是交点 G 的位置。进一步分析,对纳税人来说,其选择偷逃税和选择依法纳税行为的得益分别为 N_1、N_2,则有

$$N_1 = bV + (1-b)(-P)$$

$$N_2 = 0$$

令 $N_1 = N_2$,即 $bV + (1-b)(-P) = 0$

解得 $b = P/(V+P) = 1 - V/(V+P)$

同理,对税务机关来说,其选择寻租行为的得益和选择依法征税行为的得益分别为 M_1、M_2,则有

$$M_1 = a(r-D) + (1-a)S$$

$$M_2 = 0$$

令 $M_1 = M_2$,即 $a(r-D) + (1-a)S = 0$

解得 $a = S/(S+D-r)$

依据上述博弈结果：$b=1-V/(V+P)$，$a=S/(S+D-r)$，可得出如下结论：如果加大对纳税人偷逃税的处罚力度 P，那么在纳税人减小选择偷逃税概率的同时，也变相地提高了税务机关选择寻租的概率。如果加大对税务机关寻租查处的处罚力度 D，则在税务机关降低选择寻租策略的同时，也相应地降低了纳税人选择偷逃税的概率。所以，从效率角度分析，通过加大对税务机关寻租查处的力度来抑制或消除税收征纳过程中的寻租和偷逃税行为是最佳选择。但从公平角度来说，在对税务机关加大查处力度的同时也应加大对纳税人偷逃税行为的处罚力度。

8.5 政府与税务机关的委托-代理博弈模型

8.5.1 委托-代理关系建立的前提假设

政府和税务机关之间的关系，属于一种典型的委托-代理关系。国家委托税务机关行使征税的职权，而税务机关代表国家履行征税职责并接受政府的监督。政府与税务机关的委托-代理关系建立在以下前提假设基础上：①博弈各方具有有限理性（因而需要外在制度的约束），外在制度的变迁对博弈各方策略的选择具有约束力。②代理人（税务机关）的工作成果（以年度税收增量衡量）具有不确定性，但工作成果与其依法征税程度和经济增长速度成正比例。委托人（政府）对代理人具有不完全监督的能力（因而需要相应的外在制度及激励措施加以辅助）。③代理人（税务机关）接受委托之后实施征税的过程中，有依法征税或寻租两种选择，即委托人（税务机关）有寻租的动机。

8.5.2 委托-代理博弈模型及分析

假设政府与税务机关的博弈对局中，税务机关有依法征税和寻租两种策略选择，政府有进行审计和不审计两种选择。税务机关依法纳税的概率为 P，选择寻租的概率为 $1-P$；政府审计的概率为 Q，政府不审计的概率为 $1-Q$。

假设税务机关依法征税时，国家的税收收入为 $R(P)$；税务机关寻租时，国家的税收收入为 $R(Q)$。税务机关寻租行为会导致国家税收流失，所以在同样的外部条件下，有 $R(P)>R(Q)$ 成立。通常政府支付给税务机关的固定工资为 W，税务机关寻租时会取得一定的租金 r，但税务机关的寻租也面临一定的被政府审计查处的风险，查处惩罚（违规成本）为 S，政府审计成本为 C。则政府与税务机关的博弈支付矩阵如表8-6所示。

表8-6 政府与税务机关之间的博弈支付矩阵

项 目	税务机关依法征税(P)	税务机关寻租($1-P$)
政府审计(Q)	$R(G)-W-C, W$	$R(L)+S-W-C, W+r-S$
政府不审计($1-Q$)	$R(G)-W, W$	$R(L)-W, W+r$

1. 对税务机关进行博弈分析

税务机关选择依法征税与选择寻租行为的期望收益分别为 $E(P)$、$E(1-P)$，则有

$$E(P)=WQ+W(1-Q)=W$$

$$E(1-P)=(W+r-S)Q+(W+r)(1-Q)=W+r-SQ$$

令 $E(P)=E(1-P)$，即 $W=W+r-SQ$

解得 $Q = r/S$

2. 对政府进行博弈分析

政府选择审计与选择不审计的期望收益分别为 $U(Q)$、$U(1-Q)$，则有

$$U(Q) = [R(G) - W - C]P + [R(L) + S - W - C](1 - P)$$
$$= PR(G) - PR(L) + R(L) - PS + S - W - C$$
$$U(1 - Q) = [R(G) - W]P + [R(L) - W](1 - P)$$
$$= PR(G) - PR(L) + R(L) - W$$

令 $U(Q) = U(1-Q)$

即 $PR(G) - PR(L) + R(L) - PS + S - W - C = PR(G) - PR(L) + R(L) - W$

解得 $P = 1 - C/S$

从上述博弈结果来看，对于税务机关来说，在相同的外部条件下，依法征税的概率取决于政府的审计成本与违法成本，且与审计成本负相关，与违法成本正相关。P 一般满足 $0 \leqslant P \leqslant 1$，则 $C \leqslant S$ 成立，即政府的审计成本小于政府审计所获的查处所得（税务机关的违规成本）。若出现 $C > S$，则政府的最佳选择是不进行审计，因为不进行审计的期望收益为 $R(L) - W$，而审计的期望收益为 $R(L) + S - W - C$，显然有 $R(L) - W > R(L) + S - W - C$ 成立。这一分析结论的政策意义在于，政府应该权衡审计成本与审计查处所得的大小，如果审计成本不能够降低，则政府应该考虑其他的监督税务机关的非审计治理办法。

同理，对于政府来说，在相同的外部条件下，进行审计的概率取决于税务机关的寻租租金与税务机关的违规成本（政府审计所获的查处所得），且与寻租租金大小成正比关系，与机关的违规成本（政府审计所获的查处所得）成反比关系。Q 一般满足 $0 \leqslant Q \leqslant 1$，则 $r \leqslant S$，即税务机关的寻租租金小于税务机关的违规成本（政府审计所获的查处所得）。若出现 $r > S$，则税务机关的最佳选择是选择寻租行为，因为寻租行为的期望收益为 $W + r - S$，而依法征税的期望收益为 W，显然 $W + r - S > W$ 成立。这一分析结论的政策意义在于，政府应该加大对税务机关寻租行为的处罚力度，一定要使得处罚额超过税务机关可能的寻租租金所得，否则，很难抑制寻租不正之风。

8.6 股东与管理层的委托-代理博弈模型

8.6.1 参与人的行动分析

由于公司制企业所有权与经营权的分离，在现代企业内部形成了独特的委托-代理关系，企业的所有权人为委托人，企业的管理层为代理人。基于不同的目标定位，委托人与代理人在税收筹划方面的意愿并不一致，但二者可以通过建立某种互利契约、优化策略以实现博弈均衡。

如果管理层选择税收筹划，其负面效应是增加企业的税务风险和运营风险，有可能会因为税收筹划引起一系列连锁反应，如当期盈利水平不高、报表质量下降，对管理层的职业声誉造成影响。此时管理层的收入并不一定会增加，只会增加股东的利益。如果不选择税收筹划，对于有激励机制的公司管理层来说，又会失去激励收入。

从股东（委托人）的角度来看，他关注的是管理层的经营结果，而不是管理层付出了多少努

力。管理层进行税收筹划对股东是有益的,企业为国家上缴的税收越少,留在企业的收入就越多,股东分得的红利便越多。因此,股东为了获得更多的收益,会倾向于与管理层订立契约。比如,签订激励性契约,促使其进行有效的税收筹划。

8.6.2 博弈模型设计

1. 变量设定

在本模型中设定如下变量。

D:代理人的总收益

A:代理人的基本年薪

B:代理人由于税收筹划而带来的激励收入

t:代理人为企业进行税收筹划而节约的税收

C:代理人由于税收筹划承担风险而减少的收益

W:委托人的收益

M:未进行税收筹划前委托人的分红收入

N:由于代理人进行税收筹划而使委托人增加的收入

2. 模型设计

假定企业税收筹划中涉及的税收筹划成本、稽查处罚等暂不考虑,则企业代理人和委托人的收益用下列公式表示。

$D(t)=A+B(t)-C(t)$,代理人的总收益等于其基本年薪加上因税收筹划而获得的激励收入,减去代理人因承担风险减少的收益,变量 D、B、C 都是 t 的函数。

$W(t)=M+N(t)-B(t)$,委托人的总收益等于税收筹划之前的分红收入加上税收筹划后增加的收入,减去支付给代理人的激励费用,变量 W、N、B 都是 t 的函数。

假设代理人由于税收筹划而增加的激励收入与其节约的税收成正比,即 $B(t)=bt$,承担的风险与其节约的税收的二次方成正比,即 $C(t)=ct^2$。由于代理人进行税收筹划而使委托人增加的收入与节约的税收成正比,即 $N(t)=nt$。

根据上述条件,股东与管理层的委托-代理博弈矩阵如表 8-7 所示,代理人、委托人的收益函数分别为

$$\begin{cases} D(t) = A + bt - ct^2 \\ W(t) = M + (n-b)t \end{cases}$$

表 8-7 委托-代理博弈矩阵

策略选择		委托人(股东)	
		激励	不激励
代理人(管理层)	筹划	$A+bt-ct^2$, $M+(n-b)t$	$A-ct^2$, $M+nt$
	不筹划	A, M	A, M

由表 8-7 可知,当管理层选择不进行税收筹划时(假设管理层是极端的风险厌恶者),无论股东是否对其进行激励,双方的收益是不变的,管理层只在乎自己的年薪,对额外的收益不感兴趣。

8.6.3 委托-代理博弈模型的均衡解

委托人与代理人收益函数的均衡解,可采用作图法进行求解,如图 8-5 所示。

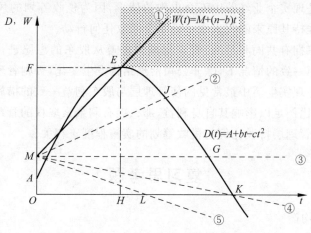

图 8-5 委托-代理博弈模型求解图

$D(t)$ 是一个开口向下的抛物线,其与纵轴的交点代表管理层的基本年薪收入。下面根据 $W(t)$ 斜率分别不同情况进行讨论。

1. 当 $n-b>0$ 时,$W(t)$ 如图 8-5 中①②所示

(1) 在 E 点时 $D(t)$ 达到了最大值,此时 $t=\dfrac{b}{2c}$,$D(t)=\dfrac{b^2}{4c}+A$,与此同时 $W(t)$ 也达到了有效区域内的最大值,$W(t)$ 的斜率 $n-b=\dfrac{b}{2}+\dfrac{2c(A-M)}{b}$,$W(t)=\dfrac{b^2}{4c}+A$,$E$ 点为二者博弈的均衡点。

阴影区域为无效率区域,管理层不能使自己的收入因为税收筹划而有所提高,因此不会为股东冒险。

(2) 若 $n-b>\dfrac{b}{2}+\dfrac{2c(A-M)}{b}$,则在区域 EFM 中,管理层的收益还未达到最大化,股东的收益也可以继续增长,股东会进一步增加有效激励以使管理层继续进行税收筹划,二者在博弈的过程中继续最大化各自的收益。

(3) 若 $0<n-b<\dfrac{b}{2}+\dfrac{2c(A-M)}{b}$,假定处在图 8-5 中②的位置,此时虽然因为税收筹划而减少了更多的税收,但管理层由于承担的风险太大使得自己的收益开始下降,最终也会影响到股东的收益。

2. 当 $n-b=0$ 时,$W(t)$ 如图 8-5 中③所示

在 G 点时,$W(t)=M$,无论是否进行税收筹划,股东得到的收益都是一样的,股东因税收筹划得到的收益和付出的激励成本相等,此时股东不会采取激励措施。

3. 当 $n-b<0$ 时,$W(t)$ 如图 8-5 中④⑤所示

由于 $n-b<0$,即 $n<b$,表示股东为了使管理层进行税收筹划,必须付出比因税收筹划得到的收益更多的激励成本,这种策略对股东来说是不可取的,因此也是无效的。

(1) 在 K 点时,管理层因税收筹划承担风险而减少的收益等于其得到的基本年薪和激励收入的和,管理层所有的努力付之东流,其总收益为 0,股东收益也为 0。

(2) 在图 8-5 中⑤表示的情况下,股东的收入极低,而管理层可能会因税收筹划得到额外收益。

以上两种情况是现实企业经营中不会出现的情形,因为税收筹划的风险太大,成本太高,管理层和股东都会维持其原来的收入水平而不会采取任何行动。

当管理层和股东拥有共同利益时,管理层倾向于遵从股东的意愿进行税收筹划;在管理层与股东收益函数不一致的情况下,除非公司治理结构发生变化,否则管理层与股东的行为取向不可能达成一致。现实生活中最常见的使管理层与股东利益一致的措施就是实现管理层持股,如果管理层持股比例足以影响其自身利益,那么拥有剩余索取权的管理层会和股东的目标函数渐趋于一致,且管理层持股比例与税收筹划的实施程度正相关。

复习思考题

1. 什么是纳什均衡?
2. 税收筹划博弈的基础性条件是什么?
3. 请阐述税收筹划的博弈机理。
4. 企业税收筹划的博弈对局有哪些参与者?请分析各参与者对税收筹划博弈结果的影响力。
5. 请分析税收寻租产生的条件,基于此条件分析在国家税收治理框架下应如何根治税收寻租。
6. 请分析政府与税务部门关于制订税收计划及其履行中的博弈均衡过程。

下篇　实践应用

世界上绝大多数纳税人缴纳的税收不会超过他们自己认为必须缴纳的金额,他们花费大量资源来安排经济活动,以使税收带来的刺痛尽可能降到最低。这些活动安排得如此精确,以致税收政策具有巨大的潜力成为实现各种社会目标的工具。

——诺贝尔经济学奖得主　迈伦·斯科尔斯

第 9 章　税收筹划基本方法与技术

零散的宝石和修理珠宝不会被征税……如果你把祖母胸针上的宝石重新镶嵌在别处,你就会被征税;但是如果把一颗从戒指上掉下的价值 30 000 美元的钻石重新安上,由于属于修补,你就不会被征税。

——著名学者　斯科特·施梅德尔(Scott Schmedel)

9.1　税收筹划的信息基础与运行规则

9.1.1　税收筹划的信息基础

开展税收筹划需要关注纳税人的生产经营情况和理财涉税活动的基本状况,这是保证税收筹划成功的基础。具体来说,开展税收筹划之前,必须搜集、分析、掌握纳税人的相关信息,越详细、越清晰越好。

1. 纳税人所处的行业类别及工商信息

掌握纳税人的行业类别、行业特征、经营范围、法人代表、注册资金等基本信息。

2. 纳税人的主要经营活动及业务流程

掌握纳税人的主要经营业务情况,并关注其业务模式与操作流程,进一步画出业务流程图,识别其价值链与税收链。

3. 投资关系与组织结构

掌握投资关系所引起的控股关系、持股关系等关联关系,以及组织结构、管理制度和管理模式。画出企业的股权关系图和组织架构图,这是开展税收筹划所必需掌握的重要信息。

4. 最近三年的财务报表、审计报告和纳税申报表

财务会计与税收密不可分,税收筹划以财务会计信息为基础。通过最近三年(如有必要可能需要更长期间)的财务报表和审计报告了解企业的财务状况、经营成果、现金流量状况,以及企业遵纪守法的情况;通过最近三年(如有必要可能需要更长期间)的纳税申报表掌握企业涉税事项及其税收结构。

5. 纳税人的税收疑难问题及期望值

开展税收筹划活动,一定要特别关注纳税人的税收疑难问题,这是税收筹划的切入点。同时,还要摸清纳税人的期望值和诉求,这对外部税收筹划者而言极为重要。

6. 纳税人所处的税收环境

税收环境是开展税收筹划的外部条件,对税收筹划的实施具有重大的影响作用。税收环境主要包括以下方面:一是纳税人经营活动涉及的税种,以及各税种的具体规定与优惠政策,分析纳税人的税收操作空间;二是企业的整体税负率水平,以及有无欠税与税收违法行为;三是税收征管特征以及征方的行为惯例;四是税务行政救济制度、发票管理制度等,如税务行政复议、税务行政诉讼和行政赔偿的相关规定。

7. 政府对税收筹划的态度

税收征纳双方存在着一定程度的对立性和竞争性,并表现出对不同目标的追求。由于纳税人逐利心切,设计的税收筹划方案可能符合政府的课税意图(如合法筹划),也可能违背政府的课税意图(如逃避税收)。所以,企业开展税收筹划必须知悉政府的态度,就政府对税收筹划方案可能的行为反应做出合理的预期,以增强税收筹划方案的现实操作性。这方面的信息包括:政府对税收筹划所持的态度;政府反避税的主要手段和措施;政府反避税的运作规程与政策预期等。

8. 预期变化的信息

开展税收筹划是以一定的税收环境为基础的,但是影响税收环境的因素(如税收法律、法规、规章、措施)都在不断变化,这就决定了税收筹划必然是一个动态过程。在税收筹划实施过程中,企业应注意收集环境变化及各方反馈信息,着重分析税收环境中哪些因素预期最有可能发生变化,哪些因素已经发生了变化,以及这些因素与税收筹划之间的相关性。并根据预期变化及时对税收筹划方案做出相应的调整。

9.1.2 税收筹划的"运行规则"

在市场环境下开展税收筹划,需要遵循一定的"运行规则"。运行规则可以理解为博弈各方(局中人)在对局中必须遵守的一些规定或约定,也可以称之为博弈规则。从某种意义上说,博弈规则远比博弈结果更重要。在征纳双方的博弈对局中,税务机关应是税收筹划"运行规则"的制定者,税务机关有责任监督税收筹划的"运行规则"。

1. 合法规则

无论开展什么形式的税收筹划,有一点必须明确,那就是正确认识税收筹划,认真划清合法与违法的界限,严格区分税收筹划与避税、逃税、骗税、抗税的界限,防止把合法的税收筹划和违法的逃避税收混为一谈。

2. 程序规则

税收筹划的开展必须遵从法定程序,即纳税人所制订的税收筹划方案在实施前必须获得税务机关的认可。对于一些特定形式或有特殊目的的税收筹划,应在与税务机关达成共识后方可操作。在一些特殊情况下,纳税人必须与税务机关沟通相关处理思路,或向税务机关提出书面申请,在税务机关认同的前提下付诸实施。

3. 举证规则

实践中，税收筹划活动具有多样性、灵活性的特征，征纳双方对纳税人的税收筹划行为认定可能会存在差异，由此可能会引发征纳双方的税收争议与冲突。解决税收争议与冲突的最好办法就是引入举证规则。

征税方若不认同纳税人的税收筹划方案，就需要以税法为依据，对所不认同的税收筹划方案的瑕疵甚至违法性进行举证，避免随意否定纳税人的税收筹划方案，损害纳税人的合法权益。

纳税人要保证税收筹划的合法性，必须向征税方提供税收筹划合法性的政策依据和法律要件，以实现税收筹划操作的零风险。

4. 双赢规则

国家制定税法的目的是依法获得财政收入，满足国家机器运转的需要。而对于市场中的纳税人而言，其所缴纳的税款则构成了生产经营的一项成本。在税后利润最大化目标下，企业必然会想方设法降低税收成本、获取税收利益。因此，纳税人与国家之间就存在着一种博弈关系，但这种博弈关系不仅涵盖征纳双方之间的对抗和竞争，也强调他们之间的协调与合作。

从一定意义上讲，征纳博弈并非"零和博弈"，分析如下：①征纳博弈可以实现征税成本与纳税成本的双向节约。对于征税方来说，详细了解每个企业的具体经营情况，并对每一项涉税业务进行监控，需要花费高昂的征管成本。如果企业和税务机关在征纳博弈对局中能够坦诚相见，遵守诚信，就能够减少征税成本与纳税成本，这无疑是一种双赢。②征纳双方通过征纳博弈减少税务纠纷，涵养税源。在征税方与企业的博弈对局中，如果双方采取合作博弈，则可以避免或减少因对税收政策理解不透或理解存在偏差所导致的税收纠纷，从而提高税收征管效率。比如，预约定价模式就是一种比较好的合作博弈，不仅减少了征纳双方的税收争议与摩擦，而且降低了企业的税务风险，提高了税务机关的征税效率。

9.2 税收筹划：方法、技术与释例

税收筹划是一门致用之学，既具有旺盛的生命力和敦厚的实践性，也具有逻辑框架的科学性与观念的前瞻性。研究税收筹划的理论体系、探索税收筹划的实践应用，必须做到王阳明所倡导的"知行合一"，也必须跳出税收筹划狭隘的学科禁锢与税制细节的冗杂，从经济解释视角重新审视税收筹划的普适方法与操作技术，从管理创新视角重新解读税收筹划的经典案例与实践方式。笔者认为，实现理论与实务的完美结合是税收筹划研究与实践的最高境界。

本书所探讨的国内税收筹划方法与技术，主要是基于规律与操作技术的挖掘，找到普适性方法与技术手段的理论根基与现实支点。税收筹划的研究与探索，其实不必拘泥于税制结构与税收政策的细节，也不必局限于财务管理与会计核算的定式思维，而是把税收筹划放到一个更为开阔的管理学、经济学、社会学、法学等学科领域的多维空间，从更普遍意义上探讨税收筹划的普适方法、操作技术与实践运用。

9.2.1 纳税人筹划法

1. 纳税主体筹划法原理

纳税主体筹划法聚焦于纳税人身份的合理界定与转化，研究如何使纳税人承担的税负尽量降到最小化，或者直接避免成为某一特定税种的纳税人。纳税主体筹划法植根于管理思维，

从管理创新角度探索纳税人的税务管理思路。纳税主体筹划法可以合理降低纳税人的税负,且方法简单,易于操作。纳税主体筹划法的关键是准确把握纳税人的内涵和外延,合理确定纳税人的范围。

纳税主体亦称纳税义务人(简称为纳税人),是指税法规定的直接负有纳税义务的单位和个人。纳税人可以是法人也可以是自然人,法人又分为行政法人、事业法人、企业法人等类型。纳税人是税制的一个基本要素,每一种税都有关于纳税人的规定,如果纳税人不履行纳税义务,就需要承担法律责任。

2. 纳税主体筹划法的操作技术

1) 不同类型纳税人的选择

从纳税人性质角度分析,现阶段我国有多种不同类型的纳税人:个体工商户、个人独资企业、合伙企业、民办非企业单位、公司制企业等。不同类型的纳税人所适用的税收政策存在很大差异,这为税收筹划提供了操作空间。

个体工商户、个人独资企业和合伙企业的经营所得,以每一纳税年度的收入总额减去成本、费用以及损失后的余额为应纳税所得额,计算缴纳个人所得税,不需要缴纳企业所得税。而公司制企业按照税法要求需要就其经营利润缴纳企业所得税,通常税率为25%。若公司制企业对其自然人股东进行税后利润分配,还需要再缴纳20%的个人所得税。对公司制企业的这种纳税规定,一般称为"双重征税",而双重征税的税负率恰好等于个人所得税税率20%的两倍,具体分析如下:

双重征税的综合税负率=25%+(1-25%)×20%=40%

当然,运用纳税主体筹划法还应充分考虑其他重要影响因素,譬如,风险因素。因为当经营者选择不同性质的企业类型或组织机构类型时,其所面对的经营风险与财税风险都有所不同:个人独资企业、合伙制企业承担无限责任,经营风险、财税风险较大;民营企业若以有限责任公司或股份有限公司的形式出现,只需以企业资产总额为限对所欠债务承担有限责任,以出资额为限对企业经营承担有限责任,其经营风险与财税风险相对较小。

2) 不同类型纳税人之间的转化

税法规定,纳税人分为一般纳税人和小规模纳税人。对这两种类型纳税人征收增值税时,其计税方法和征管要求不同。一般将年应税销售额超过小规模纳税人标准的个人、非企业性单位、不经常发生应税行为的企业,视同小规模纳税人。年应税销售额未超过小规模纳税人标准的,从事货物生产或提供劳务的小规模企业和企业性单位,账簿健全,能准确核算并提供销项税额、进项税额,并能按规定报送有关税务资料的,经企业申请,税务部门可将其认定为一般纳税人。一般纳税人实行进项税款抵扣制,而小规模纳税人必须按照适用的简易计税方法计算缴纳增值税,不实行进项税款抵扣制。

一般纳税人采取税款抵扣制,即销项税额减去进项税额后的余额为应纳增值税额。而小规模纳税人不采取税款抵扣制,不允许抵扣进项税额,采用简易计税方法计税,即以销售额乘以征收率计算应纳增值税额。

一般情况下,小规模纳税人的税负略重于一般纳税人,其原因在于选择一般纳税人可以将进项税额抵扣,尤其是当应税销售额增值率较小时,一般纳税人的税负明显低于小规模纳税人。但这也不是绝对的,需要通过比较两类纳税人的应税商品的增值率与税负平衡点的关系,合理合法选择税负较轻的纳税人身份。

纳税人之间的转化一般存在多种情况。比如,增值税一般纳税人和小规模纳税人之间的合理转变,可以实现筹划节税。

情形一:税负无差别平衡点增值率(不含税销售额)的测算

假定纳税人的不含税增值率为 R,不含税销售额为 S,不含税可抵扣购进金额为 P,一般纳税人适用的增值税率为 T_1,小规模纳税人适用的征收率为 T_2,则 $R=(S-P)/S$。

一般纳税人应纳增值税额 ＝销项税额－进项税额
$$= S \times T_1 - P \times T_1$$
$$= S \times T_1 - S \times (1-R) \times T_1$$
$$= S \times T_1 \times R$$

小规模纳税人应纳增值税额 $= S \times T_2$

当一般纳税人和小规模纳税人的税负相等时,其增值率是税负无差别平衡点增值率(不含税销售额),则有 $S \times T_1 \times R = S \times T_2$。

则税负无差别平衡点(不含税销售额)的增值率 $R^* = T_2/T_1$。

按照上述结论,税负无差别平衡点的增值率(不含税销售额)组合如表 9-1 所示。

表 9-1 税负无差别平衡点的增值率(不含税销售额)

T_1	T_2		R^*	
13%	3%	5%	23.08%	38.46%
9%	3%	5%	33.33%	55.56%
6%	3%	5%	50.00%	83.33%

情形二:税负无差别平衡点增值率(含税销售额)的测算

假定纳税人的增值率为 R,含税销售额为 S,含税可抵扣购进金额为 P,一般纳税人适用的增值税率为 T_1,小规模纳税人适用的征收率为 T_2,则 $R=(S-P)/S$。

无差别平衡点的增值率(含税销售额)计算推导如下:

一般纳税人应纳增值税额＝销项税额－进项税额
$$= (S \times T_1)/(1+T_1) - (P \times T_1)/(1+T_1)$$
$$= [S \times T_1 - S \times (1-R) \times T_1]/(1+T_1)$$
$$= SRT_1/(1+T_1)$$

小规模纳税人应纳增值税额 $= S \times T_2/(1+T_2)$

当一般纳税人和小规模纳税人的税负相等时,其增值率是税负无差别平衡点增值率(含税销售额),则有 $SRT_1/(1+T_1) = S \times T_2/(1+T_2)$。

税负无差别平衡点(含税销售额)的增值率计算如下:
$$R^* = [(1+T_1)T_2]/[(1+T_2)T_1]$$

或表述为:$R^* = (T_2/T_1)[(1+T_1)/(1+T_2)]$。

按照上述结论,税负无差别平衡点的增值率(含税销售额)组合如表 9-2 所示。

表 9-2 税负无差别平衡点的增值率(含税销售额)

T_1	T_2		R^*	
13%	3%	5%	25.32%	41.39%
9%	3%	5%	35.28%	57.67%
6%	3%	5%	51.46%	84.13%

【案例 9-1】 假设某零售商主要从小规模纳税人处购入服装对外销售,年销售额为 900 万元(不含增值税),其中可抵扣进项增值税的购入项目金额为 600 万元,取得的增值税专用发票上记载的增值税额为 60 万元。该零售商应如何进行税收筹划?

解析:按照一般纳税人认定标准,该零售商(从事货物批发或零售的纳税人)年销售额超过 500 万元,应被认定为一般纳税人,须缴纳 57 万元(900×13%－60)的增值税。但由于从事商品销售的税负无差别平衡点增值率(不含税销售额)为 23.08%,而该零售商的增值率(不含税销售额)为 50%[(900－600)/600],因此,把该零售商拆分为小规模纳税人,其税负率会下降。

按照这一思路,如果该零售商被认定为小规模纳税人,只需缴纳 27 万元(900×3%)的增值税。因此,应用纳税主体筹划法,将该零售商分立为两个零售企业,每个零售企业的年销售额均控制在 500 万元以下,这样被分立的两个零售企业就会被认定为小规模纳税人,按照 3% 的征收率计算缴纳增值税。通过企业分立实现一般纳税人转化为小规模纳税人,实现税款节约 30 万元(57－27)。

3) 避免成为某种税的纳税人

纳税人通过合理运作,使其不符合某税种的纳税人条件,从而可以避免成为该税种的纳税人。譬如,通过税收筹划安排,使纳税人发生的某项业务不属于某一种税的征税范围,该项业务就避免负担该种税的税负。例如,税法规定,房产税的征税范围是城市、县城、建制镇和工矿区的房产,而对于房产界定为有屋面和围护结构(有墙或两边有柱),能够遮风挡雨,可供人们在其中生产、学习、娱乐、居住或者储藏物资的场所。符合上述房产条件的场所一般需要计算缴纳房产税,而独立于房屋之外的建筑物,如围墙、烟囱、水塔、变电塔、室外游泳池、喷泉等,则不属于房产。若企业拥有上述建筑物,则不会成为房产税的纳税人,就不需要缴纳房产税。

【案例 9-2】 信达公司兴建一座工业园区,工业园除厂房、办公用房外,还包括厂区围墙、水塔、变电塔、停车场、露天凉亭、喷泉设施等建筑物,工程造价为 8 亿元,除厂房、办公用房外的建筑设施总造价为 2 亿元。如果把 8 亿元建筑物都作为房产,则信达公司从工业园区建成后的次月起就应全额缴纳房产税,每年需要缴纳房产税(假设当地政府规定的房产税扣除比例为 30%)金额为

$$80\,000 \times (1-30\%) \times 1.2\% = 672(万元)$$

解析:除厂房、办公用房以外的建筑物,如停车场、游泳池等,都建成露天的,并且把这些独立建筑物的造价同厂房、办公用房的造价分开,在会计账簿中单独核算。按照税法规定,这部分建筑物的造价不计入房产原值,不需要缴纳房产税。这样处理的结果是信达公司每年可以少缴房产税 168 万元:

$$20\,000 \times (1-30\%) \times 1.2\% = 168(万元)$$

9.2.2 税基筹划法

1. 税基筹划法原理

税基筹划法是指纳税人通过控制或改变计税依据的方式来减轻税负的一种筹划方法。税基就是计税依据,是计算税款的基本依据。大部分税种都采用税基与适用税率的乘积来计算应纳税额。在税率固定不变的情况下,应纳税额的大小与税基成正比,即税基越小,纳税人负担的纳税义务就越轻。因此,如果能够有效控制税基,也就等于控制了应纳税额。

不同税种的税基确认与计算方法不同,税基一般采取历史成本、公允价值等多种计量模

式,实务中某些情况下也可能存在税务机关核定税基的情形。一般认为,税基的确认既与会计确认、计量密切相关,也与资产的价值评估密切相关。

2. 税基筹划法的操作技术

1) 控制或安排税基实现时间

其一:税基推迟实现。税基总量不变条件下,合法推迟税基的实现时间,就等于推迟了纳税时间。税基推迟实现可以实现递延纳税。在通货膨胀环境下,税基推迟实现的效果更为明显,能够降低未来所付出税款的现金流购买力,相当于获取了资金时间价值。

其二:税基均衡实现。税基总量不变条件下,均衡税基在各个纳税期间的分布,就可以均衡税基在不同期间的确认金额,在适用累进税率的情况下,可以实现边际税率的最小化,从而有效控制税负。

其三:税基提前实现。税基总量不变条件下,将税基通过合法操作提前实现,就可以提前确认税基。税收减免期间,税基提前实现可以享受更多的税收减免优惠。

2) 分解税基

分解税基是把税基进行合理分解、分拆,实现税基从税负较重的形式转变为税负较轻的形式。分解税基筹划法一般适用于累进税率或存在差别性比例税率的情况,如纳税人存在较高的综合所得、需缴纳土地增值税的房地产收入、适用不同增值税税率的混合销售收入等情形。分解税基是一种有效的税收筹划技术。

【案例 9-3】 晨晖中央空调公司主要生产大型中央空调机,每台售价为 100 万元(不含增值税),售价相对较高,原因是售价中包含五年的维护保养费,维护保养费占售价的 20%。由于维护保养费包含在价格中,税法规定一律视为销售额计算缴纳增值税。

在税收筹划前,晨晖中央空调公司应缴增值税为

$$100 \times 13\% = 13(万元)$$

问题:晨晖中央空调公司应如何进行税收筹划?

解析:针对空调维护保养专门注册成立一家具有独立法人资格的"晨晖中央空调维护服务公司",主营业务为中央空调机维护保养服务。这样每次销售中央空调机时,晨晖中央空调公司负责签订销售合同,只收取中央空调机的销售额 80 万元,款项汇入晨晖中央空调公司的基本账户;晨晖中央空调维护服务公司负责签订维修服务合同,只收取中央空调机的维护服务费 20 万元,款项汇入晨晖中央空调维护服务公司的基本账户。这样一来,每家公司各负其责,共同完成中央空调机的销售与服务业务。则税收筹划后的纳税额计算如下:

晨晖中央空调公司应缴增值税$=100\times(1-20\%)\times13\%=10.4(万元)$

晨晖中央空调维护服务公司应缴增值税$=20\times6\%=1.2(万元)$

合计纳税额$=10.4+1.2=11.6(万元)$

税收筹划方案节税额$=13-11.6=1.4(万元)$

3) 缩小税基

缩小税基是指利用税法规定借助税收筹划操作技术使税基合法缩小,从而减少应纳税额或避免多缴税的税务管理行为。缩小税基技术是企业所得税、增值税、消费税等税种常用的税收筹划方法。

【案例 9-4】 某房地产开发公司实现年销售收入 9 000 万元,各项代收款项 2 500 万元[包括水电初装费、燃(煤)气费、维修基金等各种配套设施费],代收手续费收入 125 万元(按代收款项的 5%计算)。对于该房地产开发公司来说,这些配套设施费属于代收应付款项,不作为

房产的销售收入,而应作为其他应付款处理。

解析：根据《财政部 国家税务总局关于全面推开营业税改征增值税试点的通知》(财税〔2016〕36号)规定：销售额,是指纳税人发生应税行为取得的全部价款和价外费用,财政部和国家税务总局另有规定的除外。价外费用,是指价外收取的各种性质的收费。

为了降低价外费用的税收负担,房地产开发公司成立独立的物业公司,将这部分价外费用转由物业公司收取。这样其代收款项就不属于税法规定的价外费用,也就不再适用9%的税率计算缴纳增值税。

上述两个方案的纳税情况比较如下：

(1) 原方案：代收款项作为价外费用。

房地产开发公司应纳增值税销项税额＝(9 000＋2 500＋125)×9%＝1 046.25(万元)

应纳城市维护建设税及教育费附加＝1 046.25×(7%＋3%)＝104.63(万元)

应纳税费合计＝1 046.25＋104.63＝1 150.88(万元)

(2) 税收筹划方案：各项代收款项转为物业公司收取

房地产开发公司应纳增值税销项税额＝9 000×9%＝810(万元)

应纳城市维护建设税及教育费附加＝810×(7%＋3%)＝81(万元)

物业公司应纳增值税＝(2 500＋125)×6%＝157.5(万元)

物业公司应纳城市维护建设税及教育费附加＝157.5×(7%＋3%)＝15.75(万元)

两个公司应纳税费合计＝810＋81＋157.5＋15.75＝1 064.25(万元)

税收筹划方案比原方案节约税费金额＝1 150.88－1 064.25＝86.63(万元)

案例分析

促销税收筹划

一些房地产企业为了能够尽快回笼资金,对开发的房地产项目进行促销,对买房者给予购房优惠。例如,有的房地产企业对毛坯房销售制定比平常略高的价格,同时承诺对买房者免费赠送房屋装修;或者直接销售精装修房屋;或者销售毛坯房并另外收取装修费。"营改增"以后房地产开发企业销售房屋需要缴纳增值税,城建税和教育费附加,印花税,土地增值税。

案例背景：某房地产公司销售房产总面积为80 000平方米,土地增值税其他扣除项目金额为14 000万元,其他成本费用支出为16 000万元(已包含其他扣除项目金额20%),该公司采用简易计税方法计算房地产的增值税。

筹划方案：该房地产公司设计以下两个促销方案：

方案一：销售毛坯房价格为4 000元/平方米(均为不含增值税价),同时送装修服务1 000元/平方米。

方案二：直接销售毛坯房价格3 000元/平方米,装修费用自付。

纳税分析：从房地产企业的角度分析

方案一：

应交增值税＝80 000×0.4×5%＝1 600(万元)

城建税及教育费附加＝1 600×(7%＋3%＋2%)＝192(万元)

印花税＝80 000×0.4×0.000 5＝16(万元)

土地增值税扣除项目金额＝14 000＋16 000＋192＋16＝30 208(万元)

增值额＝32 000－30 208＝1 792(万元)

增值率＝1 792/30 208＝5.9%

应交土地增值税＝1 792×30%＝537.6（万元）

利润额＝80 000×0.4－16 000－192－16－537.6－8 000＝7 254.4（万元）

应纳企业所得税＝7 254.4×25%＝1 813.6（万元）

合计纳税额＝1 600＋192＋16＋537.6＋1 813.6＝4 159.2（万元）

方案二：

应交增值税＝80 000×0.3×5%＝1 200（万元）

城建税及两个附加＝1 200×(7%＋3%＋2%)＝144（万元）

印花税＝80 000×0.3×0.000 5＝12（万元）

土地增值税扣除项目金额＝14 000＋16 000＋144＋12＝30 156（万元）

增值额＝32 000－30 156＝1844（万元）

增值率＝1 844÷30 156＝6.1%

应交土地增值税＝1 844×30%＝553.2（万元）

利润额＝80 000×0.3－16 000－144－12－553.2＝7 290.8（万元）

应纳企业所得税＝7 290.8×25%＝1 822.7（万元）

合计纳税额＝1 200＋144＋12＋553.2＋1 822.7＝3 731.9（万元）

由计算可知，方案一实现利润小于方法二，多交一部分土地增值税和企业所得税，由于装修收入与售房一起计入房地产销售收入，从而加大了土地增值税的税基，因此房地产企业销售房屋附赠装修的行为会使得房地产企业多交土地增值税。

综上所述，由于房屋的销售价格影响到土地增值税的收入金额，进而影响土地增值税负担，因此，房地产企业采取买房送装修的做法会使得企业税收负担增加。

本案例的税收筹划点归纳如下：一是建议房地产企业从税收角度考虑，尽量避免采取买房送装修的做法，因为此种做法会使土地增值税的计税基数增加；二是房地产企业可以选择在订立售房合同时，把房屋买卖合同和装修合同分别签订，从而装修合同部分就不用计入土地增值税的计税基数。当然，相应的装修成本也不能从房地产开发成本中扣除。

9.2.3 税率筹划法

1. 税率筹划法原理

税率筹划法是指纳税人通过降低适用税率的方式来减轻税负的一种筹划方法。税率是最重要的税制要素之一，也是决定纳税人税负高低的主要因素。在税基一定的情况下，纳税额与税率呈正相关，即降低税率就等于降低了税负，这就是税率筹划法的基本原理。一般情况下，税率越低，应纳税额就越少，税后利润就越多。但是，需要提醒大家注意的是，纳税人适用的税率低，并不能保证其税后利润最大化。

不同的税种适用不同的税率，纳税人可以利用对课税对象的界定不同而适用不同的税率。即使是同一税种，适用税率也会因税基或其他前提条件不同而不同。纳税人可以直接选择适用较低的税率或通过改变税基分布调整适用的税率，从而达到降低税负的目的。

2. 税率筹划法的操作技术

1）比例税率筹划法

同一税种对不同征税对象实行不同的比例税率政策，直接影响应纳税额及税后利润的大小。通过比例税率筹划法寻找满足税后利润最大化的最低税负点或最佳税负点。譬如，我国增值税有13%的基本税率,还有9%、6%等多档税率;对小规模纳税人规定的征收率为3%或5%。对上述比例税率进行筹划,可以寻找最低税负点或最佳税负点。税法对消费税、企业所得税等税种也规定了多档不同的比例税率,可以进一步筹划比例税率,尽量适用较低的比例税率以节约税金。

2) 累进税率筹划法

各种形式的累进税率都存在一定的税收筹划空间,筹划累进税率的关键目标是防止税率爬升。相比较而言,适用超额累进税率的纳税人对防止税率爬升的欲望程度较弱,而适用全额累进税率的纳税人对防止税率爬升的欲望程度较强,适用超率累进税率的纳税人防止税率爬升的欲望程度与超额累进税率相同。

我国个人所得税中涉及的综合所得(包括工资薪金所得、劳务报酬所得、稿酬所得、特许权使用费所得)适用累进税率,具体税率表如表9-3、表9-4所示。对工资薪金所得、劳务报酬所得、综合所得来说,采用累进税率筹划法可以取得较好的筹划效果。

表9-3 综合所得适用税率表(按年)

级 数	全年应纳税所得额(含税级距)	全年应纳税所得额(不含税级距)	税率/%	速算扣除数
1	不超过36 000元的部分	不超过34 920元的部分	3	0
2	超过36 000元至144 000元的部分	超过34 920元至132 120元的部分	10	2 520
3	超过144 000元至300 000元的部分	超过132 120元至283 080元的部分	20	16 920
4	超过300 000元至420 000元的部分	超过283 080元至346 920元的部分	25	31 920
5	超过420 000元至660 000元的部分	超过346 920元至514 920元的部分	30	52 920
6	超过660 000元至960 000元的部分	超过514 920元至709 920元的部分	35	85 920
7	超过960 000元的部分	超过709 920元的部分	45	181 920

注:①本表所称全年应纳税所得额是指依照新《个人所得税法》第六条的规定,从2019年1月1日开始,居民个人的综合所得,以每一纳税年度的收入额减除费用六万元以及专项扣除、专项附加扣除和依法确定的其他扣除后的余额。②非居民个人的工资、薪金所得,劳务报酬所得,稿酬所得和特许权使用费所得,依照本表按月换算后计算应纳税额。

表9-4 综合所得适用税率表(按月)

级 数	全月应纳税所得额(含税级距)	全月应纳税所得额(不含税级距)	税率/%	速算扣除数
1	不超过3 000元的部分	不超过2 910元的部分	3	0
2	超过3 000元至12 000元的部分	超过2 910元至11 010元的部分	10	210
3	超过12 000元至25 000元的部分	超过11 010元至21 410元的部分	20	1 410
4	超过25 000元至35 000元的部分	超过21 410元至28 910元的部分	25	2 660
5	超过35 000元至55 000元的部分	超过28 910元至42 910元的部分	30	4 410

续表

级 数	全月应纳税所得额(含税级距)	全月应纳税所得额(不含税级距)	税率/%	速算扣除数
6	超过 55 000 元至 80 000 元的部分	超过 42 910 元至 59 160 元的部分	35	7 160
7	超过 80 000 元的部分	超过 59 160 元的部分	45	15 160

【案例 9-5】 某工程设计人员利用业余时间为某项工程项目设计图纸,同时担任该项工程的总顾问,设计图纸花费 3 个月时间,获取报酬 120 000 元。

问题:该工程设计人员应如何进行预缴环节的税收筹划(暂不考虑综合所得的年终汇算清缴的影响)?

解析:如果该设计人员要求工程项目单位在其担任工程顾问期间,将其报酬一次性支付或分 3 个月支付,则该工程设计人员的税负出现明显的不同。

方案一:一次性支付 120 000 元报酬。

劳务报酬收入按次征税,若应纳税所得额在 50 000 元以上的部分,适用 40%的税率。

该设计人员应预缴个人所得税计算如下:

应纳税所得额＝120 000×(1－20%)＝96 000(元)≥50 000(元),适用 40%的个人所得税税率。

预缴税额＝120 000×(1－20%)×40%－7 000＝31 400(元)

方案二:分 3 个月支付报酬。

3 个月共预缴税额为[(120 000/3)×(1－20%)×30%－2 000]×3＝22 800(元)

分月支付报酬可节税:31 400－22 800＝8 600(元)

在本例中,分次支付报酬可以减轻预缴税款的资金压力,即通过延迟支付获得货币时间价值。由于个人所得税法将劳务报酬所得纳入综合所得计税,分次缴纳税款可以减轻纳税人预缴环节的资金压力,但从全年度考察,个人所得税的总税负并未因此而降低。

从税收角度分析,分 3 个月支付报酬,该设计人员适用的税率为 30%,那么如果再进行税基分解使其适用 20%的税率,则预缴的总税额还能降低。按照税法要求,某项活动带来的收入按照业务内容分项签约的,按照分项收入分别计算税金;某一项收入持续在 1 个月以上的,支付间隔超过 1 个月,按每次收入额计入各月计算税金,而间隔时间不超过 1 个月的,应合并收入额计算税金。因此,劳务报酬所得的税收筹划思路是把 120 000 元的总报酬先拆分为不同项目的收入,然后再按不同项目分不同月份发放,就可以既按照项目分拆收入,又进一步按照支付时间分拆收入,最终使收入所适用的税率降至最低,从而有效控制税负总额。

9.2.4 税收优惠筹划法

1. 税收优惠筹划法原理

税收优惠筹划法是指纳税人借助各种外部条件,充分利用税收优惠政策带来的税收利益开展税收筹划的操作方法。税收优惠政策属于一种特殊性政策,这种特殊性体现国家对某些产业或某些领域的税收照顾。税收优惠筹划法可以使纳税人轻松地享受低税负待遇,包括税收减免、税收抵免、税收返还等在内的一系列税收优惠性规定或条款。税收优惠筹划法的关键是寻找合适的税收优惠政策并把它运用于纳税人的税收实践中。在一些特殊情况下,税收优惠筹划法还表现为积极创造条件去享受税收优惠政策,从而获得政府给予纳税人的税收政策方面的扶持。

税收优惠是一定时期国家的税收导向,纳税人可以充分利用这些税收优惠政策获取税收利益,实现节税。税收优惠政策主要有以下形式。

(1) 免税。免税是国家对特定的地区、行业、企业或特定的纳税人、应税项目等所给予纳税人完全免税的照顾或奖励措施。免税属于国家的税收照顾方式,同时也是国家出于政策需要的一种税收奖励方式,它是贯彻国家政治、经济和社会政策的重要手段。我国对从事农、林、牧、渔业生产经营的企业给予免税待遇,就属于一种行业性照顾或激励。对于免税优惠政策,纳税人应考虑以下操作技巧:一是在合理、合法的前提下,尽量争取更多的免税待遇。与缴纳的税收相比,免征的税收就是节减的税收,免征的税收越多,节减的税收也越多。二是在合理、合法的情况下,尽量使免税期最长,免税期越长,节税额越多。

(2) 减税。减税是国家对某些纳税人或课税对象给予鼓励或照顾的一种特殊措施。减税与免税类似,实质上相当于一种财政补贴。政府主要给予纳税人两类减税办法:一类是出于税收照顾目的的减税。比如,国家对遭受自然灾害地区的企业、残疾人企业等的减税,这类减税是一种税收照顾,是国家对纳税人因各种不可抗力造成的损失进行一定额度的财务补偿。另一类是出于税收奖励目的的减税。比如,对产品出口企业、高新技术企业、环境保护产业等的减税,这类减税是一种税收奖励,是政府对纳税人贯彻国家政策的税收激励。

(3) 免征额。免征额亦称扣除额,是指在征税对象全部数额中免予征税的数额。它是按照一定标准,从征税对象全部数额中预先扣除的数额。免征额部分不征税,只对超过免征额的部分征税。如工资、薪金所得的法定扣除额为每月 5 000 元,每年 60 000 元。

(4) 起征点。起征点亦称征税起点,是根据征税对象的数量,规定一个标准,达到这个标准的,就是征税对象进而征税,未达到这个标准的就不征税。我国税法对增值税、企业所得税、消费税等税种都有起征点的税收优惠政策。

(5) 退税。退税是指可以直接减轻纳税人税收负担的那一部分退还的税款。在国际贸易中,出口退税是鼓励出口的一种有效措施。当对某些商品降低出口退税率时,会导致对该种商品实际征税率的提高。

(6) 优惠税率。对符合条件的产业、企业课以较低的税率。优惠税率有利于吸引外部投资、加快该产业或企业的发展。

(7) 税收抵免。对纳税人的境内境外全部所得计征所得税时,准予在税法规定的限度内以其国外已纳税款抵减其应纳税款,以避免重复课税。

2. 税收优惠筹划法的操作技术

税收优惠政策多表现为行业性、区域性优惠政策或特定行为、特殊时期优惠政策,如福利企业税收优惠政策、软件企业税收优惠政策、环保和节能节水产业税收优惠政策、技术研发费加计扣除的税收优惠政策等。

譬如,国家对小微企业给予特别优惠的税收政策。《财政部 税务总局关于小微企业和个体工商户所得税优惠政策的公告》(2023 年第 6 号)、《国家税务总局关于落实小型微利企业所得税优惠政策征管问题的公告》(2023 年第 6 号)、《财政部 税务总局关于进一步实施小微企业所得税优惠政策的公告》(2022 年第 13 号)规定,自 2023 年 1 月 1 日至 2024 年 12 月 31 日,对小型微利企业年应纳税所得额不超过 100 万元的部分,减按 25% 计入应纳税所得额,按 20% 的税率缴纳企业所得税。自 2022 年 1 月 1 日至 2024 年 12 月 31 日,对小型微利企业年应纳税所得额超过 100 万元但不超过 300 万元的部分,减按 25% 计入应纳税所得额,按 20% 的税率缴纳企业所得税。

对小微企业和个体工商户年应纳税所得额不到 100 万元的部分,在现行优惠政策基础上,再减半征收个人所得税,实际企业所得税率为 2.5%。

【案例 9-6】 宇洪建设集团是一家以建筑施工为主的工程施工企业,自 2020 年起,从传统的商品房建筑装修逐渐转向从事国家重点扶持的公共基础设施项目的建设施工,主要是港口码头、机场、铁路、公路、水利等项目的工程施工。

解析:按照《中华人民共和国企业所得税法实施条例》第八十七条规定,企业从事前款规定的国家重点扶持的公共基础设施项目的投资经营的所得,自项目取得第一笔生产经营收入所属纳税年度起,第一年至第三年免征企业所得税,第四年至第六年减半征收企业所得税(该政策自 2008 年 1 月 1 日起全面执行)。按照上述税收政策,宇洪建设集团公司 2020 年起所从事的公共基础设施的建设施工业务所获得的收入,就可以享受企业所得税"三免三减半"优惠政策,即 2020 年、2021 年、2022 年享受企业所得税免征,2023 年、2024 年、2025 年享受减半征收企业所得税的优惠。

【案例 9-7】 利用地区税收优惠政策筹划

在新经济形势下,房地产开发企业为了避免资金链条断裂,一般有以下税收筹划思路,即以自己的建筑公司承包整个项目建设及房地产建造,然后再利用地区税收奖返政策进行筹划。

房地产开发企业一般拥有自己的建设公司,将自己建设公司的材料供应及设备服务分成两个子公司独立计算,将这两个部分的业务外包给子公司,将子公司注册在税收洼地并申请高额的税收奖励返还扶持。材料及设备供应活动产生的增值税、企业所得税等都能得到地方的高额税收奖励返还扶持。然后再把一些采购业务或劳务分包给税收洼地的个体工商户或个人独资企业。

筹划分析:某建设公司业务范围为建筑工程、建材砂石销售(税率 13%)等,业务体量大,但是进项发票不足,欠缺成本,具体操作方法是通过业务拆分,该建设公司在税收洼地设立两家有限责任公司,一家做建筑工程服务,一家做建材贸易以及建筑设备的租赁业务等。假设两家公司的增值税,一年需纳税 1 000 万元,企业所得税需纳税 1 000 万元。通过税收洼地的高额税收奖励(增值税奖返率、所得税奖返率均为地方留存部分的 90%),将财政返还分别返还给这两家公司。

增值税奖返额=1 000×50%×90%=450(万元)

企业所得税奖返额=1 000×40%×90%=360(万元)

奖返额合计=450+360=810(万元)

企业纳税 2 000 万元,可以通过高额税收奖励返还获得 810 万元,所获得的 810 万为净利润,可以极大地缓解房地产开发企业的资金链紧张问题。

9.2.5 会计政策筹划法

1. 会计政策筹划法原理

当企业存在可供选择的会计政策时,择定有利于税后利润最大化的会计政策组合,就是所谓的会计政策筹划法,其目标在于将会计政策引入纳税活动,形成会计政策选择与税收筹划的联合效应。

会计政策是会计核算时所遵循的基本原则以及所采纳的具体处理方法和程序的总称。会计政策在形式上表现为会计处理的一种技术规范,其本质上是一项社会经济政策和政治利益的博弈规则与制度安排。不同的会计政策选择必然形成不同的财务结果,也必然导致不同的税收负担,同时也对利益相关者乃至社会经济环境产生不同程度的影响。

2. 会计政策筹划法的操作技术

1) 分摊筹划法

对于一项费用,如果涉及多个分摊对象,分摊依据的不同会造成分摊结果的不同;对于一项拟摊销的支出,所采用的摊销期限和摊销方法不同,摊销结果也就不同。分摊筹划法影响企业的损益计量和资产计价,进而影响企业的实际税负水平。

分摊筹划法涉及的主要会计事项有无形资产摊销、待摊费用摊销、固定资产折旧、存货计价方法选择以及间接费用分配等。例如,存货计价方法会对企业的纳税结果造成影响。在财税实务中,存货计价方法主要有先进先出法、月末一次加权平均法、移动加权平均法、个别计价法等。在不同财税形势下,应根据存货的市场价格变动趋势合理选择存货计价方法。表9-5反映了不同情况下选择存货计价方法的基本规律。

表9-5 存货发出计价方法的选择

项 目	比 例 税 率			累 进 税 率
价格变动趋势	物价上涨	物价下跌	物价波动	物价波动
存货计价方法	加权平均法	先进先出法	加权平均法	加权平均法
选择理由	多计发出存货成本,少计期末存货成本,减少当期所得税支出	提高本期发出存货成本,减少当期收益,减轻所得税负担	避免各期利润忽高忽低及企业各期应纳所得税上下波动,利于企业资金安排与管理	使计入成本的存货价格比较均衡,进而使各期利润比较均衡,避免适用较高的税率而加重税负

2) 会计估计筹划法

由于企业的生产经营活动存在诸多不确定因素,一些项目不能精确计量,而只能加以合理的会计估计与测算。因此,在会计核算中,对尚在延续中、其结果尚未确定的交易或事项需要估计入账。这种会计估计会影响计入特定会计期间的收益或费用的金额,进而影响企业的收益水平与税收负担。

会计估计筹划法涉及的主要会计事项有坏账估计、存货跌价估计、折旧年限估计、固定资产净残值估计、无形资产受益期限估计等。

【案例9-8】 丽江天然矿泉水公司是一家生产销售天然矿泉水的生产商,该公司为鼓励代理商,给予优惠折扣政策如下:①年销售矿泉水在100万瓶以下的,每瓶享受0.20元的折扣;②年销售矿泉水在100万~500万瓶的,每瓶享受0.25元的折扣;年销售矿泉水在500万瓶以上的,每瓶享受0.30元的折扣。但是,在代理期间,由于丽江天然矿泉水公司不知道也不可能知道每家代理商到年底究竟能销售多少瓶矿泉水,也就不能确定每家代理商应享受的折扣率。因此,丽江天然矿泉水公司通常采用下列做法:等到年底或次年年初,一次性结算应给代理商的折扣总额,单独开具红字发票,但这种折扣在计税时不允许冲减销售收入,结果造成每年多缴纳一部分税款。那么,有没有税收筹划办法改变这一现状?

解析:丽江天然矿泉水公司通过税收筹划,采取预估折扣率的办法来解决折扣问题,具体有两种操作模式。

筹划方法一:每年年初,丽江天然矿泉水公司按最低折扣率或根据上年每家经销代理商的实际销量初步确定一个折扣率,在每次销售时按照预估的折扣率减除预扣的折扣额来确定销售收入,即在代理期间每一份销售发票上都根据预估折扣率计算预扣的折扣额,这样企业就可以将减除折扣额后的收入确认为主营业务收入,从而降低每期的应纳税额。等到年底或次年年初每家代理商的实际销售数量和销售折扣率确定后,再调整预估折扣额与实际折扣额的差额部分。如果属于调增折扣额,虽不能再冲减销售收入,但绝大部分的折扣额已经在平时的销售中直接冲减了销售收入,已经降低了税款支出,折扣额的差额部分即使正常缴税也未尝不可。

筹划方法二:递延折扣额方法。本方法采用递延折扣额方法,即平时预估折扣率的操作处理与第一种方法相同,不同的是等到年底或次年年初每家代理商的实际销售数量和销售折扣率确定后,将预估折扣额与实际折扣额的差额部分递延到下一年度确认,即将本年度的需要返还代理商的折扣额差额部分,作为下一年度的销售收入的折扣额进行处理,从下一年度的销售收入中扣除。

9.2.6 税负转嫁筹划法

1. 税负转嫁法原理

税负转嫁法是指在市场环境下,受商业利益驱动,纳税人通过种种途径和方式将税负部分或全部转移给他人的操作方法。因此,税负转嫁可以视为市场主体之间的一种税收博弈行为。

税负转嫁是一种纳税技巧,在悄无声息中实现纳税人税负的降低。税负转嫁筹划法的操作平台是价格,其基本操作原理是利用价格浮动、价格分解来转移或规避税负。税负转嫁筹划能否通过价格浮动方式实现,关键取决于商品的需求价格弹性的大小,需求价格弹性越小,越容易实现税负转嫁。在现实经济活动中,实现价格浮动的手段和方法不拘一格,税负转嫁的手段更为灵活多样。

采用税负转嫁筹划法应注意以下几点:第一,税负转嫁和商品价格是直接联系的,和价格无关的因素是不能纳入税负转嫁的范畴的;第二,税负转嫁是一个客观过程,没有税收转移不能算作税负转嫁;第三,税负转嫁应理解为纳税人的主动行为,与纳税人主动行为无关的价格再分配性质的价值转移不能算税负转嫁。

税负转嫁意味着税负的实际承担者可能不是缴纳税款的直接纳税人本身,而是背后的负税人。税款的直接纳税人通过转嫁税负给他人,自己并不承担纳税义务,仅仅是充当税务机关与实际纳税人之间的中介桥梁。由于税负转嫁没有伤害国家利益,也不违法,因此税负转嫁筹划法受到纳税人的普遍青睐,同时也得到政府的认可。利用税负转嫁筹划法减轻纳税人的税负,已成为一种普遍的财税管理活动。

2. 税负转嫁筹划法的操作技术

1) 税负前转筹划法

税负前转是指纳税人将其所负担的税款,通过提高商品或生产要素价格的方式转移给购买者或最终消费者承担。这是最为典型、具普遍意义的税负转嫁形式。比如,在生产环节课征的税收,生产企业就可以通过提高商品出厂价格而把税负转嫁给批发商,批发商再以类似的方式转嫁给零售商,零售商最终将税负转嫁给最终消费者。税负前转筹划法也即税负顺转法,一般适用于市场紧俏的生产要素或知名品牌商品。

税负前转筹划法的基础是价格平台,如果将税负前转筹划法与转让定价策略及集团运营结合起来,会显示出其更大的威力。税负前转筹划法操作便捷灵巧,有时能起到"四两拨千斤"

的奇妙效果。

税负前转筹划法只能将企业的部分税负进行转嫁。从实践情况来看,能够进行税负前转的,主要是那些征税时无法确定其最终负担者的税种,如增值税、消费税、关税等。例如,一家生产制造公司属于增值税一般纳税人,其增值税负担并不代表其真实税负率,因为其销项税额是由购买方或消费者提供的。再如,对香烟征收消费税,香烟的消费者实际上是香烟消费税的承担者,但由于预先并不能确定每包香烟的消费者,因而只能以香烟为征税对象,以其制造者和贩卖者为纳税人,再由制造者和贩卖者将税负转移给消费者和购买者,这与增值税的税收原理基本一致,其共同点是税款可以加在商品价格上,通过提高商品售价的方式将税负转移给消费者,最终实现税负转嫁。

【案例 9-9】 我国南方一些竹木产区生产竹木地板,这种地板的特点是清凉、透气、加工制造简单。但是与革制地板、化纤地毯相比,显得不够美观漂亮。生产厂商将竹木地板的定价确定为 80 元/平方米。由于竹木地板只适用于南方潮湿地区,北方多数地区无法使用(竹木地板易裂、怕干燥),市场需求量不大,结果造成竹木地板生产厂商只能简单维持企业运转。这在当时已被认为是很高的价格标准,所以有关增值税负担只能由生产厂商承担。那么,有没有好的税收筹划方法?

解析:日本人发现了这种竹木地板,经分析测定,这种竹木地板具有很高的养身功效与医用价值,使用竹木地板保持人与纤维的密切接触,对人体循环和代谢平衡起到很大的促进作用。因此日本及东南亚国家纷纷到我国南方竹木地板厂订货,原来 80 元/平方米的竹木地板,在国际上的销售价格一跃变成 60 美元/平方米。这样一来,竹木地板生产厂商大幅提高了利润水平,其所承担的增值税负担通过售价提高而顺利实现了税负转嫁。

2) 税负后转筹划法

税负后转筹划法与税负前转筹划法的原理大致相同,只是税负转嫁的方向不同。纳税人通过降低生产要素购进价格、压低工资或其他转嫁方式,将其负担的税收转移给提供生产要素的企业,这就是税负后转。在这种情况下,纳税人已纳税款因种种原因不能转嫁给购买者和消费者,而是转嫁给货物的供给者和生产者。比如,一个批发商纳税后,因为商品价格下降,已纳税款难以加在商品价格之上转移给零售商,于是批发商就要求厂家退货或厂家承担全部或部分已纳税款,这时就会发生税负后转。税负后转筹划法一般适用于生产要素或商品积压时的买方市场。

在现实经济生活中,税负转嫁法的运用非常灵活。有些情况下,购买方虽然还没有付款,却要求销售方先开具增值税专用发票,然后根据资金周转安排情况再付款给销售方,这时就会出现税负转嫁现象:购买方在没有付款的情况下,却取得了增值税专用发票,在当期就可以抵扣进项税额;而销售方把增值税专用发票开给购买方后,就必须计提销项税额并缴纳增值税。如果遇上所得税申报期,销售方还要计算应纳税所得额缴纳企业所得税。所以,购买方在取得增值税专用发票而没有支付价款的情况下,会实现税负前转现象,即销售方因此先承担了购买方转嫁来的增值税负担。

【案例 9-10】 酒厂生产的白酒是一种特殊的消费品,不仅需要缴纳增值税,还需要缴纳消费税。白酒厂商为了保持适当的税后利润率,通常的做法是相应提高出厂价,但这样做一方面会影响市场销量,另一方面也会导致从价定率消费税与增值税的攀升。下面分析酒厂利用税负转嫁原理进行税收筹划的基本操作。

解析:(1) 设立独立的销售公司规避消费税。许多酒厂都设立独立的销售公司,利用增加流通环节的办法转嫁税负。酒类产品的消费税仅在出厂环节征收,即按照白酒的出厂价计征消费税,后续的分销、零售等环节不再征收消费税。在这种情况下,通过引入独立的销售公司,采取"前低后高"的价格转移策略转嫁税负,即先以相对较低的价格将白酒卖给自己的销售公司,然后再由销售公司以合理的高价进行层层分销,最终到达消费者手中。这样操作的效果是在确保总体销售收入的同时降低消费税负担。

(2) 市场营销费、广告费的转嫁税负。酒厂还有一种转嫁税负手段,即将市场营销费、广告费等合理转嫁给经销商负担,但酒厂要对经销商做出一定的价格让步,以弥补经销商负担的相关市场营销费、广告费等支出。这种费用的转嫁方式,降低了白酒的出厂价,直接转嫁了增值税,降低了消费税。对于经销商来说,在销售及其他因素不变情况下,白酒进价的降低会导致可以抵扣的进项税额减少,相当于经销商负担了酒厂的一部分增值税,而酒厂的一部分消费税却在转嫁中悄然消失了。对于经销商多负担的增值税,会因经销商增加市场营销费、广告费等支出,从其降低的企业所得税中得到补偿。当然补偿程度会因市场营销费、广告费等的开支以及白酒价格让利程度的不同而不同。

9.2.7 递延纳税筹划法

1. 递延纳税筹划法原理

递延纳税筹划法是指纳税人通过合同控制、交易控制、流程控制等手段,利用税收政策合法延缓纳税义务时间,合理安排进项税额抵扣时间和企业所得税预缴与汇算清缴时间,科学推迟纳税时间。

递延纳税旨在推迟纳税时间,相当于获取一笔与所推迟税款相当的无息贷款,获得了货币时间价值,给纳税人带来的好处是不言而喻的。《国际税收词汇》中对递延纳税条目的注释做了精辟的阐述:递延纳税,有利于资金周转,节省利息支出,以及由于通货膨胀的影响,延期以后缴纳的税款币值下降,从而降低了实际纳税额。因此,递延纳税具有多重好处,其中合理控制纳税环节、抵扣税额、税前扣除额、纳税时间、纳税地点等因素是实施递延纳税筹划法的关键。

2. 递延纳税筹划法的操作技术

税收筹划的重点税种是增值税、企业所得税。增值税的计税依据是收入,企业所得税的计税依据是应纳税所得额,即纳税人的收入总额减去成本、费用、税金及损失后的余额。所以,递延纳税的本质是推迟收入或应纳税所得额的确认时间,所采用的税收筹划技术主要有两个:一是合理推迟收入;二是尽早确认成本、费用支出。

税法对不同销售行为的纳税义务时间也做出了明确的法律规定。纳税人采取不同的收款方式,纳税义务时间也存在很大差别。如果纳税人合理利用这些具体规定,就可以签订对自己有利的销售合同。

采取委托代销方式,委托方先将商品交付给受托方,受托方根据合同要求,将商品出售后给委托方开具代销清单。此时,委托方根据代销清单确认销售收入。按照这一原理,如果纳税人的产品销售对象是商业企业,并且以先销售后付款结算的方式完成销售,则可以采用委托代销结算方式,即根据实际收到的货款分期计算销项税额,从而合理、合法延缓纳税义务时间。

【案例 9-11】 某造纸厂 7 月向汇文商店销售白板纸 113 万元(含税价),货款结算采用先销售后付款方式,截至 10 月,汇文商店只汇来 33.9 万元货款,导致该造纸厂垫付大量增值税款。

解析：此笔业务，由于购货方是汇文商店，属于商贸企业，并且货款结算采用先销售后付款方式，导致7月造纸厂发出白板纸后就必须计算缴纳销项税额：113/(1+13％)×13％＝13(万元)。

若考虑选择委托代销模式，则可实现递延纳税。具体税务处理如下：该造纸厂7月采用委托代销方式销售白板纸，白板纸发出时不需要计算销项税额；10月按收到的代销清单确认销售额并计提销项税额：33.9/(1+13％)×13％＝3.9(万元)。对尚未收到代销清单的货物，可暂不申报、暂不缴纳增值税，达到了递延纳税的目的。

9.2.8 规避平台筹划法

1. 规避平台筹划法原理

在税收筹划实务中，税法规定的若干临界点常被称为"规避平台"。规避平台建立的基础是临界点，因为临界点会因"量"的积累而引起"质"的飞跃，是一个特别重要的关键点。当纳税人突破某些临界点时，由于所适用的税率降低或满足享受税收优惠的条件，则可以获得一定的税收利益，这便是规避平台筹划法的基本原理。因此，规避平台筹划法着眼于寻找临界点，并巧妙利用临界点控制税负水平。

2. 规避平台筹划法的操作技术

1) 税基临界点筹划法

税基临界点筹划法主要是寻找税基临界点，并利用税基临界点控制税负。税基临界点主要有起征点、扣除限额、税率跳跃点等。税基相对于临界点的变化会引起税负的巨大变化，即临界点的边际税率出现迅速递增或递减的变化态势。

税基临界点筹划法聚焦于临界点，即要关注临界点，测算临界点，利用临界点。诸如个人所得税的起征点、税率跳跃点，企业所得税的税前扣除限额等，都是典型的税基临界点，对其进行税收筹划可以降低税负。

像公益性捐赠支出、业务招待费、广告费和业务宣传费等扣除项目都有税前扣除限额，都属于税基临界点。《企业所得税法》及其实施条例规定，企业发生的公益性捐赠支出，在年度利润总额12％以内的部分，准予在计算应纳税所得额时扣除；企业发生的与生产经营活动有关的业务招待费支出，按照发生额的60％扣除，但最高不得超过当年销售(营业)收入的5‰；企业发生的符合条件的广告费和业务宣传费支出，除国务院支出、税务主管部门另有规定外，不超过当年销售(营业)收入15％的部分，准予扣除；超出部分，准予在以后纳税年度结转扣除。

2) 优惠临界点筹划法

优惠临界点筹划法主要着眼于优惠政策所适用的前提条件，只有在满足前提条件基础上才能适用税收优惠政策。一般优惠临界点包括以下三种情况：一是绝对数额临界点；二是相对比例临界点；三是时间期限临界点。

规避平台利用的是临界点的量变质变规律。如果实际业务距离优惠临界点太远，要突破它，就必须有足够的量变积累，这可能会导致成本损耗与费用支出。所以，在利用优惠临界点筹划法时应合理规划，测算达到临界点的非税成本大小，避免出现舍本逐利、本末倒置的做法，保证规避平台筹划法达到最佳的筹划效果。

【案例9-12】 李明在天津市拥有一套家庭唯一生活用房，已经居住4年零9个月，这时他在北京找到一份薪水很高的工作，需要出售该住房搬到北京居住，那么李明应该如何进行税收筹划呢？

解析：(1) 个人住房转让所得征收个人所得税原则上实行核定征税，核定征税的比例暂按 1% 确定。对个人转让自用五年以上，并且是家庭唯一生活用房取得的所得免征个人所得税。对出售自有住房并在一年内重新购房的纳税人不再减免个人所得税。如果李明马上出售天津的住房，必须缴纳个人所得税。

合乎理性的筹划方法是他将住房于 3 个月后再转让而不是马上转让，且在北京购房时间延续到天津住房转让一年后，这样就符合上述免税政策规定。当然，李明如果遇到合适的买主，也可以立即出售该住房。采取时间期限临界点筹划法，即和买主签订两份合同：一份是远期房产转让合同(3 个月后正式交割房产)；另一份是为期 3 个月的房产租赁合同。只要租金和售价之和等于买主理想中的价位，这种交易很容易成功。这样买主可以马上住进去，李明就顺利享受了个人所得税的免税待遇。

(2) 按照"营改增"最新政策，个人将购买不足两年的住房对外销售的，全额征收增值税；个人将购买两年以上(含两年)的住房对外销售的，免征增值税。李明拥有天津的住房的时间已经超过两年，所以免征增值税。

9.2.9 资产重组筹划法

1. 资产重组筹划法原理

资产重组筹划法是指纳税人通过合并筹划法、分立筹划法等手段，实施资源优化配置，科学筹划税收，为资产重组活动节税。

资产重组的核心是实现资源的合理配置和资本效用的最大化，其实质是以收购、兼并、分立等重组行为实现包括经营业务整合、资产结构优化、财务状况改善、税款节约等目的。资产重组不可避免地影响着产权关系，甚至还会打破原来的企业边界，实现资产转移、股权关系的变化。资产重组筹划法的基本原理是资产重组行为改变了产权结构，产权结构的变化影响纳税活动，影响企业实际税负水平。其实，诸如纳税地点、纳税时间、纳税环节、纳税主体等税制要素都会因为资产重组、产权结构变化而发生变化。从一定意义上说，资产重组筹划法旨在打破企业边界的"束缚"，寻找最佳资源配置结构，寻找税负最小化的产权关系。

2. 资产重组筹划法的操作技术

1) 合并筹划法

企业合并是实现资源流动与有效配置的重要方式。企业合并不可避免地涉及税收筹划问题。合并筹划法是指企业利用并购及资产重组手段，改变其组织形式及股权关系，实现控制税负的筹划方法。

合并筹划法一般应用于以下五个方面：一是企业合并完成后，可以进入新的领域、新的行业，享受新领域、新行业的税收优惠政策；二是企业并购有大量亏损的公司，可以实现盈亏抵补、低成本扩张；[①]三是企业合并可以实现关联企业或上下游企业流通环节的减少，合理规避流转税和印花税；四是企业合并可能改变纳税主体性质，譬如，企业可能因为合并行为而由小规模纳税人转变为一般纳税人，或由内资企业转变为中外合资企业；五是企业合并符合免税重组政策条件的，可以不确认资产转让所得，不缴纳企业所得税。借助企业合并的特殊性重组政策，可以合法规避资产转让的所得税负担，具体参照《财政部 国家税务总局关于企业重组业

[①] 适用一般重组的企业合并，被合并企业的亏损不得在合并企业结转弥补；适用特殊性重组的企业合并，合并企业能以限额弥补被合并企业的亏损。

务企业所得税处理若干问题的通知》(财税〔2009〕59号)的相关规定。[①]

2) 分立筹划法

企业分立,是指一家企业将部分或全部资产分离转让给现存或新设的企业,被分立企业股东换取分立企业的股权或非股权支付,实现企业的依法分立。企业分立有利于企业更好地适应环境和利用税收政策获得税收方面的利益。

分立筹划法是利用分拆手段有效改变企业规模和组织形式、降低企业整体税负的一种税收筹划方法。分立筹划法一般应用于以下方面。

第一,企业分立为多个纳税主体,可以形成有关联关系的企业群,实施集团化管理和系统化筹划。

第二,企业分立可以将兼营或混合销售中的低税率或零税率业务独立出来,单独计税降低税负。

第三,企业分立使适用累进税率的纳税主体分化成两个或多个适用低税率的纳税主体,税负自然降低。

第四,企业分立可以增加一道流通环节,有利于增值税抵扣及转让定价策略的运用。

企业分立,被分立企业所有股东按原持股比例取得分立企业的股权,分立企业和被分立企业均不改变原来的实质经营活动,且被分立企业股东在该企业分立发生时取得的股权支付金额不低于其交易支付总额的85%,可以选择按以下规定处理:①分立企业接受被分立企业资产和负债的计税基础,以被分立企业的原有计税基础确定;②被分立企业已分立出去资产相应的所得税事项由分立企业承继;③被分立企业未超过法定弥补期限的亏损额可按分立资产占全部资产的比例进行分配,由分立企业继续弥补;④被分立企业的股东取得分立企业的股权(以下简称"新股"),如需部分或全部放弃原持有的被分立企业的股权(以下简称"旧股"),"新股"的计税基础应以放弃"旧股"的计税基础确定,如不放弃"旧股",则其取得"新股"的计税基础可从以下两种方法中选择确定:直接将"新股"的计税基础确定为零,或者以被分立企业分立出去的净资产占被分立企业全部净资产的比例先调减原持有的"旧股"的计税基础,再将调减的计税基础平均分配到"新股"上。[②]

值得注意的是,分立筹划法在实际操作中要注意以下问题:一是采用分立筹划法时必须先进行成本权衡分析,即要求满足企业分立所产生的非税成本必须小于节税利益;二是企业分立进行业务拆分时,必须考虑定价的合理性,由于分立企业之间存在一定的关联关系,如果定价不合理,税务机关有权调整作为税基的定价。

【案例9-13】 甲电梯公司主要生产销售电梯并负责电梯的安装、维修及保养。8月甲电梯公司取得含税销售收入3390万元,其中安装费约占含税销售收入的30%,维修费约占含税销售收入的10%。假设8月购进的进项税额为200万元,请为甲电梯公司设计税收筹划方案。

---

① 符合特殊性重组的条件如下:①具有合理的商业目的,且不以减少、免除或者推迟缴纳税款为主要目的。②企业重组后的连续12个月内不改变重组资产原来的实质性经营活动。③企业重组中取得股权支付的原主要股东,在重组后连续12个月内,不得转让所取得的股权。④被收购、合并或分立部分的资产或股权比例超过50%。⑤企业股东在该企业合并发生时取得的股权支付金额不低于其交易支付总额的85%,以及同一控制下且不需要支付对价的企业合并。

② 参见《关于企业重组业务企业所得税若干问题的通知》(财税〔2009〕59号)的相关规定。

解析：混合销售行为和兼营非应税劳务应当缴纳增值税，其销售额分别为货物与非应税劳务的销售额的合计，货物或者应税劳务与非应税劳务的销售额的合计。甲电梯公司既生产销售电梯又负责安装维修电梯的行为属于混合销售行为，按照税法规定，8月甲电梯公司应纳增值税额计算如下：$3\,390 \div (1+13\%) \times 13\% - 200 = 190$（万元）

如果甲电梯公司设立一个独立核算的安装公司，电梯公司只负责生产销售电梯，安装公司专门负责电梯的安装维修，电梯公司和安装公司分别就销售电梯收入、安装维修收入开具发票。甲电梯公司设立电梯安装公司后，纳税情况会发生变化。对销售电梯并负责安装及维修取得的收入，一并征收13%的增值税；对不从事电梯生产销售，只从事电梯安装和维修的专业公司对电梯安装收入征收9%的增值税，对电梯维修收入征收6%的增值税。

甲电梯公司应纳增值税 $= 3\,390 \times (1-40\%) \div (1+13\%) \times 13\% - 200 = 34$（万元）

安装公司应纳增值税 $= 3\,390 \times 30\% \times 9\% \div (1+9\%) + 3\,390 \times 10\% \times 6\% \div (1+6\%) = 103.16$（万元）

电梯公司分立出安装公司后，节省增值税额为 $190 - 34 - 103.16 = 52.84$（万元）

企业分立筹划法在实际操作中要注意以下问题。

（1）要进行成本收益衡量。设立电梯服务公司所增加的企业分立成本和税收筹划费用之和应小于节税收益。

（2）注意定价的合理性。由于涉及货物销售价格与服务价格的剥离，不要为了节税而故意抬高服务价格，因为生产销售企业与提供服务企业存在关联方关系，如果定价不合理，税务机关有权调整货物及服务的定价。

【案例9-14】 乙公司是制造型企业，为加快产品研发和技术更新，2020年底成立了技术研发部，2021年该研发部门全年研发费用为1 000万元，技术转让收入为3 000万元。乙公司当年税前利润为4 000万元，研发费用已全部计入当期损益，且没有其他纳税调整事项。

2021年乙公司应交企业所得税为

$$(4\,000 - 1\,000) \times 25\% = 750（万元）$$

如果乙公司将研发部门独立出来，单独成立一家全资控股的高新技术企业——B公司，B公司独立运营、自负盈亏，预计年技术转让收入为3 000万元，成本支出为1 000万元，税前利润为2 000万元。

解析：（1）若B公司处于免税期，无须缴纳企业所得税。将研发部门独立出来后，乙公司的税前利润变为

$$4\,000 + 1\,000 - 3\,000 = 2\,000（万元）$$

乙公司应交企业所得税为

$$2\,000 \times 25\% = 500（万元）$$

则两家公司合计应缴纳企业所得税500万元。

因此，乙公司将研发部门独立出来更节税，少交税金为 $750 - 500 = 250$（万元）

（2）若B公司适用居民企业技术转让所得优惠政策：一个纳税年度内居民企业技术转让所得不超过500万元的部分免征企业所得税，超过500万元的部分减半征收企业所得税。

B公司技术转让所得[①]为

---

① 技术转让所得＝技术转让收入－技术转让成本－相关税费

$$3\,000 - 1\,000 = 2\,000(万元)$$

应交企业所得税为
$$(2\,000 - 500) \times 25\% \times 50\% = 187.5(万元)$$

同样乙公司应交企业所得税为 500 万元，两家公司合计应交企业所得税为
$$187.5 + 500 = 687.5(万元)$$

乙公司将研发部门独立出来，节税额为 $750 - 687.5 = 62.5(万元)$

（3）若 B 公司按优惠所得税税率 15% 计算，应交纳企业所得税为
$$(3\,000 - 1\,000 - 500) \times 15\% \times 50\% = 112.5(万元)$$

同样乙公司应交企业所得税为 500 万元。

两家公司合计应交企业所得税为 $112.5 + 500 = 612.5(万元)$

乙公司将研发部门独立出来节税额为 $750 - 612.5 = 137.5(万元)$

9.2.10 业务转化筹划法

1. 业务转化筹划法原理

业务转化筹划法蕴藏着大智慧，是一种在变化中寻找节税空间的税收筹划方法。业务转化筹划法所采用的方式灵活多样，体现出与时俱进的开创思维。穷则变，变则通，通则久，业务转化筹划法强调的是转变，只有变才是世间唯一不变的规则，只有变才能立于不败之地。

"春播夏长，秋收冬藏"，世间万物有其变化规律。业务转化筹划法崇尚的是转化规律，关键是掌握变化之道。现实经济活动中的购买、销售、运输、建房等业务可以合理转化为代购、代销、代运、代建房等业务，无形资产转让可以合理转化为技术研发服务或非货币性资产投资业务，甚至还有公司雇员与非雇员之间的相互转化……这些业务模式浑然天成，没有一丝雕琢的痕迹。业务转化使得纳税人享受的税收政策天壤之别，正是变化的业务模式与设计的交易结构凸显税收筹划的操作空间。

2. 业务转化筹划法的操作技术

业务转化筹划法蕴含着业务模式转变思想，不同的业务模式适用不同的税收政策，自然形成不同的税负状况，这其中就显示出一定的节税空间。业务转化筹划法主要有以下三种操作技术：业务形式转化、业务口袋转化、业务期间转化。

1) 业务形式转化

业务形式转化，即将纳税人的收入从一种形式转化为另一种形式。随着业务形式的转化，所涉及的收入性质、税种、应纳税额也会相应发生变化，税负结果自然不同。

【**案例 9-15**】 美国的股份公司经常为职工购买多份生命保险，保费的资金来源是贷款，可以是银行提供的，也可以是保险公司提供的。按照美国税法规定，银行贷款利息可以在税前扣除。每年购买保单的资金不必立即缴税，只是在保单变现时才予以课税。因此，购买保单就是一项获取税收利益的投资。进一步分析，如果保费是由保险公司提供的融资，则企业要求保险公司通过银行转贷该笔资金给自己使用，就可以实现贷款利息税前扣除，而保险公司还能从银行拿到利息收入，具体筹划原理如图 9-1 所示。这一融资形式的转化就体现着业务形式转化的税收筹划技术。

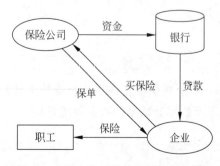

图 9-1 为职工购买保险的税收筹划模型

案例分析

销售房产转化为代建模式的税收筹划

为了建设"社会主义新农村",响应城乡一体化发展战略,中部地区某村庄推出"新型城镇"计划,具体建设规划如下:在村民集中居住地的南面统一建设10栋两单元五层的居住楼,妥善安置村里600余村民,待居住楼建设完毕后再统一拆迁原居民院落,变原院落为耕地。由于当地政府资金不足,将房地产开发项目转给了村中的某房地产企业,该房地产企业对此项目进行了初步规划:本着自愿签署合同的原则,对每户同意拆迁的村民给予10万元的拆迁补偿费,待房屋建设完毕再以每平方米1500元的售价销售给村民。此项目的涉税金额较大,所以所形成的税后利润很少,甚至可以忽略不计。

筹划分析:此项目对于开发企业而言,构成了销售房地产的业务形式,涉及的税种较多,税负较大。对此有没有更好的税收筹划方法?

此项目的筹划核心是变房地产开发业务为代建业务。若符合代建房行为,则可以免征土地增值税、契税等税种。经过分析发现,该项目可以按照代建业务操作,具体实施过程及关键环节如下。

(1)立项。此次房地产开发项目变企业立项为当地政府立项并报中华人民共和国国家发展和改革委员会备案。即开发主体是政府而非房地产企业。

(2)征地。由政府出面同村民签订征地协议,合同双方分别为政府和同意征地的村民,改变企业与村民签订协议的实质。

(3)费用。为了解决当地政府资金不足问题,企业可以将征地款项借给政府,但必须要求地方政府定期偿还。

(4)合同。和当地政府签订"代建房合同",变企业售房模式为代建房模式,并对收取的代建收入按照"建筑安装服务"税目纳税。

2)业务口袋转化

业务口袋转化,即将一个会计主体的业务收入转化为另一个会计主体的业务收入,最常见的就是利用税率差在关联企业之间以转让定价方式实现收入口袋转化,从而达到税收筹划的节税目的。

【案例9-16】 一家设备生产企业,自行研发了一套智能软件,与设备配置在一起对外销售。这套智能软件使设备的性能大大改善,企业因此提高了设备的销售价格。但随之而来的是企业面临着棘手的高税负问题,即设备售价高,增值税和企业所得税负担都很重。从业务流程角度分析,企业税负高的原因在于设备销售价格高,而设备销售价格高的原因在于智能软件。智能软件属于高附加值产品,设备的增值率因此而上升,从而带来增值税负担和企业所得税负担的增加。

解析:采用业务口袋转化技术,就可以寻找节税空间。操作方案设计如下:对生产企业进行拆分,专门成立软件公司,在向购买方出售设备的同时,由软件公司出售智能软件,即把一项交易拆分为两个纳税主体的两项交易。虽然对于客户没有太大的影响,但设备生产企业的税收状况却发生了显著变化:在设备和智能软件交易中,设备和智能软件分配原来的销售价格,客户采购活动并没有增加支付成本,但新分立出来的软件公司作为独立的纳税主体,可以申办高新技术企业,其软件的销售收入享受软件产品税收优惠,实际仅负担15%的企业所得税与 3% 的增值税。①

该问题之所以能得以解决，归因于引入业务口袋转化技术，把原来的销售收入分解后流入不同的"口袋"，而不同的"口袋"存在税收待遇差异，从而产生了节税效果。

3）业务期间转化

业务期间转化，即把一个纳税期间的业务转化为另一个纳税期间的业务，实现业务收入、费用（成本）及税金的跨期转移，从而实现节税目的。

最典型的例子是企业控制收入的实现时间。控制收入的实现时间就可以合理地将收入归属于合理的期间，从而影响企业当期的应税收入和应纳税额。在经济实践中，企业控制收入的实现时间主要有以下方法：一是合理安排交易时间，控制交易进度和收入实现时间；二是利用交易合同来控制，即通过签订并履行交易合同来控制收入实现时间；三是通过收入结算方式来控制收入实现时间及所归属的期间。

静观业务转化筹划法，其精髓在于因时而变、因事而变、因地而变。推演之，孕育变化、适应变化、收藏变化，乃是税收筹划之道。

9.2.11 流程筹划法

所有的经济业务都有流程，所谓流程就是经济业务发生发展的路线和次序过程。流程是可以改变的，主客观因素都可能改变流程。税收是和流程紧密相连的，税收产生于业务流程，不同的业务内容和流程决定着税收的性质和流量。因此，流程筹划法是一种创新型筹划方法，即利用业务流程顺序调整和流程再造模式去改变税收负担。

【案例 9-17】 北方有一家自动化设备生产企业，自主研发了一套软件配置在所生产的设备上，导致该设备售价比同类产品高出 30%，企业为此非常困惑：由于产品售价高，而企业为生产设备购进的材料并未增加，导致企业的增值税、企业所得税负担都很重。那么，这家企业应如何进行税收筹划运作呢？

解析：从流程角度分析，我们发现设备售价高主要归因于自主研发的软件。软件属于高附加值产品，软件与设备打包销售，则会抬高增值率而提升增值税税负。研发成功的软件，一般将其研发费用计入无形资产，以后期间进行摊销，较长的摊销期限也会抬高前期的企业所得税负担。

方案一：对自动化设备生产企业进行拆分，成立专门的软件公司从事软件的研发和销售，则自动化设备生产企业只向购买方出售设备，软件由软件公司负责销售。购买方购买设备和软件后，再把软件配置在设备上。这里虽然只是调整了业务流程，但纳税结果却发生了显著变化：在设备主体和软件销售过程中，购买方外购的软件可以抵扣 17% 的增值税，而软件公司自产自销软件可以享受税收优惠政策，其增值税负担仅为 3%（财税〔2011〕100 号文件规定，增值税一般纳税人销售其自行开发生产的软件产品，按现行的税率征收增值税后，其增值税实际税负超过 3% 的部分实行即征即退政策）。通过该筹划方案，设备生产企业和软件公司的税负就

---

① 《财政部 国家税务总局关于软件产品增值税政策的通知》（财税〔2011〕100 号）规定，自 2011 年 1 月 1 日起，增值税一般纳税人销售其自行开发生产的软件产品，按 17% 税率征收增值税后，对其增值税实际税负超过 3% 的部分实行即征即退政策。《财政部 税务总局关于调整增值税税率的通知》（财税〔2018〕32 号）规定，纳税人发生增值税应销售行为或者进口货物，原适用 17% 和 11% 税率的，税率调整为 16%、10%。《财政部 税务总局 海关总署关于深化增值税改革有关政策的公告》（财政部 税务总局 海关总署公告 2019 年第 39 号）规定，增值税一般纳税人（以下称纳税人）发生增值税应销售行为或者进口货物，原适用 16% 税率的，税率调整为 13%；原适用 10% 税率的，税率调整为 9%。

明显下降了,节税源于业务流程的改造。

方案二:自动化设备生产企业不拆分出软件公司,而是进行业务流程再造,即向客户提供设备的售后服务(比如安装调试、操作工人技术培训、设备维护等),向客户收取售后服务费,而软件则不再打包出售,而是附带在售后服务中,把提供技术服务作为售后服务的一项内容。这样一来,就可以将软件销售收入转化为技术服务收入,按照现代服务业税目缴纳6%的增值税。相比设备而言,显然税负会有较大幅度的下降。

复习思考题

1. 开展税收筹划需要关注纳税人的哪些基础信息?
2. 税收筹划有哪些"运行规则"?
3. 请简述纳税人筹划法的具体内容。
4. 请举例说明如何运用税率筹划法。
5. 合并筹划法与分立筹划法分别适用于哪些情形?

【案例分析题】

案例一 警惕酒店给的"小惠"

陈先生是阳光服装公司的销售部经理,由于和客户进行业务交流,经常在外地出差。某日,陈先生与客户洽谈业务之后,在一家酒店设宴款待客户,但结账付款索要发票时,却被酒店收款员婉言拒绝。酒店收款员对陈先生说:"你的消费金额为1 000元,如果不要发票,可以给你5%的价格折扣,或者价值为50元的两瓶饮料。"

【要求】 从税收筹划角度分析,陈先生应该放弃索要发票而接受价格折扣或者饮料吗?为什么?酒店为何不愿给客户开发票?你在实际生活中遇到过类似的情况吗?你是如何处理的?

案例二 机构设立的税收筹划

某外国企业拟到中国开展技术服务,预计每年获得1 000万元人民币收入(暂不考虑相关的成本、费用支出)。该企业面临以下三种操作方案。

(1) 在中国境内设立实际管理机构。

(2) 在中国境内不设立实际管理机构,但设立营业机构,营业机构适用25%的企业所得税。劳务收入通过境内设立的营业机构取得。

(3) 在中国境内既不设立实际管理机构,也不设立营业机构。

请从税收筹划角度分析三种操作方案的优劣。

案例三 资本结构的税收筹划

某股份有限公司计划筹措1 000万元资金用于某高科技产品生产线的建设,相应制定了A、B、C三种筹资方案。假设企业所得税税率为25%,三种筹资方案下息税前利润(扣除利息和企业所得税前的年利润额)都为300万元。

(1) A方案:全部1 000万元资金都采用权益筹资方式,即向社会公开发行股票,每股计划发行价格为2元,共计500万股。

(2) B方案:全部1 000万元资金都采用向商业银行借款的负债筹资方式,借款年利率为10%。

(3) C方案:全部1 000万元资金都采用向其他企业借款的负债筹资方式,借款年利率为12%。

【要求】 请分析比较三个筹资方案。

案例四 "买一赠一"促销模式

某房地产公司推出"买一赠一"促销活动,购买一栋300平方米、市场价为120万元的别墅,赠送一个车库,市场价为30万元。

【要求】 该房地产公司应如何确认主营业务收入,应如何缴纳税款?

案例五 中国平安员工减持限售股的税收筹划

中国平安发布公告称,将于当年3月1日开始,在未来5年内减持近8.6亿股限售股。据悉,中国平安集团下属的新豪时、景傲实业、江南实业三家公司分别持有这8.6亿股中的3.9亿股、3.31亿股和1.39亿股,分别占公司总股本的5.3%、4.51%和1.89%。其中,新豪时和景傲实业为中国平安员工持股平台,江南实业则主要为中国平安高管持股平台。

由于本次限售股是上述三家公司代1.9万名平安员工持有的,公司的减持将面临企业所得税和个人所得税的双重征收,税负将高达40%左右,因而公司的减持方案引起了持股员工的强烈不满和全社会的关注。3月15日,部分员工代表来到位于深圳的平安总部,挂出"我的股票我做主"等横幅,要求解除公司的托管,将其所持有的平安上市股票和其他相关权益一次性过户,由员工持股人自己持有。

9月,新豪时公司的名称由"深圳市新豪时投资发展有限公司"变更为"林芝新豪时投资发展有限公司",注册地也由深圳变为西藏林芝地区,而平安另一家员工股持股平台景傲实业亦同时迁址西藏。

10月25日中国平安员工股托管方之一的林芝新豪时投资发展有限公司首次披露减持公告,该公司在10月以每股58.19~65.81元的价格减持中国平安1 284.49万股,占中国平安总股本的0.17%。

被业内称为平安模式的员工限售股减持序幕正式拉开……

要求:

(1) 若将新豪时和景傲实业两家公司远迁西藏林芝看作一种税收筹划行为,该行为能获得怎样的好处?

(2) 员工限售股减持的平安模式是否具有可借鉴性?现行税收政策对此有没有特别性约束?

【综合阅读题】

双鹭药业股权激励案例

1. 双鹭药业发展历程

北京双鹭药业股份有限公司是由新乡白鹭化纤集团有限责任公司等四家法人单位以及徐

明波等五位自然人于 2000 年 6 月共同发起设立的股份有限公司,属药品生产行业,经营范围主要包括生产片剂、重组产品、小容量注射剂、冻干粉针剂、胶囊剂、颗粒剂、原料药等。经中国证监会批准,公司于 2004 年 9 月 9 日以募集方式向社会公开发行 A 股股票并在深圳证券交易所上市,注册资本人民币 38 070 万元,法定代表人是徐明波。

双鹭药业自上市以来取得了多种药品生产批文、专利、自主知识产权、生产许可证、药品注册批件等,并不断增强公司创新能力,研发、生产多类新药投放新市场,巩固和扩大了主营业务的产品分布和地区分布,使公司获得了良好的发展,总资产和营业收入规模连续快速增长。双鹭药业上市以来,总资产规模不断扩大,从上市之初的 4 亿元增加至 22 亿元,年增长率达 71.08%;营业收入也从最初的 9 000 多万元增加至 10 亿元,增长了近 11 倍。

2. 双鹭药业的股权激励方案

(1) 激励计划的股票来源和股票数量。激励对象被授予 200 万份股票期权,每份期权代表这样的权利:授权日起六年内的可行权日,满足行权条件时,以预先设定的行权价格购买股票。激励计划的 200 万股股票通过定向发行获得。

(2) 激励计划的有效期、授权日、可行权日以及禁售期。2006 年 6 月 14 日,双鹭药业发布董事会决议公告,确定此次股票期权激励的授权日为 2006 年 6 月 13 日,有效期为自授权日起的六年时间。行权等待期为三年,授权日起三年后,即 2009 年 6 月 13 日起,激励对象如满足设定的行权条件,可以开始行权。行权有效期为三年。2009 年 8 月 14 日激励对象第一次行权,首次行权 90 日后,激励对象可在有效期内分次或一次全部行权。2009 年 11 月 26 日,激励对象进行第二次行权,至 2011 年 4 月 28 日最后一次行权止,激励对象共发生 6 次行权,股权激励计划中的标的股票全部行权完毕。

(3) 股票期权的行权价格。期权的行权价格为 9.83 元/股,即满足行权条件后,激励对象获授的每份股票期权可以 9.83 元/股的价格购买。

由此,管理层可以采取以下方式最大化自身利益:"选择公告日",即选择市价较低时公告股权激励计划;还可以采取"选择性信息披露",在公告前披露更多的坏消息以降低股价。

3. 公告日、行权日的选择

本案例采用事件研究方法分析公告日或行权日前后股票价格的变化情况,检验管理层选择公告日或行权日是否存在择时行为。

(1) 事件日选择。本案例以董事会发布股权激励计划草案的公告日或激励对象行权日作为事件发生日。事件发生日为交易日,如遇节假日或其他原因无法进行交易则顺延至下一个交易日。

(2) 事件窗口。本案例事件窗口定为 $[-15,15]$,采用市场调整模型来计量异常收益,该模型中的个股期望收益率可以利用事件窗内的市场或行业收益率来估计,因此不需要设计估计窗。

(3) 异常收益率的计量。本文采用市场调整收益模型来计算异常收益率,并选择深证 A 股指数作为市场风险的代理变量。

4. 节税收益的计算

本案例采用"节税收益"来衡量管理层通过降低行权日市价而减少缴纳的所得税额,通过以下步骤估算管理层股票期权行权日选择的节税收益。

(1) 股票期权应纳税所得额,计算公式如下:

$$S_1 = N(P_1 - P_0) \tag{1}$$

$$S_2 = N(P_2 - P_0) \tag{2}$$

式(1)、式(2)中，S_1 为正常行权日时的股票期权应纳税所得额；P_1 为正常行权日的股票收盘价；S_2 为选择行权日时的股票期权应纳税所得额；P_2 为选择行权日的股票收盘价；P_0 为股票的行权价；N 为授予股票的数量。

(2) 计算管理层股票期权的应纳税额。计算公式如下：

$$\mathrm{TAX}_1 = \left(\frac{S_1}{N} \times t_1 - a_1\right) \times n = S_1 t_1 - a_1 n \tag{3}$$

$$\mathrm{TAX}_2 = \left(\frac{S_2}{N} \times t_2 - a_2\right) \times n = S_2 t_2 - a_2 n \tag{4}$$

式(3)、式(4)中，TAX_1 为正常行权日的股票期权应纳税额；TAX_2 为选择行权日的股票期权应纳税额；S_1、S_2 的定义同上；t_1, t_2 分别为适用的个人所得税税率；a_1, a_2 分别为适用的速算扣除数；n 为规定月份数。

(3) 管理层选择行权日获得节税收益，计算公式如下：

$$\mathrm{TAXSAVING} = \mathrm{TAX}_1 - \mathrm{TAX}_2 = S_1 t_1 - a_1 n - (S_2 t_2 - a_2 n) \tag{5}$$

式(5)中，各个变量的定义同上。

5. 选择性信息披露

管理层为使其期权价值最大化而采取公司盈余公告与分析师盈利预测相背离的行为。为了获得低的行权价和行权时的股价，管理层会在激励计划公告前和行权前披露坏消息。公告和行权之前异常超额收益显著为负，之后有反转。本案例将公司披露的信息分为好坏两种，其中，好消息包括披露盈利为大增、预增、扭亏、续盈的业绩预告以及净利润增幅变动为正值时的业绩快报；坏消息包括披露盈利为大降、预减、首亏、续亏的业绩预告以及净利润增幅变动为负值时的业绩快报。此处的好坏消息表征"选择性信息"。业绩预告和业绩快报仅涉及利润总额和净利润等盈利指标，而不包含其他非盈利性信息。

6. 公告日及行权日选择

(1) 公告日选择。股权激励计划草案公告日与股票期权行权价格的确定有关。《上市公司股权激励管理办法(试行)》规定行权价格为股权激励计划草案摘要公布前一个交易日公司股票收盘价与计划草案摘要公布前 30 个交易日公司股票平均收盘价的较高者。双鹭公司股权激励公告前 15 个交易日的累计超额收益率(cumulative abnrmal return, CAR)均为负，公告后第 3 个交易日 CAR 逐步上升，这表明公告前股票超额收益显著为负，符合管理层选择股价相对较低的日期公告股权激励计划的特征。

(2) 行权日选择。管理层为了减少缴纳个人所得税，有动机降低行权时的市价。为检验管理层是否在股票超额收益较低的日期选择行权，本案例计算行权日前后 15 天的超额收益。研究发现，除第四次行权外，其他行权后超额收益均显著高于行权前超额收益，并且行权日前 3 天的超额收益均呈现下降趋势，符合管理层选择股价较低相对较低日期行权的特征。

下面进一步验证管理层是否在股票价格相对较低的日期选择行权。

表 9-6 报告了行权日价格、公告日价格，以及行权当月股票的最低价格，可以看出，除第四次外，行权日股票价格均低于公告日股票价格；对比行权日与当月最低股票价格可以看出，行权日价格与当月最低价格相差很小，特别是第五次和第六次行权日股票价格与当月最低价格相同。进一步表明管理层在选择行权日时，尽可能选择股票价格较低的日期。

表 9-6 双鹭药业股票价格状况（行权日价格、公告日价格、行权当月股票的最低价格）

时间	Tax Savings/万元	P_1/(元/股)	P_2/(元/股)	P_0/(元/股)	N/(万股)	$t_1=t_2$
2009.08.14	729.17	35.05	33.05	2.94	810	45%
2009.11.26	164.03	43.95	43.50	2.94	810	45%
2009.12.30	409.19	45.78	44.66	2.94	810	45%
2010.06.18	917.96	43.02	40.50	2.74	810	45%
2010.10.14	2 353.53	48.56	42.10	2.74	810	45%
2011.04.28	5 776.37	48.89	33.04	1.66	810	45%

通过计算行权日前后的超额收益，以及对比行权日股票价格、公告日股票价格和行权当月股票最低价格，我们发现管理层在行权时，会尽可能选择股票价格较低的日期，以获得纳税收益。根据节税收益计算公式，管理层共获得节税收益 10 350.25 万元，按期权数量折算为 12.78 元/股，相当于初始行权价 9.83 元/股的 1.30 倍，调整后最终行权价格 1.66 元/股的 7.70 倍。

（3）选择性信息披露。为进一步检验行权日股票价格的下降是不是管理层刻意选择信息披露时机，本案例将行权前后一个季度披露的消息划分为好消息和坏消息。通过查阅双鹭药业各项公告，发现管理层更倾向于在行权前披露相关信息，而行权后则没有披露任何消息；其次，通过对比行权前公司披露的好消息和坏消息发现，除第四次和第六次之外，其他行权前一季度披露的坏消息数量明显多于好消息。上述结果在一定程度上说明管理层选择信息披露时机，特别是通过披露坏消息影响股票价格，进而降低行权价格。

资料来源：作者根据相关资料整理。

【要求】 1. 请分析双鹭药业管理层操纵股票价格的经济原理。

2. 请分析股权激励活动计划草案的会计处理与税务处理的差异。

第 10 章

企业设立的税收筹划

> 税收代表一种经营成本,而且要像产品成本、雇员工资、财务成本等一样进行管理。将税收作为一种战略规划变量,特别强调其在经营决策制定中的角色。
>
> ——美国税务学会前主席　萨利·琼斯

10.1　居民企业与非居民企业的设立与筹划

10.1.1　居民企业的设立与筹划

1. 居民企业的界定

《企业所得税法》第二条规定:企业分为居民企业和非居民企业。

居民企业是指依法在中国境内成立,或者依照外国(地区)法律成立但实际管理机构在中国境内的企业。居民企业包括两大类:一类是依照中国法律、行政法规在中国境内成立的企业、事业单位、社会团体以及其他取得收入的组织;另一类是依照外国(地区)法律成立的企业和其他取得收入的组织。

"依法在中国境内成立的企业"中的"法"是指中国的法律、行政法规。目前我国法人实体中各种企业及其他组织类型分别由各个领域的法律、行政法规规定。如《中华人民共和国公司法》《中华人民共和国全民所有制工业企业法》《中华人民共和国乡镇企业法》《事业单位登记管理暂行条例》《社会团体登记管理条例》《基金会管理办法》等,都是有关企业及其他取得收入的组织成立的法律、法规依据。

居民企业如果是依照外国法律成立的,必须具备其实际管理机构在中国境内这一条件。所谓的"实际管理机构"是指对企业的生产经营、人员、账务、财产等实施实质性全面管理和控制的机构。我国借鉴国际惯例,对"实际管理机构"做出了明确的界定。

第一,对企业有实质性管理和控制的机构。实际管理机构与名誉上的企业行政中心不同,属于企业真实的管理中心。一个企业在利用资源和取得收入方面往往和其经营活动的管理中心联系密切。国际私法对法人所在地的判断标准,通常采取"最密切联系地"的标准,也符合实质重于形式的原则。税法将实质性管理和控制作为认定实际管理机构的标准之一,有利于防止外国企业逃避税收征管,从而保障我国的税收主权。

第二,对企业实行全面的管理和控制的机构。如果该机构只是对该企业的一部分或并不关键的生产经营活动进行影响和控制,比如只是对在中国境内的某一个生产车间进行管理,则不被认定为实际管理机构。只有对企业的整体或者主要的生产经营活动有实际管理控制,对本企业的生产经营活动负总体责任的管理控制机构,才符合实际管理机构标准。

第三,管理和控制的内容是企业的生产经营、人员、账务、财产等。这是界定实际管理机构的最关键标准,尤其在控制时特别强调人事权和财务权的控制。比如,到中国投资的许多外国企业,如果其设在中国的管理机构冠以"亚太区总部""亚洲区总部"等字样,一般都被认定为"实际管理机构",即对企业具有实质性管理和控制的权力。比如,在我国注册成立的通用汽车(中国)公司,就是我国的居民企业;在英国、美国、百慕大群岛等国家和地区注册的企业,实际管理机构在我国境内的,也是我国的居民企业。

2. 居民企业的税收政策

居民企业负担全面的纳税义务。居民企业应当就其来源于中国境内境外的所得缴纳企业所得税。所得,包括销售货物所得、提供劳务所得、转让财产所得、股息红利等权益性投资所得、利息所得、租金所得、特许权使用费所得、接受捐赠所得和其他所得。

公司制企业属于法人实体,有独立的法人财产,享有法人财产权。公司以其全部财产对公司的债务承担有限责任。公司制企业一般分为有限责任公司和股份有限公司两大类。《中华人民共和国公司法》还规定了两种特殊形式的有限责任公司:一人有限公司和国有独资公司。

无论是有限责任公司还是股份有限公司,作为法人实体,我国税法做了统一规定,即公司制企业应对其实现的利润总额作相应的纳税调整后缴纳企业所得税,如果向自然人投资者分配股息或红利,还要代扣投资者20%的个人所得税。对于投资国内(沪市和深市)上市公司的自然人股东,对其所获得的股息红利所得,减按10%的税率征收个人所得税。

就税收负担而言,公司形式应该是股份公司为最佳,原因如下:第一,世界各国税法中鼓励投资的有关税收减免条款一般针对股份公司;第二,以股份公司形式运营有利于股东降低税收负担。《国家税务总局关于股份制企业转增股本和派发红股征免个人所得税的通知》(国税发〔1997〕198号)规定:股份制企业用资本公积转增股本不属于股息、红利性质的分配,对个人取得的转增股本数额,不作为个人所得,不征收个人所得税。《国家税务总局关于股权奖励和转增股本个人所得税征管问题的公告》(国家税务总局公告2015年第80号)规定:非上市及未在全国中小企业股份转让系统挂牌的中小高科技企业以未分配利润、盈余公积、资本公积向个人股东转增股本,并符合财税〔2015〕116号文件有关规定的,纳税人可分期缴纳个人所得税;非上市及未在全国中小企业股份转让系统挂牌的其他企业转增股本,应及时代扣代缴个人所得税。上市公司或在全国中小企业股份转让系统挂牌的企业转增资本(不含以股票发行溢价形成的资本公积转增股本),按现行有关股息红利差别化政策执行。

10.1.2 非居民企业的设立与筹划

1. 非居民企业的界定

非居民企业,是指依照外国(地区)法律成立且实际管理机构不在中国境内,但在中国境内设立机构、场所的,或者在中国境内未设立机构、场所,但有来源于中国境内所得的企业。

机构、场所,是指在中国境内从事生产经营活动的机构、场所,包括以下情形。

第一,管理机构、营业机构、办事机构。管理机构是指对企业生产经营活动进行管理决策的机构;营业机构是指企业开展日常生产经营活动的固定场所,如商场等;办事机构是指企业在当地设立的从事联络和宣传等活动的机构,如外国企业在中国设立的代表处,往往为开拓中国市场进行调查和宣传等工作,为企业到中国开展经营活动打下基础。

第二,工厂、农场、开采自然资源的场所。这三类属于企业开展生产经营活动的场所。工厂是工业企业,如制造业的生产厂房、车间所在地;农场是农业、牧业等生产经营的场所;开采自然资源的场所主要是采掘业的生产经营活动场所,如矿山、油田等。

第三,提供劳务的场所。提供劳务的场所包括从事交通运输、仓储租赁、咨询经纪、科学研究、技术服务、教育培训、餐饮住宿、中介代理、旅游、娱乐、加工以及其他劳务服务活动的场所。

第四,从事建筑、安装、装配、修理、勘探等工程作业的场所,包括建筑工地、港口码头、地质勘探场地等工程作业场所。

第五,其他从事生产经营活动的机构、场所。

第六,非居民企业委托营业代理人在中国境内从事生产经营活动的,包括委托单位和个人经常代其签订合同,或者储存、交付货物等,该营业代理人视为非居民企业在中国境内设立的机构、场所。

2. 非居民企业的税收政策

第一,非居民企业在中国境内设立机构、场所的,应当就其所设机构、场所取得的来源于中国境内的所得,以及发生在中国境外但与其所设机构、场所有实际联系的所得,缴纳企业所得税。这里所说的实际联系,是指非居民企业在中国境内设立的机构、场所拥有据以取得所得的股权、债权,以及拥有、管理、控制据以取得所得的财产等。

第二,非居民企业在中国境内未设立机构、场所的,或者虽设立机构、场所但取得的所得与其所设机构、场所没有实际联系的,应当就其来源于中国境内的所得缴纳企业所得税。

由于非居民企业的税收政策相对复杂,且适用较为复杂的税率制度,这里对非居民企业适用的税率归纳如图10-1所示。

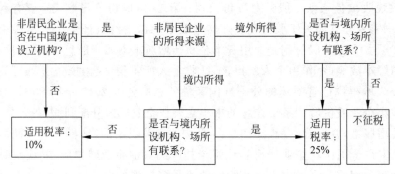

图10-1 非居民企业适用的税率

居民企业和非居民企业都属于企业所得税的纳税人,我国之所以对居民企业与非居民企业进行合理划分,关键是为了区分纳税义务的不同,这将会对不同纳税主体的税收活动产生深远影响。

【案例10-1】

英国的居民企业A在中国投资建立一个生产基地B。某年A准备转让一项专利技术给中国的居民企业C,转让价格为2 000万元,该专利技术的研发费用为1 200万元。已知:B当年在中国获得利润总额为2 500万元,不包括该专利技术转让所得800万元。请问企业A、B、C该如何进行税收筹划?

解析:有以下三个税务方案可供选择。

方案一:

B在中国注册成立为一家独立的法人公司,成为中国的居民企业,适用25%的企业所得税税率。由B成立研发部门组织开发该专利技术,发生研发费用支出1 200万元,再由B将该专利技术转让给C。

根据《企业研究开发费用税前扣除管理办法(试行)》规定,对其发生的研发费用可以加计扣除,且居民企业的技术转让所得不超过 500 万元的部分可以免征企业所得税,超过 500 万元的部分减半征收企业所得税。B 在中国应纳税额为

$$(2\,500 - 1\,200 \times 75\%) \times 25\% + (800 - 500) \times 25\% \times 50\% = 400 + 37.5 = 437.5(万元)$$

方案二:

B 为 A 设立在中国的生产机构,没有在中国注册,其实际管理机构在英国,不具备中国居民企业身份。由 B 成立研发部门组织开发该专利技术,发生研发费用支出 1 200 万元,再由 B 将该专利技术转让给 C。

由于 B 为中国的非居民企业,不能享受上述加计扣除和减免企业所得税优惠,但 B 在中国境内有机构场所,且 B 的专利技术收入与中国境内所设的机构场所有联系,视同居民企业征税,即按 25% 的企业所得税税率征收。B 在中国的应纳税额为

$$(2\,500 - 1\,200) \times 25\% + 2\,000 \times 25\% = 825(万元)$$

方案三:

B 在中国注册为一家独立的法人公司,为中国的居民企业。由 A 在英国成立研发部门组织开发该专利技术,发生研发费用支出 1 200 万元,然后由 A 直接转让该专利技术给 C。

该技术转让收入不是通过 A 在中国境内的 B 取得的,即该项收入与 B 没有任何联系,则 A 获得的收入全额征收预提所得税。A 在中国的应纳预提所得税额为

$$2\,000 \times 10\% = 200(万元)$$

B 在中国应纳企业所得税额为

$$2\,500 \times 25\% = 625(万元)$$

A、B 在中国纳税额合计为

$$200 + 625 = 825(万元)$$

采用方案一,B 在中国的纳税额为 437.5 万元;采用方案二,B 在中国的纳税额为 825 万元;采用方案三,A、B 在中国的纳税额为 825 万元。所以,方案一最优,其实方案一主要利用了中国研发费用加计扣除政策和技术转让减免税优惠政策。方案三只是计算了在中国缴纳的税款,由于 A 的专利技术的研发过程发生在英国,这里没有系统考虑研发费用支出对 A 在英国缴纳企业所得税的影响。

10.2 分支机构的设立与税收筹划

10.2.1 分支机构的设立与税收政策

分支机构的所得税缴纳有两种方式:一种是分支机构独立申报纳税;另一种是分支机构集中到总公司汇总纳税。采用何种方式纳税关键取决于分支机构的性质——是否为独立纳税人。同时,受分支机构的盈亏状况、所处地区的税率及资金控制等因素影响,不同纳税方式会使企业当期及未来各期的税负水平产生显著差异。由于受分支机构可能存在的盈亏不均、地区税率差异及资金控制等因素影响,不同组织形式的分支机构其税收待遇也是不同的,甚至在当期和未来期间还会产生较大的税负差异。

1. 子公司的设立及税收政策

《中华人民共和国公司法》第十四条规定:子公司具有法人资格,依法独立承担民事责任;

分公司不具有法人资格,其民事责任由公司承担。

子公司是对应母公司而言的,是指被另一家公司(母公司)有效控制的下属公司或者是母公司直接或间接控制的一系列公司中的一家公司。子公司因其具有独立法人资格,而被所在国视为居民企业,通常要履行与该国其他居民企业一样的全面纳税义务,同时也能享受所在国为新设公司提供的免税期或其他税收优惠政策。但建立子公司一般需要复杂的手续,财务制度较为严格,必须独立开设账簿,并需要复杂的审计和证明,经营亏损不能冲抵母公司利润,与母公司的关联交易的真实性与关联交易定价往往是税务机关反避税审查的重点内容。

子公司属于独立法人企业,拥有独立的财产权,一般独立对外开展经营活动,与母公司之间没有连带责任。母公司作为子公司的控股公司,仅在控股权基础上对子公司行使权利,享有对子公司重大事务的决定权。设立子公司,其税收筹划有如下优势:一是子公司可以独立享受所在区域或行业的税收优惠政策;二是子公司的利润分配形式灵活,且不受母公司的干预;三是子公司的税务风险责任不会给母公司造成影响,即母公司没有风险连带责任。

2. 分公司的设立及税收政策

分公司是指总公司下辖的独立核算的、进行全部或部分经营业务的分支机构,如分厂、分店、分部等。分公司是总公司的组成部分,没有独立的财产权,不具有独立的法人资格,不单独构成独立的民事责任主体,其经营活动所有后果均由总公司承担。

《企业所得税法》第五十条规定:居民企业在中国境内设立不具有法人资格的营业机构的,应当汇总计算并缴纳企业所得税。汇总纳税是指一个企业总机构和其分支机构的经营所得,通过汇总纳税申报的办法实现所得税的汇总计算和缴纳。我国实行法人所得税制度,不仅是引入和借鉴国际惯例的结果,而且是实现所得税调节功能的必然选择。法人所得税制要求总、分公司汇总计算缴纳企业所得税。因此,设立分支机构,使其不具有法人资格,就可由总公司汇总缴纳企业所得税。这样可以实现总、分公司之间盈亏互抵,合理减轻税收负担。

《跨地区经营汇总纳税企业所得税征收管理办法》(国家税务总局公告 2012 年第 57 号)规定:汇总纳税企业实行"统一计算、分级管理、就地预缴、汇总清算、财政调库"的企业所得税征收管理办法。上述管理办法的基本内容是:总机构统一计算包括企业所属各个不具有法人资格分支机构在内的全部应纳税所得额、应纳税额。但总机构、分支机构所在地的主管税务机关都有对当地机构进行企业所得税管理的责任,总机构和分支机构应分别接受机构所在地主管税务机关的管理。在每个纳税期间,总机构、分支机构应分月或分季分别向所在地主管税务机关申报预缴企业所得税。等年度终了后,总机构负责进行企业所得税的年度汇算清缴,统一计算企业的年度应纳所得税额,抵减总机构、分支机构当年已就地分期预缴的企业所得税款后,多退少补税款。

总分机构分摊税款的计算方法如下:

总机构分摊税款 = 汇总纳税企业当期应纳所得税额 × 50%

所有分支机构分摊税款总额 = 汇总纳税企业当期应纳所得税额 × 50%

某分支机构分摊税款 = 所有分支机构分摊税款总额 × 该分支机构分摊比例

总机构应按照上年度分支机构的营业收入、职工薪酬和资产总额三个因素计算各分支机构分摊所得税款的比例;三级及以下分支机构,其营业收入、职工薪酬、资产总额统一计入二级分支机构;三因素的权重依次为 0.35、0.35、0.30。具体计算公式如下:

$$某分支机构分摊比例 = \frac{该分支机构营业收入}{各分支机构营业收入之和} \times 0.35 + \frac{该分支机构职工薪酬}{各分支机构职工薪酬之和} \times$$

$$0.35 + \frac{该分支机构资产总额}{各分支机构资产总额之和} \times 0.30$$

需要注意的是,税法还规定了以下二级分支机构不需要就地分摊缴纳企业所得税。

(1) 不具有主体生产经营职能,且在当地不缴纳增值税的产品售后服务、内部研发、仓储等企业内部辅助性的二级及以下分支机构,不就地预缴企业所得税。

(2) 上年度认定为小型微利企业的,其二级分支机构不就地预缴企业所得税。

(3) 新设立的二级分支机构,设立当年不就地分摊缴纳企业所得税。

(4) 当年撤销的二级分支机构,自办理注销税务登记之日所属企业所得税预缴期间起,不就地分摊缴纳企业所得税。

(5) 汇总纳税企业在中国境外设立的不具有法人资格的营业机构,不就地分摊缴纳企业所得税。

总之,设立分公司有如下税收筹划优势:一是分公司与总公司之间的资本转移因不涉及所有权变动,不必纳税;二是分公司交付给总公司的利润不必纳税;三是经营初期分公司的经营亏损可以冲抵总公司的利润,减轻税收负担。

【案例 10-2】 鼎新集团是一家大中型制造企业,以往年度每年盈利 1 000 万元,根据市场需求,当年在乙地准备新设立 A 分支机构,从事生物制药高科技项目投资,但项目投资前两年(设立当年和第二年)由于投入较大,估计每年亏损 400 万元,第三年才可能扭亏为盈,以后各年盈利额逐年增加,第三年盈利 300 万元;第四年盈利 500 万元。鼎新集团应该如何设立分支机构才能节税?

解析:

如果鼎新集团在当年就将 A 分支机构设立为子公司,则在设立当年和第二年的两年中,一方面新设 A 子公司账面数额有巨大亏损,另一方面鼎新集团还须就每年 1 000 万元盈利缴纳 250 万元的企业所得税。因此,此时应将 A 分支机构设立为分公司,其每年亏损 400 万元可抵减企业利润,使其减少所得税款 100 万元。

但是,如果第三年及以后年度,A 分支机构仍然保持分公司的身份,与鼎新集团汇总纳税,则可能因为 A 分支机构高新技术产品销售收入、研发费用占集团全部销售收入、全部研发费用的比例达不到税法规定的优惠标准,而无法享受高新技术企业低税率优惠政策。此时,如及时将 A 分公司转换为 A 子公司,使其成为独立法人,并争取得到税务机关认定,按照高新技术企业缴纳所得税,则第三年可节税 30 万元[300×(25%−15%)];第四年可节税 50 万元[500×(25%−15%)]。

10.2.2 选择分支机构形式的税收筹划

根据分公司及子公司的不同税收特征,选择分支机构形式的决策分析可参见 4.5.3 节相关内容。

【案例 10-3】 深圳新营养技术生产公司为扩大生产经营范围,准备在内地兴建一家芦笋种植加工企业,在选择芦笋加工企业组织形式时,该公司进行了如下税收分析。

芦笋是一种根基植物,在新的种植区域播种,达到初次具有商品价值的收获期需要四至五年,企业在开办初期将面临很大的亏损,但亏损会逐渐减少。经估计,此芦笋种植加工公司第一年的亏损额为 200 万元,第二年亏损额为 150 万元,第三年亏损额为 100 万元,第四年亏损额为 50 万元,第五年开始盈利,盈利额为 300 万元。

该公司总部设在深圳,属于国家重点扶持的高新技术公司,适用的企业所得税税率为15%。该公司除在深圳设有总部外,在内地还有一子公司H,适用的企业所得税税率为25%。经预测,未来五年内,新营养技术生产公司总部的应税所得均为1 000万元,H公司的应税所得分别为300万元、200万元、100万元、0、-150万元。

请问,该公司应如何进行税收筹划?

解析:经分析可知,有三种方案可供选择。

方案一:将芦笋种植加工企业建成具有独立法人资格的子公司M。

因子公司具有独立法人资格,属于企业所得税的纳税人。按其应纳税所得额独立计算缴纳企业所得税。

在这种情况下,该新营养技术生产公司包括三个独立纳税主体:深圳新营养技术生产公司、子公司H和子公司M。在这种组织形式下,因芦笋种植企业——M是独立的法人实体,不能和深圳新营养技术公司或H合并纳税,所以,其所形成的亏损不能抵消深圳新营养技术生产公司总部的利润,只能在其以后年度实现的利润中抵扣。

在前四年中,深圳新营养技术生产公司总部及其子公司的纳税总额分别为225万元($1 000×15\%+300×25\%$)、200万元($1 000×15\%+200×25\%$)、175万元($1 000×15\%+100×25\%$)、150万元($1 000×15\%$),四年间缴纳的企业所得税总额为750万元。

方案二:将芦笋种植加工企业建成非独立核算的分公司。

因分公司不同于子公司,它不具备独立法人资格,不独立建立账簿,只作为分支机构存在。按税法规定,分支机构利润与其总部实现的利润合并纳税。深圳新营养技术生产公司仅有两个独立的纳税主体:深圳新营养技术生产公司总部和子公司H。

在这种组织形式下,因芦笋种植企业作为非独立核算的分公司,其亏损可由深圳新营养技术生产公司用其利润弥补,降低了深圳新营养技术生产公司第一年至第四年的应纳税所得额,使深圳新营养技术生产公司的应纳所得税得以延缓。

在前四年中,深圳新营养技术生产公司总部、子公司及分公司的纳税总额分别为195万元($1 000×15\%-200×15\%+300×25\%$)、177.5万元($1 000×15\%-150×15\%+200×25\%$)、160万元($1 000×15\%-100×15\%+100×25\%$)、142.5万元($1 000×15\%-50×15\%$),四年间缴纳的企业所得税总额为675万元。

方案三:将芦笋种植加工企业建成内地H的分公司。

在这种情况下,芦笋种植加工企业和H合并纳税。此时深圳新营养技术生产公司有两个独立的纳税主体:深圳新营养技术生产公司总部和子公司H。在这种组织形式下,因芦笋种植加工企业作为H的分公司,与H合并纳税,其前四年的亏损可由H当年利润弥补,降低了H第一年至第四年的应纳税所得额,不仅使H的应纳所得税得以延缓,而且使得整体税负下降。

在前四年里,深圳新营养技术生产公司总部、子公司及分公司的纳税总额分别为175万元($1 000×15\%+300×25\%-200×25\%$)、162.5万元($1 000×15\%+200×25\%-150×25\%$)、150万元($1 000×15\%+100×25\%-100×25\%$)、150万元($1 000×15\%$),四年间缴纳的企业所得税总额为637.5万元。

通过对上述三种方案的比较,应该选择第三种组织形式,将芦笋种植企业建成内地H的分公司,可以使整体税负最低。

10.3　各类经济组织的选择与税收筹划

10.3.1　个人独资企业、合伙企业的设立与税收筹划

我国对个人独资企业、合伙企业从 2000 年 1 月 1 日起，比照个体工商户的生产、经营所得，适用五级超额累进税率，仅征收个人所得税。而公司制企业需要缴纳企业所得税，如果向个人投资者分配股息、红利的，还要代扣其个人所得税（个人投资者分回的股息、红利，税法规定适用 20% 的比例税率）。

一般来说，企业设立时应合理选择纳税主体的身份，选择的思路如下。

第一，从总体税负角度考虑，个人独资企业、合伙企业一般要低于公司制企业，因为前者不存在重复征税问题，而后者一般涉及双重征税问题。

第二，在个人独资企业、合伙企业与公司制企业的决策中，要充分考虑税基、税率和税收优惠政策等多种因素，最终税负的高低是多种因素综合作用的结果，不能只考虑一种因素。

第三，在个人独资企业、合伙企业与公司制企业的决策中，还要充分考虑可能出现的各种风险。

【案例 10-4】 李先生投资兴办了一家企业，年应纳税所得额为 100 万元。那么该企业的类型在个人独资企业、合伙企业、有限责任公司之间应如何选择？

解析： 该企业如果注册登记为个人独资企业，应按照经营所得缴税个人所得税，经营所得适用 5%～35% 的超额累进税率（见表 10-1）。

表 10-1　经营所得适用 5%～35% 的五级超额累进税率

级　数	全年应纳税所得额/元	税率/%	速算扣除数
1	不超过 30 000 元的部分	5	0
2	超过 30 000 元至 90 000 元的部分	10	1500
3	超过 90 000 元至 300 000 元的部分	20	10 500
4	超过 300 000 元至 500 000 元的部分	30	40 500
5	超过 500 000 元的部分	35	65 500

注：本表所称全年应纳税所得额，是指以每一纳税年度的收入总额减除成本、费用以及损失后的余额。

个人所得税负担为

$$1\,000\,000 \times 35\% - 65\,500 = 284\,500(元)$$

企业税后净收益为

$$1\,000\,000 - 284\,500 = 715\,500(元)$$

但如果该企业注册为有限责任公司，则应首先以法人身份计算缴纳企业所得税，然后分配给投资者的税后利润还应按照股息、红利所得计缴个人所得税，总税收负担为

$$1\,000\,000 \times 25\% + 1\,000\,000 \times (1 - 25\%) \times 20\% = 400\,000(元)$$

企业税后净收益为

$$1\,000\,000 - 400\,000 = 600\,000(元)$$

可见，该企业作为有限责任公司比个体工商户多缴纳税收额为 115 500 元。

另外，如果投资成立的是合伙企业，虽然也仅需要缴纳个人所得税，但由于现行税制规定每一个合伙人单独按照其所获得的收益计缴个人所得税，因此，使投资者有更多机会按照相对

较低的税率计税,其总体税负会比个人独资企业更低。

如果李先生与三位朋友共同注册成立一家合伙企业,投资总额为200万元,每人投资比例均为25%,假定年应纳税所得额为100万元,则其个人所得税负担为

$$[(1\ 000\ 000 \div 4) \times 20\% - 10\ 500] \times 4 = 158\ 000(元)$$

合伙企业比个人独资企业少缴所得税金额为

$$284\ 500 - 158\ 000 = 126\ 500(元)$$

公司制企业所得税采用25%的比例税率,这意味着无论企业应纳税所得额规模多大,其税收负担率是不变的(小型微利企业税率为20%);而个人所得税对生产、经营性收入采用五级超额累进税率,这意味着应纳税所得额越大,其税收负担率越高。从个人所得税生产、经营所得适用的五级超额累进税率表可以看出,个体工商户的应税所得额在30万元时,适用的边际税率为20%,由于超额累进税率计税时应将以前级次适用低税率部分的差额减除,因此其实际税率为16.5%[(300 000×20%−10 500)÷300 000×100%=16.5%]。应税所得额在50万元时,适用的边际税率为30%,其实际税率是23.25%[(600 000×30%−40 500)÷600 000×100%=23.25%]。应税所得额为80万元时,适用的边际税率为35%,其实际税率是26.81%[(80 000×35%−65 500)÷80 000×100%=26.81%]。随着应税所得的增加,个体工商户的实际税率还会逐渐增加。

因此,如果单纯比较企业所得税与个体工商户的经营所得的税收负担率,企业负担的企业所得税税负率高于个体工商户经营所得的税负率。

10.3.2 民营企业、个体工商户的选择与税收筹划

民营企业亦称"私有企业",是由私人投资经营的企业,产权完全私有,与国有企业的公有产权相对应。民营企业的生产资料和产品属私人所有,经营活动由私人投资者或雇用职业经理人管理,资金来源有私人出资或通过银行筹资、发行股票筹资等。我国现阶段鼓励民营企业的存在和发展,同时也允许外国资本家依法在中国投资设立各种形式的中外合资企业或外商独资企业。

个体工商户又称个体户,是个体经济单位,它以劳动者个人及其家庭成员为主体,用自有的劳动工具及生产资料、资金,经向国家有关部门登记后,独立地从事生产、经营活动。个体工商户主要分布于各种小型手工业、零售商业、饮食业、服务业、运输业等行业部门。

按照现行税法规定,民营企业作为公司制企业,适用《企业所得税法》的各项规定,其适用的企业所得税税率是25%。而个体工商户则适用《个人所得税法》,按照《个人所得税法》中的经营所得计税,其税率见表10-1。

个体工商户适用查账征收的,若为增值税一般纳税人,按税款抵扣制计算缴纳增值税,若为小规模纳税人,按收入总额采用简易计税方法依3%的征收率计算缴纳增值税;附加税费中,城建税按缴纳增值税的7%(县城、镇为5%,乡、农村为1%)缴纳,教育费附加按缴纳增值税的3%缴纳,地方教育费附加按缴纳增值税的1%缴纳。

而民营企业属于公司制企业,负有全面的纳税义务,我国现行的所有税种都可能涉及。因此,民营企业与个体工商户面临不同的税收待遇。总体来说,个体工商户的税收负担低于民营企业的税收负担。

复习思考题

1. 居民企业与非居民企业的税收政策有何差异？
2. 子公司与分公司的税收政策有何差异？
3. 非公司制企业有哪些类型？公司制企业与非公司制企业的税收政策有何差异？如何利用企业性质的差异进行税收筹划？

【案例分析题】

案例一　盈亏互抵的税收筹划

甲公司经营情况良好，准备扩大规模，增设一分支机构乙公司。甲公司和乙公司均适用25%的企业所得税税率。假设分支机构设立后5年内经营情况预测如下。

（1）甲公司5年内每年均盈利，每年应纳税所得额为200万元。乙公司经营初期亏损，5年内的应纳税所得额分别为：－50万元、－15万元、10万元、30万元、80万元。

（2）甲公司5年内每年均盈利，每年应纳税所得额为200万元。乙公司5年内也都是盈利，应纳税所得额分别为：15万元、20万元、40万元、60万元、80万元。

（3）甲公司在分支机构设立后前两年亏损，5年内的应纳税所得额分别为：－50万元、－30万元、100万元、150万元、200万元。乙公司5年内都是盈利，应纳税所得额分别为：15万元、20万元、40万元、60万元、80万元。

（4）甲公司在分支机构设立后前两年亏损，5年内的应纳税所得额分别为：－50万元、－30万元、100万元、150万元、200万元。乙公司经营初期亏损，5年内的应纳税所得额分别为：－50万元、－15万元、10万元、30万元、80万元。

思考：在每一种情况下，甲公司应将乙公司设立成哪种组织形式更合适？

案例二　合伙制与公司制的权衡

李某与其二位朋友打算合开一家食品店，预计当年盈利360 000元，三位投资者的工资薪金为每人每月4 000元。

食品店是采取合伙制还是有限责任公司形式？哪种形式能降低税收负担？

案例三　非居民企业的税收筹划

在我国香港注册的非居民企业A，在内地设立了常设机构B。2020年3月，B就2019年应纳税所得额向当地主管税务机关办理汇算清缴，应纳税所得额为1 000万元，其中：

（1）特许权使用费收入为500万元，相关费用及税金为100万元。
（2）利息收入为450万元，相关费用及税金为50万元。
（3）从其控股30%的中国居民企业甲取得股息200万元，无相关费用及税金。
（4）其他经营收入为100万元。
（5）可扣除的其他成本费用及税金合计为100万元。

上述各项所得均与B有实际联系，不考虑其他因素。B的企业所得税据实申报。

应申报企业所得税＝1 000×25％＝250(万元)

思考：A 企业如何重新规划可少缴税？

【综合阅读题】

麦当劳组织架构的税收筹划案例①

1. 案情介绍

2015 年 5 月，欧盟委员会对麦当劳进行调查，发现麦当劳 2013 年从加盟商以及该公司的欧洲各个子公司收取的 10 亿美元转款中仅就 2.88 亿美元的利润缴纳了 1.4％的税收，远低于 29％的卢森堡企业所得税，认为其 2009 年至 2013 年一项税务安排有使麦当劳在卢森堡的子公司避免在当地和美国缴纳约 10 亿欧元公司税的嫌疑。欧盟委员会认为卢森堡可能误用国家法律和《卢森堡-美国双重税收协定》，为麦当劳的卢森堡公司提供了非法税收优惠，违反了欧盟国家援助规则。经过相关的调查，欧盟把关注点聚焦在麦当劳的欧洲特许经营权的交易上。

2009 年至 2013 年，麦当劳总部在卢森堡成立一家间接持股的卢森堡子公司，同时将欧洲特许经营权通过收取特许权使用费的方式转让给它。这家卢森堡子公司又在美国和瑞士分设了两家分公司，分别将欧洲特许经营权的持有权配给美国分公司，运营权分给瑞士分公司。美国分公司持有欧洲特许经营权，承担损益，瑞士分公司则挑起运营大梁，负责欧洲特许经营权的业务，收到的特许权使用费在扣除公司运营费用后转交给美国分公司。麦当劳"美国-卢森堡-瑞士-美国"的组织架构如图 10-2 所示。

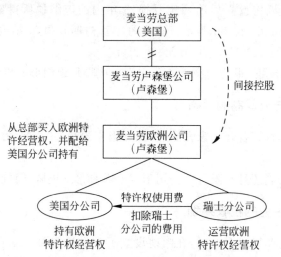

图 10-2　麦当劳"美国-卢森堡-瑞士-美国"的组织架构

2. 组织架构的税收筹划分析

1) 业务划分

作为世界快餐行业的巨头，"麦当劳"三个字具有巨大的品牌价值，这个名称的使用权就是

---

① 万婷.间接股权转让的税收筹划分析——以麦当劳改名税案为例[J].时代金融，2018(9)：183.

麦当劳独一无二的无形资产,麦当劳将这个无形资产以公司为单位单独持有,以特许经营权的方式出售。在上述麦当劳的筹划案例中,它将欧洲特许经营权从美国分离出去,单独转让给一家卢森堡公司,这就是无形资产的业务划分。同时麦当劳还下设两家海外分公司,分离欧洲特许经营权的持有人和管理人,这就是无形资产所有权和使用权的分割。美国分公司只是持有欧洲特许经营权,没有在境内开展商贸活动,欧洲特许经营权的运营由瑞士分公司进行,所以在美国税法下,卢森堡公司通过美国分公司获取的利润不属于美国的征税范围,不征收美国的企业所得税。

2) 设立企业类型的选择

麦当劳总部在卢森堡设立了一家子公司。之所以选择子公司,是因为子公司可以作为卢森堡的税收居民,享受卢森堡和美国以及瑞士签订的税收协定的优惠待遇。本来卢森堡公司应该就其 40 亿欧元的利润向卢森堡缴纳企业所得税,但是由于卢森堡的利润全部来自于美国和瑞士的分公司,根据卢森堡和两国签订的税收协定,卢森堡的分公司仅单边征税,所以美国分公司和瑞士分公司的利润均不征收卢森堡的企业所得税。

麦当劳欧洲公司在美国和瑞士下设了两家分公司。之所以区别于卢森堡的子公司选择设立分公司,是因为这两家分公司可以构成税收协定中的常设机构,适用常设机构原则——仅就常设机构的利润在来源国征税,美国仅就美国分公司的利润征收美国的企业所得税,但是根据业务划分的税收分析可知,这笔利润不在美国的征税范围内,所以最终这笔特许经营权的利润不征收美国的企业所得税。瑞士仅就瑞士分公司的利润征收瑞士的企业所得税。

3) 设立地点的选择

麦当劳总部选择在卢森堡、瑞士成立欧洲公司和分公司,首先显然是看中了卢森堡和瑞士"避税天堂"的税收地位。卢森堡具备宽松的法律和监管环境,众多税收优惠政策以及广泛的双边税收协定网络,其中不对境内的投资基金所得红利和资本利得征税,为外国公司提供免税服务,享受欧洲最低的增值税制度;瑞士企业所得税率较低,最重要的是它有着完备的金融体系,尤其是严格的《银行保密法》,私人账户只要进入瑞士就无法查明资金流向,虽然如今瑞士被美国逼迫开放了金融体系信息的交换,但是 2013 年时瑞士还是众多富豪隐匿收入的最佳选择。

其次是看中了卢森堡和美国以及瑞士签订的税收协定,这两个税收协定都规定分公司单边征税。根据《卢森堡-美国双重税收协定》的规定,美国分公司作为在美国的常设机构,产生的利润仅在美国征税,免征卢森堡的企业所得税。根据前面的分析可知美国不征收美国分公司的美国企业所得税,所以美国分公司的利润完全没有缴纳企业所得税。根据《卢森堡-瑞士双重税收协定》的规定,瑞士分公司作为瑞士的常设机构,产生的利润仅在瑞士征税,免征卢森堡的企业所得税,所以瑞士分公司的利润仅仅缴纳了较低的瑞士企业所得税。

4) 内部交易的规划

在麦当劳这个案例中税收协定给予了免税待遇,所以采用任何支付方式都不会有太大影响,但是上述麦当劳所有无形资产的交易都是通过特许权使用费进行交易的,使用这种费用支付更容易进行分摊和利润的转移。

3. 案情结果

由图 10-3 可知,通过麦当劳组织架构的税收筹划,这笔欧洲特许经营权的利润仅就瑞士分公司的部分缴纳了 17% 的企业所得税,完美避开了欧盟的监管。2018 年 9 月 19 日,欧盟也裁定麦当劳税收合法,指出上述避税的成功是因为美国和卢森堡法律不匹配,是法律的漏洞或不适用问题。不难看出,麦当劳新计划的搬迁也是利用企业设立地点的筹划思路,选择低税率国家设立公司。

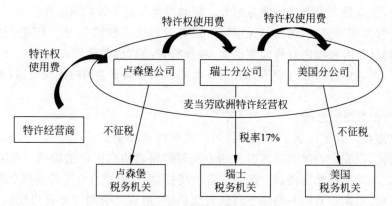

图 10-3　麦当劳欧洲特许权使用费的避税原理

问题思考:
(1) 麦当劳的组织机构设置有其税收考虑,请分析其中的税收筹划原理。
(2) 政府如何应对跨国公司利用组织架构设置可能造成的税收流失?

第 11 章

投资与融资的税收筹划

> 在未来税前现金流量和税收法规本身存在不确定性的条件下,风险报酬往往被写入契约中,以保证税收筹划对未来预期的税收状况变化做出灵活的反应。
>
> ——诺贝尔经济学奖得主　迈伦·斯科尔斯

11.1 投资决策的税收筹划

11.1.1 投资地点选择的税收筹划

1. 境内投资地点的选择

1) 利用西部大开发税收优惠政策投资西部地区

重庆市、四川省、贵州省、云南省、西藏自治区、陕西省、甘肃省、宁夏回族自治区、青海省、新疆维吾尔自治区、新疆生产建设兵团、内蒙古自治区和广西壮族自治区,以及湖南省湘西土家族苗族自治州、湖北省恩施土家族苗族自治州、吉林省延边朝鲜族自治州和江西省赣州市,自 2011 年 1 月 1 日至 2020 年 12 月 31 日,对设在上述地区的鼓励类产业的企业减按 15% 的税率征收企业所得税。根据《关于延续西部大开发企业所得税政策的公告》(财政部、国税总局、国家发展改革委 2020 年第 23 号)对西部大开发政策延续 10 年,即 2021 年 1 月 1 日至 2030 年 12 月 31 日,继续对设在西部地区的鼓励类产业企业减按 15% 的税率征收企业所得税。

2) 在新疆困难地区投资新办企业

《财政部　税务总局关于新疆困难地区及喀什、霍尔果斯两个特殊经济开发区新办企业所得税优惠政策的通知》(财税〔2021〕27 号)等税收政策规定:对在新疆困难地区新办的属于《新疆困难地区重点鼓励发展产业企业所得税优惠目录》范围内的企业,自取得第一笔生产经营收入所属纳税年度起,第一年至第二年免征企业所得税,第三年至第五年按 25% 的法定税率减半征收企业所得税。

因此,企业完全能够而且有必要在投资之前,充分考虑基础设施、金融环境等外部因素,选择整体税收负担相对较低的地点进行投资,以获得最大的税收利益。一般做法是:在低税区创办企业,即利用低税地区的各种优惠政策,其业务活动自然也可以扩大到非低税区;或在低税区设置关联机构,将更多利润留在低税区,以降低总体税负。但是企业一旦选择了在"老、少、边、穷"地区投资,必须考虑这些地区的硬件环境、软件环境及需求状况,以免为了节税影响企业盈利,得不偿失,这是企业投资前应当慎重考虑的。

2. 跨国投资地点的选择

如果进行跨国投资,仅从税收角度出发,主要考虑以下几点:①宏观税负的高低;②所涉及的主要税种及其税负的高低；③税收结构；④居住国与投资地所在国关于避免双重征税的政策规定。

从国外的情况看,有的国家或地区不征收所得税,有的国家的所得税税率高于或者低于我国。因此,投资地点不同,税收负担会有所差别,最终影响到投资收益。对于跨国投资者而言,还应考虑有关国家同时实行居民管辖权和收入来源地管辖权而导致对同一项所得的双重征税,以及为避免国际双重征税的双边税收协定有关税收抵免的具体规定,以进行投资国别或地区选择。

公司所得税(即企业所得税)是世界上开征相当普遍的一个税种。根据对世界各国的跟踪检索,世界各国公司所得税的基本状况是,普遍征收公司所得税的国家和地区有 220 个,根据 OECD 在 2019 年公布的《公司所得税统计报告》对全球 76 个国家的法定公司所得税税率的统计,共有 12 个国家或地区的法定公司所得税税率为零,这 12 个国家或地区为英属维尔京群岛、特克斯和凯科斯群岛、沙特阿拉伯王国、美国新泽西州、英国马恩岛、英国根西岛、开曼群岛、百慕大、巴哈马、巴林、安圭拉、阿拉伯联合酋长国。一部分国家或地区的公司所得税采取累进税制。

公司所得税综合税率存在持续下降的趋势。2010 年降低公司所得税税率的国家和地区至少有 21 个。自从美国 1986 年实行以降低税率、拓宽税基为基调的税制改革以来,世界上公司所得税税率普遍呈下降趋势。2017 年年底,特朗普税改方案在美国通过,这是 30 多年来美国税法最大的一次调整,美国的大规模减税政策可能将引起新一轮的全球减税浪潮。

此外,不少国家的地方所得税税率不一,如美国、日本、德国、瑞士、意大利等,有的差别还比较大,统计表明,达到 20%但不超过 30%这一税率段的国家和地区最多,有 46 个,其中税率低于 25%的国家和地区有 11 个；达到 25%但不超过 30%这一税率段的国家和地区次之,有 23 个,其中税率为 25%的国家和地区有 12 个。

企业进行投资时,应充分利用不同地区的税制差别或区域性税收倾斜政策,选择整体税负较轻的地区进行投资,以提高投资收益率。表 11-1 给出了亚太地区主要国家(或地区)公司所得税税率。

表 11-1 亚太地区主要国家(或地区)公司所得税税率一览表

国家或地区	税 率	备 注
日本	法人税税率 30%,居民税税率 6.21%,企业地方税税率 7.56%,其法定税率达到 43.77%	有效税率降至 40.69%
印度	国内公司：33.66%(包括附加税)；外国公司：41.82%	另有最低替代税率：国内公司为 11.22%；外国公司为 10.455%
韩国	14.3%(对第一个 1 亿韩元应税所得),27.5%(超过 1 亿韩元,包括 10%的居民附加费)	—
菲律宾	35%(主业务净所得),从经营的第四年起,毛所得适用 2%的最低公司所得税	
新加坡	20%	2008 年降至 18%
泰国	30%(符合特定条件可以降低税率)	—
印度尼西亚	10%~30%	—
斯里兰卡	当地注册的企业适用 15%的公司所得税税率,没有在当地注册的企业适用 35%的公司所得税税率	15%的低税率,适用于非传统出口、农业、旅游推广、建筑业等

续表

国家或地区	税率	备注
澳大利亚	30%	—
越南	28%	—
马来西亚	28%	—
新西兰	33%	—
中国香港	16.5%	税率较低,体现国际避税地的优势

注：我国《企业所得税法》所规定的25%的税率在亚太地区是有较强竞争力的,但是,国际上出现的减税趋势对我国也可能造成较大的影响和冲击。例如,新加坡从2008年起,税率从20%降为18%。中国香港作为国际税收优惠地区,其公司所得税率仅为16.5%。

11.1.2 投资行业选择的税收筹划

1. 流转税的行业税负差异

流转税主要通过对企业现金流量的影响约束企业的投资决策。在一定时期内企业缴纳的流转税越多,企业在该时期的现金流量就越少,从而抑制了企业的投资;反之,企业的现金流量增加会刺激企业的投资。

我国现行税法在流转税方面是根据企业所属行业及经营业务内容分别规定按不同税种征收,即工业企业、商业企业和服务型企业销售或进口货物,提供加工修理修配劳务,提供交通运输、邮政、电信、建筑和其他服务,销售不动产,转让无形资产所获得的收入应缴纳增值税。其中,特定产品(如烟、酒、化妆品等共十五大类)在缴纳增值税的同时还须缴纳消费税。

为此,企业投资进行行业选择时应首先考虑未来经营收入缴纳流转税的差异。尽管从经济学角度考虑,流转税可以转嫁他人负担,但实际能否转嫁、转嫁程度如何都会对企业的税收负担及税后利润造成不同影响。具体可从以下方面分析。

1) 适用税率差异

不同行业业务收入适用的税种不同,实际税负也不相同。工商企业销售收入缴纳增值税,名义税率较高,为13%或9%,但以增值额为计税依据,购进项目可做进项税额抵扣,税基较小。服务性企业提供各类服务在营改增后缴纳增值税,名义税率为6%。

2) 适用税种数量差异

生产销售产品的工业企业,大部分商品销售收入只缴纳增值税;而生产消费税应税产品的企业则须缴纳增值税、消费税两道流转税,而且由于消费税是价内税,增值税与消费税计税价格相同,消费税税率高低既影响消费税应纳税额的多少,又影响增值税应纳税额的多少。

3) 适用税目差异

同样缴纳增值税、消费税,税目不同,适用税率不尽相同,税负轻重也不相同。不同类商品或劳务适用的税目税率不同,同类商品也会有税率高低的差别,如乘用小汽车消费税根据气缸容量的不同会适用不同的税率。另外,还需考虑免税项目、出口退税率差别、进口征税时关税对增值税及消费税的影响等问题。

2. 所得税的行业税负差异

所得税对企业投资决策的影响主要体现在其直接影响企业的税后利润水平,进而影响企业的投资收益和投资决策。虽然我国企业所得税对各行业采用统一的比例税率,但各种优惠政策仍然为企业投资的行业选择提供了空间。

利用公共基础设施项目企业税收优惠政策。从事国家重点扶持的公共基础设施项目投资经营的所得,企业从事的国家重点扶持的公共基础设施项目的投资经营的所得,自项目取得第一笔生产经营收入所属纳税年度起,第1~3年免征企业所得税,第4~6年减半征收企业所得税。

利用农、林、牧、渔业项目企业税收优惠政策。企业从事农、林、牧、渔业项目的所得,可以免征、减征企业所得税。企业从事花卉、茶以及其他饮料作物和香料作物的种植,海水养殖、内陆养殖所得,减半征收企业所得税。

利用环境保护、节能节水项目企业税收优惠政策。企业从事环境保护、节能节水项目,包括公共污水处理、公共垃圾处理、沼气综合开发利用、节能减排技术改造、海水淡化等,自项目取得第一笔生产经营收入所属纳税年度起,第1~3年免征企业所得税,第4~6年减半征收企业所得税。

利用高新技术企业税收优惠政策。国家需要重点扶持的高新技术企业,减按15%的税率征收企业所得税。

利用创业投资企业税收优惠政策。创业投资企业采取股权投资方式投资于未上市的中小高新技术企业2年以上的,可以按照其投资额的70%在股权持有满2年的当年抵扣该创业投资企业的应纳税所得额;当年不足抵扣的,可以在以后纳税年度结转抵扣。

利用资源综合利用企业税收优惠政策。企业以《资源综合利用企业所得税优惠目录》规定的资源作为主要原材料,生产国家非限制和禁止并符合国家和行业相关标准的产品取得的收入,减按90%计入收入总额。

利用国家扶持动漫产业发展税收优惠政策。经认定的动漫企业自主开发、生产动漫产品,可申请享受国家现行鼓励软件产业发展的所得税优惠政策。另外,经国务院有关部门认定的动漫企业自主开发、生产动漫直接产品,确需进口的商品可享受免征进口关税和进口环节增值税的优惠政策。

利用鼓励软件产业税收优惠政策。软件生产企业实行增值税即征即退政策,所退还的税款,由企业用于研究开发软件产品和扩大再生产,不作为企业所得税应税收入,不予征收企业所得税;我国境内新办软件生产企业经认定后,自获利年度起,第1~2年免征企业所得税,第3~5年减半征收企业所得税;国家规划布局内的重点软件生产企业,如当年未享受免税优惠的,减按10%的税率征收企业所得税;软件生产企业的职工培训费用,可按实际发生额在计算应纳税所得额时扣除。

案例分析

灿坤集团投资活动的税收筹划案例[①]

灿坤集团为我国台湾地区最大的连锁信息家电零售企业,也是全球最大小家电生产基地,产品销售量全球第一。灿坤集团拥有先进的七大国内外设计研发基地,产品行销往全球上百个国家和地区,其主要产品的年产量均列全球第一。灿坤集团能够快速发展起来,离不开初建时期选择了有利于企业发展的投资方面的税收政策,即主要通过投资地点选择、产品选择、投资资金选择、经营方式选择、组织形式策划和预约定价制度等进行税收筹划。

1)投资地点选择

首先,灿坤集团作为台资企业,于20世纪80年代末选择进入中国大陆投资,在投资地点

---

① 本案例由作者根据相关资料整理。

选择上非常谨慎。寻找的投资地点最好是一个税收洼地,这样有利于未来发展。在这一点上,灿坤集团做出了非常明智的选择——福建厦门湖里工业区。厦门市在当时发布了特殊的企业所得税优惠政策和土地使用费优惠政策。① 这个政策的发布年度为1988年,而厦门灿坤实业的成立也是这一年,灿坤集团密切跟踪税收优惠政策,并对其充分加以利用。厦门市对企业所得税有着极强的优惠待遇:除了原本对台资企业享受属于特区外商投资企业的优惠待遇外,还可以享受特别优惠,包括投资兴办工业和农业项目,其经营期高于十年,获利年度起四年免征企业所得税,后五年减半;台资企业建设期间和投产后五年内,免征土地使用费。

为了充分享受企业所得税优惠政策,灿坤集团没有急于盈利,通过加大生产经营投入将获利年度合理推迟,1991年至1994年享受免税政策,1995年至1999年继续享受减半征收企业所得税政策。

2) 产品选择

灿坤集团在产品选择上也有所斟酌,其选择的是小家电产品,对小家电的税收优惠政策②的发布年度是1986年,灿坤集团对国家的宏观政策有较好的了解和掌握,小家电作为连续五年出口超过70%的产品,灿坤集团2000年至2004年获得所得税税率减半的税收优惠,以10%的税率缴纳企业所得税。自1999年优惠政策到期后又享受了无缝衔接的小家电税收优惠政策,这对灿坤集团的长期发展至关重要。

3) 投资资金选择

在投资资金的选择方面,灿坤集团利用了自有资金进行投资。根据相关规定③,灿坤集团作为境外投资者,没有将从企业取得的利润汇出境外,而是投资于本企业,用于增加注册资本,或开办其他企业,当经营期大于等于五年时,可退还投资部分已纳所得税的40%。如果再投资用于兴办扩建产品出口企业或先进技术企业,经营期大于等于五年时,全部退还。厦门灿坤实业股份有限公司采用的利润再投资的优惠政策,包括发放股票股利,用盈余公积转增资本等方式进行利润再投资,持续时间从1999年一直到2003年,这种方式累计获得厦门税务局近4 000万元的退税款。

4) 企业经营方式选择

在企业经营方式选择上,灿坤集团一直坚持创新,加强产品研发,不是做简单的代工生产商,而是掌握自己的核心技术,创造自己的品牌商标。如果企业要长远经营下去,做得更大更好,必须加强企业的核心竞争力。厦门灿坤实业股份有限公司的经营方式由最开始企业建立时简单的贴牌生产转换为贴牌生产和自创品牌并重。每年拿出其营业收入的5%作为研发费用,每年推出几十个自行研发的产品新品种。这种经营模式大大增加了研发费用的投入,可以享受研发费用加计扣除税收优惠政策。

5) 组织形式策划

厦门灿坤实业股份有限公司选择了成立子公司,与总公司构成母子关系来进行税收筹划。

---

① 《厦门市人民政府关于鼓励台湾同胞在厦门经济特区投资的若干规定》(厦府〔1988〕综014号)。

② 《国务院关于鼓励外商投资的规定》第八条规定:产品出口企业按照国家规定减免企业所得税期满后,凡当年企业出口产品产值达到当年企业产品值70%以上的,可以按照现行税率减半缴纳企业所得税。经济特区和经济技术开发区的以及其他已经按15%的税率缴纳企业所得税的产品出口企业,符合前款条件的,减按10%的税率缴纳企业所得税。

③ 《中华人民共和国外商投资企业和外国企业所得税法》第十条:外商投资企业的外国投资者,将从企业取得的利润直接再投资于该企业,增加注册资本,或者作为资本投资开办其他外商投资企业,经营期不少于五年的,经投资者申请,税务机关批准,退还其再投资部分已缴纳所得税的40%税款,国务院另有优惠规定的,依照国务院的规定办理;再投资不满五年撤出的,应当缴回已退的税款。

选择在福建漳州成立子公司,这样做可以在原公司大量盈利之前将利润转移到子公司,子公司可以继续享受"两免三减半"税收优惠。之后相隔三年,又在漳州成立经营活动相似的另一家子公司。其实,设立子公司也是一种投资形式,不仅可以延伸投资领域,而且还可以转移利润,形成一种产业布局。

11.1.3 投资方式选择的税收筹划

1. 直接投资方式

直接投资主要是指投资者用于开办企业、购置设备、收购和兼并其他企业等的投资行为,其主要特征是投资者能有效地控制各类投资资金的使用,并能实施全过程的管理。直接投资的形式多种多样,如投资开办一家新公司,以较高比例股份参与其他企业经营,对外扩张设立子公司或分公司,收购或兼并外部企业,开办中外合资公司,等等。

企业直接投资是一个长期的、极其复杂的事项,投资过程中的涉税问题也同样错综复杂。但无论怎样复杂,涉税事项无非税收成本的增减。企业选择投资项目,主要判断标准就是以最少的投入获得最大的收益。而税收成本的增加是一种现金流出,税收成本的节减与现金流入具有同样的意义。

国家税收有多种差异性条款,企业投资于不同项目常常会由于所适用的条款不同,导致税前收益与税后收益有很大差别。

【案例 11-1】 A公司现有一笔资金准备投资兴建一个项目,有甲、乙两个备选方案。其中甲方案预计年收入为1 000万元,成本费用为620万元,计算企业所得税时,由于部分费用超过税法规定准予税前扣除的标准,故税前可扣除项目金额仅为500万元。乙方案预计年收入为960万元,收入中有200万元可以按90%比例减计收入,成本费用为600万元,均符合税法规定准予税前扣除的标准,可在税前全额扣除。两个方案适用的企业所得税税率均为25%。

解析:税收成本计算分析过程如表11-2所示。

表 11-2　甲、乙方案的税收成本比较　　　　　　　单位:万元

项　　目	甲方案	乙方案
应纳税收入	1 000	760+200×90%=940
成本费用	620	600
税前现金流	380	360
可扣除项目金额	500	600
所得税成本	(1 000-500)×25%=125	(940-600)×25%=85
税后现金流	380-125=255	360-85=275

如果不考虑税收的影响,甲方案(税前现金流380万元)收益优于乙方案(税前现金流360万元),但当考虑了税收的影响后,则乙方案(税后现金流275万元)优于甲方案(税后现金流255万元)。

1) 税率的影响

企业投资项目在不同年度适用的边际税率不一定相等。所谓边际税率是指当纳税人再增加一单位应纳税所得额时所适用的税率。有的国家采用的所得税税率是累进税率,在这种情况下,当纳税人某年收入较少时,其所适用的边际税率就比较低;但当纳税人某年收入较多

时,其所适用的边际税率就比较高。例如,虽然有的国家所得税采用的是比例税率,但对于那些可以享受定期税收优惠的企业来说,实际上不同年度所适用的边际税率是不同的。

《企业所得税法实施条例》规定:企业从事国家重点扶持的公共基础设施项目的投资经营所得,从项目取得第一笔生产经营收入所属纳税年度起,第一年至第三年免征企业所得税,第四年至第六年减半征收企业所得税。不难看出,适用这项优惠政策的企业第一年至第三年适用的边际税率为0,第四年至第六年适用的边际税率为12.5%,第七年及以后年度适用的边际税率为25%,实际上是一种不同年度间的累进税率。或者说,当企业获得同样数量的应税所得(如100万元),如在第一年获得,不需缴纳企业所得税;如在第四年获得,则需要缴纳企业所得税12.5万元;如在第七年获得,则需缴纳企业所得税25万元。

【案例11-2】 B公司所在国实行超额累进税率的企业所得税,相关税收政策规定,年应纳税所得额在60万元以下的适用税率20%;年应纳税所得额超过60万元的部分适用税率30%。2023年B公司原应纳税所得额为40万元,2024年预计年应纳税所得额为80万元。2023年拟追加投资一个项目,有甲、乙两个项目可供选择,两个项目均可获得30万元应纳税所得额。甲项目收益可在2023年实现,而乙项目收益可在2024年实现。

解析:两个项目的投资比较分析如表11-3所示。

表11-3 项目的投资比较分析　　　　　　　　　　　　　　单位:万元

项　　目	2023年	2024年	两年合计
如追加投资选择甲项目			
应纳税所得额	40+30=70	80	150
应缴所得税	60×20%+10×30%=15	60×20%+20×30%=18	33
税后利润	70-15=55	80-18=62	117
如追加投资选择乙项目			
应纳税所得额	40	80+30=110	150
应缴所得税	40×20%=8	60×20%+50×30%=27	35
税后利润	40-8=32	110-27=83	115

从甲、乙两个项目的比较可以看出,同样数额应税所得,由于适用的边际税率不同,缴税数额和投资项目的税后收益也不相同。投资于甲项目所获得的30万元应税所得由于是在原收入较少年度实现,其中的20万元实际适用税率20%,只有10万元适用较高边际税率30%。而投资于乙项目所获得的30万元应税所得是在原收入较高年度实现,全部适用30%的较高的边际税率,故比甲项目多缴2万元企业所得税,导致整体税后收益降低。

2) 现值的考虑

企业投资是一项长期行为,故在投资决策中须考虑投资收益的货币时间价值,应用净现值法可以对不同时期的投资收益折现值进行比较。运用净现值法分析,税款缴纳时间的早晚会导致分析结果的变化。

【案例11-3】 C公司投资有甲、乙两个可选择方案,两年中各年的收入均为100万元。甲方案第一年成本费用为55万元,第二年成本费用为65万元。乙方案第一年成本费用为70万元,第二年成本费用为50万元。每年年终计算缴纳企业所得税。假设税率为30%,当期利率为10%,第一年复利现值系数为0.909,第二年复利现值系数为0.826。

解析:计算两个方案的应纳税现值如表11-4所示。

表 11-4　应纳税额现值比较分析　　　　　　　　　　　单位：万元

项　目		甲　方　案	乙　方　案
第一年	应纳税所得	100－55＝45	100－70＝30
	应纳所得税	45×30％＝13.5	30×30％＝9
	折现值	13.5×0.909＝12.271 5	9×0.909＝8.181
第二年	应纳税所得	100－65＝35	100－50＝50
	应纳所得税	35×30％＝10.5	50×30％＝15
	折现值	10.5×0.826＝8.673	15×0.826＝12.39
两年应纳税合计		13.5＋10.5＝24	9＋15＝24
两年应纳税现值合计		12.271 5＋8.673＝20.944 5	8.181＋12.39＝20.571

如果单纯从账面价值看，甲、乙两个方案两年缴纳的企业所得税总额是一样的，都是 24 万元。但考虑折现因素后，乙方案第一年成本费用比甲方案数额大，应纳税所得额较少，缴纳所得税额较少；第二年成本费用比甲方案数额小，应纳税所得额较多，缴纳所得税额较大。实际上是一部分税款递延了缴纳时间，所以降低了所缴纳税款的折现值。

2．间接投资方式

间接投资主要是指投资者购买金融资产的投资行为。依据具体投资对象的不同，间接投资又可分为股票投资、债券投资及其他金融资产投资，并可依据所投资证券的具体种类做进一步划分。例如，债券投资，又可细分为国库券投资、金融债券投资、公司债券投资等。间接投资的特点是投资者在资本市场上可以灵活地购入各种有价证券和期货、期权等，并能随时进行调整和转移，有利于避免各类风险，但投资者一般不能直接干预和有效控制其投资资金的使用状况。

1）债券投资的税收筹划

《企业所得税法》规定，企业取得的国债利息收入免征企业所得税，而购买其他债券所取得的利息收入需要缴纳企业所得税。所以，企业在进行间接投资时，除要考虑投资风险和投资收益等因素外，还必须考虑相关税收规定的差别，以便全面权衡和合理决策。

国库券投资收益少，但无风险，个人所获取的国库券利息收入免征个人所得税。对个人而言，在没有时间和精力经营股票投资的情况下，购买国库券可以获得稳定的投资收益。

【案例 11-4】 有两种长期债券：一种是企业债券，年利率为 5％；另一种为国债，年利率为 4.2％。请分析，企业应该投资于哪一种债券？

解析： 表面上看企业债券的利率要高于国债利率，但是前者要被征收 25％的企业所得税，而后者不用缴纳企业所得税，实际的税后收益应该通过计算来评价和比较。

$$5\% \times (1-25\%) = 3.75\% < 4.2\%$$

也就是说，企业债券的税后收益要低于国债的税后收益，所以进行国债投资更为合算。事实上，只有当其他债券利率大于 5.6％[4.2％/(1－25％)]时，其税后收益才大于利率为 4.2％的国债收益。

【案例 11-5】 某企业有 1 000 万元的闲置资金，打算进行投资。其面临两种选择：一种选择是投资国债，已知国债年利率为 4％；另一种选择是投资金融债券，已知金融债券年利率为 5％，企业所得税税率为 25％。请问从税务角度分析哪种方式更合适？

解析：

方案一：若企业投资国债，则

$$投资收益 = 1\,000 \times 4\% = 40(万元)$$

根据税法规定国债的利息收入免缴所得税,则税后收益为 40 万元。

方案二:若企业投资金融债券,则

$$投资收益 = 1\,000 \times 5\% = 50(万元)$$

$$税后收益 = 50 \times (1 - 25\%) = 37.5(万元)$$

所以从税务角度分析,选择国债投资对企业更有利。

2)股票投资的税收筹划

对企业所得税纳税人投资股票取得的投资收益应区别不同情况处理:首先,对于企业在股票市场上低价买入、高价卖出股票获得的价差收益要并入企业收入总额计算缴纳企业所得税。其次,对于企业购买并持有上市公司股票获得的股息、红利需根据情况确定:①居民企业或非居民企业连续持有居民企业公开发行并上市流通的股票超过 12 个月取得的投资收益免征企业所得税;②居民企业或非居民企业连续持有居民企业公开发行并上市流通的股票不超过 12 个月取得的投资收益,应并入企业所得税应税收入,即应当依法征收企业所得税;③居民企业或非居民企业持有非居民企业公开发行并上市流通的股票取得的投资收益,一律并入企业所得税应税收入计算缴纳企业所得税。

《企业所得税法》规定,在中国境内设有机构、场所的非居民企业应就其来源于中国境内的所得,包括股息、红利所得等,按照 10% 的税率缴纳企业所得税。

企业在进行股票投资时可通过适当延长股票的持有时间,或选择居民企业公开发行的股票等方式,获得股息、红利等免税利益。

各国对买卖股票一般征收交易税(印花税)、资本利得税,股票投资收益征收所得税。多数国家对企业的股息收益在征收企业所得税时都有税前扣除等避免经济性双重征税的规定,如美国对企业的股息所得,通常在税前扣除其所得的 70%;在应税公司股份比例达到 20%~80% 的,税前扣除股息所得的 80%;超过 80% 股份的,税前扣除股息的 100%。多数国家或地区对个人投资所得实行不同形式的避免经济性双重征税的政策。

股票投资风险大,但收益高。一般情况下,企业通过股票投资,可以利用较少的投资实现较大规模的扩张经营,但税负一般不会有明显变化;对于个人而言,在有时间和精力经营股票的情况下,可选择股票方式进行投资,可取得较多的税后利润。

3)基金投资的税收筹划

《财政部 国家税务总局关于企业所得税若干优惠政策的通知》(财税〔2008〕1 号)规定,对投资者从证券投资基金分配中取得的收入,暂不征收企业所得税。因此企业在证券基金现金分红中获得的收益是免税的。但应当注意的是,有些证券投资基金会采用拆分基金份额的方式向投资者分红。在这种分红方式中,投资者获得了更多基金份额,降低了单位基金成本,待赎回时获得的价差收益是需要缴纳企业所得税的。

显然,证券投资基金采用不同的分红方式,投资者的税后利益是不同的。当然,采用何种方式分红是由基金公司决定的,投资企业并没有决策权,但企业可以选择有较大税收分红收益的基金进行投资。

【案例 11-6】 2021 年 1 月,A 企业以 500 万元投资购买单位净值为 1 元的证券投资基金份额 500 万份。2021 年年末,基金净值升为 1.6 元。基金公司决定将升值部分全部向投资者分配。A 企业在 2022 年 5 月基金净值又升为 1.3 元时将基金赎回。

解析:如果基金公司采用现金分红,则 A 企业全部税后收益为

$$(1.6-1)\times 500+(1.3-1)\times 500\times(1-25\%)=412.5(万元)$$

如果基金公司采用拆分方式,则原来的 500 万份拆分后变为 800 万份,单位净值降为 0.625 元。赎回时,价差收益应缴纳所得税为

$$(1.3-0.625)\times 800\times 25\%=135(万元)$$

A 企业的税收净收益为

$$[(1.3-0.625)\times 800]-135=405(万元)$$

可以看出,现金分红方式下 A 企业节税 7.5 万元,增加了基金投资的收益。企业在进行基金投资决策时,如预计分红水平相等,应更倾向于选择投资现金分红基金。

另外,由于现金分红与基金赎回收益税收待遇上的差异,投资企业在确定基金赎回时间时也应将税收因素考虑进来。

【案例 11-7】 2021 年 2 月,B 企业投资 800 万元申购面值 1 元的 Y 基金 800 万份。到 2022 年 2 月,Y 基金净值为 1.5 元,Y 基金公司决定采取大比例分红方案,每基金份额现金分红 0.45 元。B 企业对这笔基金投资赎回的时间有两种选择:一是在 Y 基金分红之前赎回;二是在 Y 基金实施分红方案(除权日)后再赎回。

解析:计算两种方案下 B 企业的投资收益。

方案一:B 企业的投资收益为

$$(1.5-1)\times 800\times(1-25\%)=300(万元)$$

方案二:B 企业的投资收益为

$$0.45\times 800+(1.5-1.45)\times 800\times(1-25\%)=390(万元)$$

显然,在方案二中,投资者在基金分红时先获得分红现金收益,享受了免税待遇;分红后,基金净值大幅下降,赎回时,赎回收益很少,应缴税款明显减少,投资收益也相应增加。

当然,企业投资者还须考虑基金投资中的税收风险问题。根据《企业所得税法》第四十七条规定,企业实施其他不具有合理商业目的的安排而减少其应纳税收入或者所得额的,税务机关有权按照合理方法调整。当企业购买基金数额较大,超过合理投资比例,有可能被税务机关认定为以减少、免除或推迟税款缴纳为目的的不合理安排,从而对其进行调整。

11.1.4 投资方法选择的税收筹划

固定资产投资具有耗资多、时间长、风险大等特点,其税收筹划主要考虑以下方法:企业购置机器设备,进行固定资产投资可以采用多种方法,既可以完全自行出资,直接购置所需设备,也可以借助他人资金,采用分期付款赊购或者融资租赁方式。显然,前者需考虑完全由自己支付资金所形成的机会成本的增加;后者则需考虑借用他人资金所需承担的融资成本,无论哪一种方式,在预测中都需考虑税收因素。

【案例 11-8】 某企业欲扩大生产规模,需购置一台大型设备,设备使用年限为五年。有两个投资方案可供选择。

方案一:企业直接出资购入设备。设备购置款为 2 000 万元。

方案二:采用融资租赁方式从某租赁公司租入设备。首期付款 400 万元,每年年末支付租金 350 万元,租期为五年。双方约定租期结束,设备所有权转让给承租方。预计租期结束设备尚有估值 40 万元。

设备采用平均直线折旧法计提折旧,折旧抵税视同现金流入。折现率为 10%。(一年期、两年期、三年期、四年期、五年期利率为 10% 的复利现值系数分别为 0.909、0.826、0.751、

0.683、0.621。)

解析：

方案一：

购置设备现金流出：2 000 万元

折旧抵税(视同现金流入)：

第一年：(400×25%)×0.909＝90.9(万元)

第二年：(400×25%)×0.826＝82.6(万元)

第三年：(400×25%)×0.751＝75.1(万元)

第四年：(400×25%)×0.683＝68.3(万元)

第五年：(400×25%)×0.621＝62.1(万元)

折旧抵税折现值：90.9＋82.6＋75.1＋68.3＋62.1＝379(万元)

现金净流出：2 000－379＝1621(万元)

方案二：

交付首期款现金流出：400 万元

每年支付租金现金流出：

第一年：350×0.909＝318.15(万元)

第二年：350×0.826＝289.1(万元)

第三年：350×0.751＝262.85(万元)

第四年：350×0.683＝239.05(万元)

第五年：350×0.621＝217.35(万元)

现金流出：400＋318.15＋289.1＋262.85＋239.05＋217.35＝1 726.5(万元)

折旧抵税：

年折旧额：(400＋350×5)÷5＝430(万元)

第一年：(430×25%)×0.909＝97.72(万元)

第二年：(430×25%)×0.826＝88.80(万元)

第三年：(430×25%)×0.751＝80.73(万元)

第四年：(430×25%)×0.683＝73.42(万元)

第五年：(430×25%)×0.621＝66.76(万元)

折旧抵税折现值：97.72＋88.80＋80.73＋73.42＋66.76＝407.43(万元)

现金净流出：1 726.5－407.43－40×0.621＝1 294.23(万元)

采用融资租赁方式进行设备投资，表面上看比直接购置设备多支付设备款150 万元[(400＋350×5)－2 000]，但从长期投资的折现角度看，融资租赁方式的投资不仅使设备购置方减轻了初期支付大额现金的压力，而且获得了低成本融资的额外利益。最后，从折旧抵税的角度看，增加的设备使用成本也扩大了抵减企业所得税的效应。

哪一种投资方式能为投资者带来更多的税后收益并没有绝对的标准。影响投资税后收益的因素是多种多样的，每一项因素的变化都可能使不同投资方案的比较结果发生变化。分析案例 11-8 可知，当预计融资租赁所支付首期付款和年租金水平比较低时，方案二优于方案一。如果预计融资租赁所支付的首期付款和年租金水平比较高，尽管较高的设备使用成本可以增加折旧抵税效应，但仍可能由于现金流出量的加大，使方案二的现金净流出大于方案一，从而失去其比较优势。

11.2 融资决策的税收筹划

11.2.1 资本结构理论与税收筹划

1. MM 资本结构理论

1) 无税模型

1958 年,美国著名学者莫迪利安尼与米勒在《资本成本、企业理财和投资理论》一文中所提出的资本结构理论的无税模型,是 MM 理论的雏形。无税模型包括三个定理。

定理一:任何企业的市场价值与其资本结构无关,而是取决于按照与其风险程度相适应的预期收益率进行资本化的预期收益水平。

定理二:股票每股收益率应等于与处于同一风险程度的纯粹权益流量相适应的资本化率,再加上与其风险相联系的溢价。其中,风险以负债权益比率与纯粹权益流量资本化率和利率之间差价的乘积来衡量。

定理三:任何情况下,企业投资决策的选择点只能是纯粹权益流量资本化率,它完全不受用于为投资提供融资的证券类型的影响。

无税模型的最大贡献在于首次清晰地揭示了资本结构、资本成本以及企业价值各概念之间的联系,但该模型没有考虑税收因素。无税模型认为,在资本市场充分有效,不考虑市场交易费用,也不存在企业所得税和个人所得税的情况下,企业价值取决于投资组合①和资产的获利能力,而与资本结构和股息政策无关。企业的平均资本成本并不取决于资本结构,也与公司价值毫不相关,但资本会随收益率的不同而发生转移。所以,融资结构的变化不会导致资本成本的变化,也不会引起企业价值的变化。这一基本结论是抽象出来的一种理想状态,在现实经济社会中是不存在的。

2) 公司税模型

1963 年,无税的 MM 理论模型得到修正,将公司所得税(即企业所得税)的影响因素引入模型,从而得出了公司所得税下的 MM 理论,也称为修正的 MM 理论或公司税模型。修正的 MM 理论认为:由于公司所得税的存在,负债会因利息抵税效应而使企业价值随着负债融资程度的提高而增加。公司税模型包括三个命题。

命题一:无负债企业的价值等于公司所得税后利润除以权益资本成本率,而负债企业的价值则等于同类风险的无负债企业的价值加上负债节税利益。负债节税利益等于公司所得税乘以负债总额。故而,企业价值会因负债比率的上升而增大。

命题二:负债企业的权益资本成本率等于相同风险等级的无负债企业的权益资本成本率加上风险溢价,风险溢价取决于公司的资本结构和所得税率。

命题三:在公司所得税存在的情况下,企业的加权资本成本率与负债比率负相关,即企业资本总成本随负债比率的提高而降低。

由于公司所得税的影响,尽管权益资本成本会随负债比率的提高而上升,但上升速度却慢于负债比率的提高,所以在所得税法允许债务利息税前扣除时,负债越多,即资本结构中负债比率越高,企业资本加权平均成本就越低,企业的收益乃至企业价值就越高。这其中在起作用

---

① 投资组合隐含给定投资的概念,投资收益率决定于投资组合,而与资本来源无关。

的是负债利息抵税效应。① 沿着这一思路分析,公司最佳资本结构应该是100%负债,因为此时负债利息抵税效应发挥到了极致。

修正的MM理论模型把税收因素与资本结构以及企业价值有机地结合起来,由此可以得到以下启示。

第一,税收制度对纳税主体的经济行为产生影响。税收制度与征税标准的变化会对一个纳税主体的经济行为产生影响,其中包括融资行为,因而会产生资本结构改造效应。税收筹划活动应该关注资本结构与税收负担之间的关系,税收筹划与融资契约之间的联系不应被割裂和忽略。

第二,MM理论从反面证明资本结构与交易成本有关。MM理论与科斯定理有相似之处。科斯认为,如果交易费用为零,资源的配置与产权无关,企业就不会存在。与此相似,MM理论认为,如果没有交易费用,那么资本结构与企业价值无关。而现实经济中,交易费用为正,所以资本结构与企业价值有关。

第三,政府通过税收政策的变化可以决定整个社会的均衡负债比率。对一国(或地区)整个社会经济而言,理论上一定存在一个均衡的负债水平,其均衡点是由企业所得税、债权收益和股权收益的个人所得税以及投资者的课税等级所决定的,它随公司所得税税率的增加而增加,随个人所得税税率的增加而减少。当边际节税利益等于个人边际所得税时,负债处于均衡状态,所以负债比率不可能达到100%。从上述分析也可以得到一个结论,即整个社会负债率的水平取决于税收政策。

2. 最佳资本结构与米勒模型

最佳资本结构是每个企业的追求,但最佳资本结构不能针对单个企业来确定。原因在于,与企业相关的投资者因课税等级不同而产生的股权收益税率与债权收益税率不同,这是企业无法控制和调节的。高负债率的企业可以吸引那些个人课税等级较低的投资者,而低负债率的企业可以吸引那些个人课税等级较高的投资者。实际上,在信息透明的有效资本市场中,任何企业以改变融资结构来实现企业市场价值最大化的决策效应,都会被股权投资者和债权投资者为追求自身利益最大化所采取的对策所抵消。

关于这一问题,米勒于1977年引入个人所得税因素,解释企业负债节税效应与个人所得税多征之间的矛盾,从而得出资本结构(债务比率)的均衡状态是由公司所得税税率、利息个人所得税税率、股利个人所得税税率以及投资者的课税等级所决定的。引入个人所得税因素的米勒模型为

$$V_g = V_u + [1 - (1-T_c) \times (1-T_e)/(1-T_d)] \times D$$

式中,V_g 为有负债公司的市价;T_c 为公司所得税税率;T_d 为债权人利息个人所得税税率;T_e 为股东股利个人所得税税率;V_u 为无负债公司的市价;D 为负债的市价。

对引入个人所得税因素的米勒模型分析如下。

(1) 当 $T_e = T_d$ 时,上式可简化为 $V_g = V_u + T_c D$。即当股利个人所得税税率与利息个人所得税税率相等时,个人所得税的征收不会对公司的资本结构产生影响。此时,个人所得税对股东和债权人是中性的。

(2) 当 $T_e < T_d$ 时,债务融资在公司所得税层面上所带来的节税利益被个人所得税层面

---

① 由于所得税法对待利息与股利存在扣除差异,债务融资可以获得税收利益(taxsubsidy),这就是所谓的利息抵税效应。

上的债权人税收歧视部分抵消,因此,债务融资所带来的税收利益缩小。极端地,如果 $(1-T_c)\times(1-T_e)=(1-T_d)$,则财务杠杆不会带来任何税收上的利益,此时,资本结构与公司价值无关。

(3) 当 $T_e>T_d$ 时,债务融资在公司所得税层面上所带来的税收利益,在个人所得税层面上被进一步放大,因此,债务融资所带来的税收利益比单纯征收公司所得税时更大。

米勒模型还可以推广到一般情形,假设企业的税后利润当期全部以现金股利或通过股票回购以资本利得的形式支付给股东,$b(0\leqslant b\leqslant 1)$ 为股利支付率,$(1-b)$ 为资本利得支付率,股东资本利得税率为 T_f。① 在这些前提假设下,当同时考虑公司所得税、股利个人所得税、利息个人所得税和资本利得税时,米勒模型的更一般表达式为

$$V_g=V_u+\{1-(1-T_c)\times[b(1-T_e)+(1-b)(1-T_f)]/(1-T_d)\}\times D$$

3. 权衡理论

在实践中,各种负债成本是随负债比率的增大而上升的,当负债比率达到某一程度时,息税前收益率会下降,同时企业负担破产成本的概率会增加。还要看到,融资的来源和结构存在一种市场均衡问题,债务关系存在代理成本和披露责任问题。因此,即使修正的 MM 理论模型也并不完全符合现实情况,因为 MM 理论忽略了财务杠杆、财务风险、资本成本三者之间的密切相关性。

20 世纪 70 年代形成了权衡理论,作为对 MM 理论的补充和发展,其主要观点是:企业最优资本结构就是在负债的税收利益与破产成本现值之间进行权衡。早期的权衡理论完全是建立在纯粹的负债的税收利益与破产成本相互权衡的基础上的(见图 11-1)。

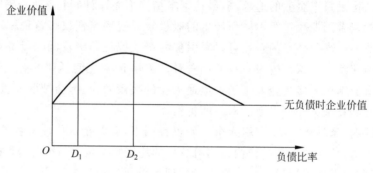

图 11-1 企业价值与资本结构图

由图 11-1 可以看出,当负债比率未超过 D_1 点时,破产成本不明显;当负债比率达到 D_1 点时,破产成本开始变得重要,负债利息抵税利益开始被破产成本所抵消;当负债比率达到 D_2 点时,边际利息抵税利益恰好与边际破产成本相等,企业价值最大,达到最佳资本结构;当负债比率超过 D_2 点后,破产成本大于负债利息抵税利益,导致企业价值下降。因此,从道理上讲,一个独立的企业存在着达到企业价值最大的最优资本结构,该资本结构存在于负债的节税利益与破产成本相互平衡的点上。

后期的权衡理论将负债的成本从破产成本扩展到代理成本、财务困境成本和其他利益损失等方面,同时,又把税收利益从原来单纯讨论的负债税收利益引申到非负债税收利益②方

---

① 中国目前对个人的资本利得不征税,即资本利得税率为零。
② 非负债税收利益主要指资产折旧和投资减免等税收方面的抵税利益。

面,实际上是扩大了成本和收益所包含的内容,把企业的最优资本结构看成是在税收利益与负债相关的各类成本之间的权衡。

权衡理论的倡导者罗比切克(Robichek)和梅耶斯在1966年所写的《最优资本结构理论问题》一文中指出:由于税收原因,利息可以在企业收益中扣减,因此财务杠杆有助于给现有投资者增加企业的价值。另一方面,破产和重组是有成本的,带给现有投资者的企业价值会变少……债务结构的最优水平就处在同财务杠杆边际递增相关的税收利益现值和同财务杠杆不利的边际成本现值相等的点上。[①]

从契约角度分析,在复杂的资本融资关系中,除了负债的过度增长带来的破产成本外,企业股东、债权人和经营者之间会因为资本结构问题而产生利益冲突,产生各式各样的代理成本,在现实中是难以穷举和精确量化的。尽管理论上确信在一个特定经济环境下,企业一定存在实现企业价值最大化的最佳资本结构,但是由于融资活动本身、个人所得税的课征和企业外部环境的复杂性,目前仍难以准确地显示出存在于资本成本、每股收益、资本结构及企业价值之间的关系,实现企业价值最大化的最佳资本结构还要靠有关人员的经验分析和主观判断。

4. 资本结构决策与税收筹划

税收之所以对企业资本结构决策产生影响,关键在于税收制度对于股利支付和利息支付的区别对待,股利必须在公司所得税后支付,而利息却允许税前支付。在考虑个人所得税因素后,税收对企业资本结构决策的影响波及个人所得税方面,因为政府对债权人的利息收益和股东的股利所得征收了不同的税。总之,资本结构的税收效应源于政府对不同收入项目征收不同的税。如果税收是中性的,那么,政府征税不会对资本结构产生影响,即不会对融资行为及市场配置资源产生扭曲效应。

融资对企业绩效的影响主要是通过资本结构质量的变化而发挥作用的,这应从两个方面进行分析:资本结构的变化究竟是怎样对企业绩效与税收产生影响的;企业应当如何寻找最佳资本结构以降低税负。

1) 资本结构对企业绩效及税收的影响

资本结构,特别是负债比率合理与否,不仅制约着企业风险、成本的大小,而且在相当大的程度上影响着企业税收负担以及企业权益资本税后收益实现的水平。

负债融资的财务杠杆效应主要体现在节税及提高权益资本收益率(包括税前和税后)等方面。其中节税功能反映为负债利息计入财务费用抵减应纳税所得额,从而相应减少应纳所得税额。在息税前收益率不低于负债成本率的前提下,负债比率越高,额度越大,其节税效果就越显著。当然,负债最重要的杠杆作用在于提高权益资本的收益水平及普通股的每股收益(税后),这可以从以下公式得到充分的反映:

$$权益资本收益率(税前)=息税前投资收益率+负债/权益资本\times$$
$$(息税前投资收益率-负债成本率)$$

从上式可知,只要企业息税前投资收益率高于负债成本率,增加负债额度,提高负债比率,就必然会带来权益资本收益率的提高。但应当明确的是,这种分析是基于纯粹的理论,而未考虑其他约束条件,尤其是舍弃了风险因素及风险成本的追加等,MM理论及后来的权衡理论正说明了这一点。因为随着负债比率的提高,企业的财务风险及融资风险必然增加,以致负债的成本水平超过了息税前投资收益率,从而使负债融资呈现出负的杠杆效应,即权益资本收益

[①] 盖地.企业税务筹划理论与实务[M].大连:东北财经大学出版社,2005.

率随着负债额度、比例的提高而下降,这也正体现了实现负债利息抵税效应必须满足"息税前投资收益率不低于负债成本率"这一前提条件。

2) 最佳税收筹划绩效的资本结构规划

评价税收筹划绩效优劣的标准在于是否有利于企业所有者权益的增长。由此依据企业权益资本收益率或普通股每股税后盈余预期目标,组织适度的资本结构,成为融资管理的核心任务。其中的关键无疑在于怎样确立适度的负债比率,并以此为基础,进一步界定负债融资的有效限度。

目标负债规模与负债比率的确定:

$$\mathrm{EPS}=[(k\times R-B\times I)(1-t)-u]/n$$

式中,EPS 为期望普通股每股盈余;R 为息税前投资收益率;B 为负债总额;I 为负债成本率;n 为已发行普通股股数;u 为优先股股利支付额;t 为企业所得税税率;k 为投资总额。

此外,还可以根据获利能力预期,通过比较负债与资本节税功能的差异,利用上述公式进行追增资本或扩大负债的优选决策。

如果企业拟扩大规模 ΔK,追加负债 ΔK,则追增负债后,有

$$权益资本收益率 Q=(\mathrm{EBIT}-BI-\Delta KJ)/S \qquad ①$$

如果企业拟扩大规模 ΔK,追加资本 ΔK,则追增资本后,有

$$权益资本收益率 Q=(\mathrm{EBIT}-BI)/(S+\Delta K) \qquad ②$$

令①=②,整理得

$$\mathrm{EBIT}=BI+SJ+\Delta KJ$$

即　　举债盈亏均衡点的息税前利润 $\mathrm{EBIT}=BI+SJ+\Delta KJ$

进一步整理,则可得到

$$\Delta KJ=\mathrm{EBIT}-BI-SJ$$

这样,在企业所得税税率以及其他因素既定的条件下,企业欲维持原有的权益资本收益率,就必须要求 $\mathrm{EBIT}-BI-SJ\geqslant \Delta KJ$ 成立,方可追加负债规模,追加负债的最高限额为

$$\Delta K\leqslant (\mathrm{EBIT}-BI)/J-S$$

式中,I 为既有负债成本率;J 为追加负债成本率;S 为权益资本额;B 为既有负债额;ΔK 为追增负债额。

3) 财务视角的税收成本及其对资本收益率的影响

税收成本与企业净收益率之间存在着一定的联系。从理财角度分析,最能有效地量化所有者权益最大化的指标是自有资本净收益率(即净资产收益率),其公式如下:

$$Q=[R+(R-I)\times B/S]\times (1-T)$$

式中,Q 为自有资本净收益率;R 为息税前总资本收益率;I 为借入资本利息率;B 为借入资本总额;S 为自有资本总额;T 为企业所得税税率。

上式中,税收成本相对数由 $[R+(R-I)\times B/S]\times T$ 表示。只要将上述公式稍做变形就可表述为

$$Q=[R+(R-I)\times B/S]-[R+(R-I)\times B/S]\times T$$

即　　自有资本净收益率=自有资本总收益率-税收成本

在决定税收成本的变量中,企业所得税税率由于税法规定而具有固定性,可视为常量;息税前总资本收益率虽与资本运作有关,但主要还是由行业平均利润率决定,因此也可视为常量;借入资本利息率在一定时期内是一个常量。因此,在决定税收成本的变量中,关键变量是

负债权益比率,即通常所指的资本结构。

税收成本就是通过资本结构这一渠道对企业净收益产生作用的。如果企业弱化自有资本,利润可通过债务利息的支付而减少,由此所获利益通常称为负债利益,由上述公式中的 $[(R-I)\times B/S]$ 表示,从而取得巨大的节税收益,导致税收成本的降低。有趣的是,即使在负债利益为零的情况下,弱化自身资本也能导致税收成本的降低。

11.2.2 融资渠道选择的税收筹划

1. 多种融资渠道的比较

一般来说,企业的融资渠道有:①财政性资金;②金融机构贷款;③企业间资金拆借;④企业自我积累;⑤企业内部集资;⑥债券融资;⑦股票融资;⑧商业信用融资。这些融资渠道不外乎内部渠道和外部渠道两种。从内部来说,包括企业的自我积累和内部集资;从外部来说,包括股票融资、债券融资、财政性资金、金融机构贷款、企业间资金拆借等。

2. 债权融资与股权融资的比较

债权融资是指企业通过借贷的方式筹集资金用于企业运营,到期需要还本付息的融资方式。企业选择债权融资的具体方式时,应将各种方式的税收效应与其筹资成本、财务风险结合考虑,做出恰当的选择。债权融资按融资渠道划分,又可以分为银行贷款、企业间资金拆借、商业信用、融资租赁、发行债券等具体融资方式,每种融资方式都有其优缺点。

股权融资是指企业的股东愿意出让部分企业所有权,通过企业增资的方式引进新的股东的融资方式。股权融资所获得的资金,企业无须还本付息,但新股东将与老股东同样分享企业的盈利和增长。股权融资主要分为风险投资、私募股权融资、上市发行股票融资等具体融资方式。

3. 债权融资的基本类型

1)银行贷款

银行贷款是我国最主要的债权融资形式,银行贷款规模大,贷款利率规范公允,是企业理想的债权融资方式。在税收效应上,企业所得税方面,企业从银行获得贷款支付的利息可以在税前扣除;增值税方面,贷款利息的增值税无法进行抵扣。

但银行对放贷对象的要求高,很多企业无法从银行获得足额贷款。国有商业银行是我国商业银行的主体,无论是在放贷规模还是在市场占有率方面都占据绝对的优势。但基于国有商业银行的国有性质,其经营易受到行政的干扰,贷款对象多为国有企业。民营企业尤其是中小企业因为其自身的局限性,很难从商业银行获得贷款。具体来讲,中小企业在企业制度上存在缺陷,经营管理不够规范,人事和财务安排上随意性较大,缺乏良好的运行机制;其次,中小企业资本积累有限,缺乏长期规划,发展的可持续性较差。这些局限使得中小企业的信用层级较差,无法获得商业银行的贷款。

2)企业间资金拆借

对于无法从商业银行取得足额贷款的企业来说,企业间资金拆借是一个很好的解决短期资金短缺的融资渠道。相比银行贷款而言,企业间资金拆借的灵活性较大,在还款期限和借款利率上均存在较大弹性。在税收效应上,企业从非金融机构贷款,允许在企业所得税前扣除不超过按银行同期贷款利率计算的利息;增值税方面,贷款利息的增值税不得抵扣。

为规范企业资金拆借,国家对企业拆出资金的来源和拆入资金的用途都有严格的法律规定:企业拆出的资金必须是暂时闲置的资金,银行贷款不得进行拆出,以防出现企业从银行低利率贷进款项高利率拆出款项的牟利现象；拆入的资金只能用于短期资金周转，不能用于投资长期固定资产，更不能转贷牟利。

3）商业信用

商业信用是指企业在交易过程中由于预收货款或延期支付货款所产生的借贷关系。商业信用最初形成是因为在产品的流通过程中，各上下游企业获得资金的时间不同，为了实现销售，企业间相互提供商业信用，促进交易的顺利完成。但随着正常银行融资难度加大和融资成本的提高，企业除了利用商业信用扩大销售外，还将商业信用作为一种融资手段来使用。对于贷款难的中小企业来说，商业信用在企业融资中的地位更是重要。

商业信用作为融资手段最大的优点就在于方便和容易取得。商业信用不需办理正式的手续，只要交易双方达成一致，就可形成商业信用，而且商业信用的取得没有成本。商业信用的实质是交易双方基于互相的信任而形成的借贷关系，这也就意味着商业信用不是永恒的，若企业的经营状况不好或是存在频繁的失信行为，其获取商业信用的可能性就会降低。因为商业信用是在企业交易中形成的，商业信用在规模、期限、对象上都存在局限性：商业信用的规模受企业交易规模的限制，商业信用的期限受商品生产流通周期的限制，商业信用的对象受交易对象的限制。

4）融资租赁

融资租赁是一种长期形式的租赁，承租企业由于资金不足，委托出租人代为购买所需的资产，承租人承担全部购买成本及应付的融资费用，出租人以定期收取租金的方式将投资额收回，融资租赁的资产专门性强。在税收效应上，企业定期支付的租金可全额在企业所得税前扣除；租金的增值税可进行进项税额抵扣。

融资租赁开辟了新的融资渠道，企业通过定期支付少量资金就能获得生产经营用的资产，增强了企业资金的流动性和营运能力。对于设备更新换代较快的企业而言，采用租赁的方式获取资产，还有助于加快设备的更新，避免了购买设备的成本与所获取收益不匹配的设备投资风险。此外，租赁的灵活性强，限制性条款少，企业可根据自身经营情况对租赁协议进行约定，有利于企业经营管理战略的实施。

5）发行债券

发行债券是大公司融资的重要途径之一，债券利息可在税前扣除，同时企业也可以获得财务杠杆利益。溢价发行、折价发行和平价发行是公司发行债券的三种方式。溢价发行与折价发行产生的摊销费用可计入财务费用，以冲减或者增加利息费用，摊销额必须在发行期间进行摊销。债券有直线法和实际利率法两种摊销方法。直线摊销法是将债券的折价额或溢价额平均分摊到各年冲减利息费用；实际利率摊销法则以应付债券的现值乘以实际利率计算出来的利息与名义利息比较，将其差额作为折价或溢价摊销额。两种方法的差异在于，直线摊销法下的各年利息费用均保持不变，债券的账面价值在溢价摊销时逐年增加，在折价时逐年减少；实际利率法下的各年利息费用与债券的账面价值都在变化，这种差异为延期纳税提供了可能。

【案例 11-9】

A 股份公司 2020 年 1 月 1 日发行债券 2 000 万元，期限为 3 年，票面利率为 5%，每年付息一次，公司按折价 1 940 万元发行，市场利率为 6%。

解析：该公司债券折价直线摊销法如表 11-5 所示。

表 11-5　公司债券折价直线摊销法　　　　　　　　　　　单位：万元

付息日期	实付利息	利息费用	折价摊销	未摊销折价	账面价值
2020.01.01	—	—	—	60	1 940
2020.12.31	100	120	20	40	1 960
2021.12.31	100	120	20	20	1 980
2022.12.31	100	120	20	0	2 000
合计	300	360	60	—	—

该公司债券折价实际利率法如表 11-6 所示。

表 11-6　公司债券折价实际利率摊销法　　　　　　　　　单位：万元

付息日期	实付利息	利息费用	折价摊销	未摊销折价	账面价值
2020.01.01	—	—	—	60	1 940
2020.12.31	100	116.4	16.4	43.6	1 956.4
2021.12.31	100	117.39	17.39	26.21	1 973.79
2022.12.31	100	126.21	26.21	0	2 000
合计	300	360	60	—	—

通过以上计算可知，折价发行时，采用不同的摊销方法，利息费用的总额并没有变，但是各年的利息摊销费用不同。在直线摊销法下，各年的利息费用和摊销额保持不变；采用实际利率法时，各年的利息费用和摊销额一直都在变化，但前几年的摊销额比直线摊销法的少，利息费用也没有直线法多。所以在实际利率法下，公司前期缴纳的税额比后期缴的多。由于货币存在时间价值，公司在折价发行时采用直线摊销法能获得延期纳税的收益。

【案例 11-10】　A 股份公司 2020 年 1 月 1 日发行债券 2 000 万元，期限为 3 年，票面利率为 5%，每年付息一次，公司按溢价 2 060 万元发行，市场利率为 4%。

解析：该公司债券折价直线摊销法如表 11-7 所示。

表 11-7　公司债券折价直线摊销法　　　　　　　　　　　单位：万元

付息日期	实付利息	利息费用	折价摊销	未摊销折价	账面价值
2020.01.01	—	—	—	60	2 060
2020.12.31	100	80	20	40	2 040
2021.12.31	100	80	20	20	2 020
2022.12.31	100	80	20	0	2 000
合计	300	240	60	—	—

该公司债券折价实际利率法如表 11-8 所示。

表 11-8　公司债券折价实际利率摊销法　　　　　　　　　单位：万元

付息日期	实付利息	利息费用	折价摊销	未摊销折价	账面价值
2020.01.01	—	—	—	60	2 060
2020.12.31	100	82.4	17.6	42.4	2 042.4
2021.12.31	100	81.7	18.3	24.1	2 024.1
2022.12.31	100	75.9	24.1	0	2 000
合计	300	240	60	—	—

通过以上计算可知,公司在溢价发行时采用实际利率法能获得延期纳税的收益。

4. 不同融资方式选择的税收筹划

1) 不同融资方式下的税收筹划分析

融资决策需要考虑众多因素,税收因素是其中之一。不同融资方式选择的税收筹划,其实就是分析融资活动对税收的影响,精心设计融资方式,以实现企业税后利润或者股东财富最大化,这是不同融资方式选择的税收筹划的基本目标。

融资作为一项相对独立的资金筹措方式,主要借助于因资本结构变动产生的财务杠杆作用对经营收益产生影响。资本结构是企业长期债务资本与权益资本之间的构成关系。企业在融资中应当考虑以下关键性问题:一是融资活动对企业资本结构的影响;二是资本结构的变动对税收成本和企业利润的影响;三是融资方式选择在优化资本结构和减轻税负方面对税后净利润的贡献。不同融资方式的税收待遇及其所造成的税收负担的不同为税收筹划提供了空间。

税法规定,纳税人在经营期间向金融机构借款的利息支出,按照实际发生数扣除;向非金融机构借款的利息支出,不高于按照金融机构同类同期贷款利率计算的数额以内的部分,准予扣除。但是,企业通过增加资本金的方式进行融资所支付的股息或红利,是不能在税前扣除的,这属于股权性质的融资,不允许税前列支资金成本。因此,比较发行股票融资与发行债券融资,由于发行债券融资的利息支出可以作为财务费用税前列支,所以,这种融资方式使企业所得税的税基缩小,企业实际税负得以减轻。而发行股票融资则不能实现股利的税前扣除。因此,企业应优先选择债券融资方式,后选择股票融资方式,从而充分发挥"利息税盾"效应。

融资活动不可避免地涉及还本付息的问题。利用利息摊入成本的不同方法和资金往来双方的关系及所处经济活动地位的不同往往是实现合理节税的关键所在。金融机构贷款,其核算利息的方法和利率比较稳定、幅度变化较小,节税空间不大。而企业之间的资金拆借在利息计算和资金回收期限方面均有较大弹性和回旋余地,从而为节税提供了有利条件。尤其是企业内部基于委托贷款方式进行的资金划拨,在实际操作过程中还是可以由企业自行决定其利息支付额度与支付时间的。通过设定不同的利率可以实现利润的转移。比如,在一个集团内部,由高税率区的企业向低税率区的企业借入款项,使利息支出发生在高税率区,利息收入发生在低税率区,这样集团整体的税负就能够实现最小化。

2) 融资方式选择的税收筹划案例分析

【案例 11-11】 假设 A 企业为增值税一般纳税人,为生产经营需要,其需要购买一套市场价为 5 000 万元的设备。A 企业有两种选择,一是从银行贷款 5 000 万元,再自行购买设备,贷款为 5 年期,贷款利率为 8%,每年末等额还款;二是进行融资租赁,委托租赁公司进行采购,每年末等额支付租金 1 252.28 万元。(为更清晰比较两种方案的税负差异,给定的数据假设两者的融资成本相同)。

方案一:银行贷款方案

根据贷款利率和贷款期限,可以计算出每年企业需还款 1 252.28 万元,如表 11 9 所示。其中共包含 1 261.4 万元利息,企业缴纳所得税时可税前扣除 1 261.4 万元;5 000 万元的设备每年折旧金额也允许在税前扣除;企业购买设备可抵扣的增值税进项税额为 5 000×13% = 650(万元)。

表 11-9　银行贷款还款本金、利息计算表　　　　　　单位：万元

期　数	还款额	本　金	利　息	未还本金
0	—	—	—	5 000.0
1	1 252.28	852.3	400.0	4 147.7
2	1 252.28	920.5	331.8	3 227.3
3	1 252.28	994.1	258.2	2 233.2
4	1 252.28	1 073.6	178.7	1 159.5
5	1 252.28	1 159.5	92.8	0.0
合计	6 261.40	5 000.0	1 261.4	

方案二：融资租赁方案

企业每年等额支付租金1 252.28万元，5年间企业在缴纳企业所得税时共可在税前扣除6 261.4元，见表11-10。支付的租金可抵扣的增值税进项税额为6 261.4×13％＝814（万元）

表 11-10　融资租赁方案计算表　　　　　　单位：万元

期　数	还款额	本　金	利　息	未还本金	利息可抵扣增值税税款
0	—	—	—	5 000.0	
1	1 252.28	852.3	400.0	4 147.7	52.0
2	1 252.28	920.5	331.8	3 227.3	43.1
3	1 252.28	994.1	258.2	2 233.2	33.6
4	1 252.28	1 073.63	178.7	1 159.5	23.2
5	1 252.28	1 159.52	92.8	0.0	12.1
合计	6 261.40	5 000.0	1 261.4		

上述两种方案比较分析可知，在企业所得税方面，银行贷款购买设备和融资租赁的区别在于购买设备的本金即5 000万元的税前扣除时间。在银行贷款方案下，购买设备的支出需要随着设备的折旧逐渐扣除，而我国税法规定机器设备的折旧年限最低为10年；在融资租赁方案下，设备的本金随着租金的支付在税前进行了抵扣，一般而言，融资租赁年限会低于资产可使用年限，这也就意味着采取融资租赁方案能够提前扣除设备的购买成本，从而达到获得资金时间价值的效果。

在增值税方面，银行贷款购买设备和融资租赁的区别在于利息的增值税能否得到抵扣。我国税法规定贷款利息的增值税不得进行抵扣，而融资租赁方案中支付的租金所包含的增值税可全部得到抵扣，而租金中包含了融资费用，也就是说融资租赁方式下企业支付的利息的增值税可以抵扣。分析可知，两种方案可抵扣的增值税差额就是支付利息部分对应的增值税。

【案例11-12】　某上市公司由于业务发展计划筹资10 000万元。财务人员根据目前情况及新年度发展计划提出了三种筹资方案，供公司领导决策。具体筹资方案如下。

（1）银行借款集资。这种观点认为，企业发展生产，急需资金，可同银行协商解决。上年年底，银行年贷款利率为9％，筹资费率估计为1％，以后贷款利率可能会提高，企业所得税税率为25％。

（2）股票集资。这种观点认为，公司发展前景被投资者普遍看好，发行股票有良好的基础。因此，在新的一年里可申请增发股票筹集所需要的全部资金，筹资费率为5％。公司目前

普通股市价为 30 元,每股股利为 2 元,预计年股利增长率为 10%。

(3) 联合经营集资。这种观点认为,公司可以与下游厂家联合经营,由公司提供原材料物资,成员厂加工成产品配件,再卖给公司,由公司组装成最终产品,并负责对外销售。这样,公司试制成功的新产品可利用下游厂家的场地、劳动力、设备和资源等进行批量生产,从而形成专业化生产能力,保证产量、产值和税后利润的稳步增长。

试分析,该上市公司应该采取哪种筹资方案?

解析: 下面采取比较资金成本率的方法选择最优筹资方案。

方案一:银行贷款。

借款资金成本率 = 借款年利息 × (1 − 所得税税率) ÷ [借款本金 × (1 − 筹资费用率)]
$$= 10\ 000 \times 9\% \times (1-25\%) \div [10\ 000 \times (1-1\%)] = 6.82\%$$

方案二:股票集资。

普通股资金成本率 = 预期年股利额 ÷ [普通股市价 × (1 − 普通股筹资费用率)] + 股利年增长率
$$= 2 \times (1+10\%) \div [30 \times (1-5\%)] + 10\% = 17.72\%$$

方案三:联合经营集资。

资金成本率分为以下两种情况。

(1) 当成立一个联营实体时,资金成本率就是联营企业分得利润占联营企业出资总额的比例。比例越高,联营企业获得的利润越多,资金成本率越高。用公式表示为

资金成本率 = 联营企业获得利润 / 联营企业出资总额 × 100%

(2) 当仅为一个项目合资生产时,资金成本率就是联营企业获得利润占整个实现利润总额的百分比。所以,企业筹资必须考虑对资本结构造成的影响。

案例分析

春秋航空的融资租赁策略[①]

春秋航空(spring airlines)股份有限公司是首个中国民营资本独资经营的低成本航空公司。春秋航空的机队主要以租赁飞机为主,机队拥有的近百架空客飞机和波音飞机,其中半数以上是通过融资租赁方式取得的。春秋航空在重庆设立了 2 家 SPV(特殊目的载体,special purpose vehicle)公司负责利用保税港融资租赁飞机。

春秋航空为民营航空公司,属于资金密集型产业,需要大量资金推动其业务发展。民营航空公司同时面临着巨大的经营风险、汇率风险和技术变更风险等,融资租赁模式能够大幅降低一次性巨额购机成本,释放出来的流动性可用于航空运输等主营业务。融资租赁合约到期后承租方可以选择续约或放弃,有较为灵活的经营调整空间。所以,融资租赁方式契合了春秋航空的发展战略。

春秋航空利用融资租赁策略,在以下领域进行税收筹划操作。

1. 利用不同支付方式节税

目前市场上融资租赁支付方式主要有等额本金、等额本息这两种。等额本息法的特点是:

---

① 本案例由作者根据相关资料整理。

每月的还款额相同,前面还款的金额里面利息多、本金少,后面的还款金额中本金多、利息少。等额本金法,顾名思义就是将本金按还款的总期数均分,再加上上期剩余本金的月利息,形成一个月还款额,所以等额本金法每期的还款额不一样,第一个月的还款额最多,以后逐月减少,越还越少。但该还款方式在前期还款额较高,适合在前段时间还款能力强的贷款人,但总的利息要比等额本息法少很多。

承租人选择不同的租赁支付方式,会对其融资费用、利润总额带来不同影响。其中等额本金的融资费用最低,且租金便宜,但是前期付款金额大,对于资金充足的企业来说不失为一种好的租金支付方式。但是,目前市场上选择等额本息的最多,优点是每期支付的租金数量相同,对承租方来说比较方便,且对支付能力要求不高。所以,在签订租赁合同时,合理调整每期支付的租金额,可以影响未确认融资费用,也会影响到承租方的税前融资成本。未确认融资费用对应着利息,所以每期列支的利息费用不同,进而影响各期应纳税所得额和企业所得税负担,使企业实现税收筹划的节税目的。

2. 利用保税区的融资租赁政策节税

春秋航空通过"保税＋融资租赁"模式(见图11-2),实现分期支付关税和增值税,有效降低了运营成本,减少了资金压力。

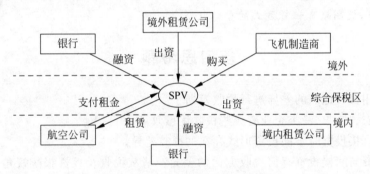

图 11-2　保税区融资租赁业务模式

天津、上海、广东、重庆等四大自贸区有针对飞机融资租赁的税收优惠政策,可在保税区设立SPV公司开展租赁业务。

(1) 天津:免征购销合同印花税。

(2) 上海:对开展融资租赁业务(含融资性售后回租)签订的融资租赁合同,按照其所载明的租金总额,比照"借款合同"税目计税贴花。

(3) 广东:允许前海湾保税港区融资租赁或租赁项目子公司,进口空载总量25吨以上的客货运飞机,并租给境内航空公司时,可参照《海关总署关于加强国内航空公司进口飞机减免税管理的通知》(署税发〔2011〕88号)规定,选择由融资租赁公司与境内航空公司共同向海关出具承诺保证书的方式提供担保。且其承租人可采取航空公司报关、租赁公司报备的方式享受国家相关规定的优惠税率。

(4) 重庆:对开展融资租赁业务签订的融资租赁合同(含融资性售后回租),统一根据其载明的租金总额依照"借款合同"税目计税贴花。在融资性售后回租业务中,对承租人、出租人因出售租赁资产及购回租赁资产所签订的合同,不征收印花税。

3. 利用国际融资租赁业务性质认定差异节税

各国对融资租赁业务的性质认定有所不同(见表11-11)。

表11-11 融资租赁业务的权限与性质认定

权　　限	侧　重　点	业务类型	代 表 国 家
法律所有权	侧重法律形式上拥有对所属财产占有、使用、收益和处分的权利	传统租赁业务 购买设备视为投资行为,出租方享有与所有权相关的税收优惠	法国、英国、瑞典
经济所有权	相对于法律所有权而言,更加注重经济实质,侧重在整个经济使用寿命期内实质拥有所有权	销售业务 经济所有权转移至承租方承租行为视为购买资产,享有与所有权相关的税收优惠	德国、荷兰、澳大利亚

我国税法规定,承租人可以提取折旧,且享受加速折旧和投资抵免税制度。这有利于春秋航空作为承租人,合法使用税收优惠政策降低其税负水平。春秋航空一般选择位于英、法等国的欧洲融资租赁公司,原因是这些欧洲国家把融资租赁视为一般租赁业务,同时允许加速折旧和享受投资减免税。

春秋航空利用融资租赁方式进行融资,在合法降低整体税负的同时,还在谈判中争取积极主动地位和利益,提高融资租赁方式的整体收益。

复习思考题

1. 如何利用投资地点的差异进行税收筹划?
2. 请分析农、林、牧、渔类企业有哪些税收优惠政策。
3. 请论述直接投资时不同投资形式存在的税收差异。
4. 直接投资与间接投资有何税收方面的差异?请从税收及投资报酬视角分析这两种投资方式的优劣势。
5. 如何利用不同的融资方式进行税收筹划?
6. 分析融资租赁能在哪些方面为承租方带来税收利益。
7. 列举几种常见的融资渠道,并分析其资金成本。
8. 简述资本结构理论,并分析其对税收筹划的影响。

【案例分析题】

案例一　投资方式选择的税收筹划

湖北省某市属橡胶集团拥有固定资产7亿元、员工4 000人,主要生产橡胶轮胎,也生产各种橡胶管和橡胶汽配件。该集团位于某市A村,在生产橡胶制品的过程中,每天产生近30吨废煤渣。为了妥善处理废煤渣,不造成污染,该集团尝试过多种办法,如与村民协商用于乡村公路的铺设、维护和保养,与有关学校、企业联系用于简易球场、操场的修建等,但效果并不理想。废煤渣的排放未能达标,使周边乡村的水质受到不同程度的污染,该集团也因污染问题受到环保部门的多次警告和罚款,最高一次罚款达10万元。该集团要想维持正常的生产经营,就必须治污。根据建议,该集团拟订了以下两个方案。

方案一:把废煤渣的排放处理全权委托给 A 村村委会,每年支付该村村委会 40 万元的运输费用,以保证该集团生产经营的正常进行。此举可缓解该集团同当地村民的紧张关系,但每年 40 万元的费用是一笔不小的支出。

方案二:将准备支付给 A 村村委会的 40 万元煤渣运输费用改为投资兴建墙体材料厂,利用该集团每天排放的废煤渣生产免烧空心砖,这种砖有较好的销路。

思考:从税收角度分析,集团应选择哪个方案?

案例二　出售与租赁的税负比较

兴华集团有两家子公司:振兴公司与振华公司。振兴公司拟将一闲置生产线转让给振华公司,该生产线的年经营利润为 100 万元(扣除折旧),现有两种方案可供选择:一是以售价 500 万元出售;二是以年租金 50 万元的租赁形式出租。假设两子公司的所得税税率均为 25%。

思考:试比较两种方案对兴华集团税负的影响。

案例三　融资时间的选择

某企业预计 2023 年度应纳税所得额为 35 万元,2024 年度由于进行重大投资,将亏损 10 万元,2025 年度预计应纳税所得额为 0,2026 年度将实现盈利 10 万元,2027 年度将实现盈利 20 万元。该企业原计划在 2024 年度开始从银行贷款,贷款期限为 3 年,每年支付贷款利息约 5 万元。

该企业应当如何进行税收筹划?(该企业从业人数为 80 人,资产总额为 6 000 万元)

案例四　融资方式的选择

甲公司对乙公司权益性投资总额为 1 000 万元,乙公司计划从甲公司融资 3 000 万元,融资利率为 7%。已知金融机构同期同类贷款的利率也为 7%,甲公司适用 15% 的税率,乙公司适用 25% 的税率。该企业应当如何进行税收筹划?

案例五　直接投资与间接控股的税收筹划

李先生拥有甲公司 40% 的股份,每年可以从该公司获得 500 万元的股息,根据我国现行个人所得税制度,李先生每年需要缴纳 100 万元的个人所得税。李先生所获得的股息全部用于股票投资或直接投资于其他企业。李先生应当如何进行纳税策划?

案例六　不同融资方案的比较

烟台大华公司计划筹资 6 000 万元用于一项新产品的生产,为此制定了五个方案,企业所得税税率为 25%,其他资料如表 11-12 所示。从节税及财务风险的角度,试分析各方案的优劣。

表 11-12　不同融资方案的比较

项　　目	方案 A	方案 B	方案 C	方案 D	方案 E
负债额/万元	0	3 000	4 000	4 500	4 800
权益资本额/万元	6 000	3 000	2 000	1 500	1 200
负债比率/万元	0∶6	1∶1	4∶2	3∶1	4∶1
负债成本率/%		6	7	9	10.5
息税前投资收益率/%	10	10	10	10	10

续表

项目	方案A	方案B	方案C	方案D	方案E
普通股股数/万股	60	30	20	15	12
息税前利润/万元	600	600	600	600	600
利息成本/万元	0	180	280	405	504
税前利润/万元	600	420	320	195	96
应纳所得税/万元	150.00	105.00	80.00	48.75	24.00
税后利润/万元	450.00	315.00	240.00	146.25	72.00
税前权益资本收益率/%	10	14	16	13	8
税后权益资本收益率/%	7.5	10.5	12.0	9.75	6.0

【综合阅读题】

融资方式的选择

MK公司现需购买一大型设备,拟以银行借款方式筹集资金10 000万元,银行4年期的贷款利率为6%,预计该设备投入使用后,第一年会给该企业带来2 000万元的收益,以后每年增加600万元,该设备正常折旧年限为8年,企业所得税率为25%,暂不考虑其他税费因素,以下是HD公司面临的四种不同的还本付息的方式。

A方案:复利计息,到期一次还本付息。

B方案:复利年金法,即每年等额偿还本金和利息,金额为2 886万元[10 000/3.465,(P/A,6%,4)=3.465]。

C方案:每年等额偿还本金,即每年偿还本金2 500万元,每年支付剩余借款的利息。

D方案:每年付息,到期还本。

MK公司购入的设备每年会产生10 000/8=1 250万元的折旧,折旧可以在税前扣除,每年产生的借款利息也同样可以在税前扣除,此时,对HD公司在这四种方案下税后利润的现值进行计算,如表11-13、表11-14、表11-15、表11-16所示。

表11-13 方案A 偿还本息方式下税后利润现值情况表　　　　　　　　单位:万元

年数	年初所欠金额	当年利息额	当年所还金额	当年收益	当年税前扣除	当年税前利润	当年应纳税所得额	当年税后利润	当年税后利润现值
1	10 000	600	0	2 000	1 850	150	37.5	112.5	106.1
2	10 600	636	0	2 600	1 886	714	178.5	535.5	476.6
3	11 236	674.2	0	3 200	1 924.2	1 275.8	319	956.8	803.3
4	11 910.2	714.6	12 624.8	3 800	1 964.6	1 835.4	458.9	1 376.5	1 155.7
5	0	0	0	4 400	1 250	3 150	787.5	2 362.5	1 765.5
6	0	0	0	5 000	1 250	3 750	937.5	2 812.5	1 982.8
7	0	0	0	5 600	1 250	4 350	1 087.5	3 262.5	2 169.9
8	0	0	0	6 200	1 250	4 950	1 237.5	3 712.5	2 329.2
合计		2 624.8			20 175.2	5 043.8	15 131.4	10 789.1

表 11-14　方案 B　偿还本息方式下税后利润现值情况表　　　　　　单位：万元

年数	年初所欠金额	当年利息额	当年所还金额	当年收益	当年税前扣除	当年税前利润	当年应纳税所得额	当年税后利润	当年税后利润现值
1	10 000.0	600.0	2 886	2 000	1 850.0	150.0	37.5	112.5	106.1
2	7 714.0	462.8	2 886	2 600	1 712.8	887.2	221.8	665.4	592.2
3	5 290.8	317.4	2 886	3 200	1 567.4	1 632.6	408.2	1 224.4	1 028
4	2 722.2	163.8	2 886	3 800	1 413.8	2 386.2	596.6	1 789.6	1 417.5
5	0	0	0	4 400	1 250.0	3 150.0	787.5	2 362.5	1 765.5
6	0	0	0	5 000	1 250.0	3 750.0	937.5	2 812.5	1 982.8
7	0	0	0	5 600	1 250.0	4 350.0	1 087.5	3 262.5	2 169.9
8	0	0	0	6 200	1 250.0	4 950.0	1 237.5	3 712.5	2 329.2
合计		1 544				21 256.0	5 314.0	15 942.0	11 391.2

表 11-15　方案 C　偿还本息方式下税后利润现值情况表　　　　　　单位：万元

年数	年初所欠金额	当年利息额	当年所还金额	当年收益	当年税前扣除	当年税前利润	当年应纳税所得额	当年税后利润	当年税后利润现值
1	10 000	600	3 100	2 000	1 850	150	37.5	112.5	106.1
2	7 500	450	2 950	2 600	1 700	900	225.0	675.0	600.8
3	5 000	300	2 800	3 200	1 550	1 650	412.5	1 237.5	1 039.0
4	2 500	150	2 650	3 800	1 400	2 400	600.0	1 800.0	1 425.8
5	0	0	0	4 400	1 250	3 150	787.5	2 362.5	1 765.5
6	0	0	0	5 000	1 250	3 750	937.5	2 812.5	1 982.8
7	0	0	0	5 600	1 250	4 350	1 087.5	3 262.5	2 169.9
8	0	0	0	6 200	1 250	4 950	1 237.5	3 712.5	2 329.2
合计		1 500				21 300	5 325.0	15 975.0	11 419.1

表 11-16　方案 D　偿还本息方式下税后利润现值情况表　　　　　　单位：万元

年数	年初所欠金额	当年利息额	当年所还金额	当年收益	当年税前扣除	当年税前利润	当年应纳税所得额	当年税后利润	当年税后利润现值
1	10 000	600	600	2 000	1 850	150	37.5	112.5	106.1
2	10 000	600	600	2 600	1 850	750	187.5	562.5	500.6
3	10 000	600	600	3 200	1 850	1 350	337.5	1 012.5	850.1
4	10 000	600	10 600	3 800	1 850	1 950	487.5	1 462.5	1 158.4
5	0	0	0	4 400	1 250	3 150	787.5	2 362.5	1 765.5
6	0	0	0	5 000	1 250	3 750	937.5	2 812.5	1 982.8
7	0	0	0	5 600	1 250	4 350	1 087.5	3 262.5	2 169.9
8	0	0	0	6 200	1 250	4 950	1 237.5	3 712.5	2 329.2
合计		2 400				20 400	5 100.0	15 300.0	10 862.6

由以上计算可知，各方案税后利润的折现值分别为 10 789.1 万元、11 391.2 万元、11 419.1 万元和 10 862.6 万元。显而易见，尽管采用 C 方案下的还本付息方式应缴纳的企业所得税比较多，但其税后利润的折现值是最大的，故从财务管理的角度看，HD 公司若采用银行借款方式筹集资金，则应按 C 方案的还本付息方式与银行签订借款合同。

问题：你认为企业应如何选择融资方式？在企业融资决策中，需要重点考虑哪些影响因素？

第 12 章

物资采购的税收筹划

税收代表一种经营成本,而且要像产品成本、雇员工资、财务成本等一样进行管理。将税收作为一种战略规划变量,特别强调其在经营决策中的角色。

——美国税务学会前主席　萨利·琼斯

12.1　采购发票及税款抵扣的税收筹划

12.1.1　索取采购发票

许多企业采购时为了获得一些价格让利,往往能够同意供货方不开发票。我们不禁会有所疑问,采用不开发票的办法真能节省采购成本吗？先撇开这种行为的违法性不谈,供货方的这种行为真的能为采购方节省采购成本吗？其实,从财务角度分析可知,采购方没有发票就意味着采购成本不能入账,就不能实现税前扣除,因此,采购方要为没有取得发票而多承担25%的企业所得税；由于未取得发票或者取得的发票不是增值税专用发票,则采购方不能抵扣增值税进项税额。因此,企业在采购过程中一定要索取合法的发票。财务会计制度对不同情况下取得采购发票做出了如下规定。

(1) 在购买商品、接受服务支付款项时,应当向收款方索取符合规定的发票。不符合规定的发票,不得作为财务凭证入账。

(2) 特殊情况下由付款方向收款方开具发票时,必须按号码顺序填开,填写项目齐全,内容真实,字迹清楚,全部联次一次复写、打印,内容完全一致,并在有关联次加盖财务印章或者发票专用章；采购物资时必须严格遵守发票管理办法及税法关于增值税专用发票管理的有关规定。

12.1.2　规避采购合同的税收陷阱

采购合同至关重要,在采购活动中一定要注意采购合同的税收陷阱。对于采购方来说,在采购合同中要避免出现如下条款：采购方全部款项付完后,由供货方开具发票。这一条款意味着只有采购方全额付款后才能拿到发票。实际工作中,由于产品质量、货物标准、供货时间等方面的原因,采购方往往不会支付全款,根据合同条款采购方可能无法取得发票。因此,采购合同条款应改为"根据采购方实际支付金额,由供货方开具发票",这样就不会出现不能取得发票的问题了。

此外,购销双方在签订合同时,应该在合同条款中明确结算价格、税款等关键性条件。譬如,采购方作为一般纳税人,从小规模纳税人处购进货物可能无法取得增值税专用发票,或获取的专用发票的抵扣率很低,就会造成增值税进项税额抵扣方面的损失。在这种情况下,采购方可以通过谈判压低从小规模纳税人处购进货物的价格,以补偿相关税收损失。

12.1.3 增值税进项税额的筹划

在日常的财务工作中,除了要特别在增值税专用发票的识别上多加留意外,更重要的是要了解进项税抵扣究竟有哪些规定,抵扣时容易出现哪些问题,以便按照税法的规定做好采购交易及增值税发票索取的工作。

1. 准予从销项税额中抵扣的进项税额

根据税法规定,下列进项税额准予从销项税额中抵扣。

(1) 增值税专用发票:从销售方取得的增值税专用发票(含机动车销售统一发票)上注明的增值税额。

(2) 海关进口增值税专用缴款书:从海关取得的海关进口增值税专用缴款书上注明的增值税额。

(3) 农产品收购发票:购进农产品,除取得增值税专用发票或者海关进口增值税专用缴款书外,按照农产品收购发票或者销售发票上注明的农产品买价和相应的扣除率计算进项税额。其计算公式为进项税额=买价×扣除率

买价,是指纳税人购进农产品在农产品收购发票或者增值税普通发票上注明的价款和按规定缴纳的烟叶税。

(4) 完税凭证:从境外单位或者个人购进服务、无形资产或者不动产,自税务机关或者扣缴义务人取得的解缴税款的完税凭证上注明的增值税额。

(5) 已抵扣进项税额的购进服务发生规定情形的:已抵扣进项税额的购进服务发生规定情形(简易计税方法计税项目、免征增值税项目除外)的,应当将该进项税额从当期进项税额中扣减;无法确定该进项税额的,按照当期实际成本计算应扣减的进项税额。

(6) 不动产在建工程:自2019年4月1日起,增值税一般纳税人购进不动产或者不动产在建工程的当期一次性抵扣进项税额。

(7) 固定资产、无形资产、不动产,发生用途改变,用于允许抵扣进项税额的应税项目:按照《营业税改征增值税试点实施办法》第二十七条第(一)项规定不得抵扣且未抵扣进项税额的固定资产、无形资产、不动产,发生用途改变,用于允许抵扣进项税额的应税项目,可在用途改变的次月按照下列公式计算可以抵扣的进项税额:

$$可以抵扣的进项税额 = \frac{固定资产、无形资产、不动产净值}{1+适用税率} \times 适用税率$$

上述可以抵扣的进项税额应取得合法有效的增值税扣税凭证。

(8) 增值税一般纳税人购进服务、无形资产或者不动产,取得的增值税专用发票上注明的增值税额为进项税额;原增值税一般纳税人购进服务、无形资产或者不动产,取得的增值税专用发票上注明的增值税额为进项税额,准予从销项税额中抵扣。

(9) 增值税一般纳税人购进货物或者接受加工修理修配劳务,用于《销售服务、无形资产或者不动产注释》所列项目,其进项税额准予从销项税额中抵扣。

(10) 增值税一般纳税人购进国内旅客运输服务的进项税额,允许从销项税额中抵扣。具体规定如下:第一,取得增值税电子普通发票的,为发票上注明的税额;第二,取得注明旅客身份信息的航空运输电子客票行程单的,为按照下列公式计算的进项税额:航空旅客运输进项税额=[(票价+燃油附加费)/(1+9%)]×9%;第三,取得注明旅客身份信息的公路、水路等

其他客票的,为按照下列公式计算的进项税额:公路、水路等其他旅客运输进项税额＝[票面金额/(1＋3％)]×3％。

上述进项税额扣除的具体处理如表 12-1 所示。

表 12-1 进项税额扣除分析表

涉及事项	扣税凭证	取得处	进项税额
购进货物、接受应税劳务或应税服务	增值税专用发票	一般纳税人	凭证注明的金额
接受货物运输服务	增值税专用发票	一般纳税人	——
进口货物	海关进口增值税专用缴款书	海关	——
购进农产品	农产品销售发票 农产品收购发票	销售自产农产品的农业生产者零散经营的农户	买价×扣除率(9％)
接受交通运输劳务	增值税专用发票	一般纳税人	凭证注明金额(适用 9％税率)
取得购进国内旅客运输服务	航空公司电子客票行程单、铁路车票	运输服务公司	计算进项税额
购进不动产	增值税专用发票	一般纳税人或简易计税	凭证注明金额(9％税率或 5％税率)

【**案例 12-1**】 某肠衣制品公司(以下简称肠衣公司)是一家规模较大的生物制品专业生产企业,经营两个月后,取得了较好的经济效益。肠衣公司的业务流程是:从全国的生物收购站采购新鲜的小猪肠,收购额为 27 100 万元,集中到生产基地进行加工制作成肠衣制品。其产品主要销售给国内各大医药公司,然后由医药公司再销售给医院。某年年初,财务部负责人给公司高层送来一份财务报告,上一年度实现销售额 36 000 万元,但是经营成果为微利,主要原因是增值税税收负担较重。

解析:肠衣公司从国内生物收购站采购的猪肠无法取得增值税专用发票,原材料无法获得增值税进项税额抵扣,企业可以抵扣的只有水电费等少量项目,可以取得的增值税进项税额有 1512 万元。因为医药公司一般都是增值税一般纳税人,要求肠衣公司销售产品均需开具 13％的增值税专用发票。肠衣公司为了生产经营的需要,只能按照医药公司的要求开具增值税专用发票。经测算,该公司增值税情况如下:

$$应缴纳增值税 = 36\ 000 \times 13\% - 1\ 512 = 3\ 168(万元)$$
$$增值税税负 = 3\ 168 \div 36\ 000 = 8.80\%$$

经过税务专家的建议后,公司决定对经营模式进行改变。在各地设立猪肠收购站,规范其收购行为,在当地税务机关申请领取农副产品收购凭证收购农副产品。收购站再将收购的猪肠销售给肠衣公司。在这个运行条件下,整个肠衣公司的收购站部分可以取得 9％的进项税额,大大降低了税负。改变后的增值税情况如下:

$$增值税进项税额 = 27\ 100 \times 9\% = 2\ 439(万元)$$
$$应该缴纳的增值税 = 36\ 000 \times 13\% - 2\ 439 - 1\ 512 = 729(万元)$$

该方案比原来的操作方案节省税收:

$$3\ 168 - 729 = 2\ 439(万元)$$

同样,我们也应该看到,这个方案的操作难点在于要在各地设立符合税务机关要求的收购机构,并且要对各个收购站进行规范化建设。对此,肠衣公司要花费一定的时间和精力,同时也会发生费用,并且这种费用的数额还比较大。但是,若经营得当,不仅节省了税收费用,可以拓展企业的业务范围,扩大企业规模,对企业长远发展带来很好的促进作用。

2. 不得从销项税额中抵扣的进项税额

(1) 用于简易计税方法的计税项目、免征增值税项目、集体福利或者个人消费的购进货物、加工修理修配劳务、服务、无形资产和不动产。其中涉及的固定资产、无形资产、不动产,仅指专用于上述项目的固定资产、无形资产(不包括其他权益性无形资产)、不动产。纳税人的交际应酬消费属于个人消费。

(2) 非正常损失的购进货物,以及相关的加工修理修配劳务和交通运输服务。

(3) 非正常损失的在产品、产成品所耗用的购进货物(不包括固定资产)、加工修理修配劳务和交通运输服务。

(4) 非正常损失的不动产,以及该不动产所耗用的购进货物、设计服务和建筑服务。

(5) 非正常损失的不动产在建工程所耗用的购进货物、设计服务和建筑服务。纳税人新建、改建、扩建、修缮、装饰不动产,均属于不动产在建工程。

(6) 购进的贷款服务、餐饮服务、居民日常服务和娱乐服务。[①]

(7) 纳税人接受贷款服务向贷款方支付的与该笔贷款直接相关的投融资顾问费、手续费、咨询费等费用,其进项税额不得从销项税额中抵扣。

(8) 财政部和国家税务总局规定的其他情形。

3. 进项税额扣除的特殊规定

(1) 适用一般计税方法的纳税人,兼营简易计税方法计税项目、免征增值税项目而无法划分不得抵扣的进项税额,按照下列公式计算不得抵扣的进项税额:

不得抵扣的进项税额 = 当期无法划分的全部进项税额 ×

$$\left(\begin{array}{c}当期简易计税方法\\计税项目销售额\end{array} + \begin{array}{c}免征增值税\\项目销售额\end{array}\right) \div 当期全部销售额营业额合计$$

主管税务机关可以按照上述公式依据年度数据对不得抵扣的进项税额进行清算。

(2) 已抵扣进项税额的购进货物、接受加工修理修配劳务或者应税服务,发生不得抵扣进项税额情形(简易计税方法计税项目、免征增值税项目除外)的,应当将该进项税额从当期进项税额中扣减;无法确定该进项税额的,按照当期实际成本计算应扣减的进项税额。

【**案例 12-2**】 上海市某运输企业于 2×19 年 1 月购入一辆汽车作为企业的运输业务的运输工具,车辆购入时不含税价格为 40 万元,取得的增值税专用发票上注明增值税税款为 5.2 万元,当月该企业就对增值税专用发票进行了认证抵扣。2×20 年 1 月,为了增进员工福利,将该车辆转作为接送员工上下班的工具。车辆折旧期为 4 年,采用直线法计提折旧。请问该运输企业应如何扣减已抵扣的进项税额?

解析:(1) 由于需扣减的进项税额无法确定,应按照当期实际成本计算应扣减的进项税额,即

$$应扣减的进项税额 = 5.2 \div 4 \times 3 = 3.9(万元)$$

---

① 根据《财政部、税务总局、海关总署关于深化增值税改革有关政策的公告》,纳税人购进国内旅客运输服务,其进项税额允许从销项税额中抵扣。

（2）该进项税额应从当期的进项税额中扣减。假设该运输企业 2×20 年 1 月可抵扣的进项税额为 100 万元，则

$$实际可抵扣的进项税额 = 100 - 3.9 = 96.1(万元)$$

12.2　采购控制的税收筹划

12.2.1　采购时间选择的税收筹划

1. 利用商品供求关系进行税收筹划

采购方应在不影响正常生产经营的情况下选择商品供大于求时进行采购。因为在所需采购商品供大于求时，采购方往往可以压低购买价格，从而实现税负转嫁。

2. 利用税制变化进行税收筹划

税制的稳定性决定了税制改革往往采取过渡的方式，过渡措施的存在为利用税制变化进行税收筹划提供了空间。对负有纳税义务的企业来讲，及时掌握各类商品税收政策的变化，包括征税范围、税率等的变化，就可以在购货时间上做相应策划安排，从而减轻税负。

3. 安排购进材料的涉税处理

增值税一般纳税人购进材料主要用于增值税应税项目，但是也有一部分用于集体福利或者个人消费。用于免税项目的购进货物或者应税劳务、用于集体福利或者个人消费的购进货物或者应税劳务的进项税额不得从销项税额中抵扣。于是，不少企业在财务核算时为避免在进项税额上出现差错，便将用于上述项目的外购材料单独设立"工程物资""其他材料"等科目入账，同时将取得的进项税额直接计入材料成本。

其实上述进项税额不得从销项税额中抵扣，仅指"用于"，也就是在领用的时候要转出进项税额，不"用于"时就无须转出。一般情况下，材料在购进和领用环节会存在一个时间差，企业往往最容易忽视这段时间差的重要性。如果能充分利用材料购进和领用的时间差，也可以减轻企业税收负担，获得货币时间价值。

【案例 12-3】　一大型煤炭生产企业，下属有医院、食堂、宾馆、浴池、学校、幼儿园、托儿所、工会、物业管理等常设非独立核算的单位和部门，另外还有一些在建工程项目和日常维修项目。这些单位、部门及项目耗用的外购材料金额也是相当巨大的，为了保证正常的生产、经营，必须不间断地购进材料以补充被领用的部分，保持一个相对平衡的余额。

解析：假设企业购买的这部分材料平均金额为 1 130 万元，如果单独成立"原材料"科目记账，将取得的进项税额直接计入材料成本，那么就不存在进项税的问题，从而简化了财务核算。但是，如果所有购进材料都不单独记账，而是准备作为用于增值税应税项目，那么在取得进项税时就可以申报从销项税额中抵扣，领用时作进项税额转出。虽然核算复杂了一些，但是企业在生产经营期间可以少缴税款。

这里不妨算一笔账，该企业将上述单位、部门及项目的材料不间断地购进、领用、再购进、再领用，并形成一个滚动链，始终保持 1 130 万元的余额。如此，企业就可以申报抵扣进项税额 130 万元，少缴增值税 130 万元、城建税 9.10 万元、教育费附加 3.90 万元。如果没有这部分税金及附加可占用，在流动资金不足的情况下，需向金融机构贷款。假设以贷款年利率 6% 计算，则

节约的财务费用=(130+9.10+3.90)×6%=8.58(万元)

企业多获得的利润=8.58-8.58×25%=6.435(万元)

由此可见,企业对材料采购进行税收筹划,不仅节省税款,而且节约利息支出,一举两得。

12.2.2 供应商选择的税收筹划

作为一般纳税人,考虑到所采购货物的税款抵扣问题,应该到一般纳税人那里去采购,因为只有这样,才能取得增值税专用发票,才能最大可能地抵扣税款。但是,在现实生活中,事情并不都是那么凑巧,有的货物能够在一般纳税人与小规模纳税人之间选择,有的可能受质量、采购量、距离远近等因素的制约,只能向小规模纳税人采购。因此,企业采购货物时应从进项税额能否抵扣、价格、质量、付款方式(考虑资金时间价值)等多方面综合考虑。

【案例12-4】 华丰商贸城为一般纳税人,当月拟购进某种商品,每件进价为20 000元(不含税),销售价为22 000元(不含税)。

解析:在选择进货渠道时,可做出三种选择:增值税一般纳税人;能开具增值税专用发票的小规模纳税人;开具普通发票的小规模纳税人。那么以这三种纳税人为供货对象,税收负担有什么不同呢?

方案一:以一般纳税人为供应商,经计算可知,增值税应纳税额为260元(22 000×13%-20 000×13%)。

方案二:以可以开具增值税专用发票的小规模纳税人为供应商,经计算可知,增值税应纳税额为2 260元(22 000×13%-20 000×3%)。

方案三:以只能开具普通发票的小规模纳税人为供应商,经计算可知,增值税应纳税额为2 860元(22 000×13%)。

所以,选择一般纳税人为供应商时,税负最轻,能开增值税专用发票的小规模纳税人次之,只能开普通发票的小规模纳税人税负最重。

12.2.3 结算方式选择的税收筹划

结算方式选择的税收筹划,最为关键的一点就是尽量推迟付款时间,为企业赢得一笔无息贷款。具体操作方法如下:付款之前,先取得对方开具的增值税专用发票;采取托收承付或委托收款结算方式,尽量让销售方先垫付税款;采取赊销或分期付款方式,让销售方先垫付税款,而自身获得足够的资金调度时间。

【案例12-5】 北方商业城于3月26日从山东某酒厂购进一批粮食白酒,取得由防伪税控系统开具的增值税专用发票一份。北方商业城于当年4月将该份专用发票向当地税务机关申请并通过了认证,并于当月申报抵扣了专用发票上列明的进项税额6.8万元。

当年5月16日,当地税务机关在对北方商业城(增值税一般纳税人)进行增值税日常稽核时,以北方商业城未支付货款为由,责令其转出已抵扣的进项税额6.8万元。原因是北方商业城与销货方采取的是占压对方50万元货物的结算方式,且无法确定该批货物的准确支付货款时间。那么,税务机关的处理意见是否正确呢?

解析:并未有购货方必须付款后才可以申报抵扣进项税额的规定。故而税务机关的处理意见不正确。

12.2.4 委托代购方式的税收筹划

制造企业在生产经营中需要大量购进各种原辅材料。由于购销渠道的限制,企业常常需要委托商业机构代购各种材料,委托代购业务自然就产生了。委托代购中一般受托方只向委托方收取手续费,采取委托代购操作必须符合以下条件。

(1) 受托方不垫付资金。

(2) 销售方将发票开具给委托方,并由受托方将该发票转交给委托方。

(3) 受托方按销售实际收取的销售额和增值税额与委托方结算货款,另外收取手续费。这种情况下,受托方按收取的手续费缴纳增值税。

一般纳税人通常都不愿意跟小规模纳税人打交道,原因是后者不能按要求开具增值税专用发票,即使由主管税务机关代开增值税专用发票,也只能按小规模纳税人的3%的征收率抵扣。同样的原因,众多小规模纳税人因销货时不能提供增值税专用发票而失去了许多一般纳税人客户。

如果小规模纳税人能够巧妙运用税法关于委托代购的规定,将经销转为委托代购,就可以防止一般纳税人客户的流失。

【案例12-6】 某烟草站是专门从事批发、零售卷烟的小规模纳税人,在烟草站附近的供销社是一般纳税人。供销社的营业窗口点多面广,拥有固定的消费群体,其年卷烟销售额可达到500万元。这样大的卷烟零售量,在烟草站眼里无疑是一个十分诱人的市场。然而,近在咫尺却无法建立业务关系。原因很简单,供销社采购卷烟必须索要增值税专用发票,才能申报抵扣进项税额。供销社也只能舍近求远去百里外的县烟草公司去采购,运费成本居高不下。

解析:税务师事务所了解到他们的苦衷,提供了如下税收筹划方案。

(1) 烟草站与供销社之间签订一份委托代购协议书。协议书约定:供销社委托烟草站代购(烟草站的供货来源也是县烟草公司)某某品牌的卷烟多少箱,供销社应支付烟草站代购业务手续费多少元等。

(2) 供销社按县烟草公司的供应价(含增值税)计算,将购货款预付给烟草站,烟草站不垫付购货资金。

(3) 县烟草公司凭烟草站与供销社之间签订的委托代购协议书,根据《关于代购货物免征增值税条例》,可将增值税专用发票直接开具给供销社。

(4) 烟草站另开发票向供销社收取代购手续费。

12.2.5 固定资产采购的税收筹划

1. 采购固定资产应获取增值税专用发票

增值税转型对企业投资产生正效应,使企业存在扩大设备投资的政策激励,从而对企业收益产生影响。但需要注意的是,对房屋、建筑物、土地等固定资产,用于自制(含改扩建、安装)固定资产的购进货物或劳务必须取得增值税专用发票,才能抵扣增值税进项税额。

纳税人租入固定资产、不动产,既用于一般计税方法计税项目,又用于简易计税方法计税项目、免征增值税项目、集体福利或者个人消费的,其进项税额准予从销项税额中全额抵扣。

2. 采购固定资产选择供货商的纳税人身份

一般纳税人在采购固定资产时,必须在不同纳税人身份的供货商之间做出抉择。供货商有两种纳税人身份——一般纳税人和小规模纳税人。假定购进固定资产的含税价款为S,若供货商为一般纳税人,其适用的增值税税率为 T_1;若供货商为小规模纳税人(能到税务机关代开增值税专用发票),其增值税征收率为 T_2。则从一般纳税人供货商或小规模纳税人供货商处购进固定资产时,可抵扣的增值税进项税额分别为 $ST_1/(1+T_1)$ 与 $ST_2/(1+T_2)$。

(1)若一般纳税人增值税税率 T_1 取值 13%,小规模纳税人增值税税率 T_2 取值 3%,则有 $13\%/(1+13\%)>3\%/(1+3\%)$,因此一般纳税人企业从一般纳税人供货商处采购能获得更多的进项税额抵扣。

(2)若一般纳税人增值税税率 T_1 取值 9%,T_2 取值 3%,则有 $9\%/(1+9\%)>3\%/(1+3\%)$,则一般纳税人企业从一般纳税人供货商处采购固定资产能获得更多的可抵扣的进项税额。

再购入固定资产时,进项税额支付少,则抵扣少;进项税额支付多,则抵扣多。关键是专票和普票的选择问题,因为普票含税不能抵扣进项税额,而专票可以抵扣进项税额,但与适用的增值税税率有关。

3. 采购固定资产抵扣增值税时机的选择

当企业购买固定资产时,必须考虑固定资产的购进时机。一般来说,企业在出现大量增值税销项税额时购入固定资产最为适宜,这样在固定资产购进过程中就可以实现进项税额的全额抵扣。否则,若购进固定资产的进项税额大于该时期的销项税额,则购进固定资产时就会出现一部分进项税额不能实现抵扣,从而降低增值税抵扣的力度。因此,增值税转型后,企业必须对固定资产投资做出财务预算,合理规划投资活动的现金流量,分期分批进行固定资产更新,以实现固定资产投资规模、速度与企业财税目标的相互配合。

【案例 12-7】 A 公司为一般纳税人,准备购入一批固定资产扩大生产规模,价格为 565 万元(含税),有三个供应商可以选择:

甲为一般纳税人,适用税率 13%,可以提供增值税专用发票;

乙为小规模纳税人,可以到税务机关代开增值税专用发票;

丙为小规模纳税人,不能取得代开发票。

A 公司当期有 30 万元销项税额,则应该选择哪个供应商才能获得最大程度增值税抵扣力度呢?

解析:选择甲,则

$$可抵扣进项税额 = 565/(1+13\%) \times 13\% = 65(万元)$$

选择乙,则

$$可抵扣进项税额 = 565/(1+3\%) \times 3\% = 16.46(万元)$$

选择丙,不能取得专用发票,不能抵扣进项税额。

由计算结果可知,供应商丙劣于供应商甲和乙,甲可抵扣进项税额大于乙。在不考虑增值税销项税额的情况下,可以直接选择甲;因 A 当期只有 30 万元销项税额,会造成大量的进项税额留抵,如果考虑到抵扣增值税时机,充分发挥增值税进项税额的抵扣力度,则应该选择乙,等有更多销项税额时,再分期分批购入固定资产。

复习思考题

1. 请分析采购合同中可能出现的税收陷阱有哪些。
2. 从税收筹划角度分析企业采购时应选择什么样的供应商。

3. 物资采购中,哪些进项税额不能抵扣?
4. 企业采购时应从哪些方面进行税收筹划?
5. 企业购置固定资产时,应该考虑哪些涉税问题?

【案例分析题】

案例一　运输业务的税收筹划

利华轧钢厂是生产钢材的增值税一般纳税人,拥有自己的运输车辆。预计销售钢材时可同时取得运费收入 100 万元(不含税),车辆运输费用为 30 万元(不含税),其中油料等可抵扣增值税进项税额为 2.5 万元,可抵扣增值税的项目均取得增值税专用发票。有两种方案可供利华厂选择:一是自营运输;二是将运输部门设立为独立的运输公司。

思考:从税收角度考虑,利华轧钢厂应如何选择?

案例二　兼营行为的税收筹划

中超运输公司是营改增试点纳税人,兼营运输及仓储服务业务,6 月取得运费收入 1 000 万元(不含税),取得仓储收入 300 万元(不含税),交通运输业增值税税率为 9%,仓储业增值税税率为 6%,城建税税率为 7%,教育费附加为 3%。假设不考虑其他税种。

思考:从税收角度考虑,中超运输公司的运费收入及仓储收入应如何进行税收筹划?

【综合阅读题】

三流一致能否作为判断真实交易的标准?

所谓三流一致,是指发票流、资金流、货物流应当统一,具体是指一张发票上的收款方、发货方、销售方(是指发票抬头上的销售方)应该是同一个主体,且付款方、收货方、购买方(是指发票抬头上的购买方)也应该是同一个主体。其理论根基是:既然发票抬头上的销售方和购买方是真实交易,那么销售方应该会直接把货物发送给购买方,货款应当由购买方直接支付给销售方。如果三流不能一致,则很可能面临虚开的判定而承受不利的法律后果。

1. 三流一致的来龙去脉

1) 资金流一致的渊源

1995 年 10 月 18 日,国家税务总局出台了国税发〔1995〕192 号文规定:纳税人购进货物或应税劳务,支付运输费用,所支付款项的单位,必须与开具抵扣凭证的销货单位、提供劳务的单位一致,才能够申报抵扣进项税额,否则不予抵扣。

该文表达的意思是:"所支付款项的单位,必须与开具抵扣凭证的销货单位、提供劳务的单位一致。"故而,这里强调的是收款方与销售方的一致,即收取货款的应该是销售方而不是其他人,其取得的抵扣凭证才能予以抵扣进项税额。

2) 货物流一致的来源

国税发〔1995〕192 号文规定:"准予计算进项税额扣除的货运发票,其发货人、收货人、起运地、到达地、运输方式、货物名称、货物数量、运输单价、运费金额等项目的填写必须齐全,与购货发票上所列的有关项目必须相符,否则不予抵扣。"(该条款已经作废)有些人认为,该条是货物流一致的根源,经过反复审查该条文,发现该项仅仅是用来规范运输费发票的,实际上这个条款也很不现实。

3) 发票流一致

发票一致是理所应当的,但问题是:发票流应当与谁保持一致呢?是与货物流一致呢?还是与资金流一致呢?这里很难给出明确答案。

2. 三流一致的具体表现

A 公司开具发票给 B 公司,发票上抬头为:销售方为 A 公司,B 公司为购买方。

1) 货物流一致的要求:A 公司→B 公司,具体有以下几种观点。

(1) A 公司必须足额发送货物到 B 公司,少了或没有发送货物则货物流不一致。

(2) 直接发货人只能是 A 公司而不能是其他公司(不能是他人代发),直接收货人只能是 B 公司(不能是他人代收或指定他人接收货物)。

(3) A 公司与 B 公司之间不能插入其他单位转手(物流公司不排斥)。

(4) A 公司必须对货物享有所有权。

(5) B 公司收到的货物必须是 A 公司交付过来的货物,中间不许有人调换货物。

2) 资金流一致的要求:B 公司→A 公司,具体有以下几种观点。

(1) 货款必须足额支付,少支付或未支付也属于资金流不一致。

(2) 直接支付货款的必须是 B 公司(不能代为支付),直接接受货款的必须是 A 公司(不能其他人接受该款项)。

(3) 货款在 B 公司到 A 公司之间不能插入其他环节。

(资料来源:赵清海律师的博客(2018.7.28),网址:http://blog.sina.com.cn/s/blog_4ca266b60102xwli.html)

思考:

1. 三流一致能证明交易真实吗?

2. 如果三流不一致,就一定是虚开增值税发票吗?

第 13 章

生产研发的税收筹划

虽然各国税制的具体细节各不相同,但所有的所得税体系都面临同样的基本问题,如对国际所得课征多少税收,以及应在何时对所得课税等。另外,所有国家的税收筹划者都必须确定税收战略与公司的财务和经营战略之间的相互影响。

——诺贝尔经济学奖得主　迈伦·斯科尔斯

13.1　存货计价与资产折旧的税收筹划

13.1.1　存货发出计价方法

纳税人采取的存货计价方式不同,对产品成本、企业利润和企业所得税都有较大影响。对于性质和用途相似的存货,应当采取相同的成本计算方法确定发出存货的成本。对于不能替代使用的存货,为特定项目专门购入的存货以及提供劳务的成本,通常采用个别计价法确定发出存货的成本。

这里的存货是指企业在生产经营过程中为销售或者耗用而储存的各种资产,如商品、产成品、半成品、在产品以及各类材料、燃料、包装物、低值易耗品等。存货是资产负债表中的重要项目,也是利润表中用来确定主营业务成本的一项重要内容。

存货成本＝期初存货＋本期存货－期末存货

由上述公式可知,期末存货的大小,恰好与销货成本高低呈反向变化。换言之,本期期末存货的多计,必然会降低本期销货成本,增加本期收益。此外,本期期末存货的多计,又会增加下期期初存货成本,从而使下期的销货成本提高,降低下期的收益。因而能否正确地确定存货的价值与能否正确地反映企业的经营成果和财务状况有着密切的关系。由于存货计价对企业的收益和应税所得额均有直接影响,企业会计准则规定的存货计价方法又有多种,不同的计价方法对企业利润和纳税额的影响是不一样的,因而企业在选择存货计价方法时,可选择使其税负较轻的方法。

对企业来说,可选用的存货计价方法主要有:先进先出法、个别计价法、月末一次加权平均法、移动加权平均法等。在价格平稳或者价格波动不大时,存货计价方法对成本的影响不显著。当价格水平不断波动时,存货计价方法对成本的影响就较为显著。

不同的存货计价方法对企业纳税的影响是不同的,这既是财务管理的重要步骤,也是税收筹划的重要内容。一般采取何种方法为佳,应根据具体情况进行分析。

(1) 当物价有上涨趋势时,采用月末一次加权平均法计算出的期末存货价值最低,销售成本最高,可将利润递延至次年,以延缓纳税时间;当物价呈下降趋势时,则采用先进先出法计算出的存货价值最低,同样可达到延缓纳税的目的。

(2) 同样,在物价有上升趋势的前提下,当企业处于所得税的免税期时,企业获得的利润越多,其得到的免税额就越多,这样,企业就可以选择先进先出法计算期末存货价值,以减少当期成本、费用的摊入,扩大当期利润;相反,当企业处于征税期或高税负期时,企业就可以选择月末一次加权平均法,将当期的摊入成本尽量扩大,以减少当期利润,降低应纳所得税额。反之,当物价有下降趋势时,企业就可以选择相反的做法。

(3) 存货计价方法作为企业内部核算的具体方法,可以利用市场价格水平变动来达到降低税负的目的。由于商品的市场价格总是处于变动之中,政府对商品市场价格的控制也有一定的限度,这就为企业利用价格变动获得最大利益创造了条件。

在实行累进税率的条件下,企业也可以利用存货计价方法开展税收筹划活动。累进税率主要是针对个体工商户而言的。我国个人所得税法规定,个体工商户的生产、经营所得,对企事业单位的承包经营、承租经营所得,适用5%～35%的五级超额累进税率。在实行超额累进税率的条件下,选择月末一次加权平均法或者移动加权平均法对企业存货进行计价核算,可以使企业税收负担较轻。这是因为在加权平均法下,企业各期的利润比较平均,不至于因为利润忽高忽低而使利润过高的会计期间套用过高的税率。

【案例13-1】 某个体工商户在2×18年购进甲货物两批,数量均为2 000件。第一批价格为4元/件,第二批价格为6元/件。2×19年销售2 000件,2×20年也销售2 000件,销售价格均为7元/件。下面分别采用月末一次加权平均法、先进先出法的存货计价方法,计算该个体工商户2×19年度和2×20年度的应纳所得税情况。

解析:

(1) 采用月末一次加权平均法。

购进甲货物的平均价格=(2 000×4+2 000×6)/(2 000+2 000)=5(元)

2×19年度税前利润=2 000×7-2 000×5=4 000(元)

2×19年度应缴所得税=4 000×5%=200(元)

同样可以计算得到2×20年度应缴所得税为200元,那么该个体工商户2×19年至2×20年的应纳所得税合计400元。

(2) 采用先进先出法。

2×19年度的税前利润=2 000×7-2 000×4=6 000(元)

2×19年度应缴所得税=6 000×10%-250=350(元)

2×20年度的税前利润=2 000×7-2 000×6=2 000(元)

2×20年度应缴所得税=2 000×5%=100(元)

那么,该个体工商户两年度的应纳所得税合计450元。

通过上面的计算可以看出,在加权平均法的存货计价方法下,该个体工商户2×19年至2×20年应纳所得税额比在先进先出法的存货计价方法下减少50元。也就是说,在实行累进税率的条件下,选择月末一次加权平均法或者移动加权平均法对企业的存货进行计价核算,可以使得企业获得较轻的税负。

13.1.2 固定资产折旧的税收筹划

折旧作为成本的重要组成部分,有着"税收挡板"的作用。企业会计准则规定,企业常用的折旧方法有平均年限法、工作量法、年数总和法和双倍余额递减法,运用不同的折旧方法计算出的折旧额在量上是不相等的,因而分摊到各期生产成本中的固定资产折旧额也不同,这会影响到企业的利润和应缴纳的企业所得税。

企业计提固定资产折旧时,一般只能选用平均年限法或工作量法。对于加速折旧法的采用,税法有非常严格的规定。《企业所得税法实施条例》第九十八条规定:企业所得税法第三十二条所称可以采取缩短折旧年限或者加速折旧的方法的固定资产包括:①由于技术进步,产品更新换代较快的固定资产;②常年处于强震动、高腐蚀状态的固定资产。《财政部 国家税务总局关于完善固定资产加速折旧企业所得税政策的通知》(财税〔2014〕75号)规定:

(1) 对生物药品制造业,专用设备制造业,铁路、船舶、航空航天和其他运输设备制造业,计算机、通信和其他电子设备制造业,仪器仪表制造业,信息传输、软件和信息技术服务业等6个行业的企业2014年1月1日后新购进的固定资产,可缩短折旧年限或采取加速折旧的方法。

对上述6个行业的小型微利企业2014年1月1日后新购进的研发和生产经营共用的仪器、设备,单位价值不超过100万元的,允许一次性计入当期成本费用在计算应纳税所得额时扣除,不再分年度计算折旧;单位价值超过100万元的,可缩短折旧年限或采取加速折旧的方法。

(2) 对所有行业企业2014年1月1日后新购进的专门用于研发的仪器、设备,单位价值不超过100万元的,允许一次性计入当期成本费用在计算应纳税所得额时扣除,不再分年度计算折旧;单位价值超过100万元的,可缩短折旧年限或采取加速折旧的方法。

(3) 对所有行业企业持有的单位价值不超过5 000元的固定资产,允许一次性计入当期成本费用在计算应纳税所得额时扣除,不再分年度计算折旧。

此外,《财政部 国家税务总局关于进一步完善固定资产加速折旧企业所得税政策的通知》(财税〔2015〕106号)规定:对轻工、纺织、机械、汽车等四个领域重点行业的企业2015年1月1日后新购进的固定资产,可由企业选择缩短折旧年限或采取加速折旧的方法。对上述行业的小型微利企业2015年1月1日后新购进的研发和生产经营共用的仪器、设备,单位价值不超过100万元的,允许一次性计入当期成本费用在计算应纳税所得额时扣除,不再分年度计算折旧;单位价值超过100万元的,可由企业选择缩短折旧年限或采取加速折旧的方法。

根据《财政部 税务总局关于设备、器具扣除有关企业所得税政策的通知》(财税〔2018〕54号)、《国家税务总局关于设备、器具扣除有关企业所得税政策的通知》(国家税务总局公告2018年第46号)的规定,企业在2018年1月1日至2020年12月31日期间新购进的设备、器具(除房屋、建筑物以外的固定资产),单位价值不超过500万元的,允许一次性计入当期成本费用在计算应纳税所得额时扣除,不再分年度计算折旧。

《关于扩大固定资产加速折旧优惠政策适用范围的公告》(财政部税务总局公告2019年第66号)将原适用于六大行业和四个领域重点行业企业的固定资产加速折旧的适用范围扩大至全部制造业,但具体固定资产加速折旧政策内容没有调整,仍与原有政策保持一致,具体为:一是制造业企业新购进的固定资产,可缩短折旧年限或采取加速折旧的方法。二是制造业小型微利企业新购进的研发和生产经营共用的仪器、设备,单位价值不超过100万元的,可一次性税前扣除。

需要强调的是,2018年1月1日至2020年12月31日,企业新购进单位价值不超过500万元的设备、器具可一次性在税前扣除,该政策适用于所有行业企业,已经涵盖了制造业小型微利企业的一次性税前扣除政策。在此期间,制造业企业可适用设备、器具一次性税前扣除政策,不再局限于小型微利企业新购进的单位价值不超过100万元的研发和生产经营共用的仪器、设备。

采取缩短折旧年限方法的,最低折旧年限不得低于税法规定折旧年限的60%;采取加速折旧方法的,可以采取双倍余额递减法或年数总和法。

一般情况下,在企业创办初期且享有减免税优惠待遇时,企业可以通过延长固定资产折旧年限,将计提的折旧递延到减免税期满后计入成本,从而获得节税的好处。而对处于正常生产经营期且未享有税收优惠待遇的企业来说,缩短固定资产折旧年限,往往可以加速固定资产成本的回收,使企业后期成本费用前移,前期利润后移,从而获得延期纳税的好处。

在物价持续上涨时期,企业如果采用加速折旧方法,既可以缩短回收期,又可以加快折旧速度,有利于前期的折旧成本取得更多的抵税额,从而取得延缓纳税的好处。

企业采用加速折旧法计提折旧,只是相对改变了折旧计提的时间。在实施该方法的前几年,企业所得税的数额相对减少,可以达到节税的目的,但后期的企业所得税会逐渐增加。总体而言,总税负是不变的。但采用加速折旧法,可以使企业加速对设备的更新,促进技术进步,从而增强企业发展后劲。

【案例 13-2】 某企业拥有一条生产线,账面价值为 500 万元,残值率为 8%,预计可使用年限为 5 年,企业所得税税率为 25%。试分析比较在年限平均法、双倍余额递减法以及年数总和法这三种折旧计提方法下,该企业的企业所得税抵免额的不同。

解析:

该企业在不同折旧方法下企业所得税抵免额对比如表 13-1 所示。

表 13-1 不同折旧方法下企业所得税抵免额对比表   单位:万元

折旧时间	年限平均法	双倍余额递减法	年数总和法
第1年	23.0	50.0	38.3
第2年	23.0	30.0	30.7
第3年	23.0	18.0	23.0
第4年	23.0	8.5	15.3
第5年	23.0	8.5	7.7
合计	115.0	115.0	115.0

从表 13-1 可知,尽管按照三种不同折旧方法计算,其企业所得税税收抵免金额合计数没有差别,均为 115 万元。然而,考虑到货币时间价值后,企业在不同年份所缴纳的企业所得税的现值是不一样的。

假设固定资产没有发生减值,资金成本率为 10%。第 1~5 年的复利现值系数分别为 0.909、0.826、0.751、0.683、0.621,则在年限平均法、双倍余额递减法以及年数总和法这三种折旧计提方法下,该企业的企业所得税抵免额现值如表 13-2 所示。

表 13-2 不同折旧方法下企业所得税抵免额现值对比表   单位:万元

折旧时间	年限平均法	双倍余额递减法	年数总和法
第1年	20.9	45.5	34.8
第2年	29.0	24.8	25.4
第3年	17.3	13.1	17.3
第4年	15.7	5.8	10.4
第5年	14.2	5.3	4.8
合计	87.1	94.5	92.7

从表 13-2 可知，不同折旧方法下的应纳企业所得税抵免额现值是不一样的。毫无疑问，选择双倍余额递减法更有利于企业的纳税策划。

13.2　生产设备租赁的税收筹划

企业在生产管理中，经常会遇到设备租赁业务。按税法规定，公司不论从事经营租赁业务还是融资租赁业务，所获取的租赁收入均应缴纳增值税。

【案例 13-3】　融源股份公司为商品流通企业，兼营融资租赁业务，按黄河公司的要求购入一条生产线，价格为 1624 万元（含增值税 224 万元），支付境内运输费和安装调试费 40 万元、国内借款利息 30 万元。有两种方案可供选择。

方案一：双方签订融资租赁合同，明确融资租赁价款为 2400 万元，租赁期为 8 年，黄河公司每年年初支付租金 300 万元，合同期满付清租金后，该生产线自动转让给黄河公司，转让价款为 20 万元（残值）。

方案二：双方签订经营租赁合同，约定租期为 8 年，租金总额 2040 万元，黄河公司每年年初支付租金 255 万元，租赁期满，融源股份公司收回设备。收回设备的可变现净值为 400 万元。

解析：

融源股份公司与黄河公司之间的租赁业务，可以选择不同的租赁形式，下面对两个方案的纳税情况分析如下。

方案一：租赁期满后，设备的所有权转让，应缴纳增值税。如果融源股份公司为增值税一般纳税人，该设备的进项税额可以抵扣。

应纳增值税＝(2 400＋20)÷(1＋13％)×13％－224＝54.41(万元)

应纳城建税及教育费附加＝54.41×(7％＋3％)＝5.44(万元)

方案二：融源股份公司应纳增值税。

应纳增值税＝2 040÷(1＋13％)×13％－224＝10.69(万元)

应纳城建税及教育费附加＝10.69×(7％＋3％)＝1.07(万元)

13.3　技术改造及设备大修的税收筹划

13.3.1　技术改造与设备大修的税收政策

技术改造是指企业为了提高经济效益和产品质量、增加花色品种、促进产品升级换代、扩大出口、降低成本、节约能耗、加强资源综合利用和"三废"治理、劳保安全等，利用先进的新技术、新工艺、新装备等对生产条件进行改造。

为达到节约税款的目的，技术改造存在着选择的时机，而非任意时间段。另外，还涉及技术引进的方式以及技术转让购进渠道的选择。修理是使设备恢复原来状况和功能，包括更换零部件。大修理在税法上称为固定资产改良支出，是指同时符合下列条件的支出：①修理金额占原固定资产设备价值的 50％以上；②修理后固定资产的经济寿命延长两年以上。当企业的固定资产修理费用达到或者超过固定资产原值 50％时，可以考虑采用多次修理的方式来达到税收筹划的目的。

技术改造投资大,时间长,但能极大提高生产效益。大修理相对于技术改造来说简单一些,只是功能的恢复,但能节约资金。因此,对技术改造和大修理不能简单地比较孰优孰劣,企业在选择时需要根据实际情况进行比较分析,进行税收筹划。

13.3.2 设备大修理的税收筹划

1. 大修理支出的税务处理

税法规定,企业大修理支出根据固定资产已计提折旧的情况归入固定资产或长期待摊费用。

1) 大修理费用计入固定资产原值

当该项固定资产尚有折旧未提完时,大修理费用应计入固定资产原值。假设原固定资产价值为 H,大修理费用为 K,那么大修理费用 K 应在 $50\%H$ 以上,大修理增加固定资产原值则在 $50\%H$ 以上。

假设 $K=50\%H$,按 10 年计提折旧,每年折旧额为 $5\%H$。当修理费越高时,其利润越少。大修理只是恢复原有功能,生产效益不能提高,相反,还增加折旧,减少了利润。设原来的年利润为 M,经过大修理后,企业的年利润为 $M-5\%H$。

2) 大修理费用计入长期待摊费用

假设大修理费用仍为 K,按税法政策规定,固定资产大修理计入长期待摊费用,应在 5 年时间内摊销,每年摊销额为 $10\%H$,此时,年利润为 $M-10\%H$。

2. 设备大修与技术改造的结合

企业可以将设备大修和技术改造巧妙结合、统筹安排:①在时间安排上,可将大修理安排在技改前一年,使当年利润减少,第二年年初购入技改设备,使设备提取较多的折旧额抵减利润。②对于一些设备的小修理,可以考虑与技术改造相结合,变成设备大修理,提高税前扣除额。

13.4 技术研发的税收筹划

13.4.1 技术开发、技术服务、技术培训与技术转让

1. 技术开发、技术转让与技术咨询

科研单位的技术服务与技术转让业务极易混淆,下面分析对比"技术开发"与"技术转让"的税收政策。

技术开发是指开发者接受他人委托,就新技术、新产品、新工艺或者新材料及其系统进行研究开发的行为。技术转让是指有偿转让专利和非专利技术的所有权或使用权的行为。这里需要特别提醒,技术转让既包括转让技术的所有权,也包括转让技术的使用权。

与技术转让、技术开发相关的技术咨询、技术服务,是指转让方(或者受托方)根据技术转让或者开发合同的规定,为帮助受让方(或者委托方)掌握所转让(或者委托开发)的技术,而提供的技术咨询、技术服务业务,且这部分技术咨询、技术服务的价款与技术转让或者技术开发的价款应当在同一张发票上开具。

技术咨询,是指就特定技术项目提供可行性论证、技术预测、专题技术调查、分析评价报告等业务活动。

按照税务机关的权威解读,"技术开发"属于"研发服务"范围,"技术转让服务"属于"销售无形资产"范围,"技术咨询服务"属于"鉴证咨询服务",总之,"研发和技术服务—技术转让服务""文化创意服务—商标和著作权转让服务"纳入"销售无形资产"。

《财政部 国家税务总局关于全面推开营业税改征增值税试点的通知》(财税〔2016〕36号)规定:纳税人提供技术转让、技术开发和与之相关的技术咨询、技术服务免征增值税。纳税人申请免征增值税时,须持技术转让、开发的书面合同,到纳税人所在地省级科技主管部门进行认定,并持有关的书面合同和科技主管部门审核意见证明文件报主管税务机关备查。这里所指的技术转让与技术开发是指自然科学领域的技术开发和技术转让业务。显然,所谓的技术不包括社会科学领域技术及其研究成果。《企业所得税法实施条例》第九十条规定:一个纳税年度内,居民企业技术转让所得不超过500万元的部分,免征企业所得税;超过500万元的部分,减半征收企业所得税。需要注意的是,下列情况不得享受技术转让减免税政策:①居民企业从直接或间接持有股权之和达到100%的关联方处取得的技术转让所得,不享受技术转让减免企业所得税优惠政策;②居民企业取得的禁止出口和限制出口技术转让所得,不享受技术转让减免企业所得税优惠政策。

目前技术市场常见的合同有两种:一种是《技术转让合同》,规定其适用于非专利技术转让合同、专利技术转让合同、专利申请权转让合同等文本的签订。另一种是《技术服务合同》,它是对专项技术的技术咨询、技术培训、技术指导所签订的合同。

境内的技术转让须经省级以上(含省级)科技部门认定登记,跨境的技术转让须经省级以上(含省级)商务部门认定登记,涉及财政经费支持产生技术的转让,需省级以上(含省级)科技部门审批。技术转让的范围,包括专利(含国防专利)①、计算机软件著作权、集成电路布图设计专有权、植物新品种权、生物医药新品种,以及财政部和国家税务总局确定的其他技术。同样是技术类合同,一个是技术转让合同,所涉及的技术转让收入可享受免征增值税和减免所得税优惠;另一个是技术开发合同,所涉及的技术开发研究以及与之相关的技术咨询、技术服务等免征增值税,但不能享受减免所得税优惠政策。因此,企业和科研机构必须严格区分《技术转让合同》与《技术开发合同》,并清楚划分技术转让收入与技术咨询收入、技术服务收入与技术培训收入。

在契税方面,专利申请权转让、非专利技术转让所书立的合同,适用"技术合同"税目;专利权转让、专利实施许可所书立的合同、书据,适用"产权转移书据"税目。

【案例13-4】 甲、乙两公司于2×21年11月签订一项新型生物技术和与之相关的新型制药技术的转让合同,合同规定转让价格为2 000万元,甲公司此项技术的转让成本和相关税费为1 020万元。有以下两种方案选择。

方案一:在甲公司履行技术转让合同后十日内乙公司一次性付给甲公司技术转让费2 000万元。

方案二:甲公司将该新型生物技术和与之相关的新型制药技术的转让合同分为两项合同,分别在2×21年11月和2×22年1月签订,两项合同的转让价格均为1 000万元,转让成本和相关税费在两份合同中平均分摊。

解析:

方案一:甲公司取得技术转让所得为

---

① 专利是指法律授予独占权的发明、实用新型以及非简单改变产品图案和形状的外观设计。

$$2\,000 - 1\,020 = 980(万元)$$

甲公司应纳企业所得税金额为

$$(980 - 500) \times 25\% \times 50\% = 60(万元)$$

方案二：甲公司 2×21 年技术转让所得为

$$1\,000 - 1\,020 \div 2 = 490(万元)$$

甲公司 2×22 年技术转让所得为

$$1\,000 - 1\,020 \div 2 = 490(万元)$$

在一个纳税年度内，居民企业技术转让所得不超过 500 万元的部分免征企业所得税，所以，方案二比方案一节约税款 60 万元。

2. 技术服务、技术培训与技术中介服务

技术服务与技术培训是极为类似的两种活动。技术服务属于现代服务业[①]，增值税税率为 6%；而技术培训是当事人一方委托另一方对指定的专业技术人员进行特定项目的技术指导和专业训练，也属于现代服务业，增值税税率为 6%。技术中介服务是指科技领域的中介服务活动，属于现代服务业，增值税税率为 6%。根据《国家税务局关于对技术合同征收印花税问题的通知》（国税地字〔1989〕34号）第三条的规定，技术服务合同的征税范围包括：技术服务合同、技术培训合同和技术中介合同。即上述三类合同需要缴纳印花税。

13.4.2 研究开发费用的税收筹划

1. 研究开发费用的税收政策

为了促进企业技术进步，国家出台了一系列税收优惠政策。企业在进行技术开发时，有必要根据企业实际情况事先进行策划，合理地利用税收优惠政策，以节约技术研发费。

《企业所得税法》第三十条规定，企业开发新技术、新产品、新工艺发生的研究开发费用，可以在计算应纳税所得额时加计扣除。《企业所得税法实施条例》第九十五条规定：企业所得税法第三十条第（一）项所称研究开发费用的加计扣除，是指企业为开发新技术、新产品、新工艺发生的研究开发费用，未形成无形资产计入当期损益的，在按照规定据实扣除的基础上，按照研究开发费用的 50% 加计扣除；形成无形资产的，按照无形资产成本的 150% 摊销。企业开展研发活动中实际发生的研发费用，未形成无形资产计入当期损益的，在按规定据实扣除的基础上，再按照实际发生额的 75% 在税前加计扣除；形成无形资产的，在上述期间按照无形资产成本的 175% 在税前摊销。

企业在进行技术转让时有意识地改变自身性质，也会对税收产生很大影响。例如，企业若以研究机构的身份或者分立形成高新技术企业抑或软件公司再进行技术转让，可以享受有关税收优惠。当然，企业是否必须成立独立的研发公司，需要综合考量新公司的运营费用、母公司的盈利情况以及转让所得的情况，具体情况具体分析。

根据上述规定，所有财务核算制度健全、实行查账征收企业所得税的各种所有制的工业企业，都可以享受技术开发费加计扣除的优惠政策，即对财务核算制度健全、实行查账征收的内外资企业、科研机构、大专院校等在一个纳税年度实际发生的下列技术开发费项目，包括新产

[①] 现代服务业是指围绕制造业、文化产业、现代物流产业等提供技术性、知识性服务的业务活动。包括研发和技术服务、信息技术服务、文化创意服务、物流辅助服务、有形动产租赁服务、鉴证咨询服务、广播影视服务。

品设计费,工艺规程制定费,设备调整费,原材料和半成品的试制费,技术图书资料费,未纳入国家计划的中间实验费,研究机构人员的工资,用于研究开发的仪器、设备的折旧,委托其他单位和个人进行科研试制的费用,与新产品的试制和技术研究直接相关的其他费用,在按规定实行100%扣除基础上,允许再按当年实际发生额的75%在企业所得税税前加计扣除。

为了更好地鼓励企业开展研究开发活动和规范企业研究开发费用加计扣除优惠政策执行,财政部、国家税务总局、科技部于2015年11月2日联合发布《关于完善研究开发费用税前加计扣除政策的通知》(财税〔2015〕119号)明确规定:

(1) 研发活动及研发费用归集范围。

本通知所称研发活动,是指企业为获得科学与技术新知识,创造性运用科学技术新知识,或实质性改进技术、产品(服务)、工艺而持续进行的具有明确目标的系统性活动。

(2) 特别事项的处理。

① 企业委托外部机构或个人进行研发活动所发生的费用,按照费用实际发生额的80%计入委托方研发费用并计算加计扣除,受托方不得再进行加计扣除。委托外部研究开发费用实际发生额应按照独立交易原则确定。

委托方与受托方存在关联关系的,受托方应向委托方提供研发项目费用支出明细情况。

根据《关于企业委托境外研究开发费用税前加计扣除有关政策问题的通知》(财税〔2018〕64号)的规定,自2018年1月1日起,委托境外进行研发活动所发生的费用,按照费用实际发生额的80%计入委托方的委托境外研发费用。委托境外研发费用不超过境内符合条件的研发费用2/3的部分,可以按规定在企业所得税前加计扣除。

② 企业共同合作开发的项目,由合作各方就自身实际承担的研发费用分别计算加计扣除。

③ 企业集团根据生产经营和科技开发的实际情况,对技术要求高、投资数额大,需要集中研发的项目,其实际发生的研发费用,可以按照权利和义务相一致、费用支出和收益分享相配比的原则,合理确定研发费用的分摊方法,在受益成员企业间进行分摊,由相关成员企业分别计算加计扣除。

④ 企业为获得创新性、创意性、突破性的产品进行创意设计活动而发生的相关费用,可按照本通知规定进行税前加计扣除。

创意设计活动是指多媒体软件、动漫游戏软件开发,数字动漫、游戏设计制作;房屋建筑工程设计(绿色建筑评价标准为三星)、风景园林工程专项设计;工业设计、多媒体设计、动漫及衍生产品设计、模型设计等。

《财政部 税务总局关于进一步完善研发费用税前加计扣除政策的公告》(财政部、税务总局公告2021年第13号)规定:制造业企业开展研发活动中实际发生的研发费用,未形成无形资产计入当期损益的,在按规定据实扣除的基础上,自2021年1月1日起,再按照实际发生额的100%在税前加计扣除;形成无形资产的,自2021年1月1日起,按照无形资产成本的200%在税前摊销。

本条所称制造业企业,是指以制造业业务为主营业务,享受优惠当年主营业务收入占收入总额的比例达到50%以上的企业。制造业的范围按照《国民经济行业分类》(GB/T 4574—2017)确定,如国家有关部门更新《国民经济行业分类》,从其规定。

(3) 管理要求。

① 会计核算。研究开发费用税前加计扣除有关政策适用于会计核算健全、实行查账征收并能够准确归集研发费用的居民企业。

企业应按照国家财务会计制度要求，对研发支出进行会计处理；同时，对享受加计扣除的研发费用按研发项目设置辅助账，准确归集核算当年可加计扣除的各项研发费用实际发生额。企业在一个纳税年度内进行多项研发活动的，应按照不同研发项目分别归集可加计扣除的研发费用。

按照企业会计准则的要求，企业可以设置"研发支出"科目核算企业研究与开发无形资产过程中发生的各项支出。企业自行开发无形资产发生的研发支出，不满足资本化条件的，记入"研发支出"科目（费用化支出）；满足资本化条件的，记入"研发支出"科目（资本化支出）。研究开发项目达到预定用途形成无形资产的，应按"研发支出"科目（资本化支出）的余额，结转"无形资产"。期（月）末将"研发支出"科目归集的费用化支出金额转入"管理费用"科目；期末借方余额反映企业正在进行无形资产研究开发项目满足资本化条件的支出。

企业应对研发费用和生产经营费用分别核算，准确、合理归集各项费用支出，对划分不清的，不得实行加计扣除。

② 税务管理。企业研发费用各项目的实际发生额归集不准确、汇总额计算不准确的，税务机关有权对其税前扣除额或加计扣除额进行合理调整。

税务机关对企业享受加计扣除优惠的研发项目有异议的，可以转请地市级（含）以上科技行政主管部门出具鉴定意见，科技部门应及时回复意见。企业承担省部级（含）以上科研项目的，以及以前年度已鉴定的跨年度研发项目，不再需要鉴定。

税务部门应加强研发费用加计扣除优惠政策的后续管理，定期开展核查，年度核查面不得低于 20%。

《国家税务总局关于企业研究开发费用税前加计扣除政策有关问题的公告》（国家税务总局公告 2015 年第 97 号）对研发费用相关政策做了以下规定：

(1) 研究开发人员范围。企业直接从事研发活动人员包括研究人员、技术人员、辅助人员。研究人员是指主要从事研究开发项目的专业人员；技术人员是指具有工程技术、自然科学和生命科学中一个或一个以上领域的技术知识和经验，在研究人员指导下参与研发工作的人员；辅助人员是指参与研究开发活动的技工。

企业外聘研发人员是指与本企业签订劳务用工协议（合同）和临时聘用的研究人员、技术人员、辅助人员。

(2) 研发费用归集。

① 加速折旧费用的归集。企业用于研发活动的仪器、设备，符合税法规定且选择加速折旧优惠政策的，在享受研发费用税前加计扣除时，就已经进行会计处理计算的折旧、费用的部分加计扣除，但不得超过按税法规定计算的金额。

② 多用途对象费用的归集。企业从事研发活动的人员和用于研发活动的仪器、设备、无形资产，同时从事或用于非研发活动的，应对其人员活动及仪器设备、无形资产使用情况做必要记录，并将其实际发生的相关费用按实际工时占比等合理方法在研发费用和生产经营费用间分配，未分配的不得加计扣除。

③ 其他相关费用的归集与限额计算。企业在一个纳税年度内进行多项研发活动的，应按照不同研发项目分别归集可加计扣除的研发费用。

④ 特殊收入的扣减。企业在计算加计扣除的研发费用时,应扣减已按《通知》规定归集计入研发费用,但在当期取得的研发过程中形成的下脚料、残次品、中间试制品等特殊收入;不足扣减的,允许加计扣除的研发费用按零计算。

企业研发活动直接形成产品或作为组成部分形成的产品对外销售的,研发费用中对应的材料费用不得加计扣除。

⑤ 财政性资金的处理。企业取得作为不征税收入处理的财政性资金用于研发活动所形成的费用或无形资产,不得计算加计扣除或摊销。

⑥ 不允许加计扣除的费用。法律、行政法规和国务院财税主管部门规定不允许企业所得税前扣除的费用和支出项目不得计算加计扣除。

已计入无形资产但不属于允许加计扣除研发费用范围的,企业摊销时不得计算加计扣除。

(3) 委托研发。

企业委托外部机构或个人进行研发活动所发生的费用,按照费用实际发生额的80%计入委托方研发费用并计算加计扣除,受托方不得再进行加计扣除。委托外部研究开发费用实际发生额应按照独立交易原则确定。

企业委托境外研发所发生的费用不得加计扣除,其中受托研发的境外机构是指依照外国和地区(含港澳台)法律成立的企业和其他取得收入的组织。受托研发的境外个人是指外籍(含港澳台)个人。

委托方与受托方存在关联关系的,受托方应向委托方提供研发项目费用支出明细情况。

【案例 13-5】乙公司内部成立技术研发部,2020 年该部门全年研究开发费用为 1 000 万元,技术转让收入为 2 500 万元,乙公司当年纳税调整前的会计利润为 2 500 万元,研究开发费用已全部计入当期损益,没有其他纳税调整。2020 年乙公司应缴企业所得税为

$$(2\,500 - 1\,000 \times 75\%^{①}) \times 25\% = 437.5(万元)$$

如果乙公司将研发部门独立出来成立一家全资的高新技术企业或软件企业 B 公司,不考虑成立新公司新增的管理费用,则 B 公司技术转让收入为 2 500 万元,成本为 1 000 万元,税前利润为 1 500 万元。

(1) 若 B 公司在免税期,无须缴纳企业所得税。将研发部门独立出来后,乙公司的税前利润应先调增研究开发费用 1000 万元,再调减技术转让收入 2 500 万元,即

$$2\,500 + 1\,000 - 2\,500 = 1\,000(万元)$$

乙公司应缴企业所得税为

$$1000 \times 25\% = 250(万元)$$

则两家公司合计应缴企业所得税为 250 万元。

因此,乙公司将研发部门独立出来更节税,少缴税额为

$$437.5 - 250 = 187.5(万元)$$

(2) 若 B 公司符合居民企业技术转让所得优惠:一个纳税年度内居民企业技术转让所得不超过 500 万元的部分免征企业所得税,超过 500 万元的部分减半征收企业所得税。

B 公司技术转让所得为

---

① 按照《财政部税务总局科技部关于提高研究开发费用税前加计扣除比例的通知》(财税〔2018〕99 号)规定:企业开展研发活动中实际发生的研发费用,未形成无形资产计入当期损益的,在按规定据实扣除的基础上,在 2018 年 1 月 1 日至 2020 年 12 月 31 日期间,再按照实际发生额的 75% 在税前加计扣除;形成无形资产的,在上述期间按照无形资产成本的 175% 在税前摊销。

$$2\,500 - 1\,000 = 1\,500(万元)$$

应缴企业所得税为

$$(1\,500 - 500) \times 12.5\% = 125(万元)$$

同样乙公司应缴企业所得税 250 万元,两家公司合计应缴企业所得税为

$$125 + 250 = 375(万元)$$

则乙公司将研发部门独立出来可少缴税额为

$$437.5 - 375 = 62.5(万元)$$

(3) 若 B 公司可按优惠所得税税率 15% 计算,应缴企业所得税为

$$(2\,500 - 1\,000 \times 75\%) \times 15\% = 262.5(万元)$$

同样乙公司应缴企业所得税为 250 万元。

则两家公司合计应缴企业所得税为

$$262.5 + 250 = 512.5(万元)$$

乙公司将研发部门独立出来会多缴税额为

$$512.5 - 437.5 = 75(万元)$$

2. 技术研发部独立的税收筹划

承【案例 13-5】,假如乙公司研究开发费用为 A,技术转让收入为 S。乙公司适用《企业所得税法》中关于研发费用加计扣除 75% 的相关规定。

方案一为企业内部设研发部,方案二为将研究开发业务分离成立独立的研发公司。

(1) 如果一个纳税年度内,估计技术转让所得不超过 500 万元,则方案一应缴税为 $(S - 1.75A) \times 25\%$,方案二免征企业所得税。两种方案等额缴税时技术开发收入与研究开发费的关系为

$$(S - 1.75A) \times 25\% = 0$$

策划思路:如果 $S > 1.75A$,将研究开发业务独立出来成立研发公司合适;反之,在企业内部设立研发部门合适。

(2) 如果一个纳税年度内,估计技术转让所得超过 500 万元。按税法规定,一个纳税年度内,居民企业技术转让所得不超过 500 万元的部分,免征企业所得税;超过 500 万元的部分,减半征收企业所得税。方案一应缴税为 $(S - 1.75A) \times 25\%$,方案二应缴税为 $(S - 1.75A - 500) \times 25\% \div 2$。两种方案等额缴税时技术开发收入与研究开发费的关系为

$$(S - 1.75A) \times 25\% = (S - 1.75A - 500) \times 25\% \div 2$$

即 $S = 1.75A - 500$

策划思路:如果 $S > 1.75A - 500$,将研究开发业务独立出来成立研发公司合适;反之,在企业内部设立研发部门合适。

(3) 若研究开发业务分离后的企业所得税税率为优惠税率 15%,分离前公司基本税率为 25%,则方案一应缴税为 $(S - 1.75A) \times 25\%$,方案二应缴税为 $(S - 1.75A) \times 15\%$。两种方案等额缴税时技术开发收入与研究开发费的关系为

$$(S - 1.75A) \times 25\% \geqslant (S - 1.75A) \times 15\%$$

策划思路:将研究开发业务独立出来成立独立的公司可以实现节税。

3. 设立软件企业和高新技术企业的税收筹划

(1) 将研究开发业务分离出来,单独成立软件企业

如果企业的研发部门能够分离出来认证为软件企业,则可以享受货劳税和所得税的优惠

政策。

根据《财政部 国家税务总局关于软件产品增值税政策的通知》(财税〔2011〕100号)规定,软件生产企业实行增值税即征即退政策,增值税一般纳税人销售其自行开发生产的软件产品,征收增值税后,对其增值税实际税负超过3%的部分实行即征即退政策。所退还的税款,由企业用于研究开发软件产品和扩大再生产,不作为企业所得税应税收入,不予征收企业所得税;我国境内新办软件生产企业经认定后,自获利年度起,第一年和第二年免征企业所得税,第三年至第五年减半征收企业所得税;国家规划布局内的重点软件生产企业,如当年未享受免税优惠的,减按10%的税率征收企业所得税;软件生产企业的职工培训费用,可按实际发生额在计算应纳税所得额时扣除;企事业单位购进软件,凡符合固定资产或无形资产确认条件的,可以按照固定资产或无形资产进行核算,经主管税务机关核准,其折旧或摊销年限可以适当缩短,最短可为两年。

(2) 将研究开发业务分离出来,单独成立专门从事技术开发服务的高新技术企业

如果企业的研发部门能够分离出来且被认定为国家需要重点扶持的高新技术企业,则可以享受高新技术企业的税收优惠政策,即企业所得税税率减按15%执行。高新技术企业的研发费用依然享受加计扣除税收优惠政策。

《高新技术企业认定管理办法》规定,新设高新技术企业需经营一年以上,新设立有软件类经营项目的企业可以考虑先通过申请认定"双软"企业资格,获取"二免三减半"的税收优惠政策,五年经营期满后,再申请高新技术企业优惠政策,能获取更大的税收利益;无法挂靠"双软"企业获得优惠政策的企业,可以通过收购并变更设立一年以上的公司获取高新技术企业的税收优惠政策。

4. 企业研究开发方式的税收筹划

企业研究开发方式及税前扣除政策如表13-3所示。

表13-3 企业研究开发方式对比表

研究开发方式	税前扣除政策
委托开发	委托方按照规定享受加计扣除优惠政策,受托方不得再进行加计扣除,可享受技术转让所得免税或者其他技术类优惠。
合作开发	关联企业实施联合研发,共同享受该项技术的预期效益。各方就自身承担的研发费用分别按照规定计算加计扣除。
集团研发	集团公司集中开发的研究开发项目,实际研究开发费允许按照合理的分摊方法在受益集团成员公司之间进行分摊。
补贴研发	研发补助可划归为财政拨款,作为不征税收入,但形成的相关费用支出不可税前扣除。

企业研究开发费用的操作要求如下。

(1) 对企业委托给外单位进行开发的研发费用,凡符合税法规定条件的,由委托方按照规定计算加计扣除,但受托方不得再进行加计扣除。需要特别注意的是,对委托开发的项目,受托方应向委托方提供该研发项目的费用支出明细情况,否则,该委托开发项目的费用支出不得实行加计扣除。故企业在签署的研究开发合同中必须明确受托方在日常核算中按委托方的要求进行。

(2) 合作开发是指企业之间进行某项技术的联合研发,进而共同享受该项技术带来的预期效益。对企业共同合作开发的项目,凡符合税法规定条件的,由合作各方就自身承担的研发

费用分别按照规定计算加计扣除;合作各方的会计处理应保持统一和配比。《企业所得税法》第四十一条第二款、《企业所得税法实施条例》第一百一十二条规定,对企业与其关联方共同开发、受让无形资产,或者说共同提供、接受劳务发生的成本,在计算应纳税所得额时应当按照独立交易原则(成本与预期收益相配比的原则)进行分摊。

(3) 企业集团根据生产经营和科技开发的实际情况,对技术要求高、投资数额大,需要由集团所属多家公司进行集中开发的研究开发项目,其实际发生的研究开发费,可以按照合理的分摊方法在受益集团成员公司间进行分摊。

分摊研究开发费时,企业集团应提供集中研究开发项目的协议或合同,该协议或合同应明确规定参与各方在该研究开发项目中的权利和义务、费用分摊方法等内容。如未提供协议或合同,研究开发费不得加计扣除。

企业集团采取合理分摊研究开发费的方式,集中研究开发项目实际发生的研究开发费,应当按照权利和义务、费用支出和收益分享一致的原则,合理确定研究开发费用的分摊方法。企业集团采取合理分摊研究开发费的,企业集团母公司负责编制集中研究开发项目的立项书、研究开发费用预算表、决算表和决算分摊表。具体操作建议遵照《关于母子公司间提供服务支付费用有关企业所得税处理问题的通知》(国税发〔2008〕86号)的相关规定执行并开具符合规定的发票。

(4) 为鼓励企业创新和产业调整,往往相当一部分企业会获得主管部门或各级政府的研发补助,依据《〈中华人民共和国企业所得税法实施条例〉释义》中对补征税收入的解释:企业实际收到的财政补贴和税收返还等,按照现行会计准则的规定,属于政府补助的范畴,被排除在税法所谓的"财政拨款"之外,会计核算中记入企业的"营业外收入"或"递延收益"科目,除企业取得的出口退税(增值税进项)外,一般作为应税收入征收企业所得税。

《企业所得税法实施条例》第二十六条规定:国务院规定的其他不征税收入,是指企业取得的,由国务院财政、税务主管部门规定专项用途并经国务院批准的财政性资金。财政性资金,是指企业取得的来源于政府及其有关部门的财政补助、补贴、贷款贴息,以及其他各类财政专项资金,包括直接减免的增值税和即征即退、先征后退、先征后返的各种税收,但不包括企业按规定取得的出口退税款。

关于如何从应税收入争取认定为不征税收入,《财政部 国家税务总局关于专项用途财政性资金企业所得税处理问题的通知》(财税〔2011〕70号)明确:企业从县级以上各级人民政府财政部门及其他部门取得的应计入收入总额的财政性资金,凡同时符合以下条件的,可以作为不征税收入,在计算应纳税所得额时从收入总额中减除:①企业能够提供规定资金专项用途的资金拨付文件;②财政部门或其他拨付资金的政府部门对该资金有专门的资金管理办法或具体管理要求;③企业对该资金以及以该资金发生的支出单独进行核算。需要说明的是,将企业获得的研发补助作为不征税收入固然可以减少税负,但亦导致相关费用不允许在税前扣除。《财政部 国家税务总局关于专项用途财政性资金企业所得税处理问题的通知》(财税〔2011〕70号)第二条规定,"根据实施条例第二十八条的规定,上述不征税收入用于支出所形成的费用,不得在计算应纳税所得额时扣除;用于支出所形成的资产,其计算的折旧、摊销不得在计算应纳税所得额时扣除"。鉴于此,企业应该衡量补贴收入作为不征税收入和作为征税收入的税负后果。

【案例 13-6】 某企业 2×20 年获得 100 万元符合条件的研究开发补助,假定该企业适用的企业所得税税率为 25%。

解析：

方案一：税务机关确认该笔研究开发补助为不征税收入，企业税负减少25万元；但由此100万元形成的研发支出不允许税前扣除，企业税负增加25万元，企业总税负未发生变化。

方案二：企业放弃100万元作为不征税收入，假定100万元均用于不可加计扣除的研发费用，企业税负上升25万元，但同时由于税前扣除项目增加100万元，企业税负下降25万元，企业总税负未发生变化。

方案三：企业放弃100万元作为不征税收入，企业税负上升25万元，假定100万元均用于可加计扣除的研发费用，企业税负降低43.75万元，企业净收益增加18.75万元。

13.4.3 转让商誉的税收筹划

1. 商誉的概念

商誉是企业一项特殊的无形资产。商誉通常是指企业由于所处的地理位置优越，或由于市场信誉好而获得了客户信任，或由于组织得当、生产经营效益好，或由于技术先进、掌握了生产诀窍等原因而形成的无形价值，这种无形价值具体体现在企业的获利能力超过一般企业的获利能力。商誉是企业获得超额利润的综合能力，商誉的价值一般只有在企业产权转让时才予以确认。

商誉按构成要素及性质可分为广义的商誉和狭义的商誉。广义的商誉包括良好的地理位置、独特的生产技术和专营专卖特权等。狭义的商誉包括杰出的管理人员、科学的管理制度、融洽的公共关系、优秀的资信级别、良好的社会形象等。商誉具有以下特征。

(1) 商誉不能离开企业单独存在，不能与企业可辨认的各种资产分开出售。

(2) 商誉是多种因素形成的结果，但形成商誉的个别因素，不能以任何方法单独计价。

(3) 商誉本身不是一项单独的、能产生收益的无形资产，而只是超过企业可确定的各单项资产价值之和的价值。

(4) 商誉是企业长期积累起来的一项价值。商誉可以是自创的，也可以是外购的。外购商誉是指在并购过程中，购买成本与被购买企业净资产公允价值的差额，若为正，就是通常所说的商誉；若为负，就是负商誉。

2. 商誉的会计处理与税务处理

1) 确认商誉

由于商誉无法辨认，不可确指，不可单独取得、转让和销售，无法准确分配到企业各单项资产，其价值只有在企业整体转让时才能得以体现，会计上将商誉作为独立于无形资产之外的单独一类资产进行确认、计量和报告。而税法则将其作为无形资产加以规定。商誉根据其来源不同，可分为自创商誉和外购商誉。

《企业会计准则》规定，自创商誉不予确认，原因是自创商誉的代价在发生时已经作为成本、费用或资产在会计核算中反映了，只不过形成商誉所累计投入的价值没有商誉的公允价值大，或者至少二者不相等，也可能出现投入了一些价值但没有形成任何商誉价值的情况。

相对于自创商誉而言，外购商誉易于确认也应该确认。通常在非同一控制下的企业合并中才确认商誉，即企业合并成本大于合并中取得的被购买方可辨认净资产公允价值份额的差额，应确认为商誉。税法将控股合并视为一项资产收购业务（股权收购），被收购方为被收购企业的股东，被收购企业虽然控制权发生了变化但包括商誉在内的资产并未转移给收购方，只是企业可以根据不同情况，选择适用取得股权（投资资产）计税基础（合并成本）的税务处理方法。

因此,在股权收购(控股合并)中,企业取得股权的计税基础(合并成本)大于收购(合并)中取得的被收购企业(被购买方)可辨认净资产公允价值份额的差额应确认为收购企业的商誉。

外购商誉是一种特殊类型的无形资产,同其他无形资产一样准予在会计上摊销。但是,根据《企业所得税法》第十二条、《企业所得税法实施条例》(国务院令第512号)第六十七条规定:企业自创商誉不得摊销,外购商誉在持有期间不得摊销。所以,无论外购商誉还是自创商誉,即使在会计处理上予以摊销,计税时也要进行企业所得税的纳税调整,即不得进行价值摊销。

2) 转让商誉

营改增后,转让商誉按照"销售无形资产"税目缴纳6%的增值税,但商誉一般不能单独销售,所以现实中对商誉转让缴纳增值税的情形也不常见。有专家观点认为,吸收合并购入企业或作为一项业务购入被合并方多项资产,支付对价超过各项资产公允价值之和的部分,在个别报表中确认商誉,则增值税上作为"无形资产"交税的商誉应该特指这一部分。

在所得税处理上,企业外购商誉的支出,在企业整体转让或者清算时,准予扣除。

【案例13-7】 中华科技公司有一笔营业外收入,其内容为该公司总部将其全球的彩印机研发部转让给另一家企业。调查发现,中华科技公司总部因转让研发部而取得的总收入为2 000万元,而总成本仅占总收入的40%。对于这笔转让研发部而取得的收入,中华科技公司需要按照企业所得税政策计算缴纳企业所得税,这无可非议,但这笔收入是否应该缴纳增值税,却引起了争议。

解析:无形资产是指不具实物形态,但能带来经济利益的资产,包括技术、商标、著作权、商誉、自然资源使用权和其他权益性无形资产。按照税法规定,商誉属于无形资产,销售无形资产需要缴纳增值税。财税〔2016〕36号文明确规定销售无形资产(包括商誉)的单位和个人负有缴纳增值税的义务。

对于企业所得税,下面分两种情况进行讨论。

第一,自创商誉。企业会计准则规定,自创商誉不能确认为无形资产,不入账也不核算。原因是商誉不能单独辨认,且自创商誉的相关代价已经计入企业相关费用,如由于广告投入而形成的自创商誉,广告费已在支付时计入销售费用。当转让自创商誉且获取实际收入时,应按转让所得缴纳企业所得税。

第二,外购商誉。外购商誉,一般在整体收购一家企业或企业整体资产时形成,在会计核算时,通常以实际支付的价款计入长期股权投资。如果将外购商誉再转让并取得实际收入的,应当按转让所得缴纳企业所得税。企业外购商誉的支出,在企业整体转让或者清算时,准予扣除。

在案例13-8中,中华科技公司总部将其全球的彩印机研发部以2 000万元转让,对这一交易行为进行税收筹划,有两种操作思路:一是把彩印机研发部包装成一个新企业,通过股权转让形式转让新企业的全部股权,可以规避增值税;二是把彩印机研发部的科技人员进行分流(以后再吸收为另一企业员工),而把资产分解为固定资产和技术两部分,分开进行转让,由于固定资产属于营改增之前购入的"已使用过的固定资产",转让时可以享受低税率优惠(增值税按照3%的税率减按2%的税率征收),而技术转让免征增值税,且技术转让所得不超过500万元的部分免征企业所得税,超过500万元的部分减半征收企业所得税。这样可以在一定程度上规避增值税和企业所得税。

3. 商誉的税收筹划

1) 确认、计量商誉的政策空间

《企业会计准则第21号——企业合并》(财会〔2006〕3号)规定,非同一控制下的企业合并,企业合并成本大于合并中取得的被购买方可辨认净资产公允价值份额的差额,应确认为商誉。这一规定并未涵盖税法规定的情况,也与税法规定不一致,只有在吸收合并且合并成本与企业整体价值相当的情况下才具有参考意义。在一般性税务处理的情况下,企业可能通过评估取得商誉的公允价值。在特殊性税务处理的情况下,被合并企业存在外购商誉的,合并企业应当以被合并企业外购商誉原有计税基础为基础确定这部分商誉的价值;同时,可以通过评估取得被合并企业自创商誉价值,作为确定该部分商誉计税基础的依据。

商誉的评估方法包括割差法和超额收益法。割差法是根据企业整体资产评估价值与可确指的各单项资产评估价值之和进行比较确定商誉评估价值的方法,基本公式是:商誉的评估＝企业整体资产评估值－企业可确指的各单项资产评估值之和。

超额收益法是把企业超额收益作为评估对象进行商誉评估的方法。商誉评估值指的是企业超额收益的本金化价格。超额收益法视被评估企业的不同又可分为超额收益本金化价格法和超额收益折现法两种具体方法。其中,超额收益折现法是把企业可预测的若干年预期超额收益进行折现,把其折现值确定为企业商誉价值的一种方法。

2）商誉处理的税收筹划方法

从上述商誉确认、计量政策可知,在非同一控制下的企业并购业务中,并购企业的并购出资额超过被并购企业净资产公允价值的差额,可视为并购企业要开办一家与被并购企业同样规模的企业所要支付的开办费,这种方法体现了对新建企业和被并购企业之间的公平性,可以优化配置社会资源,应该是一种受到鼓励的做法,在会计处理和税法允许的情况下,这种方式是一种比较好的税收筹划方法。

企业在整体转让或清算时处置商誉,外购商誉支出在处置时准予扣除,并确认转让所得或损失。对于企业并购中作为开办费处理的商誉,如果被并购企业再次被整体转让或清算,则未摊销完的开办费也应一并转销。

复习思考题

1. 企业如何利用存货计价方法调整降低税收负担？
2. 企业租赁固定资产相比购买固定资产有哪些税收好处？
3. 设备大修和技术改造的税收政策有何差异？如何进行设备大修及技术改造的税收筹划？
4. 技术服务、技术培训、技术转让的税收政策有何差别？如何利用政策差异进行税收筹划？
5. 技术研发部是否独立分设,应如何策划？
6. 商誉转让的税收筹划方法有哪些？
7. 实现技术研发费加计扣除的操作要点有哪些？

【案例分析题】

案例一　委托加工与自行加工的方案比较

裕民酒厂8月承接一笔粮食白酒订单,合同约定购销白酒数量100万千克,不含增值税售价为 840 万元,要求装瓶,每瓶 500 克。该厂为生产该批白酒购进粮食等原材料 210 万元(不含增值税价格)。就如何组织该批白酒的生产,该厂制定了三套加工方案。

方案一：将价值 210 万元的原料交付乙公司加工成散装白酒 100 万千克,支付加工费 56 万元,加工完成后,由本厂装瓶,需支付人工费及其他费用 44.8 万元。

方案二：将价值 210 万元的原料交付兴盛酿酒厂,由兴盛酿酒厂直接加工成 100 万千克的瓶装白酒,收回后直接销售,需支付加工费 100.8 万元。

方案三：酒厂将 210 万元的原料交付生产车间自行加工生产,发生的加工费用及辅料成本为 100.8 万元。

问题：

1. 分析比较三套方案下的消费税、增值税、城建税、教育费附加及税后利润(城建税税率为 7%,教育费附加为 3%,企业所得税税率为 25%)。
2. 请为裕民酒厂选择最优方案。

案例二　研发费用加计扣除的税收筹划

甲企业按规定可享受技术开发费加计扣除的优惠政策。2020 年甲企业根据产品的市场需求,拟开发出一系列新产品,技术项目开发计划两年,科研部门提出技术开发费预算需 660 万元,第一年预算为 300 万元,第二年预算为 360 万元。据预测,在不考虑技术开发费用的前提下,企业第一年可实现利润 300 万元,企业第二年可实现利润 900 万元。假定企业所得税税率为 25%,且无其他纳税调整事项。

问题：甲企业如何设计税收筹划方案能充分利用研发费用加计扣除政策？

案例三　研发部门独立出来是否合适？

甲公司内部成立技术研发部,该部门全年研究开发费用 1 000 万元,技术转让收入 500 万元,甲公司当年税前利润 2 500 万元,研究开发费用已全部计入当期损益,没有其他纳税调整。

按税法规定,技术转让收入免征增值税；所得税前除可扣除实际发生的技术开发费 1 000 万元外,还加计扣除 500 万元。所以,2015 年甲公司应交企业所得税为：(2 500－500)×25%＝500(万元)。

问题：如果甲公司将研发部门独立出来成立一家独立的高新技术企业或软件企业——A 公司,请问企业的税收负担有何变化？

案例四　转让定价的税收筹划

某集团公司由甲、乙两个企业组成,甲企业产品为乙企业的原材料。若甲企业产品适用消费税税率为 30%,乙企业产品适用消费税税率为 20%。假设,甲企业以 130 万元(不含税)的价格销售一批商品给乙企业,乙企业加工以后以 200 万元(不含税)的价格对外销售该产品。

问题：请计算该集团公司应当缴纳的消费税,并提出纳税策划方案。

案例五　选择委托研发单位的税收筹划

若甲公司需要委托外部单位研发无形资产,现有三家公司可以承接并实施研发计划：其中,A 公司为境内关联方,费用支出明细为 400 万元；B 公司为境内非关联方；C 公司为境外关联方,费用支出明细为 400 万元。甲公司需支付给三家企业的研发费用均为 600 万元,B 公司年度研发费用为 900 万元,净利润为 800 万元。

问题:应该委托哪家单位开展研发活动?

【综合阅读题】

上市公司玩转商誉"戏法"

上市公司中玩转商誉"戏法"的有三家代表性公司,分别是美的集团、纳思达和华谊兄弟。

1. 大手笔跨国并购库卡——美的集团的商誉

美的集团账面大约 285 亿元的商誉,金额仅次于中石油,占资产总额的 11.54%,其中有 220 亿元左右来自于 2016 年并购库卡。

作为民族产业的典范,美的集团早在 2011 年就实现了营收破千亿元,在收购库卡之前的 2015 年,营收达到了 1 384 亿元。

家电行业的竞争向来惨烈,美的集团采用群狼战术占领了空调、冰箱、小家电细分领域的第二、第三的位置,无数个第二名堆积成了总量的第一名。但是公司苦于没有拳头产品和高端品牌,产品毛利很难上一个台阶。

近年来公司开始轰轰烈烈的转型,早些年溢价 13.6 亿元收购了小天鹅,2016 年收购了库卡和东芝白电业务。库卡作为全球机器人领域的顶级企业,也让美的付出了巨额的溢价,高达 290 亿元人民币。收购库卡公司后,将企业的发展战略改为:以"成为全球领先的消费电器、暖通空调、机器人及工业自动化科技集团"为战略愿景。可见生产机器人的库卡公司对于美的的重要性。

整合库卡后,2017 年美的的机器人业务营收超过 270 亿元,占总营收比例超过 11%。同时由于机器人生产线的应用,员工总数从高峰期的 19.6 万人降低到 2016 年底的 10.18 万人。

对于美的来说,库卡的战略性意义非常重大。在可以预见的未来,只要美的集团不发生大的方向性错误,除了汇率的影响造成小幅变化,库卡的商誉都不会发生较大减值,这笔交易并不亏。

所以我们可以得出一个结论,美的的巨额商誉,风险是极低的。

2. 商誉减值不减利润——纳思达的商誉

2016 年,纳思达收购了著名的美国打印机企业利盟公司,代价是超过 187.6 亿元的商誉。在当年的年报里,商誉高达 188 亿元,其中以利盟 187.6 亿元的商誉为主。但是,到了第二年,商誉的余额少了 48 亿元,难道是发生减值了?

没错,年报里显示,确实计提了 48 亿元的商誉减值准备,按理说,应该影响当期净利润 48 亿元,能在减少 48 亿元利润的情况下,实现 150 倍的利润增幅,简直是个奇迹!

而利润表里没有这 48 亿元减值准备,咋回事?原来在并表前先处理了这 48 亿元减值准备!为了提前处理这 48 亿元减值准备,先把利盟拆分成两个公司,然后由利盟并表并体现减值准备,纳思达并表的时候就是处理完减值准备的利盟公司了,并且还收获了投资收益。当然,你要以为 48 亿元就是全部,那就太小瞧纳思达的会计了。

2018 年 2 月 23 日,纳思达发布了深交所询问函的回复,回答了关于递延所得税负债和商誉的调整问题:根据下推会计法,美国利盟在 2017 年 11 月对合并购买日的递延所得税负债和商誉进行了调减,两项均减少约 2.97 亿美元(折合人民币约 18 亿元),该项调整不影响 2017 年当期损益。

为什么商誉可以直接调减?会计准则在 2006 年就封堵了这个口子!但是,有个特例:下推会计法。

下推会计法是指,在企业合并时,一个会计主体在其个别财务报表中,根据购买该主体有投票表决权的股份的交易,重新确立会计和报告基础的行为。也就是将原来由收购公司在合并时对所获得净资产的公允价值,调整下推到被收购子公司的会计报表中。换言之,利盟是美国企业,可以采用美国会计准则进行调整。折合人民币 18 亿元的商誉调整,不影响利润。

3. 帮助规避巨额个人所得税——华谊兄弟的商誉

华谊兄弟的商誉高达 30.58 亿元,占资产总额的 15%。大多是巨额溢价收购的各种影视工作室,其中闻名遐迩的是冯小刚的"东阳拉美工作室"。

这个工作室在被收购的时候账面净值只有 1.36 万元,而收购价高达 10.5 亿元。在金钱面前,连最基本的样子都不做,大佬们的吃相也未免太难看了。影视公司热衷收购的原因是什么?其实很大程度上,是为了协助演艺人士避税。

商誉和个人所得税是两种风马牛不相及的东西,然而,恰恰就是看起来和个税完全无关的商誉,被影视公司运用得炉火纯青。

我国个人所得税适用累进税率,大部分工薪阶层的税率大概在 5%、10%、20% 左右。但高收入人群的个人所得税适用税率有可能高达 45%。影视圈从业人士收入较高,适用的个人所得税税率也较高。冯导一部戏动辄片酬上亿元,如果按照税法缴纳个人所得税,到手的片酬少了将近一半,冯导肯定心疼的不行。那怎么办呢?于是通过影视工作室来实现"合理避税"。

一部分城市比如霍尔果斯、浙江东阳、海南三亚等地,给予影视工作室优惠税收政策,只需要交定额税。严格意义上讲,通过这些税收优惠城市来避税的方式并不是真正的"合理避税",因为这些工作室并没有在所在地开展经营活动,所以把全国各地赚来的钱拿到税收优惠的城市来交税,这是一种打擦边球的行为。如今国家税务总局也对这种行为进行了整治。

影视明星们通过把工作室卖给影视公司的方式,变拍片报酬为出售公司所得,根据税法的规定,出售公司的税率上限只有 20%。比如上文提到的这 10.5 亿元的酬金,如果按照片酬付给冯导,冯导要缴纳的是个税,税率是 45%,而通过转让工作室就成了 20%。

而这部分高额的溢价,就成了影视公司账面的商誉。据 Wind 数据,A 股上市的 31 家影视娱乐公司中,有 23 家有账面商誉,合计高达 357.34 亿元,占资产总额的 23.38%,成为资产的重要组成部分。比如万达电影,商誉高达 96 亿元,占资产总额的 43%;文投控股,商誉高达 37 亿元,占资产总额的 37%;长城影视的商誉为 13.49 亿元,占资产总额的 35%。

基本结论:商誉本是基于被收购公司的强大实力,所以通过超过其账面资产价值的溢价来购买。但在上市公司实务操作中,财务人员在会计准则许可的范围之内将商誉玩弄于股掌之间,可以用来调节利润,可以用来避税,还有的对减值迹象视而不见,甚至事务所助纣为虐,沆瀣一气用粉饰后的财务报表愚弄投资者。中国证监会的监管风险提示和税局严征管,一定程度上改善着上市公司的商誉危机。

(作者:诗与星空,链接:https://www.zhihu.com/question/310674513/answer/585402195)

问题:商誉的本质是什么,为何出现一些商誉方面的财税危机?请剖析原因。

第 14 章

市场销售的税收筹划

尽管你费尽心机去征想征的税,但商人们最终还是把他们自己承担的税收转嫁出去。

——英国哲学家 约翰·洛克

14.1 混合销售与兼营行为的税收筹划

14.1.1 混合销售

一项销售行为如果既涉及服务又涉及货物,为混合销售,即销售货物与提供服务是由同一纳税人实现,价款是同时向一个交易者收取的,该项服务是直接为销售货物而发生的,具有较强的从属关系。

混合销售的税务处理原则是按企业主营项目的性质划分增值税税目。从事货物的生产、批发或零售的单位或个体工商户的混合销售行为,按照销售货物缴纳增值税。其他单位和个体工商户按照销售服务缴纳增值税。

混合销售有两项特别规定。

(1) 纳税人销售活动板房、机器设备、钢结构件等自产货物的同时提供建筑安装服务的,不属于混合销售,应分别核算货物和建筑服务的销售额,分别适用不同的税率或征收率。

(2) 一般纳税人销售电梯的同时提供安装服务的,其安装服务可以参照甲供工程选择使用简易计税方法计税。纳税人对安装运行后的电梯提供的维护保养服务,按照"其他现代服务"缴纳增值税。

【案例 14-1】 某商场开展空调促销活动,推出为客户免费安装空调服务。那么该商场在发票开具上应如何进行税收筹划?

解析:比如售出一台空调,售价为 4 520 元,商场为消费者开具 4 520 元的发票,同时聘请专业安装公司为客户安装空调(安装费 520 元由商场承担)。这样,商场应纳增值税销项税额为

$$4\,520 \div (1+13\%) \times 13\% = 520(元)$$

安装公司应纳增值税为

$$520 \div (1+9\%) \times 9\% = 42.94(元)$$

该商场实际上多缴了税,因为空调售价虽然为 4 520 元,但是又支付给安装公司 520 元,实际自己所得是 4 000 元,理应按 4 000 元纳税。

如果把这个营销过程改成商场开具 4 000 元的发票、安装公司开具 520 元的发票给消费者,那么商场应缴纳的增值税销项税额为

$$4\,000 \div (1+13\%) \times 13\% = 460.18(元)$$

安装公司应纳增值税为 $520\div(1+9\%)\times 9\%=42.94(元)$

与原来相比,商场销售每台空调省下 59.82 元(520－460.18)增值税。

安装公司所承担的增值税负担不变。

如果在原有的未改变营销过程的模式中,安装公司给商场开具增值税专用发票,商场作为一般纳税人可以抵扣增值税,但即便如此,商场还是会多负担增值税,原因在于商场适用 13% 的增值税税率,高于安装公司适用的 9% 的增值税税率。

14.1.2 兼营行为

纳税人的经营范围涉及销售货物、劳务、服务、无形资产或者不动产,适用不同税率或征收率的经营活动,为兼营行为。纳税人从事不同业务取得的收入之间没有从属关系,属于兼营行为。混合销售的本质是一项纳税行为,而兼营行为的本质是多项应税行为。

兼营行为应当分别核算适用不同税率或者征收率的销售额。未分别核算的,从高适用税率。

【案例 14-2】 顺达公司为增值税一般纳税人,该企业为客户提供货物运输服务和仓储搬运服务。2×20 年 2 月,该公司取得货物运输服务收入 600 万元,仓储搬运服务收入 200 万元。假设以上收入均为不含税价,城建税税率 7%,教育费附加 3%,本月可抵扣的进项税额为 30 万元,无上期留抵税额。

解析:

方案一:若该公司未分别核算两项业务收入,则应缴纳的增值税额为

$$(600+200)\times 9\%-30=42(万元)$$

方案二:若该公司分别核算两项业务收入,则应缴纳的增值税额为

$$600\times 9\%+200\times 6\%-30=36(万元)$$

两种方案城建税和教育费附加相差为

$$(42-36)\times(7\%+3\%)=0.6(万元)$$

则该公司分别核算两项业务收入后少缴增值税及城建税和教育费附加为

$$42-36+0.6=6.6(万元)$$

筹划分析:纳税人应分别核算不同税率的经济业务,减少核算造成的税收成本;营改增后,企业可以选择性地将非主要业务进行外包,一方面能增加可抵扣进项税额,减少需缴纳的增值税;另一方面在享受专业服务的同时,还可因为抵扣链条延长而享受到税收优惠。

【案例 14-3】 亚盛公司是一家工业生产企业,拥有运输车队。10 月销售给大华公司产品 1 万件,产品不含税售价为 200 元/件,产品运费不含税为 10 元/件(即承运产品的最终不含税售价为 210 元/件)。其中因加工产品购进原材料可抵扣的进项税额为 20 万元,运输中物料油耗等可抵扣的进项税额为 6 000 元。从纳税策划的角度分析亚盛公司将自己的车辆独立出去成立运输公司的决策是否可行。假设该公司是增值税一般纳税人。

解析: 对销售货物并承担运输服务的公司来说,可以分为两种组织形式,即自营运输和成立独立运输公司。

(1) 自营方式下由非独立的车队运输。

亚盛公司应缴纳的增值税额 $=(200+10)\times 1\times 13\%-20-0.6$

$$=6.7(万元)$$

(2) 成立独立的运输公司并购买该运输公司运输劳务,为客户提供所售货物的运输,将货

物运抵客户指定的地点,并向该运输公司支付运费。

① 当运输公司为一般纳税人时,运输公司应缴纳的增值税额为
$$1\times10\times9\%-0.6=0.3(万元)$$
亚盛公司可以抵扣的运费进项税额为
$$1\times10\times9\%=0.9(万元)$$
则
$$亚盛公司应缴纳的增值税额=(200+10)\times1\times13\%-20-1\times10\times9\%$$
$$=6.4(万元)$$
应缴纳的增值税总额$=0.3+6.4=6.7(万元)$

② 当运输公司为小规模纳税人时,运输公司应缴纳的增值税额为
$$1\times10\times3\%=0.3(万元)$$
假定亚盛公司无法抵扣运费进项税额。则
$$亚盛公司应缴纳的增值税额=(200+10)\times1\times13\%-20$$
$$=7.3(万元)$$
应缴纳的增值税总额$=7.3+0.3=7.6(万元)$

(3) 成立独立的运输公司,以客户代理身份采用委托运输的方式,这与以上企业自身委托运输企业完成货物运输相比,二者的主要区别在于:一方面,企业向运输企业支付的运费属于代垫性质,之后有权向客户索还;另一方面,运输企业开具的发票,抬头为客户,且要送达客户手中。根据增值税相关规定,此笔运费不列入销售额,不征收增值税,则亚盛公司产品不含税售价为200元/件,运费不含税为10元/件。

① 当运输公司为一般纳税人时,运输公司应缴纳的增值税额为
$$1\times10\times9\%-0.6=0.3(万元)$$
此发票开给大华公司,亚盛公司不能抵扣运费进项税额,则
$$亚盛公司应缴纳的增值税额=1\times200\times13\%-20=6(万元)$$
$$应缴纳的增值税总额=6+0.3=6.3(万元)$$

② 当运输子公司为小规模纳税人时
$$运输公司应缴纳的增值税额=1\times10\times3\%=0.3(万元)$$
$$亚盛公司应缴纳的增值税额=1\times200\times13\%-20=6(万元)$$
$$应缴纳的增值税总额=6+0.3=6.3(万元)$$

就此案例14-3而言,在仅考虑增值税的情况下,将车辆独立出去成立小规模纳税人身份的运输公司,亚盛公司以客户代理身份采用委托运输的方式,应缴纳的增值税额最低。但在实际操作过程中,究竟采用何种形式运输,不能只考虑增值税的税负问题,还应综合考虑各种因素。如不仅要考虑购进固定资产、燃油、修理费等增值税专用发票取得的可能性,还要考虑企业的分拆费用、新增企业经营成本等因素的综合影响。

14.2 促销行为的税收筹划

14.2.1 商业折扣

商业折扣也称为折扣销售,是指企业为促进商品销售而在定价上给予的价格扣除,实质上

就是销售行为发生之前,销售方给予的价格优惠,为了抓住客户的消费心理,折扣大小取决于购买的商品数量,一般购买数量越多,价格折扣越大。商业折扣一般是在商品交易前承诺给予价格折扣。对于折扣销售,如果销售额和折扣额在同一张发票上注明,则允许销售方以其销售额扣除折扣额后的余额作为计税额;如果销售额和折扣额不在同一张发票上注明,则不允许将折扣额从销售额中扣除计算计税额。

商业折扣在现实中不仅包括折扣销售这一情形,还有很多其他变化的情形。比如说,购物返券就是一种典型的商业折扣形式,如购买 1 000 元商品返还 200 元代金券,可以现送现用,有时商家承诺以后才能使用。这种购物返券的促销行为的实质也是折扣销售,这与商品打折没有本质的区别。国家税务总局没有统一的政策规定,《四川省国家税务局关于买赠行为增值税处理问题补充意见的公告》(四川省国家税务局公告 2011 年第 7 号)对此问题做出规定:纳税人采取"购物返券"方式销售货物开具发票问题。销货方开具发票(含增值税专用发票、增值税普通发票、通用机打普通发票和通用手工版普通发票)时,对在同一张发票上注明"返券购买"的货物金额,应作为折扣额在总销售额中扣减。

实践中,折扣销售其实可以直接简单地以折扣后的金额来开具发票,相当于最终实现的销售价格就是折扣后的价格。但是如果需要完整地展示购买价格、折扣金额,开票时就有要求了。根据《国家税务总局关于折扣额抵减增值税应税销售额问题通知》(国税函〔2010〕56 号)规定,纳税人采取折扣方式销售货物,销售额和折扣额在同一张发票上分别注明是指销售额和折扣额在同一张发票上的"金额"栏分别注明的,可按折扣后的销售额征收增值税;未在同一张发票"金额"栏注明折扣额,而仅在发票的"备注"栏注明折扣额的,折扣额不得从销售额中减除。如果价格折让能——对应到销售时的商品明细,当然就直接以商品名称开具红字,如果是总价折让,无法分摊,就可以直接采取开具总折让金额形式进行,大类编码直接保持和销售商品类别一致即可。这时价格折让和商品税目确认方面具有同质性,选用同一个商品编码进行开票即可。

【案例 14-4】 华美盛服装有限公司因商业折扣问题而头疼,情况如下:该公司是内衣生产企业,产品主要销往日本、韩国以及东南亚国家,考虑到外销的产品利润较低,近年来公司大力开拓国内市场,主要利用各地的代理商扩大市场。为了激励代理商,公司根据代理商的销售业绩给予商业折扣。公司规定:在以月度结算的条件下,月销售内衣 10 000 件以下的,月度折扣为 2 元/件;月销售内衣 10 000~20 000 件的,月度折扣为 3 元/件。年销售内衣 150 000 件以下的,年终折扣为 2.5 元/件;年销售内衣 150 000~250 000 件的,年终折扣为 3 元/件。

该方法在经营实践中收到了较好的效果,很快打开国内市场,当年内实现销售收入 4 亿元。到年底与代理商进行结算时,支付商业折扣 2 000 万元(以产品的形式或货币的形式),但税负很高,因为价款与商业折扣不能在同一张发票上体现,增值税、企业所得税等税收负担大大增加。

解析:华美盛公司邀请税务顾问为其设计税收筹划方案,税务专家设计了如下三种方案。

方案一:预估折扣率。

根据代理商以前月份或者以往年度的销售情况平均计算确定一个适当的折扣率。当该代理商于本期来公司提货时,会计人员在开具发票过程中就可以按平均数的折扣率计算折扣,在一定的期间内再进行结算。

这种方法的优点是能够反映代理商的折扣情况,及时结算商业折扣;缺点是对业务不稳定、销售波动比较大的客户的折扣情况难以把握。

方案二：递延处理折扣。

将月度折扣推迟至下月来反映，年度折扣推迟到下个年度来兑现。假如某代理商 1 月销售衣服 12 000 件，其享受的折扣额为 3 元/件，那么该客户 1 月应享受的月度折扣为 36 000 元，待该客户 2 月来开发票时，便将其上月应享受的月度折扣 36 000 元在票面予以反映，客户按减除折扣后的净额付款。如果客户上月应结折扣大于当月开票金额，则可分几次在票面上予以体现。年度折扣主要目的是加强对市场网络的管理，如无特殊情况，一般推迟到次年的 3 月进行结算，其处理方法与月度折扣一样，在次年 3 月开票时在票面上反映出来即可。

这种方法的优点是操作非常简便。但如果月份间和年度间销量和折扣标准差异较大，就不能真实地反映当月和本年度实际的经营成果，而且 12 月和年终折扣在进行所得税汇算清缴时可能会遇到一些障碍。这种方法适用于市场比较成熟、稳定，月份和年度间销量的折扣标准变化不大的企业。

方案三：当期结算和递延结算相结合。

当期结算和递延结算相结合的办法，即在日常开票时企业可设定一个当期结算折扣的最低标准，比如，2 元/件，所有的客户都按照这一标准来结算，并在发票上予以体现，客户按减除折扣后的净额付款，月末计算出当月应结给客户的折扣总额，减去在票面上已经反映了的折扣额即为应结付的折扣额，将该差额在下个月的票面上予以反映，年度折扣仍然放到下个年度。

这种方法的优点是：缓解了客户的资金压力，操作也较为简便。缺点是：因部分月度折扣放在下个月，年度折扣放在下个年度，如果销量起伏太大，便不能真实地反映月度和年度的经营成果。这种方法适用于客户资金有一定压力或有特殊要求的企业。

案例分析

皇冠地板公司在周边地区分别建立了经销商销售渠道，地板公司与经销商平时按协商价格结算货款，并在购销合同中规定，经销商月累计进货量达到 50 000 平方米时，地板公司给予经销商 50 000 平方米地板累计总进价 5％的优惠奖励；经销商年累计进货量达到 200 000 平方米时，地板公司则按经销商年累计总进价 8％的优惠奖励。在内部核算处理上，皇冠地板公司在经销商每次进货时分别按售价预提了 5％或 8％的提留，冲减了当期的销售收入，以便日后支付给经销商该笔优惠奖励。

一年后，当税务部门进行税务检查时发现了这一问题，经核查该公司的相关购销合同和商事凭证以及财务核算过程之后，对照现行税收政策规定，确定这些支付给经销商的优惠奖励属于返利性质，不能在税前列支。因此，税务机关做出了对皇冠地板公司追补增值税、企业所得税税款及滞纳金，并加收罚款的税务处罚。

从上述促销行为的客观情况分析，其本意确实符合常理，主要是为了鼓励经销商扩大销售，并以合同的形式规定了达到标的后将给予的价格折扣优惠。但其从销售合同直至财务核算方面却又没有按照相关的税收政策规定正确处理，以致企业蒙受经济损失，并且还给企业的声誉造成一定的负面影响。

按照现行的税收相关政策规定，如果按照购销合同属于销售折扣类型的情况，企业应该在开具同一份销售发票时，同时列明货物销售折扣金额，并在销售收入中进行核算；如果按照购销合同属于销售费用类型的情况，则应该由受益者开具合法的商事凭证，财务应该在销售费用中进行核算；如果按照购销合同属于销售奖励类型的情况，则不能在费用中列支或作为销售折扣予以扣除。

如果皇冠地板公司在与经销商签订的销售合同中约定：经销商月累计进货量达到 50 000 平方米时，皇冠地板公司给予经销商 50 000 平方米地板累计总进价 5% 的销售折扣优惠；经销商年累计进货量达到 200 000 平方米时，皇冠地板公司则按经销商年累计总进价给予 8% 的销售折扣优惠。在实际购销操作中，经销商前一个月进货达到 50 000 平方米时，则在次月供货时按约定给予 5% 的销售折扣，以此原理逐期顺延；当第十一个月时，确定经销商该年度能够达到年进货量 200 000 平方米时，则按累计进货额的销售折扣约定需要给予 8% 的销售折扣，在第十二个月时补足销售折扣额。皇冠地板公司在财务处理上，首先要按照税法规定，在发票上同时列明销售额和销售折扣金额，这样就可以按照扣除折扣额后的余额计算缴纳增值税。

从表面上看，这样的处理和先期的促销效果并没有本质变化，但其结果却大相径庭。由于后者是按照现行税收政策要求进行的操作，经销商得到了价格折扣优惠，供货商的实际销售收入的核算也符合税法规定的要求，合法降低了税收负担，这是税收筹划的魅力所在。

14.2.2 现金折扣

现金折扣也称为销售折扣，即为鼓励客户早付款而给予的价款结算金额的优惠。现金折扣是一种鼓励购买方快速支付账单的价格削减方式，其期限在净期限内变更。例如，2/10，净 30（2/10, net 30），含义是：如果在 10 天内付款，购买者能够从销售价款（发票面额）中得到 2% 的折扣；否则，在 30 天内支付销售价款（发票面额）的全部金额。并且，它常常是被注明或让人理解为 30 天的信用期限后将加收利息费用。

商品卖出后，想让客户早付款，少收款项相当于应收账款贴现的代价，记作财务费用，确认销售收入与开票金额均按折扣前的商品总价格确定。购货方取得的"现金折扣"不属于增值税应税收入，当然也无须开具发票。

企业所得税方面，根据《国家税务总局关于确认企业所得税收入若干问题的通知》（国税函〔2008〕875 号）规定：债权人为鼓励债务人在规定的期限内付款而向债务人提供的债务扣除属于现金折扣，销售商品涉及现金折扣的，应当按扣除现金折扣前的金额确定销售商品收入金额，现金折扣在实际发生时作为财务费用扣除。

关于税前扣除凭证，国家税务总局 2018 年第 28 号文规定，企业在境内发生的支出项目不属于应税项目的，对方为单位的，以对方开具的发票以外的其他外部凭证作为税前扣除凭证，所以在实践中，凭双方盖章确认的有效合同、根据实际情况计算的折扣金额明细、银行付款凭据、收款收据等证明该业务真实发生的合法凭据据实列支。

【案例 14-5】 甲公司是一家玩具生产企业，系增值税一般纳税人。甲公司销售一批玩具给乙公司，销售价款为 113 000 元（含税价格），由于乙公司提前 10 天付款，甲公司给予乙公司 2% 的现金折扣（现金折扣按含税销售价格算）。

解析：

甲公司的会计处理如下：

发货时：

借：应收账款——乙公司　　　　　　　　　　　　　　113 000

　　贷：主营业务收入　　　　　　　　　　　　　　　　　100 000

　　　　应交税费——应交增值税（销项税额）　　　　　　 13 000

收款时：

借：银行存款　　　　　　　　　　　　　　　　　110 740
　　财务费用　　　　　　　　　　　　　　　　　　2 260
　　贷：应收账款——乙公司　　　　　　　　　　　　　113 000

如果甲公司给予乙公司2%的商业折扣，并将折扣额开在同一张发票上。这种情形下的折扣其实就不再是现金折扣了，而是转化为了折扣销售，应按照扣除价格折扣额后的余额计算缴纳增值税。

甲公司相对应的会计处理为

借：银行存款　　　　　　　　　　　　　　　　　110 740
　　贷：主营业务收入　　　　　　　　　　　　　　　98 000
　　　　应交税费——应交增值税（销项税额）　　　　12 740

两种促销方式甲公司同样获得110 740元现金流入额，但缴纳的增值税额却相差260元(13 000－12 740)。因此，同样是促销手段，商业折扣和现金折扣会产生不同的税收结果。

【案例14-6】 某南方玩具公司的产品价目表列明：甲产品的销售价格（不含增值税）每件200元，购买200件以上，可获得5%的商业折扣；购买400件以上，可获得10%的商业折扣。该玩具公司对外销售甲产品350件，规定对方付款条件为2/10,1/20,n/30，购货方已于9天内付款，适用的增值税率为13%。

解析： 该玩具公司的会计处理如下（假定计算现金折扣时不考虑增值税）：

销售实现时：

借：应收账款　　　　　　　　　　　　　　　　　77 805
　　贷：主营业务收入(200×95%×350)　　　　　　　66 500
　　　　应交税费——应交增值税（销项税额）　　　　11 305

收到货款时（销货后第9天）：

借：银行存款　　　　　　　　　　　　　　　　　76 475
　　财务费用(66 500×2%)　　　　　　　　　　　　1 330
　　贷：应收账款　　　　　　　　　　　　　　　　77 805

14.2.3　销售折让

销售折让是指企业因售出商品质量不符合要求等原因而在售价上给予的减让。企业将商品销售给买方后，如买方发现商品在质量、规格等方面不符合要求，可能要求卖方在价格上给予一定的减让。比如说，销售方售出商品，在购买方使用过程中发现瑕疵，双方约定给予10%的价格折让，就属于这种销售折让情形。其实，还有一种销售返利行为，也可以看作一种特殊形式的销售折让，但销售返利一般在销售活动结束后，销售方因购买方采购商品数量比较多而给予的一种类似价格奖励或吸引购买方未来再交易的一种价格返还。

在增值税处理方面，企业因售出商品的质量不合格等原因而在售价上给的减让属于销售折让，企业已经确认销售收入的售出商品发生销售折让，应当在发生当期冲减当期销售商品收入。即销售方可以按照折让后的销售额作为计税依据计算缴纳增值税。按照《国家税务总局关于纳税人折扣折让行为开具红字增值税专用发票问题的通知》(国税函〔2006〕1279号)规定：纳税人销售货物并向购买方开具增值税专用发票后，由于购货方在一定时期内累计购买货物达到一定数量，或者由于市场价格下降等原因，销货方给予购货方相应的价格优惠或补偿等折扣、折让行为，销货方可按现行《增值税专用发票使用规定》的有关规定开具红字增值税专用发票。

因此,在其他条件都相同的情况下,销售方选择商业折扣或者销售折让的促销方式,其税负最低,因为商业折扣或销售折让均允许折扣额或折让额作为税基的减除项。

【案例 14-7】 某大型商场是增值税一般纳税人,购货均能取得增值税专用发票,商品促销活动拟采用以下三种方案:一是商品 7 折销售;二是购物满 200 元赠送价值 60 元的商品(成本为 36 元,均为含税价),赠送的商品属于"买一赠一";三是购物满 200 元返还 60 元现金。假定该商场所销售商品的平均毛利率为 40%,销售额为 200 元的商品,其成本为 120 元。

问题:当消费者同样购买 200 元的商品时,该商场选择哪种促销方式最合适?

解析:

方案一:商品 7 折销售,价值 200 元的商品销售价格为 140 元。

应纳增值税 $= 140 \div (1+13\%) \times 13\% - 120 \div (1+13\%) \times 13\% = 2.30(元)$

税后现金净流量 $= 140 - 120 - 2.30 = 17.70(元)$

方案二:购物满 200 元赠送价值 60 元的商品,其中赠送的价值 60 元商品属于促销中的"买一赠一"行为,所赠送商品不视同销售,且可抵扣所赠送商品购进的进项税额。

200 元商品及赠送的商品应纳增值税 $= 200 \div (1+13\%) \times 13\% - 120 \div (1+13\%) \times 13\% - 36 \div (1+13\%) \times 13\% = 5.06(元)$

税后现金净流量 $= 200 - 120 - 36 - 5.06 = 38.94(元)$

方案三:购物满 200 元,返还 60 元的现金。

应纳增值税 $= 200 \div (1+13\%) \times 13\% - 120 \div (1+13\%) \times 13\% = 9.20(元)$

税后现金净流量 $= 200 - 120 - 60 - 9.20 = 10.80(元)$

从税负角度分析,方案一最优,企业缴纳的增值税金额最小。从税后现金净流量的比较来看,方案二最优。那么到底哪个是最优方案呢?

方案二非常类似于捆绑销售,相对于方案一而言,多销售了商品,也多获得了现金净流量,因此,方案二是最优方案。进一步分析,如果方案二中赠送商品的成本很高,那么会削减其现金净流量的贡献,则方案二就不一定是最优的了,读者可以进行验证,也可以进一步求出方案一和方案二的增值税负担的无差别临界点,以及现金净流量的无差别临界点,并得出最终的促销决策结论。

14.2.4 捆绑销售

1. 买一赠一

买一赠一,这种情况现实中很常见,经常逛商场都会有这种体验,比如买抽油烟机赠送榨汁机,其实质就是折扣销售,无非就是有些折扣销售直接减钱,这种折扣直接送物品,属于销售折扣中的实物折扣情形。这种情形也可视为"捆绑销售",但它不属于捐赠行为,更不是无偿赠送,而是建立在购物基础上的市场等价交换活动的一部分。所以,"买一赠一"属于捆绑销售模式,在销售活动中运用"买一赠一"方式替代商业捐赠行为,能够合理控制税负。

对销售方的"买一赠一"行为,按其实际收到的货款申报缴纳增值税,应按照《国家税务总局关于确认企业所得税收入若干问题的通知》(国税函〔2008〕875 号)第三条的规定,在账务上将实际收到的销售金额,按销售货物和随同销售赠送货物的公允价值的比例来分摊确认其销售收入,同时应将销售货物和随同销售赠送的货物品名、数量以及按各项商品公允价值的比例分摊确认的价格和金额在同一张发票上注明。同时,这些赠送的商品也允许相应结转其商品成本。

当然,也可以参考《四川省国家税务局关于买赠行为增值税处理问题的公告》(四川省国家税务局公告 2011 年第 6 号)的规定:"买物赠物"方式,是指在销售货物的同时赠送同类或其他货物,并且在同一项销售货物行为中完成,赠送货物的价格不高于销售货物收取的金额。

"买一赠一"方式下,因为有实物出库,发票也需要显示数量,但是赠品并没有实际销售金额,赠品的实质是有偿赠送,也不属于视同销售范畴,无须计算缴纳增值税,所以其实质就是对赠送物品进行 100%的折扣,即开票时也可将赠送商品先输入原价,然后再选中进行 100%折扣就可以了。但这样处理可能会给人一种赠品折扣率太高的感觉,而且结转赠品成本时会形成赠品亏损的假象。所以,还是提倡采用国税函〔2008〕875 号文件规定的按各项商品公允价值比例分摊销售收入的做法。

当然,对随同销售赠送的货物品种较多,不能在同一张发票上列明赠送货物的品名、数量的,也可统一开具"赠品一批",同时开具《随同销售赠送货物清单》,并作为记账的原始凭证。这样形成一个完整的"买物赠物"交易的完整的证据链条,也可以据此进行账务处理和完成纳税。

【案例 14-8】 某房地产公司推出"买一赠一"促销活动,购买一栋 300 平方米、市场价格为 120 万元的别墅,赠送一个车库,市场价格为 30 万元。请问该房地产公司应如何确认主营业务收入?

解析:"买一赠一"活动不属于商业捐赠,应将总的主营业务收入金额按别墅和车库的公允价值比例来分摊确认各自的销售收入。

别墅的销售收入=120/(120+30)×120=96(万元)

车库的销售收入=30/(120+30)×120=24(万元)

2. 加量不加价

"加量不加价"是一种有效的促销方式,其操作要点是:在销售商品时,增加每一包装中的商品数量,而销售总价不提高,相当于商品打折销售,但可以起到打折销售不能实现的促销效果。同时,还可以加快存货周转速度,增加税前扣除项目金额,从而降低企业所得税负担。"加量不加价"的促销模式,实际上是一种特殊形式的捆绑销售。

【案例 14-9】 某洗衣粉厂商在进行洗衣粉促销时,推出的促销方式是"加量不加价"。请问该洗衣粉厂商应如何进行税收筹划?

解析:该洗衣粉厂商如果采取"买 5 000 克洗衣粉再免费赠送 1 000 克"的促销政策,可能就要为免费赠送的 1 000 克洗衣粉缴纳增值税并代扣代缴个人所得税。而采取"加量不加价"的促销模式,6 000 克洗衣粉卖 5 000 克的价钱,虽然销售数量增加了,但价格不变,相当于洗衣粉打折销售,则该洗衣粉厂商只需按照销售价格计算缴纳增值税,允许税前扣除 6 000 克洗衣粉的成本,从而降低了企业所得税负担。从税收筹划角度分析,"加量不加价"是一种较好的促销方式,不仅可以提高存货周转率,还可以降低销售环节的税负,提高产品的市场占有率,从而总体提升产品的市场竞争力。

14.2.5 商业捐赠

税法规定,企业商业性质的捐赠视同销售,一并计算缴纳增值税。且企业不得在税前扣除捐赠支出。

对于企业的公益性捐赠,允许企业在不超过当年会计利润 12%以内的部分准予税前扣除,超过部分允许结转以后 3 年内税前扣除,即允许往后递延 3 年。

商业捐赠的税收筹划思路,一般是将商业捐赠转化为其他形式的促销手段,合法规避视同销售和不能税前扣除的税收约束。还有一种思路,就是避免商业捐赠行为,而转为公益性捐赠,后者是受到税法鼓励的行为,而且还可以提升企业社会形象。目前已被很多企业采纳和重视,成为税收筹划的重要手段之一。

【案例14-10】 汇丰商场以销售国内外名牌服装为主,"五一"期间搞促销活动,推出了优惠的销售政策:凡购买一套西服便赠送一条领带。西服和领带的市场销售价分别为1 130元(含税价)和226元(含税价)。

汇丰商场的具体操作为:对客户出具的发票是填写西服一套,价格为1 130元,同时另出领带一条,客户付款1 130元,在账务处理上记录的"主营业务收入"为1 000元(即1 130/(1+13%)),销项税额为130元。对于赠送的领带则按实际进货成本予以结转,记入当期"销售费用"科目核算。按照《中华人民共和国增值税暂行条例实施细则》(以下简称《增值税暂行条例实施细则》)的规定,将自产、委托加工或购买的货物无偿赠送他人,应视同销售计算缴纳增值税。所以,随同西服赠送价值226元的领带视同销售计算增值税销项税额26元。此项销售活动每人次最终涉及增值税销项税额156元。同时补缴相应的企业所得税和个人所得税。

解析:对商场而言,搞赠送活动旨在吸引顾客,加快销售,提高市场占有率,其结果却加重了企业的税收负担,增加了企业的现金流出。为此,汇丰商场邀请税务专家策划促销活动,税务专家设计以下两种税收筹划方案。

方案一:实行捆绑销售。即将西服和领带价格分别下调,使两种商品的销售价格总额等于1 130元,并将西服和领带一起捆绑销售。这样,就能达到促销和节税的双重目的。

捆绑销售模式下,商场计算的增值税销项税额为

$$增值税销项税额=1 130÷(1+13\%)×13\%=130(元)$$

方案二:将赠送的领带作为销售折让。将西服按正常销售来对待,同时将赠送的领带按其销售价格以销售折让的形式返还给客户。即在发票上填写西服一套价格为1 130元(含税价),同时填写领带一条,价格226元(含税价),同时以销售折让的形式将226元开具红字专用发票,直接返还给客户,发票上的销售净额为1 130元,客户实际付款1 130元。此项活动的不含税销售收入为1 000元,增值税销项税额为130元,从而减少了增值税销项税额26元,同时也规避了企业所得税和个人所得税。

【案例14-11】 北京某企业通过民政部门向灾区学校捐赠资金150万元,企业当年利润总额1 000万元,请问该笔捐赠能否全部税前扣除?

解析:捐赠扣除限额=1 000×12%=120(万元)

因此,该笔捐赠只能扣除120万元,超出部分30万元允许准予结转以后三年内在计算应纳税所得额时扣除。

14.3 销售模式及结算方式的税收筹划

14.3.1 产品成套销售

当产品成套销售时,要特别注意套装产品各组成部分所适用的税率是否一致。如果套装产品中有应税产品,也有免税产品,有税率高的产品,也有税率低的产品,最好的办法是把产品分开销售,独立核算分别计税,否则,税务机关征税时会从高适用税率。因此,套装产品的销售

要规避税率从高征税的陷阱。

【案例 14-12】 某酒厂生产粮食白酒与药酒组成的套装礼品酒进行销售。该酒厂对外销售的套装礼品酒单价为 600 元/套,其中粮食白酒、药酒各 1 瓶,均为 500 克装(假设该酒厂单独销售,粮食白酒 400 元/瓶,药酒 200 元/瓶,礼品套装酒的包装费忽略不计)。请问该酒厂销售礼品套装酒应如何进行税收筹划?根据现行的税法规定,粮食白酒的比例税率为 20%,定额税率为 0.5 元/500 克;药酒的比例税率为 10%。

解析:该酒厂经过策划,可以采取以下两种税收筹划方案。

方案一:先包装后销售。税法规定,将不同税率的应税消费品组成成套消费品销售的应按最高税率征税。因此,如果销售套装礼品酒,药酒不仅要按 20% 的高税率从价计税,而且还要按 0.5 元/500 克的定额税率从量计税。这样,该酒厂应纳消费税计算如下:

$$600 \times 20\% + 2 \times 0.5 = 121(元)$$

方案二:先销售后包装。即先将粮食白酒和药酒分品种销售给零售商,分别开具发票并分别核算收入,然后再由零售商包装成套装礼品酒后对外销售。在这种情况下,药酒仅需按 10% 的比例税率从价计税,而且不必按 0.5 元/500 克的定额税率从量计税。这样,该酒厂的应纳消费税为

$$400 \times 20\% + 200 \times 10\% + 1 \times 0.5 = 100.5(元)$$

通过比较可知,每销售套装礼品酒一份,方案二就比方案一节省消费税 20.5 元(121 − 100.5)。

14.3.2 代理销售

代理销售通常有两种方式:一是收取手续费的方式,即受托方根据所代销的商品数量向委托方收取手续费,这对受托方来说是一种劳务收入,需要缴纳增值税。二是视同买断,即委托方不采用支付手续费的方式委托代销商品,而是通过制定较低的协议价格鼓励受托方买断商品,受托方再以较高的市场价格对外销售。如果委托方为了统一市场价格,执意要受托方按一定的市场价格销售,那么双方可以调整协议价格以达到满意的合作结果。这种情况受托方无须缴纳增值税,但委托方、受托方之间的流通环节应视为正常销售行为,需要缴纳增值税。两种代销方式对委托双方的税务处理及总体税负水平是不同的,合理选择代销方式可以达到合法节税的目的。

【案例 14-13】 利群商贸公司用收取手续费的方式为中华制衣公司代销品牌服装,销售单价为 1 000 元/件,每销售 1 件收取手续费 200 元。利群商贸公司在第一季度共销售服装 100 件,收取手续费 20 000 元。不考虑城建税和教育费附加。

解析:双方的纳税额计算如下:

假设利群商贸公司无进项税额,则

$$利群商贸公司应缴纳增值税 = 20\ 000 \div (1 + 6\%) \times 6\% = 1\ 132.08(元)$$

假定中华制衣公司的进项税额为 7 000 元,则

$$中华制衣公司承担的增值税 = 1\ 000 \times 100 \div (1 + 13\%) \times 13\% - 7\ 000$$
$$= 4\ 504.42(元)$$

两个公司承担的增值税合计 = 1 132.08 + 4 504.42 = 5 636.50(元)

如果利群商贸公司按视同买断方式为中华制衣公司代销品牌服装,中华制衣公司按 800 元/件销售给利群商贸公司,利群商贸公司再按 1 000 元/件对外销售。第一季度利群商贸

公司共销售服装 100 件,则双方的纳税额计算如下:

假设利群商贸公司无其他进项税额,则

利群商贸公司应缴纳增值税 = $100 \times 1\,000 \div (1 + 13\%) \times 13\% - 100 \times 800 \div (1 + 13\%) \times 13\% = 2\,300.88$(元)

假定中华制衣公司的进项税额仍为 7 000 元,则

中华制衣公司承担的增值税 = $100 \times 800 \div (1 + 13\%) \times 13\% - 7\,000$
$= 2\,203.54$(元)

两个公司承担的流转税合计 = $2\,300.88 + 2\,203.54 = 4\,504.42$(元)

比较上述两种方式,视同买断方式下,利群商贸公司多缴纳增值税 1 168.80 元(2 300.88 - 1 132.08);中华制衣公司少缴纳增值税 2 300.88 元(4 504.42 - 2 203.54)。委托双方流转税的总体税负水平,视同买断方式比收取手续费方式少纳 1 132.08 元。

因此,在代理销售业务中,委托双方应争取采用视同买断方式。而采用这种方式代销时,受托方需多缴纳一部分增值税,委托方则可少缴纳等额的增值税,因此,受托方可以要求委托方在协议价格上做出一定的让步,以使受托方多缴纳的增值税额在协议价格制定时就得到补偿,最终使委托双方的总体税负水平趋于合理。

14.3.3 销售结算方式

与采购时的付款方式相对应,在销售时企业也可通过收款方式的选择进行税收筹划。从本质上看,委托代销、分期收款销售与直接收款销售并无太大区别,它们最终都表现为货物所有权的转移和货款的收取,只是结算的方式不同而已。但从税收角度来看,不同的结算方式将导致应税收入的确认时间不同,纳税人缴纳税款的时间也不同。由于税金缴纳均为现金形式,企业如果能够在取得现金后进行税金支出显然是最好的选择,也可以减少财务风险。

【案例 14-14】 某外贸公司与当地交通部门签订了一份合同,由该外贸公司为交通部门从国外进口一批通信设备,销售额达 3 亿元。由于该外贸公司看到市场竞争激烈,怕失去交通部门这一重要客户,因此急于成交,合同签订草率。合同中规定交通部门货到验收后付款,交通部门出于自身财务预决算的考虑,请求外贸公司在 12 月底以前开具正式销售发票,该外贸公司认为进口商品会很快运抵,便同意了交通部门的请求,并马上开具了销售额为 3 亿元的增值税专用发票。由于进口谈判和季节周期等原因,该批通信设备截至次年 2 月还未运抵,结果是该外贸公司在开票后确认销售收入的实现,先垫付了 3 900 万元的增值税,还提前确认销售收入,提前缴纳了企业所得税。

对于上述外贸公司,在交易没有完成之前,轻率地开出销售发票,很容易出现垫付增值税的现象。这是交易的不确定性造成的,防止垫税的最佳方法是利用合同转嫁税负,在充分考虑结算方式和销售方式的前提下以合同条款的形式将交易活动控制在自己手中。实际上该外贸公司完全可以通过分期销售方式来规避垫税风险。

每种销售结算方式都有其收入确认的标准条件,企业通过对收入确认条件的控制,可以控制收入确认的时间。因此,在进行税收筹划时,企业可以采用合法的方式推迟销售收入的确认时间,推迟纳税。

如对发货后一时难以回笼的货款,可以作为委托代销商品处理,待收到货款时再出具发票纳税;尽量避免采用托收承付和委托收款结算方式销售货物以防止垫付税款;在不能及时到货款的情况下,采用赊销或分期收款结算方式以避免预付税款等。

【案例 14-15】 美华公司以生产化妆品为主，以一个月为一个纳税期限。预计 5 月 28 日销售化妆品 10 000 盒给永安商场，不含税单价为每盒 100 元，单位销售成本为 40 元。预计销售费用为 50 000 元。增值税税率为 13％，消费税税率为 15％，企业所得税税率为 25％，城市维护建设税税率为 7％，教育费附加征收率为 3％。假设美华公司与永安商场均为增值税一般纳税人，所有购销业务均开具增值税专用发票。请比较美华公司在不同销售结算方式下的税务方案的差异性。

解析： 在选择销售结算方式时，美华公司有以下几种方案。

方案一：直接收款销售结算。

《增值税暂行条例实施细则》规定：采取直接收款方式销售货物，不论货物是否发出，其纳税义务发生时间均为收到销售款或取得索取销售款凭据的当天。

5 月 28 日，无论是否收到货款，美华公司都应该确认收入，计算缴纳增值税、消费税和企业所得税。此方案优点是可以在销售货物的同时及时收到货款，能够保证企业在取得现金后再支出税金。

方案二：分期收款销售结算。

若预计 5 月 28 日无法及时取得货款，可以采取分期收款销售结算方式。假设将上述货款平均分成 4 个月收取，每个月收取 250 000 元，合同约定分别在 6 月、7 月、8 月、9 月各月的 10 日收取货款。销售费用 50 000 元在 6 月发生。

《增值税暂行条例实施细则》规定：采取赊销和分期收款方式销售货物，纳税义务发生时间为书面合同约定的收款日期的当天，无书面合同的或者书面合同没有约定收款日期的，为货物发出的当天。

如购销双方签订书面合同约定收款日期为 6 月 20 日，则 5 月 28 日发出货物时无须确认收入，到 6 月 20 日再确认收入，缴纳税款。

此方案虽然不能减少纳税总额，也未增加税后净收益总额，但可以延迟纳税义务发生时间，减轻企业资金支付压力。

方案三：委托代销结算。

若美华公司于 5 月 28 日将化妆品委托给永安商场代销，合同约定永安商场以单价 100 元销售，每销售一盒化妆品可提取 4 元作为手续费（商场在交付销售清单时开具普通发票给美华公司）。美华公司 5 月份的销售费用则减少为 10 000 元。美华公司于 7 月 20 日收到永安商场的代销清单，上列已销售数量为 8 000 盒，不含税价款为 800 000 元。永安商场扣除手续费后，将余款通过银行支付给美华公司。

《增值税暂行条例实施细则》规定：委托其他纳税人代销货物，为收到代销单位的代销清单或者收到全部或部分货款的当天确认收入；未收到代销清单及货款的，为发出代销货物满 180 天的当天确认收入。

5 月 28 日，由于尚未收到销售清单，因此无须确认该笔业务收入，也不需要计算缴纳相关税金，但 5 月发生的销售费用 10 000 元，可以在计算 5 月的应纳税所得额时扣除。

7 月 20 日，美华公司收到永安商场的代销清单时，确认收入计算缴纳税金。

根据案例 14-14，可以得出以下结论。

(1) 若预期在商品发出时可以直接收到货款，则选择直接收款方式较好；若商品紧俏，则选择预收货款销售方式更好，可以提前获得一笔流动资金又无须提前纳税。

(2) 若预期在发出商品时无法及时收到货款，如果采取直接收款方式，就会出现现金净流出的情况,表现为企业账面利润不断增加的同时,流动资金却严重不足。企业为了维持生产可以向银行贷款解决资金问题,但又需要承担银行利息,加上尚未收到的货款还存在坏账风险,所以财务风险大大增加。此时宜选择分期收款或赊销结算方式,一方面可以减轻销售方的财务风险,另一方面也可以减轻购买方的付款压力。

(3) 自营销售与委托代销相比,委托代销可以减少销售费用总额,还可以推迟收入实现时间。但同时可能使纳税人对受托方产生依赖性,一旦受托方出现问题,可能给纳税人的生产经营活动带来很大危害。

14.4 销售返利及佣金的税收筹划

14.4.1 销售返利的税收筹划

企业为了促销,往往对销售其产品的代理商给予货币或实物形式的销售返利,这种销售返利已经成为一种日趋成熟的商业模式。

1. 平销返利及其税收政策

1) 平销返利的概念

平销返利是指生产企业以商业企业经销价或高于商业企业经销价的价格将货物销售给商业企业,商业企业再以进货成本或低于进货成本的价格进行销售的业务,生产企业则以返还利润等方式弥补商业企业的进销差价损失。

生产企业弥补商业企业进销差价损失的返利方式主要有以下几种:①生产企业通过返还资金方式弥补商业企业的损失,如有的对商业企业返还利润,有的向商业企业投资等;②生产企业通过赠送实物或以实物投资方式弥补商业企业的损失。

2) 平销返利业务的税收政策

自1997年1月1日起,凡增值税一般纳税人,无论是否有平销行为,因购买货物而从销售方取得的各种形式的返还资金,均应依所购货物的增值税税率计算应冲减的进项税金,并从其取得返还资金当期的进项税金中予以冲减。应冲减的进项税金计算公式如下:

当期应冲减进项税金=当期取得的返还资金/(1+所购货物适用增值税税率)×所购货物适用增值税税率

对于采取赠送实物或以实物投资方式进行平销经营活动的,需要通过两个步骤来进行处理,即实物的视同销售以及完成利润返还的处理。

3) 平销返利业务的发票开具

商业企业向供货方收取的各种收入,一律不得开具增值税专用发票。

供货方向商业企业进行利润返还,可以开具红字增值税专用发票;实物返利的情况下,利润返还部分的核算可以开具红字增值税专用发票,视同销售部分的核算可以向商业企业开具蓝字增值税专用发票。

4) 平销返利中的特殊政策规定

平销返利主要涉及《国家税务总局关于平销行为征收增值税问题的通知》(国税发〔1997〕167号)、《国家税务总局关于增值税一般纳税人平销行为征收增值税问题的批复》(国税函〔2001〕247号)、《国家税务总局关于商业企业向货物供应方收取的部分费用征收流转税问题的通知》(国税发〔2004〕136号)等文件,相关政策规定如下:

与总机构实行统一核算的分支机构从总机构取得的日常工资、电话费、租金等资金，不应视为因购买货物而取得的返利收入，不应做冲减进项税额处理。

对商业企业向供货方收取的与商品销售量、销售额无必然联系，且商业企业向供货方提供一定劳务的收入，例如进场费、广告促销费、上架费、展示费、管理费等，不属于平销返利，不冲减当期增值税进项税金，应按现代服务业－商务辅助服务－企业管理服务（增值税税率为6%）计算销项税额。

【案例14-16】 A公司为某商场的商品供应商，每期期末，按商场销售本公司商品金额的5%进行平销返利。2×20年6月，商场共销售A公司商品金额1 130 000元，按约定收到返利56 500万元。

解析： 商场收取的返还收入，应按规定冲减当期增值税进项税金；商业企业向供货方收取的各种收入，一律不得开具增值税专用发票；同时，对于商场向供应商收取的返还资金，应当由供应商出具红字专用发票。

不得开具增值税专用发票的原因在于，在平销返利活动中，商场从供应商手中收取的返还资金并不属于销售收入，而是对进销差价损失的补偿，也可以理解为对购进成本价的让步，故自然不允许开具增值税专用发票。

情形一：商场直接收到现金返利
（1）商场的会计处理
借：银行存款　　　　　　　　　　　　　　　　　56 500
　　贷：主营业务成本　　　　　　　　　　　　　　50 000
　　　　应交税费——应交增值税（进项税额转出）　6 500
（2）供应商的会计处理
借：主营业务收入　　　　　　　　　　　　　　　50 000
　　应交税费——应交增值税（销项税额）　　　　6 500
　　贷：银行存款　　　　　　　　　　　　　　　　56 500

情形二：收到供应商的实物返利

供应商进行实物返利需要通过两个步骤来完成：一是实物的视同销售；二是完成利润返还。完成利润返还的部分与现金返还的处理一致，但是返利实物的视同销售要计征增值税销项税额，即供应商在实物返利时，要同时确认价格折让引起的前期已确认收入、销项税额的减少，以及赠送实物视同销售引起本期收入、销项税额的增加。在发票的开具方面，也会涉及两份发票，一是折让的红字发票，二是视同销售的蓝字发票。

（1）商场的会计处理
借：库存商品——平销返利　　　　　　50 000
　　应交税费——应交增值税（进项税额）　6 500（增值税蓝字发票）
　　贷：主营业务成本　　　　　　　　　　　50 000
　　　　应交税费——应交增值税（进项税额转出）　6 500（红字专用发票）
（2）供应商的会计处理
借：主营业务收入　　　　　　　　　　50 000
　　应交税费——应交增值税（销项税额）　6 500（红字专用发票）
　　贷：库存商品　　　　　　　　　　　　50 000
　　　　应交税费——应交增值税（销项税额）　6 500（增值税蓝字发票）

2. 销售返利的税收筹划

对于销售返利的税收筹划思路主要有两种。

思路一：销售返利递延滚动到下一期间。把本期该返利的部分递延到下一期间，以销售折扣或销售折让的形式体现出来，这样可以合理抵减主营业务收入。这一方法适用于业务量大且交易稳定的代理商。

思路二：销售返利以"加量不加价"的方式体现在产品包装中。销售返利无法返还或无法直接返还时，可采用不同的产品包装，以加量不加价的方法解决。这也适用于交易稳定的代理商。

当然，一些企业通过固定资产、存货、福利品等实物形式实现销售返利，还有一些企业通过代为支付费用等形式返利，这些做法可能存在不合规现象，应引起注意。

【案例14-17】 某摩托车厂家拥有多家代理商，销售返利政策如下：代理商每次购买1 000辆摩托车，当累计达到3 000辆时，该摩托车厂家给予代理商3%的销售返利，并当期支付给代理商。税务机关对此销售返利的看法是：由于是在代理商最后达到3 000辆时才给予销售返利，与税法规定不符，而且不能够在发票上体现折扣额，即不属于折扣销售。所以，必须按照销售收入全额确认收入纳税。对此情况，该摩托车厂家应该如何策划销售返利呢？

解析：该摩托车厂家邀请税务顾问为其进行税收筹划，税务顾问设计了以下三种策划方案。

方案一：当代理商的销售量达到3 000辆时，对最后的1 000辆给予9%的折扣，并且在发票上注明折扣额。

方案二：当代理商的销售量达到3 000辆时，需要给的销售返利不在当期返还，而是作为下一期间的折扣额，在下一期间的销售发票上体现，即采取销售返利递延的方法处理。

方案三：当代理商为大型商场或超市时，给予代理商的销售返利一般转化为进场费、管理费或展销费。即大型商场或超市以收费形式替代销售返利，并为摩托车厂家开具增值税发票。

14.4.2 佣金及手续费的税收政策与税收筹划

1. 佣金及手续费的税收政策分析

佣金是指代理人或经纪人为委托人介绍生意或代买代卖而收取的报酬。

手续费是指企业或个人作为代理者为委托人或客户办理各种事务或专门业务而收取的酬劳或报酬费。一般较常见于银行、信用社、保险机构等办理结算业务、委托贷款、代理类债券、股票、代办保险、代办中间业务等各项业务获得的手续费收入。

1) 增值税

根据《营业税改征增值税试点实施办法》（财税〔2016〕36号附件1）、《销售服务、无形资产、不动产注释》规定，经纪代理服务，是指各类经纪、中介、代理服务。包括金融代理、知识产权代理、货物运输代理、代理报关、法律代理、房地产中介、职业中介、婚姻中介、代理记账、拍卖等，因此佣金的增值税税目是经纪代理服务。

如果是保险行业，根据《国家税务总局关于个人保险代理人税收征管有关问题的公告》（国家税务总局公告2016年第45号）第三条规定，接受税务机关委托代征税款的保险企业，向个人保险代理人支付佣金费用后，可代个人保险代理人统一向主管税务机关申请汇总代开增值税普通发票或增值税专用发票。

个人保险代理人代开发票时注意以下几点：①保险企业代个人保险代理人申请汇总代开

增值税发票时,应向主管税务机关出具个人保险代理人的姓名、身份证号码、联系方式、付款时间、付款金额、代征税款的详细清单。②保险企业应将个人保险代理人的详细信息,作为代开增值税发票的清单,随发票入账。③主管税务机关为个人保险代理人汇总代开增值税发票时,应在备注栏内注明"个人保险代理人汇总代开"字样。④这里所称个人保险代理人,是指根据保险企业的委托,在保险企业授权范围内代为办理保险业务的自然人,不包括个体工商户。小规模纳税人增值税月销售额免税标准提高到15万元这项政策,同样适用于个人保险代理人为保险企业提供保险代理服务。同时,保险企业仍可按照相关规定,向主管税务机关申请汇总代开增值税发票,并可按规定适用免税政策。

以上证券经纪人、信用卡和旅游等行业的个人代理人比照办理。

2) 企业所得税

第一,保险企业。根据《关于保险企业手续费及佣金支出税前扣除政策的公告》(财政部 税务总局公告2019年第72号)规定,保险企业发生与其经营活动有关的手续费及佣金支出,不超过当年全部保费收入扣除退保金等之后余额的18%(含本数)的部分,在计算应纳税所得额时准予扣除;超过部分,允许结转以后年度扣除。

第二,电信企业。根据《国家税务总局关于企业所得税应纳税所得额若干税务处理问题的公告》(国家税务总局公告2012年第15号)第四条规定,电信企业在发展客户、拓展业务等过程中(如委托销售电话入网卡、电话充值卡等),需向经纪人、代办商支付手续费及佣金的,其实际发生的相关手续费及佣金支出,不超过企业当年收入总额5%的部分,准予在企业所得税前据实扣除。

第三,房地产企业。国家税务总局关于印发《房地产开发经营业务企业所得税处理办法》的通知(国税发〔2009〕31号)第二十条规定,企业委托境外机构销售开发产品的,其支付境外机构的销售费用(含佣金或手续费)不超过委托销售收入10%的部分,准予据实扣除。

第四,其他企业。根据《财政部 国家税务总局关于企业手续费及佣金支出税前扣除政策的通知》(财税〔2009〕29号)规定,其他企业发生与其经营活动有关的手续费及佣金支出按与具有合法经营资格中介服务机构或个人(不含交易双方及其雇员、代理人和代表人等)所签订服务协议或合同确认的收入金额的5%计算限额。

根据国家税务总局公告2012年第15号第三条规定,从事代理服务、主营业务收入为手续费、佣金的企业(如证券、期货、保险代理等企业),其为取得该类收入而实际发生的营业成本(包括手续费及佣金支出),准予在企业所得税前据实扣除。

3) 个人所得税

扣缴义务人向居民个人支付佣金等劳务报酬所得,按以下方法按次或者按月预扣预缴个人所得税:劳务报酬所得以每次收入减除费用后的余额为收入额,预扣预缴税款时,劳务报酬所得每次收入不超过四千元的,减除费用按八百元计算;每次收入四千元以上的,减除费用按收入的百分之二十计算。

居民个人办理年度综合所得汇算清缴时(取得所得的次年3月1日至6月30日内),应当依法计算劳务报酬所得的收入额,并入年度综合所得计算应纳税款,税款多退少补。劳务报酬所得以收入减除百分之二十的费用后的余额为收入额。

【案例14-18】 李先生介绍客户购房,2020年3月取得佣金收入3 000元;2020年6月,取得劳务报酬30 000元。

解析:预扣预缴计算

3月劳务报酬所得预扣预缴应纳税所得额＝每次收入－800＝3 000－800＝2 200(元)

劳务报酬所得预扣预缴税额＝预扣预缴应纳税所得额×预扣率－速算扣除数＝2 200×20％－0＝440(元)

6月劳务报酬所得预扣预缴应纳税所得额＝每次收入×(1－20％)＝30 000×(1－20％)＝24 000(元)

劳务报酬所得预扣预缴税额＝预扣预缴应纳税所得额×预扣率－速算扣除数＝24 000×30％－2 000＝5 200(元)

2. 佣金及手续费的税收筹划

佣金、手续费业务简单，内容单一，可以策划的内容不多。根据企业经营现实情况和税收政策，一般在两个方面考虑佣金、手续费的策划：一是尽量延后支付佣金及手续费，因为一旦支付，则收取方构成应税收入，但代理事项及商务活动能否达到预定目标，还不能最终确定，因此存在佣金及手续费提前确认收入纳税问题；二是收取佣金及手续费的主体需要策划，比如说个人取得佣金收入需要缴纳个人所得税，按照劳务报酬所得计税，在现行税制下不仅取得时需要预扣预缴个人所得税，年终还需要汇算清缴，汇算清缴极易面对较高的边际税率，因此把个人的佣金收入通过设立个人独资企业，转化为个人独资企业的经营收入，适用5％～35％的五级超额累进税率，可能会降低相关税负。

【**案例14-19**】 王先生帮助某企业开展产品销售推广，因成功联络跨国贸易集团而获得佣金收入9万元，预计王先生当年还能获得佣金收入20万元。请为王先生设计税收筹划方案。

解析： 王先生获得佣金收入9万元，如果作为个人的劳务报酬所得，获得佣金时需要预缴个人所得税为90 000×(1－20％)×40％－7 000＝21 800(元)。

如果王先生设立一家个人独资企业，则王先生的佣金收入转变为个人独资企业的经营所得，假定个人独资的扣除额为6万元，则应纳个人所得税为(90 000－60 000)×5％＝1 500(元)。

对于一些地区，允许对个人独资企业核定应税所得率，现代服务业核定的应税所得率范围为10％～30％，最低为10％，按照这一政策，个人独资企业应纳的个人所得税为

$$90\ 000×10\％×5\％＝450(元)$$

通过上述分析可知，通过设立个人独资企业，佣金收入的个人所得税负担大大下降。

14.4.3 礼品、宣传品赠送的税收筹划

在客户营销、业务推广及实际交易应酬活动中，企业难免涉及对外赠送礼品、宣传品的行为，以积累客户资源、开拓业务。由于赠送背景、环节和方式不同，适用的税收也不相同，税收负担及涉税风险差别极大。企业需要结合实际情况，合理选择赠送方式，有效提高捐赠行为的投入产出并严格控制税务风险。

1. 礼品、宣传品赠送的税收政策

1) 增值税

企业发生的馈赠礼品事项，按照税法规定应缴纳税款，履行纳税义务。根据《增值税暂行条例实施细则》第四条规定，将自产、委托加工或者购进的货物无偿赠送其他单位和个人，需在税收上视为销售，确认应税收入并缴纳增值税。企业在宣传活动或业务招待活动中，附赠的礼品通常被视为无偿赠送，需要缴纳增值税，一般纳税人适用税率为13％。

按照《财政部 国家税务总局关于全面推开营业税改征增值税试点的通知》(财税〔2016〕36号)附件第二十七条：下列项目的进项税额不得从销项税额中抵扣，用于简易计税方法计税项

目、免征增值税项目、集体福利或个人消费的购进货物，纳税人的交易应酬消费属于个人消费。即无论是否取得增值税专用发票，企业列支于业务招待费的进项税额均不可抵扣。但是，企业赠送的礼品不属于个人消费，而属于企业的商业捐赠行为，因此，企业赠送的礼品的进项税额允许抵扣。推而广之，可以得出如下增值税的相关结论：对于改变用途的自产或委托加工的货物，无论是用于内部还是外部，都应视同销售处理；而对于改变用途的外购货物或应税劳务，若是用于外部的，即用于投资、分配或无偿赠送，应视同销售处理，其进项税额允许抵扣；若是用于内部的，即用于免税项目、非应税项目、集体福利或个人消费，不应视同销售处理，其进项税额不得从销项税额中抵扣，对已经抵扣的进项税额应作进项税额转出。

企业在提供服务（电信公司售卡、保险公司销售保单、服务公司推广服务）的同时发生赠送行为，各地税收政策具有差异。如河北税务局《关于全面推开营改增有关政策问题的解答（之五）》中规定，保险公司销售保险时，附带赠送客户的促销品，如刀具、加油卡等货物，不按视同销售处理。该解释认为企业在提供服务的同时赠送商品，实质是一种利益让渡，并非无偿赠送，其对价已包含在服务对价中。

但重庆市税务局在《营改增政策指引（一）》中规定，公司在开展业务时，赠送客户的礼品如果单独作价核算，则按销售处理，不属于视同销售。如果纳税人无偿赠送，属于视同销售。纳税人购进礼品取得的进项税额符合政策规定可抵扣的，允许从应纳税额中抵扣。

2）个人所得税

按照《财政部 国家税务总局关于企业促销展业赠送礼品有关个人所得税问题的通知》（财税〔2011〕50号）规定：企业在营销活动中以折扣折让、赠品、抽奖等方式，向个人赠送现金、消费券、物品、服务等（以下简称礼品）有关个人所得税问题按照如下方式处理。

企业向个人赠送礼品，属于下列情形之一的，取得该项所得的个人应依法缴纳个人所得税，税款由赠送礼品的企业代扣代缴。

企业在业务宣传、广告等活动中，随机向本单位以外的个人赠送礼品，对个人取得的礼品所得，按照"其他所得"项目，全额适用20%的税率缴纳个人所得税。

企业在年会、座谈会、庆典及其他活动中向本单位以外的个人赠送礼品，对个人取得的礼品所得，按照"其他所得"项目，全额适用20%的税率缴纳个人所得税。

企业对累积消费达到一定额度的顾客给予额外抽奖机会，个人的获奖所得，按照"偶然所得"项目，全额适用20%的税率缴纳个人所得税。

企业赠送的礼品是自产产品（服务）的，按该产品（服务）的市场销售价格确定个人的应税所得；是外购商品（服务）的，按该商品（服务）的实际购置价格确定个人的应税所得。

按照《财政部 税务总局关于个人取得有关收入适用个人所得税应税所得项目的公告》（财政部税务总局公告2019年第74号）规定：企业在业务宣传、广告等活动中，随机向本单位以外的个人赠送礼品（包括网络红包），以及企业在年会、座谈会、庆典及其他活动中向本单位以外的个人赠送礼品，个人取得的礼品收入，按照"偶然所得"项目计算缴纳个人所得税，但企业赠送的具有价格折扣或折让性质的消费券、代金券、抵用券、优惠券等礼品除外。

这里所称的礼品收入，其应纳税所得额按照《财政部 国家税务总局关于企业促销展业赠送礼品有关个人所得税问题的通知》（财税〔2011〕50号）第三条规定计算。

3）企业所得税

对企业将货物、财产、无形资产、服务用于捐赠、偿债、赞助、集资、广告、样品、职工福利或者利润分配等用途的，应当视同销售。根据《国家税务总局关于企业处置资产所得税处理问题的通知》(国税函〔2008〕828号)规定,资产移送他人按视同销售确认收入,主要包括:用于市场推广或销售,用于交易应酬,用于职工奖励或福利,用于利润分配,用于对外捐赠,其他改变资产所有权属的用途等。企业赠送礼品时,如果不属于公益性捐赠(可能免税),则要视同销售,按照公允价值计算销售收入,计入应纳税所得额计算缴纳企业所得税。如果企业在业务宣传、广告等活动中向客户赠送礼品,则按照广告费、业务宣传费的规定扣除;如果企业在年会、座谈会、庆典以及其他活动中向客户赠送礼品,则按照交际应酬费规定扣除;如果赠送礼品与本企业业务无关的,则按照非广告性质赞助支出处理,不得税前扣除。

【案例 14-20】 盛华公司在新品发布会上,向参加活动的经销商 A 公司、B 公司赠送宣传品价值 113 000 元,为宣传活动附赠,需要缴纳增值税,同时向参加新品发布会的个人嘉宾赠送纪念品 22 600 元。

解析:盛华公司把宣传品赠送给经销商,应作为业务宣传费处理,同时视同销售缴纳增值税,涉及的应纳增值税额为

$$113\ 000 \div (1 + 13\%) \times 13\% = 13\ 000(元)$$

盛华公司计入业务宣传费的金额为 $113\ 000 \div (1 + 13\%) = 10\ 000(元)$,允许在业务宣传费限额内税前列支。

盛华公司赠送给个人嘉宾的纪念品属于业务招待费性质,不能抵扣进项税额,所以应纳增值税为 $22\ 600 \div (1 + 13\%) \times 13\% = 2\ 600(元)$。

盛华公司计入业务招待费的金额为 $22\ 600 \div (1 + 13\%) = 20\ 000(元)$,允许在业务招待费限额内税前列支。

个人嘉宾获得纪念品,需要扣缴个人所得税为 $22\ 600 \times 20\% = 4\ 520(元)$。

但是,因个人嘉宾太多,企业扣缴个人所得税的操作难度较大(一般需要嘉宾个人提供身份证信息,嘉宾可能不便于提供或不愿提供),为发挥礼品馈赠的营销推广作用,通常税负由企业负担,则嘉宾所得转化为税后所得,此种情况下,盛华公司负担的税款为

$$22\ 600 \div (1 - 20\%) \times 20\% = 5\ 650(元)$$

提醒注意的是,如果是后一种情况,盛华公司代个人承担的个人所得税款,不属于企业正常经营活动的合理开支,不允许税前扣除,必须作为永久性差异进项纳税调整,按照税率25%补缴企业所得税,则补缴企业所得税金额为 $5\ 650 \times 25\% = 1\ 412.50(元)$。

2. 礼品、宣传品赠送的税收筹划

1) 增值税筹划

企业应尽量减少或不采用"无偿赠送"的方式,采取"在向个人销售商品(产品)和提供服务的同时提供物品"的做法,准备具有说服力的证据和材料,阐释与赠送物品对价的服务过程,有效地减轻企业税负并严格执行税收政策。

赠送物品时,尽量采取引入中介机构的操作模式,避免物品赠送行为的直接发生。比如,可以在庆典活动中引入会议公司,委托其主导和操控相关的庆典议程,最终支付会议公司活动经费,并由会议公司开具合规的增值税专用发票,作为会议费列支。

2) 个人所得税筹划

企业涉及礼品、纪念品赠送给个人的,尽量由个人承担个人所得税。

企业随机赠送印有企业标识的小金额物品,如玻璃杯、雨伞等,单位价值比较低,且在购入时直接计入管理费用或营销费用,不需要赠送时扣缴个人所得税。

3. 不属于征税范围的礼品赠送行为

对于企业发生的礼品赠送行为，哪些情况下可以不缴纳增值税或个人所得税呢？

（1）实行折扣销售。企业在销售商品（产品）和提供服务过程中，通过价格折扣、折让方式向个人销售商品（产品）和提供服务，不征收个人所得税。即把赠品或对外捐赠之物作为价格折扣或折让向购买方提供。这种情况不构成商业捐赠，不缴纳增值税。这种情况属于促销活动中的商业折扣范畴。

（2）交易活动中给予物品。企业在向个人销售商品（产品）和提供服务的同时给予赠品，如通信企业对个人购买手机赠话费、入网费，或者购话费增手机等。

（3）交易活动中赠送服务项目。企业在向个人销售商品（产品）的同时赠送服务项目，属于捆绑销售模式，一般不缴纳个人所得税。譬如，房地产公司在销售房产时向客户赠送物业服务（即免收房屋业主若干年物业费），就属于这种情况。

（4）累计消费送礼品。企业对累计消费达到一定额度的个人按消费积分反馈礼品。譬如，超市连锁企业对外销售办理消费积分卡，按照消费金额累计积分，并按积分赠送礼品，这种情况不需缴纳个人所得税。

（5）作为宣传费用的礼品赠送。企业所赠送的礼品在采购时作为宣传费用处理，此种情形不需要缴纳个人所得税。但所购礼品必须符合宣传费的标准，且金额不宜过大，即开支属于宣传费的正常范围。

14.5 销售活动的其他税收筹划方法

14.5.1 设立销售公司筹划

对于生产企业，设立销售公司不仅可以通过关联定价规避税收，而且还可以实现销售费用、管理费用、财务费用等的转移支付，加大税前费用扣除力度。

【案例 14-21】 黄河酒厂主要生产粮食白酒，是一家大型骨干企业。以前该企业的产品销售是按照计划经济的模式来进行的，产品按照既定的渠道销售给全国各地批发商。随着市场的日益活跃，商品销售出现了多元化的格局，部分消费者也直接到生产企业买一定数量的白酒。按照以往的经验，本市的一些零售商店、酒店、消费者每年到工厂直接购买的白酒大约 5 000 箱（每箱 10 千克）。

为了提高企业的盈利水平，企业在本市设立了一家独立核算的白酒销售公司。该酒厂按照给其他批发商的产品价格与销售公司核算，每箱 400 元，销售公司再以每箱 480 元的价格对外销售。粮食白酒适用消费税税率 20%。黄河酒厂每年的业务招待费超支 20 000 元。

解析：黄河酒厂应纳消费税额分析如下：

设立销售公司前应纳消费税 $= 5\,000 \times 480 \times 20\% + 20 \times 5\,000 \times 0.5 = 530\,000$（元）

设立销售公司后应纳消费税 $= 5\,000 \times 400 \times 20\% + 20 \times 5\,000 \times 0.5 = 450\,000$（元）

消费税节税额 $= 530\,000 - 450\,000 = 80\,000$（元）

销售公司业务招待费可以列支金额 $= 5\,000 \times 480 \times 5‰ = 12\,000$（元）

销售公司的设立，分流了一部分业务，所以黄河酒厂可以将业务招待费转移到销售公司，税前多扣除业务招待费为 12 000 元，可以抵减所得税 3 000 元。

通过设立销售公司，黄河酒厂可实现节税额：

$$80\,000 + 3\,000 = 83\,000(元)$$

14.5.2 价格拆分

企业销售货物、不动产、无形资产以及提供服务的业务活动,可以考虑进行价格拆分,从而降低销售交易中的税收负担。

【**案例 14-22**】 以销售一套 150 平方米、单价为 40 000 元的房屋为例,若契税税率为 3%,则销售房屋应缴纳的契税为 18 万元。如果将房屋价格拆分为 35 000 元/平方米单价和 5 000 元/平方米的装修费,则销售房屋应缴纳的契税为 15.75 万元,节省契税 2.25 万元。这里提醒大家注意,分拆房屋的价格,需要防止出现装修价格虚高、房屋价格偏低的现象。

需要注意的是,本案例不仅节省了契税,而且还可以节省增值税、土地增值税,请读者自行分析。

14.5.3 转让定价策划

转让定价也称为关联定价,是利用税率的差异或减免税的低税负政策,通过价格因素在企业之间转移利润的行为。实行转让定价策划的双方具有一定的隶属关系和互惠关系,属于关联方。转让定价会造成关联体内部之间利益的再分配,但能够从关联体整体角度降低税负。

【**案例 14-23**】 振邦集团总部的所得税税率为 25%,其一子公司振龙公司,雇用残疾人比例达到 75%,被认定为福利企业,暂免征收企业所得税。振邦集团总部把成本 80 万元、原应按 120 万元作价的一批货物,以转让定价 100 万元销售给振龙公司,振龙公司最后以 140 万元的价格销售到集团之外。

解析:下面比较转让定价对振邦集团总体税负水平的影响:

$$振邦集团按正常定价应负担的税收 = (120 - 80) \times 25\% = 10(万元)$$

采用转让定价后:

$$振邦集团实际负担的税收 = (100 - 80) \times 25\% = 5(万元)$$

则

$$振邦集团可以实现的节税额 = 10 - 5 = 5(万元)$$

转让定价之所以得以广泛运用,是因为任何一个商品生产者和经营者均有权根据自身的需要确定所生产和经营产品的价格标准,只要交易价格是合理的,交易双方是自愿的,别人就无权干涉,这是一种合理合法的行为。但关联企业之间有失公允的转让定价会被税务机关调节或处罚,所以转让定价策划有一定的风险。

下面通过转让定价模型来分析转让定价在税收筹划中的运用技巧(见图 14-1)。

图 14-1 转让定价简单模型

图 14-1 中甲企业和乙企业为异地关联企业,当两企业适用的企业所得税税率不同时,将利润从税率高的企业向税率低的企业转移有利于关联企业整体税负的减少。①当甲企业适用的企业所得税税率较高时,采取低价出货给乙企业,从乙企业高价进货的方法,将利润转移给乙企业,从而减少甲、乙双方整体应纳税额。②当乙企业适用的企业所得税税率较高时,甲企业采取从乙企业低价进货、高价出货的方式,将利润转移到甲企业,从而减少甲、乙双方整体应纳税额。

假如甲、乙企业为异地非关联企业,甲企业适用的企业所得税税率高于乙企业,如果再采取如图 14-1 所示的甲企业抬高进价、压低售价的方法,会使非关联企业获益,自己反倒吃亏。因而要引入丙企业。假定丙企业与甲企业是关联企业,且丙企业与乙企业同处一地,适用的企业所得税税率与乙企业相同。其策划思路如图 14-2 所示。甲企业先与丙企业按内部价格核算,再由丙企业与乙企业按市场价格进行正常交易。

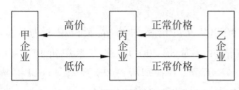

图 14-2 转让定价扩大模型

由于现实经济活动的复杂性,甲、乙企业可能为同地企业,也可能是异地企业,但如果适用的企业所得税税率相同,有时并不涉及交易活动,可能只涉及集团内部的税费分摊。这时上面的模型便不能说明问题,需借助复杂的转让定价模型,即通过建在低税区或避税地的中转公司进行转让定价操作,将利润转入低税区或避税地以实现节税目的。还有更复杂的,利用关联交易非关联化处理,即引入非关联的第三方甚至更多方,通过多边关系多重交易过程实现转让定价策划节税目标。

另外,关联企业之间的劳务转让定价、资金借贷转让定价、资产租赁转让定价、无形资产转让定价、管理费用分摊转让定价等使利润从集团内高税率公司向低税率公司转移的操作原理与货物交易是相同的。

复习思考题

1. 商业折扣有哪些形式,应该如何进行税务处理?
2. "买一赠一"为何不视同商业捐赠?"加量不加价"能起到节税的效果吗,为什么?
3. 企业采用促销方式销售货物时,税收筹划应考虑哪些要点?
4. 请辨析佣金、返利、回扣、商业贿赂这四个概念,你认为在商业实践中应如何有效规避风险?
5. 销售返利的税收筹划方法有哪些?
6. 佣金如何进行税收筹划?

【案例分析题】

案例一 分开核算策划方案

某装饰材料有限公司是增值税一般纳税人,主要从事装饰装修材料的销售业务,同时又承揽一些装饰装修业务。该装饰材料有限公司对外销售装饰装修材料获得含税销售收入 339 万元,另外又承接装饰装修业务获得装饰装修服务收入 234 万元。

问题:该装饰材料有限公司应如何进行税收筹划?

案例二 促销模式的税收筹划

某商业(集团)公司以几项世界名牌服装的零售为主,商品销售的平均利润率为 30%。它们准备于春节期间在北京开展一次促销活动,以扩大该企业在当地的影响。经测算如果将商品打八折让利销售,企业可以维持在计划利润的水平上。在促销活动的酝酿阶段,企业的决策层对销售活动的涉税问题了解不深,于是他们向普利税务师事务所的注册税务师提出咨询。

为了帮助企业做好销售环节的税收筹划,普利税务师事务所的专家提出了三个方案进行税收分析。

方案一:让利(折扣)20%销售,即企业将10 000元的货物以8 000元的价格销售。

方案二:赠送20%的购物券,即企业在销售10 000元货物的同时,赠送2 000元的购物券,持券人仍可以凭购物券购买商品。

方案三:返还20%的现金,即企业销售10 000元货物的同时,向购货人赠送2 000元现金。

问题:请从税收筹划角度分析比较以上三个促销方案。

案例三　利用临界点进行策划

某啤酒厂生产销售某知名品牌啤酒,每吨出厂价格为2 990元(不含增值税)。该厂对该品牌啤酒的生产工艺进行了改进,使该啤酒的质量得到了较大提高。该厂准备将价格提高到3 010元(不含增值税)。

提示:出厂价不低于3 000元/升的啤酒为甲类啤酒,每吨征收250元的消费税;出厂价格低于3 000元/升的啤酒为乙类啤酒,每吨征收220元的消费税。

问题:根据上述信息,该啤酒厂是否应该提高价格?

案例四　复杂促销方式的税收筹划

甲企业是增值税一般纳税人,2018年1月为促销拟采用以下5种方式:①商品八折销售;②按原价销售,但购物满800元,当天赠送价值200元的商品(购进价格为140元,均为含税价,下同);③采取捆绑销售,即"加量不加价"方式,将200元商品与800元商品实行捆绑进行销售;④购物满800元,赠送价值200元的购物券,且规定购物后的下一个月内有效,估计有效时间内有90%的购物券被使用,剩下的10%作废;⑤按原价销售,但购物满1 000元,返还200元的现金。另外,甲企业每销售原价1 000元商品,便可以在企业所得税前扣除工资和其他费用60元。

问题:对顾客和企业来说,同样是用800元现金与原价1 000元的商品之间的交换,对甲企业来说,选择哪种方式最有利呢?(计算时暂不考虑城建税和教育费附加。)

【综合阅读题】

"两票制"下的医药企业税收筹划

1. 案例背景

医药行业是我国国民经济的重要组成部分,对于增进民生福祉、提升生活质量有重大作用。随着人口老龄化趋势的发展,医药市场未来的整体需求将会不断增加。对于百姓而言,就医的最大难题是药价高、看病贵。这一方面是因为制药原材料成本上升,研发投入资金增长;另一方面是因为药品销售环节的高回扣潜规则抬高了药价。

为了严厉打击药品销售的高回扣行为,解决药价虚高问题,中华人民共和国国家卫生和计划生育委员会于2017年初出台了在公立医疗领域内"两票制"办法,并规定了相关实施细节。

简言之,除特殊原因外,在药品从药厂到医院的环节,最多只能合法地开具两次发票。改革前后的资金流、货物流和发票流如图14-3、图14-4所示。

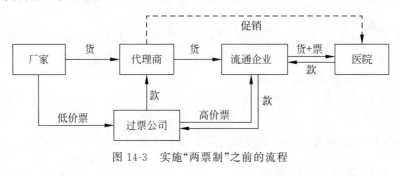

图14-3 实施"两票制"之前的流程

图14-4 实施"两票制"之后的流程

2. 医药企业的税收筹划

1) 采购环节的税收筹划

"两票制"之后,药品在流通环节所开具的增值税专用发票被严格监控,而医院固有的招标模式和议价过程使药品的终端销售价格无法改变。为了消化流通环节的费用或折扣,只能倒逼制药企业提高出厂价,具体分析如图14-5所示。于是,制药企业安排税收筹划的压力就落在了药品出厂前的采购环节。

制药企业在税收筹划时面临的首要问题就是选择供应商。供应商分为一般纳税人和小规模纳税人两种,前者适用标准税率,而后者只能申请开具3%征收率的增值税发票。小规模性质的供货商为了弥补购货方进项税额不能充足抵扣的损失,通常会压低产品价格来留住客户。因此,制药企业要么从一般纳税人处进货,要么压低小规模纳税人的销售价格。

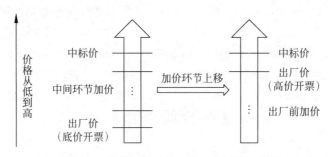

图14-5 药品加价环节上移到出厂价示意图

税法规定,生产销售免税药品而购进的原材料的进项税额不能抵扣,但是将原材料采购与实际领用后再转出存在一定的时间差,制药企业应该采取在统一购进材料时不区分用途,先行抵扣进项税额,等到实际领用时再转出进项税额,可以起到递延纳税的作用。

制药企业在货款结算时尽量推迟付款时间,可以采用赊销和分期付款的方式,让供货商先垫付一段时间税款。同时,药品生产企业在不影响正常生产经营的前提下,尽可能地把原材料采购集中在供给大于需求的时间段,以提升自己的议价能力。

2) 广告费用的税收筹划

广告宣传对于制药企业提高其在市场上的竞争力十分重要。税法规定,制药企业关于广告费用和业务宣传费支出的税前扣除限额是销售收入的 30%,远高于其他行业。因此,通过正规广告商制作后在各类媒体上传播并取得合规的发票,从而合法地列支成本费用。

从思维拓展角度分析,制药企业可以选择成立一家独立核算的药材种植、生产加工公司,将其业务向前拓展至药材种植、加工和销售环节,通过上下游公司之间的交易往来分担广告费和业务招待费的扣除压力。如果能将药材种植、生产加工公司设立在税收洼地,还能通过关联定价合法降低税收负担。

3) 研发费用的加计扣除

制药企业应加大对研究开发活动的投入以求在竞争中胜出。国家为鼓励企业的创新和研发投入执行研究开发费用的加计扣除税收优惠政策,加计扣除比例为 75%。当然,制药企业不能盲目追加研发投入,要合理安排研发费用发生的时间,避免其发生在免税期或者亏损年度。

问题:

1. "两票制"为何能够堵塞药品销售环节的高回扣问题?
2. "两票制"下,制药企业还有哪些税收筹划策略应对税收环境的变化?

第15章

利润分配的税收筹划

未来的资本利得像树上的鸟一样不一定能抓到,而眼前的股利则犹如手中的鸟一样飞不掉,即"一鸟在手胜过二鸟在林"。

——著名财务金融专家 戈登·林特纳

15.1 企业利润形成的税收筹划

从经济学角度观察,企业是一个以营利为目的的经济组织。企业组织采购、研发、生产、销售等经营流程,其最终目的是获得利润。按照现行税法规定,企业获得利润后,也要像之前的经营流程那样需要缴纳相应的税收——企业所得税。

《中华人民共和国企业所得税法》(简称《企业所得税法》)规定:企业应当就其来源于中国境内外的所得缴纳企业所得税。这里的所得就是我们通常所说的企业利润(税务利润),在税务上一般称为应纳税所得额,其计算公式如下:

应纳税所得额=收入总额-不征税收入-免税收入-各项运行扣除项目-
允许弥补的以前年度亏损

上述公式由三个要素构成:收入、各项运行扣除项目和允许弥补的以前年度亏损。显然,企业利润形成过程的基本税收筹划应围绕这三个要素展开。在税率既定的条件下,该过程的策划思路是:尽量缩小企业所得税的税基,从而达到减少企业所得税或递延所得税的目的。缩小企业所得税的税基,就是缩小企业当期的应纳税所得额,可从两个方面进行策划:一是减少当期的收入金额,二是增大当期的扣除项目金额。

15.1.1 收入总额的税收筹划

《企业所得税法》第六条规定,企业的收入总额包括以货币形式和非货币形式从各种来源取得的收入,具体包括销售货物收入,提供劳务收入,转让财产收入,股息、红利等权益性投资收益,利息收入,租金收入,特许权使用费收入,接受捐赠收入和其他收入。

由于《企业所得税法》对收入构成、收入确认条件、收入计量等内容,规定得都十分明确和具体,特别是《关于确认企业所得税收入若干问题的通知》(国税函〔2008〕875号)对商品销售收入、提供劳务收入等的确认条件和时间都进行了具体的规范,因而在收入总额策划方面,现行税收法律政策提供给纳税人的空间相对较小,纳税人主要考虑的是通过适当的策划,使收入合法地实现递延,从而获得货币时间价值。因此,企业可根据实际情况,选用不同销售方式和确认时点进行推迟收入确认时间的税收筹划。

【案例15-1】 东方经贸公司将其闲置的房产出租,与承租方签订的房屋出租合同中约定:租赁期为2×19年9月至2×20年9月;租金为200万元,承租方应于2×19年12月20日和

2×20 年 6 月 20 日各支付租金 100 万元。

解析：按照这样的合同，东方经贸公司应于 2×19 年 12 月 20 日将 100 万元的租金确认为收入，并计入 2×19 年度的应纳税所得额；2×20 年 6 月 20 日也应将 100 万元的租金确认为收入，并在 2020 年 7 月 15 日前计算预缴企业所得税。东方经贸公司在订立合同时可做如下改变：第一，将支付时间分别改为 2×20 年 1 月以及 7 月，那么就可以轻松地将与租金相关的两笔所得税纳税义务延迟至下一年和下一个季度；第二，不修改房租的支付时间，但只是将"支付"房租改为"预付"，同时约定承租期末进行结算，相关的收入可以得到更长时间的延迟。

15.1.2　不征税收入的税收筹划

不征税收入，是指能够流入企业，但按照《企业所得税法》的规定企业不需要承担企业所得税纳税义务、不纳入企业所得税课税范围的经济利益，具体有：①财政拨款；②依法收取并纳入财政管理的行政事业性收费、政府性基金；③国务院规定的其他不征税收入。按照《企业所得税法实施条例》第二十六条的解释，属于不征税收入范围的财政拨款是指各级人民政府对纳入预算管理的事业单位、社会团体等组织拨付的财政资金；纳入不征税范围的行政事业性收费，是指依照法律法规等有关规定，按照国务院规定程序批准，在实施社会公共管理，以及在向公民、法人或者其他组织提供特定公共服务过程中，向特定对象收取并纳入财政管理的费用；属于不征税收入范围的政府性基金，是指企业依照法律、行政法规等有关规定，代政府收取的具有专项用途的财政资金；国务院规定的其他不征税收入，是指企业取得的由国务院财政、税务主管部门报国务院批准的有专门用途的财政性资金。

符合条件的软件企业按照《财政部 国家税务总局关于软件产品增值税政策的通知》（财税〔2011〕100 号）规定取得的即征即退增值税款，由企业专项用于软件产品研发和扩大再生产并单独进行核算，可以作为不征税收入，在计算应纳税所得额时从收入总额中减除。

税法对上述的不征税收入都有明确的界定，纳税人也就必须按照税法的规定，对相关收入是否属于不征税收入做出明确的定性，既不能将应税收入误作为不征税收入而发生不缴税与少缴税问题，也不能将不征税收入误作应税收入多缴所得税。对不征税收入的策划，纳税人主要做两件事：第一，企业应当尽量取得并保存好相关的政府文件资料；第二，对相关收入单独核算，若未按《财政部 国家税务总局关于专项用途财政性资金企业所得税处理问题的通知》（财税〔2011〕70 号）规定的单独核算，则应作为应税收入计入应纳税所得额计算缴纳企业所得税。

15.1.3　免税收入的税收筹划

《企业所得税法》第二十六条规定：国债利息收入，符合条件的居民企业之间的股息、红利等权益性投资收益，在中国境内设立机构、场所的非居民企业从居民企业取得与该机构、场所有实际联系的股息、红利等权益性投资收益，符合条件的非营利组织的收入为免税收入。其中，国债利息收入，是指企业持有国务院财政部门发行的国债取得的利息收入；符合条件的居民企业之间的股息、红利等权益性投资收益，是指居民企业直接投资于其他居民企业取得的投资收益，但不包括连续持有居民企业公开发行并上市流通的股票不足 12 个月取得的投资收益。

免税收入的税收筹划，就是充分利用税法中这些免税收入的规定，在经营活动的一开始就进行相应的策划。当企业有暂时闲置资产而进行对外投资时，可考虑选择国债或居民企业的股票、股权进行直接投资——尤其是投资于享受优惠税率的企业,其节税效果更佳。

【案例 15-2】 甲、乙两公司同为某集团公司的子公司,甲公司按 25% 的税率缴纳企业所得税,而乙公司被认定为高新技术企业,享受 15% 的优惠企业所得税税率。通过母公司的安排,甲公司将部分产能以股权投资的形式投资于乙公司,假设该部分产能可形成 100 万元的净利润,则该部分产能在甲公司时应缴纳企业所得税为 $100×25\%=25$(万元),在乙公司时应缴纳企业所得税为 $100×15\%=15$(万元)。按现行企业所得税法,甲公司从乙公司获得的分红为免税收入,则实际节税 $25-15=10$(万元)。

提示:上述策划不能改变乙公司符合高新技术企业的认定条件,如高薪收入占比、技术人员占比、研发费用占比等。

15.1.4　扣除项目的税收筹划

各项扣除项目,是指税法规定的实际发生的与取得收入有关的、合理的支出,包括成本、费用、税金、损失和其他支出。成本,是指企业在生产经营活动中发生的销售成本、业务支出及其他耗费;费用,是指企业发生的,除已计入成本的有关费用之外的管理费用、销售费用和财务费用;税金,是指纳税人按规定缴纳的、除企业所得税之外的各项税金;损失,是指企业经营活动中实际发生的各项财产的损失;其他支出,是指除成本、费用、税金、损失外,企业经营活动中发生的有关的、合理的支出,以及符合财政部、国家税务总局规定的其他支出。

税法规定了不得税前扣除的项目:资本性支出,无形资产受让、开发支出,违法经营的罚款和被没收财物的损失,因违反法律、行政法规而缴付的罚款、罚金、滞纳金,自然灾害或者意外事故损失有赔偿的部分,超过国家规定允许扣除标准的捐赠,各种赞助支出,与取得收入无关的其他各项支出,为其他企业提供与本身应税收入无关的担保而承担的本息支出,职工宿舍修理费,当年应计未计扣除项目,国家税收法规规定可提取的准备金之外的任何形式的准备金,期货交易所和期货经纪机构提取的准备金,粮食类白酒广告宣传费,未经批准的价内外基金及收费,建立住房基金和住房周转金制度的企业出售给职工住房的损失,已出售或出租住房的折旧费用和维修费,住房公积金超过规定标准的部分,给购货方的回扣、贿赂等非法支出,超过或高于法定范围和标准部分的费用,金融企业返还的手续费,企业承租者上交的租赁费,劳务服务企业缴纳的就业保障金及滞纳金等。

在企业的业务状况既定也就是收入和开支项目既定的情况下,增加准予税前扣除的项目必然会减少当期的应纳税所得额,进而减少当期的应纳所得税额。所以,各项扣除项目策划的基本思路是:尽量增加当期允许扣除的各项支出;对于不允许扣除或限制扣除的项目,则尽量避免发生支出,或一定条件下将其转换为可扣除的项目。

1. 费用、损失确认与分摊的筹划

权责发生制下,费用的确认一般有三种方法:一是直接作为当期费用确认;二是按其与营业收入的关系加以确认,凡是与本期收入有直接联系的耗费,就是该期的费用;三是按一定的方法计算摊销额予以确认。

费用确认的策划首先要求对已经发生的费用、损失及时入账。已发生的各项费用及时核销入账;已发生的坏账、存货和其他资产的盘亏与毁损及时查明原因,并及时向主管税务机关报备相关手续,然后做出相应的账务处理。当然,企业的成本也应及时归纳、结转,税金也应及时计算、缴纳和抵扣。

《企业所得税法》确认了收入和费用的权责发生制原则,为一些费用的计提与摊销提供了税收筹划的空间,如固定资产的折旧费、大修理费,无形资产的摊销,低值易耗品、包装物的摊销等。这类费用摊销的税收筹划,通常遵循当期分摊最大化的原则,以争取获得递延纳税的税收利益。当然,若企业在享受所得税减免期间,费用分摊的原则通常应该为当期最小化,以争取将费用扣减时间递延到不能享受税收优惠的纳税期间。

【案例15-3】 夏季台风给福建中部沿海地区带来强风和暴雨,导致泉州某瓷砖生产厂家一仓库坍塌,造成仓库中大部分瓷砖及包装纸箱损毁,企业清点总损失为160万元,并报保险公司。事后,保险公司赔偿30万元,企业财务将该净损失130万元计入营业外支出。年度企业所得税汇算清缴时,依据《企业资产损失所得税税前扣除管理办法》(国家税务总局公告2011年第25号)和《关于企业所得税资产损失留存备查有关事项的公告》(国家税务总局公告2018年第15号)的规定,该企业向税务机关申报资产损失扣除,仅需填报企业所得税年度纳税申报表,不再报送资产损失相关资料,相关资料由企业留存备查。

2. 工资性支出项目的筹划

工资性支出项目包括工资薪金支出和根据工资总额一定比例计提的职工福利费、职工教育经费和工会经费等工资性费用。现行税法规定:企业发生的合理的工资薪金支出,准予据实扣除;企业发生的职工福利费、职工教育经费、拨缴的工会费,分别在不超过工资薪金总额14%、8%、2%的部分准予在计算企业所得税应纳税额时扣除,超过部分,职工教育经费准予在以后纳税年度结转扣除,但职工福利费和工会经费不得结转。

1) 一般性工资支出项目

进行一般性工资性支出的策划,可采取以下措施:第一,福利较多的企业,超支福利以工资形式发放;第二,加大教育投入,增加职工教育、培训的机会,努力提高职工素质;第三,费用或支出转化成工资形式发放,如兼任企业董事或监事职务的内部职工,可将其报酬计入工资薪金,或持有本企业股票的内部职工,可将其应获股利改为以绩效工资或年终奖金形式予以发放。

【案例15-4】 某民营企业由7位亲朋好友共同出资注册成立,公司生产经营扩大后,为鼓励和留住优秀员工,管理层开始实行"全员持股计划",该计划实施后,公司的主要管理人员、技术人员和部分生产一线骨干均有条件地获得了数量不等的公司股份,享受公司的年终分红。事后财务经理提出,经过测算,除持股比例较大的股东外,其余员工的年终分红大部分可改为增加每月的绩效工资发放,这样,在员工个人所得税税负总体未提高的情况下,企业每年还可增加工资性支出扣除300万元以上。经过公司股东会讨论,公司采纳了财务经理的建议。为此,企业每年可少缴 $300 \times 25\% = 75$(万元)以上的企业所得税。

2) 国家鼓励安置的就业人员工资支出项目

现行税法还对企业支付给残疾人工资作了加计100%扣除的规定。但《残疾人就业条例》规定:用人单位应当按照一定比例安排残疾人就业,就业的比例不得低于本单位在职职工总数的1.5%,用人单位安排残疾人就业达不到其所在地省、自治区、直辖市人民政府规定比例的,应当缴纳残疾人就业保障金。

【案例15-5】 福建泉州某企业2×19年利润总额为500万元,职工总数为100人,月平均安置残疾人25人,残疾人平均月工资为2 500元,不考虑其他因素,分析如下:

$$加计扣除额 = 2\,500 \times 12 \times 25 = 750\,000(元)$$

$$加计扣除而节省的企业所得税 = 750\,000 \times 25\% = 187\,500(元)$$

提示:企业要享受残疾人工资加计扣除和减免残疾人保障金的政策优惠,并不是聘用残疾人员工就可以了,还要满足相关法律、政府文件规定的条件并完成相关程序。

3. 业务招待费的筹划

在税务执法实践中,税务机关通常将业务招待费的支付范围规定如下。

第一,因企业生产经营需要而宴请或工作餐的开支。

第二,因企业生产经营需要而赠送纪念品的开支。

第三,因企业生产经营需要而发生的旅游景点参观费和交通费及其他费用的开支。

第四,因企业生产经营需要而发生的业务关系人员的差旅费开支。

按现行税法,企业发生的与取得收入有关的、合理的直接费用,通常都能在计算企业所得税时据实全额扣除,但对业务招待费则规定了扣除的双重标准,即实际发生额的60%,同时不得超过当年销售(营业)收入的5‰,这就意味着企业实际发生的业务招待费至少有40%得不到扣除。所以,企业业务招待费的税收筹划,除了应按规定的营业收入比例严格控制业务招待费开支外,还可在以下方面做出筹划。

1) 区分业务性质,避免费用被业务招待费化

餐费和交通住宿等差旅费是业务招待费中最常见的项目,但在实际工作中,企业非招待性的业务中也常常发生这两项费用,因此,企业的财务部门需要认真区分这些费用的性质,将业务招待费与差旅费、会议费和职工福利费严格区分,不得将业务招待费挤入这些费用。同时,把不属于业务招待费的餐费、差旅费、会议费等区分出来,分别核算,避免将这些费用列入业务招待费。而且,最好不要单独开具餐费、礼品发票,而应根据实际用途按大类开具发票。

【案例 15-6】 长江公司年度发生会务费、差旅费共计18万元,业务招待费6万元,其中,部分会务费的会议邀请函以及相关凭证等保存不全,导致5万元的会务费无法扣除。该企业年度的销售收入为400万元。

解析: 根据税法规定,如凭证票据齐全则18万元的会务费、差旅费可以全部扣除,但其中凭证不全的5万元会务费和会议费只能算作业务招待费,而该企业年度可扣除的业务招待费限额为2万元(400×5‰)。超过的9万元(6+5-2)不得扣除,也不能转到以后年度扣除。仅此项超支费用企业需缴纳企业所得税2.25万元(9×25%)。

就该项业务策划,企业应加强财务管理,各种会务费、差旅费都按税法规定保留完整合法的凭证,则至少可少缴纳企业所得税1.25万元(5×25%);同时,还可进行事先策划,将业务招待费尽量控制在2万元以内。

2) 相近业务费用的适当转换

实际工作中,企业的业务招待费经常与业务宣传费、会议费等存在着相互交叉、相互替代的项目内容,如企业参加产品交易会、展览会等发生的餐饮、住宿等费用,如果参会凭证齐全就可以作为会议经费列支,如果参会凭证不齐全则列为业务招待费支出;外购礼品用于赠送的,应作为业务招待费,但如果礼品是纳税人自行生产或经过委托加工,对企业的形象、产品有标记及宣传作用的,也可作为业务宣传费。这就为业务招待费的转化提供了策划空间。虽然业务宣传费和广告费有不超过营业收入15%的限额限制,但其开支范围远大于业务招待费,且超限额部分可无限期向以后年度结转,而会议费则完全没有金额限制。

【案例 15-7】 安徽某企业每年举行一次产品宣传会。往年的产品宣传会,公司都外购10万元左右的"文房四宝"作为礼物赠送给重要客户,该笔支出按规定计入业务招待费。今年由于公司业务招待费超过税法规定的限额,为控制业务招待费的支出金额,财务经理建议将本年外购的"文房四宝"改为委托外单位加工,且外包装印上本公司的标识,经此操作,可将该项支

出列入业务宣传费,从而使业务招待费控制在税法规定的限额之内,则可节税 $10×25\%=2.5$(万元)。

提示:税法规定,纳税人申报扣除的业务招待费,主管税务机关要求提供证明材料的,应提供能证明真实性的、足够的有效凭证或材料。会议费证明材料包括会议时间、地点、出席人员、内容、目的、费用标准、支付凭证等。

4. 广告费和业务宣传费的筹划

《企业所得税法实施条例》第四十四条规定:企业发生的符合条件的广告费和业务宣传费支出,除国务院财政、税务主管部门另有规定外,不超过当年销售(营业)收入 15% 的部分,准予扣除;超过部分,准予在以后纳税年度结转扣除。

根据《财政部 税务总局关于广告费和业务宣传费支出税前扣除政策的通知》(财税〔2017〕41号)规定:

(1) 对化妆品制造或销售、医药制造和饮料制造(不含酒类制造)企业发生的广告费和业务宣传费支出,不超过当年销售(营业)收入 30% 的部分,准予扣除;超过部分,准予在以后纳税年度结转扣除。

(2) 对签订广告费和业务宣传费分摊协议(以下简称分摊协议)的关联企业,其中一方发生的不超过当年销售(营业)收入税前扣除限额比例内的广告费和业务宣传费支出可以在本企业扣除,也可以将其中的部分或全部按照分摊协议归集至另一方扣除。另一方在计算本企业广告费和业务宣传费支出企业所得税税前扣除限额时,可将按照上述办法归集至本企业的广告费和业务宣传费不计算在内。

尽管广告宣传费超出比例部分可无限期向以后纳税年度结转,但是过度的广告费支出,不仅会抵减年度利润,而且会因超出比例而进行纳税调整,从而加重当期税收负担。因此,企业除应正确选择广告形式,优化广告费、业务宣传费支出外,税收筹划的重点是扩大广告费的扣除限额,其通常的做法是成立单独核算的销售子公司,这样就增加了一道营业收入,在整个集团利润总额未改变的情况下,费用限额扣除的标准可获得提高。

【案例 15-8】 甲企业为新建企业,生产儿童食品,适用广告费扣除率 15%,企业所得税税率 25%。企业年初推出一种新产品,预计年销售收入为 8 000 万元(假若本地销售 1 000 万元,南方地区销售 7 000 万元),需要广告费支出 1 500 万元。

方案一:产品销售统一在本公司核算,需要在当地电视台、南方地区电视台分别投入广告费 500 万元、1 000 万元。

方案二:鉴于产品主要市场在南方,可在南方设立独立核算的销售公司,销售公司设立以后,与甲企业联合做广告宣传。成立销售公司预计需要支付场地、人员工资等相关费用 30 万元,向当地电视台、南方地区电视台分别支付广告费 500 万元、1 000 万元。南方销售公司销售额仍然为 7 000 万元,甲企业向南方销售公司按照出厂价 6 000 万元作销售,甲企业当地销售额为 1 000 万元。

解析:方案一由于广告费超出扣除限额 300 万元(1 500−8 000×15%),尽管 300 万元广告费可以无限期得到扣除,但毕竟提前缴纳所得税 75 万元(300×25%)。

在方案二中,若南方销售公司销售收入仍为 7 000 万元,这样甲企业向南方销售公司移送产品可按照出厂价作销售,此产品的出厂价为 6 000 万元,甲企业准予扣除的广告费限额为 (1 000+6 000)×15%=1 050(万元),南方销售公司准予扣除的广告费限额为 7 000×15%=1 050(万元),这样准予税前扣除的广告费限额为 2 100 万元,实际支出 1 500 万元的广告费可由两公司分担,分别在甲企业和销售公司的销售限额内列支,且均不作纳税调整。同时,由于销售公司对外销售的价格不变,整体增值额不变,也不会加重总体的增值税负担。对两公司来说,方案二比方案一当年增加净利 45 万元(75－30)。

提示:上述独立销售公司的设立,不仅使整个集团的广告费和业务宣传费扣除限额得到提高,业务招待费的扣除限额也同样得以提高。

5."五险一金"及其他社会保险费的筹划

1)五险一金

企业依据国务院有关主管部门或者省级人民政府规定的范围和标准为职工缴纳的"五险一金",即基本养老保险费、基本医疗保险费、失业保险费、工伤保险费、生育保险费等基本社会保险费和住房公积金,准予税前扣除。

企业参加财产保险,按照规定缴纳的保险费,准予税前扣除。

2)企业责任保险

根据《国家税务总局关于责任保险费企业所得税税前扣除有关问题的公告》(国家税务总局公告 2018 年第 52 号)的规定,自 2018 年度及以后年度企业所得税汇算清缴,企业参加雇主责任险、公众责任险等责任保险,按照规定缴纳的保险费,准予在企业所得税税前扣除。

6. 公益性捐赠支出的筹划

1)税收政策

《企业所得税法》第九条规定:"企业发生的公益性捐赠支出,在年度利润总额 12% 以内的部分,准予在计算应纳税所得额时扣除。"

《财政部 国家税务总局关于公益性捐赠支出企业所得税税前结转扣除有关政策的通知》(财税〔2018〕15 号)明确企业通过公益性社会组织或者县级(含县级)以上人民政府及其组成部门和直属机构,用于慈善活动、公益事业的捐赠支出,在年度利润总额 12% 以内的部分,准予在计算应纳税所得额时扣除;超过年度利润总额 12% 的部分,准予结转以后三年内在计算应纳税所得额时扣除。

《关于扶贫货物捐赠免征增值税政策的公告》(财政部税务总局国务院扶贫办公告 2019 年第 55 号)规定:自 2019 年 1 月 1 日至 2022 年 12 月 31 日,对单位或者个体工商户将自产、委托加工或购买的货物通过公益性社会组织、县级及以上人民政府及其组成部门和直属机构,或直接无偿捐赠给目标脱贫地区的单位和个人,免征增值税。在政策执行期限内,目标脱贫地区实现脱贫的,可继续适用上述政策。《关于企业扶贫捐赠所得税税前扣除政策的公告》(财政部税务总局国务院扶贫办公告 2019 年第 49 号)规定:自 2019 年 1 月 1 日至 2022 年 12 月 31 日,企业通过公益性社会组织或者县级(含县级)以上人民政府及其组成部门和直属机构,用于目标脱贫地区的扶贫捐赠支出,准予在计算企业所得税应纳税所得额时据实扣除。在政策执行期限内,目标脱贫地区实现脱贫的,可继续适用上述政策。企业同时发生扶贫捐赠支出和其他公益性捐赠支出,在计算公益性捐赠支出年度扣除限额时,符合上述条件的扶贫捐赠支出不计算在内。

2)公益性捐赠的六大模式

目前,国内企业公益性捐赠模式可以分为六类:一是企业纯现金捐赠模式;二是企业现金捐赠＋个人捐赠模式;三是企业现金捐赠＋实物捐赠模式;四是纯实物捐赠模式;五是企业实物捐赠＋个人捐赠模式;六是公益基金捐赠模式。

从税收角度来看,企业现金捐赠模式没有额外成本,但有 12% 的扣除比例上限;个人捐赠模式不增加企业纳税负担,但对本人也有个人所得税应纳税额30%的扣除比例上限;实物捐赠模式因视同销售或转让财产,需缴纳增值税等流转税及企业所得税;公益基金捐赠没有限额,也完全免税,但企业要自己设立并运作公益性基金会,相关要求很高,其运作成本也不低。

3) 企业公益性捐赠税收筹划的操作点

分清捐赠对象与捐赠中介。企业的捐赠应通过税法规定的公益性社会团体和政府机关,而不是直接向受赠人捐赠。

把握捐赠的时机。企业的捐赠应兼顾企业的盈利情况,盈利多的年度多捐赠,盈利少的年度少捐赠,不盈利的年度则考虑暂停捐赠。

捐赠手续与程序的完备。企业进行捐赠税前扣除申报,不仅应附送由具有捐赠税前扣除资格的非营利的公益性社会团体、基金会和县及县以上人民政府及其组成部门出具的公益救济性捐赠票据,同时还应当附送接受捐赠或办理转赠的公益性社会团体、基金会的捐赠税前扣除资格证明材料等。

4) 企业公益性捐赠的税收筹划操作

视企业情况和捐赠项目情况不同,有以下几种筹划思路。

(1) 小型微利企业的年应纳税所得额或资产总额在临界点附近时,可通过适当的捐赠降低利润总额或资产总额,以达到税法规定的小型微利企业要求。

【案例 15-9】 某企业资产总额在 3 000 万元以下,在职员工 60 人,预计当年会计利润为 308 万元,且没有纳税调整项目。按现行《企业所得税法》规定,该企业当年应按 25% 的税率缴纳企业所得税,但若企业增加一笔 10 万元的公益性捐赠支出,则企业可认定为小型微利企业,所得税税率降为 20%。

解析:捐赠前后的结果计算如下:

捐赠前:
$$应纳所得税额 = 308 \times 25\% = 77(万元)$$
$$企业净利润 = 308 - 77 = 231(万元)$$

捐赠后:
$$应纳所得税额 = (308 - 10) \times 20\% = 59.6(万元)$$
$$企业净利润 = 308 - 10 - 59.6 = 234.8(万元)$$

可见,捐赠 10 万元后,企业的净利润反而比不捐赠多了 3.8 万元。

(2) 企业的捐赠超过当年扣除上限时,可由企业的大股东或高管个人捐赠一部分,其捐赠的效果没本质区别。

(3) 集团企业捐赠,可在母子公司之间、子公司之间分配捐赠额,以控制捐赠额不突破 12% 的扣除上限。

(4) 具备条件的大企业,可设立并通过公益性基金会进行捐赠。

【案例 15-10】 某大型集团公司自行设立了一家公益性基金会,计划通过该公益性基金会捐赠 1 000 万元,但这 1 000 万元可先由母公司借给基金会,年底会计利润出来后再灵活处理。

解析:若当年的会计利润为 1 亿元,由于捐赠额在扣除上限以内,捐赠的 1 000 万元可在税前扣除,则可将借款全部转为捐赠;若该年度的会计利润为 7 000 万元,由于税前扣除上限为 840 万元,则可将借款中的 840 万元转为捐赠,剩余的 160 万元继续作为借款,留待下一年度处理。

7. 个人捐赠的税收政策分析

根据《个人所得税法》第六条的规定：个人将其所得对教育、扶贫、济困等公益慈善事业进行捐赠，捐赠额未超过纳税人申报的应纳税所得额百分之三十的部分，可以从其应纳税所得额中扣除；国务院规定对公益慈善事业捐赠实行全额税前扣除的，从其规定。

《个人所得税法实施条例》第十九条进一步明确，个人将其所得对教育、扶贫、济困等公益慈善事业进行捐赠，是指个人将其所得通过中国境内的公益性社会组织、国家机关向教育、扶贫、济困等公益慈善事业的捐赠；所称应纳税所得额，是指计算扣除捐赠额之前的应纳税所得额。

15.1.5 以前年度亏损弥补的税收筹划

《企业所得税法》第十八条规定：企业纳税年度发生的亏损，准予向以后年度结转，用以后年度的所得弥补，但结转年限最长不得超过五年。这就将用以后年度利润弥补亏损分成了两种情况：五年内可在所得税前弥补，超过五年的亏损则只能用税后利润或其他途径弥补。显然，后一种情况将使企业损失一定的税收利益。因此，企业发生亏损后，基本的策划就是尽量争取在其后的五年内用税前利润弥补完，且越早弥补对企业越有利。

若情况允许，企业可在五年的亏损弥补期内尽量提前确认收入或延后列支费用，如将可列为当期费用的项目予以资本化，或将某些可控的费用延后支付等。

【案例 15-11】 某公司财务部门测算本年度的利润总额为 60 万元，尚有税法允许税前利润弥补的亏损余额 80 万元，而本年度是可税前利润弥补的最后一年。为争取当年能在税前弥补完，财务部门梳理了本年度的业务，发现本年度尚有一笔 50 万元的广告费需在月内支付。经与对方协商，本月先支付 30 万元，下月初再支付剩余的 20 万元。如此，本年度的费用减少 20 万元，利润总额则增加了 20 万元，使得 80 万元的以前年度亏损余额能在本年度全部弥补完，节税 5 万元（20×25％）。

当然，企业也可沿用上述思路，在税前利润弥补亏损的五年期限到期前，继续造成企业亏损，从而延长税前利润补亏这一优惠政策的期限。

提示：税法中的"年度亏损"，不是企业会计报表中反映的亏损额，而是主管税务机关按税法规定核实调整后的金额。

15.1.6 减计收入的税收筹划

这类项目在现行税法中主要有两项：一是资源综合利用项目；二是技术转让项目。

1. 资源综合利用减计收入

企业以《资源综合利用企业所得税优惠目录》（以下简称《目录》）规定的资源作为主要原材料，生产国家非限制和禁止并符合国家和行业相关标准的产品取得的收入，减按 90％ 计入收入总额。按《目录》的规定，共生伴生矿产资源、废水（液）、废气、废渣和再生资源共 3 大类别、16 项资源被列为综合利用的资源，企业利用《目录》规定的产品，并符合《目录》规定的技术标准，就可享受企业所得税优惠政策。

若企业生产过程中伴生《目录》中的资源，或是周边有大量廉价的该类资源，可酌情调整该类资源作为原材料的使用比例，以符合税法规定。企业不仅可以享受所得税的优惠，通常也享受增值税的退税优惠。比如国内的上市公司中，宝新能源（000690）、恒源煤电（600971）利用煤矸石发电，企业不仅变废为宝，获得廉价原材料，还享受增值税、所得税的税收优惠，取得了较好的经济效益。

2. 技术转让收入减免所得税

居民企业技术转让所得不超过500万元的部分,免征企业所得税;超过500万元的部分,减半征收企业所得税。非居民企业取得技术转让所得,减按10%的税率征收企业所得税。

技术转让的税收筹划,应特别注意遵守规定的程序。如应签订技术转让合同,须在政府相关部门登记、审批,同时,应单独计算技术转让所得,并合理分摊企业的期间费用。在策划方法上,可参照前面的收入、费用策划,合理地确认技术转让的收入和费用,使企业的技术转让所得尽可能在税法规定的减免税金额的范围内,还可一定程度上结合关联交易进行策划,但应避免100%的关联方交易。

提示:技术转让税收筹划的法律依据,除了《企业所得税法》,操作性的法律文件还有《国家税务总局关于技术转让所得减免企业所得税有关问题的通知》(国税函〔2009〕212号)和《财政部 国家税务总局关于居民企业技术转让有关企业所得税政策问题的通知》(财税〔2010〕111号)。

15.2　企业利润分配的税收筹划

利润分配,是指企业将一定时期内实现的税后利润按照有关规定进行合理分配的过程。在企业利润分配过程中,税制对企业本身的收益并无影响,但会影响企业投资者的利益,即投资者分到利润时面临的所得税问题。从税收对投资者利益影响情况分析,可从企业股东(包括合伙企业和个人独资企业)和个人股东两个角度进行相关税收筹划。

15.2.1　法人股东的利润分配的税收筹划

现行《企业所得税法》规定:居民企业直接投资于其他居民企业取得的股息、红利等权益性投资收益为免税收入。所以,一般情况下,企业利润分配对企业投资者没有所得税的影响,但在特殊情况下,针对企业股东的利润分配仍可进行相关税收筹划。

1. 利润分配的一般策划方法

1) 经营所得尽可能向资本利得转化

企业保留税后利润不分配,相当于对其经营主体追加投资,从而提高企业的股票(股价)市值,为投资者带来更多收益。

2) 合理推迟获利年度

在同样的会计年度之内,如果企业前亏后盈,可以利用以后年度的盈利弥补亏损;如果企业前盈后亏,则不能用以前年度的盈利弥补以后年度的亏损。因此,企业可以在成立以后,尽量推迟获利年度,这样可以充分利用亏损弥补政策。

3) 充分利用以前年度亏损弥补政策

企业发生纳税年度亏损的,可以用下一纳税年度的所得弥补;下一纳税年度的所得不足弥补的,可以逐年延续弥补,但是延续弥补期限最长不得超过五年。

纳税人前五年内发生的亏损,可用本年度的所得弥补。但注意,不要让亏损超过五年的弥补期限。具体策划方法有:①利用税法允许的资产计价和摊销方法的选择权,以及费用列支与摊销政策,多列税前允许扣除的项目金额,使企业形成或适度扩大前期亏损,从而充分运用税前利润弥补五年内的亏损政策。②兼并账面上有亏损的企业,将盈补亏,以实现降低企业所得税负担的目的。

2. 利润分配的策划案例分析

1) 投资企业亏损时，被投资企业利润分配的策划

【案例 15-12】 A 公司于 2×21 年成立并开始生产经营，同时还投资 B 公司取得 60％的控股权。A 公司当年经济效益一般，盈亏基本持平。假如 2×22 年由于市场原因，A 公司效益进一步下滑，预计亏损 100 万元。但 B 公司效益很好，2×22 年可以分配给 A 公司税后利润 50 万元。A、B 两公司企业所得税税率均为 25％。按照税法规定，A 公司从 B 公司分回的 50 万元税后利润属于免税项目，不用缴纳企业所得税。由于 A 公司取得 B 公司控股权，可以决定什么时间分配税后利润，因此，就企业所得税的弥补亏损问题可以进行税收筹划（不考虑应纳税所得额税务调整因素）。

解析：如果 2×22 年 B 公司按时分配 50 万元税后利润给 A 公司，那么，可以结转以后年度弥补的亏损，应该是冲抵免税项目所得后的余额。A 公司 2×22 年度可以结转弥补的亏损是 50 万元。如果 2×22 年 B 公司保留税后利润暂不分配，那么 A 公司 2×22 年度可以结转弥补的亏损还是 100 万元。不分配税后利润比分配税后利润可以多弥补 50 万元，假如 A 公司以后年度有生产经营利润弥补亏损，相对而言，可以节约税收 12.5 万元（50×25％）。

还要注意，B 公司的税后利润应该在 A 公司用自身的生产经营应税所得弥补完亏损后或弥补期过后才能分回。否则，按照税法规定，应税项目有所得但不足以弥补以前年度亏损的，免税项目的所得也应用于弥补以前年度亏损。也就是说，虽然以前年度可以弥补的亏损额没有减少，但是用以后年度分回的投资收益免税所得弥补后，实际上纳税人还是没有获得实际利益。

进一步分析，如果 A 公司 2×22 年不分回 50 万元投资收益，可以税前弥补的亏损额为 100 万元。如果 2×22 年 A 公司实现盈利 30 万元，同时分回 50 万元投资收益，则 2×22 年应该弥补以前年度亏损 80 万元，A 公司还是用免税投资收益弥补了亏损。但如果 A 公司 2×22 年盈利在 100 万元以上时，此时分回 50 万元投资收益，则 A 公司可以用本年度自身实现的应税所得 100 万元弥补全部亏损，50 万元投资收益没有用于弥补亏损，A 公司这时才真正获得实际利益。

2) 投资企业股权转让时，被投资企业利润分配的策划

在直接投资中，投资者可以直接以实物进行投资，也能以货币进行投资。假设某投资者是以其购买的其他企业（准备上市、未上市公司）的股票或以货币资金、无形资产和其他实物资产直接投资于其他单位，并取得股权的，称作股权投资。股权投资的最终目的是获得较大的经济利益（未来通过分得利润或股利获利）。投资者从被投资企业获得的收益主要有股利（包括股息性所得）和股权转让所得。根据目前我国《企业所得税法》相关规定，企业股权投资取得的股利与股权转让所得的税收待遇是不同的。

股利属于股息性所得，是投资方从被投资单位获得的税后利润，属于已征过税的税后利润，原则上不再重复征收企业所得税。

股权转让所得是投资企业处置股权的净收益，即企业收回、转让或清算处置股权投资所获得的收入减去股权投资成本后的余额。这种净收益应全额并入企业的应纳税所得额缴纳企业所得税。

投资方可以充分利用上述政策差异进行税收筹划。如果被投资企业是母公司下属的全资子公司，则没有进行利润分配的必要。但是，需要注意的是，如果投资方打算将拥有的被投资企业的全部或部分股权对外转让，则会造成股息性所得转化为股权转让所得，使得本应享受免

税的股息性所得转化为应全额缴税的股权转让所得。因此,投资方应该要求先将被投资企业的税后利润分配完毕之后再进行股权转让,这样就能获得税收筹划的好处。

因此,一般情况下被投资企业保留税后利润不分配,但企业股权欲转让时,在转让之前必须将未分配利润进行分配。这样做,对投资方来说,可以达到不缴税的目的,有效地避免股息性所得转化为资本利得,从而消除重复纳税;对于被投资企业来说,不分配税后利润可以减少现金流出。

【案例 15-13】 A公司于 2×20 年 2 月 20 日以银行存款 900 万元投资于 B 公司,占 B 公司股本总额的 70%,B 公司当年获得税后利润 500 万元。A 公司 2×21 年度内部生产、经营所得为 100 万元。A 公司所得税税率为 25%,B 公司所得税税率为 15%。

方案一:2×22 年 3 月,B 公司董事会决定将税后利润的 30% 用于分配,A 公司分得利润 105 万元。2×22 年 9 月,A 公司将其拥有的 B 公司 70% 的股权全部转让给 C 公司,转让价为 1 000 万元,转让过程中发生税费 0.5 万元。

方案二:B 公司保留盈余不分配。2×22 年 9 月,A 公司将其拥有的 B 公司 70% 的股权全部转让给 C 公司,转让价为 1105 万元,转让过程中发生税费 0.5 万元。

解析:A 公司应纳企业所得税额计算如下:

方案一:A 公司生产、经营所得 100 万元,企业所得税税率为 25%,应纳企业所得税为 $100 \times 25\% = 25$(万元)。

A 公司分得股息收益 105 万元,不需缴纳企业所得税,则

$$股权转让所得 = 1\,000 - 900 - 0.5 = 99.5(万元)$$

$$应纳所得税额 = 99.5 \times 25\% = 24.88(万元)$$

因此,A 公司应纳企业所得税额为 49.88 万元(25+24.88)。

方案二:同理,A 公司生产、经营所得应纳税额为 25 万元。

由于 B 公司保留盈余不分配,从而导致股息所得和资本利得发生转化,即当被投资企业有税后盈余而发生股权转让时,被投资企业的股价就会发生增值,如果此时发生股权转让,这个增值实质上就是投资者在被投资企业的股息所得转化为资本利得。因为企业保留利润不分配,才会导致股权转让价格升高。这种因股权转让而获得的收益应全额并入企业的应纳税所得额,依法缴纳企业所得税。

A 公司资本转让所得 204.5 万元(1 105-900-0.5),应纳所得税额 51.13 万元(204.5× 25%),则 A 公司合计应纳企业所得税为 76.13 万元(25+51.13)。

方案一比方案二减轻税负 76.13-49.88=26.25(万元),前者明显优于后者。其原因在于,A 公司在股权转让之前获取了股息所得,有效防止了股息所得转变为股权转让所得,避免了这部分股息所得重复征税。

值得一提的是,被投资企业对投资方的分配支付额,如果超过被投资企业的累计未分配利润和累计盈余公积金而低于投资方的投资成本的,视为投资回收,应冲减投资成本;超过投资成本的部分,视为投资方企业的股权转让所得,应并入企业的应纳税所得,依法缴纳企业所得税。因此,在 A 公司进行转让之前 B 公司分配股息时,其分配额应以不超过"可供分配的被投资单位累计未分配利润和盈余公积金的部分"为限。

上述策划方案适用于类似情形。比如,外商投资企业的外籍个人股东转让其股权,就应当采取"先分配后转让"的策划策略,因为外国投资者从外商投资企业取得的利润(股息)和外籍个人从中外合资经营企业分得的股息、红利,免征个人所得税,而外国企业和外籍个人转让其

在中国境内外商投资企业的股权取得的超出其出资额部分的转让收益,应按20%的税率缴纳预提所得税或个人所得税。因此,采取"先分配后转让"可以有效避免重复征税,通过利润分配减少了投资方的股权转让所得,降低了投资方的税收负担。

3)直接投资时,投资企业与被投资企业存在税率差的策划

根据《企业所得税法实施条例》第八十三条的规定,居民企业之间的股息、红利等权益性投资收益免税有两大条件:一是直接投资;二是不包括连续持有居民企业公开发行并上市流通的股票不足12个月的情形。符合这两个条件的,不仅可以享受免税待遇,而且作为投资方的企业适用的企业所得税税率高于、等于或者低于被投资企业,都不需要考虑税率差因素,都不涉及投资利润分配的补税问题。因此,利用这一税收政策,合理控制投资条件,满足权益性投资收益免税的相关条件,投资企业对投资分配中的产生的股息红利回流不会产生额外税负。

进一步分析,若被投资企业的税率低,投资企业的税率高,这种情况下,还可以进行有效的投资收益的税收筹划。企业对外直接投资时,设立或组建适用企业所得税税率较低的被投资企业,如高新技术企业、小微企业等,或者将被投资企业直接设立在存在税收减免的税收洼地。由于被投资企业适用较低的企业所得税税率,因此可以把大量产业利润或收益转移至被投资企业实现,然后再通过对投资企业的股息红利分配,享受投资收益免税待遇,从而有效降低投资方的企业所得税税负。

15.2.2 个人股东利润分配的税收筹划

1. 股息、红利所得转化为资本利得的税收筹划

对个人股东而言,一般情况下,资本利得免征个人所得税,如买卖股票所得等;一般非上市股份公司分配税后利润,个人股东需要被扣缴个人所得税,税率为20%;上市公司分派股息红利,个人股东的纳税视不同情况而定。根据《财政部 国家税务总局 证监会关于上市公司股息红利差别化个人所得税政策有关问题的通知》(财税〔2015〕101号)的规定,个人从公开发行和转让市场取得的上市公司股票,持股期限超过1年的,股息红利所得暂免征收个人所得税。个人从公开发行和转让市场取得的上市公司股票,持股期限在1个月以内(含1个月)的,其股息红利所得全额计入应纳税所得额;持股期限在1个月以上至1年(含1年)的,暂减按50%计入应纳税所得额;上述所得统一适用20%的税率计征个人所得税。另外,外国人取得的股息、红利,无论被投资企业是否为上市公司,都不需要缴税。境外非居民企业股东从中国居民企业取得2008年及以后的股息,按10%的税率缴纳企业所得税。

一般情况下,个人投资者获得的资本利得免征个人所得税,如买卖股票所得、股东因资本公积金转增资本所得等。个人投资者获取的利润分配(股息、红利)应按规定代扣代缴20%的个人所得税。因此,股份公司获取税后利润后,可以采取不分配利润(股息、红利)而使股票增值,投资者(股东)不仅可以避免因利润分配(股息、红利)而产生的个人所得税负担,而且投资者(股东)的收益还可以由股票价格的上涨得到补偿,从而使投资者(股东)间接获得较多的净收益。

【案例15-14】 A公司某年税后净利润为1 500万元,下一年的投资计划要追加投资额2 000万元,该公司的目标资本结构为权益资本占60%,负债资本占40%。按照目标资本结构计算出投资方案需追加的权益资本数额为2 000×60%=1 200(万元)。此数额比当年实现的净利润1 500万元小,因此,该公司应确定留存收益1 200万元,满足投资所需追加的权益资本的需要后,其剩余部分300万元可用于发放现金股利给股东。如果投资所需追加的权益资本

大于该公司当年实现的净利润1 500万元,该公司应将当年实现的净利润1 500万元全部留存,不发放现金股利。

对个人股东来说,上市公司获取的税后利润不能转增资本,因为转增资本会涉及个人股东缴纳个人所得税问题。相比而言,更为便利的是上市公司的法人股东,上市公司把税后利润转增资本,法人股东不需要缴纳企业所得税。

总之,上市公司不同的利润分配方式对个人股东税负的影响是不同的:股息、红利需要缴纳个人所得税,股票转让则不需要缴纳个人所得税。所以,上市公司在分配股息、红利时,应注重税收对个人股东财富的影响,合理选择利润分配方式。

2. 现金股利、股票股利与剩余股利政策的税收筹划

个人股东获取的现金股利(股息)和股票股利(包括净利润转送红股和盈余公积转增股本)都需要缴纳个人所得税。但两者相比较,现金股利形式优于股票股利形式(不考虑股价变化),因为两者的税负虽然相同,但税后的现金股利归投资者,而股票股利对投资者来说仅仅是增加了股票数量而已,却因此丧失了资金的使用收益权。若能将股利转化为资本利得,对个人股东而言,则税收筹划利益更大,其通常的做法是剩余股利政策,即在公司有良好的投资机会或公司正处于成长阶段时,根据一定的目标资本结构(最佳资本结构)测算出投资所需追加的权益资本,先从当年的净利润中提取一定比例的留成,以满足投资所需追加权益资本的需要,然后将剩余的利润作为股利分配。对个人股东来说,采用剩余股利政策的好处是少分配现金股利或不分配现金股利可以避免缴纳较高的股利所得税,或可推迟缴纳所得税(以后多发放现金股利),且股东对公司未来获利能力有较好的预期,其股票价格可能会上涨。

【**案例15-15**】 某科技股份有限公司由谢某、刘某、杨某三人共同出资成立,2021年该股份公司实现利润总额240万元(企业所得税税前利润)。经该股份公司的股东大会决定,税后利润全部进行分配。为此,财务部设计了以下三种分配方案。

方案一:该股份公司采用净利润分红的形式,240万元利润总额缴纳60万元企业所得税后,180万元净利润以股息、红利的形式分配给个人股东。

方案二:该股份公司每月为三位股东发放工资20万元(三位股东从事企业管理活动,每年人均80万元工资,基本减除费用、三险一金、专项附加扣除及法定其他扣除额合计为14万元),12个月共发放240万元,以达到实现"利润分配"的目的。

方案三:投资者将企业注册到有税收优惠的地区,享受区域性税收优惠政策。税负率最低的是成立个人独资企业,具体税负率如下:增值税税率3%、附加税税率12%(城建税税率7%、教育费附加征收率3%、地方教育费附加征收率2%),个人所得税核定征收率为3.5%。

请问对于个人股东而言,应该如何选择利润分配方案?

解析:
方案一:

$$\text{企业应纳企业所得税} = 240 \times 25\% = 60(\text{万元})$$

$$\text{股东应纳个人所得税} = (240 - 60) \times 20\% = 36(\text{万元})$$

$$\text{股东税后收益} = 240 - 60 - 36 = 144(\text{万元})$$

方案二:

$$\text{全年共增加工资支出} = 20 \times 12 = 240(\text{万元})$$

$$\text{发放工资后企业利润总额} = 240 - 240 = 0$$

股东每年人均80万元工资薪金所得,则

$$\text{年应纳税所得额} = 80 - 14 = 66(\text{万元})$$

按照个人所得税综合所得税率表可知,适用30%的个人所得税税率,速算扣除数为52 920元。

$$工资应缴纳个人所得税 = (66 \times 30\% - 5.292) \times 3 = 43.524(万元)$$

$$股东税后收益 = 240 - 43.524 = 196.476(万元)$$

需要注意的是,要确保以上策划方案的有效实施,企业在实施前一定要构建一套完整的薪酬体系制度作为支撑。根据《企业所得税法实施条例》第三十四条的规定,企业发生的合理的工资、薪金支出,准予扣除。

合理的工资薪金需要符合哪些标准呢？根据《国家税务总局关于企业工资薪金及职工福利费扣除问题的通知》(国税函〔2009〕3号)第一条的规定,税务机关在对工资薪金进行合理性确认时,可按以下原则掌握。

(1) 企业制定了较为规范的员工工资薪金制度。
(2) 企业所制定的工资薪金制度符合行业及地区水平。
(3) 企业在一定时期所发放的工资薪金是相对固定的,工资薪金的调整是有序进行的。
(4) 企业对实际发放的工资薪金,已依法履行了代扣代缴个人所得税义务。
(5) 有关工资薪金的安排,不以减少或逃避税款为目的。

方案三：成立个人独资企业,与该股份公司发生业务关系。

$$应纳增值税 = 240 \div (1 + 3\%) \times 3\% = 6.99(万元)$$

$$应纳城建税及教育费附加 = 6.99 \times 12\% = 0.84(万元)$$

个人独资企业无须缴纳企业所得税。

$$应纳个人所得税 = [240 \div (1 + 3\%)] \times 3.5\% = 8.16(万元)$$

$$应纳税额合计 = 6.99 + 0.84 + 8.16 = 15.99(万元)$$

$$股东税后收益 = 240 - 15.99 = 224.01(万元)$$

通过对以上三个利润分配方案纳税情况的分析可知,方案二比方案一多实现收益52.476万元。由于方案二中每月给三位股东发放20万元工资,致使企业原本有240万元的利润,造成企业最终利润为零,也就无须缴纳企业所得税,但需要缴纳43.524万元的个人所得税。方案三采用个人独资企业核定征收方式,只需缴纳税款15.99万元,最终收益额为224.01万元,是三个方案中的最佳方案。

复习思考题

1. 公益性捐赠有哪些税收政策？如何进行公益性捐赠的税收筹划？
2. 股利收入如何进行纳税？
3. 利润分配的一般税收筹划方法有哪些？请举例说明。
4. 如何避免个人股利重复征税？
5. 如何做好股权转让的税收筹划？谈谈你的观点。

【案例分析题】

案例一　自然人股权转让与红利分配的税收筹划

自然人甲投资A企业100万元,取得A公司100%的股权。两年后,甲将持有的A公司股份转让给自然人乙,转让价格仍为100万元。转让之时,A公司的净资产为150万元。股份转让给乙后,A公司分配股利50万元给乙。请问甲在股权转让中应如何进行税收筹划?

案例二　利用利润转移进行纳税策划

某企业集团下属甲、乙两个企业。其中,甲企业适用25%的企业所得税税率,乙企业属于需要国家扶持的高新技术企业,适用15%的企业所得税税率。2021年度,甲企业的应纳税所得额为8 000万元,乙企业的应纳税所得额为9 000万元。

请计算甲乙两个企业及该企业集团在2021年度分别应当缴纳的企业所得税税款,并提出有效的税收筹划方案。

第 16 章

薪酬激励的税收筹划

> 在组织契约问题上,外部观察者往往难以确定与利润挂钩的契约究竟是出于税收考虑,还是出于激励考虑,或两者兼而有之。这种识别问题使人们难以了解究竟是什么经济问题形成了契约的微观结构。
>
> ——诺贝尔经济学奖得主 迈伦·斯科尔斯

16.1 综合所得的计税政策与税收筹划

16.1.1 综合所得的计税政策

1. 综合所得适用税率

综合所得包括工资、薪金所得,劳务报酬所得,稿酬所得,特许权使用费所得。《个人所得税法》分别为不同个人所得项目,规定了超额累进税率和比例税率两种不同形式的税率。居民个人取得的综合所得,按纳税年度合并计算个人所得税;非居民个人取得工资薪金、劳务报酬、稿酬、特许权使用费所得,按月或者按次分项计算个人所得税。

综合所得适用3%~45%的七级超额累进税率(见表16-1、表16-2)。

表16-1 综合所得适用税率表(按年)

级 数	全年应纳税所得额 (含税级距)	全年应纳税所得额 (不含税级距)	税率(%)	速算扣除数
1	不超过36 000元的部分	不超过34 920元的部分	3	0
2	超过36 000元至144 000元的部分	超过34 920元至132 120元的部分	10	2 520
3	超过144 000元至300 000元的部分	超过132 120元至283 080元的部分	20	16 920
4	超过300 000元至420 000元的部分	超过283 080元至346 920元的部分	25	31 920
5	超过420 000元至660 000元的部分	超过346 920元至514 920元的部分	30	52 920
6	超过660 000元至960 000元的部分	超过514 920元至709 920元的部分	35	85 920
7	超过960 000元的部分	超过709 920元的部分	45	181 920

注:(1)本表所称全年应纳税所得额是指依照新《个人所得税法》第六条的规定,从2019年1月1日开始,居民个人取得综合所得以每一纳税年度收入额减除费用六万元以及专项扣除、专项附加扣除和依法确定的其他扣除后的余额。

(2)非居民个人取得工资、薪金所得,劳务报酬所得,稿酬所得和特许权使用费所得,依照本表按月换算后计算应纳税额。

表 16-2 综合所得适用税率表(按月)

级 数	全月应纳税所得额 (含税级距)	全月应纳税所得额 (不含税级距)	税率(%)	速算扣除数
1	不超过 3 000 元的部分	不超过 2 910 元的部分	3	0
2	超过 3 000 元至 12 000 元的部分	超过 2 910 元至 11 010 元的部分	10	210
3	超过 12 000 元至 25 000 元的部分	超过 11 010 元至 21 410 元的部分	20	1 410
4	超过 25 000 元至 35 000 元的部分	超过 21 410 元至 28 910 元的部分	25	2 660
5	超过 35 000 元至 55 000 元的部分	超过 28 910 元至 42 910 元的部分	30	4 410
6	超过 55 000 元至 80 000 元的部分	超过 42 910 元至 59 160 元的部分	35	7 160
7	超过 80 000 元的部分	超过 59 160 元的部分	45	15 160

2. 综合所得计税方法

应纳税额=(每年收入-60 000-专项扣除-专项附加扣除-其他扣除)×适用税率

综合所得费用扣除标准如下。

(1) 生计费用:个人所得税费用扣除标准为每年 60 000 元(每月 5 000 元)。

(2) 专项扣除:具体包括居民个人按照国家规定的范围和标准缴纳的基本养老保险、基本医疗保险、失业保险等社会保险费和住房公积金等。

(3) 专项附加扣除:包括子女教育支出、继续教育支出、大病医疗、住房贷款利息支出或者住房租金支出、赡养老人支出等各项开支。

个人所得税专项附加扣除在纳税人本年度综合所得应纳税所得额中扣除,本年度扣除不完的,不得结转以后年度扣除。

个人所得税专项附加扣除遵循公平合理、简便易行、切实减负、改善民生的原则,根据教育、住房、医疗等民生支出变化情况,适时调整专项附加扣除范围和标准。

① 子女教育专项附加扣除。纳税人的子女接受全日制学历教育的相关支出,按照每个子女每月 2 000 元的标准定额扣除。

学历教育包括义务教育(小学、初中教育)、高中阶段教育(普通高中、中等职业、技工教育)、高等教育(大学专科、大学本科、硕士研究生、博士研究生教育)。

年满 3 岁至小学入学前处于学前教育阶段的子女,也按每个子女每月 2 000 元扣除,与子女学历教育的扣除标准一致。

父母可以选择由其中一方按扣除标准的 100%扣除,也可以选择由双方分别按扣除标准的 50%扣除,具体扣除方式在一个纳税年度内不能变更。

② 继续教育专项附加扣除。纳税人在中国境内接受学历(学位)继续教育的支出,在学历(学位)教育期间按照每月 400 元定额扣除。同一学历(学位)继续教育的扣除期限不能超过 48 个月。纳税人接受技能人员职业资格继续教育、专业技术人员职业资格继续教育的支出,在取得相关证书的当年,按照 3 600 元定额扣除。

个人接受本科及以下学历(学位)继续教育,符合本办法规定扣除条件的,可以选择由其父母扣除,也可以选择由本人扣除。

③ 大病医疗专项附加扣除。在一个纳税年度内,纳税人发生的与基本医保相关的医药费用支出,扣除医保报销后个人负担(指医保目录范围内的自付部分)累计超过 15 000 元的部分,由纳税人在办理年度汇算清缴时,在 80 000 元限额内据实扣除。

纳税人发生的医药费用支出可以选择由本人或者其配偶扣除;未成年子女发生的医药费用支出可以选择由其父母一方扣除。

④ 住房贷款利息专项附加扣除。纳税人本人或者配偶单独或者共同使用商业银行或者住房公积金个人住房贷款为本人或者其配偶购买中国境内住房,发生的首套住房贷款利息支出,在实际发生贷款利息的年度,按照每月 1 000 元的标准定额扣除,扣除期限最长不超过 240 个月。纳税人只能享受一次首套住房贷款的利息扣除。所称首套住房贷款是指购买住房享受首套住房贷款利率的住房贷款。

经夫妻双方约定,可以选择由其中一方扣除,具体扣除方式在一个纳税年度内不能变更。

夫妻双方婚前分别购买住房发生的首套住房贷款,其贷款利息支出,婚后可以选择其中一套购买的住房,由购买方按扣除标准的 100% 扣除,也可以由夫妻双方对各自购买的住房分别按扣除标准的 50% 扣除,具体扣除方式在一个纳税年度内不能变更。

⑤ 住房租金专项附加扣除。纳税人在主要工作城市没有自有住房而发生的住房租金支出,可以按照以下标准定额扣除。

a. 直辖市、省会(首府)城市、计划单列市以及国务院确定的其他城市,扣除标准为每月 1 500 元。

b. 除第一项所列城市以外,市辖区户籍人口超过 100 万人的城市,扣除标准为每月 1 100 元;市辖区户籍人口不超过 100 万人的城市,扣除标准为每月 800 元。

夫妻双方主要工作城市相同的,只能由一方扣除住房租金支出。

纳税人的配偶在纳税人的主要工作城市有自有住房的,视同纳税人在主要工作城市有自有住房。

⑥ 赡养老人专项附加扣除。

a. 纳税人为独生子女的,按照每月 3 000 元的标准定额扣除。

b. 纳税人为非独生子女的,由其与兄弟姐妹分摊每月 3 000 元的扣除额度,每人分摊的额度不能超过每月 1 500 元。可以由赡养人均摊或者约定分摊,也可以由被赡养人指定分摊。约定或者指定分摊的须签订书面分摊协议,指定分摊优先于约定分摊。具体分摊方式和额度在一个纳税年度内不能变更。

被赡养人是指年满 60 岁的父母,以及子女均已去世的年满 60 岁的祖父母、外祖父母。

表 16-3 专项附加扣除汇总表

扣除类目	每年	每月限额(元)	备注
子女教育支出	24 000 元定额扣除	2 000	父母分别扣除 50%,或者约定一方扣除 100%
继续教育支出	4 800 元定额扣除	400	技能人员职业资格、专业技术人员资格继续教育,每年 3 600 元定额扣除
大病医疗支出	80 000 元限额扣除		个人负担超过 15 000 的医疗费用支出部分
住房贷款利息	12 000 元定额扣除	1 000	必须首套住房贷款
住房租金支出(1)	18 000 元定额扣除	1 500	承租房位于直辖市、省会城市、计划单列市以及国务院确定的其他城市

续表

扣除类目	每 年	每月限额(元)	备 注
住房租金支出(2)	13 200 元定额扣除	1 100	承租房位于其他城市,市辖区户籍人口超过100万人的
住房租金支出(3)	9 600 元定额扣除	800	承租房位于其他城市,市辖区户籍人口不超过100万人(含)
赡养老人支出	36 000 元定额扣除	3 000	非独生子女分摊扣除额度,每一纳税人分摊额度不超过总体50%

我国在上海市、福建省(含厦门市)和苏州工业园区实施个人税收递延型商业养老保险试点。

对试点地区个人通过个人商业养老资金账户购买符合规定的商业养老保险产品的支出,允许在一定标准内税前扣除;计入个人商业养老资金账户的投资收益,暂不征收个人所得税;个人领取商业养老金时再征收个人所得税。

国务院规定的其他扣除项目包括下述内容:个人将其所得对教育、扶贫、济困等公益慈善事业进行捐赠,捐赠额未超过纳税人申报的应纳税所得额百分之三十的部分,可以从其应纳税所得额中扣除;国务院规定对公益慈善事业捐赠实行全额税前扣除的,从其规定。

16.1.2 综合所得的税收筹划

1. 工资、薪金的税收筹划方法

2019年我国新修订的《个人所得税法》实行重大改革调整,综合所得采取取得时先预扣预缴,年终再汇总工资、薪金所得、劳务报酬所得、稿酬所得、特许权使用费所得等四项综合所得项目进行汇算清缴。工资、薪金所得税涉及面广,占个人税收收入比例大,如何根据税法的要求,选择最佳的节税方案,特别是在减税降费的大环境下,已成为广大企业和职工尤其是工薪族最关心的事情。

1) 收入福利化

企业一味地增加员工的现金收入,从税收的角度来看并不完全可取。企业可以通过提高员工的福利水平,降低其名义工资金额,通过减少员工的税金支出,达到增加实际收入的目的。常用的方法有以下几种。

一是为职工提供交通设施。职工上下班一般都要花费一定的交通费,企业可以提供免费的接送服务,或者将单位的车租给职工使用,再相应地从员工的工资薪金中扣除部分予以调整。对企业来讲,当职工支付的税金影响其消费水平时,就要考虑采取加薪措施,加薪必然会引起税收变化,反而会导致企业支付金额的增加。因此,由企业为员工承担部分费用的做法,往往会使职工、企业双方受益。

二是为职工提供免费工作餐。企业为职工提供免费的工作餐,必须具有不可变现性,即不可转让,不能兑换现金。

三是为职工提供培训机会。随着知识更新速度的加快,参加各种培训已经成为个人获取知识的重要途径。如果企业每年给予职工一定费用额度的培训机会,职工在考虑个人的报酬总额时,一般也会把这些考虑进去。这样职工也可以在一定程度上减少税收负担。

四是为职工提供考察学习机会。随着人民生活水平的提高,考察学习开支已经成为许多家庭必不可少的支出项目。个人支付的考察学习支出同样不能抵减个人所得税。但是企业在制定年度职工福利计划时,可以给部分职工及其家属提供一次考察学习机会,而把相应的费用从原打算支付给职工的货币工资及奖励中扣除。在职工维持同等消费水平的基础上,减少了个人所得税负担。当然,企业支付的职工考察学习费用有开支的规定,可以考虑从工会经费等项目中开支。

2）变换应税项目

(1) 住房公积金的税收筹划。根据《关于基本养老保险费基本医疗保险费失业保险费住房公积金有关个人所得税政策的通知》(财税〔2006〕10号)的规定,单位和个人分别在不超过职工本人上一年度月平均工资12%的幅度内,其实际缴存的住房公积金,允许在个人应纳税所得额中扣除。单位和职工个人缴存住房公积金的月平均工资不得超过在岗职工月平均工资的3倍。单位和个人超过上述规定比例和标准缴交的住房公积金,应将超过部分并入个人当期的工资、薪金收入,计征个人所得税。

【案例 16-1】 A公司所在城市 2×20 年度在岗职工年平均工资为 81 034 元,折算为在岗职工月平均工资为 6 753 元,A公司提高张某住房公积金缴费基数至 20 259 元,则全年可以税前扣除金额为 29 173 元(20 259×12%×12)。

解析： 若A公司每月为张某交的住房公积金为 2 000 元,而住房公积金的免税限额标准为 29 173÷12＝2 431(元),则张某可以追加补交 431 元住房公积金。此 431 元是不需要缴纳个人所得税的,并且很有可能会降低张某原先薪资所适用的个人所得税税率,从而达到良好的节税效果。

(2) 工资转化为租车收入的策划。随着生活水平的提高,汽车基本成为每个家庭的标配,养车的费用更是必不可少。对于高收入阶层而言,将汽车租给公司使用,可以将工资收入转化为租金收入,达到降低个人所得税负担的效果。

具体操作为：职工与公司签订租车协议,将自家汽车租给公司,公司按月向职工支付租金。同时还可以在协议中约定因公务发生的相关车辆非固定费用(如汽油费、过桥费、停车费等)由公司承担。

需要注意的是：

① 租车的租金必须按照市场价格设定。

② 职工需要携带租车协议和身份证到税务局代开租车发票,公司才能在税前列支该项费用。

③ 汽车的固定费用(如保险费、车船税、折旧费等)不能由公司承担。

④ 在公司报销的车辆费用必须取得发票。

(3) "工资收入"转化为"房屋租金收入"的策划。住房是职工生存必要的场所,为住房而支付的费用是必需的开支,利用税前的收入支付这部分必要的开支能够达到很好的节税效果。

具体操作为：若职工拥有自有房产,可以与公司签订房屋租赁协议,将房屋租给公司,公司按月向职工支付租赁费,同时约定每月的水电费、物业管理费等固定费用由公司承担；若职工现居住的房屋为租赁的,可以与公司签订转租协议,由公司承担房屋的租金和水电费、物业管理费等固定费用。

个人出租住宅、转租住宅只需要按照个人所得税中出租财产项目征收个人所得税,若为居民唯一自用住房,则税率更低,且采用的为比例税率并非综合所得的累进税率。但值得注意的是,若自身没有房产,通过与公司签订合同说明公司福利包括提供职工住房,用以支付员工较少的工资、薪金以适用较低税率,会使纳税人失去个人所得税法中的住房租金的专项附加扣除,因此在实际操作中需要衡量两者之间的优劣关系。

个人出租住宅的个人所得税税率在高净值人群中远低于综合所得的累进税率,以租金收入代替工资收入节税效果明显。同时由公司承担房屋的水电费、物业管理费等固定费用,相当于利用员工的税前收入支付这部分必要费用。

(4) 公益性捐赠的税收筹划。个人通过公益性捐赠,可以合法降低其应纳税所得额,从而在为社会付出爱心和捐助的同时,合法降低个人税负。

税法规定,个人将其所得对教育、扶贫、济困等公益慈善事业进行捐赠,捐赠额未超过纳税人申报的应纳税所得额百分之三十的部分,可以从其应纳税所得额中扣除;国务院规定对公益慈善事业捐赠实行全额税前扣除的,从其规定。

(5) 专项附加扣除的税收筹划。

【案例 16-2】 赵先生、赵太太夫妻两人育有两个孩子,且均已上大学,还未毕业。赵先生的妻子每月工资为 5 000 元,赵先生每月工资为 9 000 元,赵先生在个人所得税申报中选择夫妻二人平均分摊两个孩子子女教育支出的专项附加扣除。

此时赵先生的妻子因收入未超过 5 000 元,无须缴纳个人所得税,但赵先生扣除基本减除费用 5 000 元和专项附加扣除 2 000 元后,仍要对其剩下的 2 000 元征收个人所得税。请问赵先生应该如何进行税收筹划?

解析: 将两个孩子的子女教育支出在申报时全部由赵先生进行申报扣除。采用此种方法,赵先生的妻子本身工资、薪金不超过 5 000 元不扣除子女教育支出,无须缴纳个人所得税;而赵先生扣除子女教育支出 4 000 元,由此赵先生扣除基本减除费用后,再扣除 4 000 元子女教育支出,则赵先生的个人所得税应纳税所得额为 0,因此赵先生也无须缴纳个人所得税。

【案例 16-3】 张先生居住在某市,已结婚生子,育有两个孩子,就读于两所全日制本科大学。张先生还有一位姐姐,姐弟两人均在工作。张先生父母均健在,两位老人均已年满 70 周岁,都在老家安享晚年。2019 年,新《个人所得税法》修订实施后,张先生想通过学习相关税法的内容进行税收筹划来降低家庭负担。张先生现为一家公司的财务经理,年薪为 25 万元。家中有一辆代步车,因其业余时间爱好山水画,经常在空闲时间创作,也会出售一些定制精品画作赚取劳务报酬。张先生的妻子因以前专心教育孩子,两个孩子读大学后有空闲了才开始工作,目前月薪为 4 000 元。

2019 年张先生因为工作表现突出,公司给予年终奖 4 万元,当年因为定做精品山水画取得劳务报酬金额总计 4.2 万元,当地租车市场(以张先生的代步车为例)一年租金需要 5 万元,张先生一家除上述收入外无其他收入来源。请问张先生一家应该如何进项个人所得税策划?

解析: 如果张先生不做任何税收筹划进行年终汇算清缴,则其劳务报酬所得应与工资、薪金所得汇总后按综合所得进行申报纳税;其年终奖可单独计税,也可与综合所得合并计税;子女教育专项附加扣除和妻子平均分摊扣除、赡养老人的专项附加扣除和姐姐平摊扣除。

张先生年薪 25 万元,根据《个人所得税法》的规定,其扣除每年基本减除费用 6 万元、赡养老人专项附加扣除 1.8 万元和子女教育支出 2.4 万元后,加上当年的劳务报酬所得,所适用的个人所得税综合税率为 20%。因此,张先生将面临高额税负。

基于此,张先生进行如下税收筹划:

首先对工资、薪金进行策划。张先生年薪 25 万元,扣除基本费用和专项附加扣除后依旧适用 20% 的税率,税负相对较高。因此张先生可以将代步车转租给公司,然后公司分配给张先生使用,使得张先生的 5 万元工资、薪金转化为租车收入,适用比例税率。由此,张先生的工资、薪金所得降低，不过还不足以降低适用税率。

其次对年终奖进行策划。张先生收到 4 万元年终奖，在 2019 年和 2020 年纳税人可以自行选择是否将年终奖并入综合所得征税，此案例中，显然不应该并入综合所得征税，但是在年终奖超过 3.6 万元时税率从 3% 提升到了 10%，会大幅增加张先生税负，因此张先生可以通过与公司协商，将剩下的 4 000 元延迟到明年再由公司发放。这样，张先生的年终奖只需按照 3% 的税率缴纳个人所得税。

再次对专项附加扣除进行策划。在子女教育支出的扣除上，因张先生妻子的工资、薪金并未达到 5 000 元，因此张先生的妻子并不需要缴纳个人所得税，也不需要扣除专项附加扣除费用，所以可以将两个孩子的子女教育专项附加扣除全部由张先生一个人进行申报，以此来降低张先生的应纳税所得额。

最后对劳务报酬进行策划。如果将张先生的劳务报酬与工资、薪金所得合并计税，无论张先生对于工资、薪金所得如何策划，都无法将张先生适用的 20% 税率降低到 10% 税率，因此对于劳务报酬的策划至关重要。

有两种策划思路：第一，张先生妻子的月薪为 4 000 元，并未达到我国规定的基本扣除费用的上限，即全年张先生的妻子还有高达 1.2 万元的免税额度。因此，张先生可以在签订劳务报酬时，约定妻子和他一起提供服务并共同领取此项劳务报酬收入，其中妻子领取 1.2 万元。在年终汇算清缴时，张先生的妻子依旧不会缴税，并且会退还之前的个人所得税预缴税额。张先生扣除 1.2 万元劳务报酬后，再加上之前的工资、薪金策划和专项附加扣除策划可以将综合所得适用的 20% 税率降低到 10%，从而达到降低税收负担的目的。

第二，张先生可以变换收入形式，将劳务报酬所得转变成经营所得，避免其纳入综合所得计税。张先生可以成立一家山水画工作室，将劳务报酬所得转化为经营所得，经营所得适用 10% 的税率。在此基础上，张先生还可以将劳务报酬合同变成张先生的工作室和张先生的妻子共同签订，其中妻子的劳务报酬所得为 1.2 万元，剩下 2.8 万元为张先生工作室收入，适用 3% 的税率。

2. 全年一次性奖金的税收筹划方法

1）年终一次性奖金的税收政策

关于全年一次性奖金的征税问题，《国家税务总局关于调整个人取得全年一次性奖金等计算征收个人所得税方法问题的通知》(国税发〔2005〕9 号)规定：

全年一次性奖金是指行政机关、企事业单位等扣缴义务人根据其全年经济效益和对雇员全年工作业绩的综合考核情况，向雇员发放的一次性奖金，也包括年终加薪、实行年薪制和绩效工资办法的单位根据考核情况兑现的年薪和绩效工资。

纳税人取得全年一次性奖金，单独作为一个月工资、薪金所得计算纳税，并按以下计税办法，由扣缴义务人发放时代扣代缴，其计算步骤如下：

步骤一：先将雇员当月内取得的全年一次性奖金除以 12 个月，按其商数确定适用税率和速算扣除数。

步骤二：如果在发放年终一次性奖金的当月，雇员当月工资、薪金所得低于税法规定的费用扣除额，应将全年一次性奖金减去"雇员当月工资、薪金所得与费用扣除额的差额"后的余额，按步骤一确定全年一次性奖金的适用税率和速算扣除数。

步骤三：将雇员个人当月内取得的全年一次性奖金，按步骤一和步骤二确定的适用税率和速算扣除数计算征税。

如果雇员当月工资、薪金所得高于(或等于)税法规定的费用扣除额的,适用公式为

$$应纳税额＝雇员当月取得全年一次性奖金×适用税率－速算扣除数$$

《国家税务总局关于雇主为雇员承担全年一次性奖金部分税款有关个人所得税计算方法问题的公告》(国家税务总局公告 2011 年第 28 号)规定:

雇主为雇员负担全年一次性奖金部分个人所得税款,属于雇员又额外增加了收入,应将雇主负担的这部分税款并入雇员的全年一次性奖金,换算为应纳税所得额后,按照规定方法计征个人所得税。

将不含税全年一次性奖金换算为应纳税所得额的计算方法:

雇主为雇员定额负担税款的计算公式为

应纳税所得额＝雇员取得的全年一次性奖金＋雇主替雇员定额负担的税款－当月工资薪金低于费用扣除标准的差额

雇主为雇员按一定比例负担税款的计算公式为

(1) 查找不含税全年一次性奖金的适用税率和速算扣除数

未含雇主负担税款的全年一次性奖金收入÷12,根据其商数找出不含税级距对应的适用税率 A 和速算扣除数 A

(2) 计算含税全年一次性奖金

应纳税所得额＝(未含雇主负担税款的全年一次性奖金收入－当月工资薪金低于费用扣除标准的差额－不含税级距的速算扣除数 A×雇主负担比例)÷(1－不含税级距的适用税率 A×雇主负担比例)

《财政部 国家税务总局关于个人所得税法修改后有关优惠政策衔接问题的通知》(财税〔2018〕164 号)规定:居民个人取得全年一次性奖金,符合《国家税务总局关于调整个人取得全年一次性奖金等计算征收个人所得税方法问题的通知》(国税发〔2005〕9 号)规定的,在 2027 年 12 月 31 日前,不并入当年综合所得,以全年一次性奖金收入除以 12 个月得到的数额,按照月度税率表(按月换算后的综合所得税率表),确定适用税率和速算扣除数,单独计算纳税。

计算公式为应纳税额＝全年一次性奖金收入×适用税率－速算扣除数

全年一次性奖金适用的月度税率表如表 16-2 所示。

居民个人取得全年一次性奖金,可以选择并入当年综合所得计算纳税,也可以单独计税。全年一次性奖金单独计税的政策执行到 2027 年 12 月 31 日。

【案例 16-4】 张华在振邦公司取得全年一次性奖金为 24 000 元,请计算张华应纳的个人所得税。

解析:用全年一次性奖金 24 000 元除以 12 个月后的商数为 2 000 元(24 000÷12),适用税率为 3%,速算扣除数为 0,则

$$应纳税额＝24\,000×3\%＝720(元)$$

【案例 16-5】 张华在振邦公司取得全年一次性奖金 24 000 元,当月工资、薪金收入为 4 600 元,费用扣除额为 5 000 元。请计算张华应纳的个人所得税。

解析:第一,确定全年一次性奖金的适用税率和速算扣除数。将全年一次性奖金减去个人当月工资、薪金所得与费用扣除额的差额除以 12 个月,即

$$[24\,000－(5\,000－4\,600)]÷12＝1\,967(元)$$

由此确定适用税率为 3%,速算扣除数为 0。

第二,计算应纳税额:

$$[24\,000-(5\,000-4\,600)]\times 3\%=708(元)$$

需要注意的是,在一个纳税年度内,对每一个纳税人来说,该计税办法只允许采用一次。雇员取得除全年一次性奖金以外的其他各种名目奖金,如半年奖、季度奖、加班奖、先进奖、考勤奖等,一律与当月工资、薪金收入合并,按税法规定缴纳个人所得税,即维持现有的征税办法。

【案例 16-6】 小刘在振华公司取得不含税全年一次性奖金为 36 000 元。请计算小刘应纳的个人所得税。

解析:第一,将不含税全年一次性奖金换算成含税奖金。根据 36 000 元除以 12 个月后的商数 3 000 元,确定不含税所得的税率为 10%,速算扣除数为 210,则

换算成含税的全年一次性奖金 $=[(36\,000-210)\div(1-10\%)]=39\,766.67(元)$

第二,确定含税全年一次性奖金的适用税率和速算扣除数。根据含税的全年一次性奖金除以 12 个月后的商数 3 313.89 元($39\,766.67\div 12$),确定适用税率为 10%,速算扣除数为 210 元。

第三,计算应纳税额为

$$39\,766.67\times 10\%-210=3\,766.67(元)$$

【案例 16-7】 李某 2020 年工资、薪金所得为 80 000 元,专项附加扣除合计 63 000 元。若年终奖为 40 000 元,他有两种选择:一是年终奖单独纳税:

$$应纳个人所得税=40\,000\times 10\%-210=3\,790(元)$$

二是年终奖并入综合所得纳税:

$$应纳税所得额=40\,000+80\,000-(60\,000+63\,000)=-3\,000(元)$$

由于应纳税所得额为负数,因此李某不需要缴纳个人所得税。

假设李某的年终奖金为 100 000 元,同样有两种选择:

一是年终奖单独纳税:

$$应纳个人所得税=100\,000\times 10\%-210=9\,790(元)$$

二是年终奖并入综合所得纳税:

$$应纳税所得额=100\,000+80\,000-123\,000=57\,000(元)$$

$$应纳个人所得税=57\,000\times 10\%-2\,520=3\,180(元)$$

请问李某在年终奖为 100 000 元时,如何进行税收筹划呢?

解析:李某可以将 100 000 元年终奖进行分拆,其中 21 000 元作为年终奖单独核算:

$$应纳个人所得税=21\,000\times 3\%=630(元)$$

79 000 元并入综合所得计税:

$$应纳税所得额=80\,000+79\,000-123\,000=36\,000(元)$$

$$应纳个人所得税=36\,000\times 3\%=1\,080(元)$$

$$应纳个人所得税合计=1\,080+630=1\,710(元)$$

与策划前相比,比年终奖单独纳税节税 8 080 元(9 790-1 710),比年终奖并入综合所得纳税节税 1 470 元(3 180-1 710)。但需要注意的是,此种策划涉及的全年一次性奖金政策只能适用于 2027 年 12 月 31 日之前。

2) 全年一次性奖金的"税收陷阱"

全年一次性奖金计税政策采用简易计税办法,与工资、薪金所得的七级超额累进税率计税办法有很大差异。在某些奖金区间内,可能会出现税前奖金多,而纳税人实际获得的税后奖金

反而少的情况。

【案例 16-8】 中华房地产公司副总经理所获得的全年一次性奖金为 36 000 元,而总经理所获得的全年一次性奖金为 36 600 元。请分别计算副总经理和总经理全年一次性奖金应缴纳的个人所得税。

解析:
(1) 副总经理的个人所得税。

$$副总经理平均月收入额 = 36\ 000/12 = 3\ 000(元)$$

其适用税率为 3%,速算扣除数为 0,则

$$副总经理应缴纳个人所得税 = 36\ 000 \times 3\% = 1\ 080(元)$$

$$税后奖金 = 36\ 000 - 1\ 080 = 34\ 920(元)$$

(2) 总经理的个人所得税。

$$总经理平均月收入额 = 36\ 600/12 = 3\ 050(元)$$

其适用税率为 10%,速算扣除数为 120,则

$$总经理应纳个人所得税 = 36\ 600 \times 10\% - 210 = 3\ 450(元)$$

$$税后奖金 = 36\ 600 - 3\ 450 = 33\ 150(元)$$

对比总经理与副总经理的全年一次性奖金,总经理比副总经理多 600 元(36 600 − 36 000),而税后奖金总经理反而比副总经理少了 1 770 元(34 920 − 33 150)。这种情况的出现,是政策本身的不合理性导致的,这时就出现了年终奖金政策"无效区间",或称"不合理区间"。企业及相关单位在发放年终奖金时,应尽量避免将税前年终奖金的金额定在所谓"无效区间"内。

分析可知,全年一次性奖金一般会随着发放金额的提高,纳税额也会提高。但是,由于全年一次性奖金的适用税率和速算扣除数是通过全年一次性奖金除以 12 个月之后的商数来确定的,且计算应纳税额时速算扣除数仅允许扣除一次,所以就会出现当全年一次性奖金超过某个临界点之后,适用的税率会提高一个档次,导致奖金额增加之后税后所得反而减少的情况,这就是全年一次性奖金的"无效区间"或"税收盲区"。通过测算可知,全年一次性奖金的"无效区间"共有六段,分别对应于 3%~40% 的税率(见表 16-4)。

表 16-4 全年一次性奖金的"无效区间"(2019.1.1—2021.12.31) 单位:元

年 终 奖	税 率	速算扣除数	应 纳 税 额	多发奖金数	增加税额	税 后 数 额
36 000	3%	0	1 080			34 920
36 001	10%	210	3 390.10	1	2 310.10	32 610.90
38 566.67	10%	210	3 646.67	2 566.67	2 566.67	34 920
144 000	10%	210	14 190.00			129 810.00
144 001	20%	1 410	27 390.20	1	13 200.20	116 610.80
160 500	20%	1 410	30 690	16 500	16 500	129 810.00
300 000	20%	1 410	58 590			241 410
300 001	25%	2 660	72 340.25	1	13 750.25	227 660.75
318 333.3	25%	2 660	76 923.33	18 333.33	18 333.33	241 410
420 000	25%	2 660	102 340			317 660
420 001	30%	4 410	121 590.30	1	19 250.30	298 410.70

3. 工资薪金与全年一次性奖金的权衡与合理分摊

对全年一次性奖金进行策划,除了避免全年一次性奖金进入"无效区间",还要考虑工资薪

金和全年一次性奖金的权衡与合理分摊。

【案例 16-9】 某股份公司总经理每年的年薪总额为税前收入 24 万元(不含三险一金),如何将此收入在工资薪金和年终奖之间合理分配,使得个人所得税支出最小化?

解析:设月工资薪金为 X,月应纳税所得额为 $X-5\,000$,确定年终奖税率需参考值为 $[(240\,000-12X)/12=20\,000-X]$,年终奖应纳税所得额为 $(240\,000-12X)$。

情形一:$X-5\,000 \leqslant 3\,000$,则 $20\,000-X \geqslant 12\,000$,工资薪金适用税率为 3%,年终奖适用税率为 20%($20\,000-X=12\,000$ 时,税率为 10%)

则:应纳税额$=(X-5\,000)\times 3\% \times 12+(240\,000-12X)\times 20\%-1\,410=44\,790-2.04X$

最低税额点:当 $X=8\,000$ 时,即 $20\,000-X=12\,000$,年终奖适用税率为 10%,

最低税额$=(8\,000-5\,000)\times 3\% \times 12+(240\,000-12\times 8\,000)\times 10\%-210=16\,920$(元)

情形二:$3\,000<X-5\,000 \leqslant 12\,000$,则 $5\,000 \leqslant 20\,000-X<12\,000$,工资薪金适用税率为 10%,年终奖适用税率为 10%

则:应纳税额$=[(X-5\,000)\times 10\%-210]\times 12+(240\,000-12X)\times 10\%-210=15\,270$

与月工资薪金 X 无关

情形三:$12\,000<X-5\,000 \leqslant 25\,000$($17\,000<X-5\,000 \leqslant 30\,000$),则 $0 \leqslant 20\,000-X<3\,000$,工资薪金税率为 20%,年终奖适用税率为 3%

则:应纳税额$=[(X-5\,000)\times 20\%-1\,410]\times 12+(240\,000-12X)\times 3\%=2.04X-21\,720$

月工资薪金 X 取该区间最小值 $17\,000$,应纳税额最低额$=2.04\times 17\,000-21\,720=12\,960$(元)

结论:月工资薪金为 17 000 元,年终奖为 36 000 元,最小纳税额为 12 960 元。

此题目除上述方法外,还有不同的解题方案。这里留给读者进一步探索。

工资薪金与全年一次性奖金的合理分配结论如表 16-5 所示,即在不同的全年一次性奖金和工资薪金之间有一个相对均衡的状态,从而达到综合税负最小化。

16.2 企业年金的税收筹划

16.2.1 年金的税收政策

2013 年 12 月 6 日,财政部、人力资源和社会保障部、国家税务总局联合发布《关于企业年金 职业年金个人所得税有关问题的通知》(财税〔2013〕103 号),该政策自 2014 年 1 月 1 日起执行。目前,企业年金涉及的个人所得税允许递延纳税,不仅让参保者延迟纳税,而且促进更多的单位实行企业年金制。

1. 企业年金的概念

企业年金,是指根据《企业年金试行办法》(劳动和社会保障部令第 20 号)的规定,企业及其职工在依法参加基本养老保险的基础上,自愿建立的补充养老保险制度,主要由个人缴费、企业缴费和年金投资收益三部分组成。职业年金是指根据《事业单位职业年金试行办法》(国办发〔2011〕37 号)的规定,事业单位及其工作人员在依法参加基本养老保险的基础上建立的补充养老保险制度。

企业年金与法定保险的区别如下:法定保险(基本养老、基本医疗、失业等)个人缴纳部分中按规定比例缴付的允许在应纳税所得额中扣除;企业为个人缴纳部分不超过规定比例部分可以免征个人所得税,超过规定比例部分并入个人工资、薪金收入,计征个人所得税。企业年金不能税前扣除,企业年金中企业缴费计入个人账户部分需计征个人所得税,且视为一个月的工资、薪金(不与正常工资、薪金合并),不扣除任何费用,按"工资、薪金所得"项目计算税款,由企业缴费时代扣代缴。

企业年金与商业保险的区别如下:企业为个人建立商业性补充保险或年金时都应缴纳个人所得税,但计算方法明显不同。商业保险与个人当月工资、薪金所得合并适用税率,企业年金单独适用税率,视为一个月的工资、薪金(不与正常工资、薪金合并)。

2. 企业年金的计税方法

(1) 缴付企业年金时的税务处理。企业和事业单位(以下统称单位)根据国家有关政策规定的办法和标准,为在本单位任职或者受雇的全体职工缴付的企业年金或职业年金(以下统称年金)单位缴费部分,在计入个人账户时,个人暂不缴纳个人所得税。

企业年金中个人缴费工资计税基数是本人上一年度月平均工资。月平均工资超过职工工作地所在设区市上一年度职工月平均工资300%以上部分,不计入个人缴费工资计税基数;职业年金是职工岗位工资和薪级工资之和。职工岗位工资和薪级工资之和超过职工工作地所在设区市上一年度职工月平均工资300%以上部分,不计入个人缴费工资计税基数。

超过《财政部 国家税务总局 人力资源和社会保障部关于企业年金职业年金个人所得税有关问题的通知》(财税〔2013〕103号)缴付年金标准的单位缴费和个人缴费部分,应并入个人当期的工资、薪金所得,依法计征个人所得税。税款由建立年金的单位代扣代缴,并向主管税务机关申报解缴。

年金征税模式(EET模式)如表16-5所示。

表16-5 年金征税模式(EET)

征税模式(EET)	情 形	税 务 处 理
缴费环节	单位按有关规定缴费部分 个人缴费不超过本人缴费工资计税基数4%标准内部分 超标年金单位缴费和个人缴费部分	免个税 暂从应纳税所得额中扣除 征收个税
投资环节	年金基金投资运营收益分配计入个人账户时	个人暂不缴纳个税
领取环节	领取年金时	按照工资、薪金所得"项目"缴纳个税

【案例16-10】 小张在一家国有企业工作,2020年4月工资总额为6 500元,含个人缴付的企业年金500元和按照规定缴付的"五险一金"800元。已知小张所在国有企业从2015年开始实行企业年金补充养老制度,小张所在城市上一年度职工月平均工资为3 500元,同时小张上一年度取得月工资与本年度月工资相同。请计算小张4月工资收入应缴纳的个人所得税。

解析:企业年金个人缴费工资计税基础为5 300元。

个人缴付年金应计入应纳税所得额的金额为

$$500 - 6\,500 \times 4\% = 240(元)$$

4月工资应纳税所得额为

$$6\,500 - 500 + 240 - 800 - 5\,000 = 440(元)$$

因此,小张 4 月工资应纳个人所得税为

$$440 \times 3\% = 13.20(元)$$

(2) 企业年金基金投资运营收益的税务处理。企业年金基金投资运营收益分配计入个人账户时,个人暂不缴纳个人所得税。

(3) 领取年金时的税务处理。个人达到国家规定的退休年龄,领取的企业年金、职业年金,不并入综合所得,全额单独计算应纳税款。其中按月领取的,适用月度税率表计算纳税;按季领取的,平均分摊计入各月,按每月领取额适用月度税率表计算纳税;按年领取的,适用综合所得税率表计算纳税。

个人因出境定居而一次性领取的年金个人账户资金,或个人死亡后,其指定的受益人或法定继承人一次性领取的年金个人账户余额,适用综合所得税率表计算纳税。对个人除上述特殊原因外一次性领取年金个人账户资金或余额的,适用月度税率表计算纳税。

【案例 16-11】 某市 2×20 年度在岗职工年平均工资为 60 000 元,年金个人缴费的税前扣除限额为 600 元(60 000÷12×3×4%),市税务局将根据市统计公报数据每年调整扣除额标准。

解析:

(1) A 先生 2×20 年 7 月工资为 10 000 元,假设企业年金缴费工资计税基数为 10 000 元。若其按 4%缴付年金 400 元,均可税前扣除;若按 3%缴付年金 300 元,则只能税前扣除 300 元;若按 5%缴付年金 500 元,仍可以税前扣除 500 元。

(2) B 先生 2×20 年 9 月工资为 24 000 元。若其按 4%缴付年金 800 元,由于允许税前扣除金额最高为 600 元,超出的 200 元须并入综合所得缴纳个人所得税。

16.2.2 企业年金的税收筹划

1. 年金缴纳与否的税收筹划

根据企业年金的税收政策,企业参加年金不仅可以使企业缴纳部分暂免企业所得税,而且还能使个人缴纳部分在缴费工资计税基数的 4%内暂免个人所得税。

【案例 16-12】 某企业全年工资预算增长 9%,某职工月均工资为 10 000 元。该企业如果把工资增长部分全部发放给职工,则职工要全额缴税;如果实行企业年金制度,企业按 5%缴纳,个人按 4%缴纳,则个人账户的年金不缴纳个人所得税,企业也会减少企业所得税的缴纳。设个人基本养老保险(8%)、医疗保险(2%)、失业保险(0.5%)、住房公积金(12%)缴费比例为 22.5%;企业缴纳的年金 50%计入职工企业年金个人账户,另外 50%划入本人企业年金个人账户;个人缴纳的年金全部计入本人企业年金个人账户。企业实行与不实行年金制度对个人所得税和年金本人账户的影响如表 16-6 所示。

表 16-6 实行年金制度与否对个人所得税及年金本人账户的影响　　　　单位:元

年金缴纳与否	工资总额(1)	三险一金(2)=(1)×22.5%	年金(3)	应纳税所得额=(1)−(2)−(3)−5000	应纳个人所得税	年金账户
不缴纳	10 900	2 452.5	0	3 447.54	134.75	0
缴纳	10 400	2 340	416	2 644	79.32	416 + 10 400 × 5% × 50% = 676

由表 16-6 可知,实行企业年金制度的直接节税效应是该职工每月节约个人所得税 55.43

元(134.75－79.32)。除了直接节税效应,实行年金制度还能产生间接节税效应,即年金制度可提高职工退休后待遇,且本人企业年金个人账户储存额可继承,可减轻职工后顾之忧,调动其工作积极性。

2. 年金缴纳年限的税收筹划

考虑到货币时间价值,职工开始参加工作时尽量选择实行年金制度的单位,因为年金缴纳年限越长,个人所得税节税额越多,退休时领取年金就越多。

3. 领取年金年限的税收筹划

由于个人领取年金环节要按工资、薪金所得全额缴纳个人所得税,年金个人所得税优惠只是延缓纳税而并非免税。自2018年2月1日起施行的《企业年金(办法)》明确规定:职工在符合相关条件时,可以从本人企业年金个人账户中一次性、分月或分次领取企业年金。因此,计划领取年金年限越长,适用税率越低,纳税额就越少,所以缴纳年金的职工在身体条件允许的情况下应尽量延长年金领取时间。

16.3 股权激励的税收筹划

16.3.1 股权激励的税收政策

1. 股权激励的概念

股权激励是目前企业激励人才的常用手段之一。股权激励最早起源于美国。美国迪士尼公司和华纳传媒公司是世界上最早实施股票期权计划的两家企业。

股权激励是指包括经营管理者在内的员工可以取得本公司一定量的股票,享受股东的权益,但要受到一定条件的限制。如此就把企业绩效同管理者等的利益联系在一起,共担风险,共享收益,从而长期激励员工尽职尽责为企业服务。

2. 股权激励的主要模式

股权激励模式多种多样,这里介绍最常见的四种模式。

1) 股票期权模式

股票期权是企业授予高级管理人员的一种权利,具体是指管理人员有权在未来规定的一段时间内,按照先前和企业约定好的价格购买一定数量的公司股票,从而获得收益的一种股票期权安排。股票期权持有人(高级管理人员)在规定的时间内以股票期权的"施权价"购买本公司股票,这个过程称为"行权";在行权之前,股票期权持有人(高级管理人员)没有任何现金收益;行权之后,个人收益为"施权价"与行权日股票市价之间的差额。

股票期权主要适用于市场有效性比较好的资本市场上的上市公司以及一些人力资本依附性较强,处于创业期、快速成长期的非上市公司。

2) 限制性股票模式

管理者事先按照股权激励计划约定的价格从企业购买一定数量的股票,等到企业业绩达到股权激励计划事先的要求时,管理者(持股者)才可以将其所持股票卖出,进而赚取差价,获得收益。其适用范围包括上市和非上市公司,尤其适用于留住关键人才和金色降落伞计划。

3) 股票增值权模式

股票增值权并不涉及股票所有权的转让。企业与管理者约定,管理者可以从股票价格上涨中获得收益。该模式对企业现金流提出较高要求,因此,适用于现金流较为充裕的上市和非上市企业。

4）员工持股模式

员工持股计划是一种新型的股权激励模式，它允许员工使用自己的资金或其他法律上合法的收入购入企业的股票，并将这些股票委托第三方集中管理。员工获得这些股票的同时享有部分或全部的公司管理权。持股模式的实现有三种方式：员工个人持有、通过有限责任公司持有以及通过有限合伙企业平台持有。

3. 适用的税收政策

1）股票期权

上市公司按照规定的程序授予本公司及其控股企业员工的一项权利，该权利允许被授权员工在未来一段时间内以某一特定价格购买本公司一定数量的股票。股票期权一般允许被授权员工在未来才可以行使股票交易权，这体现了激励与约束的相互渗透。

授予价（施权价）是指根据股票期权计划可以购买股票的价格，一般为股票期权授予日的市场价格或该价格的折扣价格，也可以是按照事先设定的计算方法约定的价格。授予日（授权日）是指公司授予员工股票期权的日期。

行权（执行）是指员工根据股票期权计划选择购买股票的过程。员工行使上述权利的当日为"行权日"，也称"购买日"。

依据财税〔2005〕35号文的规定，股票期权的纳税义务发生时间为行权日，授予日并不产生纳税义务。行权日的股票价格如果高于授予日股票价格，则这部分差额与行权股票份数的乘积应该作为应纳税所得额按照"工资、薪金"所得计算缴纳个人所得税。

财税〔2018〕164号文件规定，2019年1月1日至2027年12月31日以前，该项所得可以不合并在综合所得中，可以单独计算，应纳税额的计算公式为

$$股权激励收入 \times 适用税率 - 速算扣除数$$

在股票持有阶段，取得来自被投资企业分配的股息红利所得，按照"股息红利所得"项目适用的20%的税率计算个人所得税。如果被投资企业是上市公司，则计算个人所得税时可以实行差别税率：持股期限在一个月以内（包括一个月）的，应纳税所得额按照20%的税率计算；持股期限在一个月以上、一年（含一年）以内的，应纳税所得额可以减按50%计算；如果持股期限在一年以上的，可以享受免税。如果被投资企业为非上市公司，那么上述差额征税的规则不存在，统一按照20%的税率计算。

在股票转让环节，获得的转让收入和行权日股票公允价值之间的差额部分按照"财产转让所得"所适用的20%的税率计算个人所得税。按照税法规定，个人转让上市公司在公开市场发行的有价证券获得的所得可以免税。但是转让非上市公司的股票所得仍需要纳税。

值得注意的是，财税〔2005〕35号文规定的股票期权所授予的主体包括上市公司和非上市公司，但股票期权所指向的标的股票必须是上市公司发行的股票。对于员工取得的拟上市企业的股票以及非上市公司的股票并不在规定以内。

2）限制性股票

限制性股票缴纳个人所得税的情况如图16-1所示。

3）股票增值权

股票增值权所有者所取得的收益等于行权日股票价格减去授予日股票价格后乘以被授予的股票股数。应缴纳的个人所得税等于该笔收益按"工资、薪金"项目计算的税额，如图16-2所示。

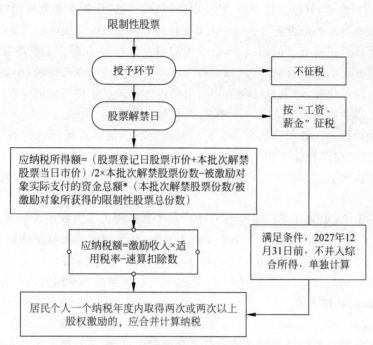

图 16-1　限制性股票个人所得税政策

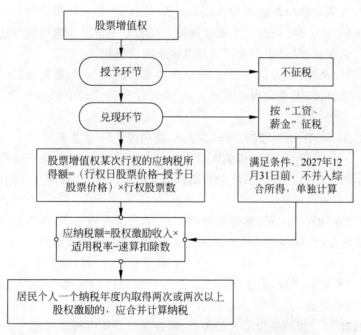

图 16-2　股票增值权个人所得税政策

4）员工持股激励

员工持股计划涉及持股平台的选择，持股平台有员工自己持有、通过有限责任公司持有以及通过合伙企业持有三种形式，因此，在行权阶段、持有阶段、转让阶段所需缴纳的企业所得税和个人所得税就存在差异。

员工个人直接持有。员工直接获得公司股票，在持有期间，如果获得了股息红利，则按

20%缴纳个人所得税。当其退出投资时,转让股票所获得的转让收入需要按照"财产转让所得"缴纳20%的个人所得税。是否适用税收优惠政策还要具体看被投资企业的性质以及持股期限。

通过有限责任公司持有。该模式下,员工为股票的间接持有者。如果持股平台公司从被投资企业取得了分配的股息红利所得,则应该按税法规定缴纳企业所得税,但如果是境内居民公司投资于境内居民公司,该股息红利所得可以免税。在向员工进行定向分配时(采用股息分配的方式),员工需要按照20%的税率计算缴纳个人所得税。

通过合伙企业持有。我国合伙企业实行"先分后税"。员工直接转让持股平台股票时,仅需在个人层面按照"财产转让所得"缴纳20%的个人所得税。如果是持股平台转让股票后再以股息红利的方式向员工派发所得,则会相较于前一种情况多按25%的税率缴纳一次企业所得税。

【案例16-13】 A公司于2×18年1月1日授予某经理人1万股股票期权,行使期限为3年,施权价为6元/股。如果到了2×21年1月1日,公司上市股票价格上涨到28元/股,该经理人可以按6元/股购进,再按28元/股卖出,从而该经理人可获利22万元。当然,如果该经理人预计企业经营状况良好,股票可进一步升值,也可以等到股票升值后再行转让获利。

4. 股权激励的计税方法

1) 股票期权的性质及计税方法

员工接受实施股票期权计划的企业授予的股票期权时,除另有规定外,一般不作为应税所得征税。

员工行权时,其从企业取得股票的实际购买价(施权价)低于购买日公平市场价(指该股票当日的收盘价,下同)的差额,是因员工在企业的表现和业绩情况而取得的与任职、受雇有关的所得,应按"工资、薪金所得"适用的规定计算缴纳个人所得税。

居民个人取得股票期权、股票增值权、限制性股票、股权奖励等股权激励(简称股权激励),在2027年12月31日前,不并入当年综合所得,全额单独适用综合所得税率表计算纳税。其计算公式为

$$应纳税额 = 股权激励收入 \times 适用税率 - 速算扣除数$$

居民个人在一个纳税年度内取得两次以上(含两次)股权激励的,应合并按规定计算纳税。

因特殊情况,员工在行权日之前将股票期权转让的,以股票期权的转让净收入,作为工资、薪金所得征收个人所得税。

员工行权日所在期间的工资、薪金所得,应按下列公式计算工资、薪金应纳税所得额:

$$股票期权形式的工资、薪金应纳税所得额 = (行权股票的每股市场价 - 员工取得该股票期权支付的每股施权价) \times 股票数量$$

对该股票期权形式的工资、薪金所得可区别于所在月份的其他工资、薪金所得,单独按下列公式计算当月应纳税额:

$$应纳税额 = (股票期权形式的工资、薪金应纳税所得额 / 规定月份数 \times 适用税率 - 速算扣除数) \times 规定月份数$$

式中,规定月份数是指员工取得来源于中国境内的股票期权形式工资、薪金所得的境内工作期间月份数,长于12个月的,按12个月计算;适用税率和速算扣除数,以股票期权形式的工资、薪金应纳税所得额除以规定月份数后的商数对照工资、薪金个人所得税税率表确定(即七级超额累进税率)。

员工将行权后的股票再转让时获得的高于购买日公平市场价的差额,是因个人在证券二

级市场上转让股票等有价证券而获得的所得,应按照"财产转让所得"适用的征免规定计算缴纳个人所得税,即

$$财产转让所得 =（每股转让价格 - 行权股票的每股市场价）\times 股票数量$$

这部分所得理应作为财产转让所得征税,但是鉴于目前对个人投资者在二级市场上买卖境内上市公司流通股的所得暂不征收个人所得税,因此如果行权所获得的股权是流通股,则其通过二级市场的转让所得暂免征收个人所得税;但如果是场外交易或者非流通股、境外上市公司股票的交易,就应当作为财产转让所得征收个人所得税。

员工因拥有股权而参与企业税后利润分配取得的所得,应按照"利息、股息、红利所得"适用的规定计算缴纳个人所得税。除依照有关规定可以免税或减税的之外,应全额按规定税率计算纳税。

综上所述,股票期权的税收政策归纳为:股票期权在计提期间（等待期间）,不得在企业所得税前扣除相关成本费用,但实际发放时（行权时）可以扣除。当个人行权时,股票期权的收益应按"工资、薪金所得"计算缴纳个人所得税。

【案例 16-14】 某境内上市公司规定,公司员工只要工作满 20 个月,可享受股票期权奖励。小王 2×18 年 12 月 21 日进入该公司,2×20 年 8 月 21 日满 20 个月,8 月底公司同意他以每股 8 元的施权价购买公司股票 1 万股,当日该股票市场价是每股 14 元。

如果小王当天就把该股票转让,可获得 6 万元,由于公司发展前景看好,小王想持有该股票。2×20 年 10 月 18 日他将其中的一半股票以每股 16 元的市价卖出。小王每月的工资为 6 500 元。请问小王应如何纳税？

解析：小王 8 月工资应纳税额＝（6 500－5 000）×3％＝45(元)

8 月行权时应纳税额＝{[(14－8)×10 000÷12]×10％－210}×12＝3 480(元)

8 月申报缴纳个人所得税＝45＋3 480＝3 525(元)

10 月出售一半股票,则

应纳税所得额＝(16－14)×5 000＝10 000(元)

此种情况下,按税法规定免征个人所得税。

2) 流通股和限售股行权后再转让的税收政策

（1）流通股和限售股行权后再转让的税收政策比较。流通股行权后再转让环节个人所得税的计税规定。个人将行权后的境内上市公司股票再转让所得,暂免征收个人所得税;个人转让境外上市公司股票所得,按照"财产转让所得"适用 20％的税率依法缴纳个人所得税。

限售股行权后再转让环节个人所得税的计税规定。《财政部 国家税务总局 证监会关于个人转让上市公司限售股所得征收个人所得税有关问题的通知》(财税〔2009〕167 号)规定：自 2010 年 1 月 1 日起,对个人转让限售股所得,按照"财产转让所得",适用 20％的比例税率征收个人所得税。

（2）限售股行权后再转让环节存在个人所得税重复征税问题。首先应明确行权所得纳税义务发生时间。在行权日,获得的股票距离解禁期还有一段时间,则行权所得纳税义务时间为每一批次限售股解禁日期。

【案例 16-15】 假设某公司员工 2×16 年 9 月 1 日获得 2 000 股 2 元/股的限售股作为股权激励,行权日为 2×18 年 8 月 30 日,当日股票市价为 6 元/股。2×16 年 12 月 20 日本批次解禁股数为 200 股,2×20 年 1 月 6 日,将此 200 股转让（暂不考虑其他相关税费）。相关时点的股价如表 16-7 所示。请计算在解禁日和再转让环节应纳税所得额。

表 16-7 不同时点的股价

日期	授权日	行权日	解禁日	再转让日
股票市价(元/股)	授权价：2	6	8	9

解析：解禁日的税务处理为

应纳税所得额＝(行权日股票市价＋本批次解禁股票当日市价)÷2×本批次解禁股票份数－被激励对象实际支付的资金总额×(本批次解禁股票份数÷被激励对象获取的限售股总份数)

解禁日应纳税所得额＝(6＋8)÷2×200－2×200＝1 000(元)

此时，按照"工资、薪金所得"纳税。

再转让环节的税务处理为

应纳税所得额＝(9－2)×200＝1 400(元)

此时，按"财产转让所得"，适用 20% 的税率缴纳个人所得税。

在限售股解禁日，已经就股票增值部分[7－2＝5(元/股)]按照"工资、薪金所得"缴纳过个人所得税；再转让环节就这部分增值额又按照"财产转让所得"征税，造成对同一增值额两次征税。因此，存在重复征税问题。

16.3.2 股权激励的税收筹划

1. 寻找股权激励递延纳税优惠的临界点

财税〔2016〕101 号文规定，对于上市公司的股票期权、限制性股票以及股权奖励可以适当性地延长纳税期限。即如果个人向主管税务机关备案，可以从其取得股票之日起或是股票解禁之日起，在不超过一年的期限内缴纳个人所得税。[①] 因此，高管人员在现金流不充裕的情况下可申请推迟纳税。

根据财税〔2016〕101 号文规定，非上市公司授予员工的股票期权、限制性股票以及股权期权可以在向税务机关备案后，在取得股票时不用纳税，直到员工转让该股权时才纳税，并且是按照"财产转让所得"征收。这样一来，原先适用 3%～45% 的七级超额累进税率就转化为 20% 的比例税率，如果股权激励的股票是来源于上市公司，那么还可以享受暂免缴纳个人所得税的优惠政策。持有环节的纳税情况同没有享受递延优惠的情况一样。

因为不享受递延优惠前为累进税率，享受递延优惠后只有比例税率，那么这两项政策之间就可能存在一个临界点。以非上市公司股票期权为例，考虑取得环节、转让环节(因为持有环节需要缴纳的个人所得税情况相同，因此在这里没有加入公式计算)，计算是否享受递延纳税政策的临界点，其他情况类似推理即可。

假设该股票期权的授予日股票价格为 P_0，行权日股票的市场公允价值为 P_1，取得股票后再转让的价格为 P_2，个人所得税综合税率表税率为 t，速算扣除数为 a。不享受递延纳税情况下的应纳税额计算公式为 $T_1=[(P_1-P_0)\times t-a]+(P_2-P_1)\times 20\%$。享受递延纳税情况下应纳税额的计算公式为 $T_2=(P_2-P_0)\times 20\%$

公式 T_2 可写为 $T_2=(P_2-P_1)\times 20\%+(P_1-P_0)\times 20\%$

因此仅需要比较 $[(P_1-P_0)\times t-a]$(以下简称"1 式")和 $(P_1-P_0)\times 20\%$(以下简称"2

---

① 《财政部国家税务总局关于完善股权激励和技术入股有关所得税政策的通知》(财税〔2016〕101 号)

式")的大小即可。显然,当 $t=3\%$、10%、20% 时,1 式将恒小于 2 式。此时 $(P_1-P_0)\leqslant 300\,000$。当 $t>20\%$ 时,1 式等于 2 式时,$(P_1-P_0)=529\,200$。因此,可以得到临界点为 $529\,200$ 元,当 $(P_1-P_0)<529\,200$ 时,选择不享受递延纳税政策更优;当 $(P_1-P_0)>529\,200$ 时,选择享受递延纳税政策更优。企业自然可以在充分考虑各种税收优惠政策差异的基础上,把握好临界值进行税收筹划。

2. 利用股票期权推迟纳税

《企业会计准则第 11 号——股份支付》规定:股份支付分为以权益结算的股份支付和以现金结算的股份支付。在等待期间,对于以权益结算的股份支付,在计提费用时计入资本公积,即

借:管理费用等
　　贷:资本公积——其他资本公积(权益结算)

对于以现金结算的股份支付,在计提费用时计入应付职工薪酬,即

借:管理费用等
　　贷:应付职工薪酬——股份支付(现金结算)

税法规定,企业对其职工的以现金结算的股份支付,应在实际行权时确认费用,并准予在计算应纳税所得额时扣除;而企业对其职工的以权益结算的股份支付,不得在计算应纳税所得额时确认费用扣除。

3. 控制股权激励的方式与操作时点

股票期权模式和限制性股票模式是公司实施激励计划的主要模式,不仅可以单独使用,而且可以考虑联合使用。股权激励的应纳税所得额与股票的行权价和授予价有关,因此,在行权日,尽量控制股价以降低税收负担。股票价格随着证券市场行情而波动,因此,恰当选择行权日期,尽可能缩小行权价与行权日该种股票市价之间的差距,就可以降低税收负担。

高层管理人员可以选择或决定行权日的股票价格,因为高管人员是企业内部股票期权政策的制定者和执行者,掌握大量的信息,对上市公司的股票价格走势较为了解,一定程度上也在影响着股票价格的走势。

企业可重点关注行权日的选择问题,比如企业经过多轮融资后股价有上涨的可能,之后实施的股权激励所承担的税收负担可能会高于多轮融资以前的税收负担,因此企业可以在融资前实施股权激励,进而降低应纳税额。

4. 控制工资、薪金,财产转让所得和股息、红利所得的整体税负

由于股票期权要涉及工资、薪金,财产转让和股息、红利所得这三种不同类型的所得,因此如何使这三项应纳个人所得税额的总和最小化就是税收筹划应关注的关键问题。通常可以不考虑期权行使后的股息、红利所得,因为对于持股比例不高的一般股东而言,很难对企业的利润分配政策和实务施加足够大的影响,因而这方面的策划空间很小,主要还是关注行权时的工资、薪金的应纳所得税款和再转让时的"财产转让所得"的应纳所得税款的合计数最小化。

5. 选择税收洼地设立持股平台

税收洼地相对其他地区而言,享有更为优惠的税收政策。同时,这些地区也有更为宽松的金融约束。诸如新疆、深圳经济特区等,企业可以享受所得税的免税、减税等政策。因此,企业可以考虑在这些地区设立持股平台,降低企业层面的企业所得税负担。

6. 股权激励需要考虑非税因素

税收筹划的目的并非简单地降低纳税人的税收负担,还应该结合非税因素考虑,进而实现

纳税人的企业价值最大化。股票期权模式、限制性股票模式涉及股票所有权的转让,而股票增值权不涉及股权的转让,相对而言,员工对股票的占有感较低,激励效果可能较差。股票期权、限制性股票以及股票增值权的激励对象仅限于公司董事、监事和高级管理人员;持股计划的适用范围相对较广,只要是关键岗位的员工就可以获得。员工持股计划相对其他股权激励模式而言,是员工相信企业未来业绩后自愿选择的结果,在实施上更为灵活,激励效应也更强。这些都是非税因素,是企业进行股权激励税收筹划时需要考虑的。

【案例 16-16】 王先生为某上市公司的高级职员,该公司于 2×18 年 9 月 30 日授予王先生 18 000 股的股票期权,授予价为每股 6 元。股票期权协议书约定,王先生在工作满两年后可以购买该公司的股票。假设王先生行权日为 2×20 年 10 月 31 日,行权日该公司的股票市价为每股 20 元。请计算王先生应纳个人所得税,并对其进行税收筹划。

解析:根据《财政部 国家税务总局关于个人股票期权所得征收个人所得税问题的通知》(财税〔2005〕35 号)的规定,王先生应纳的个人所得税为

$$应纳税所得额 = (20 - 6) \times 18\,000 = 252\,000(元)$$

$$应纳税额 = (252\,000 \div 12 \times 20\% - 1\,410) \times 12 = 33\,480(元)$$

根据《国家税务总局关于个人股票期权所得缴纳个人所得税有关问题的补充通知》(国税函〔2006〕902 号)第七条规定,员工以在一个公历月份中取得的股票期权形式工资、薪金所得为一次。员工在一个纳税年度中多次取得股票期权形式工资、薪金所得的,其在该纳税年度内首次取得股票期权形式的工资、薪金所得应按财税〔2005〕35 号第四条第(一)项规定的公式计算应纳税款;本年度内以后每次取得股票期权形式的工资、薪金所得,应按以下公式计算应纳税款。

应纳税款=本纳税年度内取得的股票期权形式工资、薪金所得累计应纳税所得额÷规定月份数×适用税率－速算扣除数×规定月份数－本纳税年度内股票期权形式的工资、薪金所得累计已纳税款

如果考虑行权时间的调整,王先生在 2×20 年 10 月 31 日和 2×20 年 11 月 30 日两次行权,两次行权的股数均为 9 000 股,且两次行权的股票市价不变。

第一次行权时:

$$应纳税所得额 = (20 - 6) \times 9\,000 = 126\,000(元)$$

$$应纳税额 = (126\,000 \div 12 \times 10\% - 210) \times 12 = 10\,080(元)$$

第二次行权时:

$$应纳税额 = [(126\,000 + 126\,000) \div 12 \times 20\% - 1\,410] \times 12 - 10\,080 = 23\,400(元)$$

两次行权共纳税额为 33 480 元(10 080+23 400)。

策划方案:

假设 2×21 年 1 月 23 日行权时的股票市价仍是 20 元,王先生将行权日策划为跨年度的两次,即第一次是 2×20 年 10 月 31 日,第二次是 2×21 年 1 月 23 日。

第一次行权时:

$$应纳税所得额 = (20 - 6) \times 9\,000 = 126\,000(元)$$

$$应纳税额 = (126\,000 \div 12 \times 10\% - 210) \times 12 = 10\,080(元)$$

第二次行权时,应纳税额与第一次相同。

两次行权共纳税 20 160 元,节约税额为 13 320 元(33 480－20 160)。

可见,安排跨年度的行权日,可以节约税款。同时,在安排跨年度行权日时,分解了两次行

权的股票数量,使每次行权金额控制在低税率的临界点处,从而降低了适用税率。

16.4 个人所得税的其他策划方法

16.4.1 劳务报酬的税收筹划方法

随着中国经济的快速发展,个人收入的来源和形式日趋多样化。一些个人在取得固定工资、薪金所得的同时,还能取得合法的劳务报酬所得。对所获取的劳务报酬所得,如果采用分次领取的办法进行策划,就可以合法节税。

【案例16-17】 王先生7—9月取得同一项目劳务收入60 000元,请比较不同的纳税方案。

解析:

(1) 一次性申报纳税。王先生9月底将60 000元收入一次领取。税法规定,劳务报酬所得按收入减除20%的费用后的余额为应纳税所得额,适用20%的比例税率。如果一次收入超过20 000元,20 000~50 000元的部分加征50%的应纳税额。

应纳税所得额=60 000×(1−20%)=48 000(元)

未加成应纳税额=48 000×20%=9 600(元)

加成部分应纳税额=(48 000−20 000)×20%×50%=2 800(元)

应纳税额合计=9 600+2 800=12 400(元)

净收益=60 000−12 400=47 600(元)

若采用速算扣除法,则

应纳个人所得税额=48 000×30%−2 000=12 400(元)

(2) 分次申报纳税。税法规定,属于一次收入的,以取得该项收入为一次,属于同一项目连续性收入的,以1个月内取得的收入为一次。如果支付间隔超过1个月,按每次收入额扣除法定费用后计算应纳税所得额,而间隔期不超过1个月,则合并为一次扣除法定费用后计算应纳税所得额。所以纳税人在提供劳务时,合理安排纳税时间内每月收取劳务报酬的数量,可以多次抵扣法定的定额(定率)费用,减少每月的应纳税所得额,避免适用较高的税率,使自己的净收益增加。

王先生可以同支付报酬方约定,60 000元收入分三次领取,每月领取一次,每次20 000元,则

应纳个人所得税=20 000×(1−20%)×20%×3=9 600(元)

净收益=60 000−9 600=50 400(元)

16.4.2 销售激励的税收筹划方法

企业一般会对销售人员的市场开拓给予奖励,其方法主要是将销售人员的销售业务量与报酬相结合,即将销售量乘以一个百分比,作为销售人员的提成奖金。这种做法从企业管理的角度当然是适用的有效方法,但从税收的角度来看,可能导致个人所得税负担偏高。

如果能够将销售人员在实际销售过程中发生的费用作适当的分解,或者在企业享受低税率与个人所得税实际税率之间进行权衡,企业则可以在企业所得税和个人所得税中选择较低的税率来纳税,只要计算准确,操作得当,对企业和个人都有利。

【案例16-18】 销售员小王平时每月从企业领取3 500元,年终按销售业绩提取奖金12万元。请计算小王应纳的个人所得税,并对其进行税收筹划。

解析:企业按规定代扣代缴小王的个人所得税为

$$(3\,500 + 120\,000 - 5\,000) \times 45\% - 15\,160 = 38\,165(元)$$

但实际上,销售员小王得到的奖金并没有这么多,企业发放的奖金总额中有相当一部分是差旅费和业务招待费用,按奖金总额缴纳个人所得税不太合适。如果企业进行税收筹划方案设计,只需财务人员将会计核算方法改变一下,销售提成政策不变,但在具体处理有关差旅费和招待费用时做适当变通,即平时将差旅费和招待费用分离出来实报实销。这样,到年底不仅这些费用可以在所得税前列支,降低了企业所得税,而且也适当降低了个人所得税。

若上述个人提取的"提成奖"中差旅费以及通信费等占30%,招待费用占10%,并取得合法的凭证,那么,在账务处理时确认的销售员的差旅费为36 000元,业务招待费为12 000元。账务处理如下:

借:销售费用——差旅费　　　　　　　　　　　　36 000
　　管理费用——业务招待费　　　　　　　　　　12 000
　　贷:库存现金　　　　　　　　　　　　　　　　　　48 000

企业所适用的企业所得税税率为25%,则

全年差旅费和业务招待费减少应纳税所得额 = 36 000 + 12 000 = 48 000(元)

减少企业所得税 = 48 000 × 25% = 12 000(元)

如果奖金年终一次性发放,则

代扣代缴的个人所得税应纳税所得额 = (120 000 − 48 000) ÷ 12 = 6 000(元)

此时,适用10%的个人所得税税率,则

个人所得税 = 72 000 × 10% − 210 = 6 990(元)

节税额 = 38 165 − 6 990 = 31 175(元)

复习思考题

1. 个人获取的综合所得应如何进行税收筹划?
2. 从节税角度分析工资薪金与年终奖金应如何进行合理分配。
3. 股权激励有哪些税收筹划空间?
4. 个人收入的税收筹划方法有哪些?
5. 如何利用六项专项附加扣除项目进行税收筹划?
6. 如何对营销人员的销售提成进行税收筹划?

【案例分析题】

案例一　限售股转让的税收筹划

王明是吉祥股份公司的股东,在吉祥股份公司2×18年3月1日上市之前持有该公司的股权,上市之后持有吉祥股份公司的限售股股票100万股,初始购入价为1.00元/股,限售期3年,2×21年3月1日解禁。2×21年9月转让60万股,转让价为16.00元/股。请问王明转让限售股如何缴纳个人所得税？

案例二　劳务报酬的税收筹划

某设计院工程师王某，利用业余时间为其他工程研究院设计一套节水设备，花费了将近一年时间，获得的报酬也非常可观，共有 200 万元。

问题：对于这笔收入，该工程师应该如何策划使其税后收入最大化？

案例三　境内、境外收入的税收筹划

某大学的张教授是中国的居民纳税人，他同时在英国一所大学任客座教授。6 月，张教授从国内大学取得工资性收入 20 000 元，同时又从英国大学获得 10 000 美元收入，汇率为 6.5，折合人民币 65 000 元。假设本题目仅考虑每月法定扣除额 5 000 元，不考虑其他扣除项目。

问题：
（1）试比较张教授能否提供英国大学工资证明文件，其应缴纳的个人所得税金额有无差异。
（2）为减轻其个人税负，张教授有合适的税收筹划方法吗？

案例四　工资薪金的个人所得税预缴

2×21 年 1 月 8 日，北京某生物科技有限公司应向杨女士支付工资 13 500 元，杨女士在该月除由任职单位扣缴"三险一金"2 560 元外，还通过单位缴付企业年金 540 元，自行支付"岁优商业健康"保险费 200 元（"三险一金"各地缴纳比例不同，本题数据系为计算方便设置）。

杨女士已于 2×20 年 9 月支付了女儿 2×20 年下学期（2×20 年 9 月至 2×21 年 1 月）学前教育的学费 7 000 元，大儿子正在上小学，现已与丈夫约定由杨女士按子女教育专项附加扣除标准的 100% 扣除；杨女士本人是在职博士研究生在读。

杨女士 2×20 年使用商业银行个人住房贷款（或住房公积金贷款）购买了首套住房，现处于偿还贷款期间，每月需支付贷款利息 1 300 元，已与丈夫约定由杨女士进行住房贷款利息专项附加扣除。

因杨女士所购住房距离小孩上学的学校很远，以每月租金 1 200 元在（本市）孩子学校附近租住了一套房屋。

杨女士的父母均已满 60 岁（每月均领取养老保险金），杨女士与姐姐和弟弟签订书面分摊协议，约定由杨女士分摊赡养老人专项附加扣除 800 元。

问题，2×21 年 1 月预扣预缴杨女士的个人所得税金额为多少？

案例五　工资薪金与年终奖策划

张华 2×21 年度取得工资薪金综合所得收入 12 万元，其中个人负担的社保每月 500 元，专项附加扣除每月 3 000 元（子女教育每月 1 000 元，房贷利息每月 1 000 元，赡养老人每月 1 000 元），年末公司发放年终奖 5 万元。

问题：2×21 年张华年终奖如何缴纳能够负担较少税收？
（提示：对年终奖是否并入工资薪金总额合并计税进行比较分析。）

案例六　销售提成的税收筹划

聚成公司是一家智能玩具生产制造企业。2×21年初，该公司对销售人员实行报酬与销售额挂钩的财务激励办法。该公司规定，销售人员每月从公司领取5 000元的工资，然后年终按销售额领取一定比例（10%）的销售奖。销售人员张明2×20年实现销售额360万元，按照规定张明应该得到36万元的销售奖金。

问题：应如何给张明进行税收筹划？

【综合阅读题】

明星避税案的深入思考

1. 设立个人独资工作室

因明星职业的特殊性，加之娱乐产业的畸形发展，目前我国知名明星的片酬收入动辄千万元，在劳务报酬所得中适用最高税率，即40%，而个体工商户及个人独资企业或合伙企业的经营所得的累进税率中，个人所得税最高边际税率为35%。单纯的劳务报酬所得就其收入总额扣除一定比例的费用后纳税，个人独资工作室首先在税率上已经降低了5个百分点。不仅如此，成立个人独资工作室还可以将发生的合理相关成本、费用依法在税前扣除，能进一步降低个人所得税税负。

另外，某知名明星设立的无锡某某文化工作室享有影视行业特殊税收优惠政策，不仅会有一些专项资金补贴，而且对于认定成功的影视业工作室采用核定征收法，即税务局对于某知名明星的个人独资工作室不采用查账征收，而是采用总收入乘以应税所得率10%，然后再适用五级超额累进税率征税，最低的个人所得税税负率只有3.5%。

2. 充分利用税收洼地

税收洼地主要有两个，分别是无锡和霍尔果斯。这两个税收洼地主要是针对影视娱乐业的。

我国幅员辽阔，地区之间不免存在经济发展上的差异，有些地区为了招商引资，常常会对一些特定行业的企业给予一些税收优惠。地方政府获得税款分成比例后，再把税款分成比例的一部分作为专项资金或者补贴返还给纳税人，从而起到吸引投资、拉动当地经济发展的目的。上面提到某知名明星在无锡所开设的个人工作室交完税后，当地政府还以产业扶持资金名义给予财政返还，如表16-8所示。

表16-8　无锡产业园财政返还政策

年　度	第1~3年	第4~5年
园区企业、工作室	返还增值税所得税市级政府留成的80%	返还增值税所得税市级政府留成的50%

除财政返还以外，还包含大量园区内租金减免、重点项目补贴、知名企业及工作室认证奖励以及其他形式的补贴及奖金返还，单从某知名明星个人所得税税率从45%到设立工作室以核定征收3.5%的综合征收率纳税，再到前三年政府80%返还，已经抵消掉绝大部分税负，税收优惠力度之大，令人咋舌。

另一方面，霍尔果斯也存在着不亚于无锡的税收优惠政策，2011年国家"一带一路"倡议实施之后，霍尔果斯被列为新的经济特区，财政部与国家税务总局联合下发通知，对相关企业实行"五减五免"的税收优惠。霍尔果斯当初享有以下优惠政策。

（1）新注册公司享受五年内企业所得税全免；五年后地方留存的40%（企业所得税中央和地方按60%：40%分成）将以"以奖代免"的方式返还给企业。

（2）增值税（中央和地方共享税，最后按50%：50%分成）及其他附加税（100%地方留存）总额地方留存部分（即50%的增值税和100%的附加税），年缴纳满100万元开始按比例奖励，一般奖励15%~50%。

企业员工缴纳的个人所得税满1 000万元，开始返还地方留存部分（个人所得税地方分40%，中央分60%）的70%；超过2 000万元小于4 000万元的，返还地方留存部分的80%；4 000万元以上返还地方留存部分的90%。

问题：

1. 经营所得采用核定征收方式，会产生什么问题？你认为应如何加强核定征收的税收监督与管理？

2. 一些地区存在税收洼地公平吗，你是如何看待这一问题的，为什么？

第 17 章

资本交易的税收筹划

各特殊利益集团和政治家认为,利息支付所带来的税收扣除鼓励人们采取举债收购方式……为什么目标公司非要求助举债收购,而不能依靠自己举债或调整自身资本结构呢?原因在于,税收成本之外的非税成本使资本重组较之于其他税收替代手段更有效。

——诺贝尔经济学奖得主 迈伦·斯科尔斯

17.1　企业并购的税收筹划

企业并购(mergers and acquisitions,M&A)包括兼并和收购两层含义、两种方式,即企业之间的兼并与收购行为,是企业进行资本运作和经营的一种主要形式。从行业角度划分,可将其分为以下三类:横向并购、纵向并购和混合并购。横向并购是指同属于一个产业或行业,或产品处于同一市场的企业之间发生的并购行为,其可以扩大同类产品的生产规模,降低生产成本,消除竞争,提高市场占有率;纵向并购是指生产过程或经营环节紧密相关的企业之间的并购行为,其可以加速生产流程,节约运输、仓储等费用;混合并购是指生产和经营彼此没有关联的产品或服务的企业之间的并购行为,其主要目的是分散经营风险,提高企业的市场适应能力。从企业并购的付款方式来讲,企业并购主要包括企业合并、资产收购、股权收购三种形式。企业并购作为实现资源流动和有效配置的重要方式,在其过程中不可避免地会涉及企业的税收负担及策划节税问题。

企业并购指通过一个企业与另一个企业的结合或获得对另一个企业净资产和经营活动的控制权,而将各个单独的企业合成一个经济实体。企业并购的税收筹划是指在税法规定的范围内,并购双方从税收角度对并购方案进行科学、合理的事先策划和安排,尽可能减轻企业税负,从而达到降低合并成本,实现企业整体价值最大化。

【案例 17-1】乙公司因经营不善,连年亏损。2×21 年 12 月 31 日,资产总额为 1 200 万元(其中,房屋、建筑物 1 000 万元,存货 200 万元),负债为 1 205 万元,净资产为 −5 万元。公司股东决定清算并终止经营。甲公司与乙公司经营范围相同,为了扩大公司规模,决定出资 1 200 万元购买乙公司的全部资产。乙公司将资产出售收入全部用于偿还债务和缴纳欠税,然后将公司解散。请计算乙公司应纳税额,并对其进行税收筹划。

解析:乙公司在该交易中涉及不动产转让,需缴纳增值税及相关附加。

应纳增值税 $= 1\,000 \div (1+9\%) \times 9\% + 200 \div (1+13\%) \times 13\% = 105.58$(万元)

应纳城建税及教育费附加 $= 105.58 \times (7\% + 3\%) = 10.56$(万元)

转让企业产权是整体转让企业资产、债权、债务的行为,其转让价格不只由资产价值决定。所以,转让企业产权不缴纳增值税,对股权转让也不征收增值税。

对于上述交易,如果甲公司将乙公司吸收合并,乙公司的资产和负债全部转移至甲公司账下,则甲公司无须立即支付资金即可获得乙公司的经营性资产,而且乙公司也无须缴纳增值税,可以实现策划节税。

1. 选择并购目标的税收筹划

1) 并购类型选择的税收筹划

并购类型的选择是并购决策中的首要问题。若选择同行业同类企业作为目标企业,则属于横向并购,可以消除竞争、扩大市场份额、形成规模效应。从税收角度看,横向并购不改变经营主业和所处的行业,所以一般不会对纳税环节和税种有过多影响。从纳税主体属性看,增值税小规模纳税人可能会因规模的扩大而转变为一般纳税人,中小企业可能会扩张为大企业。

若选择与供应商或客户的并购,则属于纵向并购,可以实现上下游一体化、协作化生产,甚至实现了范围经济。对并购企业来说,与供应商及客户的交易变成了企业内部调拨行为,其流转环节减少,相应的流转税负也会降低甚至消失。纵向并购拓宽了生产经营范围,所以很可能增加纳税环节及税种。例如,钢铁企业并购汽车企业,将增加消费税税种,由于税种增加,可以说相应纳税主体属性也有了变化,企业生产经营过程中也相应增加了消费税的纳税环节。

【案例 17-2】 某地区有两家大型酒厂 A 和 B,它们都是独立核算的法人企业。A 酒厂主要经营粮食类白酒,以当地生产的大米和玉米为原料,按照消费税法规定,适用 20% 的税率。B 酒厂以 A 酒厂生产的粮食酒为原料,生产系列药酒,按照消费税法规定,适用 10% 的税率。A 每年要向 B 提供价值 2 亿元共 5 000 万千克的粮食酒。经营过程中,B 酒厂由于缺乏资金和人才,无法经营下去,准备破产。此时 B 酒厂欠 A 酒厂共计 5 000 万元货款。经评估,B 酒厂的资产恰好也为 5 000 万元。请分析 A 酒厂收购 B 酒厂的决策依据。

解析: A 酒厂领导人经过研究,决定对 B 酒厂进行收购,其决策的主要依据如下:

第一,这次收购支出费用较小。由于合并前 B 酒厂的资产和负债均为 5 000 万元,净资产为零,因此,按照税法规定,该并购行为属于以承担被兼并企业全部债务方式实现的吸收合并,不视为被兼并企业按公允价值转让、处置全部资产,不计算资产转让所得,不缴纳企业所得税。此外,两家企业之间的行为属于产权交易行为,按税法规定,不缴纳增值税。

第二,合并可以递延部分税款。合并前,A 酒厂向 B 酒厂提供的粮食酒,每年应该缴纳的消费税额为

$$应纳消费税额 = 20\,000 \times 20\% + 5\,000 \times 2 \times 0.5 = 9\,000(万元)$$

而这笔税款一部分合并后可以递延到药酒销售环节缴纳(消费税从价计征部分),从而获得递延纳税的好处;另一部分税款(从量计征的消费税)则免予缴纳。

第三,B 酒厂生产的药酒市场前景很好,企业合并后可以将经营方向转向药酒生产,转向后企业应缴的消费税款将减少。由于粮食酒的消费税税率为 20%,而药酒的消费税税率为 10%,如果企业转产为药酒生产企业,那么相关消费税负担大大减轻。

假定药酒的销售额为 2.5 亿元,销售数量为 5 000 万千克。

合并前后应纳消费税款为

$$A\ 酒厂应纳消费税 = 20\,000 \times 20\% + 5\,000 \times 2 \times 0.5 = 9\,000(万元)$$

$$B\ 酒厂应纳消费税 = 25\,000 \times 10\% = 2\,500(万元)$$

$$合计应纳消费税税款 = 9\,000 + 2\,500 = 11\,500(万元)$$

$$合并后应纳消费税 = 25\,000 \times 10\% = 2\,500(万元)$$

$$合并后节约消费税 = 11\,500 - 2\,500 = 9\,000(万元)$$

2) 目标企业的财务状况与税收筹划

并购企业若有较高盈利水平,为改变其整体的税收负担,则可选择一家有大量净经营亏损的企业作为并购目标。实施合并后实现的盈利可以有条件地弥补原来被合并企业的亏损,降低合并企业的所得税负担。因此,目标公司尚未弥补的亏损和尚未享受完的税收优惠应当是决定是否实施企业并购的一个重要因素。

根据《财政部 国家税务总局关于企业重组业务企业所得税处理若干问题的通知》(财税〔2009〕59号)规定,适用于一般重组的吸收合并,被合并企业的亏损不得在合并企业结转弥补;而适用于特殊性重组的吸收合并,合并企业可以以限额弥补被合并企业的亏损。因此,企业合并应符合特殊性重组的条件才能免征企业所得税,即必须满足以下四个条件:①具有合理的商业目的,且不以减少、免除或者推迟缴纳税款为主要目的;②企业重组后的连续12个月内不改变重组资产原来的实质性经营活动;③企业重组中取得股权支付的原主要股东,在重组后连续12个月内,不得转让所取得的股权;④企业股东在该企业合并发生时取得的股权支付金额不低于其交易支付总额的85%,以及同一控制下且不需要支付对价的企业合并。其次,并购亏损企业一般采用吸收合并或控股兼并的方式,不采用新设合并方式。因为新设合并的结果是被并企业的亏损已经核销,无法抵减合并后的企业利润。但此类并购活动必须警惕亏损企业可能给并购后的整体带来不良影响,特别是利润下降给整体企业市场价值带来的消极影响,甚至会由于向目标企业过度投资,导致不仅没有获得税收抵免递延效应,反而将优势企业也拖入亏损的境地。

【案例17-3】 甲公司主要经营电机的生产、销售,下属一子公司主营电机的修理和零配件销售业务。甲公司由于改制和业务发展的需要,搬到了开发区,改制方案已获省政府批准,改制后将变为股份有限公司,其中工会持股40%,职工个人入股60%。2×21年8月,甲公司拟将2×20年5月取得的厂房和土地出售给中华房地产开发公司,房屋和土地账面净值为1 000万元,房屋和土地经评估后价值为5 000万元(本例主要考虑增值税和企业所得税的策划)。

甲公司转让不动产需要缴纳增值税:

$$5\ 000 \times 9\% = 450(万元)$$

转让不动产获取所得还需要缴纳企业所得税:

$$(5\ 000 - 1\ 000) \times 25\% = 1\ 000(万元)$$

$$合计纳税额 = 450 + 1\ 000 = 1\ 450(万元)$$

问题:对以上经济业务进行税收筹划。

解析:如果进行税收筹划方案设计,采取先投资再合并形式,可以节约大量税金。操作步骤如下。

第一步:进行投资。由甲公司将闲置的厂房和土地作为对其下属子公司的投资,企业以不动产对外投资征收增值税。厂房、土地投资视同转让行为缴纳增值税:

$$5\ 000 \times 9\% = 450(万元)$$

此外,由该子公司向银行贷款,以资产担保的形式融资5 000万元支付改制相关费用及补偿金,该子公司在接受投资和融资后资产与负债基本相等。

第二步:实施合并。由中华房地产开发公司以股权支付额作为对价,合并甲公司的子公司,则满足特殊性税务处理的条件,不视为被合并企业按公允价值转让、处置全部资产,不计算资产的转让所得。合并企业接受被合并企业全部资产的成本,以被合并企业原账面净值为基础确定。

通过上述税收筹划方案,该子公司无须计算资产转让所得,中华房地产开发公司可根据该子公司的账面价值计提折旧或进行摊销。该税收筹划方案只需缴纳增值税,不需要缴纳企业所得税,当然在投资时需缴纳印花税等税费。

3) 目标企业行业选择与税收筹划

我国对一些行业给予企业所得税优惠,例如,对小型微利企业减按20%的税率征收;对国家需要重点扶持的高新技术企业减按15%的税率征收;对农、林、牧、渔业项目,国家重点扶持的公共基础设施项目,以及符合条件的环境保护、节能节水项目可予以免征、减征。并购方在选择并购对象时,可重点关注这些行业或项目,以获得税收优惠及其他政府补贴资金。

2. 选择并购出资方式的税收筹划

在税收法律的立法原则中,对企业或其股东的投资行为所得征税,通常以纳税人当期的实际收益为税基;对于没有实际收到现金红利的投资收益,不予征税。这就给并购企业提供了免税并购的可能。

并购按出资方式可分为现金购买资产式并购、现金购买股票式并购、股票换取资产式并购、股票换取股票式并购。后两种并购以股票方式出资,对目标企业股东来说,在并购过程中,不需要立即确认其因交换而获得并购企业股票所形成的资本利得,即使以后出售这些股票需要就资本利得缴纳企业所得税,也已起到了延迟纳税的效果。

股票换取资产式并购也称为"股权置换式并购",这种模式在整个资本运作过程中,没有出现现金流,也没有实现资本收益,因而这一过程是免税的。企业通过股权置换式并购,可以在不纳税的情况下实现资产的流动与转移,并达到追加投资和资产多样化的理财目的。

【案例17-4】 A公司欲兼并B公司。已知A公司对外发行的流通股为3 000万股,股票面值为1.5元/股,市面价值为4元/股。A公司最近几年每一期间的应纳税所得额都比较稳定,估计合并后每年约为1 000万元。B公司合并前账面净资产为500万元,上年亏损额为50万元,以前年度无亏损,该企业经评估确认的净资产价值为800万元。已知合并后A公司的股票面值基本不会发生变化,增值后的资产平均折旧年限为5年。有以下两个方案可供选择,请分析哪个方案更划算。

方案一:A公司用175万股股票和100万元现金购买B公司。

方案二:A公司以160万股股票和160万元现金购买B公司。

解析:

方案一,因非股权支付额小于股权按票面计的15%,按税法规定,B公司不用就转让所得缴纳企业所得税,公司B的50万元亏损可以在公司A盈利中弥补,同时公司A接受的公司B的资产可以按其账面净值为基础确定。这时,公司A弥补公司B亏损后的盈利为950万元(1 000−50),每年的加计折旧为100万元(500/5),税后利润为

$$950 \times (1-25\%) + 100 \times 25\% = 737.5(万元)$$

方案二,由于非股权支付额大于股权按票面计的15%,按税法规定,B公司的转让收益要缴纳企业所得税,纳税额为

$$(800-500) \times 25\% = 75(万元)$$

A公司兼并B公司后,B公司不再存续,因此这笔税款实际由A公司缴纳,B公司的亏损额不能弥补。此时,A公司的利润为1 000万元,加计折旧额为160万元(800/5),税后利润为

$$1 000 \times (1-25\%) + 160 \times 25\% = 790(万元)$$

则扣除企业所得税后的净利润为715万元(790−75)。

【案例 17-5】 深圳华新股份有限公司(简称华新公司)2×21 年 6 月以 12 500 万元收购广东冠华饲料事业公司(简称冠华公司)的全部股权。

广东冠华饲料事业公司是广东省佛山市顺德区容奇镇经济开发总公司投资 4 600 万元创办的全资子公司,该公司 2×20 年 12 月 31 日的资产账面净值为 6 670 万元,经评估确认后的价值为 9 789 万元。华新公司股权支付额为 12 000 万元(子公司 A 股权,计税基础为 9 000 万元),非股权现金支付为 500 万元。

请分析华新公司的股权收购行为应如何纳税,是否适用特殊性税务处理?

解析:华新公司收购冠华公司 100%股权,并获得其实质控制权,此项交易符合股权收购条件,构成了股权收购行为。

华新公司收购冠华公司的股权份额超过 50%,且股权支付额占全部对价总额的 96%(12 000/12 500),大于 85%的比例,符合特殊重组条件,适用特殊性税务处理。

顺德区容奇镇经济开发总公司(母公司)从华新公司处取得的 12 000 万元的股权支付额不缴纳企业所得税,500 万元的非股权支付需确认股权转让收益(损失)。

非股权支付额对应的股权转让所得为

$$(12\ 500 - 6\ 670) \times 500/12\ 500 = 233.2(万元)$$

顺德区容奇镇经济开发总公司应确认股权转让应纳税所得额 233.2 万元。其取得的华新公司股权的计税基础应按照下列公式确认:

取得股权的计税基础=所转让资产原有计税基础-收到的非股权支付额+收到非股权支付额所对应的资产转让所得或损失

即应确认"长期股权投资——华新公司"的计税基础为

$$4\ 600 - 500 + 233.2 = 4\ 333.2(万元)$$

华新公司收到的冠华公司股权的计税基础为所付出资产原有的计税基础加上支付的非股权支付额(补价),即

$$9\ 000 + 500 = 9\ 500(万元)$$

【案例 17-6】 2004 年 12 月 8 日,联想集团以总价 12.5 亿美元收购了国际商业机器公司(IBM)的全球个人电脑(personal computer,PC)业务,正式拉开了联想全球布局的序幕。可是,如果仔细研究,在这场中国并购市场上前所未有的大宗并购案中,共 12.5 亿美元的收购价格,联想集团为什么要采用"6.5 亿美元现金+6 亿美元联想股票"的支付方式呢?这种支付方式背后隐含着怎样的策略呢?

也许有人会说,如果全部现金收购,联想一时付出 12.5 亿美元的现金太多,而如果全部换股,按照 6 亿美元的联想股票相当于 18.5%左右的股份来计算,全部换股后,IBM 将持有联想集团 38.5%的股份,联想控股所拥有的股份将减少为 25%,由此,不是联想并购了 IBM 的 PC 业务,而是 IBM 吃掉了联想。

那么,请问联想为什么不出"5.5 亿美元现金+7 亿美元的联想股票"或"4.5 亿美元现金+8 亿美元的联想股票"呢?

解析:这里有一个很重要的问题就是税收。事实上,在任何一场并购案中,并购企业在选择并购目标及其出资方式前都需要进行税收筹划。一般来说,并购企业若有较高盈利水平,为改变其整体的纳税状况,可选择一家具有大量净经营亏损的企业作为并购目标。通过盈利与亏损的相互抵消,实现企业所得税的减少。这是并购税收筹划的通行规则。比照这一规则来看联想并购 IBM PC 时双方企业的盈利能力。

在 2004 年底并购前的四个月,也就是 2004 年 8 月 11 日,联想集团在中国香港宣布 2004—2005 财年第一季度(2004 年 4 月 1 日至 6 月 30 日)业绩,整体营业额为 58.78 亿港元,较上一财年同期上升 10%,纯利大幅度增加 21.1%。同时,联想宣称:1999—2003 年,其营业额从 110 亿港元增长到 231 亿港元,利润从 4.3 亿港元增长到 11 亿港元,五年内实现了翻番。

2005 年 1 月,IBM 向美国证券交易委员会(简称美国证交会)提交的文件显示,其 2004 年 12 月卖给联想集团的个人电脑业务持续亏损已达三年半之久,累计亏损额近 10 亿美元。

一个是年利润超过 10 亿港元、承担着巨额税负的新锐企业,一个是累计亏损额近 10 亿美元、亏损可能还在持续上涨但亏损递延及税收优惠仍有待继续的全球顶尖品牌,在这样一个阶段、这样一种状况下,两者走到一起,恐怕不单纯是一种业务上的整合,很大程度上带有税收筹划的色彩:如果合并纳税中出现亏损,并购企业可以通过亏损的递延推迟纳税。因此,目标公司尚未弥补的亏损和尚未享受完的税收优惠应当是决定是否并购的一个重要因素。也就是说,如果两个净资产相同的目标公司,假定其他条件都相同,一个公司有允许在以后年度弥补的亏损,而另一个公司没有可以弥补的亏损,那么亏损企业应成为并购的首选目标公司。

IBM 提交美国证交会的文件披露后,曾引起联想股民的不满,联想股价曾一度下滑,事实上,这样的并购对联想来说是非常划算的。如果说有什么担心,恐怕也只是警惕并购后可能带来业绩下降的消极影响及资金流不畅造成的"整体贫血"问题,并防止并购企业被拖入经营困境。不过,现在看来,联想有能力成为奥运 TOP 计划(the Olympic partner)合作伙伴,及其后续的一系列举措,暗示了其现金流并不存在太大问题,反而是 IBM 的巨亏很大程度上减少了联想的税负,成为并购案例中进行税收筹划的典范。

需要注意的是,在股权收购中,如果是以现金购买股票,也会使被并购企业形成大量的资本利得,进而产生资本利得税或所得税的问题,有时被并购企业还会把这些税负转嫁给并购企业,这时,并购企业则需要考虑"以股票换取资产"或"以股票换取股票"的方式。

不过,正像联想并购案中所提到的,纯粹的"以股票换取资产"或"以股票换取股票"有可能形成目标企业反收购并购企业的情况,所以,企业在出资方式上往往是在满足多方需求的利益平衡状况下,计算出税负成本最低、对企业最有利的一种方式。

最终采纳的方式往往是复合的,就像联想的一部分是现金收购,一部分用股票收购。假如 IBM 不是美国企业,而是中国企业,IBM PC 市值与联想集团相当,那么 6 亿美元的联想股票相当于 18.5% 的联想股份时,6.5 亿美元的现金恰好相当于联想市值的 20%。按照《国家税务总局关于企业合并分立业务有关所得税问题的通知》(国税发〔2000〕119 号)的规定:合并企业支付给被合并企业或其股东的收购价款中,除了合并企业股权以外的现金、有价证券和其他资产(简称非股权支付额)不高于所支付股权票面价值(或支付股本的账面价值)20%的,可以不计算所得税。① 美国税法中也存在类似的免税重组政策。

3. 并购会计处理方法的税收筹划

并购会计处理方法有购买法和权益联合法两种。两种会计处理方法下,对重组资产确认、市价与账面价值的差额等有着不同的规定,影响到重组后企业的整体纳税状况。

在购买法下,并购企业支付目标企业的购买价格不等于目标企业的净资产账面价值。在

---

① 自 2009 年以来,《财政部 国家税务总局关于企业重组业务企业所得税处理若干问题的通知》(财税〔2009〕59 号)替代《国家税务总局关于企业合并分立业务有关所得税问题的通知》(国税发〔2000〕119 号)。但联想收购案发生在 2005 年,当时执行的是国税发〔2000〕119 号文件。

购买日将构成净资产价值的各个资产项目，按评估的公允市价入账，公允市价超过净资产账面价值以上的差额在会计上作为商誉处理。商誉和固定资产由于增值而提高的折旧费用或摊销费用，减少税前利润，会产生节税效果，其数额为折旧或摊销费用的增加数中相应的所得税费用减少数。

权益联合法仅适用于发行普通股换取被并购公司的普通股。参与合并的各公司资产、负债都以原账面价值入账，并购公司支付的并购价格等于目标公司净资产的账面价值，不存在商誉的确定、摊销和资产升值折旧问题，所以没有对并购企业未来收益减少的影响。吸收合并与新设合并以及股票交换式并购采用的就是这种会计处理方法。

购买法与权益联合法相比，资产被确认的价值较高，并且由于增加折旧和摊销商誉引起净利润减少，形成节税效果。但是购买法增加企业的现金流出或负债增加，从而相对地降低了资产回报率，降低了资本利用效果，因此税收筹划要全面衡量得失。

4. 选择并购融资方式的税收筹划

企业并购通常需要筹措大量的资金，其融资方式主要有债务融资和股权融资。债务融资利息允许在税前列支，而股权融资股息只能在税后列支。因此，企业并购采用债务融资方式会产生利息抵税效应，这主要体现在节税利益及提高权益资本收益率方面。其中节税利益反映为负债成本计入财务费用以抵减应纳税所得额，从而相应减少应纳所得税额。在息税前收益率不低于负债成本率的前提下，债务融资比率越高，额度越大，其节税效果也就越显著。当然，负债最重要的杠杆作用则在于提高权益资本的收益率水平及普通股的每股收益率方面，这可以从下面公式得以充分反映：

$$权益资本收益率(税前) = 息税前投资收益率 + 负债 \div 权益资本 \times (息税前投资收益率 - 负债成本率)$$

【案例17-7】 甲公司为实行并购需融资400万元，假设融资后息税前利润有80万元。现有三种融资方案可供选择：方案一，完全以权益资本融资；方案二，债务资本与权益资本融资的比例为10∶90；方案三，债务资本与权益资本融资的比例为50∶50。假设债务资金成本率为10%，企业所得税税率为25%。在这种情况下应如何选择方案呢？

解析：当息税前利润额为80万元时，税前投资回报率为80÷400×100%＝20%＞10%（债务资金成本率），税后投资回报率会随着企业债务融资比例的上升而上升。因此，应当选择方案三，即50%的债务资本融资和50%的权益资本融资，这种方案下的纳税额最小，即

$$应纳企业所得税 = (80 - 400 \times 50\% \times 10\%) \times 25\% = 15(万元)$$

但并购企业同时也须考虑大量债务融资给企业资本结构带来的影响。如果并购企业原来的负债比率较低，通过债务融资适当提高负债比率是可行的；如果并购企业原来的负债比率较高，继续采取债务融资可能导致加权平均资金成本上升、财务状况急剧恶化、破产风险增大等负面影响。此时，更好的融资方式也许是股权融资，或债务融资与股权融资并用，以保持良好的资本结构。

5. 资产收购与股权收购的转化

股权收购是一种股权交易行为，它能够改变企业的组织形式及股权关系，与资产收购完全不同。资产收购一般只涉及单项资产或一组资产的转让行为，而股权收购涉及企业部分或全部股权，股权收购是收购企业资产、债权、债务及劳动力的综合性交易行为，其收购价格不仅由被收购企业账面资产价值决定，还与被收购企业的商誉等许多账面没有记录的无形资产等有关。

资产收购与股权收购所适用的税收政策有着较大差异。一般资产收购都需要缴纳流转税和所得税,如对存货等流动资产出让应作为货物交易行为缴纳增值税,对货物性质的固定资产转让也应缴纳增值税。如果需要在企业之间转移资产,那么以股权转让形式规避税收不失为一种好的税收筹划模式。企业股权转让与企业销售不动产、销售货物及转让无形资产的行为完全不同,它不属于增值税征收范围,因此,转让企业股权不缴纳增值税。① 通过把资产收购转变为产权收购,就可以实现资产、负债的打包出售,而规避资产转让环节的流转税,达到了利用并购重组策划节税的目的。

产权交易还可以改变业务模式,整合资源,调整产权结构,进而影响企业税负。

【案例17-8】 甲公司是一家大型纺织品生产企业,为扩展生产经营规模,决定收购同城的纺织企业乙公司,为避免整体合并后承担过高的债务风险,甲公司决定仅收购乙公司与纺织品生产直接相关的所有资产。2×21年5月1日,双方达成收购协议,2×21年4月30日,乙公司的所有资产情况如表17-1所示。

表17-1　乙公司的所有资产情况　　　　　　　　　　　单位:万元

类　别	账面价值	计税基础	公允价值	备　注
设备	4 000	4 500	5 500	收购
厂房	3 000	3 400	9 000	收购
库存商品	1 000	1 100	500	收购
货币资金	150	150	150	不收购
合计	8 150	9 150	15 150	

2×21年4月15日,乙公司所有资产评估后的资产总额为15 150万元,甲公司以乙公司经评估后的资产总价值15 000万元为准。甲公司向乙公司支付的对价包括股权支付、债券和现金(见表17-2)。

表17-2　甲公司支付对价明细表　　　　　　　　　　　单位:万元

类　别	账面价值	计税基础	公允价值
股权支付	6 250	6 250	14 000
债券	400	450	800
现金	200	200	200
合计	6 850	6 900	15 000

解析:甲公司收购乙公司部分资产是为了扩大经营规模,且遵守以下承诺:收购相关资产后,除进行必要的设备更新外,在连续12个月内仍用该套设备从事纺织品生产。因此,该项

---

① 《国家税务总局关于纳税人资产重组有关增值税问题的公告》(国家税务总局公告2011年第13号)规定:纳税人在资产重组过程中,通过合并、分立、出售、置换等方式,将全部或者部分实物资产以及与其相关联的债权、负债和劳动力一并转让给其他单位和个人的行为,不属于增值税的征税范围,其中涉及的货物转让,不征收增值税。《财政部 国家税务总局关于全面推开营业税改征增值税试点的通知》(财税〔2016〕36号)规定"不征收增值税项目":①根据国家指令无偿提供的铁路运输服务、航空运输服务,属于《营业税改征增值税试点实施办法》第十四条规定的用于公益事业的服务。②存款利息。③被保险人获得的保险赔付。④房地产主管部门或者其指定机构、公积金管理中心、开发企业以及物业管理单位代收的住宅专项维修资金。⑤在资产重组过程中,通过合并、分立、出售、置换等方式,将全部或者部分实物资产以及与其相关联的债权、负债和劳动力一并转让给其他单位和个人,其中涉及的不动产、土地使用权转让行为。

交易具有商业实质。

甲公司收购乙公司资产的比例占乙公司全部资产的99%(15 000/15 150),股权支付额占总支付对价的93%(14 000/15 000),符合资产收购的特殊性税务处理的条件。

转让企业——乙公司：

(1) 取得非股权支付额对应的资产转让所得＝1 000/15 000×(15 000－9 000)
$$=400(万元)$$

乙公司应缴纳企业所得税＝400×25%＝100(万元)

(2) 转让企业取得受让企业支付对价的计税基础为

9 000(被转让资产计税基础)＋400(转让产生的应纳税所得额)－200＝9 200(万元)

以公允价值为标准,股票的计税基础为
$$9\ 200\times1\ 400/(1\ 400+800)=5\ 854.55(万元)$$

债券的计税基础为
$$9\ 200\times800/(1\ 400+800)=3\ 345.45(万元)$$

收购方甲公司取得的经营资产的计税基础为

6 250(股权原有的计税基础)＋800(非现金资产的公允价值)＋200(现金)
＝7 250(万元)

【案例 17-9】 B 公司拥有一块 120 亩(1 亩＝666.7 平方米)的土地,购入单价为 10 万元/亩,土地账面价值为 1 200 万元。B 公司负债为 700 万元；注册资金为 1 000 万元；账面累计亏损额为 500 万元且在税法规定的弥补期限内。该土地现行市场价值为 2 000 万元。A 公司欲取得该土地来满足扩大生产经营的需要,现与 B 公司协商,有三种方案。假定契税税率为 3%。

方案一：A 公司直接用 2 000 万元资金购入 B 公司的土地。

方案二：A 公司用 1 300 万元现金对 B 公司进行整体并购(存续合并),合并后 B 公司为 A 公司的子公司,A 公司取得 B 公司的所有资产和负债。

方案三：A 公司发行股票 220 万股,每股发行价格为 5 元,面值为 1 元,加上 200 万元现金对 B 公司进行吸收合并。

解析：

方案一如下。

1. B 公司纳税情况

(1) 应缴增值税＝(2 000－1 200)×9%/(1＋9%)＝66.06(万元)

(2) 应缴城建税及教育费附加＝66.06×(7%＋3%)＝6.61(万元)

(3) 土地增值税为

增值额与扣除项目金额的比率＝800/1 200＝67%

因此,适用 40%的税率,则

应缴纳土地增值税＝(2 000－1 200)×40%－1 200×5%＝260(万元)

(4) 应缴企业所得税＝(2 000－1 200－6.61－260)×25%＝133.35(万元)

(5) 应纳税费总额＝66.06＋6.61＋260＋133.35＝466.02(万元)

B 公司转让土地后股东权益价值＝1 000－500＋2 000－1 200－466.02
$$=833.98(万元)$$

2. A 公司纳税情况

(1) 应缴契税 = 2000 × 3‰ = 60(万元)

(2) A 公司购买土地的实际支出 2 060 万元

A、B 公司的实际税负总额 = 466.02 + 60 = 526.02(万元)

方案二如下。

1. B 公司纳税情况

(1) 增值税：不需要缴纳。根据财税〔2016〕36 号,纳税人在资产重组过程中,通过合并、分立、出售、置换等方式,将全部或者部分实物资产以及与其相关联的债权、债务和劳动力一并转让给其他单位和个人的行为,不属于增值税征收范围。

(2) 土地增值税：不需要缴纳。

(3) B 公司的净资产 = 1 200 − 700 + 1 000 − 500 = 1 000(万元)

应缴纳企业所得税 = (1 300 − 1 000) × 25% = 75(万元)

此次收购 A 公司以现金支付全部对价,不满足特殊性税务处理条件。《财政部 国家税务总局关于企业重组业务企业所得税处理若干问题的通知》(财税〔2009〕59 号)的第四部分第三条规定,被收购方应确认股权、资产转让所得或损失；收购方取得股权或资产的计税基础应以公允价值为基础确定；被收购企业的相关所得税事项原则上保持不变。

(4) B 公司土地转让后股东权益价值 = 1 300 − 75 = 1 225(万元)

(5) B 公司所需缴纳的税负总额 = 75 万元

2. A 公司纳税情况

(1) 契税：不需要缴纳。两个或两个以上的企业,依据法律规定、合同约定,合并改建为一个企业,且原投资主体存续的,其合并后的企业承受原合并各方的土地、房屋权属,免征契税。

(2) A 公司实际支出为 2 000 万元(1 300 万元现金和承担 700 万元负债)。

由此可知,A、B 公司的税负总额为 75 万元。

方案三如下。

1. B 公司纳税情况

(1) 增值税：不需要缴纳。

(2) 土地增值税：不需要缴纳。

(3) 企业所得税：

A 公司的股权支付比例 = 1 100 ÷ 1 300 = 85%

符合特殊性税务处理的条件,则

应缴企业所得税 = (1 300 − 1 000) × 25% × 200 ÷ 1 300 = 11.54(万元)

财税〔2009〕59 号文规定,资产收购,受让企业收购的资产不低于转让企业全部资产的 75%(根据财税〔2014〕109 号调整为 50%),且受让企业在该资产收购发生时的股权支付金额不低于其交易支付总额的 85%,可以选择按以下规定处理：转让企业取得受让企业股权的计税基础,以被转让资产的原有计税基础确定；受让企业取得转让企业资产的计税基础,以被转让资产的原有计税基础确定。

转让方取得的非股权支付资产所对应的转让所得或损失 = (被转让资产的公允价值 − 被

转让资产的计税基础)×(非股权支付金额÷被转让资产的公允价值)

转让方取得股权的计税基础＝所转让资产原有计税基础＋支付的补价(减去收到的非股权支付额)＋收到非股权支付额所对应的资产转让所得或损失

(4) B公司土地转让后股东权益价值＝220×5＋200－11.54＝1 288.46(万元)

(5) B企业的税负总额＝11.54(万元)

2. A公司纳税情况

(1) 应缴契税＝2 000×3‰＝60(万元)

(2) A公司可以利用B公司未弥补亏损抵减以后年度应纳税额,则

$$抵减金额＝500×25\%＝125(万元)$$

(3) A公司的税负总额＝60－125＝－65(万元)

(4) A公司实际支出1 935万元(1 100万元股票＋200万元现金－65万元所得税抵减＋700万元负债)。

(5) A、B公司的税负总额为－53.46万元。

上述分析结果整理为表17-3。

表17-3 三种方案的对比   单位:万元

项 目	B公司税负总额	A公司税负总额	A与B公司税负总额合计	并购后B公司股东的所有者权益	A公司的实际支出
方案一	466.02	60	526.02	833.98	2 060
方案二	75	0	75	1 225	2 000
方案三	11.54	－65	－53.46	1 288.46	1 935

通过比较合并后A、B公司的税收负担,B公司股东的所有者权益及A公司的实际支付额可知,方案三优于方案二,方案二优于方案一。

案例分析

A汽配公司收购重组税收筹划

A汽配公司是一家主营业务为汽车车身冲压的企业,成立于2009年,注册资本5 000万元,如今总资产2亿元。A汽配公司为中部地区相关业务规模较大,专业化程度较高的企业,目前A汽配公司已经成为东风乘用车公司、东风控股集团的战略合作伙伴。公司有较强的扩张意愿。

B汽配有限公司与A汽配公司经营范围有些重叠,是一家主营业务为汽车零部件生产销售的企业,注册于2014年,企业注册资本100万元,B公司在业界广受好评,获得了业界合作伙伴的高度认可。

为了企业的进一步发展,缓解同业竞争,获得更大的市场,A汽配公司在2017年决定收购B汽配公司100%股权,以实现公司的战略发展目标。

1. 资产收购

如果A汽配公司以非股权支付的方式收购B汽配公司,则B汽配公司将所有资产卖出后,要注销清算公司。如果A汽配公司以股权支付的方式收购B汽配公司,则B汽配公司不需要注销公司,而是变更经营范围。B汽配公司的资产信息如表17-4所示。

表 17-4　B 汽配公司资产信息表　　　　　　　　　　　　　　　　单位：万元

资　产	原 价 值	账面价值	评估价值	增 值 额
房产	225	203	451	248
生产专利	280	217	217	0
生产设备	347	232	232	0
土地使用权	148	119	268	149

流转税

因为 B 汽配公司的房产主要为自建房产，一般纳税人将其于 2016 年 4 月 30 日之前取得的房产转让时，可以适用 5% 的简易征收率，当 B 汽配公司将房产转让时，需要缴纳的增值税为 $451/(1+5\%)\times 5\%=21.48$ 万元。生产设备适用的税率为 17%，需要缴纳的增值税为 $232\times 17\%=39.44$ 万元，生产专利的转让适用 6% 的税率，则生产专利的转让需要缴纳的增值税为 $217\times 6\%=13.02$ 万元，转让土地使用权以评估价值减去取得的全部价款和价外费用，需要缴纳的增值税为 $(268-148)/(1+5\%)\times 5\%=5.71$ 万元。B 汽配公司需要负担的增值税总额为 $13.02+39.44+21.48+5.71=79.65$ 万元。

为了降低企业重组的税收负担，A 汽配公司可以选择将 B 汽配公司的资产、债务和相关劳动力全部收购，如此便不必缴纳增值税，并且 B 汽配公司向 A 汽配公司开具增值税专用发票，A 汽配公司还可将此部分专用发票抵扣进项税额(见图 17-1)。

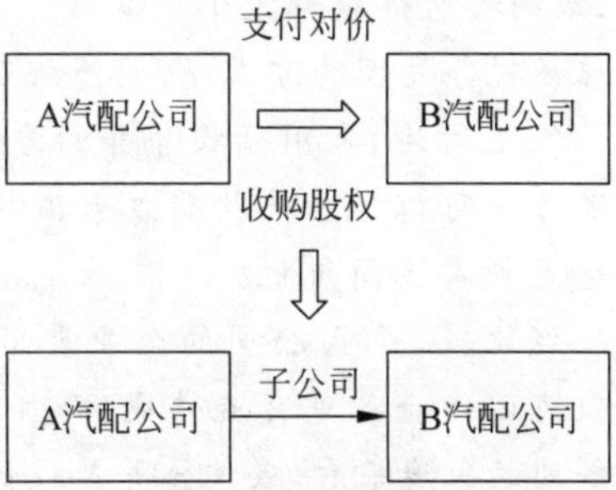

2. 股权收购

1) 流转税

根据我国税法规定，采用股权收购的方式进行企业重组，被重组企业无须缴纳增值税、土地增值税，重组企业也无须缴纳契税，所以如果采用股权收购的方式进行企业重组，则重组的双方都无须缴纳流转税。

图 17-1　股权收购示意图

2) 所得税

B 汽配公司的计税基础为 850 万元，如果 A 汽配公司选择一般性税务处理的方式，以 920 万元的公允价值收购 B 汽配公司，则 B 汽配公司需要缴纳的所得税税额为 $(920-850)\times 25\%=17.5$ 万元。如果 A 汽配公司采取股权置换的方式，使重组符合特殊性税务处理的条件，企业可以暂时免于缴纳企业所得税。在股权支付比例符合特殊性税务处理最低比例的要求下，即股权支付金额为 $920\times 0.85=782$ 万元时，假设企业以 782 万元的股权和 138 万元的现金收购 B 汽配公司，则 B 汽配公司当年仅需要就 60 万现金部分缴纳企业所得税 $(920-850)\times (138/920)\times 25\%=2.63$ 万元。

综上所述，采用股权收购的方式，企业双方无须考虑流转税的问题，B 汽配公司需要考虑所得税问题。

3. 吸收合并

吸收合并是企业进行并购重组所经常采用的另一种方式，如果 A 汽配公司采用此种方式去并购 B 汽配公司，则 B 汽配公司要在重组并购过程之后进行注销清算，B 汽配公司的部分财务信息如表 17-5 所示。

表 17-5 B 汽配公司部分财务信息　　　　　　　　　　　　　单位：万元

财务指标	账面价值	评估价值	增值额
资产	800	1 120	320
企业存货	75	47	−28
负债	100	100	0
所有者权益	700	1 020	320

1) 流转税

根据我国增值税暂行条例，企业吸收合并的方式进行企业重组，不光其中涉及的财产转让无须缴纳增值税，企业还可以继续抵扣原来企业未抵扣的进项税额。我国税法规定，在企业合并中发生的土地和不动产的权属转移，免征土地增值税和契税。

2) 所得税

与资产出售相同，A 汽配公司可以获得 74.28 万元的税盾收益效应，B 汽配公司的资产公允价值为 1 020 万元，但实际上 A 汽配公司以 920 万元收购其资产，则 A 汽配公司可以获得 100 万元的收益，需要就这部分收益缴纳企业所得税 $100×25\%=25$ 万元。B 汽配公司需要注销清算，在注销时，公司需要先将存货减值损失进行报备，并将前三个年度亏损的 200 万元进行亏损弥补，应纳税所得额为 $320-200=120$ 万元，应纳税额为 $120×25\%=30$ 万元。如果企业采取符合特殊性税务处理的方式，则 B 汽配公司就可以直接注销企业，仅需备案，不再需要清算注销企业。

综上所述，采用吸收合并的方式进行企业重组，重组双方均无须考虑流转税的问题，并且收购方还可以抵扣被收购方未抵扣的进项税额。在适用特殊性税务处理的情况下，在收购当年也无须考虑所得税。

经比较，在 A 公司的企业重组中，资产收购是税负最重的重组方式，而吸收合并这种方式不仅可以使企业免交流转税，而且收购方还能继续抵扣被收购方未抵扣完的进项税额。从税收筹划的角度来看，吸收合并是较优的企业重组形式，但在实际情况中也要考虑具体情况，股权收购同样也可以作为选择，但资产收购相对而言税负就要高一些。因此 A 公司的重组应该选用吸收合并的方式，同时支付方式选择股权支付，以符合特殊性税务处理的条件，获得递延收益。

17.2　企业分立的税收筹划

17.2.1　企业分立的策划规律

企业分立与企业并购一样，也是企业产权调整、资产重组的重要方式。企业分立可以让财产和所得在两个或多个纳税主体之间进行分割。

1. 企业分立的类型及企业分立策划规律

1) 企业分立的类型

公司分立以原有公司法人资格是否消灭为标准，可分为新设分立和派生分立两种。

新设分立，又称解散分立，指一个公司将其全部财产分割，解散原公司，并分别归入两个或两个以上新公司中的行为。在新设分立中，原公司的财产按照各个新成立的公司的性质、宗旨、业务范围进行重新分配组合。同时原公司解散，债权、债务由新设立的公司分别承受。新设分立，是以原有公司的法人资格消灭为前提，成立新公司。

派生分立，又称存续分立，是指一个公司将一部分财产或营业依法分出，成立两个或两个以上公司的行为。在存续分立中，原公司继续存在，原公司的债权、债务可由原公司与新公司分别承担，也可按协议由原公司独自承担。新公司取得法人资格，原公司也继续保留法人资格。企业分立有利于企业更好地适应环境和利用税收政策获得税收方面的利益。

2) 企业分立策划规律

企业分立策划利用分拆手段,可以有效地改变企业组织形式,降低企业整体税负。分立策划一般应用于以下方面:一是利用企业分立可以将一个企业分拆成有关联关系的多个纳税主体;二是企业分立可以将兼营或混合销售中的低税率业务或零税率业务独立出来,单独计税降低税负;三是企业分立使适用累进税率的纳税主体分化成两个或多个适用低税率的纳税主体,降低税负;四是企业分立可以增加一道流通环节,有利于增值税抵扣及转让定价策略的运用。

2. 利用企业分立的税收政策策划

企业分立是一种产权关系的调整,这种调整不可避免地会影响到税收。在我国企业分立实务中,税法规定了免税分立与应税分立两种模式,对于纳税人来说,在实施企业分立时,应尽量利用免税分立。

《国家税务总局关于纳税人资产重组有关增值税问题的公告》(国家税务总局公告2011年第13号)规定:"纳税人在资产重组过程中,通过合并、分立、出售、置换等方式,将全部或者部分实物资产以及与其相关联的债权、负债和劳动力一并转让给其他单位和个人,不属于增值税的征税范围,其中涉及的货物转让,不征收增值税。"

《中华人民共和国土地增值税暂行条例》规定:土地增值税的征收范围为转让国有土地使用权、地上的建筑物及其附着物并取得收入。企业分立涉及的土地所有权转移不属于土地增值税征税范围,并非被分立企业将土地转让给新成立企业,而是被分立企业的股东将该资产换股,因此,企业分立涉及的土地转移不征收土地增值税。

企业分立中,对于企业所得税,通常情况下当事各方应按下列规定处理。

(1) 被分立企业对分立出去的资产应按公允价值确认资产转让所得或损失。

(2) 分立企业应按公允价值确认接受资产的计税基础。

(3) 被分立企业继续存在时,其股东取得的对价应视同被分立企业分配进行处理。

(4) 被分立企业不再继续存在时,被分立企业及其股东都应按清算进行所得税处理。

(5) 企业分立相关企业的亏损不得相互结转弥补。

如在企业分立时被分立企业所有股东按原持股比例取得分立企业的股权,分立企业和被分立企业均不改变原来的实质经营活动,且被分立企业股东在该企业分立发生时取得的股权支付金额不低于其交易支付总额的85%,可以选择按以下规定处理(特殊性税务处理)。

(1) 分立企业接受被分立企业资产和负债的计税基础,以被分立企业的原有计税基础确定。

(2) 被分立企业已分立出去的资产相应的所得税事项由分立企业承继。

(3) 被分立企业未超过法定弥补期限的亏损额可按分立资产占全部资产的比例进行分配,由分立企业继续弥补。

(4) 被分立企业的股东取得分立企业的股权(以下简称"新股"),如需部分或全部放弃原持有的被分立企业的股权(以下简称"旧股"),"新股"的计税基础应以放弃"旧股"的计税基础确定。如不放弃"旧股",则其取得"新股"的计税基础可从以下两种方法中选择确定:直接将"新股"的计税基础确定为零;或者以被分立企业分立出去的净资产占被分立企业全部净资产的比例先调减原持有的"旧股"的计税基础,再将调减的计税基础平均分配到"新股"上。[①]

【案例17-10】 奥维公司拟将一个非货币性资产价值945万元的分公司分离出去,分离方式可以是整体资产转让,也可以是整体资产置换,还可以是分立。不论采取哪种分离方式,都

---

① 参见《财政部国家税务总局关于企业重组业务企业所得税若干问题的通知》(财税〔2009〕59号)的相关规定。

涉及确认财产转让所得、计算缴纳所得税的问题。

解析：采取整体资产转让方式，将分公司全部资产转让给永信股份公司（系公开上市公司）。根据税法规定，只要永信公司所支付的交换额中非股权支付额（如现金、有价证券等）不高于奥维公司所取得的永信公司股票面值的 15%，就可以不确认财产转让所得。

假设永信公司股票的市场交易价为 1∶3，支付给奥维公司股权的股票面值设为 X，现金设为 Y，则

$$3X + Y = 945$$
$$Y \leq 15\% X$$

求解得：$X \geq 300, Y \leq 45$。这表明奥维公司争取取得永信公司 300 万元以上股票、45 万元以下的现金，就可避免缴纳企业所得税。

分立策划利用分拆手段，可以有效改变企业组织形式，降低企业整体税负。分立策划通过企业分立，可以将兼营或混合销售中的低税率业务或免税业务独立出来，合理节税；或者利用分立使适用累进税率的纳税主体分化成两个或多个适用低税率的纳税主体。

【案例 17-11】 某食品厂为增值税一般纳税人，适用 13% 的增值税税率。根据市场需求，该食品厂开发种植猕猴桃，并将猕猴桃加工成果脯、饮料等（以下简称加工品）对外销售。2×20 年猕猴桃开始产生经济效益，2×21 年 5 月该食品厂共销售猕猴桃加工品 100 万元（不含增值税价），产生 13 万元的销项税额。但经核算，发现与该项业务有关的进项税额数量很少，只有化肥等项目产生了 1 万元的进项税额。这样，该食品厂需要就该项业务缴纳 12 万元的增值税。为了降低增值税负担，该企业在购进可抵扣项目时，十分注重取得规范的增值税专用发票，但收效不大。请对以上业务进行税收筹划。

解析：针对这种情况，食品厂将猕猴桃的种植业务分立为一个独立的企业，并使其具有独立的法人资格，实行独立核算。税法规定：一般纳税人向农业生产者购买的免税农业产品，或者向小规模纳税人购买的农业产品，准予按照购买价格和 9% 的扣除率计算进项税额，并从当期销项税额中扣除。直接从事植物的种植、收割和动物的饲养、捕捞的单位和个人销售的自产农业产品，免征增值税。当然，相应的进项税额也不能再抵扣。结果会使种植企业没有因为分立而多承担任何税收，而食品厂却在原有进项税额、销项税额不变的前提下，因为有了"向农业生产者购买的免税农业产品"，而增加大量的进项税额。

在上述方案中，食品厂分立后的税收负担及有关变化，体现在以下几个方面。

(1) 分立后的食品厂销项税额不变，仍为 13 万元。

(2) 分立后的食品厂增加了进项税额。假设按照市场正常的交易价格，该食品厂 2×21 年 5 月用于生产猕猴桃加工品的原料价值 60 万元，则分立后的食品厂就可以按照 60 万元的买价和 9% 的扣除率计算进项税额，即 5.4 万元。

(3) 种植企业享受增值税免税优惠，但同时，有关的进项增值税 1 万元也不能再抵扣。

所以，分立后食品厂的这项业务需要缴纳的增值税计算如下：

应纳增值税 = 13 − 5.4 = 7.6（万元）

与策划前相比，增值税负担降低了 4.4 万元（12 − 7.6）。

17.2.2　分支机构设立的税收筹划

一些集团性企业，当发展到一定规模后，基于稳定供货渠道、开辟新的市场或方便客户的考虑，不可避免地需要在异地设立分支机构。新设立的分支机构的性质不同，其企业所得税的缴纳方式也不尽相同。

企业分支机构所得税的缴纳有两种方式：一种是分支机构独立申报纳税；另一种是分支机构集中到总公司汇总纳税。采用何种方式纳税关键取决于分支机构的性质——是否为独立纳税人。同时，受分支机构的盈亏状况、所处地区的税率高低及资金控制等因素影响，不同纳税方式会使企业当期及未来各期的整体税负水平产生显著差异。因此，分支机构是否为独立法人是实现税收筹划节税的关键。

【案例 17-12】 某电梯公司主要生产销售电梯并负责安装已售电梯。2×21 年取得含税收入 3 390 万元，其中安装费约占总收入的 40%，假设本年度进项税额为 200 万元。按照税法规定，该电梯公司既生产销售电梯又负责安装及保养电梯的行为是典型的混合销售行为。试分析如何通过企业分立实现节税。

解析：

2×21 年度该电梯公司应纳税额计算如下：

$$应纳增值税 = 销项税额 - 进项税额$$
$$= 3\,390 \div (1 + 13\%) \times 13\% - 200$$
$$= 190(万元)$$

如果该电梯公司分立出一个独立核算的安装公司，电梯公司只负责生产销售电梯，安装公司专门负责电梯的安装，那么该电梯公司和安装公司分别就销售电梯收入、安装收入开具发票。电梯公司分立安装公司后，涉税处理会发生变化。按照财税〔2016〕36 号文件规定，电梯安装适用"建筑服务——安装服务"税目，税率为 9%，则

$$电梯公司应纳增值税 = 销项税额 - 进项税额$$
$$= 3\,390 \times (1 - 40\%) \div (1 + 13\%) \times 13\% - 200$$
$$= 34(万元)$$

安装公司应纳税额 $= 3\,390 \times 40\% \div (1 + 9\%) \times 9\% = 111.96(万元)$

分立出安装公司后可以省税收 $= 190 - 34 - 111.96 = 44.04(万元)$

在制定企业分立的税收策略时要注意以下问题。

(1) 要进行成本收益衡量。设立安装公司所增加的分立成本或纳税策划代理费用应小于节税收益。

(2) 注意定价的合理性。由于涉及货物销售价格与劳务价格的剥离，不要只是出于税收目的而故意抬高劳务价格，因为生产销售企业与提供劳务企业存在关联方关系，如果定价不合理，税务机关有权调整货物及劳务定价。

案例分析

东海鼎盛房地产公司资产重组案例①

一、东海鼎盛房地产开发公司及项目概况

东海鼎盛房地产开发有限公司（以下简称"东海鼎盛"）在东部沿海开发建设商品房项目，其中"鼎盛·光大花园"项目的商业为底商，住宅部分位于底商之上，属于花园式建筑，在主体建筑的第四层建有绿化景观平台。鼎盛·光大花园项目包括写字楼和酒店，出于融资抵押要求和变现考虑，拟对酒店资产从房地产公司进行剥离，拟将酒店和售楼处一并销售给政府，酒店资产的市场公允价值为 1.8 亿元，预期会给政府 5% 的价格折扣，估计总销售价格在 1.71 亿元左右。

---

① 本案例由作者根据相关资料整理。

二、东海鼎盛开展资产重组的目标取向

基于东海鼎盛进行资产重组的目标取向在于对酒店和售楼处进行剥离,实现与房地产公司资产的清晰分割。企业实施资产分割的目的在于控制风险和增加经营收益,即一方面降低房地产公司可能给存量资产带来不可控的经营风险,另一方面有效运营该资产,以实现存量资产运营的合理收益。

企业实施资产剥离后拟成立资产管理公司,对剥离资产进行管理。根据目前的基本情况,初步判断东海鼎盛可以采取以下三种重组方式:①酒店资产投资,即东海鼎盛房地产公司设立全资子公司,以酒店资产和售楼部对新设立的全资子公司进行增资,即以非货币性资产对外投资方式实现对子公司的增资;②企业分立,采取存续分立方式分离出一家新公司,单独进行酒店资产和售楼部的管理;③资产划转,设立东海鼎盛房地产公司的全资子公司或东海鼎盛房地产公司股东设立全资子公司,然后实施酒店资产和售楼部的资产划转。但是,拟剥离的酒店资产已经作为抵押担保资产用于融资,所以采取企业分立方式剥离酒店资产已经难以操作。因此,依据东海鼎盛面临的现实情况,建议采取酒店资产增资或资产划转方式实施资产重组。

三、东海鼎盛酒店的资产重组方案比较

(一)酒店资产投资方式

根据税法规定,非货币性资产投资视为"转让"和"投资"两项业务,对于"转让"环节,主要涉及企业所得税、增值税、土地增值税(涉及不动产)、契税(涉及不动产)、印花税等税种。酒店资产投资的税负测算情况如表17-6所示。

表17-6 酒店资产投资的税负测算与政策依据

税 种	税负测算	政策依据
企业所得税	(非货币性资产评估价值-原计税基础)×25%=(17 100-酒店分摊的成本)×25%=(万元)	应于投资协议生效并办理股权登记手续时,确认非货币性资产转让收入的实现。可在不超过5年期限内,分期均匀计入相应年度的应纳税所得额,按规定计算缴纳企业所得税。
增值税	1. 免征增值税 2. 已经转为固定资产的旧房,再次销售时: (1) 2016年4月30日前自建的不动产,适用简易计税方法 增值税=销售额×5%/(1+5%) =17 100×5%/(1+5%)=814.285 7(万元) (2) 2016年4月30日前自建的不动产,适用一般计税方法 增值税=销售额×10%/(1+10%)=17 100×10%/(1+10%)=1 554.545 5(万元) (3) 2016年5月1日后自建的不动产,适用一般计税方法 增值税=销售额×10%/(1+10%)=17 100×10%/(1+10%)=1 554.545 5(万元)	1. 如符合"打包转让(资产与其相关的债权、负债和劳动力一并转让)"要求,可以免征增值税。 2. 旧房的政策:①一般纳税人转让其2016年4月30日前自建的不动产,可以选择适用简易计税方法计税,以取得的全部价款和价外费用为销售额,按照5%的征收率计算应纳税额。纳税人应按照上述计税方法向不动产所在地主管地税机关预缴税款,向机构所在地主管国税机关申报纳税。 ② 一般纳税人转让其2016年4月30日前自建的不动产,选择适用一般计税方法计税的,以取得的全部价款和价外费用为销售额计算应纳税额。纳税人应以取得的全部价款和价外费用,按照5%的预征率向不动产所在地主管地税机关预缴税款,向机构所在地主管国税机关申报纳税。 ③ 一般纳税人转让其2016年5月1日后自建的不动产,适用一般计税方法,以取得的全部价款和价外费用为销售额计算应纳税额。纳税人应以取得的全部价款和价外费用,按照5%的预征率向不动产所在地主管地税机关预缴税款,向机构所在地主管国税机关申报纳税。

续表

税　种	税负测算	政策依据
土地增值税	土地增值税按照正常情况计算，或者采用核定征收方法（核定征收率不低于5%）。 核定征收率为5%，则需要缴纳土地增值税＝17 100×5%＝855（万元）	《财政部 国家税务总局关于土地增值税一些具体问题规定的通知》（财税字〔1995〕48号）第七条规定，关于新建房与旧房的界定问题：新建房是指建成后未使用的房产。凡是已使用一定时间或达到一定磨损程度的房产均属旧房。 单位销售旧房或旧建筑物，以销售收入减去扣除项目金额，按增值额计算缴纳土地增值税，其中扣除项目金额包括：取得土地使用权所支付的金额、房屋及建筑物的评估价格以及与转让房地产有关的税金。纳税人提供扣除项目金额不实的，由评估机构按照房屋重置成本价乘以成新度折扣率计算的房屋成本价和取得土地使用权时的基准地价进行评估，税务机关根据评估价格按规定确定扣除项目金额。对不能取得评估价格，但能提供购房发票的，经当地税务部门确认，对取得土地使用权所支付的金额以及房屋及建筑物的评估价格可按发票所载金额并从购买年度起至转让年度止每年加计5%计算；对纳税人购房时缴纳的契税，凡能提供契税完税凭证的，准予作为"与转让房地产有关的税金"予以扣除，但不作为加计5%的基数。对于转让房屋，既没有评估价格，又不能提供购房发票的，可以实行核定征收。 参照依据：《中华人民共和国土地增值税暂行条例》 （1）增值额未超过扣除项目金额50%的部分，税率30%（速算扣除率0）。 （2）增值额超过扣除项目金额50%、未超过扣除项目金额100%的部分，税率40%（速算扣除率5%）。 （3）增值额超过扣除项目金额100%、未超过扣除项目金额200%的部分，税率50%（速算扣除率15%）。 （4）增值额超过扣除项目金额200%的部分，税率60%（速算扣除率35%）。
契税	不动产转让价值×3% ＝17 100×3%＝513（万元）	根据《契税暂行条例》
印花税	不动产转让价值×0.5‰ ＝17 100×0.5‰＝8.55（万元）	按照"产权转移书据"所载金额的0.5‰贴花（国税发〔1991〕155号）

（二）资产划转方式

资产划转是指100%直接控制的居民企业之间，以及受同一或相同多家居民企业100%直接控制的居民企业之间按账面净值划转股权或资产。资产划转涉及资产在不同法律主体之间的权属改变，就业务实质而言，需通过相关法律主体之间资产转让、增资、减资等步骤才能实现。虽然财税〔2009〕59号文未将资产划转列入企业重组的范围，但就其业务实质仍属于企业重组的一种特殊形式。

资产划转的税收政策最初主要针对国有企业设定，2014年，财政部、国家税务总局发布《关于促进企业重组有关企业所得税处理问题的通知》（财税〔2014〕109号），将资产划转业务拓展至包括国企、民营、混合所有制在内的所有企业，为集团公司内部资产重组与资源整合提供了新的路径。2015年，国家税务总局发布的《关于资产（股权）划转企业所得税征管问题的公告》（国家税务总局公告2015年第40号）明确规定，包括母公司向子公司、子公司向母公司以及子公司之间等四种情形的股权或资产划转，可以享受递延纳税待遇。

（1）100％直接控制的母子公司之间，母公司向子公司按账面净值划转其持有的股权或资产，母公司获得子公司100％的股权支付。母公司按增加长期股权投资处理，子公司按接受投资（包括资本公积）处理。

（2）100％直接控制的母子公司之间，母公司向子公司按账面净值划转其持有的股权或资产，母公司没有获得任何股权或非股权支付。母公司按冲减实收资本（包括资本公积）处理，子公司按接受投资处理。

（3）100％直接控制的母子公司之间，子公司向母公司按账面净值划转其持有的股权或资产，子公司没有获得任何股权或非股权支付。母公司按收回投资处理，或按接受投资处理，子公司按冲减实收资本处理。

1）企业所得税

依据财税〔2014〕109号文及40号公告的规定，对100％直接控制的居民企业之间，以及受同一或相同多家居民企业100％直接控制的居民企业之间按账面净值划转股权或资产，凡具有合理商业目的、不以减少、免除或者推迟缴纳税款为主要目的，股权或资产划转完成日起连续12个月内不改变被划转股权或资产原来实质性经营活动（生产经营业务、公司性质、资产或股权结构等），且划出方企业和划入方企业均未在会计上确认损益的，可以选择按以下规定进行特殊性税务处理。

（1）划出方企业和划入方企业均不确认所得。

（2）划入方企业取得被划转股权或资产的计税基础，以被划转股权或资产的原计税基础确定。

（3）划入方企业取得的被划转资产，应按其原计税基础计算折旧扣除。

股权或资产划转完成日，是指股权或资产划转合同（协议）或批复生效，且交易双方已进行会计处理的日期。

进行特殊性税务处理的股权或资产划转，交易双方应在协商一致的基础上，采取一致处理原则统一进行特殊性税务处理。

资产划转的交易双方需在企业所得税年度汇算清缴时，分别向各自主管税务机关报送《居民企业资产（股权）划转特殊性税务处理申报表》和相关资料。

2）增值税

《增值税暂行条例实施细则》规定，将自产、委托加工或者购进的货物作为投资，提供给其他单位或者个体工商户；将自产、委托加工或者购进的货物分配给股东或者投资者；将自产、委托加工或者购进的货物无偿赠送其他单位或者个人。均视同销售货物，征收增值税。

《关于全面推开营业税改征增值税试点的通知》（财税〔2016〕36号）附件2《营业税改征增值税试点有关事项的规定》规定，在资产重组过程中，通过合并、分立、出售、置换等方式，将全部或者部分实物资产以及与其相关联的债权、负债和劳动力一并转让给其他单位和个人，其中涉及的不动产、土地使用权转让行为，不征收增值税。

《关于纳税人资产重组有关增值税问题的公告》（国家税务总局公告2011年第13号）规定，纳税人在资产重组过程中，通过合并、分立、出售、置换等方式，将全部或者部分实物资产以及与其相关联的债权、负债和劳动力一并转让给其他单位和个人，不属于增值税的征税范围，其中涉及的货物转让，不征收增值税。

通常情况下,居民企业间资产划转涉及不动产、土地使用权、存货、设备的,原则上征收增值税。因此,无论是母子公司之间划转资产,还是子公司之间划转资产,划出方需视同按公允价值销售货物、不动产、无形资产缴纳增值税;但是满足税收政策规定的特殊条件的,不征收增值税。

3) 土地增值税

《财政部、税务总局关于继续实施企业改制重组有关土地增值税政策的通知》(财政部、税务总局2021年第21号公告)规定,除以土地使用权投资于房地产开发企业用于开发产品或房地产企业以开发产品对外投资需视同按公允价值转让房地产计算缴纳土地增值税外,其他情形不征土地增值税。因此,居民企业间资产划转如涉及不动产、土地使用权,划入方按接受投资处理的,属于投资入股方式之一,应当免征土地增值税。

需要注意的是,根据财政部、税务总局2021年第21号公告规定,东海鼎盛房地产开发有限公司作为房地产企业,其不动产类的资产划转需要缴纳土地增值税。

4) 契税

《财政部、国家税务总局关于进一步支持企业事业单位改制重组有关契税政策的通知》(财税〔2018〕17号)规定:同一投资主体内部所属企业之间土地、房屋权属的划转,包括母公司与其全资子公司之间,同一公司所属全资子公司之间,同一自然人与其设立的个人独资企业、一人有限公司之间土地、房屋权属的划转,免征契税。实践中,对于母公司将土地、房屋投资给全资子公司是否免征契税条款争议较大。

酒店资产划转的税负测算情况如表17-7所示。

表17-7 酒店资产划转的税负测算

税 种	税负测算	政策依据
企业所得税	符合特殊性税务处理,暂不纳税	财税〔2014〕109号、《关于资产(股权)划转企业所得税征管问题的公告》(国家税务总局公告2015年第40号)明确规定,包括母公司向子公司、子公司向母公司以及子公司之间等四种情形的股权或资产划转,可以享受递延纳税待遇
增值税	1. 免征增值税 2. 已经转为固定资产的旧房,再次销售时: (1) 2016年4月30日前自建的不动产,适用简易计税方法 增值税=销售额×5%/(1+5%)=17 100×5%/(1+5%)=814.285 7(万元) (2) 2016年4月30日前自建的不动产,适用一般计税方法 增值税=销售额×10%/(1+10%)=17 100×10%/(1+10%)=1 554.545 5(万元) (3) 2016年5月1日后自建的不动产,适用一般计税方法 增值税=销售额×10%/(1+10%)=17 100×10%/(1+10%)=1 554.545 5(万元)	1. 如符合"打包转让(资产与其相关的债权、负债和劳动力一并转让)"要求,可以免征增值税。 2. 税法上按照"视同销售"处理。 (1) 一般纳税人转让其2016年4月30日前自建的不动产,可以选择适用简易计税方法计税,以取得的全部价款和价外费用为销售额,按照5%的征收率计算应纳税额。纳税人应按照上述计税方法向不动产所在地主管地税机关预缴税款,向机构所在地主管国税机关申报纳税。 (2) 一般纳税人转让其2016年4月30日前自建的不动产,选择适用一般计税方法计税的,以取得的全部价款和价外费用为销售额计算应纳税额。纳税人应以取得的全部价款和价外费用,按照5%的预征率向不动产所在地主管地税机关预缴税款,向机构所在地主管国税机关申报纳税。 (3) 一般纳税人转让其2016年5月1日后自建的不动产,适用一般计税方法,以取得的全部价款和价外费用为销售额计算应纳税额。纳税人应以取得的全部价款和价外费用,按照5%的预征率向不动产所在地主管地税机关预缴税款,向机构所在地主管国税机关申报纳税

续表

税　　种	税负测算	政　策　依　据
土地增值税	土地增值税按照正常情况计算，或者采用核定征收方法（核定征收率不低于5%）。 核定征收率为5%，则需要缴纳土地增值税＝17 100×5%＝855（万元）	单位销售旧房或旧建筑物，以销售收入减去扣除项目金额，按增值额计算缴纳土地增值税，其中扣除项目金额包括：取得土地使用权所支付的金额、房屋及建筑物的评估价格以及与转让房地产有关的税金。纳税人提供扣除项目金额不实的，应由评估机构按照房屋重置成本价乘以成新度折扣率计算的房屋成本价和取得土地使用权时的基准地价进行评估，税务机关根据评估价格按规定确定扣除项目金额。对不能取得评估价格，但能提供购房发票的，经当地税务部门确认，对取得土地使用权所支付的金额以及房屋及建筑物的评估价格可按发票所载金额并从购买年度起至转让年度止每年加计5%计算；对纳税人购房时缴纳的契税，凡能提供契税完税凭证的，准予作为"与转让房地产有关的税金"予以扣除，但不作为加计5%的基数。对于转让房屋，既没有评估价格，又不能提供购房发票的，可以实行核定征收。（核定时，税务部门根据同地段的房产，综合房屋的建筑材料、使用年限等因素核定征收率5%计算。国税发〔2010〕53号文件规定，核定征收的征收率不低于5%）。 参照依据：《中华人民共和国土地增值税暂行条例》 （1）增值额未超过扣除项目金额50%的部分，税率30%（速算扣除率0）。 （2）增值额超过扣除项目金额50%、未超过扣除项目金额100%的部分，税率40%（速算扣除率5%）。 （3）增值额超过扣除项目金额100%、未超过扣除项目金额200%的部分，税率50%（速算扣除率15%）。 （4）增值额超过扣除项目金额200%的部分，税率60%（速算扣除率35%）
契税	免征契税	财税〔2018〕17号：母公司与其全资子公司之间土地、房屋权属的划转，免征契税
印花税	不动产转让价值×0.5‰ ＝17 100×0.5‰＝8.55（万元）	按照"产权转移书据"所载金额的0.5‰ 《契税暂行条例》（国务院令第11号）、国税发〔1991〕155号

方案二：企业分立方式

财税〔2009〕59号文规定，分立，是指一家企业（被分立企业）将部分或全部资产分离转让给现存或新设的企业（分立企业），被分立企业股东换取分立企业的股权或非股权支付，实现企业的依法分立。

尽管企业分立不适用于目前的东海鼎盛，但我们也做出相应的税负测算以利于方案比较。企业分立方式的税负测算情况如表17-8所示。

表 17-8　企业分立的税负测算

税　　种	税负测算	政策依据
企业所得税	符合特殊性税务处理,暂不纳税	财税〔2009〕59号:①企业重组后的连续12个月内不改变重组资产原来的实质性经营活动。②企业重组中取得股权支付的原主要股东,在重组后连续12个月内,不得转让所取得的股权
增值税	1. 免征增值税 2. 已经转为固定资产的旧房,再次销售时: (1) 2016年4月30日前自建的不动产,适用简易计税方法 增值税＝销售额×5%/(1+5%)＝17 100×5%/(1+5%)＝814.285 7(万元) (2) 2016年4月30日前自建的不动产,适用一般计税方法 增值税＝销售额×10%/(1+10%)＝17 100×10%/(1+10%)＝1 554.545 5(万元) (3) 2016年5月1日后自建的不动产,适用一般计税方法 增值税＝销售额×10%/(1+10%)＝17 100×10%/(1+10%)＝1 554.545 5(万元)	1. 如符合"打包转让(资产与其相关的债权、负债和劳动力一并转让)"要求,可以免征增值税。 2. 税法上按照"视同销售"处理。 (1) 一般纳税人转让其2016年4月30日前自建的不动产,可以选择适用简易计税方法计税,以取得的全部价款和价外费用为销售额,按照5%的征收率计算应纳税额。纳税人应按照上述计税方法向不动产所在地主管地税机关预缴税款,向机构所在地主管国税机关申报纳税。 (2) 一般纳税人转让其2016年4月30日前自建的不动产,选择适用一般计税方法计税的,以取得的全部价款和价外费用为销售额计算应纳税额。纳税人应以取得的全部价款和价外费用,按照5%的预征率向不动产所在地主管地税机关预缴税款,向机构所在地主管国税机关申报纳税。 (3) 一般纳税人转让其2016年5月1日后自建的不动产,适用一般计税方法,以取得的全部价款和价外费用为销售额计算应纳税额。纳税人应以取得的全部价款和价外费用,按照5%的预征率向不动产所在地主管地税机关预缴税款,向机构所在地主管国税机关申报纳税
土地增值税	土地增值税按照正常情况计算,或者采用核定征收方法(核定征收率不低于5%)。 核定征收率为5%,则需要缴纳土地增值税＝17 100×5%＝855(万元)	财政部、税务总局2021年第21号公告规定:企业分设为两个或两个以上与原企业投资主体相同的企业,对原企业将国有土地、房屋权属转移、变更到分立后的企业,暂不征土地增值税。但东海鼎盛房地产公司属于房地产企业,不适用免税政策。 单位销售旧房或旧建筑物,以销售收入减去扣除项目金额,按增值额计算缴纳土地增值税,其中扣除项目金额包括:取得土地使用权所支付的金额、房屋及建筑物的评估价格以及与转让房地产有关的税金。纳税人提供扣除项目金额不实的,应由评估机构按照房屋重置成本价乘以成新度折扣率计算的房屋成本价和取得土地使用权时的基准地价进行评估,税务机关根据评估价格按规定确定扣除项目金额。对不能取得评估价格,但能提供购房发票的,经当地税务部门确认,对取得土地使用权所支付的金额以及房屋及建筑物的评估价格可按发票所载金额并从购买年度起至转让年度止每年加计5%计算;对纳税人购房时缴纳的契税,凡能提供契税完税凭证的,准予作为"与转让房地产有关的税金"予以扣除,但不作为加计5%的基数。对于转让房屋,既没有评估价格,又不能提供购房发票的,可以实行核定征收

续表

税　种	税负测算	政策依据
土地增值税		参照依据：《中华人民共和国土地增值税暂行条例》 (1) 增值额未超过扣除项目金额50%的部分，税率30%（速算扣除率0）。 (2) 增值额超过扣除项目金额50%、未超过扣除项目金额100%的部分，税率40%（速算扣除率5%）。 (3) 增值额超过扣除项目金额100%、未超过扣除项目金额200%的部分，税率50%（速算扣除率15%）。 (4) 增值额超过扣除项目金额200%的部分，税率60%（速算扣除率35%）。
契税	免征契税	财税〔2018〕17号：母公司与其全资子公司之间土地、房屋权属的划转，免征契税
印花税	不动产转让价值×0.5‰ ＝17 100×0.5‰＝8.55（万元）	按照"产权转移书据"所载金额的0.5‰。 《契税暂行条例》(国务院令第11号)、国税发〔1991〕155号

复习思考题

1. 企业并购活动的税收筹划应考虑哪些影响因素？
2. 请比较分析资产交易与股权交易的税负差异。
3. 企业合并策划适用于哪些情形？
4. 企业分立策划适用于哪些情形？
5. 如何实现资产交易与股权交易的转化？

【案例分析题】

案例一　企业并购出资方式的选择

A公司欲对B公司实施并购。已知A公司共有发行在外的股票3 000万股，股票面值为1.5元/股，市场价值为4元/股。A公司近年来的应纳税所得额比较稳定，估计合并后每年的应纳税所得额为2 000万元。A公司合并前账面净资产为500万元，上年亏损50万元，以前年度无亏损，经评估确认A公司净资产公允价值为800万元。已知合并后A公司的股票面值基本不会发生变化，合并后资产的平均折旧年限为10年。

问题：
(1) 如果A公司用100万股股票和400万元资金购买B公司，应该如何进行税务处理？
(2) 如果A公司用175万股股票和100万元资金购买B公司，应该如何进行税务处理？

案例二　资产重组的税收筹划

A公司由潘湖公司与蜀渝公司两家公司投资设立，双方各占50%的股权。A公司的资产构成为：货币资金2 000万元；厂房一栋，原价为3 000万元，已折旧1 000万元，净值2 000万元,评估价格为 2 500 万元(土地增值税中扣除项目),公允价值为 3 000 万元;存货一批,原价为 1 000 万元,公允价值为 3 000 万元。净资产 5 000 万元的构成为:股本为 3 000 万元,未分配利润为 2 000 万元。契税税率为 3%,A 公司、潘湖公司与蜀渝公司的企业所得税税率均为 25%。为讨论方便,忽略城建税与教育费附加等因素。

A 公司拟进行改制,有如下两种方案可供选择。

一是 A 公司进行整体资产转让(转让所有的资产与负债和劳动力)给 B 公司。两家协商后,B 公司支付其股票为 6 000 万股(面值 6 000 万元),公允价值为 7 000 万元,同时付现金 1 000 万元,合计 8 000 万元。A 公司转让后成为一家投资公司。

二是 A 公司先分配未分配利润 1 000 万元,后由潘湖公司与蜀渝公司转让各自的股份给 B 公司,B 公司支付其股票为 6 000 万股(面值 6 000 万元),公允价值为 7 000 万元。

问题:试比较不同方案的税收负担,并做出分析。

【综合阅读题】

(一)案例背景

江西国泰民爆集团股份有限公司成立于 2006 年,坐落于江西省,主要从事民爆器材的生产销售和爆破服务的提供,是我国民爆行业的龙头企业。2016 年在上海证券交易所(简称上交所)挂牌上市。该企业实际控制人是江西国资委,控股股东是江西省军工控股集团有限公司。江西铜业民爆矿服有限公司成立于 2015 年,注册资本 4 100 万元人民币。企业位于江西省德兴市,主营业务是民爆器材的生产销售。

我国鼓励深化产业结构,促进企业并购重组。民爆行业受国家政策和市场环境的影响,也在积极兼并重组,整合优势资源。2018 年 10 月,国泰集团通过股权收购方式,收购了江铜民爆 100%的股权,完成了对江铜民爆的并购重组,如图 17-2 所示。重组后公司的资产总额、净资产、营业收入、净利润大幅增长,该公司也成了国内民爆行业产品种类齐全的公司之一。

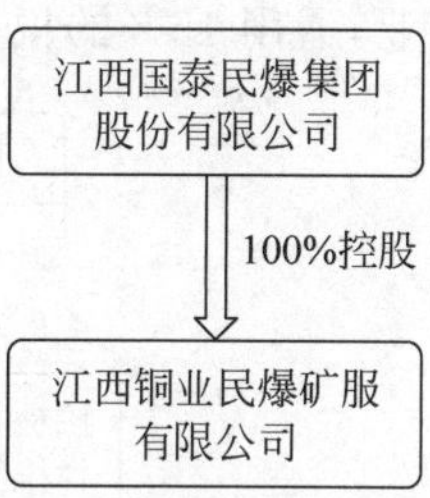

图 17-2 重组后的股权关系

(二)并购的动因

1) 扩大生产规模,提高综合竞争力

国泰集团与江铜民爆的主营业务都是生产销售民用爆破器,国泰集团并购江铜民爆属于横向并购。横向并购是以同行业的企业为合并目标,通过横向并购,可以消除同行业的竞争,扩大企业的生产经营规模,实现企业间优势互补,从而提高企业的综合竞争力。经过合并后,国泰集团的总资产、净资产以及净利润都有提高,丰富的产品种类在民爆行业中极具竞争力,企业跻身行业前列。

2) 实现协同效应,提高风险防范能力

根据协同效应理论,并购后企业的业绩大于并购前两个企业的业绩之和。国泰集团并购江铜民爆的协同效应体现在以下三个方面:一是战略的一致性,国泰集团与江铜民爆合二为一,这就意味着两个企业有共同的战略目标,在经营策略、人员安排、财务安排上相互协作,形成了协同优势,进而提高竞争力。二是降低成本,合并后企业利用数量优势降低买入价格,降低采购成本;合并后企业的生产规模扩大,产品生产成本降低;合并后人员可能出现过剩现象,增加了员工之间的竞争压力,一定程度上提高了生产效率,或者通过裁员降低了人工成本。

三是提高风险防范能力,国泰集团并购江铜民爆,可以减少竞争对手,规模增大后企业的资产增加,应对风险的能力增强。

3) 迎合政策导向,提升产品质量

国泰集团兼并江铜民爆,不仅迎合了产业重组的政策导向,而且受益于江铜民爆的税收优惠政策。江铜民爆2017年取得高新技术企业证书,有效期三年,这意味企业适用于15%的税率;江铜民爆有研发活动和专利申请,适用于研发费用加计扣除,可以提高企业的产品质量;此外江铜民爆使用的环保专用设备可以按专用设备投资额的10%抵免当年税款,这些税收优惠政策可以降低税收负担,增加税后利润和质量。

3. 资产收购

在实际收购中,虽然国泰集团是通过股权收购的方式收购了江铜民爆,但本案例假设国泰集团通过资产收购的方式收购江铜民爆,讨论另一种资产重组的税收结果。

根据资产评估报告,江铜民爆净资产的公允价值为48 573.32万元,账面价值为8 685.58万元,总资产的账面价值为19 477.46万元,国泰集团收购江铜民爆的资产小于50%,无论是现金支付还是股权支付都不符合特殊性税务处理方法,因此国泰集团若采用资产收购,则适用于一般性税务处理,国泰集团与江铜民爆以被收购股权的原有计税基础确定计税基础。

1) 现金支付

在现金收购方式下(见图17-3),国泰集团按公允价值48 573.32万元确定江铜民爆的计税基础。由于江铜民爆的资产项目中含有固定资产和无形资产,每年折旧或摊销的金额为240.53万元,这可以抵减应纳税所得额,形成税收挡板。江铜民爆应按公允价值48 573.32万元与账面价值8 685.58万元之差确认资产转让所得39 887.74万元,由于江铜民爆是高新技术企业,适用15%的税率,最终江铜民爆缴纳企业所得税5 983.16万元。

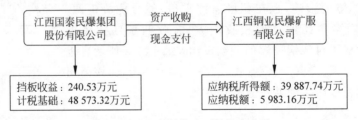

图17-3 现金支付模式下的资产收购

2) 股权支付

在股权支付(见图17-4)下,国泰集团以股权支付对价,应确认股权转账所得43 925.15万元,适用15%的税率后计算的企业所得税应纳税额为6 588.77万元;固定资产与无形资产当年折旧或摊销的金额同样是240.52万元。江铜民爆同上应确认资产转让所得39 887.74万元,乘以15%的税率后缴纳企业所得税5 983.16万元。

4. 股权收购

在实际操作中,国泰集团收购江铜民爆100%的股权,支付方式为股权支付。案例既分析股权支付的实际情况,也假设现金支付的情况,从而讨论最优的税收筹划方案。

1) 现金支付

国泰集团按公允价值48 573.32万元确定收购江铜民爆股权的计税基础,取得股权时不做税务处理,当国泰集团转让该股权时确认资产转让所得。

在并购前江铜民爆由江西省民爆投资有限公司独家控股(简称"民爆投资"),民爆投资转

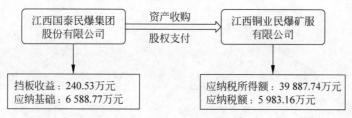

图 17-4　股权支付下的资产收购

让江铜民爆的股权并接受现金支付,应确认股权转让所得 39 887.74 万元,适用 15% 的税率后应纳企业所得税是 5 983.16 万元。江铜民爆在该股权转让交易中无需纳税,仅作为并购的标的公司。现金支付模式下的股权收购税收分析见图 17-5。

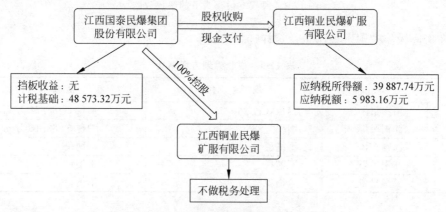

图 17-5　现金支付模式下的股权收购

2) 股权支付

国泰集团以 100% 股权支付对价收购江铜民爆 100% 的股权,该收购行为具有合理的商业目的,重组后 12 个月内既不改变江铜民爆资产的实质性经营活动,也不转让国泰集团取得的股权。这同时符合一般性税务处理和特殊性税务处理的条件。如果选择一般性税务处理,那么现金支付与股权支付类似,都是国泰集团后期确认股权转让所得,民爆投资也需要缴纳企业所得税。在这里我们选择特殊性税务处理方式进行策划,国泰集团和民爆投资均以对方股权原有计税基础确定计税基础。

国泰集团以 8 685.58 万元确认收购江铜民爆的计税基础,该交换 100% 通过股权支付且符合特殊性税务处理条件,因此国泰集团暂时不确认转让所得。

民爆投资以 8 685.58 万元确认取得国泰集团股权的计税基础,同样暂时不确认转让所得。

江铜民爆在该股权转让交易中仅作为并购的标的公司,同样无需纳税。股权支付模式下的股权收购税收分析见图 17-6 所示。

5. 税收筹划结论

通过对比四种税收筹划方案(见表 17-9)可知,如果选择资产收购的方式,只能适用于一般性税务处理,在此情况下现金支付要比股权支付所得税税收负担低;如果选择股权收购,则股权支付要比现金支付实际税负低,因为特殊性税务处理方式可以实现递延纳税,获得资金的时间价值。综上所述,国泰集团选择股权支付对价收购江铜民爆 100% 的股权是最佳的税收筹

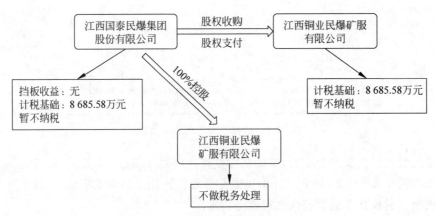

图 17-6 股权支付模式下的股权收购

划方案,在实际操作中国泰集团也是这样选择的。

表 17-9 税收筹划方案对比

		现 金 支 付	股 权 支 付
资产收购	国泰集团	挡板收益 240.53 万元	纳税 6 588.77 万元
	江铜民爆	纳税 5 983.16 万元	纳税 5 983.16 万元
股权收购	国泰集团	不纳税	不纳税
	江铜民爆	不纳税	不纳税
	民爆投资	应纳税额:5 983.16 万元	不纳税

当然,企业所得税只是重组中需要负担的税种之一,国泰集团还需缴纳增值税、城市维护建设税、房产税等,其中增值税负担对企业税收成本有着重要影响。在资产收购方式下,江铜民爆需要缴纳增值税;在股权支付下无需缴纳增值税,因此国泰集团通过股权支付的方式收购民爆集团股权是税负最低的税收筹划方法。

股权收购的方式虽然税负最低,但是国泰集团要承受江铜民爆的风险。因此国泰集团在并购前要对江铜民爆的债务偿还、法律纠纷等情况进行调查,最大可能降低财务风险。

问题:

1. 股权收购和资产收购的各自优缺点是什么?如果你来决策,如何权衡税收利益与财务风险、税务风险的关系?

2. 本案例可以涉及其他类型的资产重组方式吗?若有,请给出重组的操作模式及税务处理。

第 18 章

国际税收筹划方法与技术

目前全球税收体系是不公平、扭曲的,导致苹果和谷歌等大公司海外运营后税收流失海外,美国国内普通工人和纳税人则没有因为大公司的繁荣而获得益处。

——诺贝尔经济学奖得主、哥伦比亚大学教授　约瑟夫·斯蒂格利茨(Joseph Stiglitz)

2008 年世界范围内的金融危机爆发以来,跨国公司的极端税收筹划行为呈愈演愈烈之势。包括苹果、谷歌(Google)、亚马逊、脸谱网(Facebook)等多家巨型跨国公司利用复杂架构的国际筹划原理和方法将利润隐藏,造成了税收主权国家的税款流失。

跨国公司肆无忌惮的行为引起了全球政治领袖、媒体和社会公众的高度关注。2012 年 6 月,G20 财长和央行行长会议同意通过国际合作应对 BEPS(税基侵蚀和利润转移,Base Erosion and Profit Shifting,简称 BEPS)问题,并委托 OECD 开展研究。2013 年 2 月,OECD 发布《BEPS 行动计划》,并于当年 9 月在 G20 圣彼得堡峰会上得到各国领导人背书。OECD 发布报告明确指出,跨国公司的税收筹划行为已经造成全球商业竞争环境的严重不公平,会对世界经济发展带来长期和致命的危害。

欧洲经济研究中心(Center for European Economic Research,ZEW)在其 2004 年发布的一份"信息时代下的国际税收筹划"讨论文件中指出,信息技术对企业经营和组织结构存在着数种效应:第一,无形资产交易和服务贸易的地位日趋重要;第二,公司的经营活动与机构所在地日趋独立;第三,企业与客户的关系发生了变化;第四,企业的组织形式发生了重大的变化。[①]

国际税收领域的避税与反避税活动,引起了税务界的深入思考。下面剖析国际税收筹划原理,揭秘国际税收筹划的操作实务。

18.1　导管公司与国际税收协定

18.1.1　引入导管公司

在 OECD 和联合国的两个国际税收协定范本产生以后,世界各国之间签订的税收协定越来越多。迄今为止,世界上已签署的税收协定已经超过 4 000 个;中国目前对外正式签署的税收协定也多达 100 多个。这些税收协定形成了巨大的税收协定网络。由于税收协定的双边特性,签署不同税收协定的缔约国之间,以及缔约国与非缔约国之间都存在着明显的税制差异。

在税制差异的前提下,跨国投资者预先设计投资的税务安排,他们通常并不直接从自己的居住国向所得来源国进行投资,而是通过在一个与所得来源国签订有税收协定,或者与居住国

---

① Discussion Paper No. 04-27: International Tax Planningin the Age of ICT.

和所得来源国都签订有税收协定的第三方国家或地区设立分支机构,即所谓的"导管公司",并利用导管公司进行实际利益归属于自己的经济活动,从而享受税收协定优惠。

18.1.2 导管公司的类型

导管公司有两种类型:一是直接导管公司,二是"垫脚石"导管公司。

1. 直接导管公司

假设 A 国与 B 国没有签订税收协定,A 国居民对 B 国的投资所得会被征收较高的预提所得税,这里假定税率为 30%。A 国居民发现第三方——C 国与 B 国签订有税收协定,按照税收协定,B 国仅对 C 国征收较低的预提所得税,假定税率为 10%。在此背景下,A 公司不直接投资 B 国,而是在 C 国设立一个子公司,即设立一个"导管公司"来对 B 国进行投资。这样一来,跨国投资者便享受 10%的预提所得税税率,从而使其所负担的所得税大大降低。从另一角度分析,即使 A 国与 B 国签订有税收协定,但是只要其协定的预提所得税税率高于 10%,就存在利用"导管公司"筹划节税的空间。图 18-1 展示了直接导管公司的操作原理。

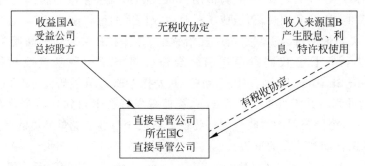

图 18-1　直接导管公司的操作原理

2. "垫脚石"导管公司

在上面的例子中,如果 C 国对在其国内的导管公司来源于 B 国的所得实行免税政策,那么 C 国的导管公司就被称为直接导管公司,它的作用是利用税收协定控制投资环节的税负;如果 C 国仍然对导管公司来源于 B 国的所得全额征税,则跨国投资者就需要考虑将 B 国的利润(通过支付利息、管理费用等方式)转移到另一个对来源于 C 国的所得不征税的国家 D,母公司就需要在 D 国设立一个辅助性导管公司。这样,C 国的公司一方面把利润转移到 D 国公司,另一方面又获得 C 国成本费用的税前扣除,D 国导管公司的作用则是保留所得。这种模式则被称为"垫脚石"导管公司。图 18-2 展示了"垫脚石"导管公司的操作原理。

18.1.3 导管公司与滥用税收协定

在国际税收领域,导管公司这种筹划方法因其游走于合法性的边缘,一直受到国际税收界的广泛关注。一些使用导管公司的税收实践,由于过度偏离税收协定的意图,在国际上被视为滥用税收协定行为。许多国家根据实质课税原则,对滥用税收协定的行为采取了必要的防范措施。例如,在德国与瑞士的税收协定中,规定了瑞士的公司如果大部分股权归属于第三国,则不应享有相应的低预提所得税优惠。

美国与加拿大 1994 年签订的税收协定书中引入了反滥用协定的相关措施。关于税收协定的未来发展,有专家提出建立一次性多边的税收协定以替代现有的双边税收协定网络的前

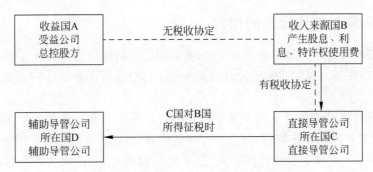

图 18-2 "垫脚石"导管公司的操作原理

沿观念(Elsayyad and Konrad,2011)。在 2014 年 OECD 的防 BEPS 行动计划中也重点针对滥用税收协定,提出了更新常设机构的定义的行动计划。

根据实质课税原则,判断税收协定是否被滥用的标准有两个,一是受益所有人,二是合理商业目的。受益所有人是指对所得或所得据以产生的权利或财产具有所有权和支配权的人,该标准意即不从事实质经营活动的"导管公司"不是真正的受益所有人,因此不应该适用税收协定的优惠税率。合理的商业目的则是指企业适用税收政策的商业行为主要或唯一目的不是获取税收利益。

国际上采用应对滥用税收协定的方法主要有透视法、渠道法、善意法等。透视法是指最终取得股息的受益人应当是缔约国居民的公司,这种方法对享受税收协定优惠的公司的股东也做出了规定;渠道法则是对享受税收协定优惠的公司支付给第三方居民的股息、利息、特许权使用费的比例做出规定,常常与透视法结合使用;善意法则是指税收协定的优惠只允许从事实质交易的公司享受。

为了避免与这些应对滥用税收协定的条款相抵触,跨国投资者在设立导管公司筹划时,首先必须考虑税务当局的税收监管能力与反滥用税收协定的政策规定,选择适当的地点设立导管公司;其次,在导管公司设立国也应开展实质性的经营生产活动,避免单纯建立用来避税的空壳公司,以免引起税务当局的注意。

18.2 转让定价与正常价格标准

18.2.1 转让定价原理

转让定价是跨国企业进行利润转移的重要工具。转让定价是指跨国关联企业间内部转让交易所确定的价格,这一价格通常与市场价格存在差距。

跨国企业通过转让定价,可以控制收入和成本的流向,最终达成所得税税基的流动和利润转移的目的。国际税收领域使用转让定价的目的,就是使可扣除项向高税率国流动,使收入向低税率国流动,最终获取税收利益。

转让定价不仅是国际税收筹划的重要方法,也是提高利润率改变企业资信形象、垄断外国市场、转移利润和逃避外汇管制的重要途径。利用转让定价将利润转移到一国,可以提高该国子公司的资信形象;利用转让定价,可以压缩一国子公司的生产成本,进而达到垄断的目的;利用转让定价还可以创造一个成本费用渠道,将利润从外汇管制的国家向外转移。

18.2.2 国际应对转让定价的措施

鉴于转让定价是国际贸易中常见的现象,各国为了控制转移定价所进行的不合理分配,维护其税收主权,都在努力探索或制定转让定价税制。BEPS 行动计划中特别提到无形资产的转让定价问题。

国际上应对转让定价有以下两个重要措施:一是关联企业的确认。对于税收协定国之间,在 OECD 税收协定范本中规定,存在直接控制关系的,或者是同时受控同一企业的两家企业即构成关联关系;而对于非缔约国之间,主要通过控股比例、控制实质等标准判断关联关系,同时还有针对避税地的特殊规定。二是制定针对转让定价应税所得的调整方法。将应税所得按照独立企业之间的正常价格标准,即按照"独立交易原则"调整转让定价为符合实际的应税所得。

国际上应对转让定价的常见方法包括正常价格标准和预先定价协议(advance pricing agreement,APA)。正常价格标准是一种依照公平交易原则确定的转让定价方法,税务当局针对跨国关联企业的转让定价应用正常价格标准,并判断是否进行制裁;预先定价协议,是纳税人事先向税务机关备报自己在未来年度的定价,经税务机关审核同意之后,双方可以按照既定的原则来进行交易。预先定价协议虽然一劳永逸,但是其成本对于纳税人仍然过大,可行性有限。

在当前国际形势下,如何才能使关联企业之间的转让定价既符合独立交易原则,又能减轻税收负担,已经成为转让定价研究的重点。

税务机关以关联企业之间的交易为对象,以公平交易为原则确定的转让定价,称为正常价格标准,而关联企业之间进行转让定价时采取不同的标准,决定转让价格的方法就是转让定价方法。这正如一枚硬币的正反两面。因此如何采用转让定价方法,既能够符合正常交易的标准,又能够降低税负,是转让定价税收筹划的根本目的。

国际上常见的转让定价方法包括可比非受控价格、再销售价格法(resale price method,RPM)、成本加利法(cost plus method,CPM)、可比利润法等。

1. 可比非受控价格(CUP)

可比非受控价格定价法要求纳税人按照非受控的、公平交易的价格来衡量自己在受控交易中对商品的定价,这种方法的重点在于"受控交易"与可比非受控交易之间的比较。企业在转让定价过程中,要关注二者的差异。

在可比非受控价格定价法中有两个需要重点考虑的因素:其一是转让定价与可比非受控价格之间的可比性;其二是比较数据的准确性和可靠性。在此基础上通过比较转让定价和正常价格标准之间的差异,寻找合理的理由来解释差异的来源,使转让定价接近可比非受控价格。

在适用可比非受控价格的条件下,转让定价与可比非受控价格存在的差异被区分为次要差异、实质性差异等,如果差异微小或者差异可以被合理解释(例如品牌差异、地理差异等),转让定价就可以被确定为符合正常价格标准。

【案例 18-1】 甲国 A 公司向乙国市场销售一种产品,价格为每件 70 元,向乙国子公司 B 销售该产品的价格为每件 60 元,由于乙国所得税率比甲国低,甲国税务当局怀疑 A 公司通过转让定价进行利润转移(转让定价与可比非受控价格如图 18-3 所示)。经过对 A 公司提供的详细资料进行研判,甲国税务当局发现,销售到 B 公司的该产品的价格差异主要在于保险费与国际运输费。因此,这种价格差异可以被合理解释,对其转让定价仍适用可比非受控价格标准,不需要调整。

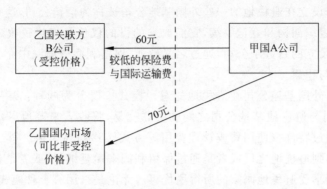

图 18-3　转让定价与可比非受控价格

2. 再销售价格法(RPM)与成本加利法(CPM)

再销售价格法,是指通过销售价格,乘以合理的销售成本率,推定出关联企业间的正常价格标准。

成本加利法,则是通过商品提供方的成本,除以合理的销售成本率,推定出关联企业间的正常价格标准。

再销售价格标准＝转入市场销售价格×(1－交易的合理毛利率)

成本加利法标准＝转出企业成本/(1－交易的合理毛利率)

这两种方法都是通过对价格构成的分析进行定价。在商品销售价格可以准确获得的情况下,适合使用再销售价格法;在商品原始成本可以确定的条件下则适合使用成本加利法。

【案例 18-2】　甲国 A 公司将自产的成本为 100 元的货物以 120 元销售给乙国子公司 B,B 公司在乙国出售该货物的价格是 200 元。甲国税务当局怀疑 A 公司利用转让定价进行利润转移。由于在乙国无法获得可比非受控价格,因此采用再销售价格法或成本加利法对转让定价进行比对。

税务当局认定的商品提供企业的合理毛利率为 20%,再销售的合理毛利率为 25%,则有

再销售价格标准＝200×(1－25%)＝150(元)

成本加利法标准＝100/(1－20%)＝125(元)

不论是按照销售价格标准,还是成本加成法标准,计算结果都与 B 公司在乙国出售货物的价格存在很大差异。因此,A 公司的转让定价不合理,被甲国税务当局要求进行税务调整是正常的。

18.3　外国基地公司与受控外国公司制度

18.3.1　外国基地公司原理

外国基地公司,具体是指利用不同国家的税率差异,在相对低税甚至无税的避税地国家建立的,从事收入费用转移或资产积累而成立的公司。也就是在国际间税率差异的背景下,利用组织结构和延期纳税来进行税收筹划的方法。

外国基地公司一般建立在避税地国家,这是由避税地国家的独特特征所决定的,包括相对

较低甚至为零的税率、现代化便利的商业环境、稳定的政治环境、优越的地理位置等。这种得天独厚的条件引起税基向"低洼"流动。

在很多情况下,设立在避税地的一些外国基地公司被称为信箱公司,这是由于这些公司在注册国只有基本的组织架构和登记手续,它们成立的目的仅仅是安排税收。信箱公司通常是跨国集团在避税地设立的财务子公司,通过名义营业、保留利润、投资、中介、担保等方式,进行利润与资本的转移与积累。

在现实条件下,外国基地公司在避税地的避税模式主要分为两种:第一种是收入与成本转移,通过其他公司与避税地基地公司之间的关联交易,将收入来源地尽量确定在避税地公司,而把成本费用通过特许权使用费或管理费用等方式转移到高税地。第二种是保留利润并再投资,在利润转移到避税地之后或者是通过保留利润来递延纳税,或者是在此基础之上进行利润的再投资,进而享受避税地国家的所得税优惠。无论是采用哪一种模式,其原理都是通过成本和利润的流量控制,而其组织基础则是通过避税地基地公司来运行。

1. 收入与成本转移类基地公司

这一类手段一般通过纳税主体的转移进而实现收入,来实现避税的目的。

2. 收入实现主体的转移——贸易公司

跨国集团常常将发生的国际商品、劳务交易活动的收入实现主体,在名义上变更为设立在避税港的贸易公司,使其成为收入实现的主体,享受避税地的低税收政策。这种特定的公司只能在跨国联属公司发生贸易时,开具发票和处理现金结算。

【**案例 18-3**】 跨国集团在高税国甲拥有生产机构子公司 A,如果直接与客户——乙国消费者交易,将会在甲国被征以高税,因此该跨国集团可以在避税地丙国设立名义的贸易公司 B,使 B 公司成为跨国集团的销售业务主体,使 A 公司生产的货物名义上经由 B 公司中转销售到乙国,从而使收入转移到 B 公司,享受低所得税率,货物与利润实际流向如图 18-4 所示。

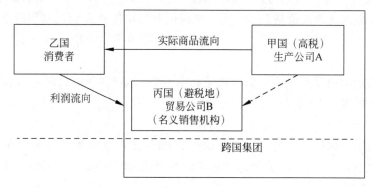

图 18-4 货物与利润实际流向

18.3.2 总机构的转移——控股公司和服务公司

控股公司是指在避税地设立控制集团内子公司大量具有表决权股份的外国基地公司,设立在避税地之后使控股公司的股权——所有权转移到了避税地,从而可以名正言顺地享受股息收入和资本利得的低税收;而服务公司则是指能够对集团内部收入、费用、投资、筹资进行分配的总管理机构,可以控制集团内部业务的发生,调节整个集团的税负。服务公司在多数情况下也是控股公司。相较于贸易公司,这两种方式可以在一定程度上减少税务当局的怀疑。

1. 保留所得与再投资类基地公司

通过收入和成本转移的税收筹划,企业已经将所得保留在了避税地。在这样的基础之上,如果跨国集团不将这些跨国所得转移到高税国,就可以获得长时间的延期纳税。同时,跨国集团可以进一步将累积所得再投资,使免税所得能够产生更多的利润。

2. 投资公司、离岸基金与离岸信托

投资公司是指设立在避税地,利用跨国集团在其中积累的资金从事证券交易的外国基地公司,以实现投资收益。其投资方式多样,包括股权投资、债权投资、短期证券投资等形式。图 18-5 显示了在避税地设立投资公司的操作原理。

投资公司与控股公司的区别主要有两点:首先,投资公司并非跨国集团的总机构,即使是通过股权投资将资本投向集团内部,也不会拥有任何重要的表决权;其次,投资公司相比于控股公司,并不仅仅是一个免税所得累积的分支机构,而是一个主动投资,为获得更多收益的分支机构。

投资公司直接利用避税地保留的利润进行再投资,在避税地的低税率或者税收协定存在少征或免征预提所得税的规定的条件下,实现再投资的股息、利息的再次免税。

投资公司的常见形式是受控离岸基金和受控信托公司,以基金或信托的形式托管跨国企业的所得,实现投资收益。与受控离岸基金相比,受控信托公司更有利于企业投资动向的保密,也可以被用来与其他外国基地公司共同设计税收筹划架构。而在很多国家都有信托财产继承免税的规定,更有利于继承和遗产税规划。

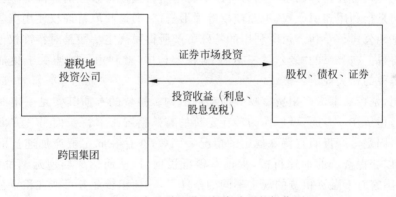

图 18-5　在避税地设立投资公司的操作原理

值得一提的是,由于各国对金融衍生品的认定差异不同,在避税地国家被认定股权工具的金融工具,可能在发行国被认定为债权工具,有些跨国企业的投资公司会利用发行国与避税地的税制差异(避税地对股权工具的股息免征所得税,而发行国对债权工具的利息免征预提所得税),实现在发行国与所在国(避税地)的双重不征税。这种情况正属于国际反避税的热点——混合错配。

3. 金融公司与保险公司

与投资公司不同,金融公司和保险公司并不直接利用保留的利润再投资,而是以借贷人或保险人的身份,使资金保留在避税地的前提下,实现资金为跨国集团所用。

金融公司是指在跨国集团中以避税地保留的利润作为借贷资本向跨国集团进行债权投资的外国基地公司。跨国集团在有资本需要的时候,暂时需要的大量资金往往可以通过向其设在避税港的金融公司进行贷款来解决。所发生的利息,对于使用贷款的子公司可以在税前扣除，而在避税子公司可以免征所得税。图 18-6 显示了在避税地设立金融公司的操作原理。

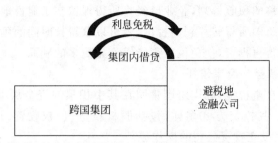

图 18-6　在避税地设立金融公司的操作原理

保险公司指受控于跨国集团，为集团内成员提供保险和分保的一种外国基地公司。保险公司与金融公司相比，同样是间接利用避税地保留所得的受控外国公司，然而，其方式更为间接，需要考虑到风险和不确定性。

建立受控保险公司具有两方面优势：首先，作为集团内的保险公司，可以承担第三方保险公司不能承担的损失，同时需要投保的公司也只需要较低的保险费用。其次，在大多数国家保险赔款是不征税的，在出险的情况，可以将在避税地的保留所得合理转移到需要资金的子公司所在地。

4. 专利公司与租赁公司

专利公司与租赁公司都属于利用对资产的特殊所得税规定设立的外国基地公司。

专利公司是指利用知识产权、工业产权等无形资产，通过收取特许权使用费等方式获取收益的避税地基地公司。专利公司所利用的特殊资产所得税规定一般是对特许权使用费减征或免征预提所得税。在苹果的"爱尔兰三明治"避税架构中，就利用了欧盟关于免征特许权使用费的预提所得税的相关规定。

租赁公司，是指从事资产租赁贸易等活动的机构。租赁的本质其实是一定时期内使用权的交易，因此，租赁在一方面，可以作为转让定价的特殊情况来看待。而另一方面租赁也适用于所得税法对固定资产折旧有特殊规定的情况。例如，在存在固定资产加速折旧的国家建立租赁公司，可以获得资产的加速折旧，提前获得抵税项目，从而达成与递延纳税相同的结果；又如，在不同国家对于融资租赁的规定不同的条件下，一项租赁业务可能在租赁公司所在国被认定为经济租赁，而在承租人所在的国家却被认定为融资租赁，这样，该项租赁资产在两个国家都可以享受到折旧抵税。

18.3.3　受控外国公司制度（CFC Rules）

利用在避税地建立的基地实现利润转移、保留和再投资是跨国集团常用的税收筹划安排手段，但是过于激进的筹划政策会造成不当的税收流失，因此，许多国家，尤其是发达国家都特别注意如何应对受控于本国的避税地公司从事避税活动，并以美国为首建立了受控外国公司（controlled foreign corporation，CFC）制度。我国在 2008 年的企业所得税法中，首次加入了关于受控外国公司的规定，认定不合理保留的利润负有纳税义务，并且在法律上赋予了税务机关对受控外国公司的所得归属进行依法审查的权力。

1. 受控外国公司的界定

每个国家受控外国公司制度的核心都在于对"控制"的界定。就各国 CFC 法规而言，主要是对持股比例的界定。这些规定既包括对全部股东控制权的界定又包括个别股东控制权的界定。例如，日本立法规定，当一家外国公司的 50% 被日本居民（企业）持有，且每个股东都至少持有这家外国公司的 5% 股权时才需要纳税。其他国家或是对持股比例有不同规定，或是对个别股东设置限额有不同规定，但是主要规定是类似的。而除了在法律上对量化的持股比例做出规定之外，一些国家还提出了实质控制标准——即持股比例虽然没有达到法定要求，但是实质上对外国公司构成控制的情况下，也会认定这家外国公司为受控外国公司。

此外，各国对确认控制的时间也有不同的界定规定。例如，法国规定，符合持股比例的控制时间累积超过 183 天（非协定国）的外国公司才会被认定为受控外国公司；而美国法律规定的则是不间断地控制 30 天；此外还有些国家规定了特定的测试日期。

2. 针对受控外国公司的制裁

在确认了受控外国公司之后，受控外国公司的控制方所在的国家将会根据受控外国公司税制，对外国公司所得按照居民所得进行征税，其具体征税方式有按照比例、具体分项、全额征收等方式。按照比例征收是指，将受控外国公司的所得，乘以控制国居民持股的比例，再乘以一年中持股天数的比例作为税基进行征税。具体分项征收则是对受控外国公司所得进行分类，对每一项所得，甚至每一项发生的业务进行分析，以确定是否征税。全额征收则是规定，只要受控公司位于避税港，其全部所得都按照居民所得征税，然而为了防止打击面过大，一些国家对符合条件（例如小额所得、无避税动机等）的受控外国公司会有免税规定。

OECD 的 BEPS 工作小组 2013 年提出的应对 BEPS 行动计划中的行动 3，针对的是受控外国公司与不合理保留利润，督促 OECD 税收协定范本修订和各国 CFC 法律制度的修改。

在这一国际形势下，利用外国基地公司进行税收筹划的策略应当更加谨慎，其一是税收筹划结构需要建立在对各国最新税收政策基础上；其二是避免激进的税收筹划，违反税收筹划合乎立法意图的本质。

18.4 利息抵税与资本弱化税制

18.4.1 利息抵税在国际税收筹划中的应用

莫迪利安尼和米勒教授在 1958 年发表的论文中提出了关于资本结构的 MM 理论。该理论证明：在征收企业所得税的条件下，由于债务利息可以抵税，随着企业债务的增加，企业的筹资成本会逐渐降低，而债务也会增加企业的价值。

有负债企业的价值＝无负债企业的价值＋负债×所得税率

企业筹资成本＝股权比例×股权筹资成本＋债权比例×债权筹资成本×(1－所得税率)

企业通过提高负债比例，降低股权比例的方式可以增加税前的扣除项目。借贷款支付的利息，一般是作为期间费用中的财务费用税卡扣除的。相比之下，股息一般不得进行税前扣除。因此，在一定程度上增加企业资本结构中负债的比例，可以实现筹划税收的目的。因此负债的这种作用也被称为税盾作用。

在跨国集团的经营过程中常常利用债务抵税的方法来减少纳税额，尤其是在承担债务的公司所在国采取高税率的时候，利用债务抵税可以实现利润的转移。

18.4.2 资本弱化税制

财务健康要求资产负债率保持在一定程度（OECD 建议的资产负债率是 50%），如果债权比例过高,比例失调的现象则被称为资本弱化。

资本弱化有很多危害。例如,破坏了税收中性原则,导致了企业之间的不公平竞争,更引起了被投资企业所在国的税基流失。OECD 的 BEPS 工作小组同样在应对 BEPS 行动计划中的行动 4 中提出了应对跨国企业通过关联方借贷获得利息扣除的建议。

世界各国大多都建立了资本弱化税制。与受控外国公司制度主要针对本国对外国的投资不同,相比之下,资本弱化税制针对的情况则主要是外国对本国的(债权)投资。各国通常采取的方式是限制税前扣除。具体的限制数额,各国通常采用固定比例法、正常交易法等来确定。

1. 固定比例法

固定比例法是对企业的股权与关联方债务比例做出限制的资本弱化税制。其核心在于对关联方债务概念的确定。对债务概念的确定包括两个要点:其一是对债务范围的规定,这一类规定明确了债务是什么:"什么性质的金融工具属于债务?多久期限、何时借入的债务属于适用资本弱化税制的范围?"等等。其二是对债务来源的规定,这一类规定明确了贷款提供人的身份。除了美国以全部公司债务作为适用基础之外,其他国家一般都规定,只有公司股东向本国公司提供贷款时,其债权才加入固定比例法中的债权数量计算。

固定比例法的优点是规则的确定性,节约了纳税成本与征税成本,方便纳税人遵循与税务机关的管理。然而固定比例法的另一个特点就是容易回避,在了解该国对债务确定的政策之后,有些跨国公司会利用担保等方式,将贷款的提供者转为非股东,进而使公司股权结构在规定上符合固定比例。

我国采用的是固定比例法,在 2008 年实行的企业所得税法中,不仅将关联方的直接债务加入到固定比例的计算,而且将关联方间接通过非关联方提供给企业的贷款、通过担保使企业获得非关联方贷款等也加入了固定比例的计算之中。

2. 正常交易法

正常交易法则是直接对债权债务的性质进行判断,如果一项关联方的借贷行为与非关联方的借贷条件不同,则关联方贷款可能被视为资本弱化行为,利息将被当作股息,同时不能获得抵税的效果。

正常交易法的优点是考虑了每一项借贷行为的实质与特别因素,符合实质课税、税收中性的原则。然而考虑到其高昂的纳税与税收成本,在实践中往往难以执行。

18.5 机构流动与常设机构

在国际税收领域,以人员(包括法人和自然人)流动或转移来实现减少税收的情况十分常见。在实行居民管辖权的国家,对企业居民身份的判定标准包括注册登记所在地、总机构所在地、实际管理机构所在地等,这些不同的标准恰恰为公司利用税制差异提供了税收筹划空间。

跨国企业可以在避税地或税收协定缔约国建立仅仅用来召开董事会的信箱公司,使之成为实际管理机构所在地,从而享受避税地的低税率或税收协定的税收优惠;跨国企业还可以利用两个国家对企业居民身份的认定差异,在两国都成为非居民公司,实现双重减少税收。这种方式常常利用了税制差异中的实体认定差异,被归类为混合错配的一种。

在 OECD 与联合国订立的税收协定范本中规定了常设机构的判别标准:①常设机构是全部或部分营业的固定场所;②常设机构也可以是代理非居民从事订单、合同签订的机构。而不属于这两种情况的分支机构一般不会被视为常设机构。非常设机构的操作原理如图 18-7

所示。

中国在与美国、加拿大、泰国、新加坡等国家签订的税收协定中规定,仓储、采购、加工等辅助性的分支机构属于准备或辅助性质的常设机构。依据这一类规定,利用非常设机构实现一些不需要常设机构的经营业务,回避了收入来源地的税收,从而达到减轻税负的目的。

【案例18-4】 日本在20世纪70年代兴建了许多船上流动工厂车间,使之在亚洲和非洲流动作业,就地收购原材料、加工并就地出售,整个生产周期仅仅有一两个月。这些海上流动工厂既不对收入来源地负有纳税义务,在本国也被视作海外收入享受优惠,从而双重避免了税收。

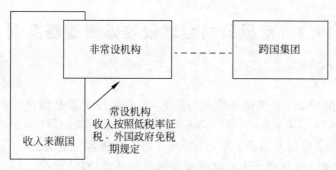

图18-7 非常设机构的操作原理

第 19 章

国际税收筹划案例

19.1 苹果公司全球税收筹划战略案例

19.1.1 背景资料

苹果公司(Apple Inc.)是美国一家高科技公司,总部位于加利福尼亚州的库比蒂诺。苹果公司创立于 1976 年 4 月 1 日,当时公司名称为美国苹果电脑公司(Apple Computer Inc.),并于 1980 年 12 月 12 日公开招股上市,2007 年 1 月 9 日更名为苹果公司。

苹果公司最初是一家从事个人电脑研发和销售的公司,目前该公司经营的硬件产品主要是 macintosh(简称 Mac)电脑系列、iPod 媒体播放器、iPhone 智能手机和 iPad 平板电脑;在线服务包括云服务(iCloud)、iTunes Store 和苹果应用程序商店(App store);消费软件包括 OSX 和 iOS 操作系统、iTunes 多媒体浏览器、Safari 网络浏览器,还有 iLife 和 iWork 创意和生产力套件。

2013 年 5 月 20 日,美国国会参议院国土安全委员会下属的常设调查委员会(Permanent Subcommittee on Investigations)向外界发布了一份关于苹果公司纳税情况的报告,称苹果公司利用美国税法中的漏洞和海外分支网络,在 2009 年至 2012 年间避免向美国政府缴纳超过百亿美元的税额,总税率仅为 22%,远低于美国联邦税率 35%。苹果公司 2012 年发布的财报显示,苹果公司在海外获得了 368 亿美元的利润,却仅仅缴纳了 7.13 亿美元的公司所得税,税负率仅为 1.9%。这些数据都表明苹果公司可能存在很大的税收问题。

面对这样的指控,苹果公司首席执行官(chief executive officer,CEO)蒂姆·库克(Tim Cook)在第二天的听证会上进行了辩驳。他坚决否认苹果公司在财务运营上有非法之处,并且强调苹果公司是美国第一大纳税企业,在创造就业、推动经济发展上对美国经济社会都有巨大的贡献。但他承认,苹果公司在海外拥有千亿美元的资金储备,由于美国税率太高,苹果公司并没有把现金全部带回国内的打算。他建议美国应该对公司税进行全面的改革,这样才会有更多的公司把海外资产转回国内,从而推动美国经济的繁荣与发展。

一同出席听证会的苹果公司首席财务官(chief financial officer,CFO)以及税务主管也强调,苹果公司与爱尔兰的协议早在 30 年前就已签订,并且税收筹划手段完全没有违背任何法律。美国税法限制了苹果公司的竞争力,为了扩展海外业务,他们不得不把海外收入留存在境外。如果苹果公司无法获得"合理税率",则不会将境外收益带回本土。

19.1.2 苹果公司开展税收筹划的诱因与条件

1. 各国税收管辖权和法人税收居民身份判定标准的差异

税收管辖权是一国政府在征税方面的主权。目前,税收管辖权主要有地域管辖权、居民管辖权和公民管辖权。美国目前同时实行三种税收管辖权，爱尔兰同时实行地域管辖权和居民管辖权。实行居民管辖权就要确定居民身份的判定标准，而实行地域管辖权需要判定对非居民能否征税，关键在于其是否有来源于本国的所得，但也需要确定纳税人的居民身份。

对于法人税收居民身份的判定，美国采用的是以法人登记注册地作为确定法人居民身份的标准，即凡依据本国法律在本国登记注册的公司（企业），不论其总机构是否设在本国，也不论其投资者是本国人还是外国人，均确认其为本国公司或本国的法人居民；凡是根据外国法律在外国政府注册成立的公司，不论其设在美国境内或境外，即使股权的全部或部分属于美国，都是外国公司。而爱尔兰采用管理机构或者控制中心地（通常会是公司董事会行使其权力的地点）标准，即凡是法人管理机构或者控制中心设在本国，无论其在哪个国家注册成立，都是本国的法人居民；凡是管理机构或者控制中心机构不在本国的，就算其在本国注册成立，都不是本国的法人居民。苹果公司正是利用了不同国家税收居民身份的判定标准的漏洞，在爱尔兰注册了一个负责海外业务的国际运营公司，又把其实际管理机构或者控制中心设在美国，就可以实现"双边均不纳税"。

对于所得来源地的判定，一般采用OECD税收协定范本的规定：特许使用费一般只能由居民国征税，来源国不能行使征税权。这一规定也是发达国家之间签订税收协定时普遍采纳的做法。例如，爱尔兰的居民公司在英国收取特许权使用费，根据爱尔兰和英国之间的税收协定，特使权使用费所得只能由爱尔兰征税。另一方面，根据税收协定以及一些国家国内税法的规定，积极营业所得[①]不需要在来源国缴税，除非在来源国设有常设机构；即使在来源国设有常设机构，积极营业所得扣除支付的特使权使用费后只需缴纳少量的税收。苹果公司利用这些规定在全球各集团子公司内转移其无形资产使用权，最终只在居民国缴纳了较低的税收。

2. 各国、各州公司所得税的差异

1) 美国本地公司所得税的差异

美国宪法允许州政府自行开征州所得税，因而公司需要将其所得在拥有课税权的州之间进行划分。每一个州都有权自由选择对公司所得进行划分的要素种类及其权重。因此，这就使得公司所得分配公式中的要素种类和数量以及计算方法在各州之间呈现很大的差异。多数州使用"三要素法"进行分配，即以销售额、财产额以及薪金额为分配要素来确定所得在各州之间分配的比例。一部分州在确定分配比例时对"三要素"赋予相等的权重；但也有越来越多的州逐步使用一种修正过的"三要素公式"，具体公式如下：

某州应分配的所得＝[（公司在该州的销售额/公司总销售额）×权重＋（公司在该州的财产额/公司财产总额）×权重＋（公司在该州支付的薪金额/公司支付的薪金总额）×权重]×公司应分配的总所得

此外，公司所得在各相关州之间进行分配主要包括四个步骤。

第一步：公司统一计算来自各州的总所得，并确定可以扣除的项目。

第二步：对经营性所得与非经营性所得加以区分，并将非经营性所得从公司总所得中剔除，以确定应分配所得。

第三步：将应分配所得按照各州确定的分配公式在相关州之间进行分配，将非经营性所得直接分派给与取得该所得有直接联系的特定州。

第四步：根据公式计算的应分配所得和直接分派的非经营性所得，确定公司在各州的应

[①] 积极营业所得，是指非居民企业从事经营活动而取得的所得，包括承包工程作业所得和提供劳务所得等。与积极营业所得相对应的是消极所得，主要是指股息、红利、利息、租金、特许权使用费所得、转让财产所得或其他所得。

税所得,并按各州的税法规定计算缴纳公司所得税。

按照上述规则,如果我们把收入实现在一个公司所得税率较小甚至为零的州,那么该公司的州应纳公司所得税额就会很小,这样就可以实现国内税收支出的减少。这就是苹果公司选择内华达州设立资金管理公司的重要原因。

2) 海外公司所得税的差异

我们利用之前所提到的双边避免成为纳税人的方法,把海外公司建立在一个所得税率相对较低甚至为零的国家,避开美国的35%的高所得税税率,就会使海外税收支出大大减少。就目前而言,苹果公司在海外拥有1 000多亿美金,如果把海外现金全部汇回美国,至少要向美国政府缴纳超过300多亿美元的企业所得税。

3. 转让定价协定的可利用

利用转让定价手段在企业集团内部转移利润,使得企业集团的利润金尽可能多地在低税国关联企业中实现,是跨国公司最常用的一种国际税收筹划策略。跨国关联企业之间可以通过操控企业之间的关联交易行为,把利润转移到低税率的国家,实现企业集团总税负降低的目的,但是此规定要求关联企业之间的转让定价要符合独立交易原则(arm's length principle)。苹果公司可以利用无形资产转让定价,使其海外利润承担较低的税负。

4. 成本分摊协议的可利用

成本分摊协议是指参与方共同签署的对开发、受让的无形资产或参与的劳务活动享有受益权并承担相应的活动成本的协议。两个或多个企业之间议定好成本分摊框架,用以确定各参与方在研发、生产或获得资产、劳务和权利等方面承担的成本和风险,并确定这些资产、劳务和权利的各参与方的利益的性质和范围。美国公司采用成本分摊协议可以避免使用美国税法的Section367(d)①的规定。苹果总公司可以通过与爱尔兰子公司签订成本分摊协议,共同研发无形资产,共同拥有无形资产,后期爱尔兰控股公司再买断欧洲地区的无形资产所有权。

5. 国际税收协定的可利用

为了解决国与国之间税收权益分配矛盾和冲突,各国之间一般都会通过签订国际税收协定给予缔约国居民一定的所得税优惠。第三国居民可以通过在缔约国一方设立子公司的方法,使子公司成为缔约国一方居民公司,从而享受到税收协定的优惠。苹果公司利用爱尔兰和欧洲国家的相关协定(如爱尔兰与欧洲各国达成的欧盟成员国内所得税免税协议)安排税收筹划战略。

值得一提的是,利用国际税收协定筹划具有一定的风险性,表面上来看是合法有效的,实际上却容易被认为滥用国际税收协定,税务当局可以通过加强与税收协定国家税收信息交换等方式加以控制。

6. 其他因素

如避税地的存在、其他税收优惠政策的可利用等。

19.1.3 苹果公司境内筹划战略分析

1. 美国的多级税收体制

美国实行的是联邦—州—地方多级税收体系。美国现行的公司所得税是由联邦公司所得税和州公司所得税组成的。一般来说,州公司所得税是在联邦公司所得税税基上加征一定比例的税收。并且对于州所得税的征税权力,美国国会颁布了公法86—272号,就各州对跨州经营行为的所得税课税权力做了进一步限定,着重强调只有当公司在征税州的活动与税收有足够

---

① 在美国税法典Section367(d)下,如果母公司把无形资产转移到新设立的外国子公司换取子公司的股权,该交易将会被视同母公司销售无形资产,应该就该无形资产收取的特许权使用费在美国纳税。

联系时,该州才可征收所得税的原则。

苹果公司对于国内的利润需要缴纳的所得税包括联邦公司所得税和州公司所得税两个部分。联邦公司所得税法定税率为35%,而对于州公司所得税的税率,各州有不同的规定。苹果公司在美国境内正是利用了各州之间不同的税率,部署了一套税收筹划安排。

2. 境内税收筹划的组织架构安排

1) 在内华达州设立子公司

苹果公司的总部位于加州的库比蒂诺,而其管理和投放现金的部门却是一个设立在内华达州雷诺市的 Braeburn Capital 子公司,虽然这个子公司非常简陋,仅有几张桌子和几台电脑设备。该公司是苹果旗下的资产管理公司,成立于2006年,其目的就是管理苹果公司的庞大现金。Braeburn Capital 用这些资金对公众权益市场进行相对保守的投资并且高度保密。

苹果公司为什么要把 Braeburn Capital 设在内华达州呢？原因在于,加州的公司所得税率为8.84%,如果该子公司设立在加州,那么公司就需要为其在国内的收益缴纳公司所得税。而内华达州不征收公司所得税,也没有资本收益税,把该公司投放于内华达州就避免缴纳高额的州所得税。这样各州一旦发生 iPhone、iPad 或者其他苹果产品的销售后,部分销售利润就被存入了 Braeburn 公司的账户中,接着该公司又会把这些收入投资到股票、债权等理财产品中,而这些投资产生的利润也不受加州税务当局的监管。并且 Braeburn 公司还为苹果公司提供了削减其他州——包括佛罗里达、新泽西和新墨西哥在内——税额的可能,因为这些州的税法规定,如果一家公司的财务管理在其他州进行,那么纳税基数可以降低。这样苹果公司就通过在国内跨州建立一个子公司,躲避了加州和其他20个州需要课征的上亿美元的税额。苹果公司在美国境内的税收筹划结构设置如图19-1所示。

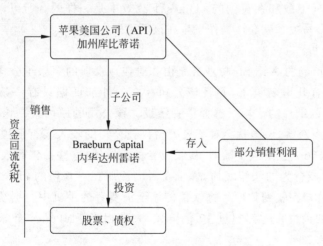

图 19-1　美国境内税收筹划的结构设置

2) 利用研发支出优惠政策

美国高新技术产业税收优惠政策分别是:科研机构作为非营利机构免征各项税收和对企业 R&D 费用实行税收优惠。

R&D 投入与企业开发产品、提高市场竞争力有关,美国为鼓励企业增加 R&D 投入,把 R&D 投入与一般性投资区分开,实行"费用扣除"和"减免所得税"的双重优惠。企业 R&D 费用可选择两种方法扣除:一是资本化,采取类似折旧的办法逐年扣除,扣除年限一般不少于5年,用于软件的费用可缩短到3年;二是在 R&D 费用发生当年作一次性扣除。作为鼓励措施,企业 R&D 费用按规定办法计算新增部分,其20%可直接冲减应纳所得税额。若企业当年没有盈利,或没有应纳所得税额,则允许的减免税额和 R&D 费用扣除可往前追溯 3 年,往后结转 7 年,其中费用扣除最长可顺延 15 年。

加州鼓励企业加强他们的基础研究和开发活动,允许将公司内部 15% 的研发费用,或公司请外部机构从事研发的 24% 费用,用于抵免银行和公司税,这一比例在全美是最高的。

3. 评价

对于苹果公司在美国境内的筹划结构安排,苹果公司的一些高管认为去批评苹果这么做是不公平的,因为其他成千家公司都在做类似的操作。如果苹果公司自愿交税,那会削弱它的竞争力,这最终会伤害到股东权益。然而问题的关键应该在于美国特殊的联邦和州税收体系,各州拥有一定的立法权,从而造成了各州税率的差异性,给予企业一定的政策选择空间。并且联邦政府的高税率,在一定程度上"迫使"企业寻求各种筹划手段减轻其税负。

19.1.4 苹果公司海外筹划战略分析

1. 苹果软件产品筹划分析

1) 无形资产交易的特性

无形资产(intangible assets)是指企业拥有或者控制的没有实物形态的可辨认非货币性资产,它没有物质实体,而是表现为某种法定权利或技术。

无形资产交易有四大特征:①无形资产在交易中产生所有权和使用权的分离;②无形资产交易是长期交易;③无形资产交易无统一价格;④无形资产交易价款支付方式多样化。

软件也属于一种无形资产。正是因为软件下载不同于实体物品交易,是无形的、无法触碰的,从中国的 iTunes 下载和在英国的 iTunes 下载效果是一样的。所以,如果你从低税国的 iTunes 下载,这种交易关系就会被当作发生在该低税国。

2) 业务流程分析

苹果公司海外市场的 App Store 业务是由注册在卢森堡的苹果子公司 iTunes S. A. R. L 运营的。该公司只有几十名员工,并且该公司存在的外部证据只有一条,那就是一个写有"iTunes 公司"字样的纸片的信箱。选择卢森堡设立该公司的原因就是该国承诺只要他们把相关的交易转移到卢森堡,该国就会对苹果等高科技公司的收入实行低税政策。一旦相关国家的消费者在 AppStore 上下载了歌曲、视频或者相关软件,这些销售收入就会被记在卢森堡 iTunes 公司名下。该行为的法律实质是,消费者向注册在卢森堡的 iTunes 公司付费购买了一个软件,iTunes 公司在收到款项后将软件传输至消费者的手机中。据统计,iTunes 公司自 2011 年以来,每年的销售收入都超过 10 亿美元,大致相当于 iTunes 全球销售额的 20%(见图 19-2)。

3) 税收争议

目前关于苹果公司如何确定软件销售地及如何征税,存在一定的税收争议,基本观点如下。

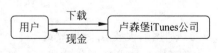

图 19-2 软件产品的交易结构

世贸组织协定中具有法律效力的《服务贸易总协定》确定四种国际服务贸易方式,很多国家仅能对其中的"商业存在"和"自然人流动"征收关税。App Store 的线上数字服务交易是《服务贸易总协定》中典型的"跨境交付",需要对此征收关税。但根据世界贸易组织《关于软件海关估价的决定》,只有有载体的软件才需交关税,苹果 App 下载不牵涉人员过境和硬件捆绑销售的话就不必缴纳关税。

在 App Store 上传应用软件的开发公司是自主的销售商,已为自己的销售行为在所在地缴纳增值税。而 App Store 向开发商提供信息存储服务,并受其委托向最终用户收取费用,在扣除标准佣金后将全部收益转交给开发商,按照交易实质无法要求 App Store 缴纳增值税。

对于企业所得税,App Store 通过网络向境外销售 App 的行为,目前只适用于非居民企业来源于收入来源国的所得,应由付款人代扣代缴所得税,但目前很难找到一个下载苹果软件的付款人。另一方面,iTunes 公司是卢森堡公司,无法在各国银行开立账户,所以其需要第三方支付公司的支持,这种交易实际是通过第三方支付服务商实现的,即由第三方支付服务商向用户收费,再转付至境外。或者支付人可以通过国内银行卡的国际卡通道支付美元,如国内银行卡绑定的维萨(VISA)、运通等国际卡。

2. "爱尔兰-荷兰-爱尔兰"三明治架构分析(double Irish with a Dutch sandwich)

苹果公司虽然把大部分的制造和组装业务承包给了海外公司,但是大多数的管理人员、产品设计师、营销人员、研发部门等却在美国。美国税制的基础理念是,企业的收入是在创造价值的地点获得的,并不是来自销售产品的地点。由此得出合乎逻辑的推理结论是,苹果公司的绝大部分利润也应该来自美国。然而,苹果公司的财务报告显示,该公司已经找到了各种各样的不违法途径,将大约 70% 的利润转移至世界各地,并且仅需要支付极低的税负。苹果公司采用的税收筹划方法就是运用"爱尔兰-荷兰-爱尔兰"三明治架构,如图 19-3 所示。

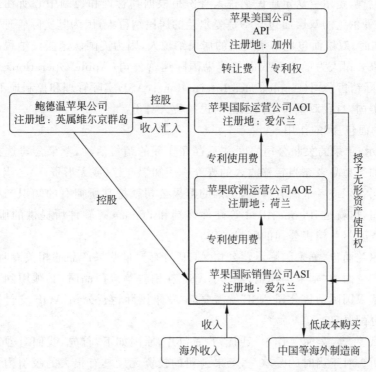

注:API _Apple Inc.　　　　　　　　AOI_Apple Operations International
　　AOE_Apple Operations Europe　　ASI_Apple Sales International

图 19-3 "爱尔兰-荷兰-爱尔兰"三明治架构

所谓的"爱尔兰-荷兰-爱尔兰",其基本结构就是图 19-3 中间框内的设立在境外的三家海外公司,这三家海外公司的基本概况如表 19-1 所示。

表 19-1　苹果设立的三家海外公司

项　目	注　册　地	实际控股企业	居民纳税人身份
面包片二：苹果国际运营公司 AOI	爱尔兰	英属维尔京总部	非爱尔兰居民纳税人、非美国居民纳税人
夹心：苹果欧洲运营公司 AOE	荷兰	苹果公司	荷兰居民纳税人
面包片一：苹果国际销售公司 ASI	爱尔兰	英属维尔京总部	非爱尔兰居民纳税人、非美国居民纳税人

1）纳税人身份认定

爱尔兰、美国、荷兰法人居民纳税身份的判定标准如表 19-2 所示。

表 19-2　爱尔兰、美国、荷兰法人居民纳税身份的判定标准

爱　尔　兰	美　国	荷　兰
管理和控制中心地标准	公司注册地标准	公司注册地标准

通过观察发现，爱尔兰认定居民纳税人身份是根据其管理和控制中心所在地而不是注册地，因此注册在爱尔兰的双层面包并不是爱尔兰的居民纳税人，因为其实际管理和控制机构并不在爱尔兰；同时，双层面包也不是美国的居民纳税人，因为美国认定居民纳税人是根据其公司注册地。苹果公司人为形成双层面包苹果国际运营公司（Apple Operations International，AOI）和苹果国际销售公司（Apple Sales International，ASI）实际管理和控制地不在爱尔兰，同时注册地不在美国，自我双重否定两国的居民纳税人身份。

2）三明治"面包片"的作用

图 19-3 显示，苹果的关联公司之间并不存在实际的销售活动，苹果公司选择了一种难以找到公允价值的交易品来充当转移收入的媒介——知识产权（或无形资产）。当美国以外的苹果用户点击购买音乐或者下载软件时，美国的苹果公司就把其所拥有的知识产权资产转移到爱尔兰运营公司，也就是 iPhone、iPad 等硬件终端和 iTunes 等软件所提供的服务，用户所支付的现金则进入爱尔兰销售公司的账户 ASI。

第二片爱尔兰面包"苹果国际运营公司 AOI"持有大量苹果产品的相关专利和知识产权，由于第一片爱尔兰面包"苹果国际销售公司 ASI"在销售苹果产品时，必须用到苹果的知识产权资产，因此"苹果国际销售公司 ASI"就需要向"苹果国际运营公司 AOI"支付知识产权专利使用费并同时分配股息。

至于为什么要选定爱尔兰作为三明治的面包片，原因如下，首先，我们对爱尔兰当时所处的环境进行分析。对于当时的爱尔兰，苹果公司的投资无疑具有很大的吸引力。苹果落户爱尔兰之前，爱尔兰的失业率和通货膨胀都很高并且仍然不断攀升，又受高素质人才移民国外等因素的影响，爱尔兰的经济和社会发展都面临着巨大的危机。但苹果公司并不是特例，从 1956 年至 1980 年，爱尔兰就开始通过零税率吸引外国企业入驻该国，以拯救爱尔兰的经济。直至 1973 年，作为加入欧洲经济共同体的条件之一，爱尔兰才被迫停止向出口企业提供税收优惠。从 1981 年起，为让企业具备生产资格，落户爱尔兰的企业必须缴税，但是税率仍然很低，不超过 10%。所以，苹果公司在爱尔兰可以享受很长一段时间的免税和低税待遇。其次，选择爱尔兰还取决于以下因素：一是爱尔兰的所得税率是欧盟中最低的，仅为 12.5%，远低于

美国的35%；二是苹果公司为当地提供了大量的就业机会，爱尔兰政府承诺给苹果公司提供税收减免优惠。最后，由于爱尔兰法人居民身份的判定标准是管理和控制中心地标准，也就是说如果一家在爱尔兰注册的公司其管理权和控制权都不在爱尔兰本国，就会被认定为外国公司，不用在爱尔兰缴税。苹果公司正是利用这一点，在国际著名避税地——英属维尔京群岛设立了爱尔兰公司的总部——鲍德温控股有限公司，鲍德温控股有限公司掌握了AOI和ASI的部分股权，达到了控股的标准。同时，由于AOI是外国公司，它把收入汇到设在英属维尔京群岛的总部不需要向爱尔兰缴税，几乎是零成本。

3) 三明治荷兰"夹心"的作用

按照爱尔兰税法的规定，面包一ASI向面包二AOI名义上支付的专利使用费实际上是转移利润，需要缴纳爱尔兰所得税。苹果公司为了避免这个环节的税负，采用"曲线救国"的路线，在同盟国荷兰设立了"苹果欧洲运营公司"(Apple Operations Europe，AOE)。

荷兰税法规定：对于法人居民身份的判定以公司注册地为标准而不是以总部所在地为标准。所以与两个爱尔兰公司一样，荷兰公司也被认定为欧盟公司，并且爱尔兰和荷兰都有税收协定规定，欧盟成员国公司之间的交易免征所得税，即爱尔兰和荷兰都不对向境外支付的特许权使用费征预提税。于是爱尔兰销售公司取得海外收入后首先支付给荷兰公司，再由荷兰公司支付给爱尔兰运营公司，这两个支付过程都是免税的，这样荷兰公司就把爱尔兰销售公司的收入"零成本"转移到爱尔兰运营公司。而且这些专利费的支付在美国也不用交税，原因在于美国联邦税法关于受控外国公司的Subpart F规定：受控外国公司进行积极营业活动收取来自非关联人的特许权使用费不属于Subpart F所得；受控外国公司自己制造产品然后销售获得的所得也不属于Subpart F所得，不用纳税。最终爱尔兰运营公司收到收入后再通过分配股息的方式把利润转移到处于避税地的鲍德温控股有限公司，这部分收入积累在英属维尔京群岛就避开了税收监管。

3. 基于成本分摊协议的转移定价分析

苹果研发活动的成果，就是苹果的知识产权，这是苹果和苹果商品的核心竞争力和价值源泉所在。苹果的研发活动几乎全部都是在美国本土进行，是苹果公司的工程师和专家完成的。然而，在成本分摊协议之下，在美国本土进行的研发活动所创造出的价值极高的知识产权被部分地置于爱尔兰公司名下，所赚取的巨额商业利润，大得不成比例地被截留在美国以外，成功实现避税。

首先苹果美国公司(Apple Inc.，API)与AOI通过签订成本分摊协议(cost-sharing agreement，CSA)，共同研发并拥有无形资产，此协议名义上是母公司和运营公司联合负担成本，但实际上考虑的还是税收利益。因为如果没有成本分摊协议，根据美国税法典Section367(d)的规定，运营公司在获得这些专利技术时，就需要母公司的授权，母公司转移专利技术就相当于销售无形资产，这就需要运营公司支付一笔权利金，并按照20%课税，而母公司的这笔销售收入又要按照美国税法征收35%的公司所得税。但成本分摊协议的适用就解决了上述高税负问题。在成本分摊协议下，母公司和运营公司通过联合研发的方式实现了专利转移授予的目的。但是运营公司需要支付"buy-in payment"来进行联合开发，即运营公司支付给母公司一部分的专利对价来换取联合开发的权利，由于成本是分摊的，其只要缴纳较少的税收。

成本分摊协议主要由两家苹果的关联公司签订，即API和ASI。ASI与API共同承担苹果全球研发活动的成本，分担研发活动的风险，也共享研发活动的成果。虽然苹果全球的研发活动几乎都在美国本土进行，但成本分摊协议规定，由API与ASI按照各自负责的销售市场实现的销售收入所形成的比例，分担苹果全球研发活动的成本。

成本分摊协议对苹果的知识产权做了特殊的安排，把知识产权拆分为法律权利（legal rights）和经济权利（economic rights），其中全部的法律权利由 API 拥有，即 API 是苹果知识产权中的法律权利的唯一拥有者。同时 API 还是销往美洲市场苹果商品知识产权中经济权利的拥有者，ASI 是销往美洲以外市场苹果商品知识产权中经济权利的拥有者。这种对知识产权中的经济权利的拆分，既与 API 和 ASI 对苹果全球研发活动成本的分担完全对应，也与苹果全球市场分为美洲市场和美洲以外市场完全对应。当 API 和 ASI 根据《合约加工服务协议》以很低的价格从合约制造商购买加工好的苹果产品以后，API 和 ASI 会附上很高的加价将产品出售给美洲市场及美洲以外的市场，因此销往美洲以外的利润就保留在 ASI，正是由于 API 和 ASI 拥有了这样的知识产权中的经济权利，使得它们能够在苹果的关联交易中充当资产、功能和风险的主承担者的角色，赚取利润。

总体来说，苹果成本分摊协议的真正功能是通过转让定价工具，人为地安排苹果价值核心的知识产权中的经济权利在关联公司间的拥有和归属，满足现有转让定价国际通用规则的形式要件，把利润转移到爱尔兰进行避税。

苹果公司设计的这种筹划方法为其带来了巨大的税收收益。然而这种筹划方法早就不是独家享有，很多跨国公司都几乎直接沿袭这种筹划方法，诸如谷歌、星巴克、微软、亚马逊等我们耳熟能详的企业都通过类似的方法规避巨额税负。

19.1.5　苹果的全球销售结构

苹果公司在销售结构上把全球的销售区域划分为两大块，一块是美洲地区（包括美国本土、加拿大、拉丁美洲等地区），另一块是美洲以外地区（包括中国、欧洲、亚太等地区）。美洲地区主要是由 API 负责销售，而美洲以外地区则是由相关海外销售公司负责销售。

1. 苹果产品的生产销售模式

苹果产品的生产并不是在本国进行，他把大量的制造组装业务外包给了海外公司，比如中国第三方合约制造商。他们只会给予制造商有限的利润，使得销售公司能够以很低的价格从中国合约商中获得商品，销售时却会附以高价，因为他们拥有苹果价值链中最有价值的核心部分——知识产权。这样低成本购进，高价卖出，使得苹果获得了高额的利润。API 和 ASI 都是以低价从合约制造商购进产品，而当它们把产品转售给相关关联分销公司，就会附上高价，这样使得 API 获得了销往美洲市场产品的利润，ASI，包括苹果国际分销公司（Apple Distribution International, ADI）获得了销往美洲以外市场产品的利润。这样，通过关联交易美洲市场的销售利润保留在 API，API 再将其部分利润存放在内达华州的资金管理公司；美洲以外市场的销售利润保留在 ASI（包括 ADI），再通过"爱尔兰-荷兰-爱尔兰"三明治架构的操作方法把利润集中于 AOI。

2. 美洲市场销售网络

由图 19-4 可知，API 从合约制造商买回产品后，又有两个流向：一是通过零售店直接销售给美国本土的消费者；二是通过转售给美国肺科协会的加利福尼亚（American Lung Association of California, ALAC）区域的关联分销公司销售给其他美洲国家。在美洲的销售是由 API 全权负责的，所以这部分销售收入应该在美国纳税，这也是导致苹果公司在美国缴税最高的原因。

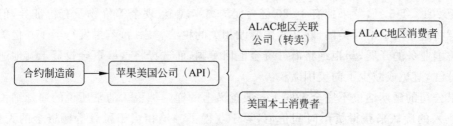

图 19-4　美洲市场销售网络

3. 美洲以外市场销售网络

ASI 和 ADI 负责美洲以外市场的销售，它们先从合约制造商低成本收回商品，再把产品转售给相关区域关联分销公司，再由区域分销公司转售给各国的销售公司，最后由各国销售公司通过各自的方式把产品最终销售给消费者。特别注意的是中国市场，由 ADI 作为第一手买家，把苹果商品转售给中国的关联销售公司，再把苹果商品最终销售给中国消费者（见图 19-5）。

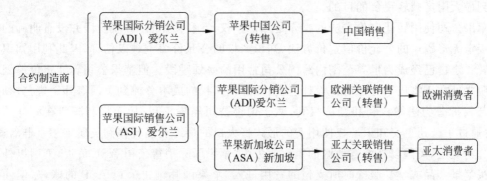

图 19-5　美洲以外是市场销售网络

4. 苹果产品的物流模式

在上述销售过程中，产品的所有权被转移了很多次才最终到达消费者手中。然而在实际的销售活动中，其物理空间转移路线却没有一连串的购销订单所列示的这么复杂，一般直接是由合约制造商发往消费者所在地，从而大大节约了物流成本。

19.1.6　苹果公司的国际筹划方法总结

苹果公司的国际税收筹划运用了多种方法，下面进行系统分析。

1. 选择切入点

企业税收筹划的第一步就是要选择税收筹划的切入点。苹果、谷歌等跨国企业所承担的税收大部分是企业所得税，所以跨国企业的税收筹划一般针对利润在不同税率的国家之间进行转移从而降低其所得税负担。

2. 延期纳税

苹果公司延期纳税的筹划方法是将利润留在海外。这一方法能够有效实施得益于美国税法中规定的海外所得延迟纳税制度，即美国企业在海外的获利无需纳税。美国法律允许美国公司的海外子公司留取通过非美国无形资产取得的收入，直到这家海外子公司把利润转回美国才缴税。这就为苹果公司的海外利润筹划提供了条件，只要是取得的收入一直停留在海外，就不用负担美国的所得税。但是利润汇回美国之后，就必须支付最高达 35% 的所得税。

截至 2013 年 5 月，苹果拥有 1 020 亿美元的离岸现金、现金等价物及有价证券，但是苹果公司无意将这些现金汇回美国，除非美国修改相关的税法。之后，苹果发行了 170 亿美元的债券用于美国业务的开展，却拒绝将海外资金汇回美国，而选择将这些资金投资于其他业务或作为股东分红，避免或减少了向美国缴税。

苹果公司的延期纳税不完全等同于一般意义上的递延纳税。通常所说的递延纳税是指通过推迟收入的确认来获得货币时间价值，等于获得了一笔相当于税款等额资金的无息贷款。而苹果公司的延期纳税却是没有日期限制的，即苹果公司的海外利润在美国现行税制下是可以永远推迟纳税的。

3. 转让定价（通过成本分摊协议）

从国际税收筹划的角度来看，转让定价是最常用的一种手段，转让定价的实践操作方法如下：处于高税国的企业向位于低税国的关联企业销售货物、提供劳务或转让无形资产时采取低定价交易；处于低税国的企业向其位于高税国的关联企业销售货物、提供劳务或转让无形资产时采取高定价交易。通过这样的定价安排，企业获得的利润就从高税国转移到低税国，从而达到最大限度减轻税负的目的。

苹果公司使用转让定价方法的媒介是知识产权（专利使用费）。现阶段并没有明确的法律条文规定无形资产的公允价值定价方法，知识产权的公允价值也难以估计，因此利用知识产权来做转让定价已经成为世界范围内跨国公司常用的筹划手段。但苹果公司转让定价筹划方法的高明之处在于将成本分摊协议设计进去，即知识产权的成本分摊到下属海外销售公司时，将知识产权拆分为法律权利和经济权利，赋予销售公司经济权利，从而将利润留在海外销售公司，再通过子公司上交知识产权使用费的形式将大量的最终利润转移到英属维尔京群岛避税。苹果公司规定，美国以外所有地区的销售业务由"苹果国际销售公司 ASI"负责，美国以外的用户购买苹果产品或享受服务时所支付的费用进入"苹果国际销售公司 ASI"的账户，但同时这部分的销售实现是依靠 API 将知识产权转移到 AOI 名下，再由 AOI 转移给 ASI 这个条件，在知识产权由 API 到 AOI 再到 ASI 的过程中，专利使用费就要反方向地由 ASI 支付给 AOI 再支付给 API 了。但是专利使用费在 ASI 和 AOI 之间的转移在爱尔兰被认定为利润转移，因此架构中的荷兰 AOE 就搭起了利润转移路线的桥梁——将专利使用费在 AOE 中转，将销售收入以专利使用费的名义转移到 AOI，最终转移到英属维尔京避税地，从而规避了海外销售收入应缴纳的税收。

利用转让定价来进行国际税收筹划的典型代表还有脸书、星巴克和谷歌等大型跨国企业，他们的转让定价方法与苹果类似，只是在架构上将苹果设立在荷兰的空壳公司设立在其他如卢森堡、百慕大等避税地。

4. 利用地区间税率差异

从苹果的财务年报分析，近年来苹果在美国国内以及海外地区的净销售额分别占比 40% 和 60%。

从境内来看，苹果的主要筹划方法是充分利用了加州和内华达州的税收优惠政策：设立在加州的美国总部将财务管理公司设立在内华达州。美国的许多州都有减税政策，适用于在外地进行财务管理的公司，苹果通过这一手段，将国内的销售收入转移到所得税率为零的内华达州，从而规避国内的所得税。

从境外来看，苹果设立的"双层爱尔兰夹荷兰"三明治架构的夹心"荷兰"，就是利用欧盟国家之间的税收优惠政策：荷兰规定，欧盟成员国之间的交易，免缴企业所得税。除此之外，苹果还利用了爱尔兰的低所得税率、英属维尔京群岛避税地等税收优惠手段来安排其税收战略。

5．组织架构

苹果公司的组织架构复杂而多样化，包括建立了不同的运营结构和业务组织模式，全球采购和价值链的设计，销售网络和分销结构的安排等。通过复杂的组织架构以及分支机构在不同国家的纳税身份认定，成功实现了高超的"双重否认居民纳税人身份"，最终规避了所得税。

19.1.7 苹果公司案例延伸分析：国际反避税趋势[①]

2016年8月，苹果公司的避税事件引起世界范围内的轩然大波，苹果公司可能面临补缴145亿美元的税务风险。据法新社报道，欧盟委员会2016年8月底裁定，苹果公司在爱尔兰非法逃税145亿美元，苹果须将这部分税金返还给爱尔兰政府。其实，2014年6月，欧盟委员会已经对苹果在爱尔兰的税务问题展开调查。

"爱尔兰向苹果许诺了减税政策，使得苹果在很多年里比其他企业少缴纳了相当一笔税款"，欧盟竞争委员会专员玛格利特·维斯塔格在邮件声明中表示，"这种选择性税收政策使苹果有效企业税率从2003年的1%降低到2014年的0.005%"。著名经济学家斯蒂格利茨认为，苹果公司在爱尔兰的税收安排属于"耍奸使滑"行为。当然，美国税法也存在不足，它允许苹果公司将大部分现金留在国外。

苹果避税的主要手法是通过爱尔兰子公司，而且根据爱尔兰法律，一家爱尔兰公司如果管理权和控制权都不在该国，可以不在爱尔兰纳税。利用爱尔兰这种独特的税法，苹果先在爱尔兰设立ASI，负责接收除了美国以外地区的所有销售收入，享受较低的所得税率。然后，通过ASI的母公司AOI，将利润都转到后者的总部所在地英属维尔京群岛。由于AOI管理权不在爱尔兰，因此不用在爱尔兰缴税，而英属维尔京群岛几乎免税。

据英国《金融时报》报道，苹果公司可能要向爱尔兰补缴高达上百亿美元税款，实际追税金额要由爱尔兰政府计算而定。此前欧盟裁定苹果公司得到了爱尔兰的非法政府援助，有人指控爱尔兰政府发布的两项预先税务意见给了苹果一个其他公司不具有的优势，而这违反了欧盟法律。之后，欧盟委员会展开了为期三年的调查后，最终出炉130页的判决书。

《金融时报》称，苹果将必须向都柏林补交数十亿欧元税款，这将是欧盟有权规管成员国以来对企业的最大追税单。目前欧盟委员会正采取行动，对全球各大企业的激进避税行为重新划定红线。如果对苹果的避税惩罚成为先例，欧盟后续可能还会要求星巴克、亚马逊、麦当劳等几十家美国公司过去数年在爱尔兰、荷兰、比利时、卢森堡等"避税国家"的部分避税进行补缴。

欧盟法院于2020年7月15日对苹果公司与爱尔兰政府的税案做出裁决，欧盟委员会没有提供足够的证据来证明爱尔兰政府违反了欧盟竞争法中的"禁止国家援助"条款，并将税收作为国家资源向苹果公司提供不正当的优惠待遇。因此撤销2016年对此案做出的相关裁定，苹果公司无须向爱尔兰政府补缴130亿欧元的税款。至此，苹果公司和欧盟之间持续多年的税务纠纷暂告一段落。

[①] 借鉴《第一财经》2016年8月30日报道相关资料。

19.2　星巴克国际税收筹划模式

19.2.1　案例背景

在全球的咖啡产业中，存在着一家历史悠久、遍及全球的企业——星巴克。星巴克（Starbucks）是美国一家连锁咖啡公司，不仅在特种咖啡零售界处于世界领先地位，同时也是世界著名的咖啡连锁店。2020 年国际品牌咨询公司英国博略 Interbrand 发布了《2019 年全球最佳品牌》(2019 Best Global Brands Report)报告，星巴克排名第 35 位。这样一家在全球范围内都享负盛名的跨国企业，有着十分成功的经营之道，每年都从世界各地的消费者手中赚取丰厚的利润，然而它的税收问题却频频出现在媒体的报道中。利用自己跨国经营的优势，星巴克在国际税收筹划方面探索出适合自己的模式，享受着各国税制差异带来的税收便利。

1. 发展历程

星巴克起源于 1971 年，在美国华盛顿州西雅图市成立第一家店；1982 年舒尔茨先生加入星巴克并于 1987 年收购星巴克，开出第一家销售滴滤咖啡和浓缩咖啡饮料的门店；1992 年，星巴克在纽约纳斯达克成功上市，从此进入一个新的发展阶段；1996 年星巴克在东京开了第一家海外咖啡店，标志着其正式迈入国际市场。目前，星巴克经营范围遍布亚洲、美洲、欧洲、中东及太平洋地区，在全球 70 个国家拥有超过 24 000 间门店，238 000 名员工。

2. 经营范围

星巴克最初经营产品包括顶级的咖啡豆、手工制作的浓缩咖啡及一些冷热咖啡饮料，但从 2011 年开始，星巴克开始实施多元化发展战略，对与咖啡相匹配的食物产品进行收购，例如，在 2011 年 11 月，星巴克收购了一家果汁公司 Evolution Fresh，2012 年 6 月，星巴克以 1 亿美元收购了一家面包店 Bay Bread 和它的咖啡店 La Boulange，2012 年 11 月 14 日，星巴克以 6.2 亿美元收购了茶业零售商 Teavana。因此，目前星巴克店内除了销售经典的咖啡，还销售各种三明治、蛋糕、面包、茶饮料以及马克杯等产品。

3. 营销策略

星巴克能够拥有全球众多消费者，成为备受追捧的咖啡品牌是因为其严格的品质要求和精准的市场定位。星巴克对咖啡的原材料选购十分挑剔和仔细，对供应商的挑选、评估也有一套严格的程序。星巴克使用的咖啡豆来自世界主要咖啡豆产地，包括印尼、肯尼亚、危地马拉等，并在西雅图烘焙。从采购、运输、烘焙、调制到最后的配料、销售，都要符合严格的标准。星巴克精准的市场定位也为其带来了一批忠实的消费者。星巴克以"都市白领"为主要市场，该消费群体具备一定社会地位、收入水平高、注重生活品质和情趣，因此星巴克一般选址在商业区、金融中心或高档写字楼附近，通过精心选择地理位置和周边环境，稳定客户群，同时培养潜在客户，提升品牌影响力。

星巴克推崇体验式的营销方式，注重为顾客营造"第三空间"。星巴克认为，他们出售的不仅仅是优质咖啡，更重要的是顾客对咖啡的体验文化。星巴克希望能够为顾客营造一种有别于办公室和家的"第三空间"，在这一空间中给消费者营造一种浪漫、时尚、高贵的文化氛围，使顾客可以把喝咖啡当作一种生活体验，享受休闲时光。星巴克并不会刻意通过广告进行品牌宣传，而是希望通过口碑营销来推动目标顾客群的增长。

4. 全球布局

星巴克在全球范围内投资设立子公司，并根据不同洲的不同特点采取不同商业组织结构。

如在英国、泰国,星巴克持有子公司100%的股权进行独资经营;而对于与日本等地的合作,星巴克只占股权的50%;在中国台湾、香港、上海等地则采用许可协议的方式,占股份较少,5%左右;在菲律宾、新加坡、马来西亚以及中国北京的市场,星巴克实行授权经营,不占任何股份。星巴克在全球范围内有着复杂的控股关系:星巴克集团控制着位于美国华盛顿州的一家有限责任公司星巴克国际(Starbucks Coffee International,SCI),该公司控股位于英国的一家有限合伙企业 Alki.LP,英国合伙企业与荷兰的荷兰星巴克总部(Starbucks Coffee BV)存在控股关系,而荷兰星巴克总部同时控制瑞士一家星巴克公司和荷兰的荷兰星巴克制造(Starbucks Manufacturing BV),星巴克形成一种复杂的控股结构。

星巴克咖啡的门店也分布广泛,在全球70个国家中有分店。其中,美国的星巴克门店在全世界最为密集,纽约曼哈顿几乎每一处都是星巴克;加拿大是门店数量第二多的国家;首尔是星巴克分布最多的城市。近年来,星巴克在中国和亚太地区的销售增长快于其他任何地方,星巴克也将亚洲市场的发展,尤其是在中国的发展放在未来全球市场拓展计划的前列。星巴克在欧洲各国的发展参差不齐,如在英国的店铺分布比较密集,而在法国、意大利等国则相对较为稀疏。

19.2.2　星巴克在美国的纳税状况及税收争议

排除2013年的诉讼费因素,星巴克经营状况良好,2013年、2014年、2015年的总收益稳步上升,分别约为25亿美元、31亿美元、39亿美元;随之而来的企业所得税额也平稳增加,2014年和2015年约缴纳10亿美元和11亿美元的税额。除此之外,星巴克在美国所缴纳的税收占据了星巴克整体税负的八九成,如2015年约有9.5亿美元税款在美国缴纳,相比之下,在海外的税负极少,每年也只有一成左右。

1. 星巴克在美国的纳税状况

排除2013年诉讼费用的影响,星巴克2013—2015年的实际税率分别为32.6%、34.6%、29.3%,在30%左右略有波动,低于美国35%的法定税率。

星巴克在其财务报告中分析,因为美国对留存海外的利润暂不纳税,等汇回美国后再缴纳,因此星巴克利用了这一延期纳税制度,留在海外的未分配利润帮助其减少了总体税负水平。例如,2015年外国子公司和股权投资公司累计未分配收益约28亿美元,这些收入不构成美国的收入,也未带来外国预提税支出。

作为一家美国企业,星巴克在尽可能地履行好自己的纳税义务的同时,也积极利用本国对跨国企业的优惠政策。同时,由于美国特殊的政治体制,星巴克也在努力游说政府,试图为自己谋求更多的利益。星巴克曾表示,愿意考虑放弃一部分美国税收优惠,包括国内制造扣减和商业投资加速折旧,来换取较低的美国公司税率。此外,目前延期缴税适用于不相关特许经营者的国际特许权使用费,而不适用于与星巴克有关联的经营方,因此星巴克提出针对特许权使用费收入的税收应延至资金汇回美国之后缴纳。

美国国会税收立法和企业之间良好的互动,一方面促进了有利于星巴克税收政策的形成,另一方面也促进了星巴克履行纳税义务。然而在国外,星巴克的税收争议不断,代表性的有2012年英国的纳税公关危机,和2016年欧盟裁定荷兰对其采取非法国家援助。

2. 星巴克在英国的税收争议

2012年在英国,星巴克曾因纳税问题引发了公关危机。路透社和一家名为"税务研究"的英国独立调研机构共同进行的为期四年的调查显示,星巴克从1998年进入英国以来的14年间，占据了英国市场 1/3 的份额，总销售额累计超过 30 亿英镑，但其缴纳的企业所得税累计只有 860 万英镑，占其销售额的比重不到 0.5%。2011 年，星巴克在英国实现销售额达 3.98 亿英镑，但其以"亏损"为由，未向英国政府缴纳一分钱的税收。该消息在英国引起轩然大波，英国民众在英国反避税组织的推动下于 2012 年 12 月在各大城市的星巴克门店外举行抗议活动，抵制星巴克。

星巴克首席财务官特洛伊·阿尔斯泰德(Troy Alstead)声称，星巴克在英国的一切经营都是合法的，他们有着非常严格的会计核算方法，之所以在英国的利润微薄、纳税过低，应归咎于英国经济萎靡、行业竞争激烈、原料成本上涨和门店业绩不佳等原因。不过，阿尔斯泰德也表示，星巴克确实存在以向其荷兰的欧洲总部支付特许权使用费的方式抵免英国税收的情况。

英国当局和税务专家认为星巴克利用转让定价、资本弱化、收取特许权使用费等手段将英国子公司的利润进行转移，使得英国公司的应税利润很少甚至没有，造成英国的税收流失。另据英国《卫报》报道，星巴克通过英国和其他地区的分公司向荷兰和瑞士的公司付款，瑞士公司高价销售咖啡豆给英国子公司，同时在英国开展业务每年需支付商标使用费，这使得在英国的经营经常出现亏损。

迫于舆论压力，星巴克最终妥协，在 2012 年承诺会在未来两年向英国政府缴纳 2 000 万英镑的企业所得税。

3. 星巴克在荷兰的税收争议

由于跨国公司国际避税愈演愈烈，欧盟近年来加大了对国际避税的打击力度，并掀起了对跨国公司及避税地国家的调查高潮。星巴克也成为欧盟进行反避税调查的跨国公司之一。由于欧盟无权干预成员国税收制度，因此欧盟仅对星巴克与荷兰之间私下签订的协议是否违反了欧盟内部市场公平竞争原则，是否构成了非法提供国家补助进行调查评估。但是，星巴克和荷兰对欧盟做出的税务调查拒绝发表任何评论。

2015 年 10 月，欧盟委员会判决荷兰政府与星巴克之间签订的预约定价协议不正当地减少了星巴克在荷兰的税负，构成了荷兰对星巴克的非法国家补助。为减轻由此引发的不公平竞争，欧盟委员会责令星巴克向荷兰当局补缴 2 000 万～3 000 万欧元的税款。

2016 年 8 月，美国财政部批评欧盟对于美国星巴克、苹果等公司的避税调查存在片面和越权问题。其在白皮书中表示欧盟对其成员国给予跨国公司的特别税收优惠进行税务调查是一种"超国家税务机关"的存在，会对国际税务体系造成威胁。

然而欧盟认为，如果成员国私下向跨国企业提供特别税收优惠，吸引全球大公司把业务转移至其本国境内，将会造成欧盟内部的不公平竞争，因此要加大对这类避税行为的打击力度。2016 年 4 月，欧盟再次加强监管力度，出台了一系列旨在打击大企业避税的制度新规。

19.2.3 星巴克税收筹划的基本框架

星巴克税收筹划的基本框架如图 19-6 所示。

星巴克集团控制下的 SCI 是一家成立于美国华盛顿州的有限责任公司，其通过美国集团内部一系列复杂的控股关系，最终控制着位于英国的有限合伙企业 Alki. LP，这家有限合伙企业控股荷兰星巴克总部，荷兰星巴克总部控股瑞士星巴克(Starbucks Coffee Trading Company SARL)和荷兰星巴克制造。

星巴克企业整体的最终目的是把海外利润集中在英国和瑞士，原因如下。第一，因为瑞士是避税天堂，企业所得税率只有 20%，远远低于美国的 35%，也低于欧美多数国家，利润囤积

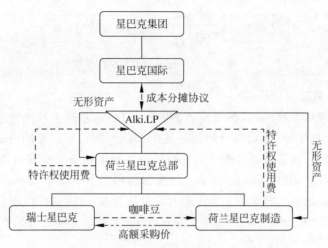

图 19-6　星巴克税收筹划的基本框架

在瑞士可以大大降低星巴克税负。第二,英国的企业是一个合伙制企业,按照英国税法规定,合伙企业不承担纳税义务,由合伙人缴纳个人所得税,而它的合伙人位于美国的华盛顿州,因此不用在英国纳税,所得分回美国后在华盛顿州不需要缴纳州税,节税效果明显。

1. 英国有限合伙企业

Alki.LP 和 SCI 一起负责产品研发,签订有成本分摊协议。英国的这一合伙企业拥有星巴克的无形资产所有权,包括星巴克商标、咖啡配方、咖啡豆烘焙技术等,它把星巴克咖啡豆烘焙技术的使用权授予荷兰星巴克制造,其他无形资产的使用权授予荷兰星巴克总部,因此这两家公司需要向英国的有限合伙企业支付特许权使用费。英国的这家有限合伙企业并没有太多实质性的经营活动,它签订了星巴克无形资产的成本分摊协议,负责一小部分产品研发,主要起着授予无形资产所有权的作用,除此之外不负责其他生产经营工作(见图 19-7)。

图 19-7　英国有限合伙企业在税收筹划中的结构地位

2. 瑞士星巴克

瑞士星巴克负责星巴克全球范围内的生咖啡豆采购工作,之后再把咖啡豆销售给世界各地的星巴克制造公司,其中就包括荷兰星巴克制造。为了利用瑞士税率较低的优势,把利润汇集在瑞士,瑞士星巴克用较高的价格把生咖啡豆卖给荷兰星巴克制造。荷兰星巴克制造被定义为一家来料加工企业,因此采购价格根据成本加成法,按照 20% 的利润率,在瑞士星巴克购进生咖啡豆的成本上计算确定。资料表明,其他生咖啡豆加工制造企业的利润一般位于 4.9% 至 13.1%,由此看来,20% 的利润率不仅超过最高利润而且超过较多,因此瑞士星巴克和荷兰星巴克制造的交易价格偏高,存在一定程度的转让定价避税嫌疑(见图 19-8)。

图 19-8　瑞士星巴克在税收筹划中的结构地位

3. 荷兰星巴克制造

荷兰星巴克制造负责欧洲、非洲等地区的咖啡豆供应,从瑞士星巴克采购了生咖啡豆之后,负责烘焙和包装咖啡豆,之后再分销给各地的门店。荷兰星巴克的利润一部分流入了英国,一部分流入了瑞士,这造成最后的应纳税所得额大幅度减少。一方面,由于荷兰星巴克制造在咖啡豆生产过程中,利用了英国 Alki.LP 授权的咖啡豆烘焙等技术,因此其收入的一部分通过特许权使用费的形式转移给了英国的有限合伙企业。另一方面,如上文所述,荷兰星巴克制造通过转让定价的方式,在采购咖啡豆的过程中,支付瑞士星巴克较高的价格,把这部分利润转到了瑞士(见图 19-9)。

图 19-9　荷兰星巴克制造在税收筹划中的结构地位

4. 荷兰星巴克总部

荷兰星巴克总部负责和各门店谈判各项产品的具体销售协议,同时提供星巴克商标等无形资产的使用权,向各门店收取特许权使用费。虽然荷兰星巴克总部每年从各门店获得了大量的特许权使用费,但是这一使用权是从英国星巴克制造授权而来,因此还需要再向英国的 Alki.LP 支付高额的特许权使用费,由此带来利润的减少,把大量的利润转移给了英国的 Alki.LP(见图 19-10)。

图 19-10　荷兰星巴克总部在税收筹划中的结构地位

19.2.4　星巴克税收筹划策略

1. 利用税收管辖权

税收管辖权是一国在征税方面的主权,税收管辖权主要有地域管辖权、居民管辖权、公民管辖权。在实施居民税收管辖权的国家,是否是一国居民决定了该国是否有征税权,利用各个国家居民判断标准的差异,避免成为一国居民而规避这个国家的税收,或成为一国居民而享受这个国家的税收优惠政策。纳税企业利用这一差异,避免双重征税,甚至产生双重不征税的情况,尽量同时享受到不同国家给予的税收优惠。

从表 19-3 可知,目前美国是按照登记注册地标准来判定纳税人身份,而其他三个国家同时使用登记注册地标准和实际控制中心标准。第一,星巴克在英国、荷兰、瑞士建立的这些企业中,虽然某些企业只是一个空壳公司,实际管理控制中心在美国,但是美国采用单一的登记注册地标准,不用缴纳美国的所得税。第二,英国、荷兰和瑞士的企业所得税税率相较美国来说较低,荷兰还具有较为优惠的税收政策,在这几个国家建立企业,成为该地居民纳税人,就可以享受较低的税率和优惠的政策。

表 19-3　星巴克相关国家纳税人身份判别标准

国　　家	纳税人身份判定标准
美国	登记注册地标准
英国	登记注册地标准或实际管理与控制中心所在地标准
荷兰	登记注册地标准或实际管理与控制中心所在地标准
瑞士	登记注册地标准或实际管理与控制中心所在地标准

2．特殊税收政策

1）美国：延期纳税

美国有着延期纳税的制度，这里所指的延期纳税并非推迟确认收入或者提前确认费用，而获得货币的时间价值，它是指延期缴纳境外所得的税款，即跨国公司从境外获得的所得，一直延期到所得从境外汇回美国时才缴纳企业所得税，当所得留存在境外的时候不用纳税。尽管美国给予纳税人境外税收抵免，但若跨国公司在低税率的国家开展经营活动，当纳税人把境外利润汇回的时候，纳税人要就按照两国税法分别计算的税款差额在美国纳税，这样企业税负还是达到了35％。因此利用延期纳税规则，星巴克把大量所得留存在境外的瑞士、英国等国家，这部分所得只按照国外较低税率征收所得税，当星巴克需要资金时，直接从境外支付，那么盈利从获得到支付都避免了美国的税收。

2）荷兰：不征预提税

一个集团内部通常会涉及跨国的资金支付，一般来说，支付资金的国家会对这笔来源于本国的所得征收预提税，因此这样的公司最好设在协定多甚至对支付的股息、利息等不征税的国家。荷兰有特殊的企业所得税政策，即对从荷兰向境外支付的股息、利息和特许权使用费不征预提税，星巴克在荷兰设立了两家公司，都使用了英国合伙企业提供的特许权，需要支付特许权使用费。所以星巴克无须支付任何税收，就轻松地完成了利润由荷兰到英国的转移设计。

3．转让定价

随着企业对无形资产日益重视和无形资产的不断增加，无形资产在企业发展过程中起到越来越重要的作用，而又因为无形资产的特殊性，其价值不易可靠评估，所以无形资产的转让定价被越来越多的跨国企业利用。目前很多大型跨国企业转让定价都是通过授予知识产权和支付特许权使用费的方式。星巴克就是利用了无形资产的转让定价，其拥有的商标权、咖啡生产技术等无形资产，由注册在英国的有限合伙企业拥有，然后由它授予荷兰星巴克总部和荷兰星巴克制造公司，这样一来，两个公司需要向英国的有限合伙企业支付大量的特许权使用费，从而转移了利润，降低了在荷兰的税负。

4．成本分摊协议

成本分摊协议是企业之间签订的一项协议，用来规定在研发、生产或获得资产、劳务和利益等的过程中，各方承担的风险和成本，以及享有的权利。成本分摊协议签订后，签订协议的相关各方即可拥有开发后的无形资产，同时各方也可以扣除无形资产开发过程中产生的费用。

美国星巴克公司和英国的 Alki. LP 签订了成本分摊协议，共同开发无形资产，共同享有无形资产的使用权，事实上，星巴克大量的无形资产都是在美国产生的，而英国有限合伙和美国公司签订成本分摊协议后，无形资产也自动地被视为被英国有限合伙所有。假设无成本分摊协议，美国公司在授予英国有限合伙知识产权的过程中会获得一笔特许权使用费，这笔特许权使用费没有改变整个集团的收益，却因需要在美国纳税，而造成利益损失。此外，此举还是为了规避美国的一项法律,即受控外国公司在取得美国公司授予的无形资产后,不进行进一步开发就直接对外销售的,这是受控外国公司实现的销售收入,不管是否汇回美国都要并入美国公司征税。签订成本分摊协议后,表明英国有限合伙企业同样履行开发无形资产的义务,这样其获得的特许权使用费可以留在英国不用交税。

5. 企业组织形式

不同的企业组织形式的法人地位不同,就会造成在不同国家纳税义务的区别。常见的企业组织形式有股份有限公司、有限责任公司、普通合伙企业、有限合伙企业、个人独资企业、个体工商户等,前两类公司一般是法人,而对于合伙企业和独资企业来说,虽然通常意义上属于非法人机构,但是否被认定为独立的法人并附有纳税义务,不同国家的规定是不同的。

在英国,合伙企业不视为一个纳税主体,其取得的所得分配到各个合伙人,由合伙人来纳税。在英国设立的星巴克合伙企业取得的所得不以合伙企业的名义纳税,这样这笔所得直接分配给在美国华盛顿的合伙人,而美国华盛顿州是不征收个人所得税的州,由此,这笔收入就获得了双重节税的效益。

6. 政府协议

如果跨国公司在某个国家设立了机构场所,必然会给该国家带来一定的收益和就业岗位,能够促进某个地区经济的发展。为了吸引海外的投资设厂,世界上的很多国家都会改变本国的税制设计,甚至和跨国企业签订特殊协议,让跨国企业获得一些节税效益。在西方的政治体制下,政府为了企业会带来的效益,往往会和企业达成妥协。如荷兰的税务机关和荷兰星巴克协商,荷兰星巴克在计算应纳税所得额时,其整体利润率不得小于5%,如果荷兰星巴克的利润率小于5%,税务局会调增应纳税额,反之则不会干预。如此一来,相当于只要荷兰星巴克给当地政府留下相当于5%利润率的应纳税所得额,剩余利润的转移不受荷兰税务机关的限制。荷兰和瑞士等国家有税收裁定,纳税人可以利用税收裁定与税务机关谈判裁定的条款,税务机关一般都会给予这些纳税人比法定税率更低的税率。其实,政府和企业达成协议来避税的案例屡见不鲜,例如苹果、谷歌等公司和爱尔兰政府,这样的协定在某种程度上可以说是当地政府和企业的"双赢",但是站在国际税收的大背景下,它却是扰乱平衡的国际秩序,损害了其他国家的税收利益。

19.3 数字经济下亚马逊公司税收筹划案例[①]

19.3.1 背景资料

1. 亚马逊公司基本情况

亚马逊公司1995年成立于华盛顿州的西雅图,是美国最大的一家网络电子商务公司,也是全球第二大互联网企业。以图书销售起家的亚马逊,从2001年开始,除了宣传自己是最大的网络零售商外,同时还把"最以客户为中心的公司"确立为努力的目标。为此,亚马逊于2001年大规模推广第三方开放平台、2002年推出网络服务、2005年推出 Prime 服务、2007年开始向第三方卖家提供外包物流服务、2010年推出 Kindle 出版服务(kindle direct publishing,KDP)的前身自助数字出版平台,业务领域从电子商务、数字阅读扩展到了云计算、

---

① 本案例作者为蔡昌、王思月、张赛。

物流、无人机等人工智能和科技界的方方面面。

亚马逊是全球用户数量最多的零售网站。亚马逊全球有3.04亿活跃用户,其中35.4%的用户来自北美地区、31.8%的用户来自欧洲地区、24.1%的用户来自亚太地区。

从全球的布局来说,亚马逊有14个全球站点,其中有11个国家开通了第三方卖家功能,凭借强大的技术优势和销售网络,各站点吸引了全球大量的卖家和买家。表19-4总结了这14个站点的平均每日访问量,可见亚马逊平台蕴藏着巨大商机。

表19-4 亚马逊在全球14个站点访问量

站点名称	美国	英国	德国	法国	日本	加拿大	意大利	西班牙	荷兰	巴西	墨西哥	印度	中国	澳大利亚
访问量/天	约1亿	约1 200万	约1 400万	约480万	约2 800万	约240万	约500万	约350万	约24万	约29万	约1 200万	约880万	约13万	约24万

数据来源:ALEXA.COM

另外,亚马逊全球有123个运营中心,可将商品配送至185个国家和地区的消费者。亚马逊拥有全球最先进的电商运营系统及物流仓储运营体系,这项系统也可以为卖家所用,被称为"亚马逊物流",即FBA。

由图19-11可知,卖家先将商品发送至亚马逊运营中心,由亚马逊储存商品;当客户订购商品后,亚马逊对商品进行拣货包装,再快捷配送至客户手中。

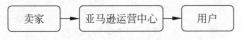

图19-11 亚马逊物流(FBA)操作流程图

2. 与亚马逊有关的税收争议

作为全球最大的网络零售商,亚马逊除了缔造成众所周知的"网上沃尔玛",还总是被各大媒体曝出与其相关的一些税收争议。纽约大学斯登商学院市场营销学教授斯科特·加洛威(Scott Galloway),在他的一篇文章中表示,亚马逊在过去的九年缴纳的所得税只有14亿美元,而其最大竞争对手沃尔玛,同期缴纳的所得税则高达640亿美元。

1) 在欧洲的税收争议

一是与欧盟的税收争议。亚马逊的欧洲总部选址在税率很低的卢森堡。2017年10月4日,欧盟委员会要求亚马逊向卢森堡政府补缴2.5亿欧元(约合2.94亿美元)的税款,原因是欧盟委员会认为该公司获得了相对于竞争对手不公平的税收优势。欧盟称,亚马逊在2006年至2014年间享受到了卢森堡政府给予的税收优惠,掩盖了约9亿欧元的欧盟内利润,而该税收优惠政策属于非法政府补贴,违反了欧盟的国家补助法规,因此亚马逊应向卢森堡政府补税。其实早在2014年10月7日,欧盟监管机构就对亚马逊公司在卢森堡的税务安排发起了正式调查,欧盟认为,亚马逊在欧洲的大部分利润都被记在卢森堡子公司,而根据亚马逊与卢森堡政府签署的优惠协议,亚马逊在卢森堡3/4的利润并未纳税,也就是说,亚马逊比卢森堡当地的其他公司少缴了将近4倍的税收。

然而亚马逊否认自己从事违法活动,认为监管部门将收入误认为是利润,并表示亚马逊在卢森堡的利润低是因为激烈的竞争环境和知识产权的巨大投资成本,而不是恶意避税。亚马逊曾发表声明称:"我们完全依照卢森堡和国际税法纳税。我们将研究欧盟委员会的裁决,然后考虑我们采取何种法律行动,包括上诉。"

和亚马逊一样,卢森堡也否认自己曾从事任何违规活动,曾在声明中称:"卢森堡确信,本案中有关卢森堡违反了国家补助规定的指控并无事实根据,并确信卢森堡将可适时说服欧盟委员会相信其税收规则的合法性,以及说服其相信并无特定企业被授予竞争优势。"

对欧盟的这种做法,美国官员持批评态度,美国财政部负责国际事务的副助理国务卿罗伯特·斯塔克认为欧盟的调查是针对美国企业的行为。美国指责欧盟这一调查为越权行为,认为预先定价协议是一个国家的税收主权,而欧盟是在行使超国家的税收权力。并且,美国财政部在2016年8月25日发布了一份白皮书,白皮书中表达了对欧盟调查的反对,并表示欧盟的做法可能会威胁到全球的税务改革。

欧盟多国政府面对美国科技公司的大规模避税,也表示十分不满,准备改革税制,对这些科技公司征收更多的税金。

由表19-5可知,亚马逊负担的税金并未与其高额利润相匹配。法德两国表示将对网络交易平台加强税收管理,杜绝逃税现象。2017年8月26日,法国提出新的提案:向各互联网巨头征收一种全新的税收——平衡税。法国财长表示,美国互联网公司应根据其数字平台在营收来源国的总收入来确定其税收水平。另外,法国认为在对大型数码企业加强税务管理的同时,还应该在欧洲设立统一税率,以消除爱尔兰、卢森堡等低税率国家身为避税天堂的优势。

表19-5 亚马逊在欧盟多国政府纳税情况

年 份	国 家	销 售 额	纳 税 额
2012年9月	法国		少缴2.52亿美元
2012年	德国	87亿美元	392万美元
2014年	德国	119亿美元	1 600万美元
2016年3月	意大利		少缴1.3亿欧元

在10月19日举行的布鲁塞尔会议中,即便28个欧盟成员国中有数十个国家的财长支持这项计划,但由于爱尔兰、卢森堡等避税天堂国家强烈反对,欧盟领导人决定暂停在欧盟全境的税制改革,以寻求在OECD框架下达成一项可以应用于全球、适应于数字时代、更为有效和公平的长期协议。

二是与英国的税收争议。2012年,亚马逊英国分公司被怀疑在英国没有交纳全部税款,受到英国税务部门自2004年以来的纳税情况的审查(见表19-6)。

表19-6 亚马逊在英国部分年度纳税情况表

年 份	销 售 额	纳 税 额
2011	33亿英镑	不到100万英镑
2012	42亿英镑	320万英镑
2015	53亿英镑	1 190万英镑
2016	70亿英镑	740万英镑

针对亚马逊的避税行为,2013年3月22日,英国超过10万人签名向政府请愿对亚马逊强制征税。英国政府也于2015年4月推出转移利润税——向人为将利润转移到英国之外国

家的企业征收25%的惩罚性税收。而亚马逊英国区负责人则发表声明称其税负低是由于投资成本大，导致平台盈利很微薄，并表示将在英国创造5 000个新的工作岗位，提供24 000个固定职位。

除了在缴纳所得税方面有争议，亚马逊与英国在增值税方面也存在争议。2017年9月13日，英国议员指责亚马逊、eBay等线上销售平台，认为其将产品销售到英国但却没有在英国缴纳增值税。英国议会公共账目委员会指出，2015—2016年度，电商增值税（value added tax, VAT）欺诈导致英国政府损失了10亿~15亿英镑的税收。另外，英国是欧洲最大的电商市场，2016年网上销售额占到了英国整体零售业销售额的14.5%，而且在所有电商销售中，有超过一半是通过亚马逊和eBay等平台，因此，英国政府要求亚马逊在英国销售货物时，应向第三方卖家收取增值税。而亚马逊和eBay认为，出售商品或服务所产生的增值税申报责任在于第三方卖家，而不是电商平台。

2) 在美国的税收争议

一是所得税方面的争议。2016年9月，美国国内收入署起诉亚马逊逃税15亿美元，这一案件的争议焦点是亚马逊美国公司与其位于卢森堡的欧洲子公司之间签署的成本分摊协议中的转让定价内容。该合同是在2005—2006年间进行的交易，涉及超过15亿美元的税款争议。根据该成本分摊协议，亚马逊集团授予子公司在欧洲使用某现有无形资产的权利，其中包括运营亚马逊欧洲网站业务所需的无形资产。协议要求子公司预付一笔"购置款"，即一次性买入支付费，以补偿美国母公司转让无形资产给子公司的损失。此后，子公司需每年支付分摊费用，以补偿美国业务持续发展的无形资产成本。

美国国税局认为这笔"购置款"的金额并不符合公平交易原则，导致亚马逊在美国的税收负担低于合理水平，并采用现金流折现法来重新评估转移定价。亚马逊则认为，其支付的一次性买入支付费是采用可比非受控价格法计算出来的，可比非受控价格是税法规定的计算转让定价的方法之一，并表示美国国税局的裁定武断、反复无常，且不合理。美国税务法庭在国税局与亚马逊公司的税务争议中认为：美国国税局专员滥用自由裁量权，武断地将技术和产品内容百分百计入无形开发成本，夸大了子公司应付给母公司的无形资产成本，税务评估结果失当；并认可亚马逊为其子公司所需购进交易的支付总额所做的定价，认为其使用的经调整的成本分摊方法合理，可充分合理地将成本分摊进无形开发成本。

最终，尽管美国国税局在与亚马逊税收诉讼中败诉，但这是美国国税局再次使用税法条款对关联公司跨境转移定价实施纳税评估的一个实际应用，可以看出，国税局为挽回海外税源做出了不懈努力。

二是销售税方面的争议。在州一级销售税方面，亚马逊过去和美国许多州政府发生了分歧。一些州认为，亚马逊向本州消费者进行网络零售未收取销售税影响到了本州税款的征收，而亚马逊则表示，根据美国法律，美国各州只对在州内存在实体的在线零售商征税，而亚马逊在很多州并未设立实际经营实体，则无须缴纳销售税。然而2013年"市场公平法案"的通过，意味着各州政府对州外互联网零售商与州内实体零售商有征收相同税率销售税的权利（年收入低于100万美元的互联网零售商可被豁免征税）。截至2017年4月，美国有45个州对互联网零售商征收销售税，只有阿拉斯加、特拉华、蒙大拿、新罕布什尔州和俄勒冈尚未征收销售税。

同时，对亚马逊开征销售税之后，美国部分州计划征收小型电商卖家（包括亚马逊和eBay等平台的第三方卖家）的销售税。如2017年6月，南卡罗来纳州税务局向行政法庭提起诉讼，称亚马逊并未向南卡罗来纳州第三方卖家收取销售税,仅就去年第一季度论,亚马逊应支付给该州1 250万美元的税款、罚款和利息。亚马逊在南卡罗来纳有三个仓库,存在经营实体,因此亚马逊并不否认在该州的纳税义务。但当涉及第三方卖家时,亚马逊坚持认为,应由卖家决定是否缴纳销售税。然而南卡罗来纳州认为,第三方卖家出售的商品数量占亚马逊销售总量的一半以上,而且亚马逊控制着第三方卖家的大部分销售过程,因而即使这些卖家在本州没有实体经营场所,但其使用了亚马逊的FBA仓储配送服务,就有义务缴纳销售税。

19.3.2　亚马逊开展海外税收筹划的框架及方法

1. 海外税收筹划框架

亚马逊海外税收筹划主要是通过其在卢森堡设立的子公司完成的。卢森堡是一个内陆小国,国土面积仅有2 586.4平方千米,然而就是这样一个小国,在国际货币基金组织(International Monetary Fund,IMF)2017年8月6日发布的统计数据中,人口不到60万的卢森堡人均国内生产总值(gross domestic product,GDP)在所调查的190个国家和地区中位居榜首。

在卢森堡有亚马逊集团的两家公司,第一个是亚马逊欧盟有限责任公司(Amazon EU),第二个是亚马逊欧洲控股技术公司(Amazon Europe Holding Technologies),两个公司都是卢森堡的企业,完全由亚马逊集团拥有,并最终由亚马逊美国母公司控制。

1) 亚马逊欧盟有限责任公司的作用

亚马逊欧盟有限责任公司是一个运营公司,拥有超过500名员工,经营着亚马逊的欧洲零售业务,该公司对欧洲亚马逊网站上售卖的商品先进行挑选,再从生产制造商购进这些商品、管理在线销售,最后通过海外各国分销商将产品交付给来自各个国家的客户。也就是说无论客户在亚马逊欧洲的哪一站点购买商品,商品都是直接从卢森堡销售至各个国家,这也就使得亚马逊在欧洲的利润都转移到了卢森堡。而且这些海外国家的分销商只是作为运营公司的一个服务提供商,从事实际经营活动以外的库存、仓储、发货及售后等服务,亚马逊只需向其支付少量的成本加成费。亚马逊正是通过将运营公司销售职能的分割,实现了利润的转移(见图19-12)。

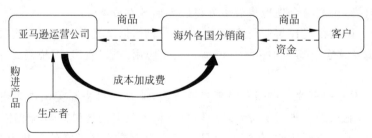

图19-12　亚马逊运营公司在避税中的结构图

2) 亚马逊欧洲控股技术公司的作用

亚马逊欧洲控股技术公司是在卢森堡设立的一家有限责任合伙企业,是一个没有雇员、没有办公室和实际经营业务的空壳公司。控股公司在运营公司和美国母公司之间扮演着中介的角色,它与美国母公司就知识产权签订了一份成本分摊协议,即共同拥有和研发无形资产,控股公司只需向母公司支付一次性买入无形资产的费用和每年支付的分摊费用,以补偿美国业务持续发展的无形资产成本。控股公司并不实际使用这项知识产权,它只是将其授权给运营公司,供其经营在欧洲的零售业务(见图 19-13)。

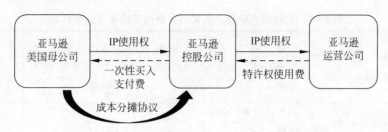

图 19-13　亚马逊控股公司在避税中的结构图

运营公司和控股公司有一个实质的区别:运营公司设立在卢森堡,也在卢森堡进行实际经营,因而是卢森堡企业所得税税收居民;而控股公司因其企业形式是有限责任合伙企业,其取得的所得不以合伙企业的名义纳税,只就控股公司分配给股东的所得由股东缴纳税款。而控股公司的合伙人是美国华盛顿州居民,卢森堡只能对其征收预提所得税。而根据美国与卢森堡签订的税收协定,这笔利润只缴纳 5% 的预提所得税,再加上华盛顿州不征收个人所得税,这就使得这笔来源于卢森堡的所得少缴了大量税款。

3) 亚马逊在欧洲税收筹划的流程

如图 19-14 所示,亚马逊美国母公司将其在美国开发的知识产权的使用权授权给控股公司使用,由控股公司将其使用权再许可给运营公司使用,并由运营公司向控股公司支付特许权使用费。亚马逊卢森堡运营公司除了负责记录亚马逊在欧洲出售的所有产品的收入,还收集客户数据、进行市场投资、积极完善亚马逊欧洲电子商务平台的软件开发技术。虽然运营公司对授权的知识产权进行了管理和增值,但其向亚马逊卢森堡控股公司支付的特许权使用费大大超过了其应支付的金额。

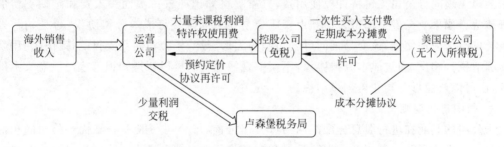

图 19-14　亚马逊在卢森堡税收筹划架构图

另外,亚马逊与卢森堡政府在 2003 年签署了一份优惠的税收协议,协议将亚马逊在卢森堡子公司的缴税比例限制在欧洲总收入的 1% 以内,并且这份协议认同运营公司向控股公司支付的巨额未反映经济实质的特许权使用费,这就使得亚马逊运营公司并未缴纳与其所获大量利润相匹配的税款。对中介控股公司而言,由于其企业形式及其与美国母公司之间签订的成本分摊协议,控股公司取得的大量利润无须在卢森堡纳税;并且由于美国不同地区间的税制差异,其转移回美国的利润也避免了大量税款的缴纳。

2. 亚马逊海外税收筹划方法

1) 税收管辖权

税收管辖权是一个国家根据其法律所拥有和行使的征税权力。目前,世界上大致实行三种税收管辖权:居民管辖权、公民管辖权和地域管辖权。对于法人居民身份的判定,各国主要采用注册地标准、总机构标准和实际管理机构所在地标准。

表 19-7 美国和卢森堡法人居民身份判定标准及征税情况

国　　家	法人居民身份判定标准	外国注册 & 本国有实际管理机构	外国注册 & 本国无实际管理机构	本国注册 & 本国无实际管理机构	本国注册 & 本国有实际管理机构
美国	注册地标准	就本国取得所得征税	就本国取得所得征税	就全球取得所得征税	就全球取得所得征税
卢森堡	注册地标准和实际管理机构所在地标准	就全球取得所得征税			

由表 19-7 可知,就亚马逊而言,虽然其在卢森堡空壳子公司的实际管理机构在美国,但由于美国采用登记注册地标准来判定居民身份,因而其不构成美国的居民纳税人,无须就其来源于境外所得在美国纳税。

2）成本分摊协议

成本分摊协议是指参与方共同签署的对开发、受让的无形资产或参与的劳务活动享有受益权,并承担相应活动成本的协议。最常见的成本分摊协议是无形资产共同开发协议,即每一个参与者都可以获得独立的利用无形资产的权利。在成本分摊协议下,无须支付特许权使用费,因为没有发生无形资产使用权许可交易,但成本分摊协议要求各参与方分摊各自应承担的成本。

亚马逊出于保护知识产权的目的,将其注册在具有完善法律体系的美国。亚马逊美国母公司和卢森堡控股子公司签订成本分摊协议,意味着双方拥有共同开发该无形资产的权利,控股子公司无须向母公司支付特许权使用费,只需支付知识产权一次性买入费和定期支付的成本分摊费。如果亚马逊美国母公司和卢森堡子公司之间未签订成本分摊协议,母公司将知识产权授权给子公司使用,该交易视同母公司销售无形资产,子公司向其支付的特许权使用费应在美国纳税。相反,通过成本分摊协议,不仅卢森堡子公司可以获得知识产权经济意义上的受益权,还可以避免母公司在美国多纳税。

3）利用打钩规则

子公司的利润在进行股息分配汇回给母公司之前,母公司一般不需要就子公司的利润进行纳税。然而为了防止跨国公司把利润滞留在避税天堂长期不汇回利润,各国税法一般要求符合一定条件的受控外国公司（如子公司）的所得应在当期向母公司所在国纳税。根据美国 CFC 规则,卢森堡受控外国子公司未对无形资产进行开发,而直接将其授权给卢森堡运营公司,收取的费用应视同受控外国子公司的销售收入,应将其中归属于母公司的利润并入美国母公司纳税。

然而在美国税法下,也存在着"打钩规则",即税务主体性质识别规则。美国税法允许美国公司将境外设立的公司选择为税法上不存在的实体对待,即纳税人可以自己自由选择是成为公司还是合伙企业。

如图 19-15 所示,亚马逊卢森堡控股公司可被视为美国税法上不存在的实体,即将其视为亚马逊卢森堡运营公司的一部分,运营公司向控股公司支付的特许权使用费、股息等费用属于单一主体的内部支付,因而也视同不存在,无须就这笔收入在美国纳税,从而构成受控外国公司法制度的例外。

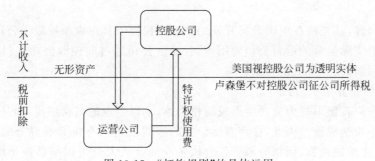

图 19-15 "打钩规则"的具体运用

4）递延纳税

递延纳税是指,居民股东投资于外国企业所实现的投资所得被汇回本国时,才会对其征税;在被投资外国企业以股息形式分配给股东前,该股东在国内承担的应税所得中则不包括这部分应取得而未实际取得的利润,使股东规避了居住国的税款缴纳。这主要是各国政府在经济全球化条件下,为保持本国企业在国际市场上的竞争力而采取的措施。

亚马逊在向卢森堡缴纳了很少一部分税款后,将大量所得滞留在了卢森堡,当其有资金需求时,直接从卢森堡支付资金,这样从资金的取得到支付全流程避免了缴纳根据美国税法应缴纳的税收。而美国为吸引海外资金回流,在 2017 年 9 月 28 日推出新税改框架,对有海外盈利的美国企业的利润汇回时,由征收 10% 的税率转变为对其征收全球范围内享有的最低税率,这也意味着美国递延纳税的政策或许被取消。

5）预约定价安排

卢森堡以其优惠的税收政策和广泛的税收协定吸引了大量跨国企业,成为世界主要投资地之一。然而,卢森堡的企业所得税税率并不低,即使卢森堡法定公司所得税税率从 21% 降到了 19%,但加上卢森堡当地对企业征收的市政商业税,综合企业所得税税率可达到 27.08%。也就是说,亚马逊只要取得了来源于卢森堡的所得,就无法避免在卢森堡所面临的高税率纳税问题。但是,通过预约定价安排,亚马逊可以大幅度地减轻其税收负担。

预约定价安排是企业与税务机关就企业未来年度关联交易的定价原则和计算方法所达成的一致安排,通常包括单边、双边和多边三种类型。为了实现"双赢",亚马逊与卢森堡政府在 2003 年签署了一份优惠的税收协议,协议将亚马逊在卢森堡子公司的缴税比例限制在欧洲总收入的 1% 以内。亚马逊因此享受到了卢森堡政府给予的特殊性税收优势,在卢森堡少缴了大量税款。而且,这个协议并未因亚马逊销售收入的增长而进行调整,虽然这违背了国际上的一般做法,但这是与政府签订的协议,因而仍具有法律效力和确定性。由此可见,亚马逊通过预约定价安排以极其合法的方式避开了卢森堡的税款征收。

6）亚马逊利用转移定价操作

转让定价是指关联企业之间在销售货物、提供劳务、转让无形资产、进行融资等时制定的价格。跨国关联企业之间可以通过操控企业之间的关联交易行为,把利润转移到低税率的国家,达到降低企业集团总税负的目的。关联企业间转让定价一般做法如图 19-16 所示。

各国政府要求关联企业之间的交易定价要符合独立交易原则,而专有技术、注册商标、专利等无形资产的转让定价很难找到与其可比的对象和参照标准,并且容易与其他财产的交易混杂在一起难以

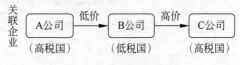

图 19-16 亚马逊利用转移定价图

拆分。

就亚马逊而言,其先将在美国公司开发的知识产权授予其卢森堡控股子公司使用,控股公司再将其授予给实际运营的运营公司使用,然后运营公司通过向控股公司支付巨额的特许权使用费来转移利润,减少税款的缴纳。

7) 亚马逊的企业组织形式

合伙企业在卢森堡不视为公司所得税纳税主体,不以企业的名义纳税,而是由各合伙人就其分配的所得来缴纳税款。因此,在卢森堡设立的控股公司只有将其所得分配给该企业的合伙人时,合伙人才缴纳税款,而该有限责任合伙企业的合伙人是美国华盛顿州居民,卢森堡只能对其征收预提所得税。而根据美国与卢森堡签订的税收协定,这笔利润只缴纳5%的预提所得税,再加上华盛顿州不征收个人所得税,这就使得这笔来源于卢森堡的所得少缴了大量税款(见表19-8)。

表19-8 美国与卢森堡签订税收协定的预提所得税税率

协定税率缔约国	股息		利息	特许权使用费
	个人,企业	符合条件的企业①		
美国、卢森堡	15%	5%	0	0

资料来源:IBFD数据库,国别报告,http://online.ibfd.org。

13.3.3 亚马逊境内税收筹划的条件及方式

1. 境内所得税筹划的条件及方式

1) 所得税筹划条件

美国公司所得税是对美国居民企业的全球所得和非美国居民企业来源于美国境内的所得所征收的一种所得税,分联邦、州和地方三级征收。在特朗普税改之前,美国联邦公司所得税税率采取超额累进税率制度,年应纳税所得额超过1833万美元的企业适用最高税率35%。同时,拥有税收立法权的州(地方)政府会根据其税收自主权和实际经济发展状况制定出不同的税收法律以及税制体系。

由表19-9可知,各州及地方政府的税收规定存在差异,从事跨州业务的企业因此就有了税收筹划的空间。

表19-9 美国各州公司所得税分类情况

类别	州名
不设公司所得税的州	得克萨斯、华盛顿、内华达、南达科他、俄亥俄
实行固定公司所得税的州	佛罗里达、蒙大拿、新罕布什尔、印第安纳、犹他、密歇根、特拉华、北卡罗来纳、田纳西、密苏里、科罗拉多、爱达荷、西弗吉尼亚、伊利诺伊、亚利桑那、马萨诸塞、亚拉巴马、弗吉尼亚、宾夕法尼亚、俄克拉何马、南卡罗来纳、马里兰、华盛顿特区、威斯康星、康涅狄格、罗德岛、明尼苏达、加利福尼亚、纽约、肯塔基、佐治亚
实行累进税率公司所得税的州	阿拉斯加、俄勒冈、密西西比、堪萨斯、北达科他、内布拉斯加、夏威夷、缅因、新墨西哥、路易斯安那、阿肯色、艾奥瓦、佛蒙特、新泽西

数据来源:根据IBFD数据库整理。

---

① 符合条件企业一般是指美国居民公司持股比例超过10%的企业。

一家从事跨州业务的美国公司是否要在不同州申报纳税,取决于该公司是否在该州"构成征税联系"[①],企业一旦被认定为与该州有足够"关联",则有义务在该州纳税。如果企业被几个州都认定为其纳税人,企业取得的全部所得应在几个州之间先进行分摊,再分别缴纳归属于各州的公司所得税。

因此,如何在相关州之间对跨州经营的公司——州际公司进行所得税的划分是协调各州税收收入的重要内容,而州际公司所得税的分配又主要包括对征税权的确立及对跨州经营公司税基的分配。征税州主要采用三种方法对跨州经营公司的所得在州际间分配:独立核算法、特定分配法和公式分配法。其中,大多数州普遍采用的是公式分配法中马萨诸塞州首创的古典规则,即征税州在对跨州纳税人归属于其境内的净所得征税时,要考虑工资、财产和销售收入这三个因素,具体公式如下:

某州应分配的所得=[(公司在该州的销售额/公司总销售额)×权重+(公司在该州的财产额/公司财产总额)×权重+(公司在该州支付的薪金额/公司支付的薪金总额)×权重]×公司应分配的总所得

因此,从事跨州经营的企业可以从实际出发,对各州的税收政策进行对比,选择在不征所得税、所得税税率较低或实行更多优惠税收政策的州进行投资。另外,企业也可以不与各州构成关联来避免成为所在州的居民纳税人。

2) 所得税筹划方式

第一,合理选择经营注册地。亚马逊创始人杰夫·贝佐斯(Jeff Bezos)曾表明,将公司总部设在华盛顿州的西雅图,而不是建立在能为电商企业提供更多智力和技术支持的加利福尼亚或纽约州,其中的原因之一就是华盛顿州能给予更优惠的税收政策。

由表 19-10 可知,华盛顿州不征收公司所得税和个人所得税,实行一系列的税收优惠政策,为亚马逊税负的减轻创造了条件。

表 19-10 华盛顿州税收规定

税　种	公司所得税	个人所得税	资本利得税	营业及开业许可税(B and O)	州际销售税	地方销售税
征收情况	不征	不征	不征	0.13%~3.3%(税基为总收入)	税率6.5%	平均税率2.7%

第二,充分利用产业扶持政策。美国促进高新技术产业发展的税收优惠形式有间接优惠和直接优惠。直接优惠方式表现为定期减免所得税、采用低税率等;间接优惠方式通常包括加速折旧、投资抵免、费用扣除、亏损结转、提取科研开发准备金等。

由图 19-17 可知,企业 R&D 费用可选择两种方法扣除——资本化和在费用发生当年进行一次性扣除。其中,作为鼓励措施,企业 R&D 费用新增部分的 20% 可直接冲减应纳所得税额,未冲减完的部分准予结转。美国加利福尼亚州拥有全美最高的研发费用扣除率,允许企业将企业内部研发费用的 15%,或公司请外部机构从事研发费用的 24%,在计算缴纳公司所得税时进行税前扣除。正是因为加州鼓励企业进行技术研发的力度大,亚马逊在加州上市的子公司有四家,包括位于旧金山和库比蒂诺的软件开发公司及位于帕罗奥图和旧金山的互联网

---

① 构成征税联系,是指企业通过在该州拥有或租赁财产、设立营业场所或从事实际经营活动、拥有雇员或代理商及利用该州资源取得营业收入而与该州形成的关联。

搜索引擎公司，进而达到减轻企业税负的目的。

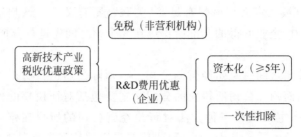

图 19-17　美国高新技术产业税收优惠政策

2. 销售税筹划条件及方式

1) 销售税筹划条件

第一，税率不同。销售税是美国州和地方政府对商品及劳务按其销售价格的一定比例课征的一种税，税率由各州政府自行制定。销售税的纳税人是消费者，采用消费地原则，并在销售环节征收。当一州居民购买到了来自其他州未课税的商品时，居民需在其所在州自行申报缴纳与销售税具有替代性质的使用税。

在征收销售税的州中，地方政府平均销售税税率最高的五个州分别为：亚拉巴马州（5.03%）、路易斯安那州（5.02%）、科罗拉多州（4.60%）、纽约州（4.49%）和俄克拉何马州（4.36%）；州级和地方综合销售税税率最高的五个州分别为：路易斯安那州（9.98%）、田纳西州（9.46%）、阿肯色州（9.34%）、亚拉巴马州（9.01%）和华盛顿州（8.92%）。由此可见，不同州及地方政府的销售税税收规定存在差异，为从事跨州经营的企业进行税收筹划创造了条件（见表19-11）。

表 19-11　州级销售税税率分类表

类　　别	州　　名
不征收销售税	阿拉斯加、特拉华、蒙大拿、新罕布什尔和俄勒冈
征收最高销售税	加利福尼亚（7.25%）
征收最低销售税	科罗拉多（2.9%）

数据来源：Tax Foundation，https://taxfoundation.org.

第二，是否开征"亚马逊税"。为支持互联网和电子商务的发展，1998年10月美国联邦法律制定的《互联网免税法》规定，3年内禁止对互联网课征新税，联邦、州政府不能对非本地的销售商征收销售税或使用税，除非该销售商在该州建立了"税收关联"，该法案一直被延期至2014年11月1日。

由于无法向网购消费者收取销售税，2012年美国政府因网购损失了233亿美元的税收收入。这也给传统零售企业带来了冲击，因而一些州政府为享受公平待遇和获取更多税收收入开始对互联网零售商征收销售税，此类法律通常被称为"亚马逊法"①。2009年，纽约州成为首个通过"亚马逊税收法案"的州政府。截至2017年4月，美国有45个州对互联网零售商征收

---

① 亚马逊法：即使网络零售商在某州没有仓库、办公场所等传统意义上的实体存在，但只要该企业与本州内的居民或代理机构签有协议，拥有专用的服务器，并通过该网址从事实质性、经常性的交易而不是偶然性、辅助性的活动，则可认定该跨州纳税人与该州构成实质性经济联系，该州可以对跨州纳税人行使税收管辖权。当该网络零售商在该州内年销售额超过100万美元时，就有义务在该州缴纳销售税或替代性的使用税。

销售税。尽管对网上零售商征收销售税可以增加财政收入,但为吸引投资,一些州政府同时也制定了较为灵活的税收政策,如阿拉斯加、特拉华、蒙大拿、新罕布什尔州和俄勒冈尚未征收销售税,这为电商企业税收筹划创造了条件。

2）销售税筹划方式

第一,亚马逊通过与州政府达成协议来减轻税负。2012年10月26日,亚马逊与亚利桑那州税务局达成协议：州政府批准亚马逊暂时不对本州消费者收取销售税,亚马逊则承诺建设物流等设施来为该州提供就业机会。从2013年2月1日开始,亚马逊同意对亚利桑那州的居民代收销售税,并承诺从当年7月1日起,同时代征电子书等数字产品或服务的销售税。作为交换条件,亚利桑那州政府同意亚马逊只代征6.6%的州级销售税,并不代征地方政府的销售税,使得其可以少缴近乎1/3的税款。

第二,亚马逊通过解除与代理机构的合作关系来规避纳税义务。2011年,阿肯色州立法通过了"亚马逊法案",因亚马逊与该州的代理机构构成"关联"关系,要求其代收销售税。亚马逊于是于2011年7月24日终止了与该州联营机构签订的协议,关闭了其在阿肯色州的网站,以达到免缴税款。因为相同的原因,亚马逊终止了与美国加利福尼亚、康涅狄格、北卡罗来纳、罗德岛、伊利诺伊和夏威夷等州联营企业的合作关系,以继续享受免税待遇。

第三,亚马逊通过充分利用税收政策来减轻税负。由于不同州和地方的税率和税收优惠政策不同,亚马逊可以选择在低税率甚至是免税州从事生产经营活动,如亚马逊最初选择将物流中心建于免征销售税的特拉华州。

复习思考题

1. 什么是导管公司,在国际税务领域如何使用导管公司？
2. 请比较下列三个转让定价的价格标准：可比非受控价格、再销售价格法、成本加利法。
3. 世界跨国公司的避税行为越来越猖狂,在经济全球化的背景下,BEPS（税基侵蚀与利润转移）愈演愈烈,引起了全球政治领袖、媒体和社会公众的高度关注。为此,2012年6月,G20财长和央行行长会议同意通过国际合作应对BEPS问题,并委托OECD开展研究。2013年6月,OECD发布《BEPS行动计划》,并于当年9月在G20圣彼得堡峰会上得到各国领导人背书。

根据上述资料,请论述《BEPS行动计划》在国际反避税方面的价值。

【案例分析题一】

我国台湾地区反避税条款于2016年7月颁布实施。反避税条款的内容主要有两大重点。一是建立受控境外公司（CFC）课税制度,只要在台企业及其关系企业,投资境外受控公司股权合计超过50%,境外收益盈余不论是否分配汇回,在台企业都要按照持股比率缴税,防范境内企业迟延缴税,将盈余留在境外子公司。

二是订立反制企业转换居住者身份的"实际管理处所"（place of effective management,PEM）课税制度,企业在避税天堂设立境外公司,其居住者身份视"实际管理处所"来决定,避免其规避税负。

【要求】 请用国际税收原理解释这两项反避税条款的政策含义及实践应用。

【案例分析题二】

背景资料

集美集团是一家新加坡大型跨国企业,其创始人为中国内地居民陈先生和私募基金光华私募。2011年,由陈先生100%控股的设立在英属维尔京群岛(the British Virgin Islands,BVI)的欣荣BVI公司(B.V.I Company)以及由光华私募100%控股的香港风云(中国香港居民企业)共同在开曼群岛设立集美开曼公司。

集美开曼的董事长为陈先生,他每年有80%的时间在境内工作;副董事长王先生,他每年有50%的时间在境外工作,在中国内地有永久性住所,妻女常住中国内地;财务总监李女士,每年有30%的时间在境外工作;其他两位独立董事均为外国居民,平时不在中国内地工作。

集美开曼除日常事务外的重大决策由董事会做出,同时公司的人事任免和财务决策亦由董事会决定。除上述公司最高管理层外,集美开曼的人事总监、销售总监等高层管理人员均在中国内地长期居住。

为了方便企业信息的查询,集美开曼的会计账簿、董事会和股东会议纪要档案存放在中国内地。

公司董事会每季度召开一次,召开地点不确定,可能在中国内地、开曼群岛、新加坡等地。当公司董事会成员因故不能聚齐时,董事们还可以以视频会议的形式在各自所在地参加会议。

问题:

(1) 2016年年底,新加坡企业天伦集团拟收购集美开曼100%的股权。税务机关认定集美开曼不适用698号文的"穿透"。作为谈判议价的参考,天伦集团需要知道作为转让方的欣荣BVI公司和香港风云有哪些中国内地税务义务和风险。请对此进行解释和评论。

(2) 2013年天伦集团派遣员工瑞安(Ryan)到集美中国长期负责销售工作,合同未明确约定瑞安的实际雇主,也未明确其工作责任和风险由谁承担。派遣的过程中,天伦集团仅向集美中国收取其垫付给瑞安的工资。瑞安的奖金等职工福利由集美中国负担,并且集美中国全额代扣代缴其工资和福利的个人所得税。瑞安需向天伦集团和集美中国汇报工作,瑞安的绩效考评是由天伦集团和集美中国共同完成。请分析该派遣安排给天伦集团带来的所得税影响。

附录

附录 A

在建项目转让的实施路径与税务处理

一、在建工程及其转让概念

1. 在建工程

在建工程是指取得批准立项,拥有合法完整用地手续,已经取得国土证,取得施工许可证并正在施工建设的工程项目。

2. 在建工程转让

在建工程转让是指在建工程所有人将其拥有的在建工程转让给买受人,买受人支付对价的民事行为。"在建工程转让"有两种模式,一种是项目公司的"股权交易"模式,一种是"资产转让"模式。

在建工程转让的优点:相比股权转让方案,转让价款可以全额作为未来计算三大税种的税基;股权转让方案,若标的公司存续期较长,很有可能存在或有负债或者其他风险。

在建工程转让的缺点:手续相对复杂,周期较长,少则 3~4 个月,多者一年半载。不但项目要重新报建,已经预售的房产还要换签合同。由于土地稀缺,房企也开始关注在建工程转让项目,竞争格局出现了新的态势。此外,在建工程是按项目转让,即按"立项范围"转让。若两宗地一个立项,一宗地已开发,一宗地未开发,实操中有些地方可以转让,有些地方认为属于净地不能转让。

二、在建工程转让的前提条件

在建工程转让有两个前提条件,一个是要满足交易双方的需求,是商务条款,另一个是政府强制要求的转让前提。

1. 交易双方需求

买方希望直接锁定项目,并购成本综合算下来比招拍挂市场拿地便宜一些。卖方希望能解套,能解决自己的现金流问题,溢价尽量高,或者保留一部分股份。

2. 主管部门规定的转让前提

基本条件是:土地出让金交清,有土地证,工程进度达到发改委立项批复金额的 25% 以上才能发起转让审批。

政策依据:以出让方式取得土地使用权的转让条件。《城市房地产管理法》第三十九条"以出让方式取得土地使用权的,转让房地产时,应当符合下列条件:(一)按照出让合同约定已经支付全部土地使用权出让金,并取得土地使用权证书;(二)按照出让合同约定进行投资开发,属于房屋建设工程的,完成开发投资总额的百分之二十五以上,属于成片开发土地的,形成工业用地或者其他建设用地条件。转让房地产时房屋已经建成的,还应当持有房屋所有权证书。"其中,建设规模指实际支付金额,财务数据为准。

总建设规模=工程总投资=发改委立项批复金额。注意:法拍不受 25% 投资强度限制。根据最高法《关于适用〈合同法〉若干问题的解释(二)》(法释〔2009〕5 号)第十四条,《城市房地产管理法》25% 的规定,系"管理性规范"而非"效力性规范"。未达到 25% 属于合同标的物瑕疵,并不直接影响土地使用权转让合同效力。有的地方还要求 30% 的投资强度,比如河南。如果未达到 25%,买家还想收购,则在资产转让前买家要提前介入,对项目进行先期投入,待项目达到 25% 的投资强度时再进行交易。

以划拨方式取得土地使用权的转让条件。《城市房地产管理法》第四十条"划拨方式取得土地使用权的,转让房地产时,应当按照国务院规定,报有批准权的人民政府审批。有批准权的人民政府准予转让的,应当由受让方办理土地使用权出让手续,并依照国家有关规定缴纳土地使用权出让金。"

国务院令第 55 号第四十五条 符合下列条件的,经市、县人民政府土地管理部门和房产管理部门批准,其划拨土地使用权和地上建筑物、其他附着物所有权可以转让、出租、抵押。所以,如果是划拨用地,需要经县级及以上人民政府批准,获批后补交土地出让金。

3. 开发资质

我国未设置受让方的开发资质要求。另外,若是双方均是房地产开发企业,税要高一些。是否属于房地产开发企业,一看营业执照上的经营范围,二看是否有房地产开发资质。

三、在建工程转让的交易结构设计

1. "在建工程转让"

即直接转让在建工程。这种情况下,要重新报建,从土地证开始办理更名,五证都要更名,重新缴纳相关费用。若未达到投资强度,转让之前需要买家介入,对项目进行先期投入,待项目达到 25% 的投资强度时再进行交易。

先期介入,首先要共管印鉴(项目公司公章、银行预留印鉴、合同章、签证章)、工程款支付账户、证照,深度介入项目管理;然后,借款给项目公司,借款需要有足额担保。达到 25% 时再进行资产转让。

2. "在建工程转让+新公司股权收购"

如果出让方要求保留股份,则出让方新设立一个项目公司,将在建工程转让给新公司,再对外转让新公司的股权,或收购方增资进入。或转部分股权后,再增资进入。

出于税筹、降低整体收购成本考虑,可能会出现出让方实际已经完全退出,但是形式上保留了一些股份的情况。上述税收操作的目的是利用公司法中股东可以不按比例分红的条款,买家增资进入项目公司后借款给项目公司,然后项目公司往来款借给卖家(相当于预分红),最后项目公司分红再冲抵与卖家的往来款,达到卖家降低整体交易成本的目的。这种操作有一点法律风险,即形式上卖家还是股东之一,卖家的资产从在建工程变成了股权,若开发期间,卖家的债权人因其他债务来主张权利,项目公司的股权或资产有被查封的危险。

3. "法拍"

在建工程转让通过法院拍卖的情形也较为常见,法拍不受 25% 投资建设进度的影响。但是法拍最大的问题是税收。走到法拍,卖家一般都山穷水尽,卖家已经没有纳税能力和意愿了,这种情况下,买家要承担买卖双方的全部税种,而且是"先税后证"。因此可以考虑税负转嫁,即采取买家承担税收的操作方法。需要提醒的是,法院收到买家拍卖款,开具的收据能否税前扣除,需要和当地税务部门沟通。根据实践经验,一般是可以在企业所得税、土地增值税前扣除的。

4. 公司合并

在建工程转让是由于公司合并而导致的,则只需变更土地证。比如,A 公司下面有个在建工程,现在 A 公司被 B 公司给吸收合并了,在这种情况下,在建工程转让是不需要做重新报批报建手续的,仅仅是变更土地证。

公司合并的风险点:公司合并情况下,被吸收合并的公司的债权债务是由兼并公司来承继的,换言之,在公司合并情况下,被吸收合并的公司的债权债务是由兼并公司来承继的,因公司主体延续的,所以债权债务也是延续的。

5. "作价入股"

在建工程不属于法律、行政法规规定的不得作为出资的财产。《公司法》第二十七条规定,"股东可以用货币出资,也可以用实物、知识产权、土地使用权等可以用货币估价并可以依法转让的非货币财产作价出资;但是,法律、行政法规规定不得作为出资的财产除外"。

作为出资的三个条件是:① 可用货币估价;② 可依法转让;③ 不违反法律、行政法规关于不得作为出资的规定,即可作为出资设立公司。若在建工程出资完全符合上述要求,可以作为出资。

四、转让流程

1. 完成项目初判

与业主见面,现场踏勘,了解项目由来、现状;走访政府,总包;进行核心商务条件谈判。

2. 签署意向协议,确定核心条款

意向协议不包含违约条款,主要是将双方的口头承诺、商务条件以书面予以确认,以便开展下一步工作。

3. 完成共管(保证金、证照)

买方可能提出,尽职调查前,需要共管保证金,以体现诚意,并在意向协议中约定。可以在买方账户两方共管,几百万元即可;对等的,项目公司的印鉴、项目的证照也要双方共管。前者要与银行签署监管协议,后者一般在项目公司现场用保险柜。银行监管最好写一个不需要对方配合即可解除共管的绝对时间期限(可以写长一点)或者约定在收到书面函告后 X 日内配合解除共管否则按共管金额的一定比例支付赔偿金。以便银行执行,给对方一些压力。

4. 完成尽职调查,出具报告

尽职调查本质上就是将交易信息从不对称到对称的过程,分为法律、财务、审计、工程等调查。组织法务、财务、审计、造价、评估等单位,成立小组,进场尽调。小组最好有报建、工程、成本的同事,一些业务上的问题,业务部门比中介更容易发现问题。尽职调查如有重大风险或重大未披露,不实的情况,直接退出。

5. 签署正式协议

协议主要内容
(1) 双方当事人情况
(2) 项目概况(包括坐落地点、项目性质、四至、占地面积、证照情况等)
(3) 转让方对在建工程转让限制条件的不存在或已解决承诺
(4) 项目转让时土地使用权性质、获得方式及使用期限
(5) 转让费用的构成、数额、支付方式和期限;转让对价的调减项
(6) 项目用地、工程建设的有关审批程序重新办理手续协助
(7) 在建工程转让交割日期及方式
(8) 双方的权利义务
(9) 违约责任
(10) 解决争议的方法
(11) 转让当事人约定的其他事项
(12) 附件:合同清单

6. 转让协议国土局备案

如果涉及"划拨"转"出让"的,需要提前取得市、县人民政府批准,并补缴土地出让金。转让协议提交国土部门备案,由国土部门完成鉴证及备案手续,但不动产物权制度中有一项重要规则,"房随地走、地随房走"。《物权法》第一百四十六条规定"建设用地使用权转让、互换、出资或者赠予的,附着于

该土地上的建筑物、构筑物及其附属设施一并处分。"故无论在"合资协议"中将"出资构成"描述为土地使用权和在建工程,还是仅仅描述为在建工程估价出资,土地使用权和在建工程的出资一定是一并完成的。也即在建工程出资应当首先办理土地使用权的出资手续,出资人将土地使用权转移登记至被出资的公司(简称合资公司)名下。一旦合资公司取得以合资公司为使用权人的土地使用权证,则公司自动取得了在建工程这一混合之物的所有权,无须再办理在建工程的转移登记手续。

7. 缴纳税费,办理新国土证

增值税,土增税,契税缴纳完成后,由国土部门对票据进行核验,办理新的国土证。需要提供前面的土地契税发票。实操中,契税常常会漏掉,税务认为自建房屋不需要交契税;而国土不管建筑,因为还未建成,只过户土地权证。

8. 交割日(资料,证照,合同等)

9. 更换原项目总包单位解除

当然,有的公司会继续选择原来的总包单位,只需变更施工图,以及按照本公司的建筑标准施工。如果要更换,需要做中期结算。整个过程,需要原业主配合。

10. 重新报建(五证),质监安监等施工手续

11. 换签购房协议(若有)

12. 进入正常开发阶段,进行成本核算,获取售房收入

五、涉税分析

在建工程因为项目进度(新项目还是老项目,2016 年 5 月 1 日前拿到施工许可证为老项目,适用简易增税法)、转让方式(是否法拍,法拍有可能买家要承担双方的税负且部分无法税前扣除)、工程进度(是否动工、是否竣工)、收购后是否拆除重建的不同,税负也各不相同,还涉及前期工程款能否二次加计扣除的问题。

1. 应税行为分析之不同交易方式的纳税义务

要算税首要先确定是否发生应税行为,不同应税行为,会有不同的税种及税率。"转让在建工程"属于"资产转让"。卖家和买家的税种如表 A-1 所示。

表 A-1　不同应税行为下的税种及税率

交易模式	增值税	土地增值税	企业所得税	契税	印花税
股权转让	×	×	○	×	×
资产转让	√	√	○	√	√
合并	○	○	○	×	√
分立	○	○	○	×	√
作价出资	√	○	√	○	√

注："√"表示需要缴纳相关税费,"○"表示相关税费具有筹划空间,"×"表示无须缴纳相关税费。

2. 应税行为分析之适用税率(见表 A-2)

表 A-2　不同项目进度下的适用税率

情况	增值税	土地增值税	企业所得税	契税	印花税
"开工但未达25%"	原则上不允许转让；或按"转让土地使用权"税目征收税率9%	① 按"转让土地使用权"征收；② 可扣除前期费用但不能加计	公司层面汇算；税率25%	不含税金额3%	不含税金额万分之五
"超过25%未竣备"	"销售不动产"税率9%	① 一分法；② ＝不含税收入－含契税土地成本－不含税开发成本－开发费用（土地款＋开发成本）×10%－印花税－增资税附加－加计 20% 扣除（土地款＋开发成本）×20%	公司层面汇算；税率25%；转让方按销售不动产开具增值税发票	不含税金额3%	不含税金额万分之五
"已竣备已使用(有产权)"	销售旧房；税率5%	① 三分法；② 加计1.3；跟房屋的清算无有区别,都是按照新建房1.3加计扣除来进行清算	公司层面汇算；税率25%	不含税金额3%	不含税金额万分之五

附录 B

美团公司税收筹划案例

一、美团公司概况

（一）营收状况[①]

美团公司2020年对外披露的年报显示，公司全年总收入为1 148亿元人民币，净利润47.1亿元人民币，其中餐饮外卖业务交易金额为4 889亿元人民币。2020年，餐饮外卖日均交易笔数增长至2 770万笔，收入增长至人民币663亿元，经营溢利增加至人民币28亿元，而经营利润率则升至4.3%。

并且，年报还显示，截至2020年末，美团平台共有950万名外卖骑手。

（二）股权架构图[②]

美团，隶属于"北京三快在线科技有限公司"，总部位于北京，其母公司为位于香港的美团香港有限公司，2018年于香港上市，其股权架构如图B-1所示。

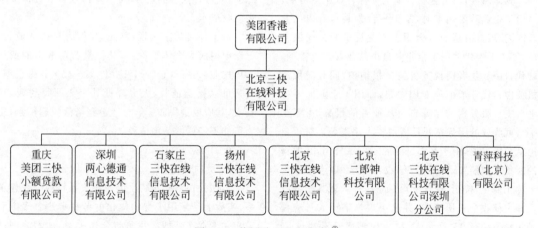

图 B-1　美团公司股权架构[③]

二、税收筹划方法之灵活用工

（一）基本方法——变雇佣关系为合作关系

美团公司2020年的财务报告显示，其餐饮外卖业务收入为663亿元人民币，而公司全年总收入为1 148亿元人民币，占比高达57.75%，由此可知，餐饮外卖业务对于公司的营收贡献极大。而在餐饮外卖业务中，外卖骑手的重要性不言而喻。2020年财务报告表明，截至2020年底，美团平台共有950万名外卖骑手。按照传统用工模式，外卖骑手与美团公司签订劳动合同，受雇于美团公司，其从美团取得的劳动所得需要按照"工资薪金"项目适用3%~45%的七级累进税率，而美团也需要为外卖骑手缴纳社保，从而承担巨额的社保成本。随着互联网技术的蓬勃发展，灵活就业广泛兴起，零工经济快速发展，这为美团公司与外卖骑手转换关系提供了契机。在

[①] 数据来源：美团2020年度报告 http://media-meituan.todayir.com/20210419080000317739722495_tc.pdf.

[②] 资料来源：天眼查 https://www.tianyancha.com/company/261411112?tree_full=true.

[③] 除北京三快在线科技有限公司对青萍科技(北京)有限公司控股10%之外，其余之间的控股关系均为100%控股。另此股权架构图仅列明对外投资情况，未列明分支机构。

新型行业用工模式下,美团公司可以通过零工平台将其与外卖骑手的雇佣关系转变为合作关系,即美团通过零工平台与外卖骑手建立联系,当美团需要外卖骑手时,零工平台为其与外卖骑手匹配,但双方不再是雇佣与被雇佣的关系,而仅是合作关系。

这是一种灵活用工模式。灵活用工通常具有三种模式,这里介绍与美团公司比较类似的中介平台式的灵活用工模式,其中,零工平台充当着中介的作用(见图B-2)。

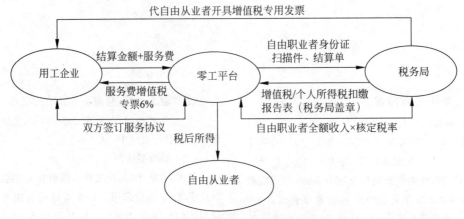

图B-2 中介平台式的灵活用工模式

具体而言,用工企业与零工平台签订服务协议,当用工企业需要用工时,零工平台为其与自由从业者匹配,当自由从业者为用工企业提供劳务或服务后,零工平台代替用工企业向自由从业者支付报酬,并代自由从业者向税务机关申报纳税,同时向税务机关申请代开增值税专用发票,而用工企业向零工平台支付服务费和结算自由从业者的报酬,由零工平台就收取的服务费开具增值税专用发票。对于自由从业者来说,由于其不是受雇于用工公司,其取得的所得不按照"工资薪金"纳税,并且可以申请成为个体工商户,按照"经营所得"征税,一般就其全额收入核定征收个人所得税,并且小规模纳税人月应税销售额不超过15万元(季度应税销售额不超过45万元)免征增值税,进而可以达到节税的目的;而对于用工企业来说,其需要向零工平台支付服务费以及代其向自由从业者支付的报酬,而零工平台就收取的服务费开具6%的增值税专用发票,再加上税务机关代自由从业者开具的增值税专用发票,用工企业可以此抵扣增值税进项,可以降低其增值税税负,并且用工企业不再需要负担自由从业者的社保,社保成本也大大降低。

通过将雇佣关系转变为合作关系,对于美团来说,其不需要为众多外卖骑手负担高昂的社保成本,还可以获得零工平台和税务机关代开的增值税专用发票抵扣进项,同时,其向零工平台支付的服务费和负担外卖骑手的报酬还可以在企业所得税前扣除。

综上,通过转换合同,美团可以降低较多的社保成本和税收成本。

对于外卖骑手来说,首先,其作为自由从业者,可以申请成为个体工商户,其提供劳动取得的所得不再按照"工资薪金"项目适用3%~45%累进税率,而是可以核定征收,大大降低其个人所得税税负;其次,其应税销售额一般也达不到增值税起征点,很大可能不需要缴纳增值税。

(二)筹划原理

1. 契约优化

美团公司与外卖骑手由雇佣关系转换为合作关系,实质上是采用了契约优化的节税原理。多方利益相关者存在着博弈竞争与合作关系,他们之间的博弈合作是通过契约合同来维护的。那么契约优化是指通过修改相关的合同条款,使得多方利益相关者可以获得更高的税后收益。

在这里,按照传统用工模式,美团公司需要与外卖骑手签订雇佣合同,进而外卖骑手取得的所得需要按照"工资薪金"适用3%~45%的累进税率,美团也需要为其负担高昂的社保成本。而如果美团与零工平台签订相关的服务协议,通过零工平台与外卖骑手建立联系,则其与外卖骑手的关系不再是雇佣关系,而是合作关系,其不需要承担相应的社保成本,还可以获得相关的增值税进项发票抵扣进项,而外卖骑手也不再按照"工资薪金"项目征税,而是可以适用个体工商户核定征收个人所得税。通过将合同优化,最终使得美团和外卖骑手均可以降低税收成本。

2. 税法弹性

美团公司将其与外卖骑手的雇佣关系转变为合作关系,进而降低双方税负,这还体现了税法弹性的筹划原理。税法弹性是指,税收不是完全固定不变的,它会随着纳税人的组织架构、业务模式等改变而改变。税法弹性意味着,纳税人有自由选择的权利,可以自由选择使得自身税后利益最大化的组织架构或者业务模式,具有一定的筹划空间。

美团公司通过改变与外卖骑手的关系,最终双方的纳税情况发生了变化,便是利用了税收随着纳税人的业务模式、用工安排变化而变化的原理。

三、税收筹划方法之充分利用税收优惠政策

(一) 基本方法———入驻总部经济园区

近年来,各地方政府为了招商引资,带动当地经济发展,采取了总部经济招商的措施,给予入驻园区的企业大量税收优惠。比如,重庆、江苏、上海、北京等地均设立了总部经济园区。总部经济园区系列税收优惠政策是地方政府为了鼓励企业到园区设立总部、地区总部,促进园区经济发展而制定的。企业入驻采用注册式,可以通过在园区设立新公司、子公司、分公司或者迁移等方式进入园区。园区不要求企业实地办公,只要入驻园区,当企业纳税时,就可以享受一系列的税收优惠。

园区的优惠政策一般分为两种:有限公司和个人独资企业的优惠政策,不同总部经济园区的优惠政策有所差别,这里以重庆垫江总部经济园区的税收政策为例。重庆垫江对新引进的总部企业,自设立年度起第一年至第五年,以企业缴纳的增值税、企业所得税对地方经济发展贡献为基数,按季度给予企业税收扶持奖励,具体如表 B-1 所示①。

表 B-1　重庆垫江总部经济园区税收优惠政策

主　体	优　惠
有限公司(一般纳税人)	增值税:给予 70%～80% 比例的奖励 企业所得税:给予 70%～80% 比例的奖励
个人独资企业(小规模纳税人/一般纳税人)	可核定征收,征收税率 0.5%～3.1%

增值税和企业所得税返还梯度标准:年纳税额 500 万元以下,按 70% 安排;年纳税额 500 万～3 000 万元,按 75% 安排;年纳税额 3 000 万元以上,按 80% 安排。总部经济园区税收优惠政策适用于建筑行业、互联网行业、房地产行业、金融行业、电商平台等行业。

美团作为互联网大型企业,隶属于互联网行业。如果其在总部经济园区设立新公司、子公司或者分公司等,便可以享受园区的系列税收优惠,大大降低其税收成本。结合美团公司的股权架构图和分支机构图,可以看到美团在重庆、扬州、北京均设立子公司,在重庆、扬州、无锡、上海等地均有分支机构。具体以北京三快在线科技有限公司扬州分公司和青萍科技(北京)有限公司为例,它们分别设立在扬州市经济技术开发区和北京市北京经济技术开发区,属于设立在园区内,可以享受相对应的税收优惠。至于其他尚未入驻园区的公司,则可以考虑迁移至园区,以此降低税收成本。

(2) 基本方法二———充分利用其他税收优惠政策

我国为了鼓励软件技术企业的发展,出台了涵盖增值税、企业所得税等税种的优惠政策,如表 B-2 所示。

表 B-2　软件技术企业适用的税收优惠政策

税　种	具体优惠
企业所得税	高新技术企业 15% 税率
	研发费用加计扣除 75%
	技术转让所得≤500 万元,免税;>500 万元部分,减半征收
	小型微利企业年应纳税所得额≤100 万元,实际税率为 2.5%;100 万～300 万元,实际税率为 5%
增值税	实际税负超过 3% 部分即征即退

美团隶属于北京三快在线科技有限公司,而北京三快在线科技有限公司属于软件和信息技术服务业,且为中关村的高新技术企业,从事计算机软件技术、网络技术开发、技术转让等经营活动,可以享受高新技术企业优惠税率、研发费用加计扣除、增值税即征即退等优惠政策,并且北京二郎神科技有限公司和青萍科技(北京)有限公司等子公司还是小型微利企业,可以享受相应所得税优惠,从而可以有效降低税收负担。

---

① https://www.jianshu.com/p/6af8893df2db.

(三)筹划原理

1. 税法弹性

首先,美团充分利用各项税收优惠政策,体现了税法弹性中税法选择的筹划思想。国家提供了各项税收优惠政策,美团可以选择享受,也可以选择不享受,进而使得其纳税情况不一致。基于理性人假设,美团应选择相应的税收优惠,从而有效降低其税收成本,提高税后收益。

其次,美团入驻总部经济园区以适用相应的税收优惠政策,总体体现的筹划思想是税法弹性中的利用税法漏洞。所谓税法漏洞,是指导致丧失有效性或导致经济活动低效率的税收条款。而各地方政府为了促进该地区的发展,吸引大量企业的投资,其设立了总部经济园区,给予入驻园区的企业大量的税收优惠,实质上构成了税收洼地,可能导致地方之间的恶性税收竞争。这种恶性税收竞争进而导致经济活动的低效性,并且会扭曲企业的投资选择,不利于资源的有效配置。而大量企业通过各种方式入驻园区,以充分利用总部经济园区的税收优惠,实质上便是利用了税法漏洞。

最后,美团可以通过设立子公司、分公司,抑或迁移的方式入驻总部经济园区,以及可以选择设立有限公司或者个人独资企业,也体现了税法弹性中的税法选择的筹划原理。税收情况随着纳税人选择的组织架构、业务模式不同而不同。美团采取不同的入驻方式,可能导致其最后的纳税情况不一致,便体现着税收选择的原理。

2. 组织架构

美团入驻总部经济园区可以采用设立子公司或者分公司的方式,体现着组织架构的筹划思想。不同的组织架构,适用不同的税收政策。组织架构影响着企业边界以及内部组织关系,进而影响税收。美团选择设立子公司或者分公司,最终它的纳税情况会不一样。如果选择子公司,该子公司需要独立纳税,不享受盈亏抵补,但其法律风险较小;如果选择分公司(非法人分支机构),则不独立缴纳企业所得税,可以与总公司汇总纳税,具有盈亏抵补的好处。美团应综合考虑,选择最佳的组织架构,以实现税后利益最大化。

3. 规避平台

税法中的临界点被称为规避平台,具体包括时间临界点、优惠临界点、税基临界点和税率跳跃点。美团公司技术转让所得以及其子公司适用小型微利企业所得税优惠时涉及优惠临界点问题。比如,对于技术转让所得,不超过 500 万元的部分,免税,而超过部分,减半征收。在实际运用过程中,公司应充分利用好临界点,运用好定价技巧,以获得税后利润最大化。

四、税收筹划方法之利用单一税收管辖权

(一)基本方法——母公司注册在实行单一地域管辖权的香港

中国香港实行单一的地域管辖权,仅就来源于中国香港的所得征税,而对于来源于中国香港以外的所得不征税,并且其一般所得税税率仅为 16.5%。从美团的股权架构图可以看到,美团的母公司美团香港有限公司设立在香港,只需就其在香港取得的所得征税,对其来自于内地的所得无须纳税,有效地降低了税负。

(二)筹划原理

由于香港实行单一的地域管辖权,也常被认为是"税收洼地""避税港",容易被跨国企业用以避税。美团的母公司设立在香港,一定程度上也是利用香港仅对来自于香港的利润征税的单一地域管辖权和它较低的所得税税率,以此来规避税收,体现了税法弹性中的税收漏洞原理。

附录 C

离岸家族信托税收案例[1]

一、非 CRS 地＋离岸信托＋BVI：融创中国孙宏斌

1. 案例背景

融创中国是香港联合交易所有限公司（以下简称香港联交所）上市企业，公司业务覆盖中高端住宅、文化旅游、长租公寓、产业地产、商业地产、酒店和物业服务等。2010 年上市以来，融创中国可以说是中国房地产企业中的一匹黑马，在上市的这些年中实现跨越式的销售额增长。从上市之初仅 83.3 亿元销售额仅用九年时间就达到今天的 4 649 亿元，近年来，融创中国年度销售额数据分别是 83.3 亿元、192 亿元、356 亿元、547 亿元、658 亿元、682 亿元、1506 亿元、2017 年 3 652 亿元和 2018 年 4 649.5 亿元，[2] 八年间，融创中国销售额实现了 55 倍增长、五个年份销售额大幅增长，其增长趋势如图 C-1 所示。

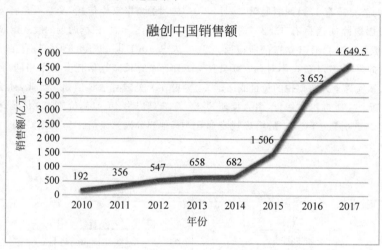

图 C-1　融创中国销售额增长趋势

融创中国创始人孙宏斌毕业于清华大学，曾在联想担任高管。后来，孙宏斌一度因为挪用公款入狱，在他出狱后创办了顺驰地产，因为他大胆创新、锐意进取的拿地战略被称为地产界黑马。但由于国家宏观调控房地产企业，一路高歌猛进的顺驰地产资金链断裂，孙宏斌破产。孙宏斌破产后复出创立融创集团，将公司业务定位于高端房地产业务，但也正是国家的宏观调控重新给了孙宏斌机会。第一，调控引发的限购使高端房地产价值更高；第二，调控给了融创这种并没有太多土地储备的企业机会。孙宏斌靠着对国家政策的把握将融创中国一度做到中国地产公司前五，孙宏斌作为融创中国创始人，截至 2019 年 11 月，他身价达到 707.1 亿元，排名 2019 福布斯中国 400 富豪榜第 20 名。

2017 年 7 月 17 日乐视网股东大会文件显示，作

---

[1] 本案例由蔡昌、徐长拓、王道庆根据相关资料整理撰写。
[2] http://quote.eastmoney.com/hk/01918.html。

为提名董事的孙宏斌已然是美国国籍。2019年1月12日,融创中国对孙宏斌提交的交易说明进行了披露,披露显示孙宏斌已在2018年12月31日将手中大部分融创股权(市值约45亿美元)转让给设立在美国南达科他州的离岸家族信托基金South Dakota Trust Co.①,从法律的角度来讲,孙宏斌实现了资产的隔离,已然成为裸商,以美国公民的身份轻装上阵,开发中国的房地产,卖中国的房子。

2. 案例解析

(1) 孙宏斌离岸壳公司避税模式。国内上市公司的高净值人士惯用的一种海外投资方式是通过设立在避税地的离岸公司持有上市公司股份,然后离岸BVI公司不做利润分配,将利润保留在BVI公司,而BVI公司又免缴各种所得税和资本利得税等税种,从而实现避免缴纳企业所得税或者个人所得税的税收递延。

如图C-2所示,在2018年孙宏斌设置离岸信托之前,孙宏斌个人直接持股融创中国0.23%的股份,通过境内天津标的公司持有1.11%的股份,通过境外的BVI公司融创国际间接持有46.3%的股份。通过BVI公司持股可以享受BVI辖区的所得税、资本利得税免税,除此之外,BVI公司不对孙宏斌分红或延迟分红,孙宏斌实现个人所得税的免税或递延。

2018年我国新个人所得税法修订,引入反避税条款,在第八条第二款引入CFC法规,明确规定居民个人控制的,或者居民个人和居民企业共同控制的设立在实际税负明显偏低的国家(地区)的企业,无合理经营需要,对应当归属于居民个人的利润不作分配或者减少分配,并且新个人所得税法将税务居民概念从原有的在中国居住满1年改为在中国居住满183天②,从2017年乐视对董事信息的披露中我们得知孙宏斌为美国国籍,但孙宏斌担任融创中国高管,身为董事长,融创中国经营主体在中国境内,为履行其职能在境内居住很可能超过183天,从而可能被认定为税务居民承担个人所得税义务。"183天居民认定标准+CFC法规"让孙宏斌原有的离岸架构面临被穿透。

(2) 孙宏斌离岸信托避税模式。2018年初孙宏斌开始筹划家族财产,当年5月及6月,孙宏斌先是设了两个孙氏家族信托,装入了约14%融创股份,总价值约138亿元,受益人是其家庭成员之后,在2018年的最后一天,他又将所持融创总股份约32.47%,总价值约321亿元的股票,转入了设在美国南达科他州的离岸家族信托,受益人是孙宏斌及其家庭成员。2018年底,根据融创的股东构成信息披露,持股人South Dakota Trust Co.持有20亿元股票,可知两个孙氏家族信托受托人相同,孙氏家族信托全设在了美国南达科他州。至此,孙宏斌所持融创几乎全部股份46.4%,价值459亿元,全部装入了南达科他州孙氏家族信托③(见图C-3)。

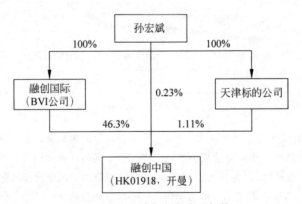

图C-2 孙宏斌离岸壳公司架构

---

① 陈嘉玲,郑利鹏. 2000亿资金蜂拥离岸信托雷军孙宏斌等富豪移师境外[EB/OL]. http://www.cb.com.cn/index/show/jr/cv/cvl2516990260,2019/01/26.

② 个人所得税法反避税条款具体见附录C。

③ 张恒星. 离岸家族信托"有点潮"吸引孙宏斌、雷军等一票富豪[EB/OL]. http://finance.sina.com.cn/china/2019-05-19/doc-ihvhiqax9742549.shtml?wm=3049_0032,.

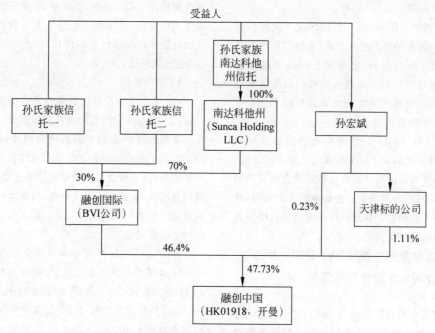

图 C-3 孙宏斌离岸信托架构

① 避免 CFC 规则穿透

在英美法系中，承认财产的双所有权，信托财产的双重所有权受到保护，其资产既可以看作家族信托持有，同时又可以看作受益人的实际资产。孙宏斌通过将资产装入信托的形式，隔离了对资产的所有权，改变了 BVI 公司的名义控制人，名义控制人变成了信托 South Dakota Trust Co 控制下的 Sunca Holding 公司，避免了直接持有 BVI 公司而遭到我国个人所得税法中 CFC 规则的调整，从而不分配利润将利润保留在避税地，进而实现税收递延或不缴纳所得税的目的。

② 非 CRS 参与地设置

在全球共同申报准则（common reporting standard，CRS）信息交换已经生效的背景下，设立在 CRS 交换地的离岸信托也可能会被认定为消极非金融机构而被交换信息①。孙宏斌将资产装入设置在美国南达科他州的离岸信托，美国是非 CRS 参与国，建立在美国南达科他州的信托从来不曾参加全世界任何一个交换体系，包括已经生效 CRS 税务申报体系（又称共同申报准则）。因此，美国信托能够为孙宏斌带来极强的避开 CRS 的功效，不仅保持信托的私密性，而且合情合理合法。

除此之外，南达科他州多年来被评为美国的最佳信托管辖地。南达科他州的隐私法被认为是全美最具保护性的法令。在其他州都要求信托在法院注册的情况下，南达科他州没有这样的要求，当法院审理案件需要把信托文件留存备案时，受托人或受益人可以向法院申请文件封存，且该等封存是永久封存。而美国其他州，如特拉华州规定封存最长只有三年，相较于其他州南达科他州的隐私保护十分到位。也就避免了他设立的信托信息会被交换回中国大陆，避免了之前的"个人——离岸公司"被穿透的风险。

③ 离岸信托税收优惠

1983 年，南达科他州取消了州所得税，即州对信托资产免收个人所得税，无须在南达科他州提交所得税申报表，甚至无须满足最低免征所得税条件，该州的保险费税也在美国为最低。在孙宏斌的整个离岸架构中，即使 BVI 公司向 Sunca holding 分配利润，所需负担的也只有美国 21% 的联邦所得税，除了信托免征州所得税，南达科他州还不对信托征以下税：无形资产税、遗产税、赠与税、个人财产税、公司税、代际资产转移税。因此孙宏斌将离岸信托设置在南达科他州也就避免了缴纳这些税收，身为美国国籍的孙宏斌通过此税收优惠还可以规避本应承担的财富传承所需缴纳的美国遗产税。

---

① CRS 实体判定标准和流程见附录 A、B。

3）案例点评

孙宏斌通过运用"外籍＋非CRS地＋离岸信托＋BVI公司"的海外资产配置方式，避免了新个人所得税法的CFC穿透规则，也避免了CRS下的信息交换，甚至避免了身为美国籍所要负担的美国遗产税，其所负担的仅有美国21％的联邦所得税。但中美已就外国账户税收遵从法（Foreign Account Tax Compliance Act，FATCA）法案实质性内容达成一致，未来若两国之间的FATCA双边法案正式实施，孙宏斌在海外的金融资产配置信息可能会被交换回中国，其本人将面临离岸架构全部被穿透的风险，从而需要补缴大量税款。到时或许孙宏斌只有申报自己为非中国税务居民身份。

二、离岸家族信托＋BVI公司＋BVI公司：龙湖地产吴亚军

1. 案例概述

龙湖集团控股有限公司（00960）（原名：龙湖地产有限公司）是一家主要从事物业业务的香港投资控股公司。该公司通过三大分部运营。物业发展分部在中国发展及销售办公楼、商业物业、住宅物业及停车场①。2009年11月21日，于香港交易及结算所有限公司（以下简称港交所）龙湖地产正式上市，在2015年之前龙湖的规模增长都比较保守，公司在销售上从2016年开始发力，尤其是在2017年，一跃闯进千亿俱乐部，以全年1 561亿元，同比增长77％，排名行业第8位收官。尽管2018年业绩排名相比2017年下滑了2位，从行业第8变为位居第10，但核心净利润增加了31.5％，至128.5亿元，相比同行依然是稳健增长的。

政府的支持在龙湖地产的发展过程中起到了重要作用，最典型的例证莫过于在2008年金融危机冲击全球各地经济，银行紧缩贷款时，龙湖地产并没有失去银行的贷款支持，整个龙湖集团几乎并未受到什么影响，仅仅是延期了上市计划，并且龙湖地产在政府的支持下总是能以较低的地价拿到土地，金融危机下它在重庆的市场份额反而上升，市场份额从上一年的6％升至9％，销售收入增长了16％。

从吴亚军创业开始，她的财富以惊人的速度增长——从1994年白手起家，如今她已是820亿元的身家，《福布斯》2016年将吴亚军列为"中国大陆女首富"，2019年福布斯公布的中国400富豪榜显示，吴亚军家族财富值达820.2亿元，排名第17。其实在龙湖地产上市之前的2007年，吴亚军夫妇就分别设立离岸信托，2018年为平稳的实现财富传承又将其信托资产转移给女儿的信托，价值79亿美元（约530亿元人民币）。

2. 案例解析

（1）吴亚军离岸信托设置方式。吴亚军信托设立过程早在2012年，龙湖地产吴亚设立的信托就在其离婚风波中起到了隔离风险的作用。2018年吴亚军为平稳的实现财富传承将其信托资产转移给女儿的信托，其设立的离岸架构层级复杂，且公开披露信息较多，是很好的研究对象，因此本例以龙湖地产吴亚军的离岸信托作为CRS穿透效应对离岸信托冲击研究对象。

2007年11月，吴亚军和蔡奎夫妇在开曼群岛注册了离岸空壳公司龙湖地产，以达到控股和上市的目的，随后二人又成立了Charm Talent及Precious Full两个BVI子公司，两个子公司实际控制龙湖地产上市主体。2008年1月，他们又注册了一家BVI子公司名为Long For Investment，并由龙湖地产全资控股。2008年6月21日，吴亚军和蔡奎夫妇通过其控制的Long For Investment空壳公司将60％和40％的股本分别转让给Charm Talent及Precious Full，并在同日将Charm Talent及Precious Full无代价转让给Silver Sea及Silverland两家境外BVI子公司，最后将这两家子公司通过信托的方式，分别装入吴氏和蔡氏家族信托，而吴氏和蔡氏家族信托均以香港汇丰信托为受托人。

之后，汇丰信托以吴氏家族信托的受托人身份全资拥有Silver Sea。而Silverland也以同样的方式被汇丰信托所持有。两个信托都为全权信托，受益对象包括蔡奎及其若干家族成员。

通过这些操作，在龙湖地产上市前二人已经将各自的权益归属处置妥当，二人对龙湖地产的股份持有实现了分离。至此吴亚军夫妇的离岸信托架构已经形成（如图C-4所示）。

（2）吴亚军离岸信托避税模式。本案例中最具可能性采取的避税方式是纳税人利用离岸信托隐瞒对关联公司的控制，掩盖其跨国投资和收益。

吴亚军和蔡奎通过离岸信托架构的两层BVI公司间接持有龙湖地产股份，而不是直接持有股权，两人表面上放弃了对龙湖地产的持有权，但实际上

---

① http://quote.eastmoney.com/hk/00960.html.

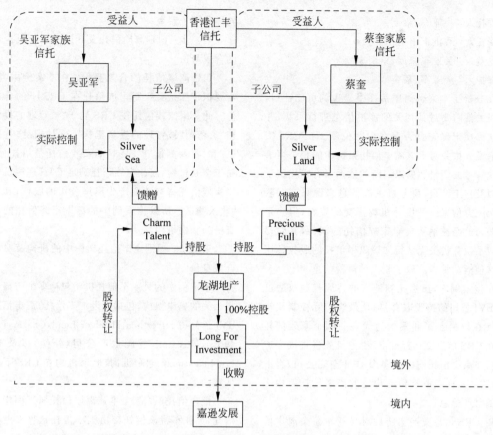

图 C-4 龙湖地产家族信托架构

龙湖地产和两个 BVI 子公司由两人实际控制。同时,该信托中的受益人虽然是两人的家族成员,但实际上受益人也包括他们自身,即属于两人的自益信托,两人的 BVI 持股公司进行投资活动,然后由香港汇丰信托公司管理持股公司。但是这些公司财务利益的真正所有者却是吴亚军、蔡奎及其家人。全权信托使得汇丰信托公司成了持股公司事实上的所有人,从而有效地掩盖了跨国纳税人的投资。①

在 CRS 实施之前,吴亚军和蔡奎夫妇在香港汇丰信托机构设立自己的信托,信托的两层子公司均设立在不征所得税的 BVI 地区,当 BVI 地区向香港分配利润,香港实施属地原则,对来源于香港以外的其他地区的所得不征税,因此 BVI 公司分回香港的利润也无须缴纳香港所得税,如此吴亚军的海外资产可以一直在离岸架构中存续下去,投资再投资,不断地进行保值增值而无须负担大量税收。

(3) CRS 下的财富透明化。在该案例中,龙湖地产的吴亚军和蔡奎,将自身所持有的龙湖地产转让给信托控制下的 BVI 子公司,并且为了加强海外

资产的隐蔽性,还采用多重 BVI 空壳公司进行股权嵌套持有,设立多个"信息阻拦墙"将财富信息尽可能地隐藏在海外,使得中国税务机关采用常规的税收检查手段获取相关的涉税信息。

为了解决诸如上述跨境税收征管的难题,各国开始探索国际涉税信息交换制度来规范这种行为。CRS 正是这种背景下的产物,2018 年 5 月 7 日,CRS 中国版正式实施,按原有计划如期进入实操阶段。在该案例中,CRS 信息交换标准的实施,使得离岸信托框架对财富信息的隐蔽能力下降,使得龙湖地产的实际控制实体的吴亚军和蔡奎家族的两个海外信托信息暴露在中国税务机关眼中,最终使财富完全透明。CRS 的交换流程以及各种机构的判定标准见附录。

A. CRS 实施前对吴亚军蔡奎离岸信托信息披露的相关分析

离岸信托相关的法律关系:

该离岸信托相关的当事人及保护人身份分别是:

---

① 吴骊.在避税地进行离岸信托避税的主要方式[J].福建税务,2002:8-9.

委托人：吴亚军、蔡奎

受托人：香港汇丰信托

受益人：吴亚军家族、蔡奎家族

保护人：吴亚军、蔡奎

在分析了本案例离岸信托中避税的可能性后，税务机关就需要对其相关的涉税信息进行采集，并按照法律规定确定是否存在少缴税款。在 CRS 实施之前税务机关对于该离岸信托架构中的相关当事人征税参考的资料和据以判断的依据只有实质重于形式以及核定纳税，税务机关的信息来源只有互联网的第三方信息以及境外机构提交的资料，但介于离岸公司已经被纳入离岸家族信托的架构，其隐秘性造成了税务机关无从得知该离岸信托的股权转让以及其他活动是否获取了收入等涉税信息。①

在该案例中，虽然龙湖地产的持股控制权通过多次 BVI 公司的持股嵌套，但是最终实际控制权却是掌握在以吴亚军和蔡奎为代表的两个家族信托中。在 CRS 信息交换标准下，税务机关将直接穿透"阻挡"在离岸信托前面的多个 BVI 空壳公司，直击离岸信托，从而获取被精心构建的离岸信托架构所掩盖的财产信息。

B. CRS 信息交换实施后对吴亚军蔡奎离岸信托的分析

2019 年，经过多年的前期沟通与安排，CRS 体系下的中国大陆、香港和英属维尔京群岛之间的信息交换伙伴关系已经成功激活，在这种情况下，该离岸信托架构的信息将会被披露给中国税务机关。针对龙湖地产吴亚军的离岸信托分析如下。

离岸信托相关的法律关系：

该离岸架构的法律关系不变，该离岸信托相关的当事人及保护人身份分别是：

离岸信托相关的法律关系：

该离岸信托相关的当事人及保护人身份分别是：

委托人：吴亚军、蔡奎

受托人：香港汇丰信托

受益人：吴亚军家族、蔡奎家族

保护人：吴亚军、蔡奎

CRS 落实后该离岸信托的信息申报与交换流程

因为吴亚军和蔡奎的信托设置方式基本一致，在此只分析吴亚军的信托在 CRS 下的交换，该分析同样适用于蔡奎。

第一步：识别离岸信托及其架构下的机构对应的合规身份

识别离岸信托的合规身份：在本案例中，首先需要识别的是吴亚军家族信托在 CRS 下的合规身份。此离岸家族信托在 CRS 属于"被管理的投资机构"。所谓"被管理的投资机构"，就是满足"管理测试"和"收入测试"②，吴亚军家族信托是信托公司，属于金融机构，因此家族信托满足了"管理测试"，离岸家族信托持有的资产为离岸公司的股权，满足了"收入测试"，所以该案例中的离岸家族信托的合规身份为金融机构。

第二步：识别离岸信托架构中的机构及对应的合规身份

本案例中的吴亚军信托机构包括多个与离岸公司相关的离岸架构，包括香港汇丰信托，汇丰信托的 BVI 子公司 Silver Sea 和 Silver Land，Charm Talent 和 Precious Full，龙湖地产公司（开曼）以及 Long For Investment 七个机构，七个机构在 CRS 下将被认定如下。

汇丰信托（香港）：本该离岸信托属于离岸家族信托，吴亚军将该信托交由汇丰信托这种专业机构打理，该机构在 CRS 下满足金融机构的定义。

子公司 Silver Sea（BVI）：子公司 Silver Sea 是汇丰信托设立在英属维尔京群岛的子公司，由汇丰信托直接控制，并且全部资产为 Charm Talent 赠送的股权，因此满足 CRS 下"被管理的金融机构"身份。

子公司 Silver Land（BVI）：与 Silver Sea 同样，故在 CRS 下被认定为金融机构。

Charm Talent（BVI）：Charm Talent 除收购 Long For Investment 公司 60% 的股权以外没有其他的经营活动，全部收益为股权权益，属于消极非金融机构；Precious Full（英属维尔京群岛）：Precious Full 与 Charm Talent 一样，其在 CRS 下也属于消极非金融机构。

龙湖地产公司（开曼）：该公司为设立在开曼的空壳公司，没有任何实际经营活动，属于消极非金融机构，需要对其实际控制人进行"穿透"，包括他的股权权益人和债券权益人。

---

① 曾丞艳.CRS 下离岸信托涉税信息交换的研究[D].云南：云南财经大学,2019.

② 具体管理方式和测试方式见附录 B。

Long For Investment：2019 年其收入来源于股权转让，即 Charm Talent 和 Precious Full 分别以 19.8 亿港元和 48 亿港元购买其股权，故其金融资产超过全部收入的 50%，属于金融机构。其实体的认证如表 C-1 所示。

表 C-1　龙湖地产实体判定

实　体	身　份
香港汇丰信托	金融机构
Silver Sea	被管理的金融机构
Silver Land	被管理的金融机构
Charm Talent	消极非金融机构
Precious Full	消极非金融机构
龙湖地产（开曼）	消极非金融机构
Long For Investment	金融机构

第三步：确认离岸信托架构下的账户信息申报义务

在吴亚军家族离岸信托架构中，被识别为信托的委托人，受益人，保护人等均属于 CRS 下需申报人，因此相对应的股权权益账户需要在 CRS 下被识别和申报，而根据穿透原则，消极非金融机构以及股权权益的实际控制人均为吴亚军本人，且离岸架构下的各个金融机构转让股权的收入信息也会被税务机关获得，各金融账户涉税信息交换如表 C-2 所示。

表 C-2　离岸信托架构下的账户信息申报

实际控制人	账户余额或价值	账户收入
委托人	信托所持有账户的全部余额或价值	申报当期支付给或计入信托所持有账户的收入或收益分配
受托人	信托所持有账户的全部余额或价值	申报当期支付给或计入信托所持有账户的收入或收益分配
固定受益人	信托所持有账户的全部余额或价值	申报当期支付给或计入信托所持有账户的收入或收益分配
任意受益人	零	申报当期支付给或计入信托所持有账户的收入或收益分配
保护人	信托所持有账户的全部余额或价值	申报当期支付给或计入信托所持有账户的收入或收益分配

续表

实际控制人	账户余额或价值	账户收入
账户关闭	账户关闭的事实	该信托关闭前的申报期内支付给或者计入信托所持有账户的收入或者收益分配

在 CRS 落实以后，我国正式开启了全球金融账户涉税信息的交换，所以能够根据英属维尔京群岛税务机关交换的信息来穿透该离岸家族信托的架构，获得实际股权权益人的收入等涉税信息，并且根据交换回的信息对该架构下的离岸公司是否具有经济实质和商业目的进行判断，以及就该案例中最终实际控制人的收入是否需要补税进行判断。

3. 案例点评

在 CRS 实施前，龙湖地产吴亚军的离岸信托是当前我国高净值人士所普遍采用的离岸架构避税模式，但从上文的分析中 CRS 信息交换标准的生效使得通过各种框架下的海外避税方案被穿透，纳税人的海外资产透明化。高净值人群的海外资产暴露在税务机关眼中。采用离岸信托架构避税的方法越来越难实现。

三、移民＋离岸信托＋BVI 公司：海底捞张勇

1. 案例概述

海底捞国际控股有限公司是一家中式餐饮品牌，主打火锅品类，1994 年张勇创立海底捞[①]，短短 24 年时间，海底捞借着改革开放市场化的东风，靠着其优质的服务，从一家街边的小火锅店，到 2018 年 9 月 26 日成功在港上市。海底捞上市之初以 17.8 元的发行价，一手为 1 000 股，成为港交所历史上入场门槛最高的新股。从此海底捞成了中国最大的餐饮企业，张勇夫妇也正式成为餐饮界首富。

2019 年海底捞中期报告显示，公司上半年营业收入首次突破百亿，达 116.95 亿元，实现净利润 9.11 亿元，同比分别增长 59.32% 和 40.92%。今年上半年共计超过 1 亿人次光顾海底捞。截至 2019 年 11 月 20 日，海底捞收盘价 35.3 港元，相比年初的每股 17.11 港元，暴涨近 100%，海底捞市值达 1850 亿港元。张勇夫妇持有海底捞 68.6% 的股份，其持股价值已达 1 250 亿港元，加上其持有的价值 171 亿港元颐海国际的股票，张勇夫妇共计持有价值约 1 421 亿港元的股票（约合人民币 1 284.4 亿元），

---

① http://quote.eastmoney.com/hk/06862.html.

福布斯亚洲发布的《新加坡50大富豪榜(2019)》中,张勇以138亿美元身家登上榜首。

在2018年海底捞的招股书中显示,张勇和舒萍夫妇不光已经移民新加坡,二人均已成为新加坡公民,同时二人还将其持有的资产分别装入了各自设立的离岸信托。

2. 案例解析

(1) 张勇离岸信托设置方式。海底捞创始人张勇同样采用离岸信托架构进行风险规避和逃避税款,但是张勇的离岸信托架构却有着不同特点。张勇的家族信托最为特殊的地方是信托的主要设立人张勇和舒萍均选择了移民。通过海底捞的招股说明书我们得知,张勇和舒萍都是新加坡的国籍。张勇不但是新加坡公民,而且张勇的1 000亿元资产,即全部身家,也全是通过离岸家族信托持有的。通过"移民+离岸信托",张勇夫妇约1 000亿元市值的海底捞股票全纳入了英美普通法系保护下的离岸信托,并最终流回不对海外收入征税的新加坡。

海底捞市值1 000亿元的信托一分为二:张勇的家族信托 Apple Trust 和舒萍的家族信托 Rose Trust。两个信托都是全权信托,都设在BVI管辖区,两个信托又分别通过两个BVI公司——ZY NP Ltd. 和 SP NP Ltd.,最终分别持有海底捞的股票。其中,张勇的家族信托 Apple Trust,持有海底捞47.84%的股份,Apple Trust 是以张勇作为信托的委托人和保护人,以张勇和舒萍作为受益人。舒萍的家族信托 Rose Trust,持有海底捞14.85%的股份,Rose Trust 是以舒萍作为信托的委托人和保护人,以舒萍和张勇作为受益人(见图C-5)。①

(2) 张勇离岸信托避税模式。2018年我国新个人所得税法进行修订,新个人所得税法规定我国居民纳税人的认定标准为183天,根据现有的资料,难以判定张勇是否为我国居民纳税人,中新协定中规定,"当纳税人为双方居民纳税人时,首先根据纳税人的永久性住所判定纳税人的居民身份",根据媒体报道2017年张勇就在新加坡购置价值1.4亿元豪宅,再结合张勇的离岸信托架构设置,因此我们有理由认为张勇选择被认定为新加坡税务居民。以下的分析也是以此为前提而展开的。

① 规避中国新个税反避税条款

张勇舒萍夫妇移民到新加坡,成为新加坡税务居民,首先就规避了我国的新个税反避税条款,因为

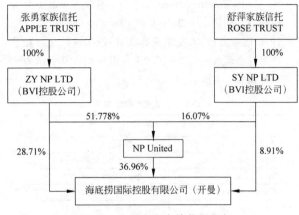

图C-5 张勇离岸家族信托框架

两人不再为我国的税务居民,根据属人征税原则,新个人所得税法引入的反避税条款对二人也不再适用,其海外资产被穿透的风险也大大降低。

② 信托设立地新加坡不对海外收入征税

新加坡以其极低的个人所得税税率和各种税收优惠减免而闻名于世界。根据新加坡税法规定,"对居民来源于海外的收入免征个人所得税",在本案例中,两个BVI公司实际控制海底捞国际控股有限公司,海底捞控股有限公司产生的收益层层流向离岸信托,并最后流入新加坡境内,即流向受益人张勇和舒萍,又因为新加坡规定不对居民个人的海外所得征收个人所得税,因此二人的该收入免缴个人所得税。另外正是因为新加坡对居民的海外所得不征税,因此即使新加坡为CRS参与国,其税务居民的海外金融账户交换回国内,二人也不会面临补缴个人所得税的风险。

(3) 新个税反避税条款是否真正能起作用。新个税反避税条款为税务机关提供了进行监察的法律依据,而CRS信息交换标准的应用为税务机关提供了相应的监管环境和信息来源。但是新规定对张勇设置的"离岸信托+移民"架构是否能够起作用还需要进一步探讨。

居民纳税人身份认定不明确将会阻碍新个税中纳税人反避税条款的生效。张勇及其妻子舒萍早在2017年为了上市将国籍转为新加坡国籍。根据我国的纳税人判定标准的规定"在中国境内有住所,或者无住所而一个纳税年度内在中国境内居住累计满183天的个人,为居民个人",而对于居民纳税人则应当根据个人来自于全球的所得进行征税。回到张

---

① 唐婧. 海底捞张勇:新加坡首富和他的1 000亿离岸家族信托[EB/OL]. http://finance.sina.com.cn/china/2019-05-19/doc-ihvhiqax9742549.shtml?wm=3049_0032,2019-09-02.

勇这个案例来看,张勇将国籍改为新加坡,从国籍上来看属于外籍个人,应当依次判别其是否有住所、在一个纳税年度内是否居住满183天。判定是居民纳税人还是非居民纳税人将是新个税法案中反避税条款是否生效的核心问题。

根据我国在新个税法案中引入的反避税条款"居民个人控制的企业,或与其他居民企业共同控制的、设立在实际税负明显偏低的国家(地区)的企业,无合理经营需要,对应当归属居民个人的利润不作分配或减少分配的,税务机关有权进行相关调整"。该条款主要是限制我国居民纳税人通过不合理的利润分配方式、BVI 壳公司+个人资产架构等方式来避税。这种情况下,新的反避税条款使得税务机关能有依据对相关利润进行调节,从而规避由此引起的税收风险。

但是针对张勇的案例来看,却无法准确判定张勇是否为居民纳税人。对于张勇是否构成居民个人的判定标准,首先根据税法规定应当确定其是否有住所。对于住所的定义并不等同于实物意义上的房屋或房产,根据个人所得税法实施条例第二条规定,"个人所得税法所称在中国境内有住所,是指因户籍、家庭、经济利益关系而在中国境内习惯性居住"。习惯性居住是判定纳税人是居民个人还是非居民个人的一个法律意义上的标准,并不是指实际的居住地或者在某一个特定时期内的居住地。对于因学习、工作、探亲、旅游等原因而在境外居住,在这些原因消失后仍然回到中国境内居住的个人,则中国为该纳税人的习惯性居住地,即该个人属于在中国境内有住所。而根据公开资料显示,张勇通过离岸信托架构控制的海底捞有限公司其注册于中国境内,属于居民企业。按照判定标准,其总部位置应当是其习惯性居住所在地。但在2017年,张勇一家移民到新加坡,且在新加坡购置了价值高达2700万新币(约合人民币1.4亿元)的豪宅,并大有长期居住在新加坡的打算。所以在上述两种矛盾的现状中,中国现行税法条例对于像张勇这类移民国外但是大多数资产业务来源于中国境内的高净值人群并未有详细规定,存在税收流失风险。

在原来的税法体系中,张勇通过设立在境外的离岸信托控制下 BVI 公司躲避利润分配下的税款,只要海底捞的利润不分配到张勇的头上,税务机关则无权征税。现行的新个税反避税的引入虽然能够很好地堵塞原来税法的漏洞,但是其条例的实施需要建立在对居民个人身份确认的前提下。而对于高净值人群,可以通过类似于张勇的移民+离岸信托的方式,规避居民个人身份确认,从而能缓和新个税反避税条例对其财富的冲击。

3. 案例点评

张勇和舒萍通过"移民+离岸信托+BVI 公司"的资产配置方式,不但规避了中国个人所得税反避税条款,还解决了 CRS 标准生效的威胁,同时免予缴纳信托分配的收益。但这种资产配置模式也让二人放弃了中国国籍,但随着2018年新个税修正案中关于离境清税的新规定出台,新个税法第十三条规定"纳税人因移居境外注销中国户籍的,应当在注销中国户籍前办理税款清算",从中明显可以看出我国有效仿美国,对居民改变国籍的行为征收大额税收的趋势。这对于境内的超高净值人士来说可能会是一笔巨额税收,因此该架构的避税模式在未来很可能难以再复制。

四、离岸信托避税模式比较分析

(一)案例共性分析

在这三种架构下,无论是孙宏斌采用的非 CRS 地+离岸信托+BVI 模式,还是吴亚军采用的离岸家族信托+BVI 公司+BVI 公司模式,抑或是张勇采用的移民+离岸信托+BVI 公司模式,总结起来有下面三点:一是主要目的是财富传承;二是在架构中设置 BVI 公司;三是三种架构都面临税务风险。

1. 主要财富传承目的

英美法系承认法律上信托的独立性,一旦资产装入英美法系保护之下的离岸信托,信托即成为资产的所有者。归根结底,上述不同信托模式的设置都是分割开纳税人对资产的所有权和受益权,使纳税人只享有信托的受益权,而不享有资产的所有权,避税只是这些高净值人群的一个考量角度,其最终目的还是隔离资产的债务风险,使财富达到保值和传承的目的。

吴亚军将资产用信托隔离,不光隔离了各种债务风险,且女儿在同一家信托公司成立信托,在转让给女儿的过程中只是信托公司的内部资产调整,避免了股权变动中的税收问题,同时也不会让股权变动影响公司股价,孙宏斌的信托也隔离了其个人的债务风险,从而保证资产保值,且信托设置规避了身为美国公民传承给下一代应负担的遗产税,张勇在海外设立的信托同样也是主要出于传承的目的,除了吴亚军的离岸信托可能在 CRS 之下被穿透之外,孙宏斌和张勇的两种离岸信托都规避了 CRS 的穿透效应,在保持信托私密性的情况下隐藏了自己的资产,自己只持有少量的资产,享有信托资产的受益权,并运用不同信托设立地的税收规则规避了离岸信托收益的纳税义务,即使在CRS规则的不断完善之下信息被交换,纳税人面临税务风险,但离岸信托的隔离资产风险,实现财富传承的功能仍能实现。

2. 在架构中设置BVI公司

在CRS实施前,中国高净值人群普遍采用离岸壳公司进行避税,通过设立在避税地的海外壳公司吸纳来自于境内经营实体产生的利益,不做利润分配或延缓利润分配,避免即期纳税,比如孙宏斌在设立离岸信托之前的架构,但这种方式在各国反避税行动之下难以持续。由于英美法系承认离岸信托的独立地位,且设立在离岸地的信托不设存续期限或存续期限极长,通过离岸信托加BVI公司的形式,将纳税人变为离岸信托的受托人,再通过信托设立地的选取避免涉税信息交换义务,即可实现整体架构的避税功能,但在CRS生效的情形下,这种设立方式想要避税很难。

3. 三种架构都面临税务风险

虽然三种信托的设置方式各有异同,吴亚军信托采用传统离岸地信托,孙宏斌信托在CRS下仍保持信托私密性,张勇信托即使被交换信息也不会被征税。但其实这三种方式在CRS和新个税的实施之下都不能完全规避税收,首先吴亚军的信托在CRS下无所遁形,面临被税风险;其次孙宏斌在未来FATCA法案实施后仍可能面临信息被交换回中国,从而丧失私密性;最后张勇在新个税法居民认定标准改为183天的情况下,会被认定为中国居民纳税人的概率也大大增加,一旦他被认定为中国税务居民,整个离岸架构的功能可能都不再有效。

(二) 案例个性分析

三种信托设置方式各有不同,达到的避税效果也不同。

吴亚军的信托设置在CRS生效之前能保持信托较好的私密性,通过隐藏关联交易等方式规避税收,但在CRS生效后她作为实际控制人,其金融账户信息会被交换,对她而言离岸信托的避税功能可能已经丧失,其离岸信托的功能或许只剩下平稳的财富继承以及隔离资产风险。

孙宏斌的信托核心优势在于他的设置地选择了不参与CRS交换的美国,短时间内FATCA双边交换不生效的情况下其信托仍然能保持私密性,其利用离岸信托规避个人所得税的目的仍然能够实现,即使未来其信息被交换,他仍能规避身为美国公民应负担的遗产税。

而张勇的信托核心优势在于他的移民行为,移民行为可能直接从法律上避开了中国个人所得税义务,即使他的海外金融账户信息被交换回新加坡,他的信托收益也会因为新加坡不对境外所得征税而得到豁免。

附录 D 税收筹划常用英文术语

tax planning 税收筹划
explicit taxes 显性税收
hidden taxes 隐性税收
effective tax planning 有效税收筹划
before tax rate of return 税前收益率
nontax costs 非税成本
tax-favored treatment 税收优惠待遇
tax exemption 免税
tax arbitrage 税收套利
tax frictions 税收摩擦
tax loopholes 税收漏洞
business-purpose doctrine 商业目的原则
double-taxation 双重征税
partnership 合伙企业
progressive tax rate 累进税率
organizational-form arbitrage 组织形式套利
clientele-based arbitrage 顾客基础套利
LIFO 后进先出法
FIFO 先进先出法
book-tax differences 账面-税收差异
marginal tax rate 边际税率
acquiring company 收购公司
target company 目标公司
straight-line depreciation 直线折旧法
temporary differences 暂时性差异
permanent differences 久性差异
State Administration for Taxation 国家税务总局
local taxation bureau 地方税务局
individual income tax 个人所得税
income tax for enterprises 企业所得税
tax returns filing 纳税申报
taxes payable 应交税金
the assessable period for tax payment 纳税期限
the timing of tax liability arising 纳税义务发生时间

the local competent tax authority 当地主管税务机关
tax inspection report 纳税检查报告
tax avoidance 逃税
tax evasion 避税
tax base 税基
refund after collection 先征后退
withhold and remit tax 代扣代缴
collect and remit tax 代收代缴
income from remuneration for personal service 劳务报酬所得
income from lease of property 财产租赁所得
income from transfer of property 财产转让所得
contingent income 偶然所得
resident 居民
non-resident 非居民
tax year 纳税年度
flat rate 比例税率
withholding income tax 预提税
withholding at source 源泉扣缴
tax preference 税收优惠
tax exemption certificate 免税证明书
tax heldover 延缓缴纳的税款
tax holiday 免税期
tax in default 拖欠税款
tax investigation 税务调查
tax liability 纳税责任
tax payable 应缴税款
export rebates 出口退税
customs duty 关税
preferential rate 优惠税率
additional tax 附加税
allowable tax credit 税款可抵免税/准予扣除税额
annual income tax return 年度所得税申报表
assessed tax 估定税额

company income tax 公司所得税
deferred income tax 递延所得税
deferred income tax liability 递延所得税负债
deferred tax 递延税额
earnings after tax(EAT) 税后收益
earnings before interest and tax(EBIT) 息税前利润
effective tax rate 实际税率
estate tax 遗产税
fine for tax overdue 税款滞纳金
fine on tax makeup 补税罚款
import tax 进口税
income after taxes 税后利润
income tax(IT) 所得税
income tax credit 所得税税额抵免
income tax expense 所得税费用
income tax law 所得税法
income tax prepaid 预交所得税
income tax rate 所得税率
income tax return 所得税申报表
value-added tax 增值税
inheritance tax 继承税
payroll tax expense 工薪税支出
pretax earnings 税前收益
pretax income 税前收入
retax profit 税前利润
property tax 财产税
tax accountant 税务会计师
tax accounting 税务会计
tax accrual workpaper 应计税金计算表
tax accruals 应计税金
tax administration 税务管理
tax audit 税务审计
tax authority 税务当局
tax benefit 纳税利益
tax benefit deferred 递延税款抵免

tax due 应付税款
tax loss 纳税损失
tax on capital profit 资本利得税
tax on dividends 股息税/红利税
tax savings 税金节约额
taxable earnings 应税收入
taxpayer 纳税人
VAT on sales 销项税额
amount transferred out from VAT on purchase 进项税额转出数
transfer out overpaid VAT 转出多交增值税
VAT on purchase 进项税额
VAT paid 已交税金
tax reduced and exempted 减免税款
transfer out unpaid VAT 转出未交增值税
VAT unpaid 未交增值税
sales return 销售退回
depreciation allowance 折扣与折让
investment income 投资收益
operating expenses 销售(营业)成本
sales tax 销售税金及附加
period expenses 期间费用
deduction items 扣除项目
depreciation of fixed assets 固定资产折旧
amortisation on intangible assets 无形资产摊销
amortisation on deferred assets 递延资产摊销
research and development expenses 研究开发费用
entertainment expenses 业务招待费
loss on bad debts 坏账损失
advertising expenditure 广告支出
donations contributed 捐赠支出
taxable Income 应纳税所得额
applicable tax rate 适用税率
income tax payable 应缴所得税额
less tax paid 减免税额

参考文献

[1] 科塔里等.当代会计研究[M].北京：中国人民大学出版社,2009.

[2] 迈伦·斯科尔斯,马克·沃尔夫森.税收与企业经营战略：筹划方法[M].5版.北京：中国人民大学出版社,2018.

[3] 哈维·罗森特德·盖亚.财政学[M].北京：中国人民大学出版社,2005.

[4] 萨利·琼斯,谢利·罗兹-卡塔那奇.税收筹划原理：经营和投资规划的税收原则[M].11版.北京：中国人民大学出版社,2008.

[5] 萨利·琼斯,谢利·罗兹-卡塔那奇.高级税收战略[M].4版.北京：人民邮电出版社,2010.

[6] 蔡昌.税收筹划八大规律[M].北京：中国财政经济出版社,2005.

[7] 蔡昌.税收筹划[M].北京：经济科学出版社,2016.

[8] 蔡昌.中国特色公有制产权税收论[M].北京：中国财政经济出版社,2019.

[9] 蔡昌.契约视角的税收筹划研究[M].北京：中国财政经济出版社,2008.

[10] 蔡昌.税收筹划：理论、实务与案例[M].4版.北京：中国人民大学出版社,2023.

[11] 蔡昌.一本书讲透税收筹划[M].北京：中国人民大学出版社,2021.

[12] 蔡昌.税收与公司财务[M].北京：中国财政经济出版社,2021.

[13] 蔡昌.数字时代的税收筹划实战[M].北京：机械工业出版社,2023.

[14] 布坎南.自由、市场与国家[M].上海：上海三联书店,1989.

[15] 盖地,丁芸.税务筹划[M].7版.北京：首都经济贸易大学出版社,2021.

[16] 谭光荣.战略税收筹划研究[M].长沙：湖南大学出版社,2007.

[17] 梁云凤.战略性税收筹划研究[M].北京：中国财政经济出版社,2006.

[18] Adhikari A,Derashid C,ZHANG H. Public policy, political connections, and effective tax rates: longitudinal evidence from Malaysia[J]. The Journal of Accounting and Public Policy,2006,25(5): 574-595.

[19] Derashid C,ZHANG H. Effective tax rates and the "industrial policy" hypothesis: evidence from Malaysia[J]. The Journal of International Accounting,Auditing and Taxation,2003,12(1): 45-62.

[20] Faccio M. Politically Connected Firms[J]. The American Economic Review. 2006,96(1): 369-386.

教师服务

感谢您选用清华大学出版社的教材！为了更好地服务教学，我们为授课教师提供本书的教学辅助资源，以及本学科重点教材信息。请您扫码获取。

▶▶ 教辅获取

本书教辅资源，授课教师扫码获取

▶▶ 样书赠送

财政与金融类重点教材，教师扫码获取样书

 清华大学出版社

E-mail: tupfuwu@163.com
电话: 010-83470332 / 83470142
地址: 北京市海淀区双清路学研大厦 B 座 509

网址: https://www.tup.com.cn
传真: 8610-83470107
邮编: 100084